Escapades de rêve en Europe

3000 sites touristiques

Sommaire

Structure de cette encyclopédie de voyage

L'Europe offre un nombre inimaginable de destinations fascinantes: paysages magnifiques, églises et monastères captivants, forteresses et châteaux impressionnants, musées de renom, villes médiévales pittoresques et métropoles grouillantes.

Dans cette encyclopédie de voyage, nous vous présentons près de 3 000 destinations à couper le souffle. Pour chaque pays, vous bénéficiez d'un aperçu des principales régions, des différentes curiosités naturelles et culturelles, des plus beaux paysages et des villes les plus intéressantes. Bref, tout ce qu'il faut voir... Chaque curiosité est accompagnée d'un certain nombre d'étoiles: trois étoiles si la destination justifie le voyage, deux si elle vaut le détour et une si elle mérite une visite.

Grâce aux cartes situées à la fin de chaque chapitre, vous pourrez vous orienter et en savoir plus sur la situation des lieux et monuments. Les plus belles villes d'Europe méritent évidemment un plan individuel. Les superbes illustrations vous donneront une idée de la beauté des paysages, villes et monuments décrits.

Plans de ville

Légende

Échelle des plans de ville 1:15 000

- Autoroute
- Route principale importante
- Route principale
- Route secondaire
- Route de transit
- Zone piétonne
- Chemin de fer
- Chemin de fer industriel
- Tramway
- Métro (en construction/en prévision)
- Ferry, bac important
- Forte urbanisation; faible urbanisation
- Bâtiment public intéressant; bâtiment public
- Bâtiment intéressant; bâtiment industriel
- Parc; cimetière; bois

Symboles et logos

Numéros d'autoroutes dans différents pays européens

44 1 10 A76

Numéros de routes nationales dans différents pays européens

264 211 N340 302 N 2

- E 421 Numéros d'autoroutes européennes
- 74 Numéros d'échangeurs
- Station-service sur autoroute
- Restoroute
- Restoroute et motel
- Aéroport international
- Aéroport national
- Aéroport régional
- Frontière

Logos des transports en commun (métro) dans différentes villes européennes

- Gare principale
- Station d'autobus
- Parking relais
- Parking découvert ou parking couvert
- Police
- Ferry
- Voie à sens unique
- Stade
- Bourse annuelle; bourse

- Église
- Monastère
- Château fort / château
- Curiosité
- Informations
- Bureau de poste
- Hôpital
- Station balnéaire; plage
- Téléphérique et station
- Bibliothèque
- Musée
- Théâtre
- Mosquée
- Synagogue
- Colonne ou monument
- Tour de radio-télévision
- Phare
- Tour

Ambiance écossaise: des nuages d'orage planent au-dessus du Ben Nevis et du Loch Eil. Avec une altitude de 1 344 m, le Ben Nevis est la plus haute montagne de Grande-Bretagne.

Grande-Bretagne et Irlande

Cela fait déjà près de 1 000 ans que les Britanniques n'ont plus subi d'invasions. Même les touristes étrangers dédaignent la majeure partie du royaume – à l'excep-

Vie nocturne: théâtres et Piccadilly Circus à Londres; pub à Dublin.

tion de la capitale Londres. Mais quiconque a jamais contemplé les somptueux paysages d'Écosse et d'Irlande sait qu'il s'agit là d'une grossière erreur! Sans parler des cathédrales gothiques, des monuments antiques d'Angleterre, du folklore gallois et de la population... En effet, les-Britanniques sont toujours considérés – à juste titre – comme des excentriques.

À 35 km à peine à l'ouest de Londres se trouve le château de Windsor, principale résidence des rois d'Angleterre. Ce château, le plus grand du monde qui soit encore habité, est resté inchangé depuis le 19e siècle.

Grande-Bretagne et Irlande du Nord

Superficie: 243 307 km²
Côte: 12 429 km
Point culminant: Ben Nevis (1 344 m)
Plus long cours d'eau: Tamise (320 km)
Plus grand lac: Loch Lomond (71,1 km²)
Population: 59 millions d'habitants
Densité de population: 243 hab./km²
Régions: sud de l'Angleterre, est de l'Angleterre, centre de l'Angleterre, nord de l'Angleterre, Écosse, Pays de Galles, Irlande du Nord
Capitale: Londres (7 millions d'habitants)
Fuseau horaire: WET

Adresses utiles:
(B) *Visit Britain Centre*
Avenue Louise, 140
1050 Bruxelles
Tél.: 02 646 35 10
Fax: 02 646 39 86
Web: british.be@bta.org.uk

(FR) *Office du tourisme de Grande-Bretagne*
Bp 154-0875363
Paris Cedex 08
Tél.: 01 58 36 50 50
Fax: 01 58 36 50 51
Web: www.visitbritain.com/fr

Situation et paysage

À l'ouest du continent européen, entourées par la mer du Nord, la Manche et l'océan Atlantique, se trouvent les îles Britanniques. Le Royaume-Uni de Grande-Bretagne et d'Irlande du Nord occupe la plus grande superficie: l'île principale anglo-écossaise, le nord de l'Irlande, les îles Shetland, les Orcades et les Hébrides, les îles de Man, d'Anglesey et de Wight ainsi que quelques autres îlots. Grâce à la douceur du climat maritime, les températures y sont modérées toute l'année et les précipitations sont régulières. La côte méridionale bénéficie de la chaleur du Gulf Stream, si bien que la météo y est généralement agréable. Le Royaume-Uni offre un éventail de paysages exceptionnel: du nord spectaculaire et mystérieux de l'Écosse aux collines verdoyantes en pente douce du cœur de l'Angleterre; des imposants récifs et falaises de craie aux plages reposantes de la côte. Un paradis pour les amis de la nature, en quelque sorte! De plus, cette île est habitée depuis la préhistoire et a vu défiler au fil des siècles de nombreux envahisseurs, qui ont tous laissé leur empreinte. Il est dès lors évident que les amateurs de monuments, de culture et d'histoire y trouveront largement leur compte. Et pour ceux qui aiment les mythes et les légendes, le pays du roi Arthur et de Stonehenge est un must incontournable!

Sud de l'Angleterre

En plus de la ville mondiale unique en son genre qu'est Londres, le sud de l'Angleterre possède bien d'autres atouts, comme des villes historiques, de charmantes stations balnéaires, de mystérieux cercles de pierre et de majestueuses cathédrales. Mais aussi des paysages extrêmement variés: des tourbières et des bruyères, le fertile «Jardin de l'Angleterre» et d'étranges formations côtières telles que les falaises en craie blanche de Douvres – connues dans le monde entier grâce à la chanson «The White Cliffs of Dover», notamment interprétée par Vera Lynn, de vastes plages de sable et les sauvages Cornouailles.

Culture

***** Londres ❶** voir plan pages 14/17.

**** Canterbury ❷** Centre ancien et romantique abritant une auberge vieille de 800 ans appelée *Pilgrim's Hospital. À voir absolument: la ***cathédrale en gothique primaire (inscrite au patrimoine mondial par l'Unesco) avec sa crypte romane; au Moyen Âge, le reliquaire de l'archevêque Thomas Becket – assassiné dans l'église – attirait de nombreux pèlerins.

**** Château Bodiam ❸** Citadelle massive du 14e siècle édifiée au bord de l'eau, dans un site pittoresque.

**** Monk's House** et **** Charleston Farmhouse ❹** (non loin de l'excellente station balnéaire d'Eastbourne). Deux cottages et «lieux de culte» idylliques de la littérature anglaise moderne: c'est ici que se sont retirés Virginia Woolf et son entourage.

**** Brighton ❺** La plus célèbre station balnéaire d'Angleterre. À voir absolument: le **Royal Pavilion, la somptueuse résidence secondaire du roi George IV, la jetée *Palace Pier, construite sur 500 m dans la mer, en 1899, et les *lanes (ruelles étroites).

**** Winchester ❻** Cette ville était déjà prospère au temps des Romains. La ***cathédrale a été construite à partir du 9e siècle et achevée au 12e siècle selon l'Early English Style.

Portsmouth ❼ À la fois ville portuaire et station balnéaire. À voir absolument: le Royal Naval Museum et **l'Historic Dockyard dans le port, avec ses célèbres navires anglais.

*** Île de Wight ❽** Île vallonnée au climat agréable. Impressionnant: *Carlsbrooke Castle, une ancienne citadelle romane.

**** Salisbury ❾** Ville dotée d'un quartier central ancien et romantique. Superbe cathédrale construite au milieu du 13e siècle dans le plus pur Early English Style.

***** Stonehenge ❿** Imposant cercle de pierres datant de 2800 à 1100 av. J-C. Ce monument préhistorique, le plus célèbre d'Europe, est inscrit au patrimoine mondial par l'Unesco.

**** Stourhead ⓫** L'un des exemples les plus impressionnants de l'architecture paysagère anglaise.

St. Michael's Mount ⓬ Petite île située devant les Cornouailles, avec un majestueux manoir.

**** Minack Theatre ⓭** Théâtre de plein air taillé dans la côte escarpée au sud de Land's End.

**** St. Ives ⓮** Station balnéaire caractérisée par ses jolies plages et ses nombreuses galeries, comme la *Tate Gallery St. Ives.

**** Wells ⓯** Cette petite ville romantique est dominée par une colossale **cathédrale, à la façade richement ornée. Dans les environs: Glastonbury et ses légendaires vestiges abbatiaux où serait enterré le Saint Graal. Ce lieu serait également la dernière demeure du roi Arthur et de son épouse Guenièvre.

**** Bristol ⓰** Importante ville portuaire riche d'une intense vie culturelle: *Floating Harbour, un port du début du 19e siècle; *Llandoger Trow, célèbre pension de King Street. Dans la banlieue Clifton: le pont suspendu de 400 m **Clifton Suspension Bridge.

**** Bath ⓱** Ville inscrite au patrimoine mondial par l'Unesco et déjà station thermale au temps des Romains (**Roman Bath). L'une des villes les plus charmantes d'Angleterre. À voir absolument: **Bath Abbey et les joyaux urbanistiques que sont les ensembles ** Circus et **Royal Crescent.

**** Avebury ⓲** Cercles de pierres et collines mystérieuses du Néolithique.

***** Château de Windsor ⓳** Citadelle médiévale à l'ouest de Londres, transformée en château royal, avec de somptueux appartements officiels (State Apartments) et de riches collections d'art et d'armes.

Nature

*** Douvres** et **** Beachy Head ❶** (Eastbourne) Grandioses falaises en craie blanche qui culminent à 200 m au-dessus de la mer.

**** Parc national Dartmoor ❷** Au sud des Cornouailles. Les amateurs de nature et d'ambiance à la Sherlock Holmes connaissent sans aucun doute ces tourbières aux imposants rocs de granit, réserve d'oiseaux et de poneys sauvages à la flore luxuriante. Le côté mystique de ce paysage est encore rehaussé par de nombreux tumulus, alignements de pierres et pierres du druide préhistoriques.

Riviera anglaise ❸ Le long de la Tor Bay. Bande de 35 km de long aux plages délicieuses et aux températures agréables.

*** Land's End ❹** Le point le plus occidental de Grande-Bretagne, avec des récifs escarpés pouvant atteindre 50 m de hauteur.

Cornwall Coast ❺ Avec ses plages sablonneuses et ses hautes

Le château Bodiam date du 14e siècle.

Bath: les thermes romains et la cathédrale.

*C'est pour protéger les îles contre les attaques des Français que la forteresse de **Montorgueil** a été construite au 13e siècle sur **Jersey**, l'une des deux îles principales. Elle surplombe la ville portuaire de Gorey.*

vagues, la côte proche de la populaire station balnéaire de Newquay est un véritable eldorado pour les surfers.

** **Parc national Exmoor** 6 Le paysage de bruyères et de forêts le long du canal de Bristol et de l'aride côte rocheuse abrite 243 espèces d'oiseaux, des poneys sauvages et la plus grande réserve de fauves d'Angleterre.

* **Les îles anglo-normandes (Channel Islands)** 7 Groupe d'îles situées devant la côte du nord de la France et disposant d'un statut particulier. Elles dépendent directement de la Couronne britannique. Le Gulf Stream leur confère un climat relativement doux ainsi qu'une végétation luxuriante, presque méditerranéenne. Vallées verdoyantes, forêts, plages et récifs sauvages et romantiques. Les îles les plus vastes sont Jersey, Guernsey, Herm, Alderney et Sark.

Est de l'Angleterre

Au nord-est de Londres s'étendent les plaines de l'Angleterre de l'est, où l'eau joue un rôle crucial. Le long littoral, les nombreux canaux, les rivières et les lacs en font un havre idéal pour les sports nautiques et la natation. Ceux et celles qui veulent se détendre seront ravis par la tranquillité rurale des villages, où le temps semble s'être arrêté. Mais les amateurs de culture ne seront pas en reste: les villes historiques, les cathédrales majestueuses et les traces des Vikings y sont omniprésentes.

Culture

** **Cambridge** 20 Ville universitaire médiévale le long de la romantique River Cam, où le canotage fait partie des traditions estudiantines. À voir absolument: la ***chapelle du King's College de style perpendiculaire avec ses précieuses croisées du 16e siècle et le **King's College; le **Trinity College avec sa bibliothèque Renaissance; le **St John's College et le **Queen's College.

** **Bury St. Edmunds** 21 Ruines d'une importante abbaye, au cœur d'un parc richement fleuri.

** **Ely** 22 Ancienne petite ville au cœur d'East Anglia avec une **cathédrale qu'il faut absolument visiter en raison de l'incidence particulière de la lumière du soleil.

** **Lavenham** 23 Village anglais qui semble sorti d'un livre d'images, avec des maisons à colombages et toit de chaume, des pubs très sympathiques et une église qui domine le tout.

** **Norwich** 24 Ville grouillante d'animation avec des rues agencées de façon typiquement anglo-saxonne, une ancienne citadelle, des maisons à pignon et le plus grand **marché aux légumes de Grande-Bretagne.

** **Lincoln** 25 Ville historique rehaussée par une citadelle et une **cathédrale particulièrement intéressante de style Early English et Decorated.

Nature

* **Norfolk Broads** 8 Vaste étendue naturelle dans le comté de Norfolk, avec plus de 50 lacs et les rivières Ant, Bure, Thurne et Yare. Les lacs et cours d'eau sont reliés entre eux par de nombreux canaux aménagés au 14e siècle et totalisant 200 km. Un lieu idéal pour les capitaines du dimanche (possibilité de louer des bateaux). Plusieurs zones sont protégées et abritent de nombreuses espèces d'oiseaux et d'autres animaux.

Centre de l'Angleterre

Au cœur du Royaume, la «Merry Old England» est encore très vivante et chérit passionnément la mémoire de William Shakespeare. La mondialement célèbre porcelaine anglaise – symbole d'une culture quotidienne des plus soignées – est également réalisée en Angleterre centrale. Il fait bon vivre dans cette région de collines et parcs verdoyants. Vous y découvrirez non seulement des villages charmants et des villes accueillantes – côte à côte en parfaite harmonie – mais également Oxford, l'une des universités les plus célèbres et les plus anciennes d'Europe, entourée de manoirs prestigieux.

Culture

** **Oxford** 26 La plus ancienne ville universitaire de Grande-

1 Chaque année au solstice d'été, le 21 juin, les rayons du soleil levant suivent le couloir aménagé au nord-est pour tomber en plein milieu du cercle de pierres. La disposition de ce lieu de culte indique que les constructeurs ont tenu compte de la position du soleil et de la lune.

2 Les falaises crayeuses blanches d'East Sussex.

3 Le Blenheim Palace, château des ducs de Marlborough, est le fleuron du baroque anglais.

1

2

Londres: le long de la Tamise

La Tamise a toujours été l'artère vitale de la ville. Même lorsque la cité a pris des proportions gigantesques, ce fleuve est resté un point d'orientation: il sépare en effet l'ancienne Londres, au nord, de la ville nouvelle, au sud.

Ce coude de la Tamise était déjà habité au néolithique. Les Romains ont établi leur poste commercial Londinium sur la rive nord. Au Moyen Âge, alors que Londres était très importante en raison de son port commercial prospère, le cœur de la ville se situait sur la rive nord (avec Westminster, la Cité et la Tour). C'est également là que se dressent les plus célèbres symboles de la ville: Big Ben et le Tower Bridge. La rive sud abrite Bankside et les Docklands, jadis zone portuaire et industrielle mais aujourd'hui très en vogue grâce à un projet d'urbanisme moderne.

1 L'un des symboles de Londres est le Tower Bridge, le pont le plus à l'est.

2 Le Westminster Bridge enjambe la Tamise pour déboucher sur les Houses of Parliament, avec la tour de Big Ben.

3 La façade du County Hall mesure 250 m de long. Cet édifice public situé sur la rive sud a été construit au milieu du 20e siècle.

4 La Tamise près de Greenwich, avec le Millennium Dome futuriste, vu depuis les Docklands.

5 Le Tate Modern: le plus grand musée d'art moderne au monde, a été construit au sein d'une ancienne centrale électrique.

6 Millennium Bridge: un pont piétonnier élégant et récent, conçu par Sir Norman Forster.

7 Éclairage de fête pour la station de métro «Canary Wharf», de la Jubilee Line.

8 L'immeuble de bureaux «One Canada Square» en marbre blanc (Docklands), reflété dans l'eau.

3

4

5

6

7

8

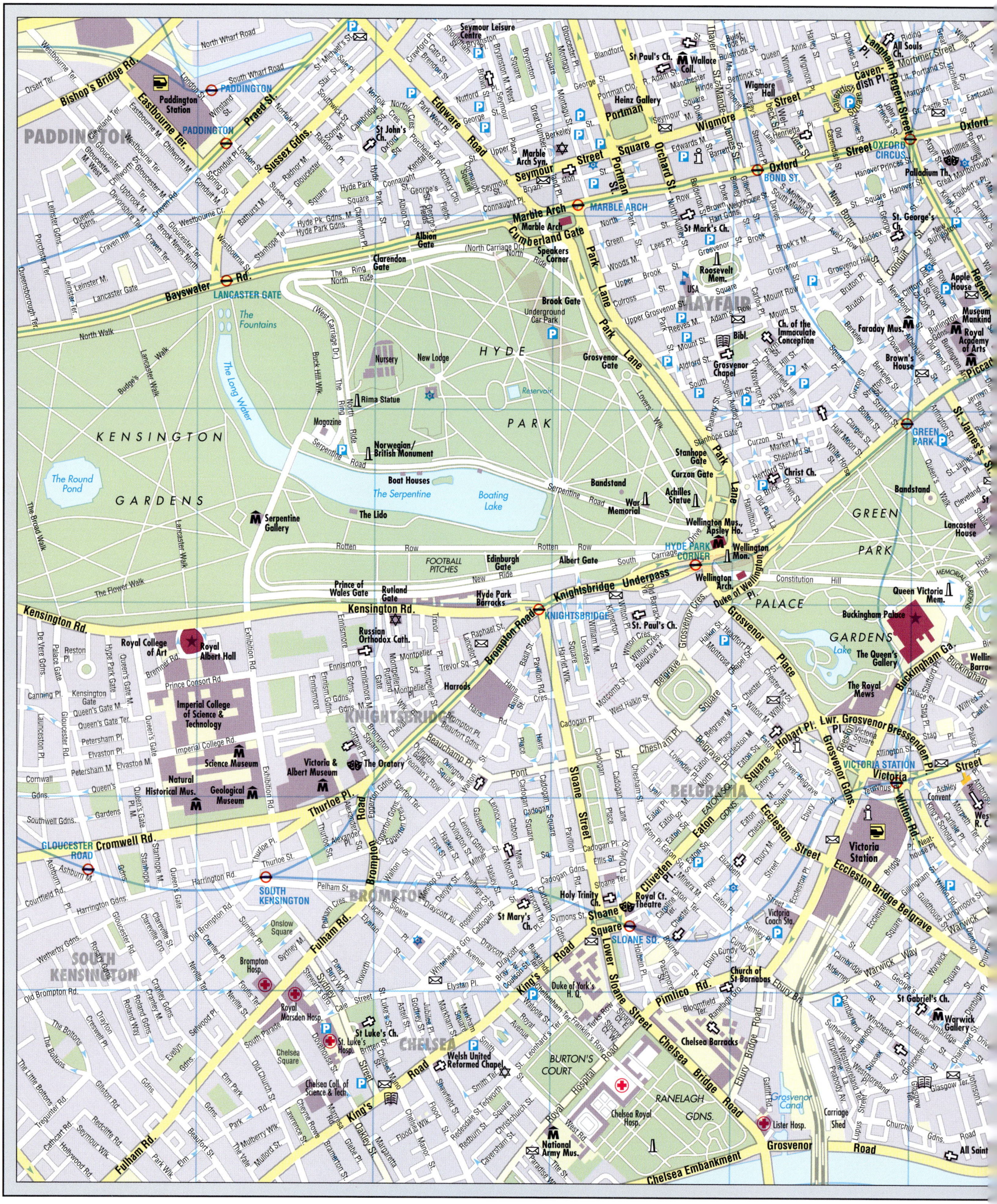
PADDINGTON
Paddington Station
Bishop's Bridge Rd.
Eastbourne Ter.
Praed St.
Sussex Gdns.
Edgware Road
Seymour Leisure Centre
Marble Arch
MARBLE ARCH
Cumberland Gate
Speakers Corner
Bayswater Rd.
LANCASTER GATE
The Fountains
The Long Water
KENSINGTON GARDENS
The Round Pond
The Broad Walk
Serpentine Gallery
HYDE PARK
The Serpentine
Boating Lake
Boat Houses
The Lido
Rima Statue
Norwegian/ British Monument
Nursery
New Lodge
Reservoir
Brook Gate
Grosvenor Gate
Park Lane
Stanhope Gate
Achilles Statue
War Memorial
Bandstand
Rotten Row
FOOTBALL PITCHES
Edinburgh Gate
Albert Gate
Prince of Wales Gate
Rutland Gate
Hyde Park Barracks
HYDE PARK CORNER
Wellington Arch
Wellington Mus., Apsley Ho.
Knightsbridge
KNIGHTSBRIDGE
Kensington Rd.
Royal College of Art
Royal Albert Hall
Imperial College of Science & Technology
Science Museum
Natural Historical Mus.
Geological Museum
Victoria & Albert Museum
The Oratory
Russian Orthodox Cath.
Harrods
Brompton Road
Cromwell Rd.
GLOUCESTER ROAD
SOUTH KENSINGTON
Thurloe Pl.
Fulham Rd.
BROMPTON
Brompton Hosp.
Royal Marsden Hosp.
St. Luke's Hosp.
St Luke's Ch.
Chelsea Square
Chelsea Coll. of Science & Tech.
King's Road
CHELSEA
Sloane Street
Sloane Square
SLOANE SQ.
Royal Ct. Theatre
Holy Trinity Ch.
Cadogan Place
Lower Sloane Street
Duke of York's H. Q.
BURTON'S COURT
Chelsea Royal Hosp.
RANELAGH GDNS.
National Army Mus.
Chelsea Bridge Road
Chelsea Embankment
Chelsea Barracks
Pimlico Rd.
Church of St Barnabas
Lister Hosp.
Grosvenor Canal
Grosvenor Road
BELGRAVIA
Belgrave Square
Eaton Square
Eccleston Street
Victoria Coach Sta.
Victoria Station
VICTORIA STATION
Victoria
Grosvenor Gdns.
Grosvenor Place
Buckingham Palace
Queen Victoria Mem.
The Queen's Gallery
The Royal Mews
PALACE GARDENS
Lake
GREEN PARK
Constitution Hill
Lancaster House
Bandstand
MAYFAIR
Grosvenor Chapel
Ch. of the Immaculate Conception
Faraday Mus.
Brown's House
Royal Academy of Arts
Museum of Mankind
Apple House
Roosevelt Mem.
USA
St Mark's Ch.
Oxford Street
OXFORD CIRCUS
BOND ST
Wigmore Street
Wigmore Hall
Wallace Coll.
Heinz Gallery
Portman Square
Marble Arch Syn.
All Souls Ch.
Langham Pl.
Regent Street
Palladium Th.
St George's Ch.
Christ Ch.
Piccadilly
St. James's St.
Ebury Bridge Road
Warwick Gallery
St Gabriel's Ch.
Warwick Way
Belgrave Rd.
Eccleston Bridge
Buckingham Ga.
Bressenden Pl.
Lwr. Grosvenor Pl.
Wilton Rd.
Welsh United Reformed Chapel
St Mary's Ch.
St. Paul's Ch.
Carriage Shed
All Saints

Londres

Londres est la capitale du Royaume-Uni, le siège du gouvernement britannique ainsi qu'un centre financier. C'est une ville d'envergure mondiale au sens le plus pur du terme car la Grande-Bretagne a longtemps été un gigantesque empire. Et cela se voit encore clairement de nos jours.

Le quartier gouvernemental de Whitehall, riche en traditions, dans la zone historique de Westminster, les nobles quartiers résidentiels tels que Knightsbridge et Belgravia, les places hautes en couleurs comme Piccadilly Circus et Trafalgar Square ainsi que les parcs enchanteurs de style typiquement anglais rendent la partie est de Londres particulièrement fascinante. À voir absolument à Westminster: **Westminster Abbey, splendide abbaye gothique réservée au couronnement et aux funérailles des rois d'Angleterre; inscrite au patrimoine mondial par l'Unesco, tout comme les **Houses of Parliament néogothiques le long de la Tamise; le seul vestige du Moyen Âge est *Westminster Hall, non loin de Big Ben (1858) et du pont Westminster Bridge qui enjambe la Tamise; **Buckingham Palace (début du 18e siècle), palais de la Reine au sein de la ville; les parcs Green Park et *St James's Park; **la Tate Gallery avec une remarquable collection de peintures anglaises. À Whitehall: Downing Street 10, résidence officielle du premier ministre; la **Banqueting House de style palladien, avec un plafond peint par Rubens, face à la caserne des Horse Guards (relève de la garde); la place Trafalgar Square avec la colonne Nelson; la ***National Gallery et ses magnifiques peintures européennes du 16e au 20e siècle; la *National Portrait Gallery; *Hyde Park, jadis domaine de chasse des rois et parc public depuis le 17e siècle, avec le *Speakers Corner. Dans les environs, le fameux musée de cire de *Madame Tussaud. À Knightsbridge: le mondialement célèbre centre Harrods, temple de la consommation gigantesque et hyperbritannique; tout récent, le magasin Harvey Nichols se spécialise essentiellement dans la mode et les cosmétiques; le **Victoria & Albert Museum, le plus grand musée d'arts appliqués au monde; le **Natural History Museum, connu pour son spectaculaire département Dinosaures et son fantastique **Science Museum, consacré à la technique et aux sciences naturelles.

La place Trafalgar Square rappelle la suprématie maritime de la Grande-Bretagne.

Big Ben, célèbre pour son carillon de 13 tonnes, et la Tour Victoria (à gauche) surplombent le Parlement.

River Thames
REGENT'S PARK
SOMERS TOWN
ST. PANCRAS
KING'S CROSS
EUSTON
EUSTON SQUARE
WARREN ST.
GRT. PORTL. ST.
REGENT'S PARK
BLOOMSBURY
GOODGE ST.
RUSSELL SQ.
HOLBORN
CHANCERY LANE
FARRINGDON
CLERKENWELL
TOTTENHAM COURT RD.
OXFORD CIRCUS
SOHO
COVENT GDN.
COVENT GARDEN
LEICESTER SQ.
PICCADILLY CIRCUS
ST. JAMES'S
GREEN PARK
CHARING CROSS
EMBANKMENT
TEMPLE
BLACKFRIARS
WATERLOO
WESTMINSTER
ST. JAMES'S PARK
WESTMINSTER
LAMBETH NORTH
LAMBETH
GREEN PARK
ST. JAMES'S PARK
PALACE GARDENS
British Library
British Museum & British Library
University College
Univers. of London
Royal Courts of Justice
Somerset House
Nat. Portrait Gall.
Nat. Gallery
Trafalgar Square
Nelson's Column
Buckingham Palace
Westminster Abbey
Houses of Parliament
Big Ben
British Airways London Eye (Millennium Wheel)
County Hall
London Aquarium
Waterloo International
Royal Festival Hall
Hayward Gall.
National Film Theatre
Royal National Theatre
St. Thomas' Hospital
Lambeth Palace Road
Euston Road
Marylebone Road
Oxford Street
Regent Street
Piccadilly
Pall Mall
Whitehall
Strand
Victoria Embankment
Waterloo Bridge
Westminster Bridge
Blackfriars Bridge
High Holborn
Fleet Street
Kingsway
Gray's Inn Road
Tottenham Court Road
Gower Street
Shaftesbury Av.
Charing Cross Road
Great Russell St.
Southampton Row
Farringdon Rd.
Rosebery Av.
Waterloo Rd.
Blackfriars Rd.
Stamford Street
Birdcage Walk
The Mall
Victoria Street
Great George St.
Parliament St.

Londres

En 1851, lorsque la Grande-Bretagne était à l'apogée de sa puissance impérialiste, le pays s'est offert une exposition mondiale. Londres comptait alors approximativement 1 million d'habitants. Aujourd'hui, ils sont environ 12 millions.

Tout a commencé très modestement il y a près de 2000 ans, lorsque les Romains ont envahi l'île et fondé Londinium au bord de la Tamise. La Grande-Bretagne a été régulièrement envahie par des conquérants étrangers, mais Londres est toujours restée le centre du pouvoir. Il est vrai que cette ville occupe une position idéale, lovée entre les méandres d'un fleuve et offrant une vue sur le continent. Guillaume le Conquérant a également suivi l'exemple de ses prédécesseurs et fait de Londres sa capitale. C'est en 1078 qu'il posa la première pierre de la Tour, l'édifice le plus respecté de la ville.

À ne pas manquer au nord de la Tamise: la ***Tour de Londres, imposante forteresse et résidence médiévale des rois, groupée autour de la Tour Blanche du 11e siècle, la plus ancienne partie; la Jewelhouse expose les *joyaux de la Couronne; un véritable symbole de Londres est le **Tower Bridge avec ses deux tours (1894). Dans la City de Londres: la **cathédrale Saint-Paul, église Renaissance coiffée d'une coupole spectaculaire (vue extraordinaire!), construite par Christopher Wren, qui s'est chargé d'une grande partie de la reconstruction de Londres après l'incendie de la ville en 1666. À Westend: d'innombrables théâtres, cinémas, pubs et restaurants autour de Piccadilly Circus, la place la plus hétéroclite de la ville; **Covent Garden, anciennes halles devenues un lieu où il fait bon flâner; la Royal Opera House; le ***British Museum avec ses collections impressionnantes et mondialement célèbres couvrant toutes les cultures et périodes. En aval (hors plan): **Southwalk Cathedral, la plus ancienne cathédrale gothique, le monument édifié en l'honneur de William Shakespeare, dont le Globe Theater a été fidèlement reconstruit dans les environs; le **Tate Modern, qui expose l'art contemporain dans le décor époustouflant d'une ancienne centrale électrique; l'élégant Millennium Bridge, un pont piétonnier qui enjambe la Tamise; l'ancien port *Docklands avec son architecture hypermoderne À Greenwich: le **National Maritime Museum, qui retrace l'histoire de la navigation maritime, avec l'historique "clipper" *Cutty Sark; *l'observatoire de style Renaissance, traversé par le méridien zéro, d'après lequel sont déterminés les fuseaux horaires.

La Tour de Londres médiévale avec le Tower Bridge à l' arrière-plan.

Londres – ici avec vue sur la cathédrale Saint-Paul – est la métropole culturelle et financière de Grande-Bretagne.

*Le plus grand parc national de Grande-Bretagne et le point culminant de tout voyage en Angleterre du nord est le **Lake District**, avec ses 16 grands lacs et ses nombreux cours d'eau, qui ont donné son nom à ce paysage unique en son genre.*

Bretagne, avec une ambiance haute en couleurs. À ne pas manquer: les **bâtiments universitaires médiévaux, la **Radcliffe Camera, la salle de lecture aux 2 millions de livres, la **cathédrale Christ Church et le **musée Ashmolean exposant de précieuses œuvres d'art, notamment de l'Antiquité et de l'Extrême-Orient.

*** **Blenheim Palace** 27 Au nord d'Oxford. Construit au 18e siècle pour John Churchill, le duc de Marlborough, et inscrit au Patrimoine mondial de l'Unesco. C'est là qu'est né son célèbre descendant Winston Churchill.

** **Stratford-upon-Avon** 28 Ville natale très visitée de William Shakespeare, auquel sont dédiées les principales curiosités touristiques: **Shakespeare's Birthplace, la maison à colombages élisabéthaine où est né l'écrivain; **Holy Trinity Church, l'église où il a été baptisé et enterré; **Anne Hathaway's Cottage, la ferme où son épouse a passé sa jeunesse; **Nash House, jadis propriété de la petite-fille de Shakespeare, abrite désormais une exposition consacrée à l'histoire de la ville.

* **Château Warwick** 29 Citadelle massive le long de l'Avon, qui n'a guère changé depuis le 14e siècle.

* **Gloucester** 30 Ville industrielle au charme médiéval. À voir absolument: **cathédrale initialement romane puis transformée selon le style perpendiculaire; ancienne ville et port historique.

* **Hereford** 31 Avec l'impressionnante **cathédrale Hereford; le principal trésor de cette église est une gigantesque carte du monde du 14e siècle. Également intéressant: la bibliothèque du Moyen Âge.

* **Worcester** 32 A plus à offrir que la sauce du même nom: la **cathédrale de Worcester, édifiée sur un site magnifique au bord du Severn.Également intéressant: la célèbre **fabrique de porcelaine.

** **Shrewsbury** 33 Ville typiquement anglaise de l'époque des Tudor, particulièrement intéressante en raison de son emplacement le long du Severn.

** **Chester** 34 Cette ville possède les plus jolies maison à colombages du pays ainsi qu'une *cathédrale de 1092 (seulement achevée au 14e siècle). Également réputée pour son fromage.

* **Liverpool** 35 Jadis une fière ville portuaire et commerçante. Vous trouverez tous les détails relatifs à ses enfants les plus célèbres dans The Beatles City. À voir également: le *Museum of Liverpool Life et la *Walker Art Gallery.

Nature

** **Cotswold Hills** 9 L'un des plus charmants paysages d'Angleterre. De douces collines et de petits lacs scintillants aux rives luxuriantes invitent à la promenade et au pique-nique. C'est ici que jaillit la source de la Tamise.

* **Peak District** 10 Zone récréative très prisée avec des collines sans arbres culminant à 636 m d'altitude, des vallées boisées, de vastes tourbières et des marécages.

Nord de l'Angleterre

Au nord, la principale île britannique déploie sa beauté sauvage dans toute sa splendeur. C'est toujours l'Angleterre et les Highlands d'Écosse sont bien loin, mais le Lake District – l'une des régions les plus singulières d'Europe occidentale – vous offre un paysage montagneux fascinant et rigoureux ainsi que de l'eau en abondance. Bien que l'Angleterre n'ait plus subi d'invasions depuis des siècles, les conquérants étrangers étaient jadis très attirés par le pays. Ici au nord, ils ont laissé de nombreux vestiges comme le Mur d'Hadrien, qui date des Romains.

Culture

* **Haworth** 36 Élégante ville de maisons à colombages, rendue célèbre par les sœurs Brontë. Vous trouverez plus d'informations sur ces auteurs au Brontë Parsonage Museum.

*** **York** 37 Ville typiquement anglaise avec des maisons à colombages, d'anciennes venelles (**Shambles, **Stonegate) et les rives verdoyantes de l'Ouse. À voir absolument: ***York Minster, église achevée en 1472 avec la plus grande croisée médiévale du monde; le musée **Jorvik Viking Centre consacré aux invasions des Vikings en Angleterre.

** **Fountains Abbey** 38 Au sud de Richmond, ce site compte parmi les plus belles ruines abbatiales d'Europe.

* **Whitby** 39 Petite ville de pêcheurs avec un charmant cimetière et de belles ruines abbatiales, en bord de mer.

** **Durham** 40 Ville universitaire à ne pas manquer avec une **citadelle et une ***cathédrale romane.

** **Le Mur d'Hadrien** 41 Un mur de 110 km de long, construit du temps des Romains entre l'Angleterre et l'Écosse. C'est en 122 apr. J-C que l'empereur Hadrien ordonna la construction de ce mur. Inscrit au Patrimoine mondial de l'Unesco, le «limes» (ligne de défense) a été le mieux conservé entre Greenhead et Chollerford.

* **Holy Island** 42 Citadelle uniquement accessible à marée basse par le biais d'une digue. L'ancien monastère, à l'origine de la christianisation de la région – d'où la dénomination «Île sainte» – a été détruit en 793 par les Vikings.

** **Berwick-upon-Tweed** 43 Ancienne ville frontalière entre l'Angleterre et l'Écosse, avec de remarquables murailles élisabéthaines.

Nature

** **Yorkshire Dales** 11 Réserve naturelle protégée avec des collines calcaires, des vallées romantiques (le mot «dale» signifie «vallée» dans la langue des Vikings), des chutes d'eau naturelles, des tourbières et des bruyères. C'est d'ailleurs dans cette région qu'est interprétée la série télévisée britannique «All Creatures Great and Small», qui relate les aventures du vétérinaire James Herriott.

** **North York Moors** 12 Parc national doté de vastes bruyères. Depuis le Moyen Âge, on y aménage des sentiers dans les tourbières afin de montrer le chemin aux promeneurs, en combinaison avec de nombreuses et anciennes croix de pierre. Le North York Moors est également un véritable paradis pour les cavaliers.

*** **Lake District** 13 Le plus vaste parc national de Grande-Bretagne et la région de vacances la plus populaire d'Angleterre. Ses montagnes grises et non boisées sont appréciées par les alpinistes et offrent un panorama unique sur des cataractes scintillantes ainsi que sur les nombreux lacs bleus et rutilants qui lui valent son nom. Idéal pour les sports nautiques. Le Lake Windermere, de 17 km de long, est bordé des villages Windermere et Bowness-on-Windermere, qui offrent d'excellentes bases de départ pour des excursions.

Écosse

L'Écosse, partie septentrionale de la principale île britannique, est constituée de la région vallonnée des Southern Uplands à la frontière avec l'Angleterre, des Lowlands centraux avec les deux plus grandes villes de la région Édimbourg et Glasgow, des Highlands montagneux et peu peuplés du nord et des îles Hébrides, Orcades et Shetland. Grâce à sa nature grandiose et à ses nombreux trésors culturels, l'Écosse offre une expérience unique au voyageur, qui s'accommodera volontiers de son climat très variable.

Culture

** **Melrose** 44 Ruine abbatiale du 12e siècle, la plus célèbre des Border Abbeys, monastères à la frontière avec l'Angleterre qui furent détruits au 16e siècle lors des guerres de religion et de succession.

* **Cairnholy** 45 Tombes préhistoriques donnant sur l'estuaire du Solway.

** **Château Culzean** 46 Synthèse réussie entre un manoir classique et une citadelle pittoresque avec parc et vue sur l'estuaire du Clyde.

* **New Lanark Mills** 47 Etablissement ouvrier du 19e siècle le long du Clyde, devenu musée en plein air.

** **Glasgow** 48 Ville industrielle et portuaire riche en traditions. À voir absolument: la **cathédrale gothique Saint Mungo; la **Glasgow School of Art en Art nouveau; la **Glasgow Art Gallery and Museum; dans le vaste Pollok Park, la fameuse architecture contemporaine de la **Burrell Collection et la **Pollok House, maison de maître classique; *George Square, la grand-place typiquement victorienne de la ville, avec la *City Chambers, maison communale de style néo-Renaissance.

La ville néoclassique d'Édimbourg, avec sa citadelle médiévale au crépuscule

Édimbourg

La capitale de l'Écosse, dont le centre historique est inscrit au Patrimoine mondial de l'Unesco, fascine par sa réserve architectonique et sa vie culturelle animée, surtout en été, au cours du célèbre festival de musique et de théâtre.

Le plus ancien noyau de la ville, habité depuis l'âge du bronze, est Castle Rock, le rocher sur lequel le roi Edwin fit construire une première citadelle au 7e siècle, et dont le nom Édimbourg est dérivé. Aujourd'hui encore, ce château est le pôle d'attraction de la ville. À ne pas manquer dans l'ancienne ville: **Edinburgh Castle, un imposant château composé de parties construites à différentes périodes (la chapelle Ste-Margaret du 11e siècle est la plus ancienne) et exposant les emblèmes des rois d'Écosse dans la Crown Room; **Holyroodhouse, la résidence écossaise officielle de la reine. Entre les deux châ-

Le château se dresse fièrement sur le Castle Rock, à 130 mètres de hauteur.

teaux: la rue historique *Royal Mile. Dans la ville nouvelle (fin du 18e siècle): la **National Gallery of Scotland, avec l'une des plus grandes collections de peintures d'Europe; le **Museum of Antiques (qui présente l'aube de l'histoire ainsi que l'histoire de l'art); la **Scottish National Gallery of Modern Art (art du 20e siècle).

La silhouette de la ville est caractérisée par ses tours gothiques et néogothiques.

Les Highlands d'Écosse

«My heart's in the Highlands» (Mon cœur est dans les Highlands), dit la première phrase d'une chanson populaire écossaise. Et en effet: ce paysage montagneux du haut nord de l'île offre un charmant spectacle!

Ce paysage est unique en Europe, avec ses impressionnantes formations rocheuses, ses récifs escarpés, ses pics massifs, ses nombreux lacs et fleuves ainsi que ses lochs, les profondes baies marines qui ont rendu le pays si célèbre. C'est surtout la côte sauvage de l'océan Atlantique qui fait d'un voyage dans les Highlands une expérience inoubliable. Il faut d'ailleurs faire ce voyage en voiture car cette partie du pays est très peu peuplée et les bus et trains sont donc plutôt rares… En plus d'un panorama spectaculaire, les Highlands offrent également de fières citadelles et des havres idylliques, des sites préhistoriques et des villages isolés. Évidemment, il ne faut pas oublier de visiter une distillerie de whisky, car l'Écosse, c'est également cela.

1 Le château Dunnottar, non loin de la jolie ville portuaire de Stonehaven, est l'une des citadelles les plus photographiées d'Écosse en raison de sa situation.

2 Partout dans les lointains Highlands se dressent de fières citadelles. Ici, le château Stalker.

3 Le majestueux château Kilchum reflété dans le Loch Awe.

4 Le château Eilean Donan trône au confluent des lochs Dulch, Alsh et Long.

5 Un bateau de pêche flottant sur le Loch Duich.

6 Ceux qui veulent goûter pleinement la sensation des Highlands écossais doivent absolument traverser la vallée de Glen Coe.

7 Le Loch Lurgainn, encaissé au creux d'un paysage superbe et encore sauvage.

8 Le haut plateau de Rannoch Moor est accessible par une route semée d'embûches.

5

6

7

8

*Les Écossais ont toujours souligné leur propre identité par rapport à leurs voisins anglais. Sur le plan social, l'adhésion à un clan joue toujours un rôle important, surtout dans les zones rurales. Les **clansmen** (membres de clans) se reconnaissent à leur nom de famille et aux couleurs ainsi qu'aux quadrillage de leur tartan et des kilts traditionnels.*

*** **Édimbourg** 49 Voir plan page 19

** **Hopetoun House** 50 Manoir superbement aménagé avec parc le long du Forth.

Anstruther 51 Le plus grand des charmants villages de pêcheurs implantés sur la côte méridionale de la péninsule de Fife.

St. Andrews 52 Cette ville universitaires est connue à l'échelle mondiale pour son «Royal and Ancient Golf Club», la Mecque du golf, et pour la **cathédrale St. Andrews, ruine de l'ancienne plus grande église d'Écosse.

** **Dunnottar Castle** 53 Vestiges d'un château sur la côte rocheuse non loin de Stonehaven, avec une vue époustouflante.

* **Aberdeen** 54 Jadis un port mondial. À voir absolument: *Aberdeen Art Gallery & Museum; *Cathédrale Saint Machar, entourée de maisons bourgeoises historiques. Dans les environs: Crathes Castle, château pittoresque prétendument hanté.

Balmoral 55 Résidence secondaire de la reine, à visiter de mai à juillet.

Malt Whisky Trail 56 Route au sein des Highlands jalonnée de nombreuses distilleries de whisky, par exemple **Glenfiddich et Glenlivet** (à visiter).

* **Grey Cairns** 57 tumulus bien conservés datant d'environ 2500 av. J-C, * **Hill o'Many Stanes** (environ 200 menhirs) 57 Deux remarquables sites préhistoriques à l'extrême nord-est.

Les Orcades (Orkney Islands) 58 Inscrites au patrimoine mondial par l'Unesco. Sites préhistoriques sur l'île principale Mainland: Maes Howe (tombe de l'âge de pierre), Brodgar et Stennes (cercles de pierre), Skara Brae (implantation de l'âge de pierre).

** **Calanais/Callanish** 59 Sur l'île Lewis (Hébrides): cercle de pierres avec chambre funéraire, l'un des principaux sites préhistoriques d'Europe.

Nature

*** **Highlands** 14 Le nord-ouest de l'Écosse est une région sauvage et peu peuplée dotée d'innombrables lacs et fjords, de bruyères paisibles, de récifs spectaculaires et d'étranges pics rocheux. À voir absolument: **Beallach na Bà, un chemin de montagne semé d'embûches sur la péninsule d'Applecross, avec vue sur l'île Skye (Hébrides); **Cape Wrath, le point le plus septentrional, qui offre un panorama grandiose; la majestueuse vallée de **Glen Coe. Fort William: centre touristique des Highlands et base de départ pour l'escalade du Ben Nevis (1.344 m, la plus haute montagne de Grande-Bretagne).

** **Les Hébrides** 15 Archipel situé devant la côte nord-ouest d'Écosse, avec des paysages inaltérés et un climat des plus variables. L'île de Skye est la plus proche du continent (auquel elle est reliée par un pont). À ne pas manquer sur Skye: **Cuillin Hills et *Loch Coruisk. Font également parties des Hébrides intérieures: **Iona, **Staffa et **Mull. Les Hébrides extérieures, quant à elle, englobent la double île Lewis et Harris avec leurs tourbières isolées et leurs plages interminables, et l'îlot enchanteur *** Eilean Bharraigh/Barra.

** **Loch Ness** 16 L'un des plus vastes lacs des Highlands, devenu le plus célèbre grâce à «Nessie».

Pays de Galles

À l'ouest de l'Angleterre centrale, jusqu'à la mer irlandaise, se trouve la vaste et montagneuse péninsule du Pays de Galles, dont la côte nord fait face aux plaines de l'île d'Anglesey. Le pays de Galles est traversé du nord au sud par les monts Cambriens et se compose en outre de vallées verdoyantes, de pâturages pour moutons et d'un long littoral. Jadis, le Pays de Galles vivait essentiellement du schiste et du charbon. Aujourd'hui, c'est le tourisme qui assure sa subsistance. Les habitants veillent jalousement sur leur patrimoine celte et leur propre langue.

Culture

** **Cardiff** 60 Capitale du Pays de Galles. Ancien centre-ville offrant une scène culturelle haute en couleur. À voir absolument: **Cardiff Castle, un château féerique du 19e siècle, d'origine antique; le musée en plein air **Museum of Welsh Life, qui donne une idée du Pays de Galles d'autrefois; le *Market Hall avec sa toiture en fonte; les maisons victoriennes et le port de plaisance. Dans les environs: **Rhondda Heritage Park, consacré à la révolution industrielle du 19e siècle.

** **Tintern Abbey** 61 Ruine d'un cloître médiéval dans les vertes collines proches de Chepstow.

Swansea 62 Jadis importante ville industrielle et lieu de naissance du poète Dylan Thomas, avec un charmant quartier portuaire et promenade sur la plage.

St. David's 63 Il s'agit en fait d'un petit village, qui s'enorgueillit du titre de «city» depuis l'an 550. Grande ***cathédrale gothique et lieu de pèlerinage populaire au Moyen Âge.

** **Château Harlech** 64 Citadelle médiévale offrant une vue unique sur la baie de Cardigan et les montagnes du parc Snowdonia, le «toit du Pays de Galles».

Place Donegall et City Hall (maison communale) de Belfast.

L'imposant château Conwy du 13e siècle, dans le comté de Gwynedd, est l'une des principales citadelles des Anglais au Pays de Galles.

** **Portmeirion** 65 Pittoresque village «italien» le long de la baie de Cardigan, construit au début du 20e siècle selon le modèle méditerranéen par un architecte excentrique.

** **Château Beaumaris** 66 Sur l'île d'Anglesey. Forteresse médiévale du temps où la principauté du Pays de Galles fut conquise par les Anglais.

** **Conwy** 67 Ville ancienne caractérisée par des murs d'enceinte (visitables) et le **château Conwy (13e siècle), une citadelle bien conservée.

** **Erddig** 68 Manoir du 17e/18e siècle aménagé de façon originale, non loin de Wrexham.

Nature

* **Parc national Brecon Beacons** 17 Les collines en pente douce de ce parc comptent à peine 30 000 habitants et pas moins de 4 millions de moutons. Avec les Black Mountains citées dans de nombreuses chansons.

* **Rhosili Bay** 18 Près de Swansea: baie pittoresque avec épave de bateau. Sur une crête des environs: Arthur's Stone, la pierre d'où le roi Arthur aurait extrait son épée Excalibur.

* **Parc national de la côte du Pembrokeshire** 19 Les falaises de grès rouge, les baies étroites et les îles faisant face à la côte sont un véritable paradis pour les oiseaux. Les *Preseli Hills aux prairies verdoyantes font également partie de ce parc national.

* **Offa's Dyke Path** 20 Long sentier bordant la frontière anglaise, avec de superbes panoramas.

** **Parc national de Snowdonia** 21 Paysage montagneux et désertique où se dresse le Snowdon (1085 m), le plus haut sommet du pays de Galles. À gravir à pied ou à bord d'un ancien train de montagne, le **Snowdon Mountain Railway.

Irlande du Nord

Le Union Jack claque au-dessus de l'Irlande du Nord car cette dernière fait partie du Royaume-Uni et englobe deux tiers de l'ancienne province irlandaise d'Ulster. Les relations politiques et religieuses y sont tendues et une guerre civile sanglante y a fait rage pendant plusieurs décennies, mais peu à peu, les négociations de paix semblent atteindre leur objectif. Le voyageur

*La côte septentrionale d'Irlande est hérissée, sur une distance de 5 km, des quelque 40 000 colonnes de basalte de la **Giant's Causeway** (la «Chaussée des Géants»). Ce phénomène naturel pour le moins singulier a été engendré par une éruption volcanique voici plus de 60 millions d'années.*

n'a donc plus aucune raison de négliger la très accueillante Irlande du Nord, avec sa culture particulière et ses monuments naturels uniques tels que le Giant's Causeway.

Culture

* **Belfast** 69 Tristement célèbre pour les attentats à la bombe et la haine religieuse, la capitale de l'Irlande du Nord, lovée au sein d'un paysage charmant, possède également de superbes édifices victoriens, un quartier universitaire vivant et d'autres endroits plaisants tels que le pub *The Crown Liquor Saloon. À voir également: le *Ulster Museum et la *Linen Hall Library, bibliothèque en bois avec cafétéria assurant la tenue à jour de tous les documents relatifs à la guerre civile. *Cave Hill offre la meilleure vue sur la ville.

** **Château Coole** 70 Au sud-est d'Enniskillen. Elégant palais aux proportions parfaites; extérieur classique et aménagement de style Régence.

* **Florence Court** 71 Au sud-ouest d'Enniskillen. Elégant manoir de style palladien doté de riches stucs rococo.

* **Île Devenish** 72 Dans les eaux paisibles du Lower Lough Erne, avec les ruines d'un monastère et d'une église du Moyen Âge ainsi qu'une tour de guet.

* **Derry/Londonderry** 73 Deuxième plus grande ville d'Irlande du Nord, très agitée pendant des années à l'instar de Belfast. Ici aussi, les banlieues sont séparées en fonction de la religion. À voir absolument: le centre ancien, d'une grande beauté, sur la colline au-dessus de l'embouchure, avec le *Tower Museum consacré à l'histoire de la ville.

* **Downhill** 74 Au nord de Coleraine. Vaste parc rococo au-dessus de la côte, avec des ruines et de petits temples artificiels. Aménagé par l'excentrique comte de Bristol et l'évêque de Derry.

Nature

*** **Giant's Causeway (la Chaussée des géants)** 22 Apogée fantastique de tout voyage en Irlande, ce site est classé au patrimoine mondial de l'Unesco. Engendrées par une éruption volcaniques, les colonnes de basalte forment la «tête de pont» irlandaise d'une digue sous-marine naturelle allant jusqu'à l'île écossaise de Staffa. Ce phénomène naturel unique en son genre a frappé l'imaginaire humain et on croirait vraiment qu'un géant y a aménagé une terrasse. Les plus grandes colonnes mesurent jusqu'à 6 m de hauteur. Giant's Causeway n'est accessible qu'à pied ou avec un bus spécial.

** **Upper et Lower Lough Erne** 23 Mystérieux paysage de marécages, récemment relié à l'Irlande centrale et du sud par le Shannon-Erne Waterway. Vous pouvez y parcourir des centaines de kilomètres sur des cours d'eau idylliques à bord d'un bateau de location.

1 Le parc national Snowdonia au Pays de Galles est l'une des régions de promenade les plus populaires de Grande-Bretagne. Le cœur de ces montagnes arides est le Snowdon qui, du haut de ses 1 084 m, constitue le «toit du Pays de Galles».

2 La Tintern Abbey, fondée en 1131, est l'un des premiers cloîtres cisterciens du Pays de Galles. Elle est tombée en désuétude au 16e siècle, lorsque l'anglicanisme est devenu la religion d'État.

3 L'île de Skye est l'une des Hébrides extérieures. Elle est aisément accessible en voiture par un pont et vous offrira une escapade des plus agréables.

Les Irlandais sont connus pour être un peuple accueillant et bavard. Et quel meilleur endroit pour parler de la pluie et du beau temps qu'un pub traditionnel? Un exemple particulièrement élégant est ***«The Stag's Head»****, l'un des plus anciens pubs de Dublin.*

Irlande

Superficie: 70 282 km²
Côte: 1 448 km
Point culminant: Carrantuohill (1 041 m)
Plus long cours d'eau: Shannon (386 km)
Plus grand lac: Lough Corrib (170 km²)
Population: 3,5 millions d'habitants
Densité de population: 50,5 hab./km²
Provinces: Leinster, Munster, Connacht, trois comtés dans la province divisée d'Irlande du Nord (Ulster)
Capitale: Dublin (478 400 habitants)
Fuseau horaire: WET

Adresses utiles
(B) *Office du tourisme irlandais*
Avenue Louise, 327
1050 Bruxelles
Tél.: 02 275 01 71
Fax: 02 642 98 51
E-mail: info.be@tourismeireland.com

(FR) *Office national de tourisme Irlandais*
Rue de Miromesnil, 33
75008 Paris
Tél.: 01 70 20 00 20
Web: www.irlande-tourisme.fr

Situation et paysage

À l'extrême bord ouest de l'Europe se trouve l'Irlande, deuxième plus grande île britannique. Elle est séparée de l'île anglo-écossaise principale par la mer d'Irlande à l'ouest et ourlée au sud par l'océan Atlantique, qui assure un climat modéré ainsi que des précipitations abondantes. Le sud de l'Irlande bénéficie des influences douces du Gulf Stream. La mer chaude pénètre loin dans le pays par le biais de baies profondes. L'Irlande est également appelée «l'île verte», et cela s'applique surtout aux basses terres du centre. Outre par de vastes prairies, le paysage est caractérisé par des tourbières et des bruyères. Les côtes sont essentiellement rocheuses. L'Irlande dégage un charme tout particulier et est devenue un lieu de vacances privilégié au cours des dernières décennies. Ce sont surtout les habitants accueillants qui y ont contribué. Ils sont très fiers de leur patrimoine celte, avec ses traditions musicales. Qui plus est, le gaélique, la langue des Irlandais, connaît une véritable renaissance en Eire – le nom irlandais du pays.

Le tumulus de Newgrange, chef-d'œuvre de l'architecture préhistorique (environ 3100 av. J-C).

Les impressionnantes ruines du site monastique de Clonmacnoise.

Croix de tombes irlandaises au cimetière de Clonmacnoise.

Leinster

L'ouest de la république est occupé par la province de Leinster, avec sa capitale souvent décrite et chantée Dublin et les monuments culturels les plus anciens et les plus importants du pays. Les fertiles terres agricoles d'Irlande se trouvent elles aussi dans le Leinster. Au sud s'étend un paysage paisible convenant à merveille aux activités sportives telles que la pêche à la ligne, l'équitation et le golf. C'est également la région la plus chaude du pays, avec peu de pluie et de délicieuses plages de sable.

Une vue époustouflante sur les îles rocheuses Blasket, devant la péninsule ouest-irlandaise de Dingle.

Culture

★★ **Dublin** ❶ Voir plan page 25

★★ **Newgrange** ❷ Imposant tumulus dans la vallée de Boyne. L'un des principaux monuments de l'âge de pierre. En dessous se trouvent des couloirs funéraires ainsi qu'uneimpressionnante catacombe de 6 m de haut.

★ **Hill of Tara** ❸ Colline légendaire où se serait dressé le palais des rois irlandais, avec vue sur le pittoresque château Dunsany.

★ **Kells** ❹ Cimetière à croix celtiques. Le monastère médiéval jadis si célèbre a été détruit.

★★ **Clonmacnoise** ❺ Vestiges romantiques d'une église le long de la rivière Shannon, avec des croix et pierres tombales du 10e au 12e siècle.

Tullamore ❻ Petite ville connue pour son whisky. Non loin de là, à Kilbeggan, vous pouvez faire une visite guidée de l'historique Locke's Whiskey Distillery (18e siècle).

Kildare ❼ Lieu d'élevage de chevaux avec le haras d'État national Stud (visites guidées).

★ **Russborough House** ❽ Éminent manoir de style palladien dans les monts Wicklow au sud de Hollywood.

★★ **Glendalough** ❾ Monastère paléochrétien doté d'imposantes tours et constructions arrondies du 10e au 12e siècle.

★ **Wexford** ❿ Ville portuaire très vivante abritant de nombreux pubs ainsi qu'un festival d'opéra réputé.

Nature

★ **Loch Iron** ❶ Lac idyllique près de Mullingar, avec une réserve ornithologique. Les lacs de la région sont de vrais petits paradis pour les adeptes de la pêche à la ligne.

★ **Monts Wicklow** ❷ Région montagneuse de l'ouest, avec une pittoresque côte rocheuse et d'accueillantes baies sablonneuses.

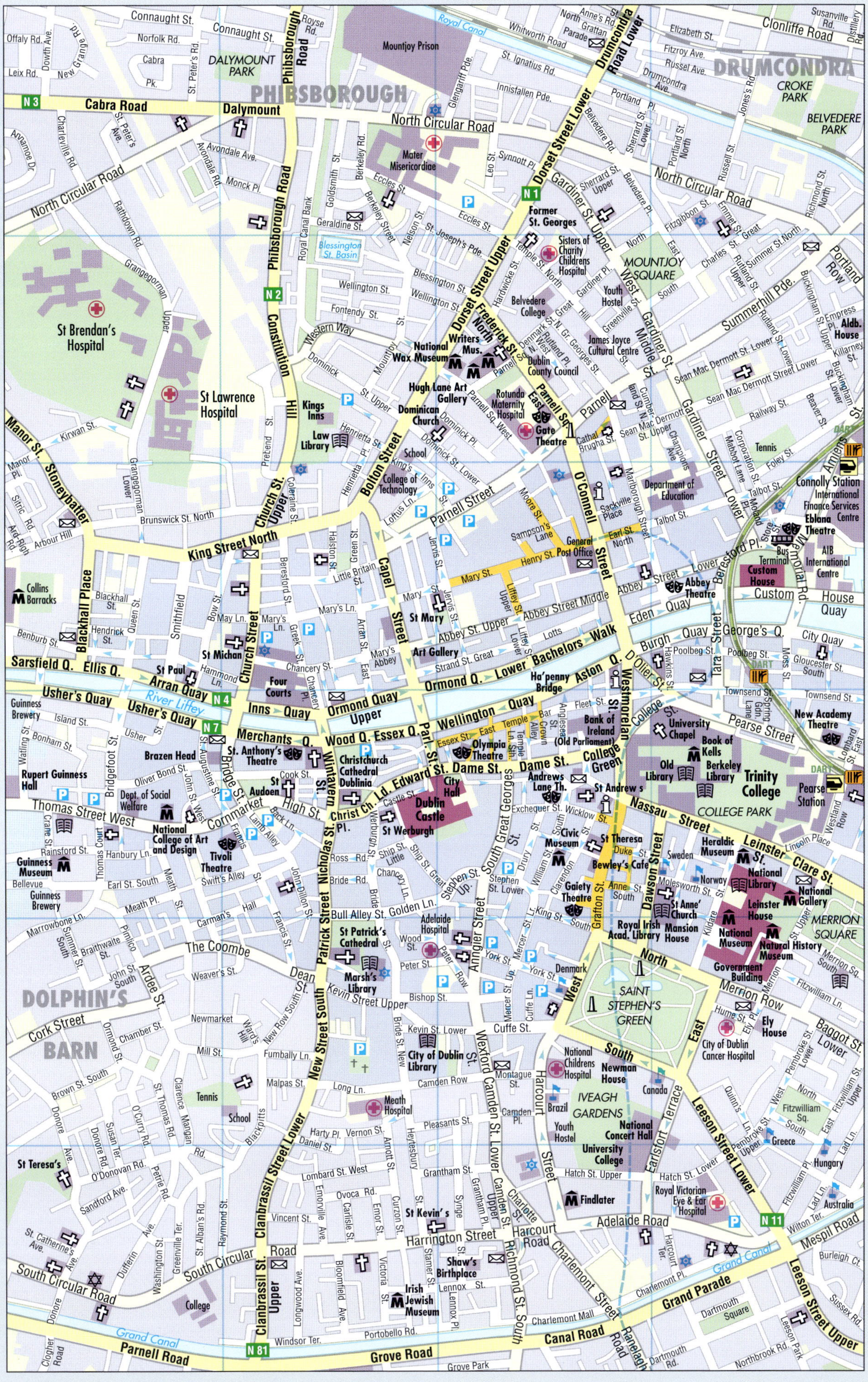

Dublin

Avec ses 1 000 ans d'existence, la capitale de la république d'Irlande vaut assurément le détour, mais pas uniquement pour ses trésors artistiques: elle est surtout incontournable pour son ambiance et sa joie de vivre exceptionnelles.

Les Vikings du Grand Nord qui se sont installés ici ont nommé leur implantation Dyfflin, ce qui signifie littéralement «le marais noir». Un mauvais présage? Il est vrai que l'histoire d'Irlande a longtemps été déterminée par des étrangers, et surtout par les Anglais, car cette île fut leur première colonie. Dublin devint le siège de l'administration anglo-irlandaise mais la ville n'a jamais acquis un caractère totalement britannique. La lutte de l'Irlande pour son indépendance commença avec la Révolte de Pâques en 1916. Les Irlandais veillent à entretenir leurs traditions, leur musique, leur poésie, leurs récits et leur culture parlée. La ville de Dublin, pétillante de vie et axée sur l'avenir, n'est peut-être plus suffisamment irlandaise, mais elle n'en est pas moins très intéressante.

À voir absolument: la cathédrale gothique *Christ Church; la cathédrale gothique *St Patrick's; le quartier historique *Temple Bar; le *Trinity College dans le quartier haut en couleurs; la *National Gallery avec ses collections de peinture irlandaise; le *National Museum consacré à l'histoire de la culture irlandaise; les *Jardins botaniques nationaux avec leurs serres du 19e siècle.

Le pont O'Connel sur la River Liffey.

Bibliothèque du Trinity College, fondé en 1592, la plus ancienne université irlandaise.

Côte ouest d'Irlande

Le paysage inaltéré de la côte ouest d'Irlande exerce une attraction irrésistible sur les Européens stressés. Ceux qui recherchent une nature grandiose et un calme olympien ont frappé à la bonne porte.

La côte morcelée entre la charmante ville portuaire de Galway au sud et Sligo au nord se compose de baies profondément échancrées et de récifs escarpés, d'innombrables péninsules et d'îles en bordure de côte. Ce qui rend cette région tellement attrayante aux yeux du voyageur «fatigué de la civilisation» – son caractère désertique et reculé – a suscité des siècles de misère: les gens n'étaient quasi nulle part aussi pauvres que dans l'ouest de l'Irlande.

1 La tour de guet circulaire du château Doonagore veille fièrement sur la côte de Clare.

2 La péninsule du Connemara était déjà un lieu de chasse et de pêche prisé par la classe supérieure anglo-irlandaise du 19e siècle en raison de ses superbes paysages.

3 Achill Island, accessible depuis le continent par un pont, offre d'élégantes plages en plus de ses superbes paysages montagneux.

4 Le comté de Kerry, au sud-ouest, est un paradis pour les botanistes et ornithologues.

5 Les Falaises de Moher, qui surplombent l'océan Atlantique d'une hauteur de plus de 200 mètres, sont une attraction particulièrement prisée. Elles s'étendent sur une distance de 8 km entre Hags Head au sud et Aillensharagh au nord.

6 Ces falaises sont constituées de grès et de schiste, ce qui leur confère un aspect multicolore et marbré. Elles offrent un lieu de nidification idéal à de nombreux oiseaux de mer.

7 La vue sur les Falaises de Moher, l'un des phénomènes naturels les plus impressionnants d'Irlande, est tout bonnement sensationnelle. Il se forme parfois un véritable attroupement à proximité des zones de panorama, comme si une fête était en cours. Mais que cela ne vous empêche pas de jouir du paysage!

5

6

7

Irlande

*Les cellules du **monastère de Skellig Michael** sont un exemple bien préservé du début de l'architecture irlandaise. Des terrasses ceinturées de murailles abritent plusieurs huttes en pierre coiffées de coupoles en nacelle, sur un plan de projection carré. Les pierres sont empilées de sorte que l'intérieur des murs soit quasiment lisse. Les croix de quartz blanc au-dessus des baies de portes indiquent qu'il s'agit d'édifices chrétiens.*

Munster

Au sud de l'île se trouve la province de Munster, où les comtés de Cork et de Kerry attirent la plupart des touristes. L'Irlande n'est nulle part ailleurs aussi irlandaise: récifs dénudés, verts pâturages pour les moutons, petits villages enchanteurs et fières citadelles. Pour l'Irlande paupérisée, pays d'émigration traditionnel, le tourisme s'avéra une bénédiction, qui raviva également les anciens corps de métier. On n'y voit toutefois que rarement un tourisme de masse et même en haute saison, vous trouverez le calme que vous attendez.

Culture

* **Kilkenny** 11 Centre historique bien conservé avec une citadelle et la majestueuse maison patricienne *Rothe House (16e siècle).

** **Rock of Cashel** 12 Colline comportant les vestiges d'une grande cathédrale, de tours circulaires et de la Cormac's Chapel, exemple de l'architecture romane en Irlande.

* **Château Ormond** 13 À Carrick-on-Suir. Citadelle médiévale avec une habitation de style Tudor.

* **Waterford** 14 Ville portuaire comportant un mur d'enceinte intégralement conservé et un Heritage Centre consacré à l'histoire de la ville depuis les Vikings. Verrerie réputée.

* **Cork** 15 Ville portuaire grouillante d'animation dans le delta du Lee. À voir absolument: la *Crawford Municipal Art Gallery dans l'ancien poste douanier (18e siècle); la *Honan Chapel du début du 20e siècle, avec un artisanat de style Celtic Revival (renouveau celte).

** **Skellig Michael** 16 Mystérieux monastère du 8e siècle sur une île rocheuse (inscrit au patrimoine mondial de l'Unesco).

Nature

** **Iveragh** 3 Péninsule au paysage pittoresque, très animé en haute saison.

** **Dingle Peninsular** 4 L'une des plus belles péninsules irlandaises, avec une plage sablonneuse de 5 km et une vue unique.

** **Falaises de Moher** 5 Côte spectaculaire bordée de falaises culminant à 200 m de hauteur.

** **The Burren** 6 Plateau rocheux sur la côte ouest, avec de nombreuses tombes mégalithiques. Semble désertique, mais ne l'est pas: 1100 espèces végétales se développent entre les plaques calcaires.

Connacht

L'ouest, avec la province de Connacht, est sauvage et peu peuplé. C'est la zone la plus authentique d'Irlande et elle a donc toujours été la plus pauvre. On parle plus le gaélique à Connacht qu'ailleurs dans l'île et la musique populaire locale, qui s'entend partout, se situe entre la musique traditionnelle et la musique folk populaire. Une spécialité de cette côte morcelée réside dans les huîtres de Galway Bay, auxquelles un festival de danse et de musique est même consacré!

Culture

* **Galway** 17 Port accueillant au bord de l'océan. Au nord, il jouxte le Lough Corrib, le plus grand lac d'eau douce d'Irlande.

* **Westport** 18 Village idyllique caractérisé par un manoir, la Westport House.

* **Sligo** 19 Ville côtière haute en couleur; ville du poète William Butler Yeats.

Nature

** **Aran Islands** 7 Archipel situé devant la Galway Bay, prolongeant le paysage calcaire particulier du Burren.

** **Connemara** 8 Paysage mystique situé sur la péninsule à l'ouest des lacs Lough Corrib et Lough Mask. Côte morcelée, lacs innombrables et monts Maamturk et Twelve Bens. Ville principale: Clifden.

* **Clare Island** 9 Île désertique et peu peuplée de la Clew Bay, avec une superbe vue sur la côte. La tour de fortification du port était le quartier général du pirate Grace O'Malley au 16e siècle.

Ulster

Au début du 20e siècle, l'ancienne province Ulster d'Irlande du Nord était déjà le théâtre d'affrontements entre les protestants anglophiles et les nationalistes irlandais catholiques. Cette province est scindée depuis 1922. La plupart des comtés ainsi que les plus grandes villes se situent en Irlande du Nord. Seuls les comtés de Cavan, Donegal et Monaghan appartiennent à la République d'Irlande. Donegal possède un paysage intéressant avec une côte très morcelée. Ceux qui recherchent le calme et le silence ont trouvé le bon endroit.

Culture

* **Glencolumbkille** 20 Village retiré où la vie éprouvante de la population rurale est illustrée au sein du Folk Village Museum. 75 % de la population est encore partie au milieu du 20e siècle.

* **Grianán of Aileach** 21 Fort caractérisé par des vestiges préhistoriques et vue époustouflante sur le Lough Swilly.

Nature

** **Slieve League** 10 Montagne de 601 m de hauteur (la «Montagne grise») débouchant sur les récifs escarpés de la Donegal Bay. Vous aurez la meilleure vue sur la côte grandiose depuis les bateaux de tourisme qui partent de la Teelin Pier.

Le comté de Cork, sur la côte sud de l'Irlande, est particulièrement verdoyant.

L'Irlande sauvage et romantique: Doo Lough, le «Lac noir», au crépuscule.

Les ruines du château Clifden se dressent dans le somptueux décor de l'ouest de l'Irlande, non loin de Galway.

Îles Shetland
Skara Brae
Orcades
(Orkney Islands)
Hoy
Wick
Grey Cairns
Hébrides
Lewis
Callanish
Harris
North Uist
Skye
South Uist
Barra
Northwest Highlands
Inverness
Loch Ness
Glenlivet
Malt Whisky Trail
Balmoral
Aberdeen
Grampian Mountains
Stonehaven
Dunnottar Castle
Staffa
Iona
Mull
Écosse
Loch Lomond & The Trossachs National Park
Dundee
St Andrews
Jura
Islay
Hopetoun House
Anstruther
Kintyre
Giant's Causeway
Arran
Glasgow
Édimbourg
Mer du Nord
OCÉAN ATLANTIQUE
Grianán of Aileach
London-derry
Coleraine
Glencolumbkille
Slieve League
Culzean Castle
Ayr
New Lanark Mills
Southern Uplands
Berwick-upon-Tweed
Holy Island
Melrose
Strabane
Devenish Island
Sligo/Sligeach
Lower-Lough Erne
Larne
L. Neagh
Bangor
Achill Island
Clare Island
Florence Court
Enniskillen
Castle Cool
Upper-Lough Erne
Belfast
Cairnholy
Dumfries
Northumberland National Park
Hadrian's Wall
Greenhead
Irlande
Westport
Irlande du Nord
Carlisle
Hexham
Newcastle Upon Tyne
Connemara
Lough Mask
Lough Corrib
Newry
Isle of Man
Douglas
Lake Distict National Park
Durham
Aran Islands
Galway/Gaillimh
Athlone/Baile Átha Luain
Loch Iron
Kells
Dundalk/Dun Dealgan
Grande-Bretagne
New-grange
Drogheda/Droichead Átha
Yorkshire Dales National Park
Richmond
Whitby
North York Moors National Park
Cliffs of Moher
The Burren
Clonmacnoise
Mullingar
Hill of Tara
Mer d'Irlande
IRLANDE
Shannon
Tullamore
Dublin/Baile Átha Cliath
Blackpool
Yorkshire Dales
Fountains Abbey
York
Kildare
Wicklow Mts.
Russborough House
Haworth
Dingle
Dingle Peninsular
Limerick/Luimneach
Kilkenny/Cill Chainnigh
Glendalough
Beaumaris Castle
Anglesey
Conwy
Liverpool
Manchester
Iveragh
Killarney/Cillairne
Cashel
Arklow/An tinbhear Mór
Snowdonia National Park
Sheffield
Skellig Michael
Carrick-on-Suir
Porthmeirion
Chester
Wrexham
Peak District National Park
Cork/Corcaigh
Harlech
Lincoln
Bantry/Beanntrai
Waterford/Port Láirge
Wexford
Cardigan Bay
Cambrian Mountains
Shrewsbury
Nottingham
Pays de Galles
Angleterre
Canal Saint-Georges
Pembrokeshire Coast National Park
Birmingham
Leicester
ROYAUME-UNI
St David's
Brecon Beacons National Park
Worcester
Coventry
Norwich
Norfolk Broads
Pembroke
Hereford
Warwick Castle
Stratford-upon-Avon
Ely
Bury St Edmunds
Offa's Dyke Path
Gloucester
Bedford
Swansea
Rhosili Bay
Tintern Abbey
Cotswold Hills
Cambridge
Lavenham
Ipswich
Cardiff
Blenheim Palace
Bristol Channel
Oxford
Bristol
Bath
Avebury
OCÉAN ATLANTIQUE
Exmoor National Park
Wells
Stonehenge
Windsor
Londres
Tamise
Cornwall Coast
Dartmoor National Park
Stourhead
Newquay
Exeter
Salisbury
Winchester
Southampton
St Ives
Cornwall
Canterbury
Isles of Scilly
Portsmouth
Bodiam Castle
Riviera anglaise
Plymouth
Torbay
Douvres
St Michael's Mount
Land's End
Brighton
Isle of Wight
Beachy Head
Eastbourne
Minack Theatre
Calais
Bruges
Gand
BELGIQUE
Manche
Lille
Cherbourg
FRANCE
Îles anglo-normandes
(Channel Islands GB)
Dieppe
Amiens
Le Havre
St.-Quentin

Danemark: le château d'Egeskov, bâti sur des pilotis en chêne, est considéré comme l'une des plus belles citadelles construites sur l'eau dans le style Renaissance. Ce noble édifice se dresse entre Odense et Svendborg, au cœur d'un magnifique parc.

Scandinavie

Le haut nord de l'Europe compte aujourd'hui de nombreux fans fidèles, et pas seulement pour son soleil de minuit! En effet, entre la ville norvégienne de Hammerfest, la ville la plus septentrionale de la planète, et la capitale danoise Copenhague se trouvent bien des choses

Norvège: le Mörsvikfjord, au sud des îles Lofoten.

à voir et à vivre: une nature préservée, un calme bienfaisant dans les vastes forêts et tourbières, de l'eau à perte de vue et une côte quasi infinie. Sans oublier les innombrables îles scandinaves... Le Danemark en compte 480 à lui seul, et la capitale suédoise Stockholm est fondée sur trois îles rocheuses. Un simple coup d' œil sur la carte et vous constaterez que la Scandinavie constitue, dans son ensemble, une grande péninsule, d'ailleurs la plus grande d'Europe avec sa superficie de 750 000 km². D'un point de vue global, l'Islande fait également partie de la Scandinavie.

Islande

L'Islande est la partie la plus septentrionale et géologiquement la plus récente d'Europe. D'origine volcanique, l'île présente un paysage également dominé par les glaciers. Ci-contre, la ***lagune du glacier de Jökulsárlón****, au sud-est de «l'île de feu et de glace».*

Islande

Superficie: 103 000 km²
Côte: 4 988 km
Point culminant: Hvannadalshnúkur (2 119 m)
Plus long cours d'eau: Thjórsá (230 km)
Plus grand lac: Thingvallavatn (84 km²)
Population: 272 000 habitants
Densité de population: 2,5 hab./km²
Capitale: Reykjavík (108 362 habitants)
Fuseau horaire: WET

Adresses utiles
(B) Ambassade d'Islande
Rue de Trèves, 74
1040 Bruxelles
Tél.: 02 286 17 00
Fax: 02 286 17 70
Web: www.islande.be
(FR) Office du tourisme d'Islande
Avenue Kléber, 8
75116 Paris
Tél.: 01 53 64 80 50
Fax: 01 53 64 80 52
E-mail: islande@icetourist.is
Web: www.icetourist.is

Situation et paysage

Surnommée «l'île de feu et de glace», l'Islande se situe à environ 300 km à l'est du Groenland, dans l'océan Atlantique, et s'étire jusqu'au cercle polaire arctique. Cette île jeune, d'origine volcanique, se trouve sur une crête océanique, là où convergent la plaque nord-américaine et la plaque eurasienne. Outre ses nombreux cratères, les geysers et les sources d'eau chaude témoignent de son intense activité volcanique. Environ un dixième de la surface de l'île est envahi par les glaces. Au sud, la côte est plate. Ailleurs, elle est formée de récifs et de fjords abrupts. L'intérieur du pays se compose de vertes vallées, de volcans et de glaciers, de geysers et de chutes d'eau.

Culture

* **Reykjavík** ❶ La capitale, sur la côte sud-ouest. À voir absolument: le parlement, actuel siège du plus ancien parlement du monde; la cathédrale et ses fonts baptismaux de Bertel Thorvaldsen; l'hôtel de ville moderne; **Listasafn Islands, le musée national des arts, et sa collection d'art moderne islandais; Listasafn Einars Jónssonar, son musée et son jardin de sculptures; la **Hallgrímskirkja moderne et ses *orgues spectaculaires (72 registres); le musée d'histoire naturelle; le monument dédié à Ingólfur Anarson; le théâtre national en béton; l'église catholique Kristkirkja; le musée national Thjódminja-safnid; les manuscripts de l'Árni Magnússon Institute; le musée Sigurjón Ólafsson (sculptures); une maison de maître du 18e siècle sur l'île de *Videy; la piscine *Sundlaugar Reykjavikur, la plus grande et la plus belle de la ville; le parc de sculptures *Asmundarsafn; le musée en plein air *Árbæjarsafn; le musée des arts Kjarvalsstadir.

* **Hafnarfjördur** ❷ Ville au sud de Reykjavík. À voir absolument: le musée de la marine *Sjómin jasafn Islands; le musée Byggdasafn Hafnarfjardar.

** **Glaumbær** ❸ Musée du folklore au nord de Varmahlid, ancienne ferme de tourbe et exemple d'architecture rurale du 18e siècle.

Hofsós ❹ Petite ville sur le Skagarfjördur. À voir absolument: le poste commercial danois du 18e siècle abritant un musée régional; le musée de l'émigration Vesturfarasafnid à Hofsósí.

Siglufjördur ❺ Port de pêche au nord d'Akureyri. À voir absolument: le musée du hareng.

Akureyri ❻ Ville du nord du pays. À voir absolument: le musée régional; le musée Nonahús; le *jardin des plantes; la cathédrale luthérienne; le musée de la physique; le port.

Nature

** **Thingvelli** ❶ Parc national au nord du lac Thingvallavatn. Il se compose d'un champ de lave apparu voici des milliers d'années après une éruption du Skaldbreidur. C'est ici que se tint la première assemblée de l'Althing (parlement) en 930 et que fut proclamée la république en 1944.

** **Stóri-Geysir** ❷ Le «grand geyser» de la zone géothermique de Haukadalur crachait encore, voici quelques années, de l'eau chaude jusqu'à 60 m de haut. Il a aujourd'hui cessé toute activité, mais le geyser **Strokkur, plus petit, entre encore en action toutes les 10 minutes. Dans les environs: **la Gullfoss ou «cascade dorée».

** **Látrabjarg** ❸ Récifs de basalte verticaux de plus de 400 m de hauteur, peuplés de milliers d'oiseaux marins, surtout des macareux. Point le plus occidental d'Europe.

* **Goðafoss** ❹ Impressionnante chute d'eau à l'est d'Akureyri. On y jetait jadis des idoles dans l'eau.

*** **Mývatn** ❺ Le «lac des moustiques», grand de 36 km, est alimenté par des sources d'eau chaude et ceinturé de champs de lave, de bourbiers crachotants, etc. Les étranges colonnes de lave dans le lac sont vraiment impressionnantes. L'eau est particulièrement poissonneuse. Sur les rives nichent plus de 100 000 canards sauvages. À voir dans les environs: les formations de lave près de Dimmuborgir et la crevasse de *Seljahjallagil, formée par des colonnes de basalte.

* **Húsavík** ❻ Lieu de rencontre des amateurs de baleines. En été, de nombreuses espèces de baleines sont visibles face à la côte (informations au Whale Center, sur le port).

** **Dettifoss** ❼ Fantastiques chutes d'eau de la rivière Jökulsá.

Ásbyrgi ❽ Une faille en forme de fer à cheval au nord des Dettifoss. Il s'agirait, selon un sage, de l'empreinte d'un sabot du cheval d'Odin.

*** **Vatnajökull** ❾ Ce glacier de 8 400 km est le plus grand d'Europe. Informations sur l'exploration des glaciers à Höfn. Tout aussi fascinants: le lac glaciaire *Jökulsárlón et le *parc national de Skaftafell, dont les paysages de tourbe et de bruyères contrastent nettement avec les masses de glace. Conseillé: une promenade jusqu'aux chutes de Svartivoss, qui se jettent sur des colonnes de basalte.

* **Hekla** ❿ Volcan actif de 1 447 m de haut au sud, avec ses cratères enneigés et une faille volcanique de 5 km.

L'Islande: un paradis pour les amoureux d'une nature intacte.

Spectacle grandiose: les Dettifoss, au nord-est de l'Islande, les plus grandes chutes d'eau d'Europe.

Oslo, la capitale norvégienne, doit son charme en grande partie à ses environs idylliques, ses flancs de montagne boisés et ses petits lacs. La meilleure période pour découvrir la Norvège s'étale de mai à septembre, quand les jours sont longs et les températures agréables.

Norvège

Superficie: 386 958 km² (Spitzberg et Jan Mayen incl.)
Côte: 2 650 km (fjords et îles incl.: 21 925 km)
Point culminant: Glittertind (2 472 m)
Plus long cours d'eau: Glommen (610 km)
Plus grand lac: Mjøsa (362 km²)
Population: 4,4 millions d'habitants
Densité de population: 13,6 hab./km²
Régions: est de la Norvège, région de l'Oslofjord, sud de la Norvège, ouest de la Norvège, nord de la Norvège
Capitale: Oslo (499 700 habitants)
Fuseau horaire: MET

Adresses utiles:
(B) *Office du tourisme de Norvège Benelux*
Boîte postale 519
1050 Bruxelles
(FR) *Ambassade royale de Norvège à Paris*
Rue Bayard , 28
75008 Paris
Tél.: 01 53 67 04 00
Fax: 01 53 67 04 40

Situation et paysage

La Norvège occupe la partie occidentale de la péninsule scandinave. Un tiers de son territoire se trouve au-dessus du cercle polaire. Sa côte très découpée par de nombreux fjords s'étend du Skagerrak à la mer de Barents, mais reste protégée des glaces à l'hiver grâce au Gulf Stream. Au nord, les tourbières et les petits lacs dominent le haut plateau de Finnmarksvidda, tandis que des chaînes de montagnes se dressent au sud. Le territoire de la Norvège comprend aussi l'île Spitzberg (Svalbard), l'île Jan Mayen et l'île aux Ours.

Est de la Norvège, région de l'Oslofjord et sud de la Norvège

Les vastes vallées érodées en hauts plateaux montagneux (fjelds) caractérisent le nord de la Norvège, du massif montagneux central à la frontière suédoise. Au sud de ces vallées se trouve la région fertile entourant l'Oslofjord qui, à l'ouest, suit les forêts et les moyennes montagnes du Telemark, et les hautes montagnes
de Hardangervidda. La côte sud se compose d'îlots rocheux et de plages de sable.

Culture

**** Oslo** ❶ Capitale de la Norvège, sur l'Oslofjord. Principales curiosités: la **forteresse Akershus et le musée de l'armée, le musée de la résistance et le monument national; le Stattholdergården; le Mustadgården, l'*hôtel de ville de 1641; l'*hôtel de ville de 1647; le nouvel hôtel de ville; la galerie nationale et les œuvres de peintres norvégiens; le **château royal du 19e siècle; le musée norvégien de la marine; le musée Fram dans le navire polaire Nansens; le musée Kon-Tiki abritant deux embarcations primitives avec lesquelles l'océan Atlantique fut traversé en 1947 et 1970; le musée avec navires vikings; le musée du folklore; le **parc Vigeland et ses grandes statues; le *musée d'art enfantin international; l'**enceinte de Holmenkollen et le musée du ski; la cathédrale du 17e siècle.
Fredrikstad ❷ Ville industrielle sur l'Oslofjord. À voir absolument: la **ville fortifiée; le *fort de Kongsten.
**** Oldtidsveien** ❸ Route entre Fredrikstad et Skjeberg. À voir absolument: les peintures rupestres préhistoriques à Begby, Hornnes et Solberg; le tumulus; les implantations datant de l'âge de pierre; les nobles maisons de maître.
Hamar ❹ Ville sur le lac Mjøsa. À voir absolument: le *bateau viking; la patinoire moderne; le *musée du chemin de fer; les ruines de la **cathédrale romane.
*** Elverum** ❺ Enclave dans la vallée du Glommen. À voir absolument: le *musée en plein air abritant 70 anciennes maisons rurales; le musée de la sylviculture et de la pêche.
*** Lillehammer** ❻ Capitale de la province d'Oppland, avec le *tremplin Lysgård; le **musée en plein air Maihaugen et la galerie de peintures municipale sur la place.
**** Røros** ❼ Les maisons en bois du vieux centre de cette ancienne ville minière ont été classées au patrimoine mondial par l'Unesco. À voir également: l'église de 1784; le musée municipal; le musée de la mine.
Kongsberg ❽ Ville minière au sud d'Oslo. Les **failles de Saggrenda furent exploitées du 17e siècle à 1957; vous obtiendrez de plus amples informations sur les mines d'argent au **musée norvégien

1 L'une des curiosités d'Oslo, la capitale norvégienne, est le parc Vigeland, à l'ouest du parc du château. Le sculpteur Gustav Vigeland (1869-1943) y érigea son propre monument, sous la forme de quelque 200 sculptures monumentales. Il fit, par la même occasion, un impressionnant cadeau à sa ville.

2 Vous aurez une première impression d'Oslo en faisant un tour de la ville. Près de l'eau se dresse l'hôtel de ville, où est décerné chaque année le prix Nobel de la paix.

3 L'église baroque (1779-1784) est l'unique bâtiment en pierre dans le centre de Røros.

Islande

Lorsque les Vikings mirent le cap sur l'Islande au 9e siècle, ils baptisèrent l'endroit où se trouve aujourd'hui Reykjavík la «baie des fumées». Ils étaient manifestement sous l'impression des sources d'eau chaude et des geysers...

La terre est agitée en Islande, cette île au nord de l'océan Atlantique comptant parmi les paysages géologiques les plus jeunes du monde. L'énergie volcanique souterraine remonte jusqu'à la surface, où elle siffle, bouillonne et confère au cœur de l'Islande son caractère si particulier. Au cours du précédent millénaire, cette île au sud du cercle polaire a connu quelque 150 éruptions volcaniques. Environ un dixième de l'Islande se compose de lave. Mais le pays n'est pas surnommé «l'île de feu et de glace» pour rien, car les glaciers occupent certainement autant d'espace. C'est pourquoi les sports d'hiver s'y pratiquent également en été. Un plaisir unique: un bain dans des sources d'eau chaude pouvant atteindre une température de 40 °C, isolées du monde habité. Les piscines publiques parfaitement agencées dans les villes islandaises se prêtent elles aussi idéalement à un plongeon bienfaisant.

Grande photo de gauche: Phénomène naturel typique d'Islande: les gigantesques bourbiers dans lesquels bouillonne de la terre chaude, dégageant une odeur de soufre assez désagréable. On trouve également de tels bourbiers sur l'île de Surtsey, qui n'a vu le jour que dans les années 1960 après une éruption volcanique sous-marine.

1 Krisuvik, riche en sources et facilement accessible depuis Reykjavík, est la première destination des voyageurs islandais.

2 Éruption volcanique sur l'île de Surtsey, la plus jeune des îles Vestmann, face à la côte sud de l'Islande.

3 Bien connues: les «orgues de lave» formées par des colonnes de basalte de longueur différente, créant un magnifique décor pour la Svartifoss («cascade noire»).

4 Des vapeurs chaudes montent des solfatares, où les eaux souterraines sont chauffées à si forte température qu'elles apparaissent non pas sous forme d'eau chaude, mais sous forme de vapeur. De telles sources de vapeur se rencontrent essentiellement dans les montagnes.

1

2

3

4

*L'**église d'Urnes** est la plus ancienne église en bois conservée de Norvège. Ses sculptures d'animaux et ses formes de serpent font référence à des éléments de l'ère préchrétienne des Vikings. Les églises en bois sont la principale contribution de la Norvège à l'architecture européenne.*

Elles furent construites à partir du 11e siècle, lorsque le christianisme commença à se répandre dans le pays. Elles constituent en outre de splendides exemples de l'art traditionnel norvégien de la menuiserie, qui s'exprima également dans les navires vikings et témoigne d'un très grand savoir-faire.

de la mine.
Heddal 9 En bordure du Telemark. À voir absolument: les *églises en bois des 12e-13e siècles. Belles maisons rurales du *Heddal Bygdetun.
* **Église en bois d'Uvdal** 10 Fascinant édifice en bois entre Uvdal et Rødberg, datant du 12e siècle.
Rjukan 11 Petite ville dans la région de Telemark. À voir absolument: la **centrale hydroélectrique de Mår; le **musée de Vemork sur la résistance contre l'occupation allemande; la *voie ferrée de Krosso jusqu'à Gvepseborg, avec vue magnifique sur le *Gaustatoppen (1 883 m).
* **Skien** 12 Capitale de la province de Telemark, où se trouvent la maison natale de Henrik Ibsen et le musée Telemark.
* **Tønsberg** 13 Capitale de la province de Vestfold. À voir absolument: les ruines de la forteresse de Tønsberghus, datant du 13e siècle; le musée Vestfold.
Sandefjord 14 Ville sur l'Oslofjord, avec un musée consacré à la pêche à la baleine, un musée de la marine et un musée municipal.
* **Larvik** 15 Intéressante ville portuaire sur le Larvikfjord, avec une église du 17e siècle, un musée municipal en bois datant du 17e siècle et un musée de la marine.
** **Lyngør** 16 Pittoresque village insulaire sur le Skagerrak. Conseillé: promenade en bateau Tvedestrad dans les îlots jusqu'à Lyngør.
* **Grimstad** 17 Ville portuaire sur la côte sud, avec un musée municipal et l'Ibsenhuset, deux musts pour les fans de Henrik Ibsen.
* **Kristiansand** 18 Ville portuaire à l'embouchure de l'Otra. À voir absolument: le quartier en bois de *Posebyen; la **forteresse Christiansholm du 17e siècle; la cathédrale du 19e siècle; à l'est du centre, à Gimlemoen, le domaine *Gimle Gård du 19e siècle et l'église d'Odderne (11e siècle).
Mandal 19 Ville sur le Skagerrak. À voir absolument: l'église de style Empire; l'hôtel de ville du 18e siècle; le musée municipal et les belles maisons en bois.

Nature

* **Mjøsa** 1 Plus grand lac de Norvège, d'une profondeur pouvant atteindre 443 m. Ce lac extrêmement poissonneux constitue un véritable paradis pour les canoéistes.
** **Parc national d'Hardangervidda** 2 Haut plateau rude avec une faune et une flore abondantes, l'un des plus beaux domaines de promenade du pays. Impressionnant: **Hardangerjøkulen, un glacier dans le nord.

Ouest de la Norvège

L'ouest de la Norvège est surtout connu pour ses fjords de plus de 200 km de long. En raison de ces bras de mer étroits et profonds qui pénètrent dans les hauts plateaux montagneux, l'habitat n'est possible que sur quelques bandes côtières.

Culture

Stavanger 20 Capitale de la province de Rogaland. À voir absolument: la cathédrale romano-gothique; le musée Stavanger; la galerie d'art; le musée municipal.
* **Haugesund** 21 Ville portuaire sur la côte sud-ouest. À voir absolument: l'hôtel de ville et le musée municipal; le monument national au-dessus de la tombe du roi Harald Hårfager.
** **Bergen** 22 Ville portuaire sur la mer du nord. À voir absolument: le marché aux poissons; les maisons de la rue **Bryggen (classées au patrimoine mondial par l'Unesco); les caricatures de la *galerie Audun Hetland; l'**église Notre-Dame du 12e siècle; l'*aquarium; le *musée de la lèpre; la collection Rasmus Meyer (peintres norvégiens); l'**église en bois de Fantoft; **Troldhaugen, où a séjourné Edvard Grieg, qui abrite aujourd'hui un musée et une salle de concerts, avec la tombe rupestre du plus célèbre compositeur norvégien.
** **Église en bois d'Urnes** 23 Sur la rive est du Lusterfjord. Église en bois du 11e siècle, classée au patrimoine mondial par l'Unesco.
** **Ålesund** 24 Ville portuaire sur le Storfjord. À voir absolument: l'église Art nouveau; l'aquarium; le musée municipal.
Molde 25 Port sur le Molde-fjord. À voir absolument: le *musée Romsdal avec ses maisons rurales et citadines historiques; le musée de la pêche sur l'île de Hjertøya.
* **Trondheim** 26 Ville à l'embouchure du Nidlev. À voir absolument: la *forteresse Kristiansten du 17e siècle; la ***cathédrale de Nidaros du 11e siècle, l'église de couronnement des rois norvégiens; l'ancien pont-levis *Gamele Bybru; le *musée en plein air Trøndelag consacré au folklore; *le musée de l'histoire de la musique; l'église Notre-Dame, transformée au 17e siècle; la maison en bois Stiftsgården datant du 18e siècle; le palais archiépiscopal; la galerie d'art et ses œuvres de peintres norvégiens; le musée de la science; la forteresse de Munkholmen du 17e siècle, avec superbe vue sur la ville.

Nature

*** Prekestolen («chaire») sur le Lysefjord 3 Plateau rocheux le plus photographié de Norvège, haut d'environ 600 mètres, plongeant abruptement dans les profondeurs. Conseillé: promenade en bateau dans le Lysefjord depuis Stavanger.
** **Île aux oiseaux de Runde** 4 Île de pêcheurs dans le Sunnmøre, avec ses abrupts rochers de 300 m de haut où nichent 32 espèces d'oiseaux marins, dont une grande colonie de macareux.
*** **Geirangerfjord** 5 Bras latéral très attrayant du Storfjord, de 16 km de long et ceinturé de parois de 1 700 m de haut. Les «Sept sœurs», le «Voile de la mariée» et le «Prétendant» constituent de magnifiques chutes d'eau.
* **Jostedalsbreen** 6 Plus grand glacier de Norvège (850 km), situé entre le Sognefjord et le Norfjord. Il se compose de 24 langues glaciaires.
** **Sognefjord** 7 Plus long fjord de Norvège (180 km), situé sur la côte occidentale. D'une profondeur pouvant atteindre 1 245 m, ce fjord est encastré entre des parois rocheuses de 1 500 m de hauteur.

Les montagnes abruptes des îles Lofoten ne laissent que peu de place aux habitations.

Les chutes de Voringsfossen, à la frontière du parc naturel Hardanger Vidda.

Le nord de la Norvège, de la Suède, de la Finlande et de la Russie abrite un total d'environ 60 000 ***Lapons****. Ils utilisent les rennes comme animaux de trait, bêtes de somme et montures, mais aussi comme source de lait et de viande.*

1

2

3

Nord de la Norvège

Le nord du pays – plus ou moins à partir du 65e degré de latitude –se compose majoritairement de chaînes montagneuses, de fjords et d'îles. La région la plus nordique est le Finnmark. Ce paysage spectaculaire se compose de montagnes, vallées, rivières, chutes d'eau et hauts plateaux. Il s'agit de la zone d'habitat des Lapons.

Culture

* **Mo i Rana** 27 Ville sur le Ranafjord. À voir absolument: l'église du 18e siècle; le musée Rana Bygde.
Bodø 28 Capitale de la province de Nordland. À voir absolument: la cathédrale et l'hôtel de ville des années 1950; le musée Nordland.
** **Lofoten** 29 Cotres de pêche, séchoirs à poissons et cabanes de pêcheurs caractérisent l'apparence des villages installés sur ces îles, vivant de la pêche depuis des siècles. À voir absolument: le *musée Lofoten à Kabelvåg.
Narvik 30 Ville portuaire dévastée pendant la Deuxième Guerre mondiale et reconstruite par la suite. À voir absolument: le musée de la guerre.
* **Tromsø** 31 La «porte de l'océan» est à la fois une ville portuaire vivante et la ville universitaire la plus septentrionaledu monde. À voir absolument: la **cathédrale de l'océan, le **musée interactif Polaria et le planétarium.
Alta 32 Localité de la province de Finnmark. À voir absolument: plus de 2 000 peintures rupestres préhistoriques dans le ***Hjemmeluft (classé au patrimoine mondial par l'Unesco); le *musée d'Alta.
* **Hammerfest** 33 La ville la plus septentrionale du monde. À voir absolument: l'église moderne; la colonne de granite qui rappelle les mesures russo-scandinaves des arcs de méridien au 19e siècle.
Karasjok 34 Localité de la province de Finnmark. À voir absolument: le **musée lapon et l'**église de 1807.

Nature

** **Parc national de Saltfjell-Svartisen** 8 Rude paysage de montagnes abritant des centaines de grottes, d'impressionnantes roches calcaires, des tourbières, des rennes et des plantes rares. À voir absolument: les grottes de Grønli près de Mo i Rana.
** **Lofoten et Vesterålen** 9 Fascinants archipels de la mer du nord, avec d'abruptes chaînes de montagnes, un climat clément et des eaux très poissonneuses. En été, des «balades d'observation des baleines» y sont organisées depuis l'île d'Andøya (Vesterålen).
** **Parc national de Pasvik** 10 Impressionnant paysage boisé au point limitrophe de trois pays entre la Norvège, la Finlande et la Russie, avec une flore luxuriante, de nombreuses espèces de rapaces, des ours bruns et des élans.
*** **Cap nord** 11 Deuxième point le plus au nord de l'Europe, situé sur un rocher de 307 m de haut, plongeant abruptement dans la mer sur l'île de Magerøya.

1 Le soir tombe sur le Cap Nord, souvent considéré comme le point le plus septentrional d'Europe. Ce qui est faux, car cet honneur revient en réalité à un autre endroit de l'île Magerö.

2 Tourisme: le Geirangerfjord, halte des navires de croisière et point de départ d'excursions dans la région, par exemple vers les chutes Storseterfossen de 30 m de haut.

3 À l'entrée du Storfjord se trouve la ville d'Ålesund. Après un grand incendie au début du 20e siècle, elle fut rebâtie dans le style Art nouveau.

TOURIST INFORMATION

Les fjords

Avec ses formes capricieuses, l'ouest de la Norvège est une région de fjords et de glaciers, d'îles et de fjelds. Cette zone côtière sauvage et romantique change de visage à chaque saison.

La côte ouest n'en est pas moins une région accueillante. Grâce au Gulf Stream, ses ports restent à l'abri des glaces même en hiver. La région étant protégée par de hautes parois rocheuses, on peut y cultiver des fruits. Mais sur les fjelds, les hauts plateaux sans arbres, la neige subsiste jusqu'au début de l'été. C'est également à cet endroit que se trouve le plus grand glacier intérieur: le Jostedalsbre. Depuis le 18e siècle, la glaciation du pays a cessé, et ce sont des glaciers qui ont donné forme à ce paysage côtier. Ainsi, les fjords – des criques pouvant atteindre 200 km de long, ceinturées de hautes montagnes et de parois rocheuses – sont nés des auges érodées par les glaciers et envahies par la mer après la période glaciaire. Aucun autre littoral n'est aussi profondément découpé que celui de l'ouest de la Norvège. En outre, avec tous ces fjords et innombrables petites îles face à la côte, le littoral ne fait pas moins de 20 000 km de long. Soit environ la moitié de la circonférence de la terre...

1 Un petit coin de paradis: le Luster-fjord, l'un des innombrables fjords qui confèrent à la côte norvégienne son aspect unique.

2 Bergen, la deuxième ville de Norvège, jouit d'un long passé en tant que centre commercial. C'est surtout grâce à l'exportation de morue séchée que la ville fut jadis prospère et connue. Du 13e au 16e siècle, Bergen fut membre de la ligue hanséatique, ce que nous rappelle le quartier de la Hanse, assurément digne d'une visite.

3 La majestueuse solitude de la nature: à l'exception des villes, la densité de population sur la côte ouest est d'à peine 10 habitants au kilomètre carré.

4 Au-dessus de Geiranger, un centre touristique sur le fjord du même nom, l'époustouflant point de vue de Flydalsjuvet offre un panorama sensationnel. Parmi les curiosités culturelles, citons l'église en bois octogonale et la ferme Møllgården.

Les îles Lofoten

Au nord du cercle polaire s'étend, face à la côte norvégienne, l'archipel des Lofoten. Les baies et fjords isolés y abritent d'idylliques petits villages de pêcheurs.

Les rudes montagnes, composées de granite et de pierre volcanique, se dressent jusqu'à 1 100 m au-dessus de l'eau. L'archipel compte plus de 80 îles, qui forment une chaîne de 200 km de long. Svolvær, la capitale, se situe sur Austvågøy. La pittoresque Kabelvåg existait déjà en 1120. Le musée régional du folklore vous en apprendra davantage sur l'histoire de ces îles. L'île voisine, Moskenesøy, abrite avec Henningsvær, Nusfjord, Ballstad, Reine et Stamsund, quelques très intéressants villages de pêcheurs. La pêche est une pratique séculaire sur les îles Lofoten: en hiver et au printemps, on y pêche le cabillaud, qui est ensuite séché sur de grandes claies ou sur des pierres. La morue séchée est exportée vers le reste du monde. L'archipel le plus au sud, Røst, est un véritable paradis ornithologique. Des millions d'oiseaux marins y ont trouvé refuge, notamment les macareux.

Grande photo de gauche: le soir tombe sur la côte de Svolvær, la capitale des îles Lofoten, qui existe depuis le Moyen Âge.

1 Le littoral des îles Lofoten, comme ici près de Hmødy, est formé de baies et de fjords.

2 Les claies en bois sur lesquelles sèche le poisson (hjeller) sont typiques des îles Lofoten. C'est surtout le cabillaud qui se conserve de cette façon traditionnelle.

3 Hamnøy sur le Kirkefjord, avec de typiques maisons de pêcheurs sur pilotis.

4 Imposante montagne côtière: le sommet de la pyramide rocheuse des Olstinden près de Reine.

5 La beauté sauvage du paysage a attiré de nombreux peintres. Les photographes peuvent, eux aussi, réaliser ici des clichés uniques, par exemple sur le Selfjord.

6 Bateaux sur le Selfjord: outre le tourisme, la pêche est la principale source de revenus des îles Lofoten.

1

2

3

4

5

6

*Les peintures rupestres de **Tanumhede** sont les parfaits témoins de la culture préhistorique de l'âge du bronze. Les dessins sont remarquablement détaillés: personnes, animaux, armes, bateaux et bien d'autres choses encore…*

Suède

Superficie: 449 964 km²
Côte: 2 400 km
Point culminant: Kebnekaise (2 111 m)
Plus long cours d'eau: Torneälven (Muonioälven incl.: 570 km)
Plus grand lac: lac de Väner (5 584 km²)
Population: 8,85 millions d'habitants
Densité de population: 19,7 hab./km²
Régions: sud de la Suède, centre de la Suède, nord de la Suède
Capitale: Stockholm (736 113 habitants)
Fuseau horaire: MET

Adresses utiles
(B) Office du tourisme de Suède
Boîte postale 2110
1000 Bruxelles
Tél.: 0800 74 039
Fax: 0800 96 063
(FR) Office du tourisme de Suède
Bld Malesherbes, 18
75008 Paris
Tél.: 01 53 43 26 27
Fax: 01 53 43 26 24
Web: www.suede-tourisme.com

Situation et paysage

La Suède occupe le centre géographique de la Scandinavie et se trouve sur le bouclier baltique (Fennoskandia), vieux de plus de 2,5 milliards d'années. Le paysage s'est formé durant les périodes glaciaires. Alors que les masses de glace se trouvant dans le sud ont fondu voici 15 000 ans, le nord-ouest est encore aujourd'hui recouvert d'une épaisse couche de glace. Le sud fertile connaît plutôt un climat de type continental. Plus vers le nord, le sud de la Suède se compose de hauts plateaux avec lacs et forêts. Le centre de la Suède est une zone d'extraction de minerai, tandis que la région densément peuplée du Norrland permet à peine l'agriculture.

Sud de la Suède

La Scanie (Skåne), région du sud de la Suède, est considérée comme le grenier à blé du pays. Au sud et au sud-ouest, la côte se compose de longues bandes de sable, tandis qu'à l'est, les forêt de conifères s'étendent jusqu'à la mer. Le haut plateau de près de 200 m de hauteur situé dans le sud est couvert de bois et, dans le Småland, jonché d'innombrables lacs.

Culture

Helsingborg ❶ Ville portuaire sur le Kattegat. À voir absolument: *Kärnan, une tour fortifiée de 36 m de haut datant du 14e siècle; l'hôtel de ville néogothique de 1897; le musée en plein air *Frederiksdal.

*** Lund** ❷ Ancienne ville épiscopale au nord de Malmö. À voir absolument: la **cathédrale du 12e siècle et son **horloge astronomique du 14e siècle; le musée du folklore en plein air *Kulturen.

*** Malmö** ❸ La troisième ville de Suède, face à Copenhague. À voir absolument: l'église Saint-Pierre du 14e siècle; la place et l'hôtel de ville datant de 1546; la petite place Lilla Torg et ses maisons à colombage; le Form Design Center et ses expositions; la citadelle *Malmöhus de 1536 et le musée municipal, le musée des arts, le musée d'histoire naturelle et le musée de la technique et de la marine; le *Rooseum et ses œuvres d'art moderne scandinave.

*** Ystad** ❹ Petite ville dotée d'un intéressant hôtel de ville de 1840, d'une église Notre-Dame romane et d'une église Saint-Pierre du 13e siècle.

**** Karlskrona** ❺ Base de marine dans le sud de la Suède (classée au patrimoine mondial par l'Unesco). À voir absolument: la place Stortorget et ses deux églises baroques; le *musée suédois de la marine; le *musée Blekinge Läns.

*** Kalmar** ❻ Ville sur la mer Baltique, face à Öland. À voir absolument: la **forteresse et son musée; le *musée Kalmar Läns et son exposition sur le navire de guerre «Kronan» ayant sombré en 1676.

**** Växjö** ❼ Ville dans la «région du verre» de Småland, qui s'étend entre Kalmar et Jönköping. Vous obtiendrez de plus amples informations sur l'industrie suédoise du verre en visitant le *musée Småland. L'Utvandrarnas Hus explique l'émigration hors de Suède.

*** Île d'Öland** ❽ La deuxième île de Suède, dans la mer Baltique (classée au patrimoine mondial par l'Unesco). Intéressant village d'**Eketorps datant du 5e siècle et château de Solliden (début du 19e siècle).

**** Île de Gotland** ❾ La plus grande île de Suède, dans la mer Baltique. À voir absolument: la ***vieille ville de Visby, classée au patrimoine mondial par l'Unesco depuis 1995, avec ses **remparts du 13e siècle; les ruines de l'**église Saint-Nicolas du 12e siècle; la cathédrale Notre-Dame de 1225; les ruines d'une église de 1233; le **musée Gotlands Fornsal; le *Gotlands Naturmuseet; la *ferme-musée Petes Gård près de Hablingbo et la ferme Bottarvegården près de Vamlingbo, avec son musée.

**** Göteborg** ❿ Ville portuaire sur le Kattegat. À voir absolument: la place Gustav Adolfs Torg et la sta-

Dans le port de Göteborg, vous pouvez vous balader en bateau-mouche et admirer le quatre-mâts rénové Bark Viking.

Chapelle Sainte-Brigitte à Kapelluden, sur Öland.

Öland: croix en calcaire de 3 m de haut datant du 13e siècle.

*Les colonnes rocheuses sculptées par la mer le long de la côte de **Gotland** sont des «raukar». Visby, la capitale de cette île suédoise située dans la mer Baltique, possède un cœur historique encerclé par un mur de 3,4 km de long.*

tue du roi Gustaaf II; la bourse du 19e siècle; l'hôtel de ville de 1672; l'église de 1746 et son *musée d'histoire; la cathédrale de 1825; le **musée d'art moderne scandinave; le *Röhsska Museet dédié à l'artisanat. Méritent une visite: le parc d'attractions *Liseserg; la halle aux poissons; le **musée de la marine; le musée Volvo.
Kungälv ⓫ Adorable petite ville bâtie sur les ruines de la forteresse du 14e siècle *Bohus.
* **Marstrand** ⓬ Ville au nord de Göteborg, aux romantiques maisons en bois dans la station thermale de Marstrand.
** **Tanumshede** ⓭ Commune sur le Skagerrak. À voir absolument: l'institut Hällristning, un musée consacré aux **peintures rupestres vieilles de plus de 3 000 ans (classées au patrimoine mondial par l'Unesco). Vous obtiendrez de plus amples informations sur la vie durant l'âge de bronze au **musée Vitlycke.
Vänersborg ⓮ Ville sur le lac Vänern. À voir absolument: la résidence du 18e siècle et l'église.
Hedared ⓯ Église en bois du 13e siècle près d'Alingsås.
* **Gränna** ⓰ Connue pour ses friandises. Avec l'intéressant Andréemuseet, consacré à l'explorateur polaire Salomon August Andrée.
* **Västervik** ⓱ Ville côtière pittoresque avec l'église Sainte-Gertrude datant du 15e siècle. Un peu plus à l'ouest: le parc d'attractions Astrid Lindgrens Värld à Vimmerby.
Linköping ⓲ Capitale de la province d'Östergötland. À voir absolument: la cathédrale romano-gothique; le musée en plein air Gamla Linköping.
Norrköpping ⓳ Ville industrielle dans la baie de Bråviken. À voir absolument: le *musée Arbetet; le parc animalier *Kolmården.

Nature

* **Parc national de Nora Kvill** ❶ Forêt de conifères sur le haut plateau de Småland, à la flore abondante.
** **Store Mosse** ❷ Parc national près de Värnamo. Impressionnant paysage de tourbières à la population ornithologique unique.
Trollhättefälle ❸ À travers l'écluse de Lilla Edet, ces chutes d'eau de 32 m de haut ne sont pas vraiment spectaculaires. Mais de mai à août, la rivière retrouve par endroit son lit naturel.

Centre de la Suède

Dans le cœur historique de la Suède, outre la ville de Stockholm, on trouve les grands lacs Vänern, Vättern, Hjälmaren et Mälaren. En direction du nord, la Suède centrale est moins densément peuplée. À la frontière norvégienne, le paysage se compose de gigantesques bois et massifs montagneux. Cette région fut jadis le centre économique de la Suède grâce à l'extraction du fer, du cuivre, du zinc, de l'argent et de l'or.

Culture

Södertälje. ⓴ À voir absolument: le musée Saab-Scania; l'implantation viking de **Birka (classée au patrimoine mondial par l'Unesco) sur l'île de Björkö; un peu plus au sud, le *château de Tullgarn datant du 18e siècle.
* **Mariefred** ㉑ Ville sur le lac Mälaren. À voir absolument: le **château de Gripsholm et sa collection de portraits royaux, décrite par Kurt Tucholsky; Grafikens Hus et sa collection d'art graphique; le musée géographique régional Callanderska Gården.
* **Strängnäs** ㉒ Petite ville sur le lac Mälaren. À voir absolument: la cathédrale du 13e siècle.
*** **Stockholm** ㉓ Capitale de la Suède, entre le lac Mälaren et la mer Baltique. À voir absolument: l'**église Riddarholm du 13e siècle, qui abrite aujourd'hui un musée; la **maison de chevalier du 17e siècle; le parlement de 1905; le *musée Medeltid; le **musée Vasa, avec l'épave du voilier «Vasa» qui sombra en 1628 et fut mis à l'abri en 1961; le **château royal du 18e siècle; l'église gothique Saint-Nicolas du 13e siècle; l'**hôtel de ville datant du début du 20e siècle; le **musée national avec la plus importante collection artistique de Suède; le ***Moderna Museet consacré à l'art moderne; le **musée d'histoire avec des pièces impressionnantes datant du temps des Vikings; le **Nordiska Museet exposant des

1 Stockholm est souvent appelée la «Venise du nord». La capitale suédoise doit son agréable atmosphère à l'omniprésence de l'eau. La ville a effectivement été construite sur trois îles.

2 L'histoire du château de Kalmar remonte au 14e siècle, mais son aspect actuel date du 16e siècle.

3 Le lac de Mälaren abrite au moins 1 000 îlots. Sur l'un d'entre eux se dresse le château de Gripsholm. Kurt Tucholsky, qui y passa l'été 1929, le rendit célèbre par une histoire d'amour.

*Une destination de vacances appréciée: **Dalarna**, région boisée aux nombreuses vallées en Suède centrale. On y cultive d'anciennes traditions, comme la musique folklorique régionale, et les vieux métiers, comme la peinture de calebasses. Ces traditions sont mises à l'honneur durant les fêtes.*

ustensiles ménagers, meubles et costumes traditionnels de différentes périodes; le musée en plein air **Skansen; le musée d'art *Waldemarsudde. Hors de la ville: le **château baroque de Drottningholm (classé au patrimoine mondial par l'Unesco).

** **Uppsala** 24 Ville universitaire au nord de Stockholm. À voir absolument: le château du 16e siècle; le jardin des plantes, la bibliothèque de l'université Carolina Rediviva et ses précieux manuscrits et incunables; le Gustavianum, une partie ancienne de l'université aujourd'hui devenue musée; la **cathédrale du 13e siècle; le tumulus royal des 5e et 6e siècles à Gamla Uppsala.

Arboga 25 Ville nichée entre les lacs Mälaren et Hjälmaren. À voir absolument: l'*église Saint-Nicolas et son autel du 16e siècle; la place du marché et ses maisons à colombage des 15e-18e siècles.

Örebro 26 Ville réputée pour son **château Renaissance et son musée en plein air Wadköping.

* **Karlstad** 27 Ville sur le lac Vänern. À voir absolument: le *musée Värmlands; la grand-place et son hôtel de ville du 19e siècle; la *cathédrale baroque du 18e siècle; le pont en pierre d'Östra datant du 18e siècle.

Kopparberg 28 Capitale de Bergslagen, avec un intéressant musée de la mine.

* **Ludvika** 29 Ville réputée pour son musée en plein air *Ludvika Gammelgård consacré à la vie des mineurs au 16e siècle.

Falun 30 Ancienne ville minière connue pour la fosse *Gamla Gruvan et le musée de la mine *Stora Kopparberg (classé au patrimoine mondial par l'Unesco).

** **Gävle** 31 Capitale de la province de Gävleborg. À voir absolument: le château Renaissance du 17e siècle; l'hôtel de ville du 18e siècle; l'église de la Sainte-Trinité datant du 17e siècle; le musée Gävle.

* **Mora** 32 Centre touristique sur le lac Siljan, avec son église du 15e siècle; le musée Anders Zorn et la maison natale du peintre.

Nature

** **Archipel de Stockholm** 4 Archipel regroupant environ 24 000 îlots où vivent des phoques, des aigles et certaines espèces animales menacées de disparition (classé au patrimoine mondial par l'Unesco).

** **Lac Siljan** 5 Lac pittoresque dans la région de Dalarna. Sur sa rive se nichent de charmants petits villages comme *Rättvik, *Mora et *Leksand.

Nord de la Suède

De gigantesques forêts et d'innombrables lacs occupent la partie septentrionale de la Suède, où le soleil ne se couche jamais en été et ne brille pas en hiver. En Laponie, région quasi inhabitée, vous ne trouverez aucune industrie et très peu d'agriculture.

Culture

Sundsvall 33 Ville industrielle animée. Conseillé: le *Kulturmagasinet et le musée municipal.

Le château de Drottningholm fut construit en 1622 comme château d'agrément des rois de Suède.

Au nord de la Suède: la Laponie. Rude, âpre et infiniment étendue, également le pays de l'aurore boréale et du soleil de minuit.

Un paysage au charme unique: la côte découpée face à Stockholm.

***Borgsjö** 34 Ville à l'ouest de Sundsvall. Superbe *église rococo au clocher en bois de 1782 (le «roi des clochers en bois scandinaves»).

* **Umeå** 35 Centre scientifique avec de belles maisons en bois. À voir absolument: le Moritzska Gården de 1891. En l'été, des navires partent vers les îles aux phoques face à Umeå.

** **Luleå** 36 Ville sur le golfe de Botnie. À voir absolument: le *musée Norrbotten et son intéressante exposition sur la culture des Lapons; la maison de la technique; le Luleå Gammelstad, ancien centre du 15 siècle abritant 450 maisons en bois (classé au patrimoine mondial par l'Unesco).

* **Jokkmokk** 37 La capitale des Lapons. À voir absolument: le musée Ajtte consacré aux Lapons.

Nature

* **Parc national de Skuleskogen** 6 Au sud'Ornsköldsvik, entre la côte et les montagnes. Paysage originel avec les extraordinaires roches de granite rouge de Rapakiwi. Dans les vallées, une végétation luxuriante; sur les hauteurs, des sapinières.

* **Parc national de Muddus** 7 Pins, forêts marécageuses et tourbières où vivent martres, lynx, lièvres et ours. Son nom vient des chutes d'eau de Muddus, hautes de 42 m.

* **Parc national d'Abisko** 8 Région dans le nord de la Laponie, abritant des élans, des lemmings, de nombreuses espèces d'oiseaux et des plantes rares. Ce paysage nord-scandinave se caractérise par les cascades colossales et les canyons profonds. Abisko est le départ d'une promenade de 390 km en direction du sud.

OCÉAN GLACIAL ARCTIQUE
Ísafjörður
Látrabjarg
Grimsey
Hofsós
Siglufjörður
Húsavík
Glaumbær
Goðafoss
Akureyri
Asbyrgi
Mývatn
Dettifoss
Reykjavík
Þingvellir
Hafnarfjörður
ISLANDE
Stóri-Geysir
Seyðisfjörður
Vatnajökull
Hekla
Vestmannaeyjar
Skeiðararsandur
Höfn
OCÉAN ATLANTIQUE
OCÉAN
ATLANTIQUE
(MER DU NORD)
Cap Nord
Hammerfest
Varanger-haløya
Parc national de Stabbursdalen
Alta
Tromsø
Parc national de Reisadalen
Finnmarks-vidda
Karasjok
Parc national de Pasvik
Inarijärvi
RUSSIE
Vesterålen
Parc national d'Ånderdalen
Parc national d'Øvre Anarjokka
Lemmenjoen kans.puisto
Harstad
Parc national d'Øvre Dividal
Lofoten
Narvik
Torneträsk
Parc national d'Abisko
Muonio
Vestfjord
Kiruna
Parc national de Rago
Parc national de Stora Sjöfallets
Parc national de Padjelanta
Parc national de Sareks
Gällivare
Bodø
Parc national de Muddus
Kemijärvi
Rovaniemi
Parc national de Saltfjell-Svartisen
Jokkmokk
Torneälv
Mo i Rana
Hornavan
Luleälv
Norrbotten
Haparanda
Kemi
Arjeplog
Luleå
Oulu
Parc national de Børgefjell
Skellefteå
Umeälv
Vilhelmina
Namsos
Kajaani
Parc national de Gressåmoen
Västerbotten
Umeå
Steinkjer
Kokkola
Jämtland
Kristiansund
Trondheim
Örnsköldsvik
Vaasa
Trøndelag
Storsjön
Östersund
Molde
Parc national de Skuleskogen
Ålesund
Kramfors
Seinäjoki
Île aux oiseaux de Runde
Parc national de Dovrefjell
Røros
Borgsjö
Jyväskylä
Parc national de Sånfjällets
Sundsvall
Geirangerfjord
P.N. de Femundsmarka
Kristinestad
Parc national de Jostedalsbreen
Parc national de Rondane
Femund
Tôfsingdalen
Parc national de Gutulia
Härjedalen
Hudiksvall
Ljusnan
Parc national de Jotunheimen
Tampere
Pori
Glåma
Église en bois d'Urnes
Sognefjord
Lillehammer
Mora
Lahti
Voss
Elverum
Siljansee
Gävle
Hamar
Dalälv
Falun
Église en bois d'Uvdal
Mjøsa
Turku
Åland
Bergen
Helsinki
Parc national d'Hardangervidda
Kongsvinger
Ludvika
GOLFE DE FINLANDE
Rjukan
Värmland
Kopparberg
Uppsala
Haugesund
Kongsberg
Oslo
Tallinn
Telemark
Västerås
Mälaren
Heddal
Arboga
Strängnäs
Stockholm
Dagö
Stavanger
Prekestolen sur le Lysefjord
Skien
Tønsberg
Fredrikstad
Karlstad
Mariefred
Södertälje
Archipel de Stockholm
ESTONIE
Larvik
Sandefjord
Oldtidsveien
Örebro
Hjälmaren
Tresticklа
Vänern
Ösel
Pärnu
Lyngør
Motala
Sørland
Tanumshede
Skövde
Norrköping
Grimstad
Vänersborg
Vättern
Linköping
Parc national de Gotska Sandön
Kristiansand
Trollhättefälle
Mandal
Skagerrak
Kungälv
Gränna
Parc national de Nora Kvill
Marstrand
Hedared
Hirtshals
Göteborg
Jönköping
Västervik
Gotland
LETTONIE
Frederikshavn
Store Mosse
Blå Jungfrun
Riga
Torsminde
Aalborg
Småland
Kattegat
Växjö
Öland
Liepaja
Halmstad
Kalmar
Mer du Nord
Århus
Šiauliai
Helsingborg
Karlskrona
DANEMARK
Esbjerg
Lund
Copenhague
Mer Baltique
Klaipéda
LITUANIE
Odense
Malmö
Stenshuved
Ystad
Kaunas
Bornholm
RUSSIE
Kaliningrad
Flensburg
Sassnitz
Gdańsk
Kiel
Rostock
Koszalin
Olsztyn
Hrodna
ALLEMAGNE
BIÉLO-RUSSIE
PAYS-BAS
Emden
Lübeck
Bremerhaven
Hambourg
POLOGNE
Grudziądz

*L'attraction la plus connue de la capitale danoise Copenhague est, bien évidemment, la **Petite sirène**, une statue en bronze du début du 20e siècle, réalisée par Edvard Tidene d'après le personnage principal du conte de Hans Christian Andersen*

Danemark

Superficie: 43 094 km²
Côte: 7 400 km
Point culminant: Yding Skovhoj (173 m)
Plus long cours d'eau: Gudenå (158 km)
Plus grand lac: lac Arreso (41 km²)
Population: 5,3 millions d'habitants
Densité de population: 122 hab./km²
Régions: Jutland, Fionie, Sjælland
Capitale: Copenhague (1,4 millions d'habitants)
Fuseau horaire: MET

Adresses utiles
(B) Office du tourisme du Danemark Benelux
Postbox 266
2300 AG Leiden
Tél.: +31 71 523 32 83
Fax: +31 71 521 17 94
E-mail: denemarken@dt.dk
Web:www.visitdendmark.com
(FR) Office du tourisme du Danemark
Tél.: 01 42 56 18 42
Fax: 01 42 56 18 69
E-mail: paris@dt.dk
Web: www.visitdenmark.com

Au cours d'une promenade dans le pittoresque musée en plein air Den Gamle By à Århus, vous ferez la connaissance du vieux Danemark.

Situation et paysage

Le Danemark se compose de la péninsule du Jutland et de plus de 480 îles. Au nord, le littoral de la mer du nord est formé de langues de terre, de lagunes et de dunes, tandis que le Sud est occupé par les hauts-fonds et les marais. Les fertiles collines du Jutland sont nées après l'ère glaciaire. Les golfes, sur la côte est du Jutland, sont eux aussi un héritage de la période glaciaire, tout comme les grandes îles de Fionie et de Sjælland.

Jutland

La côte ouest du Jutland, limitrophe avec l'Allemagne, se compose de marécages et de pâturages au sud, tandis que la côte est plate, en raison de marées moins fortes, avec des golfes, lagunes et dunes. Dans l'est du Jutland, la côte est découpée par les fjords. Les anciennes forêts de hêtres durent céder la place à l'homme, qui y construisit des villages pittoresques et des fermes à toit de roseaux.

Culture

**** Tønder ❶** Centre européen de la dentelle aux fuseaux. À voir absolument: l'*église du Christ du 16e siècle; le musée Tønder consacré à la dentelle et le *musée d'art Sønderjyllands dédié à l'expressionisme danois. À l'ouest se trouve Møgeltønder, avec l'une des plus jolies rues du Danemark.

**** Ribe ❷** Ancienne ville épiscopale dans le sud-ouest du Jutland, avec une cathédrale romano-gothique. À voir également: le monastère du 13e siècle; l'hôtel de ville de style Gothique tardif; l'église Sainte-Catherine du 15e siècle; la charmante vieille ville; le *musée sur la période viking; le *musée d'art de Ribe et ses toiles importantes.

*** Haderslev ❸** Ville portuaire dans la baie du même nom. À voir: la *vieille ville avec le Vor Fruekirke du 14e siècle; le musée Haderslev (géographie régionale).

**** Kolding ❹** Ville portuaire sur le Koldingfjord. À voir absolument: le **musée d'art Trapholt et sa collection d'art appliqué et d'art contemporain; le **château de Koldinghus et sa collection culturelle historique; l'église gothique Saint-Nicolas; les anciennes maisons bourgeoises.

Esbjerg ❺ Ville portuaire sur la côte occidentale. À voir absolument: la *criée au poisson tous les jours ouvrables à 7 h 00; le bateau-musée *Horns Rev; le **musée de la pêche et de la marine; les quatre sculptures **Mennesker ved Havet; le *musée d'art d'Esbjerg.

*** Fanø ❻** Île très appréciée de la mer du nord, avec son musée de la marine et des costumes traditionnels, et son *musée Fanø à Nordby; les îles-églises avec navires votifs à Nordby et Sønderho.

**** Holmsland Klit ❼** Domaine de vacances avec camping et résidences près du paradis des surfeurs Ringkøbing Fjord. À voir absolument: la criée au poisson près de Hvide Sande.

**** Hjerl Hede ❽** Musée en plein air sur le Flynderø, avec des maisons de tout le Danemark, du 16e au 19e siècle.

Torsminde ❾ Village de pêcheurs sur le Nissumfjord, avec le **musée Stranding.

*** Mors ❿** Île dans le Limfjord. À voir absolument: la capitale Nykøbing Mors et le musée d'histoire de Mors dans le couvent Dueholm; le **parc Jesperhus Blomster; le *musée Moler et sa collection de fossiles.

*** Børglumkloster ⓫** Ancien siège épiscopal du nord-Jutland, avec une impressionnante église conventuelle.

Hirtshals ⓬ Port de pêche et de transit dans le Jutland-du-nord, avec des aquariums et un bassin à phoques au **musée Nordsø.

**** Skagen ⓭** Ville portuaire à la pointe septentrionale du Jutland. À voir absolument: le clocher de la vieille *Den tilsandede Kirke ensevelie sous le sable au 18e siècle; le **musée des œuvres impressionistes d'une ancienne colonie d'artistes; le musée en plein air Skagens Fortidsminder; le musée d'histoire naturelle.

**** Aalborg ⓮** Ancienne implantation viking, aujourd'hui quatrième ville du Danemark. À voir absolument: **Jens Bangs Stenhu, une superbe maison patricienne datant de 1624; l'église Saint-Budolphe du 15e siècle; le musée d'histoire, ses splendides verreries et sa salle de style renaissance de 1602. Le plus long comptoir du Danemark se trouve dans la Jomfrue Ane Gade.

*** Fyrkat ⓯** Forteresse viking vieille d'environ 1 000 ans, avec ses puissants remparts, près de Hobro; village viking reconstruit.

*** Viborg ⓰** Là où les États du Jutland rendaient jadis hommage aux rois. À voir absolument: le monument d'hommage; la cathédrale néo-romane et sa crypte du 12e siècle; le musée Skovgaard dans l'ancien hôtel de ville. Dans les environs: le lac artifciel Tange Sø et le **musée de l'électricité EL.

**** Gammel Estrup ⓱** À l'ouest d'Auing. Château Renaissance avec musée rural du Jutland et musée danois de l'agriculture.

*** Århus ⓲** Deuxième ville du Danemark, sur le Kattegat. À voir absolument: l'hôtel de ville de 1941 et son beffroi de 60 m de haut; la *cathédrale gothique avec *autel à vantaux de Bernt Notke; le *musée des femmes; la **Vor Frue Kirke et son intérieur gothique, et *Nicolai Kryptkirke; le *musée d'art; le musée en plein air; le château de Marselisborg, la résidence d'été des rois. Hors de

Copenhague

Dans la capitale danoise, ville résidentielle sur l'Øresund, histoire et tradition attendent le voyageur. L'atmosphère y est à la fois mondaine et contemplative, et la plupart des attractions touristiques sont facilement accessibles à pied!

Statue équestre du roi Frederik V sur la Amalienborg Plads.

Capitale du Danemark depuis 1443, Copenhague connut un premier âge d'or en tant que port de commerce à la fin du Moyen Âge. Aux 16e et 17e siècles suivit un renouveau, surtout sous le roi Christian IV, qui fit étendre la ville.

À voir absolument: le parc récréatif romantico-nostalgique **Tivoli; la **promenade portuaire sur le canal Nyhavn, avec de vieux voiliers en bois et de nombreux cafés, également le point de départ d'excursions en bateau dans le port et sur le canal et vers la populaire **Petite sirène (Lille Havfrue); la résidence royale au **château d'Amalienborg de style rococo; le **zoo, l'oasis de verdure de la ville; les îles de **Slotsholm avec le *château de Christiansborg; le **musée Thorvaldsen, et les œuvres du célèbre sculpteur danois; la collection d'art antique de la glyptothèque Ny Carlsberg; le *Rådhus Pladsen, dans le centre ville, avec l'hôtel de ville (vue magnifique depuis la tour); la partie protégée de la *Brasserie Carlsberg; le *musée national et ses collections historiques et ethnographiques.

Place de l'hôtel de ville: l'hôtel de ville, datant de 1905, est une copie du Palazzo Pubblico de Sienne.

*Le parc de loisirs **Tivoli** , dans la capitale danoise, existe depuis déjà 150 ans et est toujours aussi populaire. De mai à septembre, vous pouvez y louer de petits bateaux, assister à des concerts ou à une représentation du célèbre théâtre de pantomime.*

la ville: le **musée Forhistorisk Moesgård avec «l'homme de Grauballe», vieux de 2 000 ans.
Silkeborg (19) Centre touristique, ceinturé de bois et de lacs. À voir absolument: **Aqua, un centre de loisirs sur l'eau; le **musée d'art; le *musée Silkeborg avec l'*exposition sur la période glaciaire et le corps de «l'homme de Tollund», vieux de 2 000 ans. Dans les environs: le musée de l'automobile du Jutland.
** **Samsø** (20) Île dans le Kattegat. À voir absolument: **Stavns Fjord, une halte pour les bateaux aux temps des Vikings; le *canal de Kanhave; l'église médiévale à Tranebjerg; l'église et le beffroi à *Norby.
* **Jelling** (21) Ancienne ville royale au nord-ouest de Vejle (classée au patrimoine mondial par l'Unesco). À voir absolument: les deux plus grands dolmens du Danemark et **deux pierres runiques du 10e siècle.
** **Le parc Legoland près de Billund** (22) Parc d'attractions très fantaisiste pour les enfants.

Nature

* **Bovbjerg** (1) Impressionnants récifs pouvant atteindre jusqu'à 41 m de haut près de Ferring, avec le phare *Bovbjerg Fyr.
* **Vejlerne** (2) Paradis ornithologique près de Hanstholm. Un peu plus à l'est: *Bulbjerg, récifs de calcaire avec vue splendide.
** **Rubjerg Knude** (3) Dune de 90 m de haut près de Sønder Rubjerg, avec le phare Rubjerg Fyr.
** **Råbjerg Mile** (4) Dune de sable fin de 800 m de large et de 2 km de long près de Hulsig. Dans les environs: la **tour pour admirer les aigles (Tuen).
** **Læsø** (5) Île dans le Kattegat, en grande partie protégée. Paradis ornithologique au sud; maisons aux *toits d'algues marines.
* **Rold Skov** (6) La plus grande forêt du Danemark, abritant le parc national de Rebild Bakker fondé en 1910.
** **Stavns Fjord** (7) Impressionnantes réserves naturelles protégées.

Fionie

La deuxième plus grande île du Danemark, reliée au continent par un pont. Le paysage y est fait de moraines, et le littoral formé par les fjords et les baies. En raison de sa fertilité, l'île de Fionie est aussi appelée «le jardin du Danemark».

Culture

** **Odense** (23) Capitale de Fionie, sur la rivière du même nom. À voir absolument: l'église gothique Skt. Knuds Kirke; la H.C. Andersen Barndomshjem, une maison à colombage dans laquelle le célèbre écrivain danois passa sa jeunesse; le *Møntergården avec notamment le musée municipal dédié à l'histoire d'Odense; la **H.C. Andersen Hus; le *Jernbanemuseet, sur l'histoire des chemins de fer; la **Brandt's Klædefabrik abrite le *musée de la photographie d'art et la *collection Tidens Sammling sur la mode et la culture d'habitat; le musée en plein air *Den Fynske Landsby; le *groupe de musées Hollufgård.
** **Egeskov** (24) Forteresse construite sur l'eau en style Renaissance, entre Odense et Svendborg. Outre ce grand édifice architectural, le parc est lui aussi impressionnant, tout comme le musée des oldtimers et la collection de carrosses.
* **Faaborg** (25) Ville sur le Faaborgfjord, avec son vieux centre pittoresque; le clocher du 16e siècle de l'église Saint-Nicolas; le *musée Faaborg for Fyns Malerkunst. Dans les environs: la *Horne Kirke, une église ronde romane avec base gothique sur la péninsule de Horne Land.
* **Svendborg** (26) Deuxième ville de Fionie, sur le Svendborgsund. À voir absolument: le musée d'histoire culturelle Anne Hvides Gård; la collection préhistorique dans le *Viebæltegård; le *musée zoologique; l'église romane Saint-Nicolas datant de 1220.
** **Tombes de Lindeskov** (27) Sept dolmens ronds et allongés près de Ørebæk.

Sjælland

Cette île située entre la Fionie et la Suède est la plus densément peuplée du Danemark. Son paysage se compose de zones d'agriculture intensive, de plages de sable, de dunes et de forêts côtières.

Culture

Maribo (28) Petite ville de province dans le sud. À voir absolument: le *musée en plein air; la *cathédrale de 1470.
Nykøbing F. (29) Capitale de Falster. À voir absolument: les maisons à colombage des 16e-18e siècles;

Du 11e au 15e siècle, Roskilde fut la résidence d'été des rois du Danemark. De nombreux souverains danois furent inhumés dans la cathédrale romano-gothique.

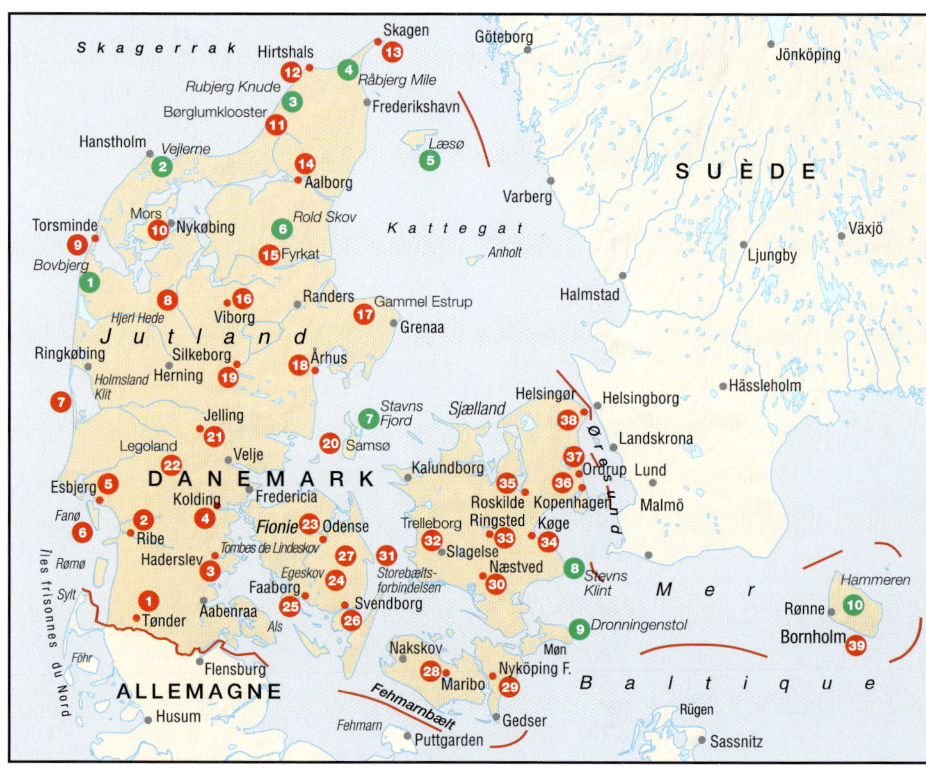

*L'île de **Bornholm**, un avant-poste oriental du Danemark, jouit d'un climat clément et possède des plages splendides et une architecture intéressante, comme les églises médiévales arrondies qui servaient également de forteresse en période de danger. Sur la photo de droite: l'église ronde d'Olsker.*

le **Middelaldercenter, un petit morceau de Moyen Âge ressuscité.
* **Næstved** (30) Ville de garnison dans le sud de Sjælland. À voir absolument: la ville médiévale et ses vieilles maisons bourgeoises, l'église gothique Saint-Martin; l'église Saint-Pierre du 12e siècle et la maison du Saint-Esprit datant du 15e siècle. Deux kilomètres plus au nord: le couvent Herlufsholm du 13e siècle. Au sud: le château *Gavnø avec son parc, son intéressante maison des papillons et sa collection de peintures.
Storebæltsforbindelsen (31) Le pont de chemin de fer et pour voitures qui enjambe le Storebælt est considéré comme une véritable prouesse technique.
** **Trelleborg** (32) Forteresse viking bien conservée datant de l'an 1000 environ, au nord-est de Korsør.
* **Ringsted** (33) Ville au centre de Sjælland. À voir absolument: la *Skt. Bendts Kirke du 12e siècle, avec ses précieuses peintures sur chaux; le parc d'attractions *Fantasy World.
Køge (34) Ville portuaire dans la baie de Køge. À voir absolument: les pittoresques maisons à colombage des 16e-17e siècles; la Nikolasikerk du 14e siècle et le *Kunstmuseet Køge Skitsesamling.
** **Roskilde** (35) Ville portuaire sur le Roskildefjord. À voir absolument: la ***cathédrale romano-gothique avec les tombes de nombreux rois danois (classée au patrimoine mondial par l'Unesco); le *Lützhoffs Kobmandsgård, une cour de commerce datant des années 1920; le *musée avec cinq bateaux vikings; l'ancien palais royal.
*** **Copenhague** (36) Voir plan, page 47.
Ordrup (37) La principale curiosité de cet endroit près de Klampenborg: l'**Ordrupgaardsamlingen et ses tableaux de peintres français.
** **Helsingør** (38) Ville portuaire sur l'Øresund. À voir absolument: le château de *Kronborg et sa *grande salle, le *musée du commerce et de la marine; le couvent de Carmélites du 16e siècle avec la *Skt. Mariækirke; le *musée technique du Danemark; le château de Marienlyst de 1587. Au sud de Helsingør: Rungsted avec le **musée Karen Blixen. Humlebæk abrite le musée d'art moderne ***Lousiana et, tout près, le château baroque de **Fredensborg.
*** **Bornholm** (39) Île dans la mer Baltique, face à la côte sud de la Suède. À voir absolument: l'**Østerlarskirke; l'**Olskirke; la *Nylarskirke; les ruines de la forteresse de *Hammerhus; les anciennes villes de *Rønne et **Svaneke; le **musée de Bornholm; le **musée d'art.

Nature

* **Stevns Klint** (8) Récifs de craie à l'est de Rødvig. À voir: l'église à moitié effondrée de **Højerup.
** **Dronningenstol** (9) Récifs sur la côte est de l'île de Møn, avec son impressionnant rocher de craie baptisé **Møns Klint.
** **Hammeren** (10) Horst de granite protégé sur Bornholm.

1 **Le château de Kronborg, près de Helsingør, n'est pas seulement le théâtre fictif du célèbre «Hamlet» de Shakespeare. Cet imposant édifice Renaissance gardait jadis la partie la plus étroite de l'Øresund.**

2 **En tant que principale concurrente de la ligue hanséatique, Copenhague joua à partir du 14e siècle un rôle économique et politique important. Le canal de Nyhaven, creusé voici plus de 300 ans, est aujourd'hui devenu une attraction touristique.**

3 **Le château de Frederiksborg près de Hillerød, dans le nord de Copenhague, abrite aujourd'hui le musée national d'histoire.**

En réalité, le fameux soleil de minuit n'est rien d'autre qu'un coucher de soleil qui dure, qui dure... L'horizon est rougeoyant pendant des heures. Mais est-ce un rouge crépuscule ou un rouge aurore?

Finlande et pays baltes

Malgré de nombreuses curiosités et paysages célèbres comme la Lagune de Courlande ou le parc national de Lahemaa sur le Golfe de Finlande, l'Estonie, la Lettonie et la Lituanie ne sont pas encore des destinations touristiques populaires. En revanche, la Finlande voisine est appréciée depuis bien longtemps. Depuis Helsinki, la capitale située sur la côte méridionale, le «pays des mille lacs» s'étend vers le grand nord lapon, avec ses rennes, ses journées d'hiver étoilées et ses nuits estivales ensoleillées.

La ville lituanienne de Vilnius a un passé mouvementé derrière elle: vue du clocher de la cathédrale.

Finlande

*La gare centrale (Rautatieasema) d'**Helsinki** est un exemple de l'Art nouveau ou «romantisme national» finlandais. L'architecture a été influencée par l'euphorie générale qui emporta le pays en 1917, quand la Finlande obtint son indépendance. L'année ne devait rien au hasard: en effet, après la révolution communiste d'octobre 1917, le puissant voisin russe, qui régnait sur la Finlande depuis 1809, avait déjà suffisamment de problèmes.*

Finlande

Superficie: 338 144 km²
Côte: 1 100 km
Point culminant: Haltiatunturi (1 324 m)
Plus long cours d'eau: Kemijoki (494 km)
Plus grand lac: Saimaa (1 460 km²)
Population: 5,14 millions d'habitants
Densité de population: 17 hab./km²
Régions: Finlande septentrionale, Finlande méridionale
Capitale: Helsinki (546 317 habitants)
Fuseau horaire: OET

Adresses utiles
(B) *Finnish Tourist Board Benelux*
Tél.: 02 711 98 29
(informations, brochures)
(FR) *Office national du tourisme de Finlande*
BP 283
75425 Paris Cedex 09
Tél.: 01 55 17 42 70
Fax: 01 47 42 87 22
E-mail: finlande@mek.fi

Situation et paysage

Un quart de la Finlande est situé au-delà du cercle polaire arctique. Le pays est bordé au nord par la Norvège, au nord-ouest par la Suède et à l'est par la Russie. Le sud est baigné par le golfe de Finlande et la mer Baltique, l'ouest par le golfe de Botnie. La Finlande se situe à l'intersection de la Scandinavie et de la plaine d'Europe orientale; elle est réputée pour ses 60 000 lacs. Le nom finnois du pays, Suomi, signifie «pays de lacs et de marais». Le pays est majoritairement plat, seul le nord étant légèrement vallonné. Les seules montagnes se rencontrent à l'extrémité nord-ouest. La Laponie, avec ses nombreuses tourbières, s'étend au nord du cercle polaire. Les habitants d'origine, les Samis (Lapons), constituent maintenant une minorité dans leur propre pays.

Finlande méridionale

Le sud boisé de la Finlande compte une multitude de lacs reliés entre eux par un réseau de canaux et de cours d'eau naturels. La plus grande zone lacustre de Finlande est celle du lac Saimaa et occupe une superficie de 4 000 km². Le paysage est globalement plat, mais s'élève quand même jusqu'à 400 m dans le centre du pays. La magnifique côte du sud-ouest, avec ses innombrables découpes, est protégée par de nombreuses îles. L'archipel le plus important est celui des îles Åland, une région jouissant d'une grande autonomie.

Culture

**** Helsinki ❶** Capitale de la Finlande, située sur le golfe de Finlande. À voir absolument: avec la *cathédrale sur la ***Senaatintori, une des plus belles places du monde, l'hôtel de ville, l'université, la caserne de la marine et le palais du gouvernement, l'architecte classique Carl Ludwig Engel a certes marqué la ville de son empreinte. À voir également: le **parc de l'Esplanade; l'**Ateneum, musée possédant la plus grande collection d'art finlandais; le musée national et sa partie consacrée à l'art préhistorique et populaire; le *Finlandia, une salle de concerts moderne; l'*église de pierre de 1969; le stade olympique et la statue de bronze de Paavo Nurmi, le «Finlandais volant»; la place du marché; la cathédrale orthodoxe d'Uspenski, toute en doré, rouge et bleu, datant de 1868; la Loutsikatu, une rue de style Art nouveau. Dans les environs: *Korkeasaari, île populaire pour les excursions d'un jour; **Suomenlinna, une impressionnante forteresse du 18e siècle qui s'étend sur 6 îles et doit protéger le port de Helsinki (classé au patrimoine mondial par l'Unesco); des navires partant de la place du marché assurent la liaison. Le moulin à papier (inscrit au patrimoine mondial par l'Unesco) de *Verla (au nord), avec ses bâtiments industriels et son musée.

*** Turku ❷** Ville portuaire sur le golfe de Botnie. À voir absolument: la **cathédrale du 13e siècle, avec les tombeaux d'un roi de Suède né à Turku et de deux héros de la Guerre de Trente ans; le musée Sibelius; le musée Ett Hem; le *musée de la marine; le musée de la pharmacie dans la maison Qwensel; le château du 16e siècle; le quartier de Luostarinmäki et ses vieilles maisons de bois.

Åland ❸ Labyrinthe féerique d'îles et de côtes découpées dans la mer Baltique. Les quelque 6500 îles, dont 80 sont habitées, comptent parmi les zones les plus anciennement peuplées de Finlande. À voir absolument: le **musée de la marine et le quatre-mâts Pommern dans la capitale Mariehamn, ainsi que le *parc Åland sur l'île de Lilla Holmen. À voir également: le **manoir de Kastelholm sur l'île de Sund et l'église du 13e siècle sur celle de Lemland.

*** Rauma ❹** Ville portuaire sur le golfe de Botnie. Le ***quartier des vieilles maisons de bois fut inscrit au patrimoine mondial par l'Unesco en 1991. Dans le vieil hôtel de ville de 1776, un musée de la dentelle, de la construction navale et de la marine.

**** Iittala ❺** Célèbre village avec une fabrique de verre créée en 1881, le plus grand producteur de verre de Scandinavie. Visite du centre verrier (avec souffleurs de verre).

Tampere ❻ Ville industrielle située sur une bande de terre séparant les lacs Näsijärvi et Pyhäjärvi. À voir absolument: le quartier des musées d'**Amurin Työläismuseokortteli, qui illustre les conditions de travail des ouvriers de 1880 à 1970; le *parc de loisirs de Särkänniemi avec son aquarium, son planétarium et son musée d'art contemporain.

**** Porvoo ❼** Cité épiscopale et vieux centre commercial sur le golfe de Botnie. À voir absolument: les *entrepôts rouges le long du fleuve; l'église gothique de 1418 dans la *vieille ville pittoresque; l'ancien hôtel de ville de 1764 et son musée; le musée de la maison du poète Johan Ludvig Runeberg.

Kotka ❽ Ville portuaire à l'embouchure du Kymijoki. Sur l'île de Varissaari: la pierre commémorative de la grande bataille navale de 1790. À voir dans la ville: le nouvel hôtel de ville de 1934; la «cabane de pêche» impériale construite en 1889 par le tsar Alexandre III dans le parc de Langinkoski; l'église orthodoxe grecque de 1795.

Hamina ❾ Ville portuaire sur le golfe de Finlande. À voir: le **centre-ville rond et l'hôtel de ville de 1798, auquel Carl Ludwing Engel ajouta une tour en 1840. Engel dessina aussi l'église de la ville.

Mikkeli ❿ Ville entre les lacs Saimaa et Puulajärvi. Un musée rappelle le quartier général installé par le maréchal Mannerheim pendant la Seconde Guerre mondiale. Belle vue depuis la colline de Naisvuori.

Savonlinna ⓫ Belle petite ville, avec la forteresse parfaitement conservée d'**Olavinlinna, datant de 1475.

**** Punkaharju ⓬** Long pont de 7 km entre les lacs Kokonselkä et Puruvesi. Le centre artistique de **Retretti se trouve en plein milieu d'une réserve naturelle; le musée de Lusto informe sur les bois finlandais.

Jœnsuu ⓭ Capitale de la Carélie septentrionale. Conseillé: le *musée de Carélie septentrionale.

Kuopio ⓮ Cité épiscopale sur le lac Kallavesi. À voir absolument: la *place du marché; l'hôtel de ville de 1848; la cathédrale de 1815; le musée municipal et ses sections sur l'histoire culturelle et le folklore; le *musée de l'église orthodoxe et ses objets d'art sacré.

La forteresse médiévale d'Olavinlinna à Savonlinna.

Le centre historique de Rauma, un lieu important jusqu'au 15e siècle.

Helsinki est une des plus jeunes capitales d'Europe. L'élégant Opéra national, avec sa longue façade vitrée, n'a ouvert ses portes qu'en 1991. L'église tout en rondeur, taillée dans le granit, date de 1969.

*** Jyväskylä** ⓯ Ville universitaire sur le lac Päijänne. À ne pas manquer: les bâtiments d'Alvar Aalto, qui dessina entre autres le commissariat central, l'université et le théâtre municipal. Il fait maintenant l'objet d'un *musée propre. Un peu en dehors de la ville se trouve le musée à ciel ouvert de *Savutuvan Apaja et, à l'ouest de celui-ci, la belle **église en bois de Petäjävesi, datant du 18e siècle (classée au patrimoine mondial de l'Unesco).

Vaasa ⓰ Ville fondée en 1606 par le roi de Suède Carl IX Vasa. Elle fut presque entièrement détruite par un incendie en 1852 et reconstruite en style Empire. À voir: le tribunal réaménagé en église, le musée à ciel ouvert de Brage et le parc de loisirs de Wasalandia.

Nature

**** Parc national de Lauhanvoori** ❶ Dans la province de Vaasa. Consiste essentiellement en bois de conifères, mais aussi en marais et prairies. Faune typique avec, entre autres, des élans, des coqs de bruyère et des tétras lyres et des foulques macroules.

*** Parc national de Linnansaari** ❷ Au nord de Savonlinna, au milieu de la plaine lacustre finlandaise. Le parc compte plus de 150 îles de taille et de nature différentes. Il y pousse essentiellement des conifères, mais aussi des bouleaux et des peupliers. Une des espèces les plus particulières est le phoque du Saimaa, un phoque d'eau douce.

*** Parc national de Pyhä-Häkki** ❸ Le paysage de cette réserve naturelle située près de Saarijärvi se compose de sapinières, dont certains arbres ont jusqu'à 400 ans. Les marais sont l'habitat de nombreuses espèces d'oiseaux et d'insectes.

*** Parc national de Tiilikkajäri** ❹ À l'ouest de Nurmes. Un paysage de marais vierge entouré de denses sapinières, d'étangs et prairies humides.

Finlande septentrionale

Le nord du pays se compose de collines et marais. Les plus hauts sommets se trouvent en Laponie, dans le nord-ouest et dans le nord, avec les arêtes de quartzite formées à l'ère glaciaire.

Culture

Oulu ⓱ Ville portuaire sur le golfe de Botnie. À voir absolument: la cathédrale dessinée par Engel en 1832; le musée de Botnie sur l'île d'Ainola et le musée d'art.

*** Rovaniemi** ⓲ Capitale de la Laponie, reconstruite après la Seconde Guerre mondiale sous la direction d'Alvar Aalto. À voir absolument: l'**Arktikum, un musée sur le paysage et les habitants du cercle polaire; le centre culturel d'Alvar Aalto (Lappiatalo); le pont de Jätkänkyntilä.

**** Tankavaara** ⓳ Ancien village d'orpailleurs, avec son musée sur l'histoire de la prospection d'or dans cette région. Chaque année, un concours d'orpailleurs a lieu début août.

1

2

Nature

*** Parc national d'Oulanka** ❺ Vieux bois de sapins et d'épicéas vierges, paysage varié jalonné de rivières, bruyères et prairies ouvertes déterminent l'aspect de ce parc national situé à la frontière russe. Les marais dans le nord sont l'habitat de nombreux oiseaux; on y rencontre aussi des ours et des rennes.

*** Parc national de Riisitunturi** ❻ Au nord-est de Posio. Fondé pour protéger un fascinant paysage lacustre. Les marais et les sommets chauves sont typiques de cet endroit.

**** Parc national d'Urho Kekkonen** ❼ Au sud d'Ivalo, fondé en 1983. Il se compose de forêts étendues et de fjelds recouverts de bruyères, avec des rochers et des vallées remarquables. De nombreuses espèces d'oiseaux et de rapaces y vivent, et les rennes des Samis y paissent paisiblement.

3

**** Parc national de Lemmenjoki** ❽ À la frontière norvégienne. Un paysage sauvage fait de marais, de bois, de montagnes, de rivières et de fjelds. Les droits traditionnels des Samis qui vivent ici sont consignés dans les lois relatives aux parcs.

1 **Automne en Laponie, la «dernière étendue sauvage d'Europe». C'est une région somptueuse et silencieuse, parsemée de bois et de lacs, où vivent de grandes hardes de rennes.**

2 **Au début du 19e siècle, l'architecte berlinois Carl Ludwig Engel reçut du tsar Nicolas Ier la mission de rénover Helsinki. C'est à cette époque que fut érigée la cathédrale. Devant elle s'élève la statue du tsar Alexandre II.**

3 **La Finlande est si peu densément peuplée que l'on peut y faire de longs trajets sans rencontrer âme qui vive.**

Tallinn s'appelait «Reval» au Moyen Âge et faisait partie de la Hanse. En estonien, «Tallinn» signifie d'ailleurs «ville danoise». En effet, le roi du Danemark Waldemar II fut, en 1219, le premier d'une longue série d'occupants. Arrivèrent ensuite en 1346 les Chevaliers teutoniques; en 1561, les Suédois et en 1710, les Russes. L'Estonie resta russe – avec toutefois quelques intermèdes – jusqu'à la désintégration de l'Union soviétique. C'est de l'époque russe que date la cathédrale Alexandre Nevsky, une église orthodoxe érigée en 1900.

Estonie

Superficie: 45 227 km²
Côte: 1 390 km (sans les îles)
Point culminant:
Munamägi (318 m)
Plus grand lac:
Peipus (3 555 m²)
Population:
1,46 millions d'habitants
Densité de population:
32 hab./km²
Capitale:
Tallinn (434 763 habitants)
Fuseau horaire: OET

Adresses utiles
(B) *Baltic Information Centre*
Avenue Winston Churchill, 118 A
1180 Bruxelles
Tél.: 02 344 69 78
Fax: 02 344 78 01
(FR) *Office du tourisme d'Estonie*
Roosikrantsi, 11
15199 Tallinn
Tél.: +372 6 279 770
Fax: +372 6 279 777
E-mail: info@visitestonia.com
Web: www.visitestonia.com

Situation et paysage

Cette ancienne république soviétique est baignée au nord par le golfe de Finlande et à l'ouest par la mer Baltique et est bordée à l'est par la Russie et au sud par la Lettonie. Le pays se situe dans la partie nord-ouest de la plaine d'Europe orientale. L'Estonie englobe encore quelque 800 îles, qui représentent 10 % de la superficie du pays. L'intérieur du pays se compose essentiellement de marais, prairies humides et lacs.

Culture

* * **Tallinn** ❶ La capitale, située sur le golfe de Finlande. La vieille ville est cernée par une **enceinte médiévale presque entièrement conservée, hérissée de tours impressionnantes, dont le «Grand Herman» (50 m de haut), la tour «Kiek in de Kök» et son musée d'histoire et la «Grosse Marguerite» et son musée de la marine. À voir également: l'*église Niguliste du 13e siècle; la place du marché; la pharmacie de l'hôtel de ville (depuis 1422); l'*hôtel de ville de 1341; la prison médiévale; l'*église du Saint-Esprit du 13e siècle au riche intérieur; l'église orthodoxe Saint-Nicolas du 19e siècle; les ruines du monastère dominicain de 1246; les *vieilles maisons des corporations et bourgeoises, entre autres la guilde d'Oleviste (13e siècle); l'église d'Oleviste datant du 13e siècle, brûlée et reconstruite à plusieurs reprises, reçut son aspect actuel entre 1829 et 1840; le Grand château et le Petit château sur la *colline de la cathédrale, démolie partiellement en 1767 sur ordre de Catherina II et remplacée par le *château de Toompea (avec une façade Art nouveau de 1920); la *cathédrale Notre-Dame (construite à partir de 1230) héberge des tombeaux de grande valeur; l'école de la cathédrale (1319); la cathédrale orthodoxe Alexandre Nevsky de 1900; le *musée ethnologique en plein air illustrant la particularité culturelle des Estoniens; le château baroque et son musée d'art estonien. La vieille ville a été inscrite au patrimoine mondial par l'Unesco en 1997.

* **Narva** ❷ Ville sur le golfe de Finlande. La principale attraction est la superbe *forteresse de Herman, déjà mentionnée en 1213, qui appartint aux Chevaliers teutoniques jusqu'à la fin du 16e siècle. Elle abrite maintenant plusieurs musées. Sur la place du château: la dernière statue de Lénine dans les pays baltes.

Haapsalu ❸ Station balnéaire avec une cathédrale impressionnante du 13e siècle et les ruines de la forteresse brûlée en 1688.

* **Kuressaare** ❹ Lieu principal de l'île de Saaremaa. Principale attraction: le *château des Chevaliers teutoniques, hébergeant le musée de Saaremaa. À côté du joli parc se trouve le musée municipal. À voir également: la vieille ville de style classique.

Pärnu ❺ Ville d'art sur la baie de Pärnu. À voir absolument: la *Tour rouge du 15e siècle, jadis une partie des fortifications de la ville, tout comme la Porte de Tallinn, de style baroque; l'hôtel de ville classique; l'église orthodoxe Sainte-Catherine du 18e siècle; le musée de Pärnu et sa collection sur l'histoire de la ville.

* **Viljandi** ❻ Ville pittoresque au *centre ancien caractérisé par des maisons en bois bigarrées du 19e siècle; l'hôtel de ville du 18e siècle; l'église Saint-Jean du 15e siècle; le parc du château avec les ruines du château et un musée régional.

* **Tartu** ❼ Ville universitaire sur l'Emajõgi. À voir: la place du marché et l'hôtel de ville classique; le bâtiment principal de l'université, qui date de 1809; la «maison penchée»; les ruines de l'église Saint-Jean du 14e siècle; l'église orthodoxe d'Uspenky du 18e siècle; le Pont du diable et le Pont de l'ange dans le parc; le musée national estonien; le musée d'art et ses expositions temporaires.

Nature

* **Parc national de Lahemaa** ❶ Cette réserve naturelle située sur le golfe de Finlande fut créée en 1971. Elle se compose dans le nord d'une côte capricieuse aux nombreuses baies et îles inhabitées. Il y pousse une flore unique. Dans l'intérieur du pays, ce sont les moraines boisées, les marais et les lacs, habitats naturels d'une faune variée, qui prédominent. Les villages du parc ont conservé leur charme authentique.

Lettonie

Superficie: 64 589 km²
Côte: 531 km
Point culminant:
Gaizinkalns (312 m)
Plus grand lac:
Dvina occidentale
Population:
2,47 millions d'habitants
Densité de population:
38 hab./km²
Capitale:
Riga (826 508 habitants)
Fuseau horaire: OET

Adresses utiles
(B) *Baltic Information Centre*
Avenue Winston Churchill, 118A
1180 Bruxelles
Tél.: 02 344 69 78
Fax: 02 344 78 01
(FR) *Ambassade de Lettonie*
Villa Saïd, 6
75116 Paris
Tél.: 01 53 64 58 10
Fax: 01 53 64 58 19
E-mail:
embassy.france@mfa.gov.lv

Les ruelles de Tallinn sont idéales pour une promenade vespérale.

L'hôtel de ville de Tallinn et sa pharmacie.

Alignement de maisons historiques dans la capitale lettone, Riga.

Le symbole de la capitale lettone ***Riga*** *est l'élégante tour (137 m) de l'église Saint-Pierre. Elle compte quatre étages. Un ascenseur vous emmène jusqu'à une hauteur de 72 mètres. Il va sans dire que la vue sur la ville et l'embouchure de la Dvina est exceptionnelle.*

Situation et paysage

La Lettonie est bordée au nord par l'Estonie et le golfe de Riga, à l'est par la Russie, au sud par la Biélorussie et est baignée à l'ouest par la mer Baltique. La ville de Riga est cernée à l'est par les collines de Livonie et à l'ouest par celles de Courlande. Le paysage consiste essentiellement en des bois denses et en plus de 3 000 lacs; la côte comprend essentiellement de plages de sable.

Culture

Riga ❶ La capitale de la Lettonie, à l'embouchure de la Dvina. La **vieille ville médiévale est restée presque intacte et est inscrite au patrimoine mondial de l'Unesco. À voir absolument: la statue de la liberté de 1935, symbole de l'indépendance de la Lettonie; la Tour de la poudrière, partie des fortifications de 1330, dont la Porte de Suède a également été conservée; le vieux **château des Chevaliers teutoniques et son musée d'histoire, le musée Jānis Rainis et le Musée d'art étranger; l'église classique Notre-Dame; l'*église Saint-Jacques, son chœur roman tardif et son clocher gothique; les belles maisons bourgeoises, par exemple les **Trois frères; la **cathédrale du 13e siècle avec une chaire de vérité Renaissance, des tombeaux richement ornés et des ***orgues uniques; le musée d'histoire de la ville et de la marine; la tour de l'église Saint-Pierre du 13e siècle, le symbole de la ville; l'église Saint-Jean aux styles différents; la maison de Pierre le Grand; la Petite et la Grande guildes; le musée national d'histoire; le musée des sciences naturelles; le musée ethnographique et son *musée à ciel ouvert; les *vieilles maisons de l'Aldaru; le monastère du 15e siècle.

** **Salaspils** ❷ Ici, un monument rappelle un épisode particulièrement triste de l'histoire: pendant la Seconde Guerre mondiale, plus de 100 000 soldats moururent dans un camp de concentration.

** **Sigulda** ❸ Ville au cœur du parc national de la Gauja. À voir: les ruines du château des Chevaliers teutoniques (13e siècle), où l'on organise maintenant des concerts; le château neuf; la **vue exceptionnelle depuis la Colline des artistes; les ruines du château de Krimulda, une forteresse du 13e siècle détruite au 17e siècle; le château classique de Krimulda de 1854; la Grande et la Petite grotte du diable (avec la «Source de la sagesse»). Dans les environs: **Turaida et son **église en bois de 1750, la *tombe de Maija, la légendaire «Rose de Turaida», un parc de statues et le *château épiscopal de 1214.

* **Cēsis** ❹ Vieille ville hanséatique située dans le parc national de la Gauja. À voir: l'église Saint-Jean du 13e siècle, qui illustre clairement le passage du style roman au style gothique; le château du 18e siècle et le musée municipal; les ruines d'un château des Chevaliers teutoniques de 1209.

1 **Vue de l'ancienne ville hanséatique de Tallinn, avec les tours des fortifications médiévales.**

2 **Un des paysages les plus particuliers et les plus attrayants d'Europe: le cordon littoral de Courlande, une bande de terre étroite s'étirant devant la côte, avec des dunes et des bois de bouleaux et de sapins. Sans oublier les îles paradisiaques! La Lagune de Courlande est un parc national, où les visiteurs doivent se conformer à certaines règles.**

3 **Une variation impressionnante: les tours de la capitale lettone, Riga.**

*Vue interminable sur la plaine de **Lituanie**, avec de grandes zones agricoles et des paysages somptueux presque inexplorés au charme désuet. Le pays compte cinq parcs nationaux et plusieurs réserves naturelles protégées. Les lacs près de Trakai et le parc national d'Aukštaitija dans le nord-est figurent parmi les plus belles régions du pays. Et, bien sûr, il y a aussi la paradisiaque Neringa, nom donné par les Lituaniens au cordon littoral de Courlande.*

** **Château de Rundale** ❺ Ce grand château des environs de Bauska fut achevé en 1767. Quand le seigneur du château prit la fuite, il emporta tout, de sorte que l'on ne peut plus admirer l'intérieur d'origine. Mais l'architecture, les peintures murales, le parc paysager, le musée du château et le musée d'art appliqué méritent une visite.
* **Ventspils** ❻ Ville portuaire à l'embouchure de la Venta. À voir absolument: les ruines d'un château des Chevaliers teutoniques du 13e siècle, avec le musée et la chapelle bien conservée; la vieille ville et ses belles maisons; le musée régional; le musée à ciel ouvert sur la pêche.
* **Liepāja** ❼ Ville sur la mer Baltique. À voir absolument: la *vieille ville, malheureusement en mauvais état, et ses nombreuses maisons Art nouveau; l'*église du 16e siècle, son intérieur baroque remarquable et son **autel richement décoré de 1697; l'église de la Trinité de 1758 et les orgues impressionnantes; la cathédrale Saint-Joseph rénovée en style néo-gothique; le musée d'histoire de la Lettonie, situé dans une vielle maison gothique.
** **Kuldīga** ❽ Petite ville pittoresque sur la Venta. La **vieille ville aux bâtiments gothiques, Renaissance et baroques ressemble à un musée à ciel ouvert. Hôtel de ville du 17e siècle. À voir également: l'*église Sainte-Catherine de 1252; l'église de la Trinité aux éléments intérieurs baroques et rococo; le musée d'histoire et le parc de sculptures.

Nature

* **Parc national de la Gauja** ❶ La nature grandiose du parc de 900 km² situé dans la vallée de la Gauja est un régal pour les yeux. Les canoéistes trouveront ici leur bonheur. Les bois étendus, ainsi que la faune et la flore variées, étaient déjà protégés dans les années 1930.

Situation et paysage

Cette ancienne république soviétique est bordée au nord par la Lettonie, à l'est et au sud par la Biélorussie, au sud-ouest par la Pologne et l'enclave russe de Kaliningrad et est baignée à l'ouest par la mer Baltique. Le pays s'étend partiellement sur la plaine d'Europe orientale et est légèrement vallonné dans le nord et dans le sud-est. Entre les collines, on trouve de grandes plaines émaillées de nombreux lacs et rivières. Au nord et à l'ouest, on croise de nombreux marécages. La côte était connue pour son ambre jaune dès l'Antiquité.

Lituanie

Superficie:
65 301 km²
Côte:
99 km
Point culminant:
Juozapines (312 m)
Plus grand lac:
Nemunas (ou Memel, partiellement)
Population:
3,7 millions d'habitants
Densité de population:
57 hab./km²
Capitale:
Vilnius (578 412 habitants)
Fuseau horaire: OET

Adresses utiles
(B) *Baltic Information Centre*
Avenue Winston Churchill, 118 A
1180 Bruxelles
Tél.: 02 344 69 78
Fax: 02 344 78 01
(FR) *Ambassade de Lituanie*
Boulevard de Courcelles, 22
75017 Paris
Tél.: 01 40 54 50 50
Fax: 01 40 54 50 70
E-mail: amb.lituanie@magic.fr
Web: http://www.amb-lituanie-paris.fr

La cathédrale de style classique de Vilnius, avec sa tour indépendante.

Romantisme au bord de l'eau: Trakai et sa forteresse médiévale.

Culture

** **Vilnius** ❶ La capitale de la Lituanie, sur la Neris. À voir: la place de la cathédrale, où s'élevaient jadis un palais épiscopal, plusieurs églises et des lieux de culte païens; la *basilique Saint-Stanislas, qui prit son aspect actuel en 1783 après plusieurs rénovations; le trésor de l'église est la chapelle Saint-Casimir. Le clocher (52 m) est très éclectique. À voir également: la *tour Gedimino, seul vestige du château autrefois si puissant; le musée d'histoire et d'ethnographie de Lituanie dans le Vieil arsenal, vestige d'un vieux château; le Nouvel arsenal abrite un musée d'art appliqué; l'***église Saints-Pierre-et-Paul du 17e siècle, avec un intérieur baroque unique; l'*église bernardine gothique et son *clocher indépendant; l'**église gothique Sainte-Anne, avec sa façade en brique et 30 sortes de tuiles différentes; le monastère des Bernardins avec l'église Saint-Michel de style Renaissance; l'*église Saint-Jean de style baroque tardif, avec un magnifique maître-autel; l'ancien palais épiscopal du 18e siècle, qui abrite aujourd'hui un centre culturel; le monastère dominicain et son église, tous deux baroques; les maisons bourgeoises (15e-19e siècles) de la vieille ville; l'hôtel de ville classique, dans lequel on trouve maintenant un musée d'art moderne; l'*église Saint-Casimir, dédiée au saint patron des Lituaniens, au passé catholique, orthodoxe russe et protestant, devenue plus tard le musée de l'athéisme et qui a repris sa fonction originelle d'église catholique; l'*église Sainte-Thérèse, de style baroque précoce; l'*église orthodoxe russe de l'Esprit Saint du 17e siècle, avec un superbe intérieur et des icônes de grande valeur. Le centre historique de la ville a été inscrit au patrimoine mondial par l'Unesco en 1997.
*** **Trakai** ❷ L'ancienne capitale de la Lituanie, au sud-est de Vilnius. Le **château de l'île est un édifice gothique entouré d'eau, construit en briques rouges. Il se compose de deux parties reliées entre elles par un pont-levis. Dans la vieille ville, le musée ethnographique mérite une visite.
** **Kaunas** ❸ La deuxième ville de Lituanie, au confluent de la Neris et de la Nemunas. Le centre historique de la ville est le domaine du **château de Kaunas du 14e siècle, dans lequel un petit musée a été aménagé. À voir également: l'église Saint-Georges du 15e siècle, de style gothique lituanien; la **place de l'hôtel de ville entourée de bâtiments gothiques;

l'hôtel de ville, construit en 1542, présentant différents styles; la *cathédrale souvent rénovée de 1408, avec le tombeau du poète national Maironis, dont la maison abrite un musée de la littérature; l'église et l'abbaye jésuites de 1648; la maison **Perkūnas, considérée comme le plus beau bâtiment civil de Lituanie; dans l'église néobyzantine de la Garnison, quelque peu surchargée, on trouve une galerie de sculpture et de verre peint; le musée de l'armée; le *musée du diable et sa collection originale de représentations du diable.

*** Kėdainiai ❹** Ville sur la Neveï. Une collection d'art est exposée dans le *vieil hôtel de ville, restauré en 1983. L'église calviniste de 1653 ressemble à un château, tout comme l'église Saint-Georges, gothique à l'origine. Également intéressantes: les vieilles maisons bourgeoises des alentours de 1660, exemples typiques de logements citadins lituaniens.

Klaipėda ❺ Ville portuaire située face au cordon littoral de Courlande. À voir absolument: la statue d'Ännchen von Tharau sur la place du théâtre; la Pharmacie verte de 1677 (avec une exposition); les jolies maisons des artisans; le musée de Lituanie; le musée de l'horlogerie; la pinacothèque; le musée de la mer et son aquarium; le musée ethnographique à ciel ouvert, qui illustre la vie des pêcheurs courlandais; le musée des sciences naturelles.

Palanga ❻ Ville balnéaire sur la mer Baltique. Outre le joli jardin botanique, le **musée de l'ambre mérite vraiment le détour. Il est hébergé dans l'ancien château des comtes et possède plus de 18 000 pièces, dont des pierres fascinantes et des bijoux préhistoriques. Vous y apprendrez tout sur la naissance et la transformation de l'ambre jaune.

Nature

**** Cordon littoral de Courlande ❶** Étroite bande de terre émergeant dans la mer Baltique, recouverte de bois d'épicéas et de sapins, de dunes de sable blanc et parsemée de villages de pêcheurs authentiques comme Nida; un domaine naturel unique et le plus beau parc national de Lituanie.

*** Réserve naturelle de Kamanos ❷** Dans les marais de Lituanie nichent de nombreuses espèces d'oiseaux, comme la grue cendrée, la cigogne noire, le chevalier combattant, le pluvier et le courlis d'Europe.

**** Parc national d'Aukštaitija ❸** Une réserve naturelle de 300 km² offrant plus de 100 lacs, des bois touffus et des marais.

*** Parc national de Dzūkija ❹** Cette réserve naturelle fondée en 1991 compte des forêts sans fin et plus de 150 lacs. Les eaux sont particulièrement poissonneuses et des plantes rares poussent dans les marécages. On y trouve aussi de nombreux rapaces.

Kaunas, la deuxième ville de Lituanie, est également un centre culturel.

Le sommet du romantisme: en haut d'une vallée latérale de la Moselle, entre Cochem et Coblence, trône le château d'Eltz et ses tours et balcons en encorbellement.

Allemagne

Du nord au sud, l'Allemagne «grimpe» de 0 à près de 3 000 mètres au-dessus du niveau de la mer. Entre ces deux extrémités, la côte de la mer du Nord et les montagnes, elle vous propose des centaines de kilomètres de voyage. La variation des paysages est impressionnante: plages de sable, falaises et îles, plaines étendues, fleuves majestueux et lacs tranquilles, moyennes montagnes et formations calcaires des Alpes. En outre, on ne compte plus les trésors artistiques et les monuments culturels. Il faut dire que l'Allemagne a un passé mouvementé derrière elle... Et que serait-elle sans ses villes? Entre Hambourg et Munich, Berlin n'est pas la seule à valoir le détour.

Leipzig: Goethe devant l'ancienne bourse, sur le Naschmarkt.

Hambourg, la «Porte sur le monde»: vue sur les anciens débarcadères de Sankt Pauli et les cales sèches. Le haut lieu de la ville intérieure est le Binnenalster, avec la promenade du Jungfernstieg, l'hôtel de ville Renaissance et la tour de l'église Saint-Nicolas.

Allemagne

Superficie: 356 910 km²
Côte: 2 389 km
Point culminant: Zugspitze (2 962 m)
Plus long cours d'eau: Rhin (partie allemande: 865 km; total: 1 320 km)
Plus grand lac: lac de Constance (partie allemande: 305 km²; total: 538 km²)
Population: 82 millions d'habitants
Densité de population: 230 hab./km²
Régions: Schleswig-Holstein, Hambourg, Brême, Basse-Saxe, Mecklembourg-Poméranie antérieure, Brandebourg, Berlin, Saxe-Anhalt, Thuringe, Hesse, Rhénanie du Nord-Westphalie, Sarre, Rhénanie-Palatinat, Bade-Wurtemberg, Bavière.
Capitale: Berlin (3,47 millions d'habitants)
Fuseau horaire: MET

Adresses utiles
(B) *Office du tourisme allemand*
Gulledelle, 92
1200 Bruxelles
Tél.: 02 245 97 00
Fax: 02 245 39 80
E-mail: gntobru@d-z-t.com Web: www.germany-tourism.de
(F) *Office du tourisme allemand*
Avenue de l'Opéra, 47
75002 Paris
Tél.: 01 40 20 01 88
Fax: 01 40 20 17 00

Situation et paysage

L'Allemagne s'étend de la vallée du Rhin à l'ouest jusqu'à l'Oder à l'est, de la mer du Nord et de la mer Baltique au nord jusqu'aux Alpes au sud, dont les Préalpes bavaroises (jusqu'à 500 mètres d'altitude) constituent les premiers contreforts. Une grande partie du pays consiste en des moyennes montagnes boisées. Dans le nord, la plaine nord-allemande s'enfonce profondément dans la ceinture montagneuse en quatre endroits.

Schleswig-Holstein

Ce land, le plus septentrional du pays, englobe la partie méridionale de la péninsule du Jutland et s'étend sur la plaine du Nord. Dans l'est, on trouve un paysage fertile composé de moraines et de lacs; dans le centre, des landes sablonneuses; dans l'ouest, des marécages. La côte baltique est entaillée par de nombreuses baies. Au large de la côte de la mer du Nord se trouvent les îles de Frise septentrionale, et la mer de Wadden.

Culture

Flensburg ❶ Ville portuaire sur la «Förde» (baie typique du nord de l'Allemagne) du même nom. À voir absolument: l'église gothique Saint-Nicolas, son *orgue Renaissance et son autel rococo de 1749; le *musée municipal dans un bâtiment Renaissance; le Museumshafen; l'église gothique Notre-Dame; le Musée de la marine.
Glücksburg ❷ Lieu de cure sur la Flensburger Förde. L'attraction principale est le **château Renaissance, autrefois la demeure d'un duc, dont on peut admirer le luxueux intérieur.
* **Fondation Seebüll** ❸ Depuis 1957, l'ancienne maison du peintre expressionniste Emil Nolde accueille des expositions de ses œuvres.
* **Schleswig** ❹ Ville sur la Schlei. À voir: la cathédrale Saint-Pierre des 12e-16e siècles avec l'*autel de **Bordesholm de 1521; le **château de Gottorf des 15e-18e siècles, avec le Musée archéologique et le Musée régional de Schleswig-Holstein: le **Musée viking de Haithabu.
Husum ❺ Ville de Frise septentrionale. À voir absolument: l'église qui a succédé à l'*église gothique Notre-Dame de 1833; la *maison de Theodor Storm et son exposition sur ce poète du nord de l'Allemagne; le château Renaissance.
*** **Îles de Frise septentrionale** ❻ Archipel situé au nord de l'embouchure de l'Elbe, séparé de la côte par la mer de Wadden. À voir absolument: le village frison de **Keitum, avec son musée du folklore et la vieille maison frisonne; le lieu de vacances chic de **Kampen sur Sylt; l'*église Saint-Jean de Nieblum sur Föhr et la plage de *Kniepzand sur Amrum. Conseillé: des excursions vers Halligen, par exemple Pellworm et Hooge.
* **Kiel** ❼ Capitale du Land, située sur la Kieler Förde. À voir absolument: l'hôtel de ville Jugendstil et la superbe vue du haut de sa tour de 106 m; l'église Saint-Nicolas du 13e siècle; le **Musée à ciel ouvert à Molfsee.
*** **Lübeck** ❽ Ville portuaire sur la Trave, inscrite au patrimoine mondial de l'Unesco. À voir: le pont de Poupées et ses statues de grès du 18e siècle; la **Holstentor de 1478; les maisons à pignons en brique des 16e-18e siècles; l'ancien entrepôt de sel; la maison Buddenbrook et ses expositions sur Thomas et Heinrich Mann; l'**église gothique Notre-Dame en brique; l'*hôtel de ville du 13e siècle plusieurs fois transformé; l'église des Marins Saint-Jacques du 13e siècle; l'*Hôpital de l'Esprit Saint-de 1285: le **dôme des 12e-13e siècles avec un crucifix de 17 mètres de hauteur.
* **Fehmarn** ❾ Île entre les baies de Kiel et de Lübeck. À Burg, l'église Saint-Nicolas et son autel de Saint-Blaise de 1480 valent le détour; à Landkirchen, voir l'église gothique Saint-Pierre; à Lemkenhafen, le Musée de la Minoterie et de l'Agriculture.

Nature

*** **Parc national de la Wattenmeer (mer de Wadden)** ❶ Cette réserve naturelle unique englobe les parties de la mer de Wadden appartenant aux Länder de Schleswig-Holstein, de Basse-Saxe et de Hambourg et fut fondée pour protéger les hauts-fonds dominés par les marées. On y trouve de nombreuses espèces d'oiseaux, mais ce sont surtout les phoques qui attirent les visiteurs.
* **Helgoland** ❷ Le symbole de cette île située dans la baie du même nom est la tour de pierre «Grande Anne». Sur la pointe nord-ouest de l'île nichent des milliers de guillemots.

Hambourg

Cette ancienne ville hanséatique se trouve au confluent de l'Elbe et de l'Alster, à 100 km de l'embouchure de l'Elbe dans la mer du Nord. Dans les environs, le paysage consiste en trois zones naturelles: la lande du Sud-Holstein, la vallée limoneuse de l'Elbe inférieure et les moraines des Montagnes noires.

Culture

** **Hambourg** ❿ Métropole portuaire et médiatique sur l'Elbe, caractérisée par la fierté des marchands de la Hanse. Cette ville internationale possède beaucoup de charme. À voir absolument: la vieille ville avec l'*hôtel de ville du 19e siècle; l'église Saint-Pierre du 19e siècle; la tour de l'Évêque du 11e siècle; l'église Saint-Jacques du 14e siècle; la *maison du Chili de 1924; l'église Sainte-Catherine du 13e siècle; le *Nikolaifleet; le Trostbrücke et la Bourse de style classique.
Centre-ville avec le *Jungfernstieg, le Pavillon Alster de 1799, la Fondation Beyling de 1751, l'*église Saint-Michel (le symbole de la ville), le Marché aux Oies, les Deichtorhallen et leurs expositions temporaires, la *Kunsthalle, la **galerie d'art contemporain, l'ancien jardin des plantes *Planten un Blomen, la *tour de télévision Heinrich-Hertz et le *Musée d'histoire de la ville de Hambourg.
Sankt Pauli et les navires-musées Cap San Diego et *Rickmer Rickmers, les *embarcadères, l'*ancien tunnel sous l'Elbe et le célèbre quartier chaud autour de la **Reeperbahn et de Große Freiheit.
Port: les visites en bateau vous en donneront la meilleure image. Avec le Marché aux Poissons de Sankt Pauli, les chantiers navals Blohm & Voss, les **entrepôts, les entrepôts historiques d'Övelgönne et du Köhlbrandbrücke.
Excursions: le *parc animalier de Hagenbeck; le parc Jenisch; le quartier de villas de *Blankenese; l'Altes Land et ses vergers attrayants; le monument commémorant le camp de concentration de Neuengamme; le *Musée à ciel ouvert de Kiekeberg à Harburg.

Brême

Le plus petit land d'Allemagne se compose de sa capitale Brême et de la ville portuaire de Bremerhaven (à environ 60 km) et se trouve dans la plaine du Nord. La ville de Brême est entièrement enclavée dans le Land de Basse-Saxe et s'étend des deux côtés de la Weser inférieure.

Culture

** **Brême** ⓫ Jadis ville hanséatique franche, attachée aux traditions mais aussi tournée vers l'avenir. À voir absolument: le *Musée

L'île de Helgoland, au large de la côte de la mer du Nord, est une destination prisée pour les excursions. La «Lange Anna», qui culmine à 48 mètres, a reçu un corset de béton pour ne pas s'écrouler.

Brême est une des plus vieilles villes d'Allemagne du Nord, déjà rapidement importante en tant qu'évêché et centre commercial. La cathédrale romano-gothique Saint-Pierre et l'hôtel de ville et sa superbe façade Renaissance dominent la grand-place.

d'outre-mer et ses collections sur la nature, le commerce et l'ethnologie; le Musée régional brêmois d'histoire artistique et culturelle (Musée Focke); la **Kunsthalle et ses collections d'œuvres d'artistes allemands anciens et contemporains et de ***gravures sur cuivre; la *vieille ville et son *hôtel de ville du 15e siècle, qui reçut en 1612 une façade de style Renaissance; la maison de corporation Schütting du 16e siècle; le *dôme romano-gothique Saint-Pierre; le *Roland, le symbole de la ville, qui date de 1404.

Bremerhaven 12 Le port de Brême depuis 1827. À voir absolument: le **Musée allemand de la marine, avec la dernière nef hanséatique encore conservée au monde et un sous-marin de la Seconde Guerre mondiale; le Musée à ciel ouvert; le *zoo et son aquarium de la mer du Nord; la zone portuaire avec le port de pêche et le plus grand terminal de conteneurs d'Europe.

Basse-Saxe

Le deuxième plus grand Land d'Allemagne s'étend de la côte de la mer du Nord jusqu'aux moyennes montagnes. Le nord se trouve dans la plaine du nord et est jalonné de sédiments datant du Pléistocène. Les marécages de la côte se prolongent dans la mer de Wadden jusqu'aux îles de Frise orientale. À la frontière avec le Land de Saxe-Anhalt, la Basse-Saxe englobe également une partie du massif du Harz.

Culture

** **Îles de Frise orientale** 13 À voir absolument: les trois phares et le Musée du folklore sur Borkum; l'église de 1779 et le Musée côtier sur Juist; le phare et le Galeriehollânder, un moulin à vent de 1862, sur Norderney; le cimetière dans les dunes avec la tombe de Lale Andersen et le Musée de la marine sur Langeoog; l'*église et le musée dans la maison Hero sur Spiekeroog; le Musée du folklore dans l'ancien phare et le nouveau phare sur Wangerooge.

* **Worpswede** 14 Depuis 1889, la colonie des artistes a accueilli au bord du Marécage du Diable des peintres tels que Paula Modersohn-Becker, Overbeck ou Vogeler. Les galeries et expositions perpétuent cette tradition. À voir également: le Musée d'histoire primitive.

** **Château de Clemenswerth** 15 À côté de Sögel. Pavillon de chasse baroque construit pour le prince électeur colonais Clément Auguste.

** **Lüneburg** 16 Ville sur l'Ilmenau. À voir: l'**hôtel de ville du 13e siècle et sa façade baroque; l'**église Saint-Jean du 14e siècle et son riche intérieur; le **Musée allemand du sel, qui illustre l'histoire séculaire de l'extraction de sel en Allemagne.

* **Hanovre** 17 Capitale de la Basse-Saxe, sur la Leine. À voir absolument: l'*ancien hôtel de ville gothique et la Fratzenkopf, âgée aujourd'hui de 400 ans; l'*Opéra classique; le **Musée national de Basse-Saxe et sa collection d'œuvres de maîtres anciens et sa division sur les sciences naturelles; le **Musée Sprengel et son importante collection d'art moderne; l'église gothique de la place du Marché, qui date du 14e siècle; le château de la Leine du 17e siècle, aujourd'hui le siège du parlement régional; les jardins baroques de **Herrenhausen.

** **Brunswick** 18 Ville universitaire sur l'Oker. Elle compte cinq îlots aux bâtiments historiques: la **Burgplatz et le *dôme de 1195, avec la **tombe d'Henri le Lion; la maison d'édition Viehweg de 1804, qui abrite le Musée régional de Brunswick; le château de Dankwarderode d'Henri le Lion, reconstruit au 17e siècle; les maisons à colombages et le *Burglöwe au centre; l'hôtel de ville de la vieille ville du 15e siècle; l'église Saint-Magne de 1031 en plein milieu des maisons à colombages; le **Musée du Duc Anton-Ulrich et sa collection d'œuvres de maîtres anciens.

* **Hildesheim** 19 Cité épiscopale au pied du massif du Harz. Le **dôme plusieurs fois transformé récupéra son style roman originel après 1945. Le dôme et l'**église paroissiale de style roman précoce Saint-Michel possèdent un intérieur précieux et ont été inscrits au patrimoine mondial de l'Unesco.

** **Hameln** 20 Cheval d'apparat de la Renaissance de la Weser, avec

1 Sylt est la plus grande et la plus au nord des îles frisonnes du Nord. Sa pointe méridionale offre un joli point de vue sur les belles maisons aux toits de chaume de Hörnum, sur l'île voisine de Föhr.
2 À la frontière avec le Danemark se trouve la station balnéaire de Glücksburg, sur la mer Baltique, avec le château sur l'eau du même nom, entouré d'arbres majestueux.
3 Le joli centre-ville de Lübeck (patrimoine mondial de l'Unesco) est entièrement encerclé par l'eau. Les navires venant de la mer Baltique peuvent ainsi atteindre la ville portuaire en empruntant la Trave. Ici, le Holstenhafen sur la Trave.

Rügen et Usedom

Bains impériaux et roches crayeuses, falaises et baies peu profondes caractérisent ces deux îles de la mer Baltique.

Dieu avait fini de créer le monde mais, comme il lui restait une poignée de terre, il la jeta dans la Baltique. C'est ainsi que serait née Rügen, la plus grande île allemande. Elle doit sa beauté légendaire à son paysage varié: les plages de sable blanc dans les stations balnéaires élégantes, la côte crayeuse souvent photographiée et les champs à perte de vue dans le sud-ouest agricole invitent à la balade à vélo.

Usedom, la «baignoire de Berlin» est, après Rügen, la deuxième plus grande île allemande de la mer Baltique; elle offre, outre les thermes impériaux nostalgiques, un arrière-pays vierge émaillé de lacs, de forêts et de marais idylliques. Pour protéger la faune et la flore riches de l'île, on a créé le Parc naturel d'Usedom (800 km^2). On y rencontre des grues cendrées, des cigognes noires et blanches, des balbuzards et des pygargues à queue blanche. On a réinséré des castors dans la vallée de la Peene; la loutre commune y vit également.

Grande photo de gauche: la «Victoriasicht», ainsi nommée en hommage à l'épouse de l'empereur Guillaume Ier, offre une vue grandiose sur la côte crayeuse de Rügen.

1 Le Cap Arkona à Rügen: jusqu'en 1902, le phare trapu de 1825 prévenait les marins; il céda le relais à la tour plus mince.

2 Un hangar âgé de deux siècles à Vilmnitz, sur l'île de Rügen.

3 Dans le centre de Rügen: près de la belle capitale Bergen s'étend le fertile Muttland.

4 Vue romantique sur Usedom, sur l'île éponyme.

5 Une large plage de sable relie les stations balnéaires d'Ahlbeck et de Heringdorp sur l'île d'Usedom.

6 Près de Göhren, sur la presqu'île de Mönchgut: lever de soleil sur la mer Baltique.

1

2

3

4

5

6

*Dans le parc national de la **Lande de Lunebourg**: ce paysage sauvage n'est pas un cadeau de la nature. On déboisa beaucoup, mais seules les bruyères poussèrent sur le sol sec...*

Le phare de Dornbusch est l'une des principales attractions de l'île de Hiddensee.

La fontaine Renaissance sur la grand-place de Wismar alimenta la ville en eau jusqu'à la fin du 19e siècle.

nombre de jolis bâtiments, comme la *Hochzeitshaus, la **Rattenfängerhaus et la *Leisthaus. Dans les environs: le château Renaissance de **Hämelschenburg.

* * **Goslar** ㉑ Ville au nord du massif du Harz, inscrite au patrimoine mondial de l'Unesco. Le **Kaiserpfalz de style roman est le plus vieux et le plus grand bâtiment civil médiéval d'Allemagne. Du Kaiserdom ne subsiste que la salle construite en 1150. Le cœur du **centre-ville médiéval est la place du marché avec la fontaine de l'Aigle impérial et l'hôtel de ville de 1450. Dans la *salle des festivités: les peintures sur les murs et le plafond du 16e siècle; dans la Salle du Conseil l'**Évangéliaire de Goslar du 13e siècle.

Nature

* **Lande de Wildeshaus** ③ Zone naturelle protégée au sud-ouest de Brême, avec des paysages de lande typiques tels que des prairies, marais et dunes. Les marais sont l'habitat d'oiseaux rares, par exemple le grand courlis, la barge à queue noire et le pluvier doré.

* **Parc national de la Lande de Lunebourg** ④ La plus vieille réserve naturelle d'Allemagne, autour du Wilseder Berg. Avec des marais et landes aux plantes typiques comme la bruyère, le genêt ou le genévrier.

Mecklembourg-Poméranie antérieure

Ce Land du nord-est se compose de deux parties: le Mecklembourg au sud-ouest et la Poméranie antérieure au nord-est. Il est baigné au nord par la mer Baltique et bordé à l'ouest par le Schleswig-Holstein, au sud par le Land de Brandebourg et à l'est par la Pologne. Il se trouve dans la plaine du nord, entre la côte baltique et la dorsale du même nom.

Culture

* * **Schwerin** ㉒ Capitale du Land, sur le lac de Schwerin. À voir absolument: le **château partiellement classique; les **vieux jardins; le Musée national et sa collection de graphiques et de monnaies; la cathédrale gothique; le faubourg de **Schelfstadt, qui date de 1705.

* * **Wismar** ㉓ Ville hanséatique sur la baie du même nom. À voir absolument dans la vieille ville (patrimoine mondial de l'Unesco): la tour gothique de l'église Notre-Dame du 15e siècle; l'église gothique Saint-Nicolas; le château princier datant de la Renaissance; l'hôtel de ville classique; la maison gothique en brique *Alter Schwede; le pavillon Renaissance dodécagonal *Wasserkunst (source), qui alimentait la vieille ville en eau.

* * **Rostock** ㉔ Ville hanséatique sur l'embouchure de la Warnow, avec son port, la Kröpelinger Tor en gothique de briques et son musée d'histoire culturelle, l'hôtel de ville sur la grand-place, l'église gothique Notre-Dame et son horloge astronomique, l'église Saints-Pierre-et-Nicolas du 13e siècle.

* * **Stralsund** ㉕ Ville hanséatique située en face de l'île de Rügen. À voir absolument dans la vieille ville (patrimoine mondial de l'Unesco): l'hôtel de ville gothique; l'**église Saint-Nicolas du 13e siècle; l'église Notre-Dame du 14e siècle; le monastère Saint-Jean et ses peintures murales médiévales; le couvent médiéval Sainte-Catherine avec le *Musée de la mer; le musée d'histoire culturelle.

* * * **Rügen** ㉖ La plus grande et la plus belle île de la côte baltique. À voir absolument: le Cap Arkona et son phare sur la presqu'île de Wittow; le vieux village de pêcheurs de Vitt près de Puttgarden et l'île de Hiddensee et ses plages agréables.

* * **Usedom** ㉗ Île située dans le haff de Szczecin (mer Baltique). À voir absolument: la ville d'Usedom avec l'Anklamer Tor, l'église Notre-Dame en gothique flamboyant (15e siècle); les stations balnéaires d'*Ahlbeck, Heringsdorf, Bansin, Koserow et Zinnowitz; *Peenemünde et le Centre d'information historico-technique.

* * **Güstrow** ㉘ Ville dans la vallée de la Nebel. À voir absolument: le **dôme des 13e-14e siècles; le château de 1594, un des plus importants édifices de la Renaissance dans le nord de l'Allemagne; le musée municipal; le Musée Barlach.

Nature

* * * **Parc national de Jasmund** ⑤ Cette réserve naturelle sur l'île de Rügen s'étire entre Saßnitz et Lohme, sur la presqu'île de Jasmen et enchante par ses falaises de craie grandioses, ses bois de bouleaux et ses marais. Point culminant: la falaise de craie de la **Stubbenkammer, avec la célèbre Königsstuhl.

* * **Parc national du Vorpommersche Boddenlandschaft** ⑥ Paysage de côtes et de baies unique avec des dunes, des cordons littoraux, des hauts-fonds et des îlots et la plus grande colonie de grues d'Europe centrale.

Brandebourg

Cette ancienne province prussienne se situe dans la plaine du nord et englobe les régions de Prignitz, Uckermark, Havelland, Mittelmark, Basse-Lusace et Neumark-sur-l'Oder.

Culture

* * **Templin** ㉙ Ville dans l'Uckermark. À voir absolument: les murailles médiévales; les vieilles maisons à colombages; la chapelle gothique Saint-Georges; l'hôtel de ville du 18e siècle; l'église Sainte-Marie-Madeleine du 15e siècle, revêtue d'un habit baroque.

* **Neuruppin** ㉚ Station de cure sur le lac de Ruppin, avec la superbe église du monastère dominicain du 13e siècle et un centre-ville classique.

Chorin ㉛ Commune située dans l'Uckermark. Les vestiges du **monastère cirstercien fermé en 1542 en sont la principale attraction. La basilique à piliers est considérée comme un chef-d'œuvre du gothique en briques.

Niederfinow ㉜ Village sur le canal de Finow. La principale attraction est l'**ascenseur à navires de 1934.

* **Lübbenau** ㉝ Ville sur la Spree. À voir: le château classique de 1820 avec une orangerie dans le parc et le Musée de Spreewald.

Lehnin ㉞ Commune dans le Mittelmark. La principale curiosité est le **monastère cistercien abandonné en 1542 et son église consacrée en 1270.

* * * **Potsdam** ㉟ Capitale du Land de Brandebourg, sur la Havel. À voir absolument: le ***château de Sans-Souci, construit en 1744 en style rococo pour Frédéric II, avec ses annexes, ses collections artistiques, la tombe du «Vieux Fritz» et son superbe parc; le *Nouveau Palais; le moulin à vent historique; l'église Saint-Nicolas du 19e siècle; l'ancien hôtel de ville; la *Neuer Markt avec la remise de Frédéric II; le carillon qui rappelle l'église de garnison détruite en 1968; la Porte de Brandenbourg; la Porte de Nassau; le **Quartier hollandais et ses maisons en brique (18e siècle); le **parc du château de Babelsberg; le **château de Cecilienhof. Les

*Le **Spreewald** possède un charme bien propre, ce qui fait que les Berlinois ne sont pas les seuls à venir y chercher le calme. Les balades en bateau sur les nombreux cours d'eau qui traversent la forêt sont populaires.*

châteaux et parcs sont inscrits au patrimoine mondial de l'Unesco.

Nature

**** Réserve de biosphère de Schorfheide-Chorin** 7 Cette réserve de 1 300 km² située entre la zone lacustre de Templin et les moraines de Chorin est protégée par l'Unesco depuis 1990. On y trouve des pygargues à queue blanche, des martins-pêcheurs, des castors, des blaireaux et de nombreux autres animaux sauvages en totale liberté.

*** Parc national de l'Oder inférieur** 8 Ce parc national situé près de l'embouchure de l'Oder est un des derniers paysages de rivières presque inviolés d'Europe centrale.

**** Réserve de biosphère de Spreewald** 9 Prairies naturelles comptant près de 1 000 km de cours d'eau sur lesquels il est possible de faire des balades en bateau.

Berlin

La capitale et plus grande ville d'Allemagne se trouve entre le grand lac de Müggel au sud-est et les lacs de la Havel à l'ouest, sur la Havel et la Spree. Les grands bois de conifères, les avenues, les parcs et les lacs font de cette ville-Land enclavée dans le Land de Brandebourg un lieu où il fait bon se détendre.

Culture

***** Berlin** 36 Voir plan pages 68/69 et 72/73.

Saxe-Anhalt

Ce land se compose dans le nord des moraines de l'Altmark, des landes de Letzling et des terres fertiles des Magdeburger Börde. Au sud-ouest s'élèvent le massif du Harz et ses contreforts. Le sud du Land de Saxe-Anhalt englobe le Bassin de Thuringe, le Goldene Aue et la plaine d'effondrement de Leipzig.

Culture

**** Stendal** 37 Plus grande ville de l'Altmark. À voir absolument: le *dôme Saint-Nicolas en gothique de brique; l'*église Notre-Dame du 15e siècle et son riche intérieur; l'hôtel de ville des 16e-19e siècles; les remparts; la maison natale de l'érudit Winckelmann et ses expositions.

**** Magdebourg** 38 Capitale du Land de Saxe-Anhalt, sur l'Elbe. À voir absolument: la cathédrale en gothique primaire avec le tombeau d'Otton le Grand; l'ancien couvent Notre-Dame; l'église Saint-Sébastien et son autel gothique.

**** Halberstadt** 39 La principale attraction de cette ville du nord du massif du Harz est la **cathédrale gothique Saint-Étienne. Mais encore: l'église romane de la Sainte-Vierge et son intérieur inestimable, le **trésor de la cathédrale est conservé dans les bâtiments du cloître des 12e-16e siècles.

**** Quedlinburg** 40 Ville sur la Bode. À voir absolument: l'**église romane Saint-Servais, avec le tombeau du roi Henri Ier et de son épouse Mathilde; la jolie ***vieille ville et ses églises et maisons à colombages (patrimoine mondial de

1 Schwerin, à la lisière de la plaine maritime de Mecklembourg, fut pendant des siècles le siège des ducs de Mecklembourg. Leur château, transformé au 19e siècle, est le symbole de la ville.

2 À la recherche du temps perdu sur l'île d'Usedom: la jetée d'Ahlbeck, construite en 1898, avec son restaurant blanc.

3 Bien sûr, le château de Sans- Souci est unique, mais Potsdam a bien d'autres choses à offrir. Par exemple, le Neuer Garten, le parc au nord de la vieille ville, sur la rive du Heiliger See.

Unter den Linden

Le centre du vieux Berlin se trouve entre le Pont du Château et la Porte de Brandebourg. Aujourd'hui, une promenade sur Unter den Linden est de nouveau un must de toute visite de Berlin.

La croissance de la métropole berlinoise débuta quand Frédéric Ier, premier roi de Prusse, réunit cinq villes en 1709 pour en faire sa capitale et sa résidence. Son petit-fils Frédéric le Grand fit de la Prusse une grande puissance européenne et de Berlin un centre culturel et scientifique. Un chemin bordé de tilleuls devint alors l'élégante avenue Unter den Linden. Cette voie royale de 1 400 mètres de long et de 60 mètres de large va de la Pariser Platz au Pont du Château, qui mène à la Schlossplatz.
Aux 18e et 19e siècles, la capitale prussienne reçut de nombreux édifices monumentaux; Unter den Linden n'échappa pas à la tendance et accueillit l'Opéra national allemand, le Nouveau Corps de garde et la cathédrale Saint-Hedwig. Le plus vieux bâtiment, le cheval d'apparat de l'architecture baroque allemande, est l'Arsenal.

Grande photo de gauche: jusqu'en 1989, la Porte de Brandebourg symbolisait comme nul autre édifice la division de Berlin.

1 À l'est de la Schlossplatz fut érigé entre 1861 et 1869 l'hôtel de ville rouge, qui doit son nom aux pierres utilisées. C'est maintenant le siège du Sénat fédéral et de la Mairie de Berlin. Devant: la fontaine de Neptune.

2 Unter den Linden: le «Vieux Fritz», l'Arsenal, le Nouveau Corps de garde et vue sur la tour de télévision.

3 La statue équestre de Frédéric II fut érigée en 1851.

4 Georg Wenzeslaus von Knobelsdorff, qui dessina également Sans-Souci, construisit à partir de 1741 l'Opéra national allemand au cœur des «Linden», sur le modèle d'un temple corinthien.

5 À l'ouest de la Porte de Brandebourg, la Straße des 17. Juni mène à la Colonne de la Victoire, avec la statue dorée de la Viktoria, également appelée «Gold-Else».

1

2

3

4

5

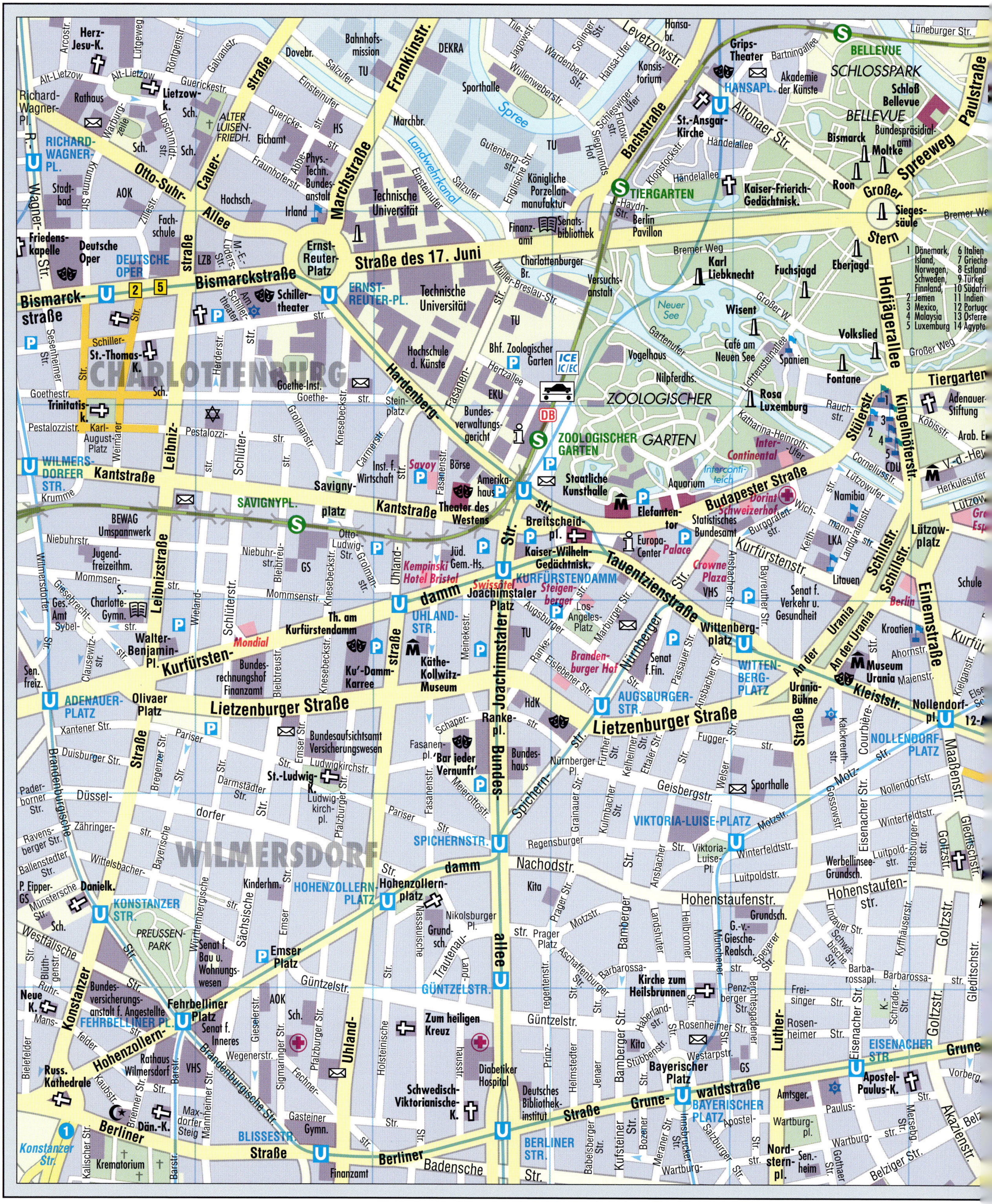
CHARLOTTENBURG
WILMERSDORF
ZOOLOGISCHER GARTEN
SCHLOSSPARK BELLEVUE
Schloß Bellevue
Bundespräsidialamt
Großer Stern
Siegessäule
Straße des 17. Juni
Ernst-Reuter-Platz
ERNST-REUTER-PL.
Technische Universität
Hochschule d. Künste
Bismarckstraße
Deutsche Oper
DEUTSCHE OPER
Schillertheater
Otto-Suhr-Allee
Kantstraße
Savignyplatz
SAVIGNYPL.
Hardenbergstr.
Bhf. Zoologischer Garten
ZOOLOGISCHER GARTEN
Theater des Westens
Kurfürstendamm
KURFÜRSTENDAMM
Kaiser-Wilhelm-Gedächtniskirche
Breitscheidpl.
Europa-Center
Tauentzienstraße
Wittenbergplatz
WITTENBERGPLATZ
Budapester Straße
Elefantentor
Aquarium
Staatliche Kunsthalle
Neuer See
Landwehrkanal
Spree
Tiergarten
TIERGARTEN
Hofjägerallee
Lietzenburger Straße
Joachimstaler Str.
Bundesallee
Uhlandstraße
UHLANDSTR.
Käthe-Kollwitz-Museum
Ku'-Damm-Karree
ADENAUERPLATZ
Olivaer Platz
Leibnizstraße
WILMERSDORFER STR.
RICHARD-WAGNER-PL.
Fehrbelliner Platz
FEHRBELLINER PL.
Hohenzollerndamm
HOHENZOLLERNPLATZ
SPICHERNSTR.
GÜNTZELSTR.
BERLINER STR.
BLISSESTR.
KONSTANZER STR.
Bayerischer Platz
BAYERISCHER PLATZ
VIKTORIA-LUISE-PLATZ
NOLLENDORFPLATZ
Nollendorfpl.
EISENACHER STR.
AUGSBURGER STR.
Urania
Kleiststr.
Hohenstaufenstr.
Grunewaldstraße
Berliner Straße
Hansapl.
HANSAPL.
Altonaer Str.
Bachstraße
Akademie der Künste
Kaiser-Friedrich-Gedächtniskirche
Berlin Pavillon
Karl Liebknecht
Rosa Luxemburg
Inter-Continental
Kempinski Hotel Bristol
Savoy
Swissôtel
Palace
Crowne Plaza
Steigenberger
Brandenburger Hof
Mondial
Dorint Schweizerhof
Lützowplatz
Schillstr.
Einemstraße
Kurfürstenstr.
Kirche zum Heilsbrunnen
Zum heiligen Kreuz
Apostel-Paulus-K.
Russ. Kathedrale
Preussen-Park
Konstanzer Str.

Berlin

Berlin a bien changé depuis la chute du Mur. Entre-temps, le monde entier sait qu'il faut avoir vu Berlin, la capitale vivante et métropole culturelle de l'Allemagne, sur la Havel et la Spree.

L'histoire de Berlin débuta au 13e siècle; la ville est donc encore relativement jeune. Quand le royaume de Prusse devint une grande puissance européenne au 18e siècle, l'importance de la capitale, également résidence du roi, grandit elle aussi. Berlin devint plus grande et plus belle. En 1871, elle fut proclamée capitale de l'Empire allemand. À l'époque nazie, Berlin fut plutôt la ville d'où partaient la terreur et la destruction. À la fin de la Seconde Guerre mondiale, la ville était en ruine; fut coupée en deux en 1961. La réunion de Berlin-Est et de Berlin-Ouest commença en 1989, avec la chute du Mur.
À voir absolument: dans le quartier de Charlottenburg, le grand boulevard *Kurfürstendamm et, sur le côté oriental de la vivante Breitscheidplatz, les vestiges de l'*église néoromane bâtie en souvenir de l'empereur Guillaume et détruite pendant la Seconde Guerre mondiale; la belle Porte des Éléphants mène au **zoo. Au nord-est: le Tiergarten, le plus grand parc du centre de Berlin, avec le château et le parc de Bellevue, le logement de fonction du président de la République. Le Kulturforum: la *Philharmonie et le *Musée des instruments de musique, le **Musée d'art, avec une belle collection d'œuvres d'art appliqué européennes du Moyen Âge à nos jours et l'inestimable Trésor des Guelfes, la **Galerie de peintures, avec des toiles de maîtres européens antérieures au 20e siècle, la *Nouvelle Galerie nationale et ses œuvres du 20e siècle, le Monument à la résistance allemande dans l'ancien quartier général de la Wehrmacht. La Straße des 17. Juni, où s'élève la Colonne de la Victoire (67 m), mène à la Porte de Brandenbourg et débouche à l'ouest sur la Ernst-Reuther-Platz. D'ici (hors plan) vers le **château et le parc de Charlottenburg, la jolie résidence baroque des rois de Prusse (construite entre 1695 et 1746), le **Musée d'art égyptien avec le buste de Nefertiti, la **collection Berggruen «Picasso et son époque». À l'ouest du centre (hors plan): *Grunewald, le poumon vert de Berlin et le domaine de loisirs populaire du *Wannsee, les **Musées Dahlem et leurs collections ethnologiques. Dans le quartier de Kreuzberg: les *ruines de la gare d'Anhalt; le *Martin-Gropius-Bau; le *Musée juif de Daniel Libeskind, le *Musée technique allemand, le parc Viktoria avec sa *cascade et le *monument de Kreuzberg.

Le château baroque de Charlottenburg et la grande tour à coupole, qui le domine.

Hans Scharoun construisit la Philharmonie dans le quartier de Tiergarten.

Ruhnke
ECURITAS Versicherungen

Kurfürstendamm

Le Ku'damm, le plus célèbre boulevard de Berlin, attire depuis des décennies d'innombrables touristes originaires du monde entier grâce à ces nombreux cafés et magasins élégants.

À l'origine, le Kurfürstendamm n'était rien d'autre qu'un chemin reliant le château urbain des souverains à leur domaine de chasse de Grunewald. Le prince électeur Joachim II y fit aménager un chemin pour cavaliers dès le 16e siècle et Bismarck en fit entre 1883 et 1886 un magnifique boulevard. Aujourd'hui, le Kurfürstendamm s'étend sur une largeur de 53 mètres et sur une longueur de 3,5 km à travers Charlottenburg. Pendant les années folles, le quartier entre la Kantstraße, la Fasanenstraße et le Ku'damm fut un lieu de sortie vivant comptant de nombreux théâtres, cabarets et cafés. L'ambiance de jadis a été plus ou moins perdue, mais le Ku'damm est toujours la rue commerçante favorite et le «boulevard de loisirs» des Berlinois. Les rues latérales profitent elles aussi de sa force d'attraction; on y trouve des magasins intéressants et de chouettes cafés.

Grande photo de gauche: vue depuis la Tauentziehenstraße sur les ruines de l'église de l'Empereur Guillaume sur la Breitscheidplatz, qui fut pendant longtemps le symbole de Berlin-Ouest.

1 Berlin by night: l'église du Souvenir (63 m) et, à côté, la nouvelle église d'Emil Eiermann des années 1950; dans le fond, la tour de télévision (365 m).

2 Le célèbre Café Kranzler, un must pour tout visiteur de passage a Berlin, se trouve au croisement avec la Joachimstaler Straße.

3 Le Kurfürstendamm est la rue commerçante berlinoise par excellence. Le plus célèbre grand magasin de la ville, le KaDeWe, se trouve un peu plus loin, sur la Wittenbergplatz.

4 La Porte des Éléphants, près de l'entrée du jardin zoologique, le premier d'Allemagne, ouvert en 1844.

5 Le Théâtre de l'Ouest, un endroit mondain ouvert en 1896, est connu pour ses opérettes et ses comédies musicales.

1

2

3

4

5

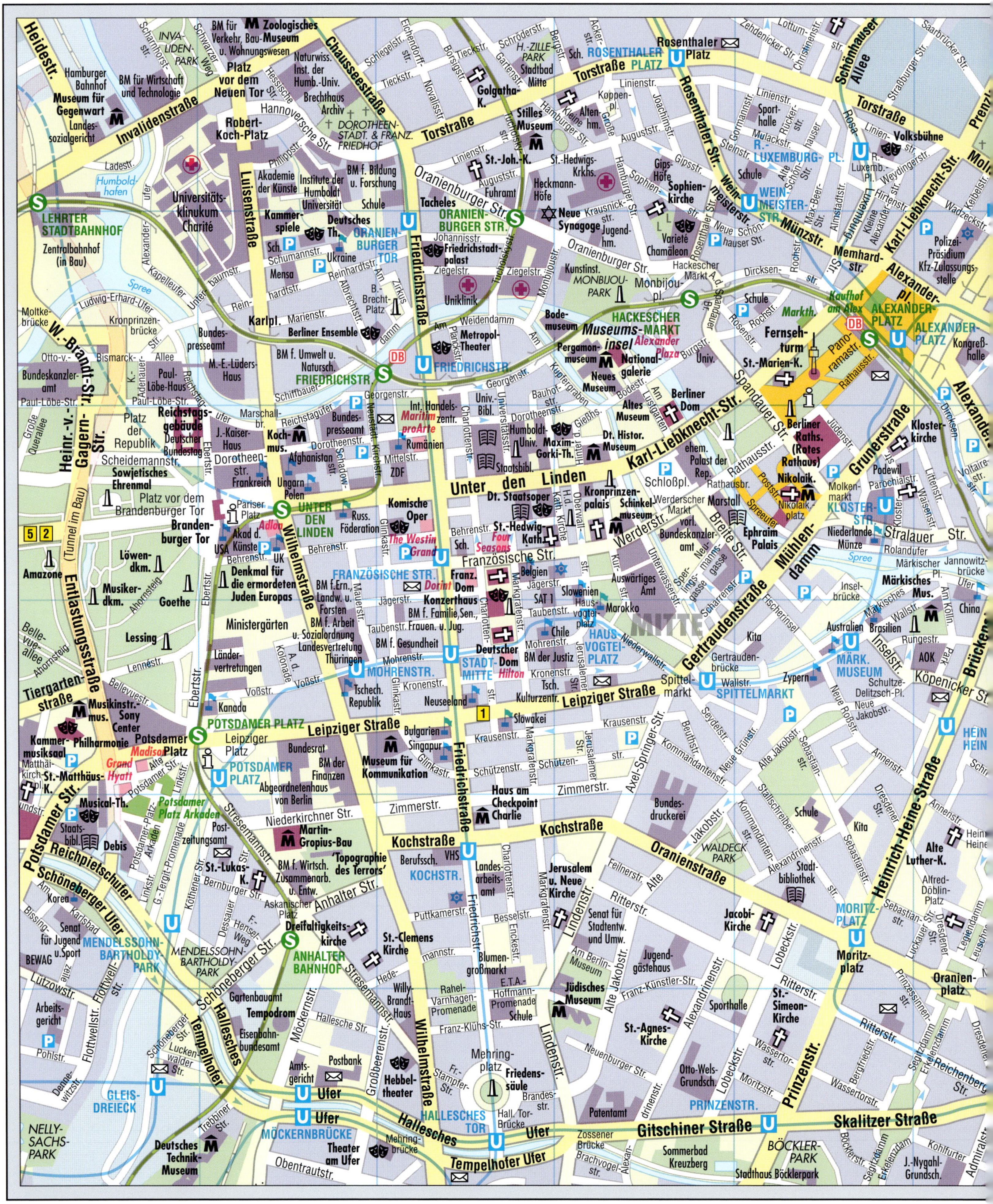
Heidestr.
Invalidenstraße
Chausseestraße
Torstraße
Rosenthaler Platz
Rosenthaler Str.
Schönhauser Allee
Volksbühne
Karl-Liebknecht-Str.
Alexanderplatz
Fernsehturm
LEHRTER STADTBAHNHOF
Universitätsklinikum Charité
Luisenstraße
Friedrichstraße
Oranienburger Str.
ORANIENBURGER STR.
Neue Synagoge
Hackescher Markt
HACKESCHER MARKT
Museumsinsel
Pergamonmuseum
Bodemuseum
Alte Nationalgalerie
Altes Museum
Berliner Dom
FRIEDRICHSTR.
Reichstagsgebäude
Platz der Republik
Unter den Linden
Brandenburger Tor
Pariser Platz
Sowjetisches Ehrenmal
Denkmal für die ermordeten Juden Europas
Komische Oper
Dt. Staatsoper
St.-Hedwigs-Kath.
Französische Str.
Franz. Dom
Konzerthaus
Deutscher Dom
Gendarmenmarkt
Schloßpl.
Marstall
Berliner Rathaus (Rotes Rathaus)
Nikolaikirche
Spandauer Str.
Grunerstraße
KLOSTERSTR.
Mühlendamm
Gertraudenstraße
Märkisches Mus.
MÄRK. MUSEUM
Spittelmarkt
SPITTELMARKT
Leipziger Straße
HAUSVOGTEIPLATZ
STADTMITTE
MOHRENSTR.
MITTE
POTSDAMER PLATZ
Potsdamer Platz
Sony Center
Philharmonie
Kammermusiksaal
Tiergartenstraße
Entlastungsstraße
Potsdamer Str.
Reichpietschufer
Schöneberger Ufer
Stresemannstr.
Martin-Gropius-Bau
Topographie des Terrors
Museum für Kommunikation
Haus am Checkpoint Charlie
Kochstraße
KOCHSTR.
Zimmerstr.
Oranienstraße
Jüdisches Museum
Lindenstr.
Axel-Springer-Str.
Heinrich-Heine-Straße
MORITZPLATZ
Moritzplatz
Oranienplatz
Prinzenstr.
PRINZENSTR.
Gitschiner Straße
Skalitzer Straße
ANHALTER BAHNHOF
MENDELSSOHN-BARTHOLDY-PARK
GLEISDREIECK
Deutsches Technikmuseum
Tempodrom
Möckernbrücke
MÖCKERNBRÜCKE
Hallesches Ufer
HALLESCHES TOR
Mehringplatz
Tempelhofer Ufer
Wilhelmstraße
Tiergarten
Goethe
Lessing
Spree
Köpenicker Str.

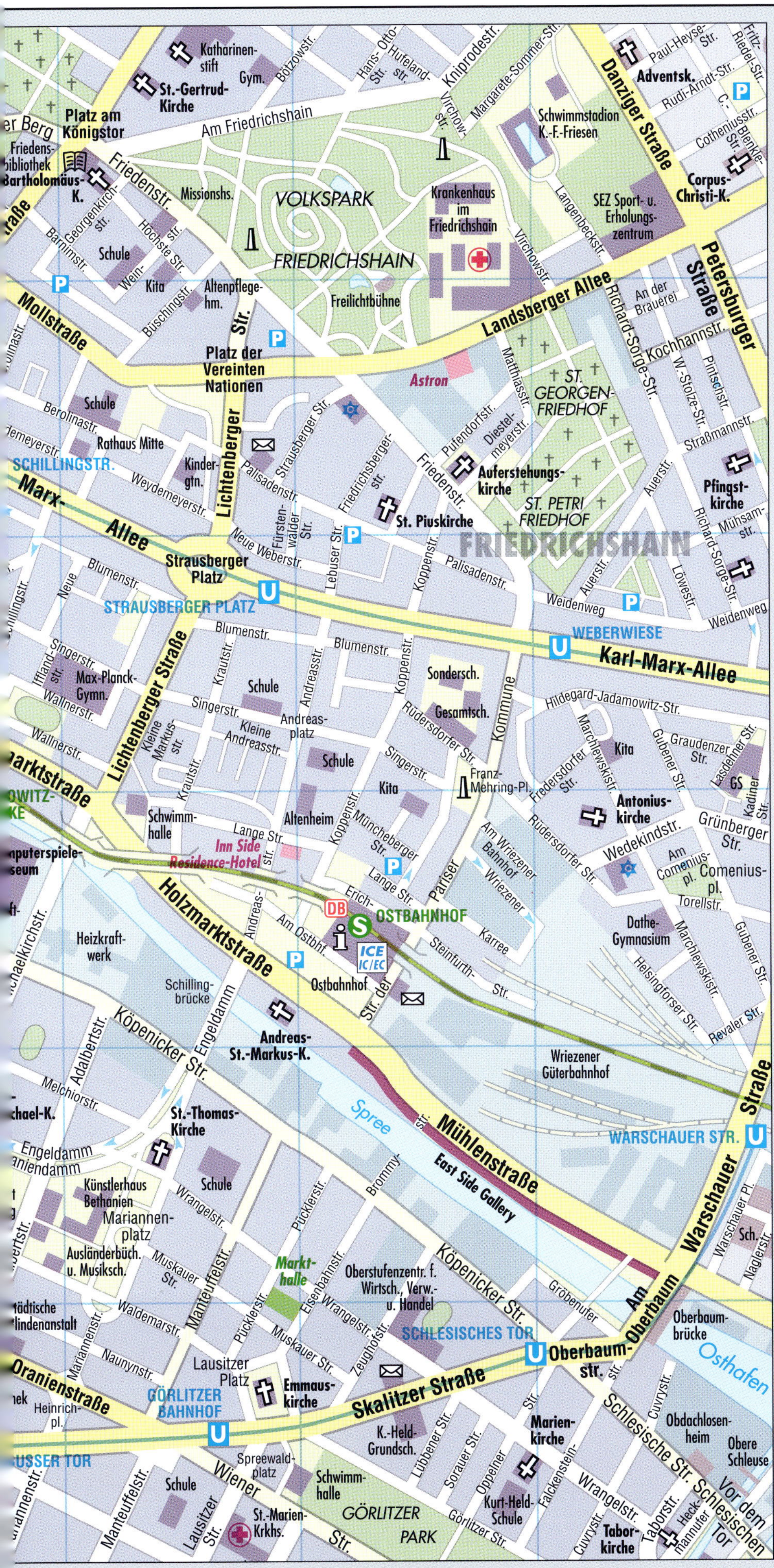

Berlin

Berlin est à nouveau une, mais les diversités restent heureusement grandes, parce que ce sont justement les nombreux contrastes qui font de cette capitale une véritable métropole.

Pour un premier aperçu, le Berlin-Bus-Tour est une bonne idée. Le bus fait la navette entre la gare du Zoo et l'Alexanderplatz et passe par les principales curiosités de la ville. La plate-forme de la tour de télévision, à quelque 207 mètres d'altitude, offre une vue d'un autre genre. Vous pourrez jeter un coup d'œil sur les hommes et les femmes qui déterminent la politique du pays depuis la coupole en verre du Reichstag, où le Bundestag (le Parlement) siège depuis 1999.

À voir absolument dans le centre siècle); l'université Humboldt; le **Gendarmenmarkt, une des plus belles places de Berlin, avec le dôme français et le dôme allemand (18e siècle) et le théâtre de la **Schauspielhaus de Schinkel (1821); le **Reichstag, avec la coupole de verre de Sir Norman Foster; la **Potsdamer Platz et son architecture moderne; l'**Île des musées (patrimoine mondial de l'Unesco), avec le ***Musée de Pergame (Porte d'Ishtar de Babylone, autel de Pergame), le *Musée ancien et sa collection de statues antiques, le Nouveau Musée, l'Ancienne Galerie nationale, le *Musée Bode, le Lustgarten et, derrière lui, le *dôme de Berlin (fin du 19e siècle), avec les tombeaux des Hohenzollern; l'Alexanderplatz et la *tour de télévision (365 m); l'ancien poste frontière de *Checkpoint Charlie et le Musée du Mur; l'*église Notre-Dame (13e siècle). Quartier historique de **Nikolai, autour de l'*église Saint-Nicolas (14e-17e siècles), via le Mühlendamm et la Fischerinsel

Une jolie place: le Gendarmenmarkt, avec le théâtre de la Schauspielhaus et le dôme français.

Le dôme de Berlin le long de la Spree, construit entre 1894 et 1905.

de Berlin: la **Porte de Brandebourg (1791), le symbole de la ville, avec le quadrige de Johann Gottfried Schadow; l'avenue historique **Unter den Linden, avec la statue équestre de Frédéric le Grand; le *Nouveau Corps de garde de Schinkel; la *cathédrale Saint-Hedwig (18e siècle); l'Opéra national classique Unter den Linden; l'*Arsenal baroque et le Musée d'histoire allemande; le Palais des princes héritiers (18e vers le *Musée brandebourgeois (histoire de la ville). Dans le quartier de Scheunen: la *gare de Hambourg (art moderne), la *Nouvelle synagogue, avec le Centrum Judaicum (histoire de la communauté juive de Berlin); les *Hackesche Höfe de 1906, jadis le plus grand complexe de travail et d'habitation d'Europe, joliment rénovées; le centre culturel alternatif Tacheles.

et fec.

Sans-Souci

Le château et le parc de Sans-Souci, les bâtiments de la Pfaueninsel et le château Glienicke constituent un exemple extraordinaire de l'urbanisme et de l'architecture paysagère des 18e et 19e siècles.

Frédéric le Grand voulait vivre sans soucis dans sa résidence d'été de Potsdam et il donna donc ce nom à son château. Il le fit construire entre 1745 et 1747 par Georg Wenzeslaus von Knobelsdorff, qui se basa sur des plans du souverain lui-même. Le bâtiment richement décoré a un seul étage et a l'intérieur magnifique est considéré comme un des principaux exemples du rococo allemand. Knobelsdorff dessina aussi le parc. D'autres bâtiments furent ajoutés, comme la Galerie de peintures, les Nouvelles Chambres et l'imposant Nouveau Palais. Frédéric-Guillaume IV fit encore élever d'autres édifices au 19e siècle. Karl Friedrich Schinkel conçut le château de Charlottenhof, et Peter Joseph Lenné aménagea le parc romantique. Jusqu'en 1860 suivirent encore les thermes romains, l'orangerie et l'église de la Paix.

Grande photo de gauche: le château de Sans-Souci comprend la Salle de marbre centrale et deux ailes comptant chacune cinq salles. Frédéric II fit planter des figuiers et des vignes sur les terrasses.

1 L'orangerie fut construite entre 1851 et 1862 sur le modèle des bâtiments de la Renaissance italienne.

2 La Maison de thé chinoise fut érigée entre 1754 et 1757. Un mandarin est assis sur la coupole et le pavillon est entouré de représentations de musiciens chinois. Une collection de porcelaines chinoises du 18e siècle y est exposée.

3 Dans la Galerie de peintures de 1755, vous pourrez admirer 124 œuvres d'artistes baroques flamands et de maîtres de la Renaissance italienne.

4 Après la Guerre de Sept ans, à partir de 1763, Frédéric II fit construire les trois ailes du Nouveau Palais. Ce dernier marque la limite occidentale du Parc de Sans-Souci, qui s'étend sur 290 ha et fut achevé au 19e siècle sous Frédéric-Guillaume IV.

1

2

3

4

Le monument à Goethe et Schiller à ***Weimar****, la «ville du classicisme allemand». Mais de grands artistes travaillèrent ici avant eux, comme le peintre Lucas Cranach l'Ancien, qui habita dans cette belle maison à façade double sur la grand-place.*

L'hôtel de ville coloré (15e-16e siècles) de Wernigerode: le haut lieu des colombages dans le massif du Harz.

l'Unesco).

**** Wernigerode** 41 Lieu de cure dans le nord du massif du Harz. ***Vieille ville avec l'église gothique Saint-Sylvestre, l'*hôtel de ville des 15e-16e siècles, l'église baroque Notre-Dame, l'église gothique Saint-Jean et de superbes maisons à colombages. À voir également: le château pittoresque.

**** Dessau** 42 Ville sur la Mulde. Il ne reste du château que les ruines du Johannbau. À voir également: les ruines de l'église gothique Notre-Dame; l'église Saint-Georges du 18e siècle; le **Bauhaus (patrimoine mondial de l'Unesco), l'École artistique nationale construite sur des plans de Walter Gropius et qui exista jusqu'en 1932, avec la façade en verre reconstituée en 1976 et les ** jardins du 18e siècle autour du lac de Wörlitz (patrimoine mondial de l'Unesco).

***** Wittenberg** 43 Ville des 95 thèses de Martin Luther, inscrite au patrimoine mondial de l'Unesco, sur l'Elbe. Souvenirs du réformateur: le portail de l'église du château auquel Luther accrocha ses 95 thèses en 1517. Luther prêcha pendant plus de 30 ans dans l'*église Notre-Dame, qui abrite un autel principal dû à Lucas Cranach l'Ancien. Dans sa maison: exposition sur l'histoire de la Réforme.

*** Eisleben** 44 Ville natale de Martin Luther, inscrite au patrimoine mondial de l'Unesco, dans les contreforts orientaux du massif du Harz. À voir: l'*église-halle en gothique flamboyant Saint-André; l'église paroissiale Sainte-Anne et ses chaires de vérité; l'*église Saints-Pierre-et-Paul et son autel à battants gothique tardif; la *maison natale et la *maison mortuaire de Martin Luther.

**** Halle an der Saale** 45 Ville universitaire dans la plaine d'effondrement de Leipzig. À voir absolument: la **Tour rouge, clocher de l'ancienne église Notre-Dame; l'**église gothique de la grand-place; le château de *Moritzburg et la Galerie nationale; la maison natale de Georg Friedrich Händel; la *cathédrale gothique.

**** Merseburg** 46 Ville sur la Saale. Ville médiévale avec le **dôme, dont l'origine romane précoce est encore visible malgré les transformations gothiques. Important trésor du dôme avec les célèbres «formules magiques de Merseburg».

**** Naumburg** 47 Ville au confluent de l'Unstrut et de la Saale. La principale attraction est le **dôme gothique Saints-Pierre-et-Paul, avec les célèbres statues du 13e siècle.

Nature

*** Parc national du Hochharz** 10 Une petite partie de ce parc n'est pas accessible aux visiteurs. Un paysage très varié s'étend autour du légendaire Brocken.

Saxe

État libre situé entre la Neiße à la frontière polonaise, les Monts Métallifères à la frontière tchèque, la Haute-Lusace, le Vogtland et les collines de grès de l'Elbe.

Culture

**** Leipzig** 48 Ville boursière au confluent de la Pleiße et de l'Elster. À voir absolument: l'**ancien hôtel de ville de 1556; l'**église romane tardive Saint-Thomas, dont Bach fut le chantre; la *Maison Bose et le Musée Bach; l'**église Saint-Nicolas du 12e siècle, à l'intérieur classique; la *nouvelle Maison des Drapiers; le **monument de la Bataille des Nations de 1913.

**** Meißen** 49 Ville sur l'Elbe. À voir absolument: l'*hôtel de ville gothique tardif; la Maison Benno; la pharmacie de la grand-place; l'église Sainte-Afra, aux fondations du 10e siècle; le *Jahnaischer Friedhof; le château gothique tardif d'**Albrechtsburg et son musée; le **dôme gothique; la **Manufacture nationale de porcelaine.

Moritzburg 50 Commune près de Dresde. À voir absolument: le **château de Moritzburg du 18e siècle, le pavillon de chasse d'Auguste le Fort.

***** Dresde** 51 Capitale du Land de Saxe, sur l'Elbe. À voir absolument: le ***Zwinger du 18e siècle, avec la ***Galerie des maîtres anciens et la *collection de porcelaines; l'**Opéra national de Saxe, le "Semperoper"; l'**église baroque Notre-Dame, reconstruite après les bombardements de 1945; le **château de la Résidence et sa frise murale de 100 mètres de longueur; le *Cortège des Princes; l'*Albertinum avec la ***Voûte Verte; la ***Galerie des nouveaux maîtres et la collection de sculptures; les **Terrasses de Brühl; l'*église à transept de 1235; la **cathédrale catholique; le *Pont Auguste; le Chevalier Doré, une statue d'Auguste le Fort.

**** Château et parc de Pillnitz** 52 Résidence d'été d'Auguste le Fort, avec son Musée d'art appliqué, sur l'Elbe.

**** Bautzen** 53 Ville de Haute-Lusace. Conseillés: le * château d'Ortenburg du 12e siècle; les remparts des 14e-15e siècles; la Reichenturm; le **dôme Saint-Pierre des 13e-15e siècles; le *Musée sorabe.

**** Freiberg** 54 Ville située dans les Monts Métallifères. À voir absolument: le **dôme du 15e siècle, avec la Chaire aux tulipes et la Porte dorée; les orgues de Silbermann dans l'église Saints-Pierre-et-Jacques; le Musée de l'exploitation minière; la *collection de minerais; l'*hôtel de ville gothique; l'*ancienne mine Élisabeth.

*** Chemnitz** 55 La Karl-Marx-Stadt de l'ère communiste, sur la Chemnitz. À voir: la Tour rouge, vestige des remparts de la ville; la *Stadthalle; le *monument à Karl Marx; l'*ancien hôtel de ville (15e siècle); le *nouvel hôtel de ville (1907-1911).

*** Zwickau** 56 Ville sur la Zwickauer Mulde. À voir absolument: la *Maison des Drapiers du 16e siècle; la maison natale de Robert Schumann et son *musée; le **dôme Notre-Dame du 13e siècle.

*** Schneeberg** 57 Ville située dans les Monts Métallifères. À voir absolument: le Musée d'art populaire montagnard; l'église gothique Saint-Wolfgang et son autel à battants de Lucas Cranach l'Ancien.

*** Plauen** 58 Ville située dans le Vogtland. À voir: l'église Saint-Jean de 1122; le vieux pont sur l'Elster de 1244; l'*ancien hôtel de ville et sa façade en escalier de style Renaissance; le Musée de la Dentellerie; le

La Maison des Drapiers de Leipzig, reconstruite en 1981, est le port d'attache du célèbre orchestre. La peinture «Le Chant de la vie» sur le plafond du foyer est due à Sighard Gille, un artiste local.

*Fondée au 8e siècle, **Erfurt** connut la prospérité au Moyen Âge grâce aux échanges commerciaux avec la grande région située entre le Rhin et la Russie. Parmi les témoins de cette époque dorée, citons le dôme gothique (construit à partir de 1154), avec une nef majestueuse, et l'église Saint-Sévère, érigée entre 1280 et 1400. Le dôme possède une des plus grosses cloches du monde. L'intérieur attire les visiteurs par ses décorations précieuses et les vitraux médiévaux du chœur.*

*Musée du Vogtland.

Nature

*** **Parc national de la Petite Suisse saxonne** ⑪ Paysage pittoresque dans la moyenne montagne, avec des rochers bizarres, des ravins, des massifs tabulaires et des falaises abruptes. Points d'orgue: le célèbre Bastei, le Schrammsteine, la cascade de Lichtenhain et Kuhstall.

Thuringe

Ce Land englobe la forêt et le bassin de Thuringe et s'étend à l'ouest jusqu'à la Werra. Une partie de l'Eichsfeld est située en Thuringe. Le sud-est est traversé par la Saale.

Culture

** **Altenburg** 59 Ville située dans l'Altenburger Land. À voir absolument: le **château d'Altenburg; le Musée du Jeu de cartes; le *Musée de Lindenau; l'hôtel de ville (16e siècle).

Iéna 60 Ville universitaire sur la Saale. À voir absolument: la Maison des Romantiques, la demeure de Johann Gottlieb Fichte avec le Musée de la Littérature; l'*hôtel de ville gothique tardif et son horloge aux personnages mobiles; le musée municipal "Alte Göhre"; le *planétarium Zeiss; l'*église de la Paix; l'Anatomieturm; le *monument à Ernst Abbe de 1911; la *résidence d'été de Friedrich von Schiller et la *maison d'Ernst Haeckel.

*** **Weimar** 61 Ville sur l'Ilm, inscrite au patrimoine mondial de l'Unesco. À voir absolument: la **maison de Goethe; la *maison de Schiller; le *palais Wittum de 1767; le Théâtre national allemand; le **Musée du Bauhaus; le Musée Herder dans la *maison Kirms-Krackow; l'**église Saints-Pierre-et-Paul, une église-halle gothique qui reçut au 18e siècle un habit baroque; les Archives de Goethe et Schiller; le **château transformé à plusieurs reprises, avec son importante collection artistique; le **Château Vert du 16e siècle et sa bibliothèque historique; la *maison-jardin de Goethe (maison de campagne de l'écrivain); l'*Université du Bauhaus.

** **Erfurt** 62 Capitale du Land de Thuringe, sur la Gera. À voir absolument: Anger, une rue médiévale bordée de bâtiments des 16e-20e siècles; le **Musée d'Anger; le gouvernement de Kurmainz, de style baroque; la *place de la Cathédrale, avec l'obélisque de 1777, la statue de Minerve du 18e siècle, le **dôme gothique et l'**église Saint-Sévère; le *Marché aux Poissons et ses maisons Renaissance; l'**église et le monastère augustin du 14e siècle; le pont Krämer de 1325, plusieurs fois transformé, bordé de maisons à colombages

1 Le bâtiment le plus célèbre de Dresde est le Zwinger, un chef-d'œuvre du baroque. Auguste le Fort, prince-électeur de Saxe et roi de Pologne, fit construire le grand château entre 1710 et 1732 par son architecte favori Matthäus Daniel Pöppelmann.

2 Le pavillon de chasse de Moritzburg est situé à 14 km au nord de Dresde, au milieu d'un paysage idyllique. L'aspect actuel est l'œuvre de Pöppelmann. Une voie royale mène d'ici au pied-à-terre d'Auguste le Fort à Dresde.

3 Dans la Petite Suisse saxonne, l'Elbe et ses affluents ont creusé de profondes rides dans le grès poreux. L'érosion a fait le reste, et le résultat est spectaculaire. De nombreux artistes s'en sont inspirés, notamment Caspar David Friedrich.

*Le **Münsterland** est réputé pour ses châteaux sur l'eau. Ici le magnifique Wehrburg Vischering près de Lüdinghausen, le baroque Anholt et le château Raesfeld et sa tour en forme d'oignon.*

des 16e-19e siècles et de l'église Saint-Égide du 14e siècle.

**** Arnstadt** 63 Ville sur la Gera. À voir absolument: l'*hôtel de ville Renaissance; l'*église médiévale de la Sainte-Vierge; le château du 18e siècle et sa collection de poupées.

**** Schmalkalden** 64 Ville dans la forêt de Thuringe. À voir absolument: le **château de Wilhelmsburg du 16e siècle; l'église en gothique flamboyant Saint-Georges; les maisons bourgeoises des 15e-17e siècles; le *monument technique «Neue Hütte».

**** Meiningen** 65 Ville sur la Werra. À voir absolument: le **château d'Elisabethenburg du 18e siècle, avec son musée; l'église néogothique au chœur médiéval; le célèbre théâtre.

***** Eisenach** 66 Ville dans la vallée de la Hörsel. À voir absolument: l'église Saint-Nicolas, construite vers 1200; la grand-place avec l'hôtel de ville et la fontaine du 16e siècle; le château du 18e siècle; l'église des Prédicateurs du 13e siècle; la **maison de Luther, avec ses expositions; la **maison de Bach et son petit musée; le ***château de la Wartburg du 11e siècle, où Luther traduisit la Bible (patrimoine mondial de l'Unesco); le monument des fraternités, qui commémore la manifestation étudiante de 1817.

**** Monument Kyffhäuser** 67 Ruines d'une forteresse médiévale, avec un grand monument de 1896 commémorant la légende de Kyffhäuser sur l'empereur Frédéric Ier Barberousse. Dans les environs: *Bad Frankenhausen et son *Musée du Panorama et **Mühlhausen et sa vieille ville et son Musée des guerres paysannes.

Nature

*** Grotte de Barberousse** 12 Quelque 800 mètres de cette grotte longue de 1 400 mètres située près de Rottleben peuvent être visités. Les gigantesques galeries et lacs cristallins en font un endroit à ne pas manquer.

*** Forêt de Thuringe** 13 Moyenne montagne d'une longueur de 120 km et d'une largeur allant jusqu'à 35 km, culminant à 984 m entre la Werra et les sources de la Schwarza. Un lieu idéal pour les randonnées et les sports d'hiver.

Hesse

Ce Land de l'ouest du pays englobe une partie du massif schisteux rhénan, le Taunus, le Hoher Westerwald, le Gladenbacher Wald et le Kellerwald. Dans l'est et le nord-est s'étend le Hessisches Bergland, dans le nord le Weserbergland, dans l'est et le sud-est les moyennes montagnes du Rhön et du Spessart, et dans le sud l'Odenwald et la plaine du Rhin supérieur. En plein centre trône le Vogelsberg, d'origine volcanique.

Culture

*** Kassel** 68 Ville sur la Fulda. À voir absolument: la Karlsaue du 18e siècle et son *orangerie; le Museum Fridericianum, lieu de la ***Documenta (exposition artistique quinquennale) avant-gardiste; le *Musée national de Hesse et sa division sur l'artisanat et le folklore et l'intéressant **Musée de la tapisserie; le *château de Wilhelmshöhe de 1803 et sa galerie de peintures.

**** Fulda** 69 Cité épiscopale entre le Rhön et le Vogelsberg. À voir absolument: le **dôme baroque Saints-Sauveur-et-Boniface; l'église de pèlerinage de Petersberg, avec les plus vieilles peintures murales d'Allemagne dans la crypte; le *palais des princes-évêques était à l'origine une forteresse médiévale transformée par après en styles baroque et Renaissance; l'*orangerie de 1730.

**** Francfort-sur-le-Main** 70 La plus grande ville de Hesse. Nombre de bâtiments historiques furent détruits pendant la Seconde Guerre mondiale. Certains ont été reconstruits, comme le **dôme du 13e siècle, souvent transformé, dans lequel les empereurs germaniques étaient couronnés de 1562 à 1806; l'*église classique Saint-Paul, dans laquelle la première Assemblée constituante se réunit en 1848; le **Römerberg avec le Römer, le vieil hôtel de ville avec sa salle impériale, l'église Saint-Nicolas et de belles maisons à colombages; la maison natale de Goethe et ses expositions; l'ancien Opéra du 19e siècle. À voir également: les gratte-ciel du quartier financier, qui forment l'horizon avec la tour des Télécommunications, la tour de la Foire et la tour Henninger; le **Musée d'Art moderne; le *Musée naturel de Senckenberg et ses squelettes de dinosaures; la *Schirnkunsthalle; le **Städelsches Kunstinstitut et la Galerie municipale et ses nombreux chefs-d'œuvre.

*** Wiesbaden** 71 Capitale du Land de Hesse, sur le versant méridional du Taunus. À voir absolument: le château classique, dans lequel le parlement régional se réunit; l'ancien hôtel de ville de 1610; les *Kochbrunnen de 1854, d'où jaillit de l'eau salée; le centre thermal néoclassique, avec la plus longue colonnade d'Europe.

***** Lorsch** 72 Abbaye bénédictine fondée vers 760, un des monastères les plus influents du Moyen Âge. Seule l'entrée datant de l'époque carolingienne subsiste, avec ses importantes peintures murales (patrimoine mondial de l'Unesco).

**** Limburg** 73 Ville sur la Lahn. La principale curiosité est le ***dôme roman rouge et blanc, avec ses peintures murales d'une valeur inestimable; la pièce maîtresse de son trésor est la **Limburger Staurothek, un reliquaire byzantin du 10e siècle.

**** Wetzlar** 74 Ville au confluent de la Dill et de la Lahn, avec son **dôme romano-gothique (anciennement, église paroissiale Notre-Dame) au riche intérieur. *Vieille ville pittoresque.

**** Marburg** 75 Ville universitaire sur la Lahn. L'*église Sainte-Élisabeth fut la première église gothique d'Allemagne et possède un intérieur précieux, avec entre autres le **mausolée de sainte Élisabeth. Au-dessus de la vieille ville trône le **château des Comtes.

Nature

***** Carrière de fossiles de Messel** 14 Cette ancienne carrière de schiste située au nord-est de Darmstadt est inscrite au patrimoine mondial de l'Unesco et est considérée comme «la vitrine de l'histoire de la terre». On ne trouve nulle part ailleurs des fossiles aussi bien conservés d'origine végétale et animale.

Rhénanie du Nord-Westphalie

La plaine du Rhin inférieur à l'ouest et la plaine de Westphalie au nord occupent la majeure partie de la superficie de ce land. On y trouve aussi les massifs de l'Eifel, des Hautes Fagnes, du Sauerland, du Bergisches Land, du Siegerland, des Siebengebirge, du Teutoburger Wald, de l'Egge, ainsi que la partie occidentale du Weserbergland.

Culture

*** Paderborn** 76 Ville située dans la plaine de Westphalie. À voir absolument: le ***dôme Notre-Dame et son intérieur exceptionnel; la plus vieille église-halle d'Allemagne, la chapelle Saint-Barthélemy du 11e siècle; l'église de Busdorf du 13e siècle, avec un cloître du 11e siècle; le palais de l'Empereur, datant du 8e siècle mais reconstruit.

**** Münster** 77 Ville sur l'Aa et le canal Dortmund-Ems. À voir absolument: le **dôme Saint-Paul, une basilique romane tardive possédant une *horloge astronomique, un candélabre de style gothique tardif et un trésor; l'église paroissiale *Saint-Lambert du 15e siècle, avec

Francfort-sur-le-Main, une ville à la fois historique et moderne: l'église Saint-Paul et le «Römer», l'ancien hôtel de ville, sur fond de gratte-ciels et du plus haut bâtiment d'Europe (Commerzbank, 259 m).

*Le **château Augustusburg** à Brühl, à 15 km au sud de Cologne, est considéré comme le point d'orgue de l'architecture rococo allemande. Comme le château de Falkenlust, il figure au patrimoine culturel mondial de l'Unesco.*

les «Cages des Anabaptistes»; le *château du 18e siècle. Dans les environs, on trouve de nombreux moulins et châteaux d'eau.

** **Xanten** 78 Vieille ville romaine sur le Rhin inférieur. À voir absolument: le **dôme roman Saint-Victor, le vieux centre-ville et les reproductions des ouvrages romains dans le **parc archéologique.

Duisburg 79 Ville industrielle et portuaire sur le Rhin. En dépit de l'architecture un peu triste, on peut y voir quelques curiosités: le *port à Ruhrort; le *Musée Wilhelm Lehmbruck; le *zoo; le **parc paysager de Duisburg-Nord; le Musée de la navigation.

* **Essen** 80 Plus grande ville de la Ruhr. La **Zeche Zollverein (patrimoine mondial de l'Unesco) désaffectée abrite le Musée du Design de Rhénanie du Nord-Westphalie, avec son exposition permanente «Soleil, lune et étoiles». À voir également: la **cathédrale carolingienne et sa **salle du trésor; la Villa Hügel, ancienne demeure de la famille Krupp; le **Musée Folkwang et sa collection de grande qualité.

* **Düsseldorf** 81 Capitale du Land de Rhénanie du Nord-Westphalie, située sur le Rhin. À voir absolument: la *vieille ville et ses innombrables bars; la **Kunstsammlung Nordrhein-Westfalen et son importante collection d'art moderne; l'*hôtel de ville du 16e siècle et sa façade pointue de style Renaissance; le **Musée de la céramique; le *musée municipal; le **Musée du cinéma; la rue commerçante chic *Königsallee; le **château baroque tardif de Benrath.

** **Aix-la-Chapelle** 82 Ville universitaire à la frontière avec la Belgique et les Pays-Bas. La principale attraction est la ***cathédrale, dont le chœur octogonal datant de l'époque carolingienne a été sans cesse étendu et transformé; intérieur précieux avec le trône de Charlemagne (patrimoine mondial de l'Unesco).

*** **Cologne** 83 Voir plan pages. 80/81.

** **Bonn** 84 Ancienne capitale de l'Allemagne de l'Ouest, sur le Rhin. À voir absolument: la *cathédrale romaine au chœur gothique et son intérieur partiellement baroque; la résidence des princes électeurs et ses jardins; la maison de Beethoven; le *Musée zoologique Alexander König; la **Museumsmeile et la Salle d'art et d'exposition de la République fédérale d'Allemagne; le musée d'art municipal et le Musée d'histoire de la République fédérale d'Allemagne.

Nature

* **Hohe Mark** 15 Parc naturel entre le Rhin inférieur et le Münsterland. De nombreux étangs ont vu le jour à la suite de l'extraction de silice et de sable. Dans cette région humide vivent des espèces d'oiseaux rares comme l'hirondelle de rivage et l'huîtrier. L'attraction principale du parc est en réalité les chevaux sauvages de la Meerfelder Bruch. Près du village d'Erle se trouve un chêne qui, avec ses 1 500 ans, est sans doute le plus vieil arbre d'Allemagne.

Sarre

La Sarre englobe les collines au sud du Hunsrück, une partie du Saar-Nahe-Bergland et de la Forêt du Palatinat.

Culture

* **Sarrebruck** 85 Capitale du land, sur la Sarre. Le **château fut transformé vers la moitié du 18e siècle par Friedrich Joachim Stengel en style baroque , tout comme le Palais des Princes héritiers. Le même maître d'ouvrage dessina les plans de l'église de la Paix et de l'église Saint-Jean. Dans l'église gothique précoce Saint-Arnual sont enterrés plusieurs comtes de Sarrebruck, et dans l'église du château du 15e siècle reposent les souverains de Nassau-Sarrebruck. L'*église Saint-Louis, achevée en 1775, est une des plus grandes églises évangéliques de style

1

2

3

1 La Wartburg, près d'Eisenach, est l'un des principaux lieux historiques d'Allemagne. C'est ici qu'eut lieu la «Sängerkrieg» des troubadours et que vécut la landgravine Élisabeth, qui fut canonisée plus tard. En outre, c'est dans la Wartburg que Martin Luther traduisit la Bible en allemand.

2 La silhouette majestueuse de Cologne au crépuscule. Au milieu, la tour du transept de l'église Saint-Martin la Grande, qui date du 12e siècle. À droite de cette église s'élève le symbole de la ville, le Dôme, un chef-d'œuvre du gothique et une des plus grandes cathédrales d'Europe.

3 En haut d'une colline calcaire escarpée surplombant la Lahn trône le Limburger Dom, un des principaux édifices de style roman tardif d'Allemagne. La construction de cette église aux sept tours débuta en 1220. À peine quinze ans plus tard, le maître-autel était déjà consacré.

NEU-EHRENFELD
EHRENFELD
NEUSTADT-NORD
ALTSTADT-NORD
ALTSTADT-SÜD
NEUSTADT-SÜD
LINDENTHAL
BRAUNSFELD
FRIEDHOF MELATEN
EHREN-FELDER FRIEDHOF
Kanalstraße
Innere Kanalstraße
Venloer Straße
Aachener Str.
Richard-Wagner-Str.
Dürener Straße
Zülpicher Str.
Universitätsstr.
Hohenzollernring
Hohenstaufenring
Hansaring
Kaiser-Wilhelm-Ring
Salierring
Sachsenring
Karolingerring
Luxemburger Str.
Weyerstr.
Rothgerberbach
Perlengraben
Mediapark
STADT-GARTEN
Hauptbahnhof
Dom
Röm.-German. Mus.
Neumarkt
Friesenpl.
Rudolfpl.
Barbarossaplatz
Ebertplatz
Universität
Aachener Weiher
Museum für Ostasiatische Kunst
St. Gereon
St. Pantaleon
St. Mauritius
St. Paulus
VOLKS-GARTEN
Oper
Universitäts-Kliniken
Albertus-Magnus-Platz
Südbahnhof
West-bahnhof

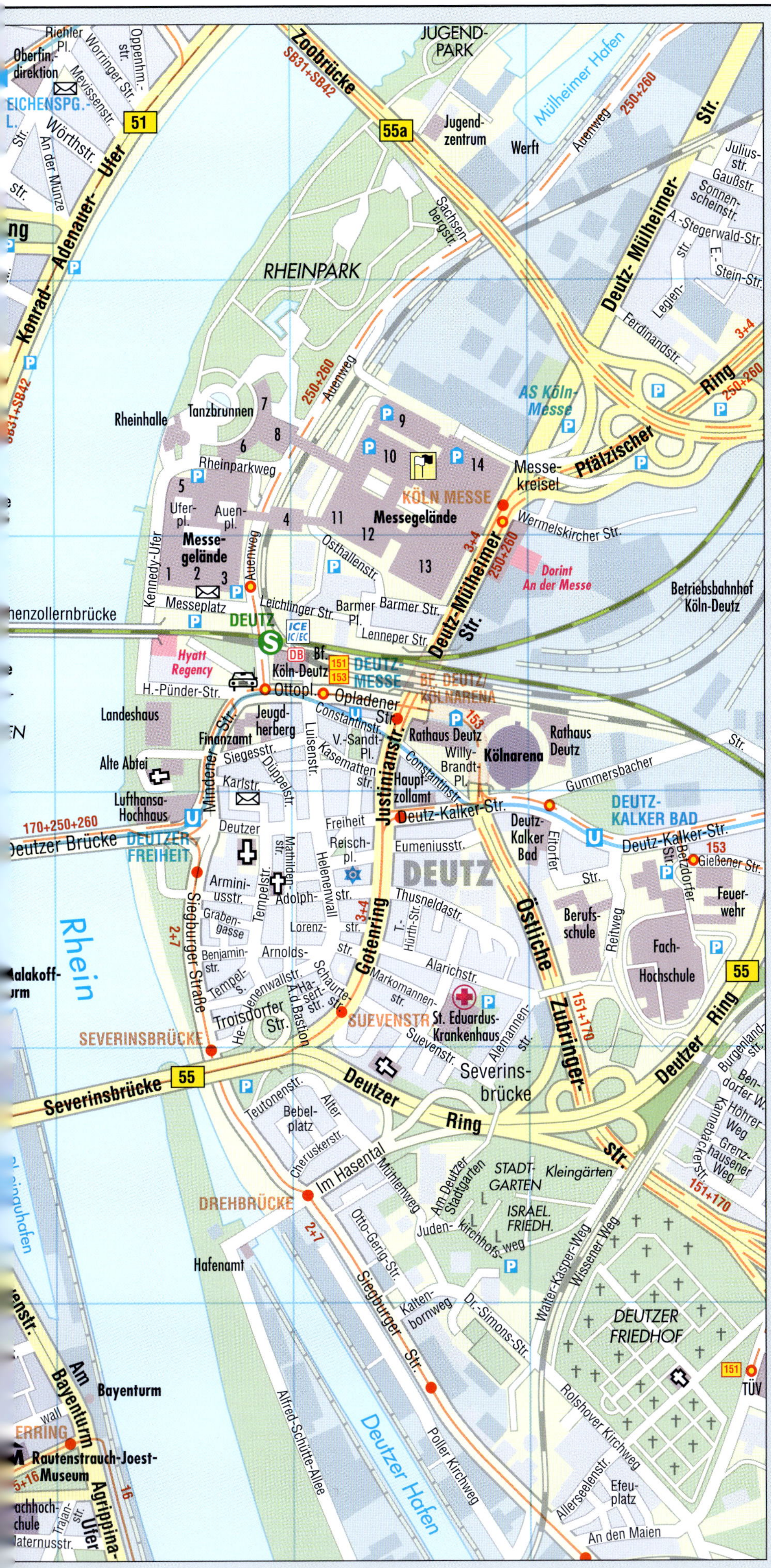

Cologne

Le carnaval de Cologne est aussi célèbre que l'eau du même nom. Et que dire du dôme? Mais il y a bien d'autres choses à découvrir dans cette vieille ville rhénane, à commencer par l'art, tant ancien que moderne. Et ce qui ne gâte rien, l'ambiance y est agréable et conviviale.

Au Moyen Âge, Cologne, ville fondée par les Romains, était la plus grande ville de l'Europe germanophone. Cité épiscopale, Cologne faisait également partie de la Hanse et disposait d'une des plus longues et plus solides ceintures de défense d'Europe. La Guerre de Trente ans marqua le début de la fin. Vers 1815, quand le vieil Empire se désintégra, Cologne perdit sa liberté. La ville devint prussienne. La vieille ville fut en grande partie détruite pendant la Seconde Guerre mondiale, mais Cologne est aujourd'hui une ville artistique populaire et un centre médiatique vivant.

À voir absolument: le célèbre ***dôme (patrimoine mondial de l'Unesco), chef-d'œuvre gothique de 160 m de haut possédant deux tours. Sa construction début en 1248, mais il ne fut définitivement achevé qu'en 1880. Pièces maîtresses de l'intérieur: le **Christ de Gero (975), le plus ancien crucifix d'Occident, le **châsse des Rois Mages (1181-1225) de Nicolas de Verdun, un reliquaire en or richement décoré dans lequel se trouvent selon la légende les ossements des trois sages d'Orient; la salle du trésor abrite encore plus de pièces uniques. Voici quelques-unes des plus belles églises romanes de Cologne: **Saint-Géréon et ses parties du 4e siècle, *Saint-Martin la Grande (12e siècle) et sa majestueuse tour du transept, la petite église de pêcheurs *Saint-Cunibert située sur le Rhin, *Sainte-Ursule (17e siècle) et sa «Salle dorée», *Saints-Apôtres et son chœur en forme de trèfle. Les *ruelles de la vieille ville, le *Vieux marché et l'*ancien hôtel de ville et sa tour de 61 m (15e siècle), la Salle de la Hanse (14e siècle) et la tonnelle de l'hôtel de ville (16e siècle). Musées très intéressants: le ***Musée Wallraf-Richartz et sa fantastique collection (du Moyen Âge au 19e siècle); le **Musée germano-romain et la **mosaïque de Dionysos (2e siècle) et d'autres pièces antiques et préhistoriques, la *Collection Ludwig d'art moderne, le *Musée Schnütgen d'art sacré situé dans l'église Sainte-Cécile; le *Musée du chocolat: le *Musée d'art asiatique oriental. À voir dans les environs: le **Bergischer Dom à Altenberg, un exemple réussi de gothique rhénan précoce, monastère cistercien édifié entre 1259 et 1379; l'abbaye gothique tardive de *Brauweiler. Deux jolis bâtiments rococo à Brühl: le **château Augustusburg (1725- 1768) et le *château de Falkenlust (tous deux inscrits au patrimoine mondial de l'Unesco).

Contraste dans cette ville vivante: la cathédrale gothique jouxte le Palais de la musique.

L'imposante tour du transept de l'église Saint-Martin la Grande domine les maisons de la vieille ville.

Les châteaux sur le Rhin

C'est surtout aux nombreux châteaux et ruines qui le surplombent fièrement à gauche et à droite que le Rhin doit son image romantique.

Construits jadis par des nobles pour se défendre contre les ennemis et pour afficher leur puissance, les innombrables châteaux de la vallée du Rhin, dont une grande partie furent détruits pendant la Guerre de Trente ans, semblent aujourd'hui bien pacifiques. Certains d'entre eux sont devenus des musées et servent à informer les visiteurs sur la vie des chevaliers et des damoiselles; d'autres ont été réaménagés en restaurants chics, hôtels élégants ou auberges de jeunesse rustiques. La plupart des forteresses se trouvent dans la partie supérieure du Rhin moyen, sur les 65 km qui séparent Bingen de Coblence, un tronçon exceptionnel inscrit au patrimoine culturel de l'humanité en raison de ses paysages grandioses et de ses bâtiments fantastiques.

Grande photo de gauche: au-dessus de Bacharach trône le château de Stahleck, construit au 12e siècle. C'est ici que les Guelfes et les Gibelins mirent fin aux hostilités en 1194.

1 Le château de Stolzenfels fut construit entre 1836 et 1842 d'après des plans de Karl Friedrich Schinkel sur les ruines d'une forteresse.

2 Tout en haut d'Oberwesel pointe le château Schönburg, qui offre une magnifique vue sur la ville de Kaub située en face.

3 De Trechtingshausen, vous pouvez atteindre le château de Rheinstein, qui s'écroula au 16e siècle et fut reconstruit au 19e.

4 Le château de Rheinfels (13e siècle), jadis si imposant, fut démoli par les Français en 1796.

5 La célèbre Mäuse-turm (Tour des souris) de Bingen, construite au 13e siècle: les rongeurs auraient suivi le cruel archevêque Hatto von Mainz jusqu'ici et l'auraient ensuite dévoré…

6 Le château de Pfalzgrafenstein, le "Palatinat de Kaub", se trouve sur une île au milieu du fleuve.

7 Les versants verts de la vallée du Rhin, comme ici près de Kaub, sont parsemés de forteresses et de ruines.

1

2

3

4

5

6

7

EIS

La Route romantique

La Route romantique est une des plus vieilles et plus belles routes touristiques d'Allemagne. Elle mène du Main aux Alpes, de Würzburg à Füssen. Elle passe – dans un paysage enchanteur – par quelque 30 lieux historiques à découvrir: villes et villages, forteresses, châteaux et églises.

La Route romantique est surtout réputée pour les nombreuses vieilles villes que les siècles ont à peine modifiées. Elles sont entourées de remparts médiévaux et consistent en des ruelles étroites et cahoteuses, fiers hôtels de ville, églises précieuses et places idylliques. Parmi ces perles, citons Dinkelsbühl et Nördlingen, mais aussi et surtout Rothenburg ob der Tauber, jadis symbole mondialement connu de l'Allemagne romantique. Moins connue mais tout aussi intéressante, Creglingen, qui héberge l'œuvre principale de Tilman Riemenschneider, ou Feuchtwangen et son joli cloître.

Grande photo de gauche: Rothenburg ob der Tauber au crépuscule: la bifurcation près de la Plönlein, dans la Schmiedgasse. À gauche, on va vers la Siebesturm. L'autre ruelle mène à la Kobolzeller Tor. «Plönlein» signifie «petite place».

1 Il n'est presque pas possible de faire plus romantique: Rothenburg, pour beaucoup le symbole du Moyen Âge allemand.

2 Coup d'œil dans la cuisine au Reichsstadtmuseum de Rothenburg, installé dans l'ancien couvent dominicain.

3 La vieille ville de Dinkelsbühl a à peine changé depuis le Moyen Âge. Nous vous conseillons l'église Saint-Georges, une des plus belles églises de style gothique tardif d'Allemagne.

4 Le charme rural de Dinkelsbühl s'exprime pleinement dans la Bäuerleingässchen.

5 Les fortifications bien conservées de Dinkelsbühl comptent quatre portes et quatorze tours.

Pour nombre de visiteurs étrangers, l'Allemagne est synonyme de ***Forêt-Noire,*** *avec ses bois sombres et ses ruisseaux frémissants, ses coucous, sa tarte aux cerises, son kirsch et ses maisons typiques.*

baroque allemand.

Völklingen 86 Ville sidérurgique sur la Sarre. L'**usine sidérurgique fondée en 1873 et fermée en 1986 est inscrite au patrimoine mondial de l'Unesco et peut être visitée.

Rhénanie-Palatinat

Ce Land englobe une partie de la plaine du Rhin supérieur et quelques massifs. Au nord se trouvent l'Eifel et le Westerwald, au sud de la Moselle et de la Lahn le Hintertaunus et le Hunsrück, au sud la forêt du Palatinat, avec Haard et Wasgau et le Saar-Nahe-Bergland.

Culture

** **Trèves** 87 Jadis le lieu de séjour des empereurs romains, aujourd'hui inscrite au patrimoine mondial de l'Unesco, sur la Moselle. La **Porta Nigra est une porte romaine intégrée ultérieurement dans les fortifications de la ville et transformée en église. Il subsiste d'autres vestiges romains: l'*amphithéâtre, les *thermes impériaux et la **salle du palais. Dans le centre-ville, la **grand-place vaut le détour. Les principales attractions sont le ***dôme, sans cesse étendu depuis le 4e siècle et qui possède une relique précieuse, la «sainte tunique du Christ», et l'**église gothique de la Sainte-Vierge, du 13e siècle.

* **Bernkastel-Kues** 88 Ville double sur la Moselle. Cette ville viticole pittoresque au pied du célèbre Doktorberg est un bel exemple de l'architecture à colombages locale.

* **Cochem** 89 Lieu touristique sur la Moselle. Le centre de cette petite ville romantique aux vieilles maisons à façade pointue, cernée par des murailles et des vieilles tours, est la grand-place. Le *Reichsburg trône fièrement sur Cochem.

** **Château d'Eltz** 90 Cette fortification du 14e siècle dans la vallée de l'Eltz a survécu aux guerres et est considérée comme le cheval d'apparat des «citadelles romantiques» allemandes.

** **Maria Laach** 91 Cette célèbre abbaye bénédictine sur le lac de Laach possède une basilique romane importante du point de vue architectural, avec six tours, une crypte et un chœur occidental.

* **Coblence** 92 Ville au confluent de la Moselle et du Rhin, avec la statue monumentale de l'empereur Guillaume Ier. Le *Musée Ludwig (art moderne) se trouve dans la Maison des Seigneurs allemands. À voir également la *basilique romane Saint-Castor et l'église Sainte-Flore des 12e-14e siècles.

*** **Rhin Romantique** 93 Le tronçon de la vallée du Rhin situé entre Bingen et Coblence, avec ses coteaux et forteresses en ruine, est l'exemple par excellence du romantisme allemand (patrimoine mondial de l'Unesco). Bien que Rüdesheim et sa *Drosselgasse et les autres villes soient envahies par les touristes, ce coin d'Allemagne n'a rien perdu de son charme. Sur le célèbre **rocher de la Lorelei ont lieu en été des concerts en plein air.

** **Mayence** 94 Capitale du Land de Rhénanie-Palatinat, sur le Rhin. Les principales curiosités sont le **dôme roman des 10e-13e siècles et le *Musée Gutenberg sur l'histoire du livre. Dans les environs de la ville viticole toute proche d'Ingelheim se trouvent les vestiges d'une forteresse de Charlemagne.

* **Worms** 95 La "ville des Nibelungen", sur le Rhin. Le symbole de la ville est la **cathédrale impériale romane des 11e-12e siècles.

** **Spire** Ville sur le Rhin 96 L'importance de Spire au Moyen Âge se reflète dans le ***dôme roman, avec les célèbres tombeaux des empereurs Othon (patrimoine mondial de l'Unesco).

Nature

* **Parc naturel du Sud-Eifel** 16 Parc naturel germano-luxembourgeois au paysage contrasté de collines arrondies, de vallées profondes et de formations rocheuses bizarres. De nombreuses espèces végétales et animales y vivent. On y voit encore des grands ducs, des chats sauvages, différentes sortes de papillons, des fougères et des orchidées.

Le Reichsburg trône fièrement sur Cochem. Ce château fut reconstruit au 19e siècle.

Bade-Wurtemberg

Ce Land du sud-ouest du pays englobe une partie de la plaine du Rhin supérieur, avec la «Chaise de l'Empereur», d'origine volcanique, la Forêt-Noire et l'Odenwald méridional. Dans le sud s'élèvent le Jura souabe et les Préalpes commencent déjà entre le lac de Constance et l'Iller.

Culture

** **Heidelberg** 97 Ville universitaire sur le Neckar. Les principales attractions sont le **château détruit au 17e siècle par les Français, avec le Ruprechtsbau, le Gläserner Saalbau, l'Englischer Bau, le Dicker Turm et l'Ottheinrichsbau, un chef-d'œuvre du style Renaissance allemand. Dans la **vieille ville: les églises de l'Esprit Saint-et Saint-Pierre du 15e siècle, la maison du Chevalier de 1592, la vieille université de 1711 et le Marstall. La pièce maîtresse du Kurpfälzisches Museum est l'**autel aux douze messagers de Windsheim, conçu par Tilman Riemenschneider. Également connus:a le pont Karl Theodor et l'Allée des Philosophes.

** **Maulbronn** 98 Petite ville idyllique avec un vieux monastère cistercien (patrimoine mondial de l'Unesco). L'église abbatiale des 12e-15e siècles est magnifique.

** **Baden-Baden** 99 Station thermale dans la vallée de l'Oos. Les Romains venaient déjà y prendre les eaux et y laissèrent les thermes de Caracalla et les ruines des bains. Dans le centre de cure classique se trouve également le **casino du 19e siècle.

* **Stuttgart** 100 Capitale du Land de Bade-Wurtemberg, dans la vallée du Neckar. À voir absolument: le Château neuf de style néoclassique; le Vieux château de style Renaissance, avec le Musée national du Wurtemberg; la Galerie nationale, qui offre depuis 1843 une collection de maîtres anciens; la **Nouvelle Galerie nationale, avec des œuvres du 20e siècle; l'*église gothique; le parc animalier de **Wilhelma.

** **Tübingen** 101 Ville universitaire sur le Neckar. La **rive du Neckar, avec les façades des vieilles maisons bourgeoises et l'église, comptent parmi les lieux les plus célèbres d'Allemagne méridionale.

* **Ulm** 102 La tour de la **cathédrale, construite entre 1377 et 1890, domine du haut de ses 161 mètres cette ville sur le Danube. L'intérieur fut détruit pendant la Réforme, mais le «Schmerzensmann» de Hans Multscher et les stalles du 15e siècle ont été conservées. Très chouettes: le pittoresque *quartier des pêcheurs et l'*hôtel de ville à la façade peinte (16e siècle).

** **Fribourg en Breisgau** 103 Ville universitaire du sud de la Forêt-Noire, avec une célèbre **cathédrale gothique possédant une tour de 116 m et un autel de Hans Baldung Grien. Belle vue depuis la colline de **Schauinsland. Excursions: la romantique **Höllental, le **Feldberg, le lac **Titisee et le lac **Schluchsee.

** **Constance** 104 Ville universitaire sur le lac du même nom. Entre 1414 et 1418 eut lieu le fameux Concile de Constance dans la **cathédrale romane gothique; c'est dans le «bâtiment du Concile» du 13e siècle que Martin V fut élu pape en 1417.

** **Reichenau** 105 Île sur le lac de Constance. À Niederzell, l'*église Saints-Pierre-et-Paul, avec des fresques romanes dans l'abside et le chœur et un plafond décoré, est de style rococo. Du 9e au 15e siècle, on construisit à Mittelzell la **cathédrale romane Sainte-Marie et Saint-Marc, qui possède un trésor considérable. L'**église Saint-Georges d'Oberzell est la plus importante de l'île grâce à ses peintures murales datant de l'époque des empereures Othon. Toutes ces églises sont inscrites au patrimoine mondial de l'Unesco.

** **Meersburg** 106 Ville sur le lac de Constance. Dans le vieux château, dont les fondations datent du 7e siècle, vécut de 1841 à 1848 la poétesse Annette von Droste-Hülshoff. Depuis le 18e siècle, les évêques de Constance vivent dans le *nouveau château.

Nature

** **Mainau** 17 Sur l'Île des Fleurs en plein milieu du lac de Constance, vous pourrez admirer des plantes indigènes et exotiques dans les parcs et les serres. L'attraction principale est la volière aux papillons.

** **Obere Donau** 18 Parc naturel entre les vallées du Danube supérieur et les hauts-plateaux du Jura souabe. La vallée du Danube, profondément creusée, est très attrayante avec ses falaises calcaires abruptes. Près de la source de l'Aach, le Danube, qui disparaît près d'Immendingen, revient à la surface.

*La célèbre **Wieskirche** de Steingaden est un chef-d'œuvre rococo, un ensemble particulièrement harmonieux d'architecture, de stuc et de fresques. Tout aussi féerique est la situation de l'église de pèlerinage bavaroise dans le «coin des curés» (Pfaffenwinkel).*

*** **Forêt-Noire** 19 Bois denses peuplés de conifères et de bouleaux, lacs romantiques comme le Titisee, le Mummelsee et le Schluchsee, ravins sauvages comme le Wutachschlucht et jolies vallées comme le Glottertal, le Simonswäldertal et l'Elztal caractérisent ce paysage de moyenne montagne, qui culmine au Feldberg (1 493 m).

Bavière

La Bavière englobe les Alpes calcaires septentrionales, qui se prolongent par les Préalpes. Entre les moraines, on rencontre marais et lacs. Le paysage se compose en outre de plaines étendues comme la célèbre «Ebene von München» et, plus vers le nord, de collines fertiles. Au nord du Danube s'élèvent des montagnes d'altitude moyenne. Entre les moyennes montagnes et le Danube s'étend la partie orientale de la Souabe et de la Franconie.

Culture

* **Lindau** 107 Ville sur le lac de Constance. Méritent une visite: l'église paroissiale Saint-Pierre des 11e-15e siècles; l'ancien hôtel de ville du 15e siècle; la maison baroque «zum Cavazzen» avec le musée municipal; l'église paroissiale évangélique Saint-Étienne, avec des éléments de diverses périodes; l'église paroissiale baroque Notre-Dame; le *port.

* **Ottobeuren** 108 Commune de l'Unterallgäu, avec une **abbaye bénédictine du 18e siècle. L'importante église baroque fut achevée en 1766.

* **Kempten** 109 Ville sur l'Iller. Principales attractions: la *Résidence et l'**église Saint-Laurent du 17e siècle; le Musée alpin; l'hôtel de ville (15e siècle); l'*église Saint-Magne, transformée au 15e siècle.

** **Füssen** 110 Ville sur la Lech. À voir absolument: l'église du cloître *Saint-Magne du 18e siècle et sa crypte du 10e siècle; le *Haut château des 13e-16e siècles et sa galerie de peintures.

*** **Neuschwanstein** 111 Le roi Louis II rêvait d'une véritable forteresse de chevalier, et voici ce qui arriva: sur un promontoire impressionnant au-dessus du Pöllatschlucht fut érigé entre 1869 et 1889 le château de Neuschwanstein. Dans les environs: le *château de Hohenschwangau, des ruines que Maximilien II fit remettre en état en style historisant Tudor.

*** **Wieskirche** 112 L'église de pèlerinage «Zum gegeißelten Heiland auf der Wies», construite entre 1746 et 1754 par Dominikus et Johann Baptist Zimmermann, est un des chefs-d'œuvre européens du rococo et est inscrite au patrimoine mondial de l'Unesco.

** **Linderhof** 113 Véritable aimant à touristes situé dans l'Ettal, c'est le plus petit château du «roi de conte de fées» Louis II, achevé en 1878. Avec la Grotte de Vénus, les jardins anglais, le kiosque maure et la maison marocaine.

* **Abbaye d'Ettal** 114 Abbaye bénédictine au pied de l'Ettaler Mandl, avec un bâtiment principal gothique qui reçut au 18e siècle un habit rococo.

* **Oberammergau** 115 Dans cette commune de Haute-Bavière, nous vous conseillons l'église Saints-Pierre-et-Paul du 18e siècle, la «Lüftlmalerei» sur la façade de la *Maison de Pilate et les *Jeux de la Passion (tous les dix ans).

** **Garmisch-Partenkirchen** 116 Station de sports d'hiver dans le Werdenfelser Land, près du Zugspitze, qui culmine à 2 962 m. Un chemin de fer à crémaillère et un funiculaire vous emmènent jusqu'au point culminant de l'Allemagne. À voir également: l'église paroissiale Saint-Martin de 1734; le Musée national de Werdenfels; l'église de pèlerinage Saint-Antoine du 18e siècle. Excursions vers les Partnachklamm et Höllentalklamm, deux ravins.

* **Mittenwald** 117 Petite ville de marché au pied du Wettersteinberg. Dans le centre pittoresque: l'église paroissiale Saints-Pierre-et-Paul, avec un intérieur rococo et le Musée du violon.

** **Berchtesgaden** 118 Lieu de cure sur le Watzmann, culminant à 2 713 m. À voir absolument: l'église romane gothique; la grand-place; le château et son musée; le Musée des salines sur l'extraction du sel. Conseillé: une excursion vers le Königssee et St. Bartholomä.

* **Bad Reichenhall** 119 Lieu de cure sur la Saalach. À voir: l'*église

1 Heidelberg: le Vieux Pont datant de 1788 enjambe le Neckar et mène à la vieille ville et à l'église de l'Esprit Saint. À gauche, les célèbres ruines du château.

2 Le château de Neuschwanstein, digne d'un conte de fées, au pied des Alpes d'Allgäu, attire des millions de touristes originaires du monde entier.

3 Les Alpes bavaroises sont une destination prisée par les amateurs de vacances actives. En hiver, on y skie et on y fait de la luge. Entre le printemps et l'automne, elles sont un paradis pour les randonneurs et les alpinistes. Les lacs se prêtent parfaitement aux sports aquatiques et les vues magnifiques – ici sur les Wettersteingebirge – attirent les promeneurs.

Munich

Les princes régents de Bavière, grands amateurs d'art, ont fait de la capitale de leur État libre un ensemble impressionnant.

Le fondateur de Munich fut Henri le Lion, qui détourna la vieille route du sel par ici et la fit passer sur un pont à péage rémunérateur. Il se trouvait près d'un monastère, donc près de moines (Mönchen). C'est de là que la ville tire son nom. En 1240, le domaine religieux devint la propriété du compte palatin Otto de Wittelsbach et au 13e siècle, sous Louis le Sévère, il devint la résidence permanente de la dynastie Wittelsbach. Munich était la capitale du duché depuis 1506 et l'est restée en 1806, quand le Royaume de Bavière vit le jour. En dehors des trésors artistiques et des beaux bâtiments, c'est surtout l'ambiance particulière de Munich qui attire tant de touristes. «Vivre et laisser vivre!», telle est la devise des Munichois. Et elle ne s'applique pas qu'à l'archi-célèbre Fête de la Bière…

Grande photo de gauche: Munich by night: des deux tours en oignon de l'église des Femmes – le symbole de la ville – au stade olympique, en passant par l'église Saint-Michel et la tour de l'hôtel de ville.

1 La Porte de la Victoire, érigée entre 1843 et 1852 en l'honneur de l'armée bavaroise, sépare la Leopoldstraße de la Ludwigstraße et a recouvré son lustre d'antan après une rénovation en profondeur.

2 Le Théâtre national ouvrit ses portes en 1825 et est le port d'attache de l'Opéra de Bavière.

3 Les frères Asam créèrent entre 1733 et 1746 l'église du même nom, un chef-d'œuvre du style rococo.

4 Derrière la superbe façade de l'église des Théatins (à partir de 1663) se cache une perle du baroque bavarois.

5 La statue de Bavaria (18 m de haut) veille sur la Theresienwiese, sur laquelle a lieu chaque année la Fête de la Bière. Derrière, la fameuse Halle de la renommée, construite entre 1843 et 1853, qui abrite le buste de 77 célèbres Bavarois.

6 La construction du château Nymphenburg débuta en 1664. Le parc reçut une touche baroque à partir de 1715.

1

2

3

4

5

6

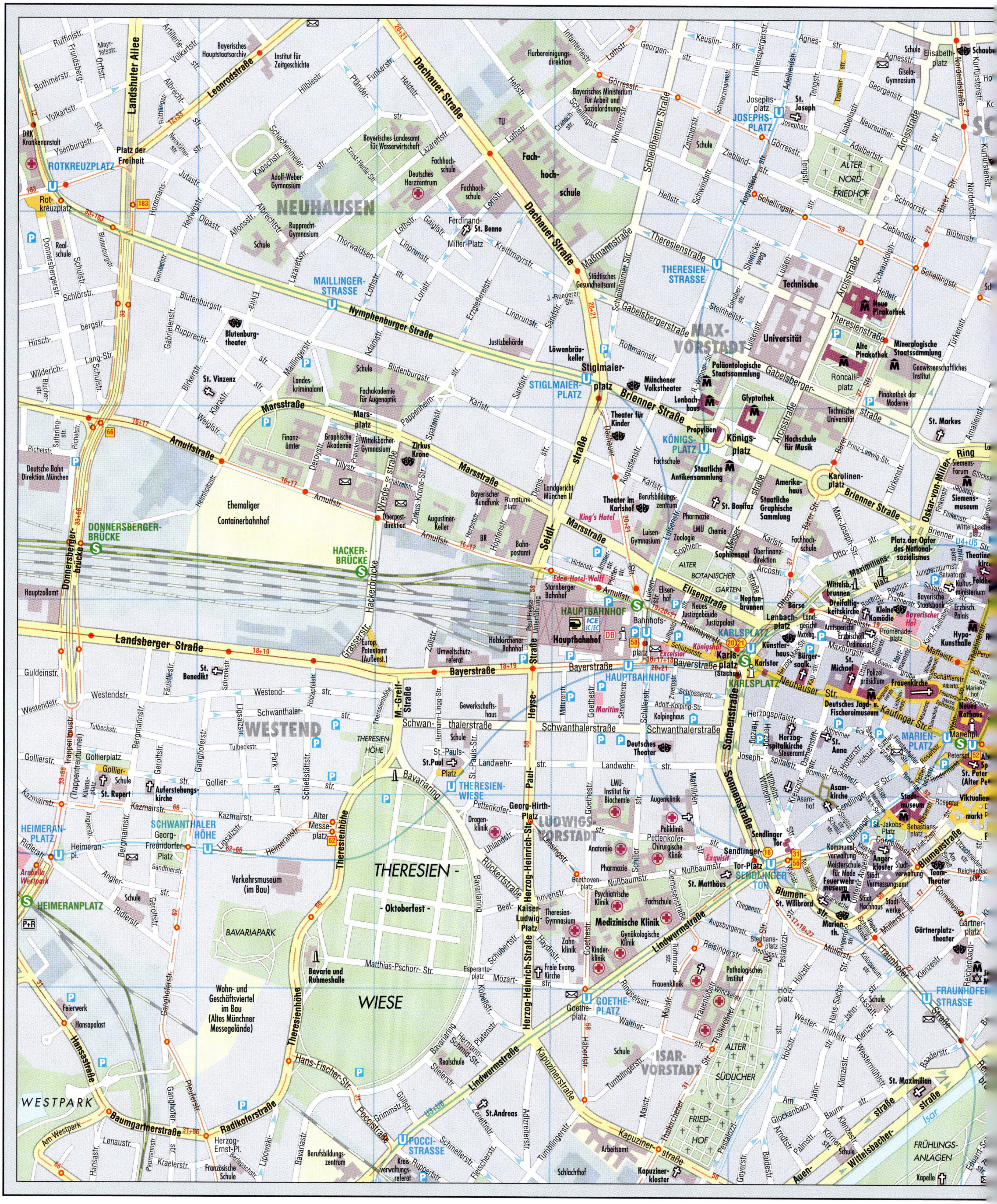

NEUHAUSEN
MAX-VORSTADT
WESTEND
LUDWIGS-VORSTADT
ISAR-VORSTADT
THERESIEN-WIESE
Oktoberfest
WESTPARK
BAVARIAPARK
ALTER NORD-FRIEDHOF
ALTER SÜDLICHER FRIEDHOF
ALTER BOTANISCHER GARTEN
HAUPTBAHNHOF
Landshuter Allee
Leonrodstraße
Dachauer Straße
Nymphenburger Straße
Marsstraße
Arnulfstraße
Landsberger Straße
Bayerstraße
Schwanthalerstraße
Lindwurmstraße
Sonnenstraße
Briennerstraße
Theresienstraße
Gabelsbergerstraße
Seidlstraße
Paul-Heyse-Straße
Herzog-Heinrich-Straße
Kapuzinerstraße
Radlkoferstraße
Baumgartnerstraße
Hansastraße
Donnersbergerbrücke
Hackerbrücke
ROTKREUZPLATZ
MAILLINGER-STRASSE
STIGLMAIER-PLATZ
KÖNIGSPLATZ
THERESIEN-STRASSE
JOSEPHSPLATZ
DONNERSBERGER-BRÜCKE
HACKER-BRÜCKE
HAUPTBAHNHOF
KARLSPLATZ
MARIENPLATZ
SENDLINGER TOR
GOETHE-PLATZ
THERESIEN-WIESE
SCHWANTHALER HÖHE
HEIMERAN-PLATZ
HEIMERANPLATZ
POCCI-STRASSE
FRAUNHOFER-STRASSE
Glyptothek
Universität
Neue Pinakothek
Alte Pinakothek
Pinakothek der Moderne
Technische Universität
Hochschule für Musik
Staatliche Antikensammlung
Karlsplatz (Stachus)
Frauenkirche
Deutsches Jagd- u. Fischereimuseum
St. Michael
Asamkirche
Stadtmuseum
Neues Rathaus
St. Peter (Alter Peter)
Viktualienmarkt
Gärtnerplatztheater
Deutsches Theater
Verkehrsmuseum (im Bau)
Bavaria und Ruhmeshalle
Ehemaliger Containerbahnhof
Löwenbräukeller
Isar
FRÜHLINGS-ANLAGEN

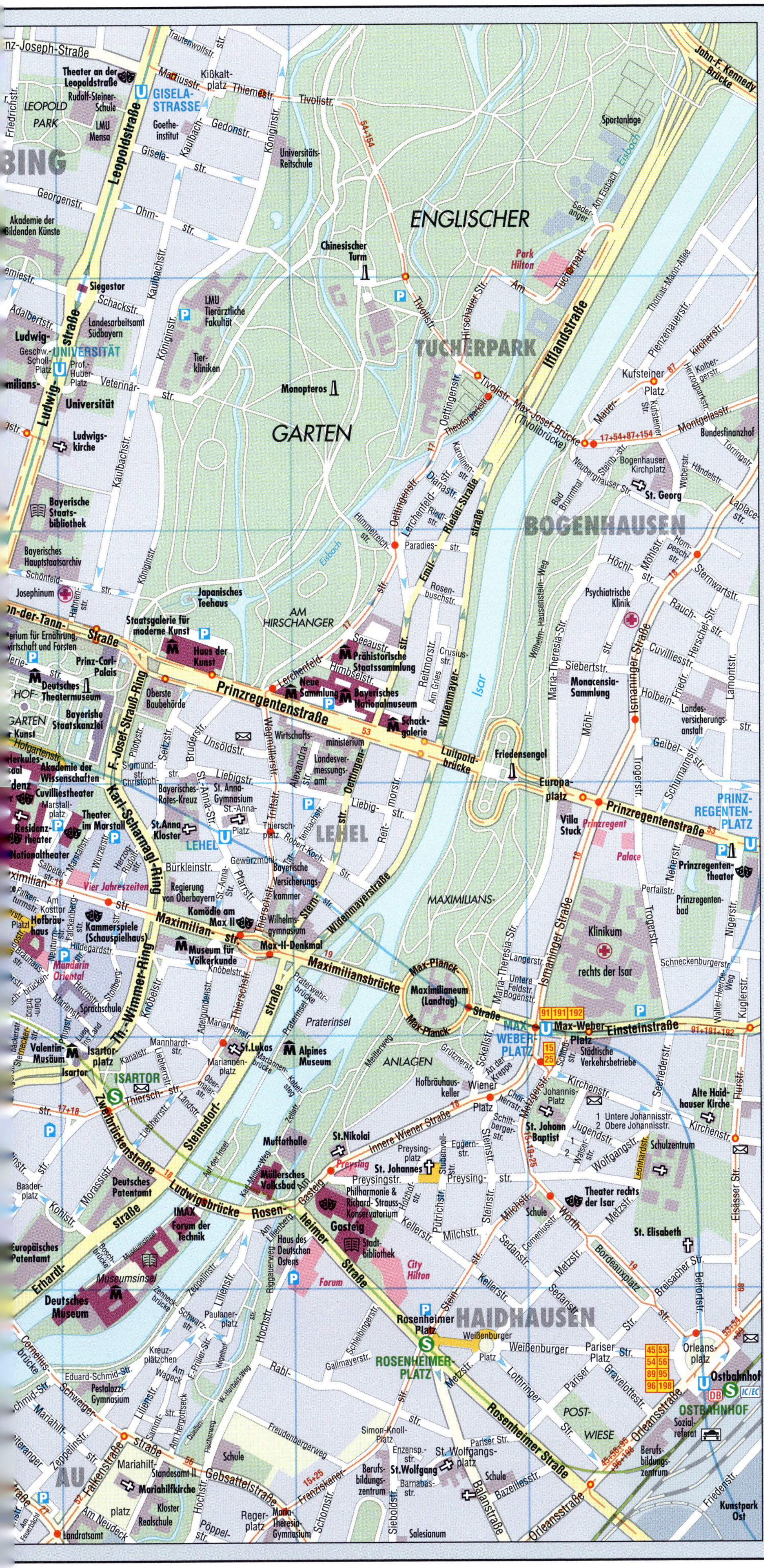

Munich

Les touristes ne viennent pas uniquement en octobre, pendant la Fête de la Bière, à Munich, parce qu'il y a bien plus de choses à voir et à vivre. La capitale bavaroise est certes vieille, mais elle a gardé un caractère jeune. Et bien qu'elle soit particulière, elle est ouverte au reste du monde.

L'église Asam: les fastes du style rococo.

Munich fut fondée en 1157 par Henri le Lion, un Guelfe, mais la ville passa très vite aux mains des nouveaux seigneurs de Bavière, les Wittelsbach, et le resta jusqu'à la révolution de 1918. C'est à eux qu'elle doit la plupart de ses trésors artistiques et bâtiments chatoyants, surtout au roi Louis Ier, qui voulait créer une «Athènes sur l'Isar». Un de ses prédécesseurs, le prince électeur Charles Théodore, offrit à la population à la fin du 18e siècle un parc public, les Jardins anglais, le poumon vert de Munich. À l'extérieur de la vieille ville, délimitée par l'Isartor, la Sendlinger Tor, la Karlstor et la Feldherrnhalle, on reconnaît la trame traditionnelle du 19e siècle. La Ludwigsstraße toute droite et sa prolongation, la Leopoldstraße, mènent vers le nord à Schwabing, le quartier des artistes et des étudiants auquel Munich doit une grande partie de sa réputation de ville conviviale.

À voir absolument dans le centre historique: sur la **Marienplatz, le nouvel hôtel de ville néogothique (19e siècle) avec son *carillon charmant et sa façade richement ornée; à côté, l'*ancien hôtel de ville (15e siècle); au milieu de la place la Colonne Sainte-Marie de style baroque; la *cathédrale Notre-Dame, le majestueux dôme gothique tardif et ses deux tours, le symbole de la ville; l'**église Asam, un chef-d'œuvre du rococo; la grande **Résidence, étendue à la Renaissance, et sa *salle des trésors; le *vieux Théâtre de la Résidence (rococo) et les *Jardins de la Cour; le **Théâtre national classique; l'*église baroque des Théatins; l'*église Saint-Michel, la plus grande église Renaissance au nord des Alpes et pionnière de l'architecture baroque bavaroise; la mondialement célèbre Hofbräuhaus et le joli Marché aux Victuailles; la Theresiennewiese, scène de la Fête de la Bière, sur laquelle veille la *Bavaria, une statue de bronze monumentale. Hors du centre: le **château et le parc Nymphenburg de style baroque; la grande **église baroque Saint-Michel à Berg am Laim; le *parc olympique de 1972. Musées à voir absolument: le ***Musée allemand, le plus important musée technique d'Allemagne; la ***Vieille pinacothèque et sa collection d'œuvres de maîtres; la **Nouvelle pinacothèque, qui héberge des toiles du 19e siècle; la *Pinacothèque moderne; la *maison Lenbach, villa des «princes des peintres» et sa collection unique d'œuvres du groupe du Blaue Reiter; la *glyptothèque et ses sculptures antiques; la **Collection nationale; le *Musée national bavarois; le *musée municipal dans le vieil Arsenal; la *villa Stuck, l'ancienne maison du peintre Franz von Stuck, et ses expositions temporaires. À voir dans les environs: le *château baroque de Schleißheim, avec le parc et le château de Lustheim.

Vue sur les tours de l'ancien et du nouvel hôtel de ville sur la Marienplatz; derrière, la cathédrale Notre-Dame.

Les châteaux du roi Louis II

Les somptueux châteaux de Louis II (Ludwig II.) émerveillent aujourd'hui encore les visiteurs venus du monde entier. Ainsi, celui de Neuschwanstein, l'ouvrage le plus extraordinaire commandé par ce souverain, compte parmi les curiosités les plus populaires d'Europe centrale.

Quand Louis II de Bavière (1845-1886) fut confronté après la guerre de 1866 à la question de savoir comment son royaume pouvait survivre, il décida de conclure une alliance avec la Prusse, qui lui apporta en outre un soutien financier. C'est ainsi que le «roi fabuleux» put construire ces magnifiques châteaux de Neuschwanstein (1869-1886), de Linderhof (1874-1878) et de Herrenchiemsee (1878-1892). Quand il fut destitué quelques jours avant sa mort, les caisses de l'État étaient de nouveau vides…

Grande photo de gauche: Louis II fit recouvrir la salle du trône du château de Neuschwanstein de marbre de Carrare.

1 Le roi mettait sa vie en scène comme une pièce de théâtre: «Balade nocturne de Louis II en traîneau», par R. Wenig, Musée Marstall, château Nymphenburg.

2 Neuschwanstein: l'abside «byzantine» de la salle du trône.

3 Des représentations de la quête du Graal décorent la Salle des Chanteurs de Neuschwanstein.

4 La Salle de travail du roi à Neuschwanstein.

5 Le château rococo de Linderhof.

6 La Grotte de Vénus à Linderhof.

7 Le luxueux lit de la chambre à coucher du château de Linderhof.

8 Linderhof: la salle à manger.

9 Château de Herrenchiemsee.

10 Avec ses 100 mètres de longueur, la Galerie des Glaces de Herrenchiemsee dépasse son exemple de Versailles.

11 «Le roi Louis II en uniforme de général de l'armée bavaroise», par F. Piloty, 1865, château de Herrenchiemsee.

1

2

3

4

5

6

7

8

9

10

11

*Un des meilleurs exemples de l'architecture baroque allemande est le Palais épiscopal de **Wurzbourg**, construit entre 1720 et 1744 sous la direction de l'architecte et ingénieur Balthasar Neumann.*

L'ancien hôtel de ville de Bamberg est situé sur un pont, en plein milieu de la Regnitz.

La vieille cité épiscopale de Passau, avec son dôme baroque grandiose et son ambiance méditerranéenne.

romaine Saint-Zénon; le monument industriel de la Vieille Saline et le Musée du sel.

**** Herrenchiemsee** 120 Magnifique château de Louis II, avec des jardins gigantesques, sur une île sur le Chiemsee.

**** Wasserburg** 121 Ville sur l'Inn. À voir absolument dans la vieille ville gothique, avec la forteresse et les remparts: l'*église paroissiale Saint-Jacques du 15e siècle.

***** Munich** 122 Voir plan pages 90/91.

**** Augsbourg** 123 Ville sur la Lech. À voir: les maisons Renaissance de la Maximilianstraße; la **Fuggerei de 1516 (une cour avec de belles maisons); l'**hôtel de ville Renaissance, construit en 1620 par Elias Holl, avec la Salle dorée; le **dôme roman gothique Notre-Dame; l'*église Sainte-Anne de 1321, avec la chapelle funéraire des Fugger.

**** Nördlingen** 124 Ville dans le Nördlinger Ries. Principales attractions touristiques: les murs de la ville (14e siècle) et leurs 16 tours; l'église Saint-Georges de 1505; l'église du Saint-Sauveur (15e siècle); l'hôtel de ville du 14e siècle avec son escalier extérieur de 1618.

**** Dinkelsbühl** 125 Ville sur la Wörnitz. Méritent une visite: les fortifications du 15e siècle; les maisons à colombages médiévales; l'église Saint-Georges du 15e siècle.

***** Rothenburg ob der Tauber** 126 Ville sur la Tauber. À voir absolument: les remparts médiévaux et leurs portes, tours et chemin de garde; les maisons gothiques et Renaissance à façade pointue; la grand-place avec l'hôtel de ville du 13e siècle; l'**église gothique Saint-Jacques, avec l'**autel du Précieux Sang de Tilmann Riemenschneider.

**** Wurzbourg** 127 Vieille cité épiscopale sur le Main. À voir absolument: la ***Résidence, le château baroque des princes-évêques avec les fresques de Tiepolo, inscrite au patrimoine mondial de l'Unesco; le **dôme de 1188; l'église baroque de Neumünster; la grand-place avec la Maison du Faucon de 1752 et la *chapelle gothique Notre-Dame; la **forteresse de Marienberg, avec le **Mainfränkisches Museum et l'église de pèlerinage de *Käppele.

**** Bamberg** 128 Ville sur la Regnitz. Hauts points culturels: la ***vieille ville, inscrite au patrimoine mondial de l'Unesco; le *château Renaissance de Geyerswörth; l'**ancien hôtel de ville et sa collection "Glanz des Barock"; l'*église Saint-Martin du 17e siècle; l'ancienne colonie de pêcheurs de **Klein-Venedig (Petite Venise); le **dôme impérial avec le **tombeau de l'Empereur de Tilman Riemenschneider et la statue équestre du *Bamberger Reiter; la **Alte Hofhaltung du 15e siècle, avec un musée d'histoire; l'ancienne abbaye bénédictine de **Michaelsberg, fondée en 1015; le Musée franconien de la brasserie; le *couvent des carmélites et son cloître roman tardif; l'*église gothique Notre-Dame; la **maison Böttinger, de style baroque.

**** Cobourg** 129 Ville sur l'Itz. Conseillés: l'église gothique tardive Saint-Maurice à l'intérieur baroque; le Gymnasium Casimirianum de style Renaissance tardif; l'hôtel de ville transformé en 1750; le **château d'Ehrenburg du 16e siècle; **Veste Coburg, où Luther séjourna en 1530, avec sa collection artistique et son musée des sciences naturelles; le jardin des roses.

*** Cloître de Banz et ** basilique des Quatorze Saints** 130 Sur le Main (rive droite), près de Staffelstein. Cloître bénédictin avec une superbe église (1710-1719) et basilique baroque (1743-1772) de Balthasar Neumann sur la rive gauche.

*** Bayreuth** 131 Ville musicale au pied des Fichtelgebirge, connue pour son Festival. À voir: l'*Opéra du Marquis (18e siècle); la *maison Wahnfried, l'ancienne résidence de Richard Wagner; le Palais du Festival de 1876.

**** Nuremberg** 132 Ville sur la Regnitz. À voir absolument: le **château avec des parties du 11e siècle; le *Hauptmarkt; les remparts, avec des tours du 15e siècle; l'**église Saint-Laurent de 1350, avec son chœur de 1477 et le «Salut anglais» de Veit Stoß; l'église Notre-Dame de 1361; l'*hôtel de ville transformé en 1616; l'**église Saint-Sébald du 13e siècle, avec le tombeau du saint de 1519 et le crucifix de Veit Stoß; la maison d'Albrecht Dürer et son musée; le **Musée national germanique.

**** Ratisbonne** 133 Ville universitaire sur le Danube. À voir absolument: le **dôme gothique Saint-Pierre; la *Vieille chapelle du 10e siècle, à l'intérieur rococo; le *Musée municipal; la Porta Praetoria; le **Steinerne Brücke; l'*ancien hôtel de ville; l'église Saint-Emmeram du 8e siècle, transformée par les frères Asam en style baroque; le château Renaissance des princes de Tours et Taxis, avec le Musée Marstall; les maisons patriciennes des 13e-14e siècles. Plus en amont: le **Walhalla, temple en l'honneur des Allemands célèbres, datant de 1842.

*** Straubing** 134 Ville sur le Danube. À voir absolument: la *tour du 14e siècle; l'*hôtel de ville de 1382; les maisons patriciennes de la Theresienplatz et de la Ludwigsplatz; l'**église Saint-Jacques du 15e siècle; l'*église des Carmélites de 1430; l'*église ursuline des frères Asam, datant de 1741; l'**église Saint-Pierre (12e siècle); le *château des ducs, plusieurs fois étendu depuis 1356.

*** Landshut** 135 Ville de Basse-Bavière, sur l'Isar. Avec des rues commerçantes verdoyantes, la *vieille ville et la *nouvelle ville, l'église gothique Saint-Martin du 15e siècle, le *château médiéval de Trausnitz et le *cloître de Seligental avec une église rococo.

**** Passau** 136 Ville au confluent du Danube, de l'Inn et de l'Ilz. À voir absolument: le **dôme Saint-Étienne des 15e-17e siècles, avec les plus grandes orgues du monde; la nouvelle Résidence épiscopale du 18e siècle; l'église jésuite Saint-Michel du 17e siècle; l'*hôtel de ville de 1408; la Veste Niederhaus (forteresse) du 18e siècle; la *Veste Oberhaus des 13e-16e siècles.

Nature

***** Alpes** 20 Les Alpes bavaroises, d'Allgäu et de Berchtesgaden ont la forme de vraies hautes montagnes: sommets pointus, vallées profondes dans lesquelles coulent des torrents, massifs calcaires majestueux et massifs plus dénudés comme le Steinernes Meer. Entre les sommets dégarnis et les flancs boisés se trouvent des lacs pittoresques comme le Kochelsee et le Königssee. Autour du Königssee et du Hintersee fut créé en 1978 le **Parc national de Berchtesgaden. Il y pousse une flore riche avec, entre autres, des gentianes, des lauriers-roses, des edelweiss et des chardons argentés. Le chamois, le bouquetin, le cerf, l'aigle, le grand duc, le lagopède et le grand tétras sont typiques de la faune des Alpes. Les Préalpes sont émaillées par des lacs étonnants comme le Starnberger See, le Chiemsee et l'Ammersee.

**** Parc national de la Forêt Bavaroise** 21 Ce parc fut créé en 1970. Nombre de plantes et d'animaux qui y vivent sont protégés. On y rencontre des loups, des ours et des lynx en séjour à la campagne.

DANEMARK
Mer du Nord
Mer Baltique
Bornholm (Danemark)
Aabenraa
Svendborg
Sylt
Fondation Seebüll
Parc national
Glücksburg
Flensburg
Îles Frisonnes du Nord
Schleswig-
Holsteinisches
Wattenmeer
Husum
Schleswig
Nykøbing Falster
Helgoland
Fehmarn
Puttgarden
Gedser
Parc national du Vorpommersche Boddenlandschaft
Parc national de Jasmund
Rügen
Sassnitz
Réserve naturelle de Südost-Rügen
Kiel
Stralsund
Warnemünde
Parc national Hamburgisches Wattenmeer
Parc national Niedersächsisches Wattenmeer
Neumünster
Itzehoe
Rostock
Vorpommern
Greifswald
Îles Frisonnes orientales
Îles Frisonnes occidentales
Cuxhaven
Travemünde
Lübeck
Wismar
Usedom
Pinneberg
Norderstedt
Güstrow
Frise orientale
Emden
Wilhelmshaven
Bremerhaven
Hambourg
Schwerin
Mecklenburgische
Seenplatte
Neubrandenburg
Leeuwarden
Groningue
Elbe
Parc national de Müritz
Szczecin (Stettin)
Stargard Szczeciński
Oldenbourg
Worpswede
Lüneburg
Assen
IJsselmeer
Brême
Château de Clemenswerth
Lande de Wildeshaust
Landes de Lunebourg
Réserve de biosphère de Templin
Parc national de l'Oder Inférieur
Schorfheide-Chorin
Wittenberg
Neuruppin
Chorin
Niederfinow
Salzwedel
Zwolle
Gorzów Wielkopolski
PAYS-BAS
Hengelo
Amersfoort
Celle
Stendal
POLOGNE
Apeldoorn
Rheine
Osnabrück
Hanovre
Wolfsburg
Berlin
Brandebourg
Arnhem
Brunswick
Potsdam
Francfort (O.)
Nimègue
Münster
Bielefeld
Hildesheim
Hameln
Lehnin
Magdebourg
Eisenhüttenstadt
Réserve de biosphère de Spreewald
Xanten
Hohe Mark
Goslar
Wernigerode
Halberstadt
Réserve naturelle de Mittlere Elbe
Lutherstadt Wittenberg
Lübbenau
Gubin
Zielona Góra (Grünberg)
Paderborn
Hamm
Hochharz
Harz
Quedlinburg
Dessau
Venlo
Duisburg
Essen
Dortmund
Cottbus
Oder
Krefeld
Hagen
Arnsberg
Göttingen
Lutherstadt Eisleben
Halle a.d. Saale
Elbe
Düsseldorf
Kassel
Monument Kyffhäuser
Merseburg
Leipzig
Mönchen-Gladbach
Leverkusen
Grotte de Barberousse
ALLEMAGNE
Heerlen
P.N. d'Hainich
Naumburg
Meißen
Moritzburg
Bautzen
Aix-la-Chapelle
Cologne
Siegen
Bebra
Eisenach
Weimar
Dresde
Château et parc de Pillnitz
Verviers
Bonn
Marburg
Erfurt
Iéna
Gera
Altenbourg
Freiberg
Parc national de la Petite Suisse saxonne
Rhin
Westerwald
Schmalkalden
Arnstadt
Chemnitz
Zwickau
BELGIQUE
Wetzlar
Giessen
Rhön
Thüringer Wald
Liberec
Maria Laach
Coblence
Limburg
Fulda
Meiningen
Schneeberg
Teplice
Ústí n.L.
Eifel
Château d'Eltz
Taunus
Plauen
Erzgebirge
Parc naturel du Sud-Eifel
Cochem
Rhin Romantique
Hof
Wiesbaden
Francfort-sur-le-Main
Coburg
Bernkastel-Kues
Lorsch
Mayence
Cloître de Banz et basilique des Quatorze Saints
Cheb
Karlovy Vary
LUXEMBOURG
Bingen
Hunsrück
Carrière de fossiles de Messel
Bamberg
Bayreuth
Prague
Trèves
Luxembourg
Mariánské Lázně
Wurtzbourg
Worms
TCHÉQUIE
Ludwigshafen
Mannheim
Erlangen
Plzeň
Sarrebruck
Völklingen
Kaiserslautern
Heidelberg
Fürth
Nuremberg
Spire
Rothenburg o.d.T.
Metz
Heilbronn
Písek
Tábor
Karlsruhe
Šumava
Maulbronn
Dinkelsbühl
Nancy
Pforzheim
Ratisbonne
České Budějovice
Nördlingen
Aalen
Baden-Baden
Stuttgart
Ingolstadt
Alsace
P.N. de la Forêt Bavaroise
Strasbourg
Straubing
Göppingen
FRANCE
Offenburg
Tübingen
Forêt-Noire
Isar
Ulm
Danube
Landshut
Passau
Épinal
Augsburg
Villingen-Schwenningen
Linz
Colmar
Inn
Fribourg-en-Brisgau
Braunau
Obere Donau
Munich
Danube
Mulhouse
Wasserburg
Ottobeuren
Herrenchiemsee
Steyr
Belfort
Wieskirche
Lörrach
Reichenau
Mainau
Meersburg
Kempten
Rosenheim
Salzbourg
AUTRICHE
Constance
Oberammergau
Bad Reichenhall
Bâle
Lindau
Linderhof
Bad Ischl
Winterthur
Bodensee
Füssen
Abbaye d'Ettal
Neuschwanstein
Berchtesgaden
Zurich
St-Gall
Oberstdorf
Garmisch-Partenkirchen
Mittenwald
P.N. Berchtesgaden
Eisenerz
Alpes
Bienne
SUISSE
Schladming

Centre religieux et politique de l'Ordre teutonique implanté sur les rivesdu Nogat, Marienburg (Malbork en polonais) est l'une des forteresses médiévales les plus imposantes d'Europe. Elle comprend plusieurs bâtiments en briques ceinturés de remparts.

Pologne

C'est en Pologne que vous aurez le plus de chances de pouvoir admirer des bisons d'Europe ou des ours évoluant en liberté, au cœur du parc national de Bialowieski, la seule forêt primitive du continent qui mérite encore cette appellation. Grâce à l'authenticité de ses paysages encore

Varsovie: une calèche sur la place de la vieille ville.

intacts, la Pologne s'est taillée depuis longtemps une réputation enviable auprès des amoureux de la nature. Mais les fervents de découvertes culturelles ne seront pas moins enthousiastes: le pays compte en effet un grand nombre de châteaux forts et manoirs de plaisance, de vieilles cités et de majestueuses églises de briques. La Pologne constitue un morceau d'Europe d'une étonnante diversité, de la mer Baltique aux Carpates.

***La Côte baltique** polonaise s'étend sur 525 km, depuis l'île d'Usedom, que la Pologne partage avec l'Allemagne, jusqu'à la lagune de la Vistule (Zalew Wiślany), dont la partie septentrionale appartient à la Russie. La côte est presque entièrement bordée de plages de sable blanc descendant en pente douce jusqu'à la mer.*

Pologne

Superficie: 312 685 km^2
Côte: 524 km
Point culminant: Rysy (2 499 m)
Plus long cours d'eau: Vistule (1 047 km)
Plus grand lac: lac Sniardwy (106,6 km^2)
Population: 38,6 millions d'habitants
Densité de population: 124 hab./km^2
Régions: Côte baltique, Mazurie, vallée de la Vistule, sud-est de la Pologne, Silésie, ancienne Neumark
Capitale: Varsovie (1,628 millions d'habitants)
Fuseau horaire: MET

Adresses utiles
(B) *Office du tourisme de Pologne*
Boulevard Louis Schmidt, 119, boîte 5
1040 Bruxelles
Tél.: 02 740 06 20
Web: www.polska-be.com
(FR) *Office du tourisme de Pologne*
Rue de la Paix,9
75002 Paris
Tél.: 01 42 44 19 00
Fax: 01 42 97 52 25
E-mail: info@tourisme.pologne-org.net
Web:www.tourisme.pologne.net

Situation et paysage

La Pologne se situe dans la zone de transition entre l'Europe centrale et l'Europe orientale. Elle est limitée au nord par la mer Baltique, au sud par les Carpates, à l'est par le Bug et à l'ouest par l'Oder (Odra). Le pays s'étend dans le prolongement de la plaine d'Allemagne du nord et ne présente que très peu de relief dans sa plus grande partie: les trois quarts de sa superficie se situent à moins de 200 m au-dessus du niveau de la mer. La côte baltique se caractérise par de nombreuses baies et de larges plages de sable. On trouve ensuite un paysage morainique de collines basses, appelées «Croupes de la Baltique». Les régions des lacs de Poméranie et de Mazurie sont particulièrement propices à la détente. La plaine centrale, correspondant à un tiers de la superficie du pays et essentiellement consacrée à l'agriculture, s'étend vers le sud. Au paysage plus contrasté de la Silésie et du plateau de Petite Pologne succèdent des massifs de moyenne montagne, qui, avec les Sudètes, les Carpates occidentales et les Hautes Tatras, prennent çà ou là un caractère de haute montagne.

Côte baltique

De la lagune de Szczecin au golfe de Gdańsk, la côte baltique déroule la succession capricieuse de ses baies inaccessibles, de ses étangs peu profonds en bordure du littoral et de ses vastes plages de sable, abritées par des dunes. Ces dunes de sable peuvent atteindre une altitude de 60 m et sont en grande partie stabilisées par la plantation d'oyats. Les deux plus grands fleuves de Pologne, l'Odra (ou Oder) à l'ouest et la Wisła (ou Vistule) à l'est, débouchent dans la mer Baltique en larges estuaires qui remontent loin à l'intérieur des terres. Dans le grand delta de la Vistule, un système ingénieux de digues permet de se livrer à une agriculture intensive. Les plus grandes villes portuaires du pays se situent le long de ces deux embouchures: Szczecin, Gdańsk et Gdynia. Le reste de la côte est moins densément peuplé. On y trouve surtout des villages de pêcheurs et des stations balnéaires.

La vieille ville portuaire de Szczecin est le plus important port du pays.

Culture

Szczecin ❶ Autrefois Stettin, vieille cité portuaire et hanséatique. À voir absolument: la *terrasse monumentale et le musée national (avec ses départements consacrés à la mer, à l'ethnographie et à l'archéologie); la tour des Sept Manteaux; le *château Renaissance des ducs de Poméranie (16e siècle); l'hôtel de ville gothique avec le musée historique; l'*église des Saints-Pierre-et-Paul, datant du 14e siècle; la cathédrale Saint-Jacques, de style gothique (14e-16e siècles); l'église Saint-Jean et ses fresques du 14e siècle; la porte du port et la porte royale.
Kamień Pomorski ❷ Cette ancienne cité épiscopale, jadis appelée Cammin, est située sur la rive droite de la Dziwna. Elle abrite des bâtiments médiévaux. À voir absolument: la *cathédrale Saint-Jean des 12e-14e siècles, avec le tombeau de la mère du roi Knut le Grand.
Kołobrzeg ❸ L'ancienne cité hanséatique de Kolberg, à l'embouchure de la Parseta, était un important centre de cure avant les destructions de la Deuxième Guerre mondiale. Principales curiosités: la *cathédrale Notre-Dame du 14e siècle (reconstruite); l'hôtel de ville néogothique dû à Karl Friedrich Schinkel.
Koszalin ❹ Ancienne capitale du district allemand de Köslin. À voir absolument: la grand-place avec l'église gothique Notre-Dame du 14e siècle et l'hôtel de ville moderne; la chapelle Sainte-Gertrude du 14e siècle; une partie du château ducal, du 16e siècle; la maison du bourreau, de style gothique; les vestiges des fortifications de la ville; le musée de la Poméranie centrale.
* **Darłowo** ❺ C'est l'ancienne Rügenwalde, située à l'embouchure de la Wieprza. À voir absolument: la grand-place avec l'hôtel de ville baroque (18e siècle); l'église gothique Notre-Dame; le château fortifié des ducs de Poméranie des 13e-14e siècles et son musée.
* **Łeba** ❻ Ce petit port de pêche est aussi une station balnéaire séduisante. Il y règne une atmosphère de conte de fées propre à séduire de nombreux touristes. À voir absolument: le *musée en plein air sur la rive sud du lac de Łeba, près de Kluki, qui reconstitue le mode de vie de la peuplade des Slovines.
* **Słupsk** ❼ L'ancienne Stolp au bord de la Słupia. À voir absolument: le château des ducs de Poméranie (16e siècle) et le musée de la Poméranie; l'église gothique des Dominicains; le bastion des sorcières (15e siècle); la porte neuve; la porte du moulin; l'église Notre-Dame; le nouvel hôtel de ville.
* **Hel** ❽ Principal centre de la pres-

Vue sur les beautés de la vieille ville de Gdańsk.

De fières demeures patriciennes bordent le long marché de Gdańsk.

*La **Mazurie**, région située entre la Vistule et la frontière russe, s'étend sur environ 20 000 km². La variété de ses paysages de bois, de collines et de lacs – la région lacustre de Mazurie en compte plus ou moins 3 000 – en a fait une destination de vacances recherchée. La Mazurie est aussi le pays des chevaux. Même à notre époque de haute technologie, les paysans de la région font toujours appel à la traction chevaline. Ce n'est pas seulement par manque de moyens: c'est aussi une tradition. Le plus important haras du pays se trouve à Liski.*

qu'île du même nom. À voir absolument: le port et son architecture du 18e siècle; le musée de la pêche.
Gdynia ❾ L'ancien village de pêcheurs de Gdingen, transformé à partir de 1922 en ville portuaire. À voir absolument: l'aquarium marin; le musée océanographique; le musée de la navigation aménagé dans un ancien contre-torpilleur, le Burza.
**** Gdańsk** ❿ Autrefois Dantzig. Le cœur historique de la ville a été rebâti après les destructions de la Deuxième Guerre mondiale. Principales curiosités: la *porte haute de 1588; la *voie royale; la *porte dorée; le *grand arsenal du 14e siècle, remanié en style maniériste, et son clocher de 82 m de haut; le musée de l'histoire de la ville et la salle rouge, le long marché et la maison d'Artus, la fontaine de Neptune, la maison dorée et la porte verte, la porte des pots de lait, la porte des boulangers (15e siècle), la porte des femmes et le musée archéologique; l'**église gothique Sainte-Marie et sa célèbre horloge astronomique; la porte de la grue, du 15e siècle, avec son ancienne grue portuaire aménagée à présent en musée de la marine; la vieille ville avec l'église Sainte-Catherine du 17e siècle; l'*église Sainte-Brigitte, qui fut le refuge du syndicat Solidarité (Solidarnosć); l'hôtel de ville de la vieille ville, qui date de 1595, et le monument aux travailleurs des chantiers navals. Dans le quartier d'Oliwa, la **cathédrale, aux fondations remontant au 12e siècle, abrite un orgue rococo renommé.
*** Sopot** ⓫ L'ancienne station balnéaire mondaine de Sopot est appréciée pour le charme de ses vieilles villas, sa jetée promenade longue de 500 m, son champ de courses, sa large plage de sable et ses nombreux restaurants.

Nature

*** Embouchure de l'Oder** ❶ Les plages de sable près de Świnoujście (Swinemünde) sur l'île d'Uznam (Usedom), comptent parmi les plus belles de Pologne. Le *parc national de Woliński attirera tout particulièrement les ornithologues et les autres amoureux de la nature.
**** Parc national de Słowiński** ❷ Il figure, avec ses dunes de sable géantes, parmi les rares «paysages sauvages» qui subsistent en Europe. Le lac de Łeba et le lac de Gardno sont également des zones d'une grande valeur écologique.
*** Presqu'île de Hel** ❸ Une presqu'île à la silhouette bizarrement allongée, faite de dunes, de bois d'épineux et de plages de sable. Depuis le cap Rozewie, vous pourrez bénéficier d'une vue imprenable sur la presqu'île, la mer et la côte.

1

2

3

Mazurie

Cette belle région du sud de l'ancienne Prusse orientale est voisine de la Russie au nord, de la Lituanie au nord-est et de la Biélorussie à l'est. Le paysage est constitué d'innombrables lacs, de marais et de bois abritant une faune riche et diverse. Les lacs d'une pureté cristalline font

1 La forteresse de Marienburg à Malbork, sur les rives de la Nogat, constitue une des réalisations architecturales les plus impressionnantes de l'Europe du Moyen Âge. Entre 1309 et 1457, Malbork fut le lieu de résidence du grand maître de l'Ordre des chevaliers teutoniques. Gravement endommagée pendant la Deuxième Guerre mondiale, la forteresse a été restaurée depuis lors avec le plus grand soin.
2 La cité portuaire de Gdańsk (Dantzig) compte quelque mille ans d'histoire. Les rives de la Motlawa, l'ancien port fluvial de la ville, se caractérisent par un habitat très dense.
3 La région des lacs de Mazurie, où les beautés de la nature sont toujours intactes, se situe entre la Vistule (Wisła) et la frontière russe.

*Merveille baroque au milieu d'épaisses forêts: **Swięta Lipka** (Saint Tilleul), un lieu de pèlerinage encore très fréquenté aujourd'hui – la grande majorité de la population polonaise est catholique. L'église des Jésuites, à deux clochers, possède un riche intérieur.*

La colonne de Sigismond domine la place du château, dans la vieille ville de Varsovie.

Le grand astronome Copernic est enterré dans la cathédrale gothique en brique de Frombork.

de cette région un paradis pour les pêcheurs et les amateurs de sports nautiques, mais les promeneurs, les cyclistes et les ornithologues pourront aussi y trouver leur bonheur.

Culture

*** **Malbork** 12 Cette petite ville au passé mouvementé s'appelait autrefois Marienburg. Elle est réputée pour la forteresse du même nom, construite à partir de 1276 par l'Ordre teutonique. L'ensemble comprend le château inférieur avec un arsenal et l'église Saint-Laurent du 14e siècle, le château moyen avec le palais du grand maître de l'Ordre et le réfectoire des chevaliers, et le château supérieur, datant du 13e siècle, avec un cloître et une cour intérieure. Marienburg figure sur la liste du patrimoine de l'humanité établie par l'Unesco et abrite une collection d'ambres jaunes, d'armes et de monnaies.

Elbląg 13 Plus de la moitié de l'ancienne Elbing a été détruite pendant la Deuxième Guerre mondiale, avant une reconstruction soigneuse. À voir absolument: l'église Saint-Nicolas des 13e-14e siècles; l'église Notre-Dame des 13e-16e siècles; la porte du marché, du 13e siècle, et les maisons bourgeoises du 16e siècle. Le **canal de l'Elbląg, réalisé en 1858, franchit une dénivellation de 100 m (excursions en bateau).

* **Frombork** 14 Port de pêche au bord de la lagune de Zalew Wiślany; autrefois Frauenburg. À voir absolument: le palais épiscopal et le musée Copernic; la tour Copernic; la **cathédrale gothique du 14e siècle avec le tombeau de Copernic.

* **Ostróda** 15 Ville sur les bords du lac de Drwęckie, où l'on peut se livrer aux sports aquatiques. À voir absolument: la forteresse de l'Ordre teutonique, du 14e siècle.

Grunwald 16 C'est ici qu'en 1410, une armée polono-lituanienne a battu les troupes de l'Ordre teutonique. À voir absolument: le musée et le monument commémorant cette bataille médiévale.

Olsztynek 17 Autrefois Hohenstein. C'est ici qu'a eu lieu, lors de la Première Guerre mondiale, la bataille de Tannenberg qui vit la 8e armée allemande sous le commandement d'Hindenburg battre l'armée russe. Le monument allemand a été supprimé. À voir absolument: les remparts médiévaux; le *musée en plein air.

Olsztyn 18 Autrefois Allenstein. Ville épiscopale polonaise. À voir absolument: la *vieille ville; la *forteresse de l'Ordre teutonique du 14e siècle, avec un cloître où se trouve un cadran solaire conçu par Copernic, et le musée de Warmie et de Mazurie; l'église paroissiale Saint-Jacques en Gothique tardif; le planétarium de Copernic.

Lidzbark Warmiński 19 Autrefois Heilsberg, sur les bords de la Łyna. À voir: la forteresse de l'Ordre teutonique, de 1241; le **château épiscopal du 14e siècle avec le musée régional; la vieille ville médiévale; l'ancienne église paroissiale des 14e et 15e siècles; les remparts de la ville et la porte haute (16e siècle).

Sorkwity 20 L'ancienne Sorquitten. À voir absolument: l'*église paroissiale et le *château du 19e siècle.

* **Święta Lipka** 21 Lieu de pèlerinage dans un paysage enchanteur, avec l'impressionnante **église de pèlerinage du «Saint Tilleul», de style baroque (17e siècle).

Kętrzyn 22 L'ancienne Rastenburg, au nord de la région lacustre de Mazurie. À voir absolument: les vestiges du château de l'Ordre teutonique, du 14e siècle; les ruines du «Wolfsschanze», le quartier général d'Hitler, où von Stauffenberg commit le 20 juillet 1944 un attentat (manqué) contre le Führer.

Giżycko 23 Autrefois Lötzen. Lieu de vacances entre le lac de Niegocin et le lac de Kisajno. La curiosité la plus remarquable est la forteresse de l'Ordre teutonique du 14e siècle, remaniée au 17e siècle.

Nature

Lac Mamry 4 Avec sa surface de 102,3 km² c'est le deuxième plus grand lac de Mazurie. Il est relié par un canal au Łyna. De nombreux sports nautiques peuvent y être pratiqués.

* **Lac Sniardwy** 5 est le plus grand lac de Mazurie avec 106,6 km²; c'est aussi un lieu idéal pour les amateurs de sports aquatiques.

* **Lac de Luknajno** 6 Un paradis pour les oiseaux parcouru par des milliers de cygnes sauvages et de hérons cendrés.

Krutyń 7 Station de sports aquatiques au sud de Mikołjki, célèbre pour ses **promenades en bateau (le bateau progresse à l'aide d'une gaffe).

** **Parc national de Bialowieski** 8 Au sud-est de la Mazurie, à la frontière avec la Biélorussie. Ce domaine presque inhabité abrite encore une forêt primitive où se rencontrent de nombreuses espèces animales et végétales menacées (classé comme patrimoine mondial par l'Unesco).

Vallée de la Vistule (Wisła)

Le fleuve emblématique de la Pologne, long de 1 068 km, prend sa source dans la région de Barania Góra en tant que Vistule noire, Vistule blanche et Petite Vistule. Le fleuve débouche dans la baie de Gdańsk en formant plusieurs bras dont le Nogat. La région qui s'étend de Gdańsk à Varsovie est particulièrement intéressante pour les touristes.

Culture

Pelplin 24 Petite ville au sud de Gdańsk. À voir absolument: l'abbaye cistercienne avec la belle *église abbatiale et son intérieur en gothique tardif.

* **Gniew** 25 L'ancienne Mewe. À voir absolument: ruines d'un château de l'Ordre teutonique.

Grudziądz 26 L'ancienne Grauden sur la Vistule inférieure est célèbre pour ses entrepôts des 16e-18e siècles. À voir également: la place du marché avec l'église paroissiale du 14e siècle et le collège jésuite de style baroque, les remparts médiévaux avec la porte d'eau.

** **Chełmno** 27 Ancienne cité hanséatique et forteresse de l'Ordre teutonique, jadis appelée Culm. À voir absolument: la vieille ville avec les remparts des 14e-15e siècles et leurs 17 bastions; la place du marché avec *l'hôtel de ville Renaissance du 16e siècle; la cathédrale des 13e-14e siècles; les églises gothiques des Franciscains, des Dominicains et des Cisterciens.

** **Toruń** 28 L'ancienne Thorn, la ville natale de Nicolas Copernic, est inscrite au patrimoine mondial par l'Unesco. Principales curiosités: la **vieille ville, l'*hôtel de ville gothique en briques (13e siècle) et le musée Copernic; la *maison sous l'étoile, du 17e siècle, qui abrite une collection d'art d'Extrême-Orient; l'église baroque du Saint-Esprit; l'*église gothique Notre-Dame; l'église Saint-Jean du 14e siècle; la maison de Copernic et son musée; les vestiges de l'ancien château de l'Ordre teutonique, du 13e siècle; le palais des évêques de Kujawi (17e siècle); l'ancien arsenal et le musée d'art populaire.

* **Ciechocinek** 29 Lieu de cure renommé avec un curieux bâtiment de graduation de 1823.

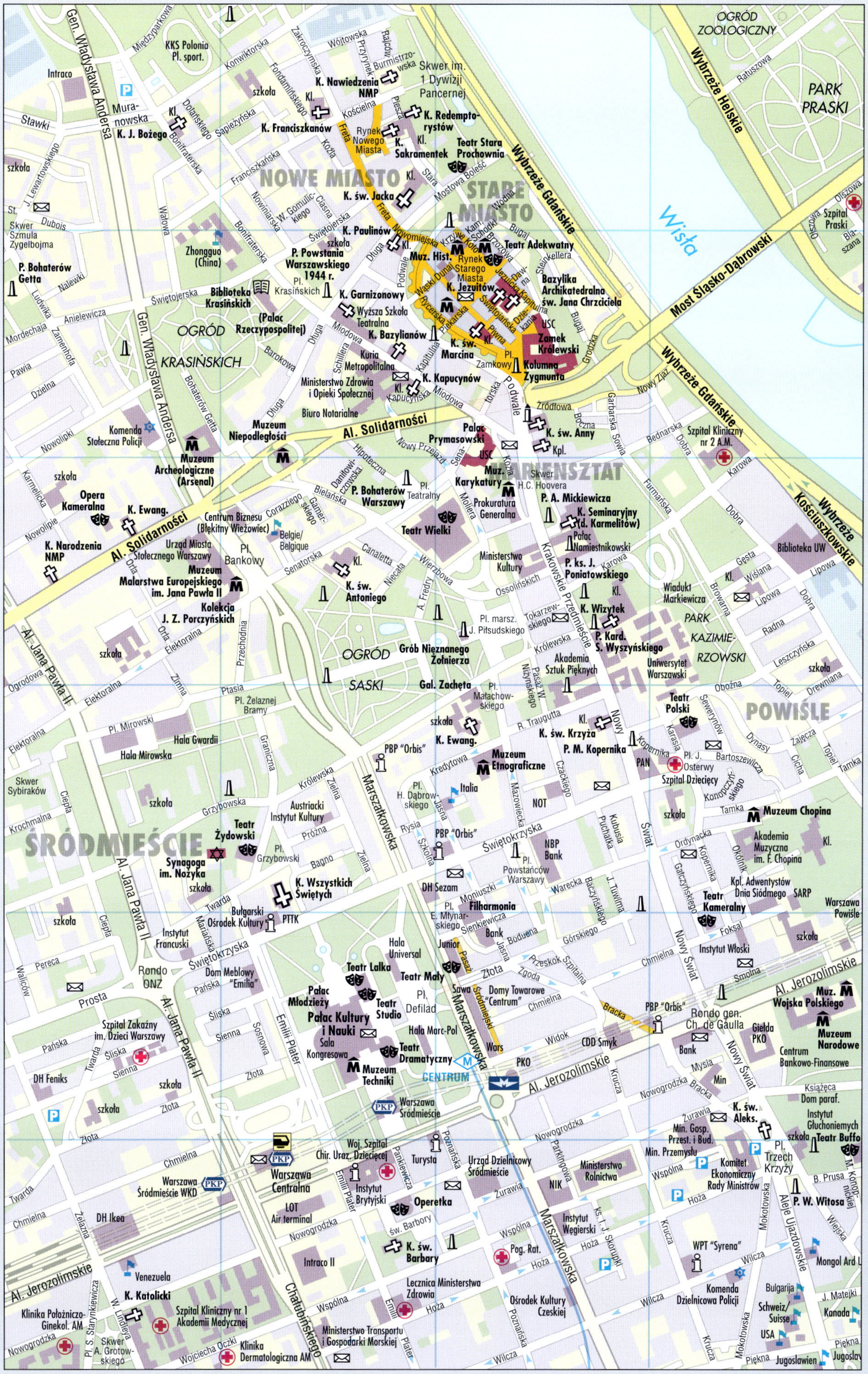

Varsovie

Capitale bouillonnante de vie, la plus grande ville de Pologne semble entièrement tournée vers l'avenir. Mais ses habitants restent attachés à leurs traditions et à leur histoire.

Varsovie, qui était si belle qu'on la surnommait le «Paris de l'Est», fut presque entièrement détruite par l'occupant allemand pendant la Deuxième Guerre mondiale. Mais un miracle se produisit: en l'espace de quelques années, les habitants reconstruisirent leurs églises, leurs palais et la place de la vieille ville. Ces travaux uniques de reconstruction ont été financés par l'Unesco et la vieille ville figure aujourd'hui sur la liste du patrimoine culturel de l'humanité.

À voir absolument: le *palais de la culture, construit dans un style «pâtissier» stalinien; la place du château avec le *château royal reconstruit et la colonne de Sigismond; la cathédrale gothique Saint-Jean; la chapelle baroque de Baryczkow; la *place de la vieille ville, bordée de pittoresques maisons de style baroque et Renaissance; la Barbacane (vestige des remparts de la ville) et les maisons de la ville nouvelle dans le style du 18e et du début du 19e siècle; l'église des Bénédictines (église du Saint-Sacrement) sur la place du nouveau marché; la jolie rue *Ulica Krakowskie; l'église Sainte-Anne (15e siècle); l'église des Carmélites (17e siècle); *l'église des Visitandines du 18e siècle; de nombreux palais, comme celui de la famille Radziwill; le musée archéologique et le jardin de Saxe; le *monument commémoratif du soulèvement du ghetto de Varsovie; la synagogue; le grand théâtre, de style classique; le monument érigé en 1989 en l'honneur des héros de l'insurrection de Varsovie; la statue de Copernic, due à Bertel Thorvaldsen; le *musée national; le **parc Lazienki; le **château baroque de Wilanow, célèbre pour ses collections de portraits anciens et pour son parc; le musée de l'affiche.

La superbe place de la vieille ville.

Cracovie

La plus belle ville du pays est sans conteste l'ancienne capitale, Cracovie, une ville d'art de classe mondiale, riche de plus de 1 000 ans d'histoire.

Cracovie a connu sa période la plus florissante sous les Jagellon, entre 1364, l'année où l'université a été fondée, et 1596, lorsque Varsovie est devenue la capitale de la Pologne. La physionomie de la ville, qui évoque le Moyen Âge tardif, le montre encore clairement. Mais l'héritage autrichien a également laissé des traces perceptibles, sans oublier la richesse des traditions de la communauté juive. L'ancien quartier juif au pied de la colline du Wawel figure ainsi parmi les plus importantes attractions touristiques de cette ville unique en son genre, située au bord de la Vistule.

À voir absolument dans la ***vieille ville (inscrite au patrimoine de l'humanité par l'Unesco): la *Barbacane, une partie des remparts de la ville datant du 15e siècle; la *porte Saint-Florian; le **palais Czartoryski qui abrite d'importantes collections de tableaux anciens; la**place du marché avec la *halle aux draps de style Renaissance, la tour gothique de l'hôtel de ville, les anciennes demeures patriciennes, l'*église Notre-Dame (14e siècle) et son célèbre **autel de Veit Stoss, de style Gothique tardif; le *Collegium Maius, la partie la plus ancienne de l'université Jagellon; l'*église gothique des Franciscains, souvent remaniée. Sur le ***Wawel: la *cathédrale qui depuis 1320 a été le lieu du couronnement des rois de Pologne, et qui possède une intéressante crypte; le château royal, plusieurs fois réaménagé et abritant les collections artistiques nationales. Dans le quartier de Kazimierz, jadis une entité indépendante: le musée ethnographique dans l'ancien hôtel de ville; l'ancien quartier juif avec plusieurs synagogues, dont la plus ancienne de Pologne, la *vieille synagogue abritant le musée juif. Dans les environs de Cracovie: la **mine de sel de Wieliczka. L'ancien camp de concentration d'Auschwitz (déclaré patrimoine de l'humanité par l'Unesco) et le camp d'extermination de Birkenau rappellent le génocide commis par les Nazis.

La grandiose halle aux draps sur la place du marché.

*À proximité de Cracovie, **Wieliczka** était déjà connue au Moyen Âge comme mine de sel gemme et figure aujourd'hui sur la liste du patrimoine mondial établie par l'Unesco. La mine de sel compte neuf niveaux et un réseau de couloirs s'étendant jusqu'à 300 m de profondeur et 300 km de long. Outre de fascinants lacs souterrains, les grottes et le musée de la mine, il ne faut pas manquer d'admirer la chapelle de la bienheureuse Kinga, aménagée au 13e siècle dans le sel par des mineurs, à 101 m de profondeur.*

Włocławek 30 L'ancienne Leslau est une ville industrielle possédant une intéressante *cathédrale du 14e siècle.

* **Plock** 31 Ce centre pétrochimique possède un bel ensemble formé par le *château et la cathédrale du 11e siècle.

*** **Warszawa/Varsovie** 32 Voir plan page 101.

Sud-est de la Pologne

Le sud-est de la Pologne, de la Vistule au sud de Varsovie jusqu'à la frontière avec la Biélorussie et l'Ukraine à l'est, n'est encore que très peu exploré par les touristes. L'ancienne Galicie mérite cependant d'être visitée: la nature y est belle et la région offre de nombreux équipements pour les sports d'hiver, ainsi que de nombreuses curiosités culturelles.

Culture

Puławy 33 Ville industrielle sur la Vistule. À voir absolument: petite maison gothique abritant le premier musée officiel de Pologne (1800).

** **Kazimierz Dolny** 34 Pittoresque petite ville sur la Vistule. À voir absolument: la vieille ville, pleine de charme, avec sa place du marché bordée d'immeubles anciens, ses églises et ses vieux entrepôts à grain; vestiges du château du 14e siècle.

* **Lublin** 35 Ville universitaire sur la Bystrzyca. À voir absolument: l'ancien et le nouvel hôtel de ville; la cathédrale du 16e siècle; l'église des Bernardins et des Carmélites (17e siècle); la chapelle de la Sainte-Trinité (14e siècle); le *château du 14e siècle et son musée consacré à la peinture polonaise, à l'archéologie et à l'art populaire; les palais des anciennes familles aristocratiques.

** **Zamość** 36 Ville universitaire de la région de Roztocze, dont le centre a été inscrit par l'Unesco au patrimoine mondial. Lieu de naissance de Rosa Luxemburg. À voir absolument: l'*hôtel de ville avec sa tour octogonale de 50 m de haut; la *place du marché entourée par des immeubles historiques; le château; l'arsenal; l'église.

Łańcut 37 Ville à l'est de Rzeszów. À voir absolument: le *château du 17e siècle avec ses collections artistiques et un beau parc paysager.

Przemyśl 38 Ville sur la San. À voir absolument: la cathédrale, gothique à l'origine, remaniée en style baroque au 18e siècle; le *château royal du 17e siècle; la place du marché avec l'église des Franciscains du 18e siècle et les vieilles demeures patriciennes; le *château Renaissance de Krasicyn et son parc.

Sanok 39 Ville sur la San. À voir absolument: le château et sa collection d'icônes; le musée en plein air présentant des églises et des maisons de modèle réduit à titre d'exemples typiques de l'architecture de la région.

Krosno 40 Centre de la région pétrolière et gazière polonaise sur la Wislok. À voir absolument: la place du marché, les demeures bourgeoises avec leurs pergolas.

Biecz 41 Petite ville sur la Ropa. Détail intéressant: toute la ville est classée.

Debno 42 La localité possède un des trésors architecturaux du pays: l'**église de l'Archange Saint-Michel du 15e siècle, entièrement faite en bois de mélèze, sans le moindre clou ni vis en métal.

Nature

* **Parc national de Bieszczadzki** 9 Parc national créé en 1973 à l'extrémité des Carpates polonaises. Le mont Tarnica y culmine à 1 346 m d'altitude. Le paysage est constitué par des forêts primitives de feuillus et de résineux qui abritent une faune très riche.

* **Bieszcadylus** 10 Domaine idéal pour les randonnées dans un paysage de montagnes sauvages.

* **Parc national de Pieniński** 11 Avec une superficie de quelque 3 000 ha, c'est l'un des plus petits parcs nationaux de Pologne, très apprécié pour la beauté de ses paysages.

** **Hautes Tatras** 12 Toute cette région est protégée comme parc national, y compris du côté slovaque. Les sommets de 2 000 m de haut confèrent à ces montagnes un caractère alpin.

Zakopane 13 Station thermale et de sports d'hiver au nord-ouest des Hautes Tatras. Nombreuses possibilités de sports d'hiver.

Silésie

Cette ancienne province prussienne est voisine de l'Allemagne à l'ouest et de la République tchèque au sud-

1 À proximité de la frontière ukrainienne, la ville Renaissance de Zamość est connue pour sa vaste place du vieux marché bordée de maisons patriciennes des 16e et 17e siècles. Vous pouvez aussi admirer le bel hôtel de ville, avec sa tour de 50 m de haut et son escalier extérieur.

2 Sur le Wawel, une colline dominant Cracovie, les Jagellon ont fait bâtir un château et une cathédrale.

3 Dans les Hautes Tatras, la partie la plus élevée des Carpates, les vieilles maisons de ce type se nichent au milieu d'épaisses forêts.

Cracovie

Cracovie est considérée par beaucoup comme la capitale secrète de la Pologne. La ville est en tout cas le haut lieu culturel du pays et la destination préférée des touristes. Et cela n'a rien d'étonnant: l'atmosphère du vieux centre urbain est tout simplement féerique.

Lorsqu'en 1978, l'Unesco déclara que la vieille ville de Cracovie appartenait au patrimoine culturel de l'humanité, de nombreux étrangers découvrirent cette ville magnifique, qui était un peu tombée dans un oubli tout à fait injustifié. Cracovie possède en effet un patrimoine architectural historique unique, que les ravages de la Deuxième Guerre mondiale ont presque entièrement épargné. En outre, la ville a derrière elle un riche passé, étroitement lié à sa qualité de centre d'enseignement européen, polonais et juif. Le rôle culturel de Cracovie apparaît dès l'institution d'un évêché autour de l'an 1000. L'université fut créée dès 1346: c'est la deuxième plus ancienne université d'Europe centrale! La ville a également représenté un centre d'enseignement de premier plan pour la communauté juive: des étudiants venus de toute l'Europe venaient y fréquenter sa célèbre école talmudique.

1 L'Europe compte une série de magnifiques cités dont fait partie Cracovie. Comme tant de belles choses, la ville est unique en son genre. La grand-place carrée de la ville, dont les côtés font 200 m de long, est la plus grande d'Europe. Le monument au poète national polonais Adam Mickiewicz se dresse au milieu de la place.

2 Rynek Glówny, la place du marché, est le cœur de Cracovie, le lieu de convergence par excellence de la cité. La place est dominée par la halle aux draps, un complexe architectural grandiose avec des arcades de style Renaissance; elle abrite le musée de la peinture polonaise des 18e et 19e siècles, ainsi que de nombreuses boutiques et un café aux allures délicieusement désuètes, héritage de l'ère de la double monarchie des Habsbourg.

3 Cracovie est également surnommée la «Rome slave» en raison du nombre et de la beauté de ses églises. La cathédrale Notre-Dame abrite un sommet de l'art sacré polonais: l'autel en bois de style gothique tardif dû au sculpteur Veit Stoß.

L'hôtel de ville de ***Wrocław*** *peut difficilement être comparé à une autre réalisation architecturale gothique en Pologne. Ce magnifique bâtiment, symbole de la ville, a été construit à la fin du 13e siècle et possède un élégant clocher haut de 66 m. L'intérieur, aménagé avec art, abrite un musée consacré à l'histoire de la ville. Grâce à sa situation favorable sur les rives de l'Oder et le long des routes commerciales reliant l'Europe occidentale et l'Europe orientale, la ville est devenue un centre commercial florissant dès le 10e siècle.*

La plus importante place de Wroclaw est un chef-d'œuvre d'architecture urbaine. La place est bordée de maisons patriciennes et d'un hôtel de ville gothique unique en son genre.

L'église de la paix à Jawor est l'une des plus importantes églises à colombages d'Europe.

ouest. Elle comprend la région de cure des bords de l'Oder moyen et supérieur, les contreforts des Sudètes et les flancs nord-est des Sudètes proprement dits, une zone particulièrement propice à la randonnée et où l'on peut aussi faire du ski en hiver. Les pentes sont très boisées et les vallées font l'objet d'une exploitation agricole intensive.

Culture

*** **Cracovie** (43) Voir plan à la page 102.

Częstochowa (44) L'ancienne Tschenstochau est un lieu de pèlerinage très fréquenté avec le *monastère de Jasna Góra de 1382, l'église conventuelle gothique et la célèbre ** «Vierge noire» de 1384.

Góra Świętej Anny (45) Le Mont Sainte-Anne en Haute Silésie, à environ 30 km au sud d'Opole, est le symbole des nationalismes polonais et allemand en Silésie. À voir absolument: l'amphithéâtre de 1934; l'église des Franciscains des 15e-17e siècles avec son cloître.

Opole (46) L'ancienne Oppeln, sur l'Oder. À voir absolument: la place du marché avec ses demeures patriciennes et l'ancien hôtel de ville; la cathédrale gothique (15e siècle); le couvent des Franciscains avec son église du 14e siècle; l'église Notre-Dame (14e-16e siècles); le musée ethnographique.

* **Brzeg** (47) Ancienne Brieg, sur l'Oder. À voir absolument: *le *château Renaissance avec le musée des Piast; l'hôtel de ville Renaissance (16e siècle); l'église paroissiale des 14e-15e siècles.

* **Wrocław** (48) Capitale de la Silésie (Breslau). À voir absolument: le cœur historique de la ville avec l'**hôtel de ville gothique, les demeures de style Renaissance et baroque; le château et le musée archéologique et ethnographique; la *cathédrale gothique; l'église gothique Sainte-Élisabeth; l'église Notre-Dame; l'église de la Sainte-Croix; l'église Sainte-Marie-Madeleine; le couvent des Cisterciens; l'*université; le *musée national.

* **Świdnica** (49) L'ancienne Schweidnitz, dans les contreforts des Sudètes. À voir absolument: l'**église protestante de la paix (17e siècle); l'église paroissiale gothique (14e siècle) avec sa tour de 103 m de haut. Tout comme l'église de la paix de Świdnica, celle de Jawor (Jauer), située non loin de là et vieille de 350 ans, est une église à colombages très simple avec un bel intérieur (les deux églises figurent au patrimoine de l'humanité établi par l'Unesco).

Wałbrzych (50) Ancienne Waldenburg. Ville industrielle avec d'intéressantes attractions dans les environs: *château fort du 16e siècle et **abbaye de style baroque tardif à Krzeszów.

Karpacz (51) L'ancienne Krummhübel, au pied du Mont Śnieżka, possède une rareté, à savoir une *église norvégienne en bois transportée depuis Vang jusqu'à Karpacz Górny.

Nature

Cieplice Śląskie Zdrój (14) Les sources chaudes sulfureuses exercent une action salutaire que Goethe avait déjà pu apprécier en son temps.

** **Karkonosze (Monts des Géants)** (15) Le plus haut sommet des Sudètes, avec 1 602 m d'altitude, est le Śnieżka. La plus belle partie de la région est englobée dans le parc national de Karkonoski qui s'étend sur 56 km².

Ancienne Neumark

La Neumark faisait autrefois partie de la province du Brandebourg. La région est faite de moraines au nord de la ligne formée par la Noteć et la Warta jusqu'à la ligne de partage des eaux des Croupes de Poméranie. Après 1945, elle fut réunie avec des parties de la Lusace pour former la Voïvodie polonaise de Zielona Góra.

Culture

* **ŁNieborów** (52) La ville possède un intéressant palais baroque des Radziwills (18e siècle) qui abrite des collections d'objets d'art.

* **ŁArkadia** (53) La localité porte bien son nom quand on découvre le pittoresque jardin paysager aménagé par les Radziwills au 18e siècle.

* **Łowicz** (54) Petite ville à l'ouest de Varsovie. À voir absolument: l'église collégiale gothique; l'église des Piaristes du 17e siècle; les maisons bourgeoises des 16e-18e siècles; le musée d'art populaire.

Une sérénité rustique émane de cette allée de bouleaux près de Sulejew.

Ląd 55 Abrite une ancienne abbaye cistercienne de 1175 et une église abbatiale baroque.

Gniezno 56 Ancienne Gnesen. À voir absolument: la **cathédrale gothique remaniée ensuite en style baroque; l'église Saint-Jean (14e siècle).

* **Biskupin** 57 Site archéologique au nord de Gniezno. Principale curiosité: le *site reconstitué datant de l'âge du fer .

* **Poznań** 58 Ancienne Posen, sur les rives de la Warta. À voir absolument: le monument aux victimes de juin 1956; le palais de la culture néo-roman; le *musée national et sa collection d'œuvres de maîtres anciens; la *place du vieux marché avec son pilori, ses demeures bourgeoises, la fontaine de Proserpine et son **hôtel de ville de style Renaissance abritant le musée historique municipal; l'église paroissiale du 17e siècle; l'église des Dominicains (13e siècle); l'église Adelbert et son clocher en bois; la *cathédrale, plusieurs fois remaniée; l'église des Franciscains (18e siècle).

Kórnik 59 Ancienne Kurnik, au sud-est de Poznań. La ville possède un remarquable *château néogothique et un parc où poussent plus de 10 000 arbres et arbustes indigènes et exotiques.

* **Rogalin** 60 Résidence seigneurile de la famille Raczyński, de style classique, avec une collection d'horloges et un jardin anglais.

Nature

Le parc du château Raczyński 16 abrite trois chênes vieux de plus de 800 ans.

Le château de Karlštejn, en Bohême, fut construit sous le règne de l'empereur Charles IV, qui souhaitait y abriter les bijoux de la couronne et une collection d'art sacré. Dans la grande tour se trouve la chapelle de la Sainte-Croix, dont les murs sont ornés de plus de 2 000 pierres semi-précieuses.

Tchéquie et Slovaquie

Un voyage en Tchéquie et en Slovaquie ravira incontestablement les amateurs d'art et de promenades. Sans oublier les connaisseurs de bière et les fins becs qui apprécient les plats solides et nourrissants. La Tchéquie a, au demeurant, bien plus à offrir que la «ville dorée» qui attire déjà à

Rêve champêtre en Slovaquie.

elle seule d'innombrables touristes. Le pays abrite également des couvents isolés et de vieilles villes, de splendides châteaux et des forteresses rongées par le temps, qui ne manqueront pas de charmer le voyageur. Si vous aimez les balades, vous pourrez vous en donner à cœur joie dans le paysage varié des moyennes montagnes, comme les Beskides en Moravie et les Hautes Tatras en Slovaquie. En outre, vous y trouverez aussi la forêt de Bohême, la plus grande zone boisée d'Europe centrale!

Dans le petit cimetière juif face à la synagogue Vieille-Nouvelle, à ***Prague****, s'enchevêtrent quelque 12 000 stèles. L'atmosphère y est si particulière que l'on s'attend presque à voir surgir le célèbre Golem de Prague, une création de Rabbi Löw. Le cimetière ne fut pas détruit durant l'occupation allemande, car Heinrich Himmler souhaitait le voir intégré à un grand musée juif.*

Tchéquie

Superficie: 78 703 km²
Point culminant: Sněžka (sommet enneigé; 1 602 m)
Plus long cours d'eau: Vltava (Moldau; 440 km)
Plus grand lac: lac artificiel de Lipno
Population: 10,3 millions d'habitants
Densité de population: 130 hab./km²
Régions: Bohême centrale, Bohême méridionale, Bohême occidentale, Bohême septentrionale, Bohême orientale, Moravie du Nord et Silésie, Moravie du Sud
Capitale: Praha (Prague; 1,2 millions d'habitants)
Fuseau horaire: MET
Adresses utiles

(B)
Office du tourisme de Tchéquie
Boulevard Léopold II, 262
1081 Bruxelles
Tél.: 02 414 20 40
Fax: 02 414 17 37
E-mail: big.europe@skynet.be
Web: www.czech.czl

(FR)
Section touristique du centre tchèque
Rue Bonaparte, 18
75006 Paris
Tél.: 01 53 73 00 20
Fax: 01 43 29 57 67

České Budějovice (Budweis), connue pour sa bière, expose son côté baroque avec la fontaine de Samson, sur la place du marché.

Situation et paysage

La Tchéquie se trouve au cœur de l'Europe et a des frontières communes avec l'Allemagne, la Pologne, la Slovaquie et l'Autriche. Le bassin central de la Bohême est ceinturé par la forêt de Bohême au sud-ouest, la plus grande zone boisée ininterrompue d'Europe centrale et les Monts métallifères et les Monts des Géants au nord. A l'est du pays se trouve la Moravie, avec les hauteurs de Bohême-Moravie qui font office de frontière naturelle.

Bohême centrale

La capitale tchèque, Prague, est devenue ces dernières années l'une des destinations les plus appréciées des city trips. C'est donc une véritable perle architectonique, avec un intéressant mélange de gothique, de baroque, d'historicisme et d'Art nouveau. Mais l'ancienne ville des rois et empereurs n'est pas la seule à valoir un détour, car dans toute la Bohême centrale, vous découvrirez des lieux historiques et une grande architecture.

Kutná Hora: la chapelle de tous les saints, de style gothique, ornée d'os et de crânes.

Culture

* * * **Praha/Prague** ❶ Voir plan pages 112/113.
* **Château de Karlštejn** ❷ Destination très appréciée pour une petite balade, près de Prague. Château médiéval avec la chapelle de la Sainte-Croix.
* **Mělník** ❸ Ville viticole agréablement nichée au confluent de la Vltava (Moldau) et de l'Elbe. Avec le *château Renaissance et la *chapelle médiévale.
* * **Kutná Hora** ❹ Cette ville fut très importante au Moyen Âge, grâce à ses mines d'argent (patrimoine mondial de l'Unesco). À voir absolument: très intéressante **église Sainte-Barbe (env. 1 500), **la Cour des Italiens (13e siècle) avec le Musée de la monnaie et *l'église gothique Saint-Jacques et ses précieux tableaux baroques.
Kolín ❺ Ville industrielle à l'est de Prague, avec sa splendide *église Saint-Bartholomée de style gothique et un vieux quartier juif.
* * **Svatá Hora** ❻ La «Montagne Sacrée» près de Příbram, un couvent devenu un lieu de pèlerinage depuis le 14e siècle. Il fut agrandi à l'époque baroque. Avec sa Vierge Noire et son autel en argent.

Nature

* **Slapy** ❶ Lac artificiel sur la Vltava, près de Prague, avec son idyllique paysage de rivières et de bois. Plus vers le sud, vous trouverez d'autres lacs artificiels, devenus des domaines récréatifs très appréciés.

Bohême méridionale

La Šumava, la «frémissante» forêt de Bohême, constitue avec la forêt de Bavière la plus grande zone boisée ininterrompue d'Europe centrale. Et la Bohême méridionale vous réserve encore bien d'autres régions intactes et paradisiaques, au paysage unique.

Culture

* **Tábor** ❼ Jadis le centre du soulèvement des Hussites, avec les vestiges d'une forteresse et des labyrinthes souterrains qui servaient d'abri.
* **Jindřichův Hradec** et * **Třeboň** ❽ Deux petites villes avec un

*Près de la frontière allemande se trouve la ville de **Cheb** qui, du temps des Staufen, fut une des villes libres du Saint Empire romain avant de devenir bohémienne au 14e siècle. Vous en apprendrez davantage sur le passé mouvementé de la ville au Musée municipal, logé dans l'ancien hôtel de ville, sur la place du marché. Cette même place abrite le Spalíček, un groupe d'étroites maisons datant du 13e siècle, où résidaient jadis des marchands juifs.*

impressionnant château de style Renaissance. La madone gothique de Třeboň mérite vraiment le détour.

**** České Budějovice (Budweis)** ⑨ Au Moyen Âge, cette ville devint riche grâce au commerce du sel et l'on y brasse, depuis le 16e siècle, la célèbre bière «Budvar». À voir absolument: la grande place du marché, parfaitement carrée, L'Ancien Arsenal et sa splendide façade, son beffroi isolé (que l'on peut escalader). Quelques kilomètres plus au nord-ouest se trouve le village remarquablement bien conservé de *Holašovice,avec ses bâtiments des 18e et 19e siècles (patrimoine mondial Unesco).

*** Hluboká nad Vlatou (Frauenberg)** ⑩ Féerique château néogothique avec son précieux intérieur.

***** Český Krumlov** ⑪ Au-dessus de cette magnifique vieille ville sur la Vltava trône fièrement le deuxième plus grand et plus beau château fort de Tchéquie (patrimoine mondial Unesco). Cet édifice de style Renaissance possède un pont particulier, mais grandiose. À l'intérieur, la *Salle des masques et ses peintures multicolores valent assurément la peine d'être admirées. À voir également: centre culturel International Egon Schiele, près de l'hôtel de ville.

**** Prachatice** ⑫ Vieille ville commerciale à l'extrémité de la «Goldener Steig» (Route Dorée), une route du sel historique conduisant de Passau, en Bavière, vers la Bohême. À voir absolument: ses édifices Renaissance ornés de sgraffites, *le vieil hôtel de ville (1571).

*** Strakonice** ⑬ Ancien bastion des Chevaliers de Malte. À voir absolument: la forteresse avec sa *partie romane et le musée; deux églises baroques.

*** Sušice** ⑭ Au Moyen Âge, cette ville située sur l'Otava était un centre d'exploitation aurifère. *Musée de la Forêt-de-Bohême dans un splendide bâtiment Renaissance.

Nature

***** Šumava (forêt de Bohême)** ② Un paysage de montagnes unique en Europe centrale, avec ses sombres forêts de conifères, ses plaines ouvertes et ses mystérieux marais. Des destinations appréciées pour se promener sont: la *tourbière de Kvilda, avec sa flore typique, et un sentier de découverte de la nature. Le *Pancíř (Panzer) fait 1 214 m de haut et offre une vue grandiose sur les Alpes. Le *Plech (Plöckenstein) est, avec ses 1 378 m d'altitude, la plus haute montagne de la forêt de Bohême. Le *Lac des Démons et le *Lac Noir ne sont accessibles qu'à pied. Ces deux lacs peuvent atteindre jusqu'à 40 m de profondeur et sont très sombres. *La vallée de Vydra et ses féeriques formations rocheuses.

**** Lac artificiel de Lipno** ③ Le plus grand lac du pays, sur la jeune Vltava. Bien qu'il s'agisse d'un lac artificiel, il paraît très naturel. C'est un domaine récréatif apprécié et un paradis pour les surfeurs et les adeptes de la voile.

*** Rožmberský rybník** ④ Le plus grand des romantiques étangs de pêche dans les environs de Třeboň. Il fut aménagé au Moyen Âge afin d'assécher les marais et d'y élever des carpes.

*** Písek** ⑤ Sur les rives de l'Otava, vous pouvez tenter de laver de l'or.

Bohême occidentale

Trois stations thermales - qui sont toujours mieux connues sous leur nom allemand – témoignent ici de l'ancienne splendeur de la double monarchie austro-hongroise: Karlsbad, Marienbad et la plus petite, Franzensbad. Elles étaient jadis les lieux de rencontre de l'Europe mondaine, mais aujourd'hui, vous pouvez y venir en cure ou simplement goûter au calme bienfaisant des environs.

Culture

*** Klatovy** ⑮ Ville industrielle avec l'intéressante *crypte dans l'église des Jésuites, la *Tour Noire et la *Tour blanche (16e siècle), pharmacie historique (peut se visiter).

*** Domažlice** ⑯ Petite ville historique. À voir absolument: la *place du marché avec ses belles maisons.

*** Plzeň (Pilsen)** ⑰ Ville productrice de bière mondialement connue,

1 Český Krumlov se trouve dans le Sud de la forêt de Bohême et affiche une situation très pittoresque sur deux méandres de la Vltava (Moldau). Le premier encercle la vieille ville, tandis que le plus reculé abrite la colline du château. C'est précisément sur cette colline que trône la deuxième plus grande citadelle de Tchéquie, un édifice de style Renaissance orné d'une superbe tour.

2 Tous ceux qui ont déjà visité Prague le connaissent: le célèbre pont Charles, long de 510 m et large de 10 m, et ses nombreuses statues. Il relie la Vieille Ville au Petit Côté. À l'arrière-plan se dresse la colline du château qui incarne, depuis le Moyen Âge, le centre impressionnant du pouvoir politique.

3 Plzeň (Pilsen) est connue dans le monde entier pour la bière de la brasserie Pilsner Urquell, fondée en 1842. C'est en outre ici que se dresse le plus haut clocher du pays (103 m). L'église gothique Saint-Barthélémy abrite un magnifique chef-d'œuvre de l'art sacré: la Madone de Plzeň érigée aux environs de 1390.

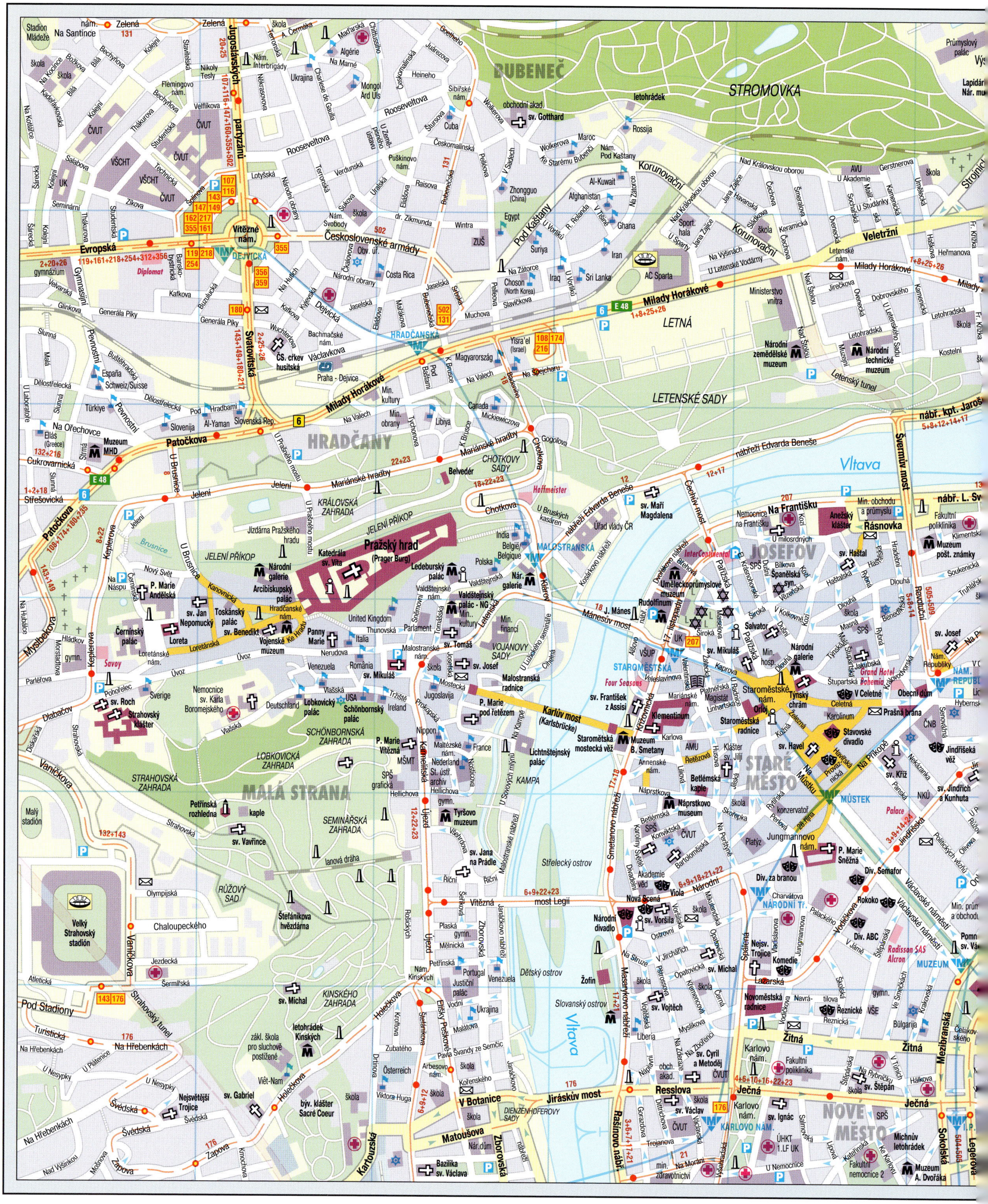
BUBENEČ
STROMOVKA
letohrádek
LETNÁ
LETENSKÉ SADY
HRADČANY
Pražský hrad
(Prager Burg)
Katedrála sv. Víta
MALÁ STRANA
JOSEFOV
STARÉ MĚSTO
NOVÉ MĚSTO
Vltava
Evropská
Milady Horákové
Patočkova
Jugoslávských partyzánů
Svatovítská
Vítězné nám.
DEJVICKÁ
HRADČANSKÁ
MALOSTRANSKÁ
STAROMĚSTSKÁ
MŮSTEK
NÁRODNÍ TŘÍDA
KARLOVO NÁM.
NÁM. REPUBLIKY
Karlův most
(Karlsbrücke)
most Legií
Jiráskův most
Mánesův most
Čechův most
Štefánikův most
Střelecký ostrov
Slovanský ostrov
Dětský ostrov
Petřínská rozhledna
Štefánikova hvězdárna
Velký Strahovský stadion
Strahovský klášter
STRAHOVSKÁ ZAHRADA
SEMINÁŘSKÁ ZAHRADA
KINSKÉHO ZAHRADA
KRÁLOVSKÁ ZAHRADA
JELENÍ PŘÍKOP
CHOTKOVY SADY
Loreta
Černínský palác
Národní divadlo
Staroměstské nám.
Obecní dům
Václavské náměstí
Národní muzeum
Karlovo nám.
Rašínovo nábř.
Smetanovo nábř.
Masarykovo nábř.
nábř. Edvarda Beneše
Letenský tunel
Strahovský tunel

Prague

La «ville dorée» est très appréciée depuis longtemps. Grâce à sa situation particulière, ses superbes bâtiments et sa silhouette unique, Prague attire depuis toujours d'innombrables visiteurs.

Par bonheur, la ville a été épargnée durant la Deuxième Guerre mondiale, mais le temps a malgré tout causé de sérieux ravages. Après la chute du rideau de fer, de savants travaux de restauration ont commencé. Aujourd'hui, Prague, qui fut fondée voici plus d'un millénaire sur la Vltava, étale à nouveau sa splendeur d'antan. Les Tchèques peuvent être fiers de leur capitale, l'ancienne résidence des rois de Bohême et des empereurs de la branche des Habsbourg. Là où ils séjournèrent jadis, sur la colline du château, vous bénéficiez d'une vue magnifique sur ce chef-d'œuvre d'urbanisme, classé au patrimoine mondial par l'Unesco.

À voir absolument dans la Vieille Ville: la **place de la Vieille Ville, ses demeures historiques, l'église baroque Notre-Dame-de-Týne, la statue de Jan Hus; la magnifique Maison municipale en style Art nouveau à l'intérieur splendide; la longue place Wenceslas et ses bâtiments des 19e-20e siècles; l'hôtel de ville gothique de la Vieille Ville et son *horloge astronomique (les automates s'animent autour du cadran); *la tour poudrière en gothique tardif. Dans le quartier du château: imposant ****château baroque, déjà résidence royale au 10e siècle; **la ruelle d'or; **le palais royal et sa superbe salle en style Renaissance; **la cathédrale gothique Saint-Guy, achevée au 19e siècle et abritant le reliquaire de saint Wenceslas, le saint patron du pays; * la basilique Saint-Georges, inchangée depuis le 12e siècle. Dans le quartier juif (Josefov): ***le vieux cimetière juif du ghetto médiéval, ses 12 000 stèles enchevêtrées et la tombe de Rabbi Löw, père spirituel du Golem de Prague; **la synagogue Vieille-Nouvelle (13e siècle), rare exemple de synagogue médiévale restée intacte; * la synagogue Pinkas, aux murs gravés des nom de 77 297 Juifs tchèques exécutés par les nazis. Dans Malá Strana (Petit Côté): **le pont Charles (14e siècle) et ses statues baroques; **l'église Saint-Nicolas, principale église baroque de la ville, et son plafond peint; *le palais Wallenstein, bâti par le commandant Valdštejn (Wallenstein), le plus réputé des palais de la noblesse du quartier de Malá Strana.

La place de la Vieille Ville: le cœur historique de Prague.

Une promenade sur le pont Charles, orné de nombreuses statues, vous conduira vers la Vieille Ville de Prague via une magnifique tour.

Prague, la ville dorée

Fondée sur la Vlatva (Moldau) voilà plus de mille ans, la ville réunit les cultures tchèque, allemande et juive. Les plus beaux endroits sont la Vieille Ville, le quartier juif, le quartier du château, le Petit Côté (Malá Strana) et la Nouvelle Ville.

La Vieille Ville de Prague fascine par ses charmantes demeures, son église gothique Notre-Dame-de-Týn, son hôtel de ville avec horloge astronomique et ses nombreux palais baroques. Le pont Charles de style gothique, joyau partiellement construit par Petr Parléř, vous conduit vers Malá Strana (le Petit Côté), un quartier abritant près de 200 nobles demeures. Au-dessus des toits de la ville se dresse la colline du château et la cathédrale gothique Saint-Guy, le château de Prague aux 707 pièces et l'église romane Saint-Georges. Dans la Nouvelle Ville, vous pouvez admirer le Théâtre national, ouvert en 1883, et l'hôtel de ville de la Nouvelle Ville, qui fut en grande partie construit au 16e siècle. Le cœur de la Nouvelle Ville est la place Venceslas. Dans l'ancien quartier juif Josefov se trouve la Synanogue Vieille-Nouvelle (1270-1290), la plus vieille synagogue conservée d'Europe. C'est là que se trouve également le vieux cimetière juif.

Grande photo de gauche: loin au-dessus de la Vlatva, enjambée par le célèbre pont Charles datant du Moyen Âge, trône la cathédrale gothique Saint-Guy, sur la colline du château.

1 La construction de la cathédrale Saint-Guy débuta en 1344. En 1356, Petr Parléř poursuivit le chantier, mais l'église ne fut achevée qu'en 1926.

2 Les vitraux multicolores dans le chœur de la cathédrale Saint-Guy sont typiquement gothiques.

3 Sur la place de la Vieille Ville se dresse l'hôtel de ville de la Vieille Ville (14e-19e siècle) et l'église gothique Notre-Dame de Týn , qui devint plus tard la principale église des Hussites.

4 L'horloge astronomique nichée dans la tour de l'hôtel de ville de la Vieille Ville fut réalisée en 1410 par Maître Hanuš.

5 La splendide place de la Vieille Ville de Prague est ceinturée de bâtiments de style gothique, Renaissance et baroque.

6 Le mondialement célèbre pont Charles, qui enjambe la Vlatva, est un mariage d'architecture gothique et de sculpture baroque.

1

2

3

4

5

6

*Le château de **Litomyšl** fut construit entre 1568 et 1581 par les architectes italiens Giovanni Battista et Ulrico Aostalli à l'endroit où se dressait une citadelle médiévale. C'est un extraordinaire exemple de bâtiment à arcades italien, qui fut adapté à son environnement tchèque. Les sgraffites qui ornent sa façade sont particulièrement impressionnants. Ce genre de décoration murale consiste à gratter des motifs dans la couche d'enduit supérieure, de manière à ce que le fond plus sombre devienne visible.*

Un bijou de l'architecture thermale: la Colonnade de Mariánské Lázně (Marienbad).

au riche passé. À voir absolument: *église gothique Saint-Bartholomée avec la célèbre Madone de Plzeň (14e siècle); *Musée de la brasserie abrité dans une malterie médiévale; *la plus grande place du marché de Bohême et l'*hôtel de ville (16e siècle).

*** Cheb (Eger)** (18) Ville sur l' Ohře (Eger) avec les ruines d'une citadelle surplombant la rivière (belle vue). À voir absolument: *Spaliček, un groupe de maisons citadines médiévales; place du marché vivante avec le *Musée municipal.

**** Mariánské Lázně (Marienbad)** (19) Ville thermale qui fut entièrement construite dans le style de l'historicisme, avec sa magnifique *halle aux sources et son impressionnante *colonnade de 120 m de long. Dans les environs de la ville, niché dans un petit coin romantique, se trouve le monastère baroque des Prémontrés de Teplá.

**** Karlovy Vary (Karlsbad)** (20) Ville thermale historique dans la tortueuse vallée de Teplá. À voir absolument: les colonnades avec les sources; *le Grand Hôtel Pupp. Petite balade appréciée: *le château de Loket, dans le village du même nom, planté sur de pittoresques rochers.

Nature

**** Hájek** (6) Réserve naturelle au nord de Františkovy Lázně (Franzensbad), avec ses grandes tourbières, ses marais volcaniques et ses sources d'eau chaude.

Bohême septentrionale et orientale

La Bohême septentrionale est délimitée par les Monts Métallifères bohémiens-allemands à l'ouest et par les Monts des Géants bohémiens-polonais à l'est. Vous y découvrirez un paysage montagneux romantique, mais aussi la fertile vallée de la Labe (Elbe), avec ses vergers, ses vignobles et ses champs de houblon. La Bohême orientale, avec son centre Hradec Králové, s'étend depuis les Monts des Géants jusqu'aux hauteurs de Bohême-Moravie.

Culture

*** Litoměřice** (21) Ville au confluent de l'Ohře (Eger) dans la Labe (Elbe). Ce fut jadis un important centre commercial. À voir absolument: *la grande place du marché et *la maison au toit en forme de calice (16e siècle). Un pont enjambant l'Elbe relie la ville à **Terezín (Theresienstadt)**, qui fut utilisée par les nazis pendant la Deuxième Guerre Mondiale comme camp de transit et de concentration. La citadelle, baptisée d'après le nom de Marie-Thérèse, fut agencée en camp, où périrent 35 000 personnes. Des dizaines de milliers de victimes des nazis furent envoyées d'ici vers les camps de destruction d'Auschwitz et de Treblinka.

*** Jičín** (22) Petite ville rêveuse et endormie avec sa *place du marché baroque et la *porte de Valdice du 16e siècle.

*** Le château de Kost** (23) Dans le paradis bohémien (Český Ráj) se trouve l'un des châteaux les mieux conservés de Bohême, avec ses parties en gothique tardif et baroque précoce.

*** Hradec Králové** (24) Ville au passé mouvementé, célèbre pour le champ de bataille tout proche sur lequel les Habsbourg furent vaincus en 1866 par l'armée de Prusse. Avec *la cathédrale du Saint-Esprit, le musée et les tombes qui rapellent les 50 000 soldats tombés au champ d'honneur.

**** Pardubice** (25) Ville méthodiquement aménagée après 1507. À voir absolument: **la place du marché ceinturée de bâtiments Renaissance, *l'hôtel de ville et sa façade richement décorée, *le château à douves, avec sa cour à arcades et son splendide portail.

**** Litomyšl** (26) Ville natale du compositeur Friedrich Smetana (et son festival annuel). À voir absolument: **le château renaissance (bâti entre 1568 et 1573), orné de magnifiques sgraffites, et un théâtre royal baroque (patrimoine mondial Unesco).

Nature

**** Pravičká brana** (7) Le plus grand pont naturel d'Europe, à la frontière avec l'Allemagne, sculpté par la nature dans les montagnes de grès. La localité de Hrensko est un point de départ idéal pour les promenades.

**** Český Ráj (Paradis Bohémien)** (8) Réserve naturelle au nord-ouest de Jičín, avec de pittoresques formations rocheuses, des forêts de conifères et de nombreux châteaux forts.

**** Sněžka (Sommet enneigé)** (9) Le plus haut sommet (1 602 m) des *Monts des Géants avec, évidemment, un époustouflant panorama. Les richesses naturelles des Monts des Géants furent longtemps exploitées, mais c'est aujourd'hui un parc national et un lieu de vacances apprécié.

La Colonne de la Trinité d'Olomouc est couronnée de personnages dorés.

**** Villes rocheuses** (10) Entre les Monts des Géants et le Mont de l'Aigle se trouvent de bizarres formations rocheuses qui forment des labyrinthes et peuvent être explorées au cours de promenades. À voir absolument: la ville rocheuse près de Adršpach, avec un lac féerique et une cascade.

Moravie du Nord et Silésie

Cette région est marquée par les contrastes. Près de la frontière avec la Pologne se trouve la plus grande zone de charbon et d'acier de Tchéquie, mais au sud, dans la région de Valachie, en Moravie, les traditions sont mises à l'honneur comme nulle part ailleurs au cours de la fête folklorique annuelle et dans l'un des plus grands musées en plein air d'Europe centrale.

Culture

*** Opava** (27) L'ancienne capitale autrichienne de la Silésie. Elle possède une vieille ville reconstruite qui mérite un détour. À voir absolument: Hläska, le beffroi de 72 m de haut.

Ostrava (28) La plus grande ville de Moravie et, depuis le 19e siècle, un important centre de l'exploitation minière et de l'industrie lourde. À voir absolument: Vieil Hôtel de ville du 16e siècle avec le Musée municipal (essentiellement consacré au passé industriel de la région); superbes bâtiments du temps des fondateurs, église du 13e siècle.

*** Rožnov pod Radhostem** (29) Localité dans la pittoresque Valachie Morave, avec un important musée en plein air.

**** Olomouc** (30) L'ancienne capitale du royaume de Grande-Moravie fut étendue par Marie-Thérèse pour devenir une importante place forte (patrimoine mondial de l'Unesco). À voir absolument: *la cathédrale gothique et son trésor; imposante *Colonne de la Trinité en style baroque; *l'église baroque Notre-Dame des Neiges et *l'église Saint-Michel; fontaines baroques et ruelles pittoresques; *hôtel de ville de 1378 avec son horloge astronomique. Au nord-est: l'église de pèlerinage baroque de Svatý Kopeček et sa vue splendide.

*Après le grand incendie de 1752, l'intérieur du château de **Kroměříž** fut rénové par les plus grands artistes du baroque tardif. Et ils dépassèrent ainsi, de loin, la splendeur de l'ancienne résidence épiscopale. La fresque du plafond dans la Salle d'audience féodale est de la main d'Anton Maulpertsch, le principal représentant de la peinture baroque autrichienne. Vous pouvez aujourd'hui y admirer une fantastique collection de peintures baroques. Le parc du château fut inspiré par celui de Versailles.*

* **Hrad Bouzov** 31 Château fort de l'Ordre teutonique, transformé vers 1900 en un féerique ensemble dans le style de l'historicisme.

Nature

* **Montagne de Jeseníky** 11 Moyenne montagne faisant partie des Sudètes, avec de beaux lacs et des hauts plateaux couverts de tourbières. Le plus haut sommet est le Praděd ou «Aïeul» (1492 m).
* **les Beskides** 12 Domaine boisé partagé entre la Moravie, la Pologne et la Slovaquie, avec des sommets pouvant atteindre jusqu'à 1 300 m d'altitude. Apprécié des promeneurs en été et des skieurs en hiver. Certaines zones des Beskides ont été déclarées réserve naturelle.

Moravie du sud

Le paysage se compose ici de collines aux pentes douces, de vignobles et de vergers. La Moravie du sud est l'une des régions les plus fertiles et les plus jolies de Tchéquie. Sur le plan culturel, l'influence du voisin autrichien est clairement perceptible et c'est une conséquence logique de l'histoire. Après la disparition du rideau de fer, les liens traditionnels entre les deux pays se sont à nouveau resserrés.

Culture

** **Brno** 32 La capitale de la Moravie, au passé mouvementé qui fut, pendant des siècles, marquée de l'empreinte des Habsbourg. À voir absolument: **Vieil Hôtel de ville (14e siècle) avec sa splendide cour intérieure, son portail principal gothique et sa tour; **l'église Saints-Pierre-et-Paul, une reconstruction néogothique de l'ancienne cathédrale gothique et son riche intérieur; **Špilberk, une forteresse médiévale à l'habit baroque taillé sur mesure et qui faisait office, sous les Habsbourg, de prison d'État (les casemates peuvent se visiter); la **Vénus de Věstonice, une statuette vieille de 25 000 ans dans le Musée régional; la place du marché *Zelny trh avec sa fontaine baroque de Fischer von Erlach, *la crypte de l'église des Capucins; **la Villa Tugenthat de Mies van der Rohe (patrimoine mondial de l' Unesco). Au nord-ouest de Brno se trouve la pittoresque forteresse gothique *Hrad Pern- štejn, qui sert souvent de décor cinématographique.

** **Château et parc de Kroměříž** 33 Château baroque. À voir absolument: **précieuse collection de peintures et une colonnade de 233 m de long dans le *jardin d'agrément, classé au patrimoine mondial par l'Unesco en 1999.

* **Velehrad** 34 Église de Cisterciens transformée en style baroque en l'honneur de Cyrille et Méthode et lieu de pèlerinage fréquenté. Dans les environs, Uherské Hradiště, se trouve *Staré Město, le principal site archéologique de l'époque slave.

* **Mutěnice** 35 Joli village viticole aux maisons peintes. Dans les environs: *musée en plein air de Strânice (architecture). Caves à vin historiques dans le charmant village de *Petrov.

** **Château de Valtice** 36 Noble édifice baroque près de Břeclav, avec un *jardin anglais traversé par un chemin conduisant au *château d'été néogothique de Lednice (patrimoine mondial de l'Unesco); *église de style Renaissance.

** **Mikulov** 37 Ville à la frontière autrichienne au passé mouvementé et au puissant *château fort. Seuls la synagogue médiévale (aujourd'hui un musée) et le musée juif, l'un des plus grands d'Europe (17e-19e siècles), nous rappellent la communauté juive.

* **Znojmo** 38 Centre viticole sur la Thaya, avec d'impressionnantes églises et une vieille forteresse.

** **Jaroměřice** 39 L'un des plus grands châteaux baroques d'Europe centrale. Eglise interessante.

* **Třebič** 40 Couvent baroque et sa basilique romane-gothique (*Porta paradisi) et Musée de Moravie occidentale avec ses crèches.

** **Telč** 41 Attrayant centre-ville historique ceinturé d'étangs (patrimoine mondial de l'Unesco). À voir absolument: édifices de style Renaissance et baroque précoce sur **la place du marché, un *magnifique château Renaissance aux précieux plafonds à caisson et sa chapelle.

** **Jihlava** 42 Ancien centre d'extraction minière. À voir absolument: *place du marché, *porte de la ville, *église baroque Saint-Ignace, *église Saint-Jacques romane-gothique.

* **Žďár nad Sázavou** 43 Petite ville du sud de la Moravie, avec un *monastère baroque et une **église de pèlerinage sur la Montagne Verte (Zelená hora) consacrée à saint Jean Népomucène et achevée par Giovanni Santini en 1722.

Nature

** **Karst Morave** 13 Région calcaire aux féeriques formations rocheuses, aux failles profondes et aux grottes à concrétions.

* **Montagne de Pavlovske** 14 Réserve naturelle à la frontière autrichienne, abritant des plantes rares.

1 Telč doit son harmonieuse architecture à Zacharias von Neuhaus, qui fit également construire le château Renaissance.

2 Le château de Valtice est un grand édifice baroque dont les parties les plus anciennes furent conçues par Fischer von Erlach. Une avenue de marronniers rectiligne, longue de 7 km, conduit, depuis l'an 1700 environ, de Valtice à Lednice. De telles avenues constituaient souvent la première étape de l'agencement de gigantesques parcs paysagers.

3 Le château de Lednice, avec sa façade néogothique, fut un temps la propriété de la famille Liechtenstein.

*La ville médiévale la mieux conservée de Slovaquie est **Levoča**. Elle se situait au croisement de plusieurs routes commerciales et connut son âge d'or économique aux 13e-14e siècles. Les «Saxes de Spiš», le nom donné aux marchands et artisans allemands émigrés, y jouèrent un rôle non négligeable. Ils s'établirent voici bien longtemps dans la région et firent de Levoča un centre important de la fédération des villes de Spiš, qui était également influente sur le plan politique.*

Slovaquie

Superficie: 49 012 km²
Point culminant:
Gerlachovský Štít (2 655 m)
Population:
5,4 millions d'habitants
Densité de population:
110 hab./km²
Régions: Slovaquie occidentale, Slovaquie orientale
Capitale: Bratislava (452 000 habitants)
Fuseau horaire: MET

Adresses utiles
(B)
Ambassade de Slovaquie
Avenue Molière, 195
1050 Bruxelles
Tél.: 02 346 40 45
Fax: 02 346 63 85
E-mail: ambassade.slovaque@euro-net.be
(FR)
Ambassade de Slovaquie
Rue du Ranelagh, 125
75016 Paris
Tél.: 01 44 14 56 00
Fax: 01 42 88 76 53
E-mail: paris@amb-slovaquie.fr
Web: http://www.amb-slovaquie.fr

Situation et paysage

La Slovaquie se trouve en bordure orientale de l'Europe centrale et est devenue indépendante en 1993. Le pays est entouré par la Tchéquie à l'ouest, par la Pologne au nord, par l'Ukraine à l'est et par l'Autriche et la Hongrie au sud. C'est un pays de lacs et de sources médicinales, mais le paysage y est surtout marqué par les montagnes. Les plus hauts sommets – plus de 2 000 m – se trouvent dans les Hautes Tatras, qui font partie des Carpates.

Slovaquie occidentale

La vie dans la capitale Bratislava, l'ancienne Pressburg, est profondément influencée par la proximité de Vienne. Non seulement sur le plan culturel, mais aussi dans le domaine économique, et l'infrastructure touristique en tire clairement profit dans l'ouest du pays. Les voyages dans cette belle région sont donc nettement plus agréables. La Slovaquie orientale, par contre, est encore inconnue de la plupart des visiteurs.

Vue sur le Danube et sur le château de Bratislava, la capitale de la Slovaquie.

Agréable petite place à Bratislava.

Culture

* **Bratislava** ❶ La capitale, particulièrement bien située sur le Danube. Dans la vieille ville, vous pouvez admirer de beaux édifices gothiques et baroques, mais vous y trouverez aussi des «chancres» typiques de l'époque communiste. À voir absolument: *Vieil Hôtel de ville typique avec le Musée municipal; *château fort médiéval surplombant le Danube et transformé en style baroque sous le règne de Marie-Thérèse; *importante église gothique Saint-Martin; *Porte Michel datant du Moyen Âge, avec son toit baroque en forme de bulbe; *Palais du Primat de style classique; *église gothique des Franciscains.

* **Hrad Devin** ❷ Ruines de la forteresse et site archéologique surplombant l'embouchure de la Morava dans le Danube, avec une vue superbe. Ce lieu était déjà occupé au début de l'âge de la pierre.

* **Červený Kameň** ❸ Petite ville viticole romantique avec un château abritant un cellier de trois étages.

* **Piešt'any** ❹ Station thermale appréciée dans les Carpates. À voir absolument: l'îlot avec le centre thermal dans la Váh, avec le pont à colonnes couvert et des hôtels dans le style de la sécession viennoise.

* **Nitra** ❺ La plus vieille ville de Slovaquie, avec ses rangées de maisons baroques et ses remarquables églises. À voir absolument: le château entièrement conservé et la ville haute fortifiée sur un rocher.

* **Trenčín** ❻ Vieille ville dans une zone étroite de la vallée de la Váh, dominée par un fier *château, avec sa place du marché baroque et une synagogue datant de 1911. Dans les environs se trouve la station thermale historique de Trenčianske Teplice avec des bains turcs publics datant de 1888.

* **Kysucer** ❼ Très agréable musée en plein air dans la région de la Fatra.

* **Zuberec** ❽ Village typique dans la Fatra, avec des maisons en bois et une église en gothique tardif.

Ružomberok ❾ Ville de montagne sur la rive gauche de la Váh. À voir absolument: couvent piariste en baroque tardif, Musée de la mine et **Musée en plein air dans le quartier de Vlkolínec, avec de beaux exemples de l'architecture populaire slovaque (patrimoine mondial de l'Unesco depuis 1993).

Nature

* **Devinska Brána** ❶ La «Porte de Devin», une pittoresque traversée du Danube.

* **Jelenec-Remitáž** ❷ Réserve naturelle protégée près de Nitra, avec les plus vieux marronniers d'Europe et les pittoresques ruines de la forteresse.

* **Les Petites Carpates** ❸ Moyennes montagnes accueillantes et «sympathiques» à la frontière avec la Moravie, avec un climat clément, des vignobles et des forêts de feuillus sur leurs flancs (jusqu'à une altitude d'environ 900 m). De célèbres sources médicinales jaillissent ici.

* **Malá Fatra (Petite Fatra)** ❹ Montagne très agréable dans le nord-ouest, encore quasi inconnue des touristes. Un petit secret pour les randonneurs!

Slovaquie orientale

Les plus grandes richesses de cette région sont sa nature encore authentique, son folklore et sa nature splendide et intacte, que vous ne trouverez nulle part ailleurs en Europe centrale.

Culture

* **Levoča** ❿ Petite ville historique dans la région de Spiš (Zips), qui est habitée depuis le Moyen Âge par des gens d'origine allemande. À voir absolument: place du marché avec l'hôtel de ville Renaissance; les remparts médiévaux de la ville.

** **Spišský hrad** ⓫ Ruines d'un grand château fort médiéval sur un remarquable rocher (patrimoine mondial de l'Unesco).

** **Bardejov** ⓬ Petite ville au cœur historique très bien conservé,

*Haut dans le nord de la Slovaquie orientale, vous pouvez admirer un splendide joyau du Moyen Âge, à savoir la petite ville protégée de **Bardejov**, dont les massives fortifications avec un mur d'enceinte et plusieurs bastions sont encore entièrement intacts. Le cœur de la vieille ville est la place du marché, ceinturée de maisons bourgeoises avec, au centre, le fier hôtel de ville. Les onze précieux autels à vantaux de l'église à trois nefs Saint-Égide sont d'un grand intérêt artistique et historique.*

avec son enceinte et des bâtiments de styles gothique tardif, Renaissance et baroque (patrimoine mondial de l'Unesco). Dans les environs: villages typiques et leurs églises en bois.

Košice ⓭ L'une des plus grandes villes dans l'est du pays. À voir absolument: **Cathédrale Sainte-Élisabeth, l'une des plus belles cathédrales gothiques d'Europe centrale, avec la «Porte dorée» (portail nord) et un fantastique autel-table.

Nature

**** Hautes Tatras** ❺ Le sauvage et rocheux «Toit de la Slovaquie» est le plus petit massif montagneux du monde, avec plusieurs sommets de plus de 2000 mètre et le plus haut sommet de Slovaquie, le Gerlachovský Štít (2 655 m). Lacs de montagne limpides et grottes à concrétions. La majeure partie en est protégée en tant que parc national (sentiers de randonnée).

*** Grotte de Domica** ❻ Près de Košice, la plus grande grotte à concrétions du pays (visite guidée avec balade en bateau).

*** Slovenský raj (parc national Paradis Slovaque)** ❼ Romantique paysage de carte postale avec de profondes failles et des chutes d'eau.

Sur une colline dans la région de Spiš – entre les Monts métallifères slovaques et les Basses Tatras - se dresse fièrement le château de Spiš, baptisé Spišský hrad. C'est non seulement le plus grand château fort de Slovaquie, mais aussi l'un des plus imposants d'Europe.

Le majestueux Bastion des pêcheurs de Budapest fut érigé fin 19e-début 20e siècle. Pour le monter, on utilisa les pierres de l'ancienne enceinte de la ville, que les pêcheurs avaient jadis défendue contre les Turcs. C'est de là qu'il tire son nom…

Hongrie

Musique tzigane entraînante et scènes d'opérette, grands hôtels de tradition séculaire, château de l'impératrice Sissi et beau Danube bleu, vin rouge et goulasch épicée, puszta omniprésente et fastes de l'époque impériale… La Hongrie, c'est tout cela et bien plus! Les amateurs de l'architecture toute en fantaisie du début du 20e siècle, représentée dans cette partie d'Europe par le Jugendstil et la Sezession, trouveront leur bonheur dans les villes de l'est du pays, qui en offrent des exemples uniques. En outre, la Hongrie est le pays des sources thermales curatives que louaient déjà les Romains et les Turcs.

Image d'ambiance: coucher de soleil sur la puszta.

*Au sud-ouest du lac Fertö, pas loin de Fertöd et de l'autoroute reliant Budapest à Vienne, s'élève le **château Esterházy**, probablement le plus beau château baroque de Hongrie. La monarchie austro-hongroise fit ériger ce bâtiment d'apparat entre 1764 et 1766 sur les modèles de Versailles et de Schönbrunn. La cour de ces souverains amateurs d'art était elle aussi impressionnante: leur château était un lieu de rencontre culturel. Pendant plus de trente ans, le compositeur attitré ne fut ni plus ni moins que Joseph Haydn!*

Hongrie

Superficie: 93 033 km²
Point culminant: Kékes (1 015 m)
Plus long cours d'eau: Tisza (Theiss; 579 km)
Plus grand lac: lac Balaton (592 km²)
Population: 10,3 millions d'habitants
Densité de population: 109 hab./km²
Régions: Petite Plaine (Kis Alföld), Hauts plateaux du nord, Transdanubie, Grande Plaine (Nagy Alföld)
Capitale: Budapest (1,86 millions d'habitants)
Fuseau horaire: MET

Adresses utiles

(B) *Office du tourisme de Hongrie*
Avenue Louise, 365/17
1050 Bruxelles
Tél.: 02 346 86 30
Fax: 02 344 69 67
E-mail: htbrussels@skynet.be

(FR) *Office du tourisme de Hongrie*
Avenue Victor Hugo, 140
75116 Paris
Tél.: 01 53 70 67 17
Fax: 01 47 27 35 63

Le pont des chaînes – premier des 8 points jetés entre Buda et Pest – fut ouvert en 1849. Les travaux durèrent 7 ans.

Les bains de Gellért: dès le 13e siècle, on se pressait pour prendre les eaux des sources curatives de la colline.

Cette coupole de style Sezession datant du début du 20e siècle protège maintenant les curistes contre les caprices du temps.

Situation et paysage

Ce petit pays aux traditions séculaires s'étend dans le centre géographique de l'Europe et compte sept voisins. Le climat y est continental, avec des étés chauds et des hivers froids. Le Danube divise la Hongrie en une petite partie occidentale et une grande partie orientale. Le paysage se compose essentiellement de grandes plaines sans arbres, dont la puszta (dans l'est) constitue un exemple célèbre. Le lac Balaton, situé dans l'ouest du pays, est le plus grand d'Europe centrale. C'est seulement dans le nord du pays que l'altitude dépasse les 1 000 mètres.

Petite Plaine (Kis Alföld)

Aux confins du Burgenland autrichien, dans le nord-ouest de la Hongrie, s'étend la Kis Alföld ou Petite Plaine. Ici, le Danube se subdivise en de nombreux bras, et les forêts sont immenses. Vous pourrez également y voir des bâtiments remarquables de style hongrois typique (baroque tardif-rococo précoce).

Culture

** **Sopron** ❶ Ville frontalière au centre médiéval et baroque. C'est sur la place centrale, la **Fö tér, que s'élèvent la maison Storno, le musée de la pharmacie et l'église bénédictine de style gothique.

* **Château Esterházy** ❷ Près de Fertöd. Un des plus importants bâtiments baroques du pays.

** **Györ** ❸ Vieille ville de commerce située sur le Danube. À voir absolument: la **Bécsi-kapu tér, la grand-place, avec ses bâtiments nobles baroques et rococo, le *château épiscopal (14e-15e siècles), la *cathédrale Notre-Dame (17e siècle). Au sud de Györ: l'**abbaye bénédictine de Pannonhalma, inscrite au patrimoine mondial par l'Unesco.

** **Tata** ❹ «Ville des lacs». À voir: la *forteresse médiévale et le château Esterházy, construit en 1777 en style rococo.

Nature

* **Fertö tó** ❶ La partie méridionale du lac Fertö (Neusiedler See, partagé avec l'Autriche) est un parc national hébergeant des espèces d'oiseaux rares (classé au patrimoine mondial par l'Unesco).

Hauts plateaux du nord

Cette chaîne de montagnes s'étend du lac Balaton – «Mer de Hongrie» – au bassin du Danube et vers le nord-est, jusqu'aux monts Mátra et Bükk, où se situent les plus hauts sommets du pays. Budapest, la métropole sur le Danube, est à la limite méridionale de cette région intéressante sur les plans culturel et naturel.

Hollókö: vieux village à l'ouest des montagnes Bükk.

Culture

** **Esztergom** ❺ Jolie ville sur le «genou» du Danube, avec une magnifique **cathédrale du 19e siècle.

** **Visegrád** ❻ Jolie petite ville sur le «genou» du Danube, offrant un très beau **point de vue depuis la colline du château.

** **Szentendre** ❼ Ville idyllique baroque appréciée des artistes pour ses nombreuses galeries et sa vieille partie protégée.

** **Budapest** ❽ Voir plan p. 123.

** **Eger** ❾ Ville baroque au pied

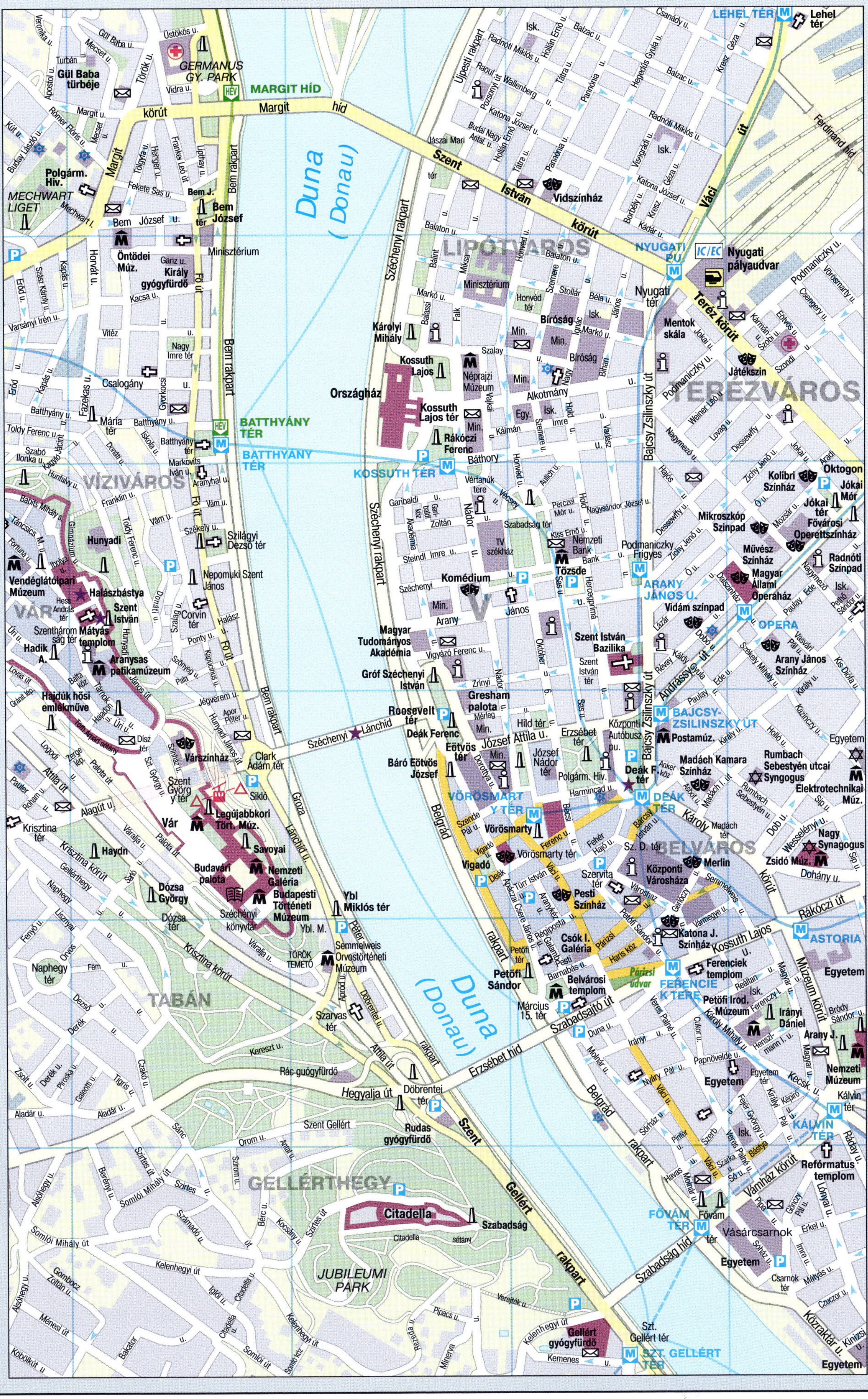

Budapest

La capitale hongroise est le paradis des promeneurs. Elle doit cette réputation non seulement aux superbes bâtiments et à sa situation unique sur le Danube, mais aussi à son ambiance toute particulière, mélange de nostalgie et de futurisme.

Pour découvrir la ville, le mieux est de vous déplacer à pied. Mais ne manquez pas les trams pittoresques et le métro, parmi les plus vieux d'Europe. La plus belle partie de la ville est inscrite au patrimoine mondial de l'Unesco, tout comme les bâtiments le long du Danube et la colline du château.

À voir absolument: sur la ***colline du château (le meilleur point de vue sur la ville), le **palais royal médiéval rénové en style baroque, abritant le musée d'histoire, la galerie nationale et la bibliothèque nationale. L'**église Mathias fut construite au 13e siècle en style roman tardif-gothique précoce et transformée par la suite. C'est ici que François-Joseph Ier et Sissi, empereur et impératrice d'Autriche, reçurent la couronne de souverains de Hongrie. À voir également: le *Bastion des pêcheurs, un monument pittoresque situé le long du Danube; le **quartier Élisabeth et ses maisons du 19e siècle; le **parlement, un bâtiment monumental du 19e siècle sur la rive du Danube (à Pest), construit sur l'exemple des Houses of Parliament de Londres; la **gare de l'Ouest, de style néobaroque élégant; la **grande synagogue, datant elle aussi du 19e siècle, un des plus majestueux lieux de culte d'Europe; le pont des chaînes et le pont Élisabeth; la place des Héros et ses musées. Enfin: les bains Jugendstil, notamment ceux de l'hôtel Gellért; les cafés légendaires comme le Café Gerbeaud et les élégantes rues commerçantes. Au nord-est s'élève le château de *Gödöllö, manoir préféré de l'impératrice Sissi.

Le Bastion des pêcheurs et la statue équestre de Saint-Étienne, le premier roi de Hongrie.

Budapest

La «Perle du Danube» vit le jour en 1872, à l'époque de l'empire d'Autriche-Hongrie, par la fusion de Buda et de Pest, aujourd'hui reliées par huit ponts.

Buda s'élève sur les flancs des collines calcaires de la rive ouest du Danube, avec le palais royal baroque (1714-1770), construit sur les vestiges de la forteresse du 13e siècle. Sur la colline du château se dressent en outre le vieil hôtel de ville (1692-1774), l'église gothique Mathias et le Bastion des pêcheurs. La vieille ville de Pest s'étend de l'autre côté du fleuve. Outre de superbes façades baroques, vous rencontrerez des bâtiments Jugendstil, des réminiscences de l'époque turque, des exemples d'architecture moderne et de nombreux thermes. C'est toutefois le classicisme qui exerça la plus grande influence, comme le prouvent la largeur des rues. Le Parlement, situé le long du Danube, la basilique Saint-Étienne, la place des Héros et l'opéra datent de cette époque.

Grande photo de gauche: Le Danube traverse la capitale sur une distance de 28 km et la divise en deux: Buda à l'ouest et Pest à l'est.

1 Vue de la colline du château: l'église Mathias était aux 16e et 17e siècles le lieu de couronnement des rois de Hongrie.

**2 Le Bastion des pêcheurs est une terrasse hérissée de tours et décorée d'arcades réalisée entre 1895 et 1902 en style néo-roman par Frigyes Schulek. En 1905 fut érigée la statue équestre de Saint-Étienne, le premier roi de Hongrie.
À gauche, le chœur de l'église Mathias.**

3 Le bâtiment du Parlement, construit entre 1880 et 1902 (123 m de large et 96 m de haut) figure parmi les plus grands du monde.

4 L'intérieur du Parlement devait être surtout impressionnant. Les escaliers majestueux et la salle plénière en imposent aux visiteurs.

5 Les piliers du Pont des chaînes font penser aux arcs de triomphe romains. À l'arrière-plan: la colline du château et l'ancien palais des rois de Hongrie.

Bien que l'élevage de chevaux soit devenu une activité moins importante, les troupeaux paissant dans la puszta constituent une vue typiquement hongroise. L'habilité équestre des ***Magyars*** *est encore proverbiale de nos jours, et si la Hongrie est devenue une destination de vacances populaire, elle reste une attraction touristique. Les cavaliers qui souhaitent passer leurs vacances à cheval y trouveront leur bonheur. C'est surtout dans la puszta et autour du lac Balaton que les possibilités sont les plus nombreuses: des manèges y louent des chevaux, proposent des cours et organisent des balades.*

des montagnes Bükk. C'est dans les environs de cette ville que l'on fait le célèbre vin rouge Egri Bikavér («sang de taureau»). À voir absolument: la ** bibliothèque du lycée, superbe exemple de rococo; les *ruines de la forteresse médiévale et le panorama de la ville.

* **Szekésfehérvár** 10 Autrefois la capitale de la Hongrie. Au Moyen Âge, c'est ici qu'étaient couronnés les rois de Hongrie. À voir absolument: les *ruines et le jardin de la basilique romaine, la chapelle gothique Sainte-Anne, le dôme baroque et l'ancienne *église des Carmes.

** **Veszprém** 11 Ville baroque située au nord du lac Balaton, avec la **colline du château, en haut de laquelle se trouve un palais épiscopal de pur style rococo.

* **Balatonfüred** 12 Lieu de cure à la tradition séculaire. Au 19e siècle, c'était un lieu de rencontre d'artistes et d'intellectuels À voir: la place Gyógy tér avec le pavillon thermal de 1800 et la maison Horvath, de style baroque tardif.

** **Tihany** 13 Célèbre presqu'île sur le lac Balaton, avec des maisons aux toits de chaume et une église abbatiale baroque.

** **Keszthely** 14 Vieille ville sur la rive septentrionale du lac Balaton, avec un **château baroque et un monastère gothique.

Nature

* **«Genou» ou boucle du Danube** 2 Coin pittoresque de la vallée du Danube, une des régions les plus romantiques de Hongrie.

* **Monts Mátra** 3 Hauts plateaux boisés aux sommets dépassant les 1 000 mètres.

* **Monts Bükk** 4 Hauts plateaux boisés aux sommets dépassant les 1 000 mètres.

* **Parc national d'Aggtelek** 5 Paysage karstique sauvage situé dans le nord (classé au patrimoine mondial par l'Unesco), avec les *grottes de Baradla.

* **Lac Balaton** 6 D'une profonde moyenne d'à peine 3,5 m, ce lac présente une rive méridionale plate et une rive septentrionale variée.

Transdanubie

Dans le triangle entre le lac Balaton, le Danube et la Drave, qui forme la frontière avec la Croatie, s'étendent les collines de Transdanubie, le Midi de la Hongrie. Dans ce paysage varié poussent non seulement des citronniers, mais aussi des feuillus et des vignes dont on tire le meilleur vin rouge du pays.

Culture

** **Pécs** 15 Ville à l'ambiance méditerranéenne. À voir absolument: le **cimetière paléochrétien (classé au patrimoine mondial par l'Unesco); la **mosquée turque; la **Széchenyi tér, la place du marché médiévale; la *cathédrale Saint-Pierre (11e- 12e siècles); la *Káptalan utca, une vieille rue sympathique.

Villány 16 Ville viticole où l'on fait un excellent vin rouge. Avec le *musée du vin, le point final de la route des vins (25 km) qui mène à Siklós.

* **Baja** 17 Lieu riche en ambiance sur la Sugovica (un bras du Danube), avec une belle synagogue et l'*église orthodoxe grecqueserbe.

* **Szekszárd** 18 Petite ville typique de la Transdanubie, au cœur d'une région viticole, avec le *monastère orthodoxe grec de Gráböc (18e siècle).

La ville idyllique d'Eger et son style baroque local typique. Le cœur de la ville a été magnifiquement restauré.

Nostalgie dans la puszta, sur les bords du lac Fertö (Neusiedler See), dont 320 km² sont hongrois.

Nature

* **Somogy** 7 Paysages de marais et de prairies au sud du lac Balaton.

* **Bois de Gemenci** 8 À l'est de Szekszárd, sur les bras morts du Danube. Domaine naturel avec une des plus grandes réserves de gibier de Hongrie.

* **Monts Mecsek** 9 Plateau boisé culminant à 682 m d'altitude.

Grande Plaine (Nagy Alföld): la puszta

La Grande Plaine s'étend de l'est du Danube jusqu'au-delà de la Tisza. La puszta, souvent chantée par les poètes, est un paysage plat sans fin au charme bien particulier. Vous y trouverez ça et là de superbes exemples de Sezession, la variante hongroise du Jugendstil.

Culture

** **Szeged** 19 À voir absolument: les deux chevaux d'apparat du Jugendstil local sont la **nouvelle synagogue et le **palais Reök; ne manquez pas non plus l'**église votive néoromane et ses orgues qui comptent parmi les plus imposantes d'Europe.

** **Kiskunfélegyháza** 20 Capitale du «verger de Hongrie», avec l'**hôtel de ville de style Sezession.

** **Kecskemét** 21 Ville de province jalonnée de bâtiments Sezession: **hôtel de ville, **palais Cifra.

* **Gyula** 22 Ville à la frontière roumaine, avec le seul château de briques encore conservé du pays (15e siècle).

** **Debrecen** 23 La plus grande ville de la plaine, avec son centre historique. À voir absolument: la *vieille maison du Comitat de style Sezession, le *théâtre Csokonai, la grande *église réformée de style classique.

Tokaj 24 Ville et région à la lisière septentrionale de la puszta, où l'on cultive la vigne depuis le Moyen Âge (classée au patrimoine mondial par l'Unesco).

Nature

* **Bugac Puszta** 10 Partie du parc national de Kiskunság, avec des dunes de sables, des bois, des étendues de roseaux, des marais, des prairies et une faune typique.

** **Hortobágyer Puszta** 11 À l'ouest de Debrecen se trouve le plus vieux parc national de Hongrie (classé au patrimoine mondial par l'Unesco), habitat naturel de plantes et d'animaux rares.

Le parc national d'Hortobágy, dans l'est de la plaine hongroise, est protégé depuis 1973 afin de conserver le paysage typique de la puszta ainsi que sa flore et sa faune caractéristiques. On y trouve de vieilles espèces d'animaux domestiques, comme le bœuf des prairies, qui ne satisfait plus aux exigences de l'agriculture moderne, mais dont la valeur culturelle et historique est énorme.

SKILIFT EISFLUH

Une abrupte pyramide entourée de glaciers... Le mont Cervin (en allemand Matterhorn), haut de 4 478 m, dans les Alpes valaisannes, est l'une des montagnes les plus particulières du monde. Il fut escaladé pour la première fois en 1865. Mais l'ascension de sa face nord se fit attendre jusqu'en 1931.

Suisse

Trois langues et 26 cantons, et tout cela sur une superficie qui, sur un globe terrestre de taille normale, représente à peine une tête d'épingle. La Suisse est peut-être petite par la taille, mais elle n'en est pas moins un pays aux multiples visages. Elle est haute et froide, mais en même temps agréablement verte et douce, à la fois alpine et méditerranéenne, rurale et très urbanisée. Les Suisses sont considérés comme étant traditionnels et un peu solitaires, mais ils font des affaires avec le monde entier et accueillent des visiteurs venant des quatre coins de la terre, qui souhaitent faire la connaissance de ce pays unique.

Habitation rurale traditionnelle dans l'idyllique vallée d'Emmenthal.

*Au cœur de la Suisse, près de la frontière linguistique franco-allemande, se trouve **Berne** , la capitale de la Confédération depuis 1848. L'ours est le symbole de Berne. Quelques ours - que l'on appelle ici les «Mutzen»- vivent encore dans la Bärengraben («fosse aux ours»), une attraction appréciée des enfants comme des parents.*

Suisse

Superficie: 41.293 km^2
Point culminant:
Monte Rosa (4634 m)
Plus grand lac:
Lac Léman (370 km^2)
Population:
7,2 millions d'habitants
Densité de population:
172 hab./km^2
Régions:
Le Jura, le Plateau suisse ou Mittelland, les Alpes du nord, le Valais, le Ticino, les Alpes de Bündner. Le Liechtenstein forme une union économique avec la Suisse.
Capitale:
Berne (130.000 habitants)
Fuseau horaire: MET

Informations utiles:
(B) *Office du tourisme suisse*
Boîte postale 213
1000 Bruxelles
Tél. 02 345 54 45
Fax 02 345 35 52
www.MySwitzerland.com,
info@zwitserland.be,
(FR) *Suisse tourisme*
rue Scribe, 11 bis
75009 Paris
Tél. 00 800 100 200 30,
Fax 00 800 100 200 31
www.MySwitzerland.com

Situation et paysage

La Suisse - petite, ordonnée et entourée par l'Allemagne, l'Autriche, l'Italie et la France - est l'une des destinations les plus populaires d'Europe. Le pays doit cet intérêt à ses impressionnantes montagnes: près des deux tiers sont occupés par les Alpes, divisées par le Rhin et le Rhône en Alpes du nord et Alpes du sud. Mais la Suisse, c'est bien plus que des prés verts et de la glace séculaire, que des sommets montagneux grandioses et des vallées ensoleillées. Du sud-ouest au nord-est, du lac Léman au lac de Constance s'étend le Mittelland urbanisé. A l'ouest se trouve le Jura et ses moyennes montagnes, sur la frontière avec la France.

Le Jura

Au sud du Rhin s'étend le Jura, en direction du sud-ouest. La Suisse partage ces montagnes calcaires séculaires avec la France, qui englobe la partie sud et les contreforts de l'ouest dans son territoire. Du côté suisse, le Jura s'enfonce dans la vallée de l'Aar.

Culture

* **Bâle** ❶ Sur le Rhin. La «Porte du Jura» est la deuxième plus grande ville de Suisse et un important centre pharmaceutique. Bâle est en outre la plus ancienne ville universitaire de Suisse et un ancien bastion de l'humanisme. Le «Basler Fasnacht» (carnaval) est un événement célèbre, fêté avec exubérance. À voir absolument: Le **Musée d'art, l'un des plus importants d'Europe; **la cathédrale romane-gothique; le Musée *Haus am Kirschgarten qui traite de la culture bâloise de l'habitat aux 19e-20e siècles; *l'hôtel de ville du 16e siècle et la *Spalentor, une porte de la ville datant de la fin du Moyen Age, devenue le symbole de la ville; le Musée Jean Tinguely et les sculptures mécaniques caractéristiques du célèbre artiste.

* **Augusta Raurica** ❷ Près de Bâle. Le principal site antique du pays, avec un théâtre romain et les vestiges d'un temple.

* **Brugg** ❸ Sur l'Aar, avec son vieux centre. À voir absolument dans les environs: *vitraux dans l'église conventuelle médiévale de Königsfelden; *l'amphithéâtre romain de Vindonissa.

* **Solothurn (Soleure)** ❹ Dans la vallée de l'Aar. À voir absolument: la vieille ville baroque , *la cathédrale Saint-Urs de style classique précoce, *l'église baroque des Jésuites.

* **St-Ursanne** ❺ Petite ville idyllique sur le Doubs, avec sa basilique romane.

* **Biel (Bienne)** ❻ Le «centre horloger» de Suisse, agréablement situé sur le lac de Bienne, avec sa vieille ville historique. À voir absolument: *le Ring, la place principale pittoresque, avec son église en gothique tardif et la Fontaine de Venner. Dans les environs: vestiges romains de Petinesca.

* **Le Landeron et La Neuveville** ❼ Deux villes médiévales du Jura.

* **Neuchâtel** ❽ Sur le lac du même nom, déjà habitée à l'âge de pierre. À voir absolument: l'église (12e-13e siècles) avec son splendide *tombeau; la jolie vieille ville aux pieds de la colline du château.

La bibliothèque de l'abbaye de Sankt Gallen (Saint-Gall) est très impressionnante.

* **Le Locle** ❾ Centre horloger dans le canton de Neuchâtel. À voir absolument: *le Musée de l'horloge au Château des Monts, le Musée d'art et les *moulins souterrains près du Col-des-Roches.

* **Grandson** ❿ Sur le lac de Neuchâtel, avec son château aux cinq tours (13e siècle).

** **Romainmôtier** ⓫ Abbaye médiévale dans le paisible paysage du Jura.

Nature

* **Le Jura** ❶ Moyennes montagnes, avec des forêts étirées, des formations calcaires pittoresques et des ravins nus. À conseiller la route via les Franches Montagnes, La Chaux-de-Fonds, vue des Alpes vers Neuchâtel.

* **La région des trois lacs** ❷ Avec le lac de Bienne, le lac de Neuchâtel et le lac de Murten, reliés entre eux par des canaux. Des balades en bateau sont possibles. Panorama sur les lacs et les sommets alpins depuis le mont Chasseral.

Le Mittelland

Le Mittelland, la région la plus peuplée de Suisse, est entouré à l'ouest par le Jura, à l'est par les Alpes, au nord par le lac de Constance et ausud par le lac Léman. Vous y trouverez de belles villes au riche passé, des lacs magnifiques et des vallées pittoresques.

Le château de Chillon, dressé sur un rocher dans le Lac Léman.

Culture

** **Genève** ⓬ Ville cosmopolite connue, centre financier et siège d'importantes organisations internationales, à la frontière avec la France et sur le lac Léman , avec l'impressionnant Mont Blanc en arrière-plan. À voir absolument: *cathédrale Saint-Pierre romane et gothique, avec un somptueux panorama depuis la tour nord; *l'hôtel de ville et son intérieur renaissance; *le Quai du Mont-Blanc sur le lac, avec de magnifiques hôtels et une vue impressionnante sur le Mont Blanc. En vaut également la peine: le Musée d'Art et Histoire, avec son importante collection d'art etune collection d'antiquités provenant d'Egypte.

* **Nyon** ⓭ Agréable petite ville entre les vignobles entourant le Lac Léman, avec des vestiges romains.

***Lausanne** ⓮ Cette ville connue est joliment située sur la rive nord vallonnée du lac Léman, entre les vignobles. À voir absolument: la **cathédrale Notre-Dame, la principale cathédrale gothique de Suisse, avec une très belle *rosace.

* **Vevey** ⓯ Petite ville vivante dans la féerique région viticole, sur la rive nord du lac Léman.

* **Montreux** ⓰ Sur le lac Léman, avec ses hôtels chic du 19e siècle et un nostalgique chemin de fer à crémaillère. Sur le lac se dresse le féerique *château de Chillon.

* **Payerne** ⓱ Importante église abbatiale romane près de Fribourg.

*Sur la rive nord du **lac Léman** se trouve la ville animée de Vevey, qui se visite surtout pour sa situation féerique et les fins vins blancs que l'on y produit. Vevey est le centre urbain de la célèbre région viticole de Lavaux.*

* **Murten** 18 Belle situation sur le lac du même nom, avec les remparts de la ville et un château.
* **Hauterive** 19 Abbaye cistercienne médiévale, à la situation pittoresque au sud de Fribourg.
** **Fribourg** 20 Capitale du canton francophone du même nom, avec son centre historique. À voir absolument: *cathédrale gothique Saint-Nicolas avec de riches sculptures et de *précieuses tombes; église gothique des Franciscains avec un *autel magnifique.
*** **Berne** 21 Voir plan page 132.
* **Zug (Zoug)** 22 Capitale du canton, joliment située sur le lac de Zoug, avec une belle vue sur le Mont Pilate et le Rigi et une jolie vieille ville.
** **Zurich** 23 La plus grande ville de Suisse, important centre économique et financier international avec sa vieille ville historique. À voir absolument: *Großmünster, l'église principale avec deux tours des 12e-13e siècles, vue magnifique depuis la Karlsturm; **la Kunsthaus avec de remarquables collections, notamment d'art médiéval; **le Musée National suisse sur l'histoire et la culture suisses; le *Frauenmünster romane-gothique, avec des peintures sur verre de Marc Chagall; *la Münsterhof, la plus belle place de la vieille ville, avec la Zunfthaus zur Waag (17e siècle) et *la Zunfthaus zur Meise (18e siècle).
Winterthur 24 Cité industrielle avec beaucoup de verdure, une jolie vieille ville et du grand art. À voir absolument: *la Sammlung Oskar Reinhart avec des peintures de Cranach à Cézanne.
* **Schaffhausen** 25 Sur le Rhin, avec ses historiques maisons bourgeoises et ses places pittoresques. À voir absolument: *la forteresse de Munot (16e siècle), *la Haus zum Ritter et sa façade peinte (16e siècle), la *cathédrale romane.
* **Stein am Rhein** 26 Ancienne ville de marché avec ses remparts et ses maisons peintes.
* **Appenzell** 27 Authentique petite ville aux belles maisons multicolores. Bon point de départ pour des excursions vers l'Alpstein et le Sätis.
*** **Sankt Gallen** 28 **(Saint-Gall)** Cette abbaye fondée en 612 (patrimoine mondial de l'Unesco) fut un centre culturel important au cours du Moyen Âge; elle fut rénovée au 18e siècle, dans un splendide style baroque. À voir absolument: la grande ***bibliothèque et ses trésors uniques (entre autres un plan d'abbaye carolingien) et **l'église, un chef-d'œuvre du baroque suisse.
* **Werdenberg** 29 Dans la vallée du Rhin. La plus ancienne implantation en bois de Suisse, avec des maisons bien conservées datant de la fin du Moyen Âge et un château.
* **Rapperswil** 30 Petite ville nichée sur une presqu'île dans le lac de Zurich, avec un château médiéval et une église de style gothique précoce.
** **Église conventuelle d'Einsiedeln** 31 Superbe édifice baroque avec de magnifiques plafonds peints, de riches stucs et une Vierge noire. L'abbaye bénédictine était déjà fondée au 10e siècle.

Nature

* **Rochers de Naye** 3 Sommet haut de 2 042 m au-dessus de Montreux, avec un jardin alpin et un impressionnant panorama.
* **Gruyère** 4 Région sur le cours supérieur de la Saane (Sarine), avec le joli paysage des Préalpes et un lac artificiel aux allures de fjord. La localité de Gruyère abrite des maisons médiévales et un vieux château (12e-15e siècles). Connue pour son fromage à trous du même nom.
* **Emmenthal** 5 Idyllique vallée entre de vertes collines, avec des villages sympathiques et des fermes isolées. Egalement connue pour son fromage.
* **Lac de Zürich** 6 L'un des plus beaux lacs dans le paysage suisse des Préalpes (89 km²), avec des vignobles sur sa rive nord.
* **Les Grottes de l'Enfer, près de Baar** 7 Impressionnantes grottes à concrétions à proximité du romantique Lorzentobel.
** **Les Chutes du Rhin** 8 Quand le temps est au dégel, de gigantesques masses d'eau se jettent ici vers le bas sur une largeur de 150 m. C'est ici que s'offrira à vous la meilleure vue sur le petit château de Wörth.
* **Säntis** 9 Avec ses 2 503 m, le plus haut sommet des Alpes

1 **Genève doit assurément aussi son ambiance si particulière à sa situation à la pointe sud du lac étiré, sur lequel vous pouvez faire une agréable promenade en bateau.**

2 **Près de Neuhausen, le Rhin se jette dans les profondeurs sur une largeur de 150 m.**

3 **Le noble quai de la Limmat sur la rive droite de la Limmat, qui traverse la vieille ville de Zurich. En arrière-plan, vous pouvez voir les impressionnantes tours du Großmünster, qui fut construit aux 12e-13e siècles. L'église aurait jadis été fondée par Charlemagne.**

Berne

La vieille ville de Berne, parfaitement conservée et ceinturée de trois côtés par l'Aar, est le principal ensemble architectural historique de Suisse et a été classée au patrimoine mondial de l'Unesco.

Berne fut fondée en 1191. Elle devint peu après indépendante et entama une agressive politique d'expansion. Jusqu'en 1536, Berne fut ainsi la plus grande cité au nord des Alpes. Elle devint membre de la Confédération en 1353. Dans la vieille ville, que vous pouvez facilement explorer à pied, le passé grandiose de l'actuelle capitale suisse a laissé d'évidentes empreintes. L'axe principal est formé par les Spital, Markt, Kram et Gerechtigkeitsgasse et conduit à la Bärengraben («Fosse aux ours») en passant par le pont Nydeggbrücke.

À voir absolument: **la cathédrale (15e-16e siècles) avec son clocher de 100 m de haut, son portail principal à la luxuriante décoration et ses splendides vitraux; *la Tour de l'horloge (15e-18e siècles), l'ancienne porte de la ville et le symbole de Berne; *la Fosse aux ours, dans laquelle sont gardés les «animaux de la cité»; *le Musée d'histoire de Berne; *Le Musée des Alpes suisses, avec des informations détaillées sur l'origine des Alpes et le tourisme dans ces montagnes.

La vieille ville de Berne

La fontaine des archers et la tour de l'horloge dans la Marktgasse

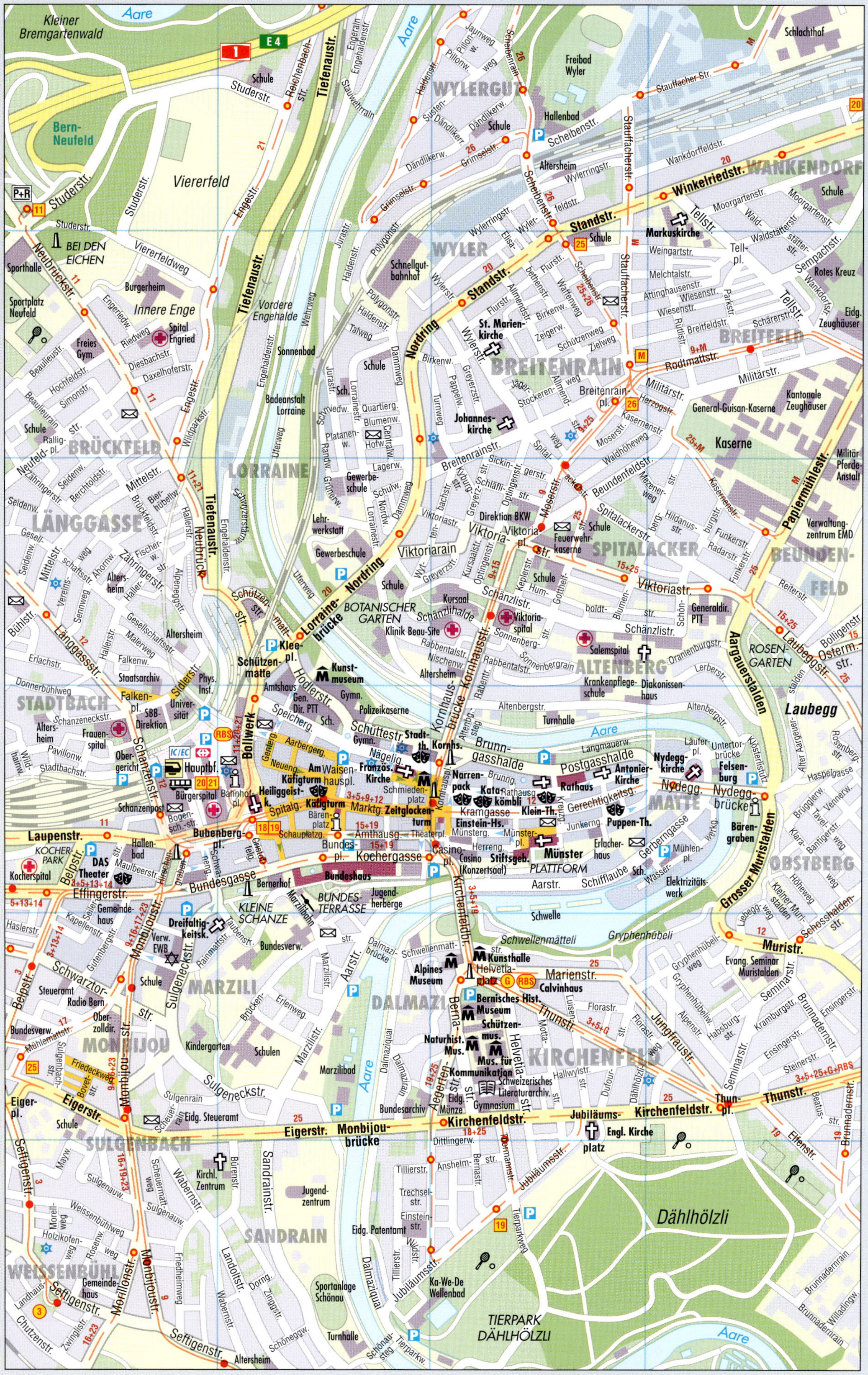

*Entre l'Engadine et le Mont Cervin se trouve un dense réseau de chemin de fer à voie étroite. L'une des principales jonctions entre le Rhône et la vallée du Rhin est la voie **Furka-Oberalpbahn** longue de 100 km, ici près d'Andermatt, qui traverse deux cols.*

d'Appenzell. Par beau temps, vous aurez une vue grandiose depuis le sommet. Point de départ et d'arrivée de nombreuses randonnées en montagne (parking).

Les Alpes du nord

Le Rhin antérieur et le Rhône prennent leur source dans le massif du Gotthard. Le Rhin coule vers l'est, le Rhône vers l'ouest. Au nord se dressent les Alpes suisses du nord, avec leurs magnifiques paysages de livres d'images comme l'Oberland bernois, mais aussi les cantons séculaires de Suisse, qui se réunirent ici en 1291 pour former la Confédération.

Culture

* **Schwyz** ㉜ Capitale du canton du même nom, avec sa place historique et son hôtel de ville orné de fresques; Archives des chartes fédédales, avec les chartes de fondation.
** **Lucerne** ㉝ Magnifiquement située sur le lac des Quatre-Cantons et «Berceau de la Confédération». À voir absolument: *la Hofkirche de style Renaissance; *le Kapellbrücke (14e siècle), le plus vieux pont couvert d'Europe, avec sa tour d'eau octogonale; le *Musegg-mauer, un puissant mur d'enceinte; *l'hôtel de ville de style Renaissance; le *Spreuerbrücke, un pont couvert avec ses tableaux de la danse macabre (17e siècle). La **Verkehrshaus der Schweiz, le Musée des transports le plus grand et le plus diversifié d'Europe.
* **Brienz** ㉞ Village de vacances sur le lac du même nom. Centre de la sculpture sur bois avec un *musée en plein air.
* **Interlaken** ㉟ Village de vacances qui connaît une longue tradition et offre une belle vue sur la **Jungfrau (4 158 m).
* **Grindelwald** ㊱ Village niché dans la région des glaciers, avec une jolie vue sur l'Eiger (3 970 m), le Mettenberg (3 104 m) et le Wetterhorn (3 701 m).
* **Mürren** ㊲ Village de montagne interdit à la circulation sur une terrasse ensoleillée. Un téléphérique vous conduira vers le point de vue sur le **Schilthorn (2 970 m).
* **Thun (Thoune)** ㊳ Vieille ville sur le lac du même nom et «Porte de l'Oberland bernois».

Nature

** **Le lac des Quatre-Cantons** ⑩ Pittoresque lac alpin, baptisé d'après les quatre «cantons» d'Uri, Unterwalden, Schwyz et Lucerne et le centre de la région de Guillaume Tell.
** **Le Mont Pilate** ⑪ Capricieuse montagne sur le lac des Quatre - Cantons, l'un des plus beaux points de vue dans les Alpes du nord.
* **Le Glarnerland** ⑫ Région ceinturée de hauts sommets dans le petit canton montagneux de Glarus, avec le Glärnisch (2 914 m) et l'idyllique Klöntaler See.
* **Les gorges de Tamina** ⑬ Gorges mystérieuses près de Bad Ragaz, avec un chemin conduisant vers les sources sulfureuses fumantes.
*** **L'Oberland bernois** ⑭ Majestueux paysage alpin avec ses sommets proches des quatre mille mètres d'altitude, ses lacs romantiques comme le *lac de Brienz et le *lac de Thoune, d'impressionnants cols de montagne (**Grimsel, 2 165 m; **Susten, 2 224 m), la gigantesque Jungfraubahn, qui vient à bout de côtes atteignant les 25% vers le **Jungfraujoch haut de 3 454 m, le dernier train à vapeur des montagnes suisses vers le *Brienzer Rothorn, des villages de vacances mondialement connus comme Grindelwald et Gstaad et la célèbre face nord de l'Eiger.
* **Les chutes d'Engstligen** ⑮ chutes d'eau de 600 m de haut à l'ouest d'Adelboden.
* **Les chutes de Staubbach** ⑯ Spectaculaires chutes d'eau de 300 m de haut près de Lauterbrunnen, qui inspirèrent Goethe en 1779 pour son «Gesang der Geister über dem Wasser» («Chant des esprits au-dessus des eaux»). Près de Lauterbrunnen, les *chutes de Trümmelbach se jettent dans des gorges étroites (point de vue protégé).
***Les gorges de l'Aar** ⑰ Gorges dramatiques, longues de 1,4 km à l'est du Lac de Brienz.
* **Les chutes de Giessbach** ⑱ Un spectacle naturel près de Brienz. L'eau se jette sur 14 escaliers rocheux pour arriver 300 m plus bas dans le lac de Brienz.
* **Les gorges de Schöllenen** ⑲ Entre Göschenen et Andermatt, aux pieds du tunnel du Saint- Gotthard, avec son légendaire «pont du diable».

1

2

3

Le Valais

Le Valais s'étend depuis la fertile vallée du Rhône en direction du sud jusqu'à l'un des plus hauts sommets du pays. Auparavant, cette région montagneuse était difficilement accessible et peu accueillante, ce qui en a en quelque sorte fait la «maison des pauvres» de Suisse. Mais

1 Depuis le village de vacances bien connu de Grindelwald, vous pouvez jouir d'une belle vue sur le lac de Bachalp et le groupe d'Aarhorn.

2 Sur la rive du lac des Quatre-Cantons se trouve Lucerne, avec sa pittoresque vieille ville. Un adorable petit coin: la tour d'eau octogonale et la Kapellbrücke, un pont en bois couvert qui fut construit au début du 14e siècle et faisait partie des fortifications de la ville. Il fut reconstruit après un incendie en 1993.

3 Le château d'Oberhofen et sa situation féerique sur le lac de Thoune

L'Oberland bernois

L'Eiger, le Mönch et la Jungfrau – trois sommets dont l'altitude varie autour des quatre mille mètres - forment un magnifique trio, celui de l'Oberland bernois, l'une des régions de haute montagne les plus célèbres du monde.

L'histoire de l'alpinisme est étroitement liée à celle de la Suisse. Le pays compte le plus de sommets de quatre mille mètres d'Europe et déjà au 19e siècle, le credo des pionniers était «Plus c'est haut, mieux c'est!». La face nord de l'Eiger est une exception concernant sa première ascension. C'est une montagne qui impose crainte et admiration, ce qui la rend aussi très attirante pour les alpinistes. Ce n'est qu'en 1938, longtemps après que le Mönch et la Jungfrau eurent été escaladés, qu'une équipe austro-allemande arriva pour la première fois au sommet. On se mit ensuite à chercher de nouveaux défis; des routes de plus en plus ardues sur la roche implacablement lisse, également durant l'hiver. Depuis 1938, 50 personnes ont perdu la vie sur la face nord de l'Eiger. Si vous préférez jouer la carte de la sécurité, vous pouvez aussi admirer ce dramatique monde de la montagne depuis la station de sports d'hiver et de vacances populaire de Grindelwald.

1 Le panorama parfait: le lac de Bachalp au-dessus de Grindelwald et, dans le fond, le Wetterhorn et les sommets proches de quatre mille mètres: le Schreckhorn, le Finsteraarhorn et l'Eiger (à droite).

2 Le sommet de Männlichen de 2 343 m de haut,près de Wengen, offre une vue idéale sur le monde de glace de la Jungfrau (4 158 m) et de l'Aletschhorn.

3 Grindelwald est véritablement indissociable de l'Eiger et de sa fameuse face nord.

4 Au-dessus de l'Engstlingendal se dressent le Wildstrubel (3 243 m) et le Fitzer (2 458 m).

5 C'est la cascade Staubbachfall, près de Lauterbrunnen, qui inspira à Goethe la création de son «Gesang der Geister über den Wassern» (Chant des esprits au-dessus des eaux).

6 De redoutables montagnes dignes des plus beaux livres d'images: la Kleine Scheidegg se trouve dans l'ombre de l'Eiger et du Mönch.

7 Le printemps sur l'Alp Rosenlaui, où les alpinistes partent vers le Wellhorn et le Wetterhorn.

Lago Maggiore Lago Lugano

Des palmiers, une eau bleu azur et un ciel limpide. De petites villes impertinentes, comme au cinéma, jazzy, aisées, mais néanmoins normales. Et bien sûr des montagnes, couvertes de vignes qui, grâce au soleil généreux, produisent des fruits délicieusement sucrés.

Locarno, Ascona et Lugano sont peut-être les endroits les plus excitants le long de ces routes romantiques sur les rives de ces deux lacs appréciés à Ticino, qui partage la Suisse avec l'Italie. Pendant longtemps, les familles milanaises Visconti et Sforza régnèrent en maître sur la région, mais en 1516, Ticino devint membre de la Confédération. L'importance de cette région au climat privilégié s'accrut lorsque les cols de montagne devinrent plus praticables, et en particulier le Saint-Gotthard, et grâce aux Britanniques qui vinrent y passer l'hiver à partir du 19e siècle et amenèrent avec eux le tourisme. Aujourd'hui, Lugano est, après Zurich et Genève, le principal centre financier de Suisse et le nombre de mécènes culturels y est donc proportionnellement grand.

Grande photo de gauche: Ronco Sopra Ascona: comme un aigle sur un rocher, les vieilles maisons des villages de pêcheurs s'accrochent aux versants au-dessus du Lago Maggiore.

1 Morcote, au pied du Monte Arbostora, s'étire un peu dans le lac de Lugano. L'ancien village de pêcheurs, dont le charme s'exprime surtout pendant une balade en bateau, est l'un des endroits les plus visités de la région.

2 Le Parco Scherrer à Morcote est une oasis somptueusement verte. C'est le commerçant en textiles Scherrer qui ramena de ses voyages d'affaires bon nombre des plantes exotiques et fit aménager le parc dès 1930.

3 Avec un téléphérique, vous pouvez vous rendre au Monte Brè, haut de 933 m, pour jouir de la vue qui s'offre à vous sur le lac et les Alpes.

4 Le romantique Parco Civico était jadis le refuge vert de la Villa Ciani (18e siècle) à Lugano.

5 Pure beauté: la promenade sur les rives du Ceresio, comme les habitants de Lugano appellent leur lac.

1

2

3

4

5

Le Mont Cervin (Matterhorn), haut de 4 478 m, n'est - après le Monte Rosa (4 634 m), également situé dans le Valais - que le deuxième plus haut sommet de Suisse, mais en raison de sa forme caractéristique, cette montagne est l'une des plus photographiées du pays

Une statue de Charlemagne et des fresques dans l'église conventuelle de Müstair.

Un paysage de montagnes grandiose: un regard sur la Jungfrau et le glacier d'Aletsch.

Le village de Ftan, typique de l'Engadine, avec le château de Tarasp à l'arrière-plan.

aujourd'hui, le Monte Rosa, le Mont Cervin (Matterhorn) et les belles vallées reculées attirent de nombreux touristes.

Culture

* **Sion** 39 Implantation séculaire dans la vallée du Rhône et capitale de canton. Dans les environs, deux cônes montagneux: La Valère avec une imposante église fortifiée médiévale (12e-13e siècles) et le Tourbillon avec les ruines d'un château fort du 13e siècle. Dans la vieille ville: hôtel de ville Renaissance avec son horloge astronomique, le Musée d'art du Valais et le Musée archéologique.

* **Zermatt** 40 Village de vacances de réputation mondiale au pied du Mont Cervin (Matterhorn). Les voitures privées ne peuvent pas y pénétrer.

* **Saas-Fee** 41 Dans la vallée de la Sarine. Village de vacances avec impressionnant décor de montagnes et de glaciers.

* **Ernen** 42 Village de montagne plein d'ambiance près du grand glacier d'Aletsch.

Nature

* **Lac souterrain** 20 Près de St-Léonard. Possibilité de balades en bateau.

* **Hérens et Hérémence** 21 Deux grandes vallées avec des villages de montagne typiques et leurs maisons en bois, des glaciers et des sommets enneigés. Les pyramides de terre d'Euseigne datent de l'ère glaciaire.

* **Col du Grand-Saint-Bernard** 22 Col de montagne à 2 469 m d'altitude à la frontière avec l'Italie. Il était déjà, durant l'Antiquité, la voie de communication entre le Valais et le Val d'Aoste (Italie). Des moines vivent encore aujourd'hui dans l'hospice médiéval qui se trouve sur le col.

** **Le Mont Cervin** 23 **(Matterhorn)** Avec ses 4 478 m, un paradis pour les alpinistes. Très belle vue sur la montagne depuis *Gornergrad (chemin de fer à crémaillère à 3 131 m de hauteur); de là, vous pouvez prendre le téléphérique vers le Petit Mont Cervin (3 820 m).

** **Lötschental** 24 Région très intéressante, encore peu touristique, où les traditions du Valais sont toujours mises à l'honneur.

* **Grand Glacier d'Aletsch** 25 Gigantesque rivière de glace, de 28 km de long. Des randonnées sont possibles à partir du *Riederalp et du Bettmeralp. Vue depuis le Belalp (téléphérique depuis Blatten) et l'Eggishorn (téléphérique depuis Fiesch).

* **Col de Furka** 26 2 431 m d'altitude et le passage entre le Valais et les Alpes du nord. Le *Glacier du Rhône vient jusqu'au chemin tortueux.

Ticino (le Tessin)

Au sud du grand tunnel du Saint-Gotthard, la Suisse se montre sous son côté ensoleillé. Ticino offre un climat clément et une végétation subtropicale, mais le contraste entre les villes animées sur les lacs bien connus et le calme qui règne dans les hautes vallées rend aussi cette région très attirante.

Culture

* **Ascona** 43 Jadis un village endormi sur le Lago Maggiore, découvert vers 1900 par des artistes et désormais une station thermale mondaine avec quelques beaux bâtiments .

** **Locarno** 44 Station balnéaire magnifiquement située sur le Lago Maggiore. Avec ses arcades aux accents méditerranéens, sa pittoresque Piazza Grande et les ruines d'un imposant château. Sur un rocher se dresse la célèbre église de pèlerinage *Madonna del Sasso.

** **Lugano** 45 Ville sur le lac de Lugano, très appréciée pour sa situation unique et son ambiance méditerranéenne. À voir absolument: *façade de style Renaissance précoce de la cathédrale San Lorenzo; *fresque de la passion dans l'église Santa Maria degli Angioli; le Musée Villa Favorita.

* **Morcote** 46 Sur le lac de Lugano. Avec l'église Santa Maria del Sasso (15e-18e siècles).

* **Riva San Vitale** 47 Sur le lac de Lugano, avec l'église Renaissance San Croce (16e siècle) et un baptistère paléochrétien unique en Suisse.

* **Gandria** 48 Village de pêcheurs plein d'ambiance sur le bras oriental du lac de Lugano.

* **Corippo** 49 Village de montagne authentique et typique dans le Val Verzasca.

* **Bellinzona** 50 Capitale du canton du Tessin, avec son centre d'allure lombarde et trois forteresses médiévales (patrimoine mondial de l'Unesco). Imposant: le pittoresque Castello Grande.

Nature

** **Lac de Lugano** 27 Lac comptant plusieurs bassins et de pittoresques rives abruptes.

* **Val Verzasca** 28 L'une des hautes vallées tranquilles de la Sopra Ceneri. Ce paysage dépouillé avec ses rochers dramatiques et ses pâturages détonne un peu dans l'adorable région du Tessin.

* **Valle di Muggio** 29 Sympathique paysage vallonné à la frontière italienne, entre Castel San Pietro et Muggio.

Les Alpes de Bündner

Avec l'Engadine, Graubünden, le plus grand canton de Suisse, possède l'une des régions de vacances les plus belles et les plus riches en traditions d'Europe. À l'hiver y arrivent des skieurs venant des quatre coins de la terre. D'impressionnants cols de montagne à plus de 2 000 m d'altitude vous conduisent vers le soleil d'Italie.

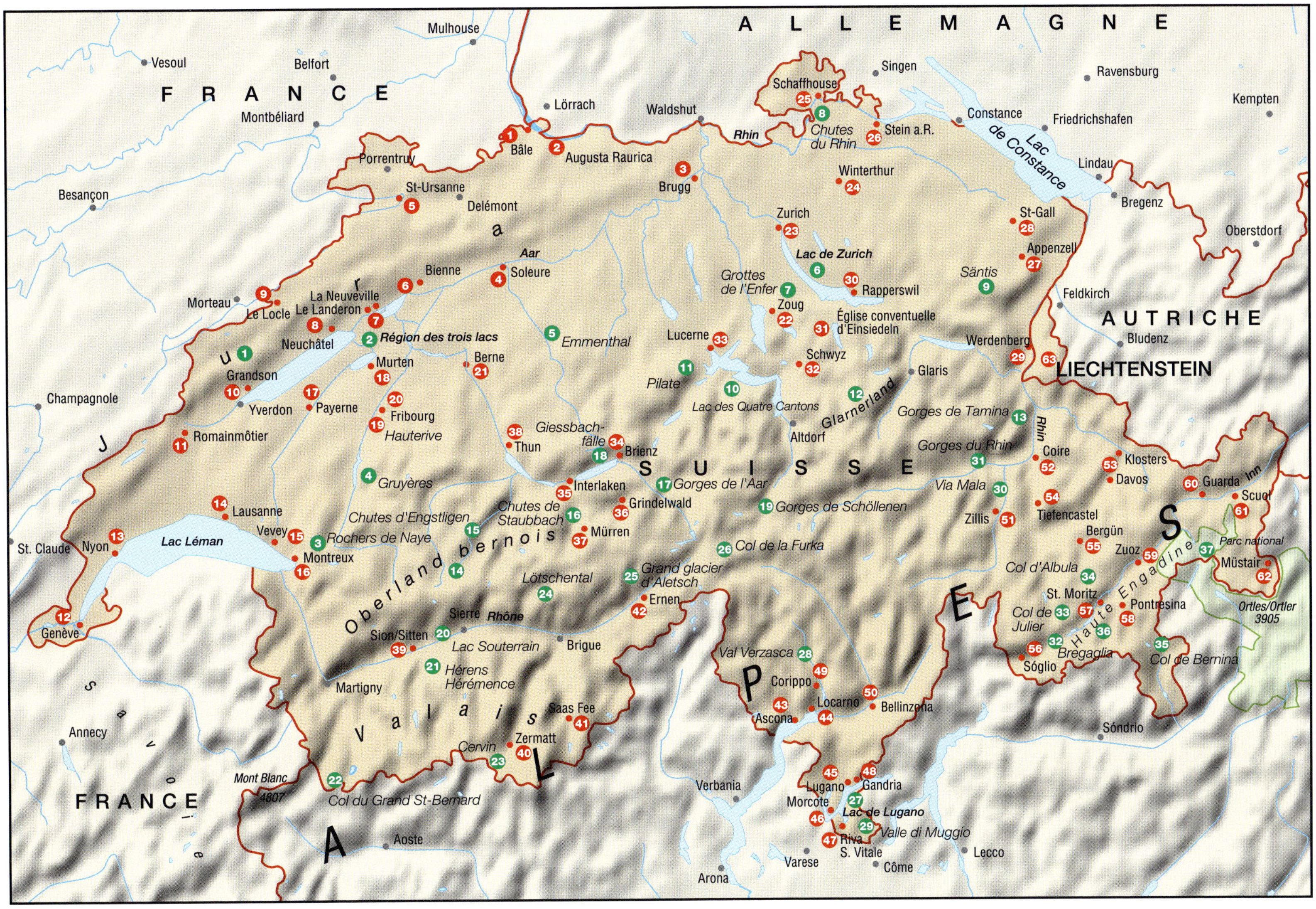

Culture

Zillis 51 Près de Splügen. Le ***plafond en bois peint de ***l'église Saint-Martin (12e siècle) est l'apogée de l'art médiéval.

*** Chur** 52 La plus ancienne localité de Suisse, déjà habitée au début de l'âge de pierre. Elle jouait déjà, voici des milliers d'années, un rôle-clé dans la traversée des Alpes. À voir absolument: la vieille ville avec sa *cathédrale en roman tardif et la cour épiscopale.

*** Klosters** 53 Station de ski appréciée dans le Prättigau.

Tiefencastel 54 Près de Lenz. À voir absolument: *la petite église de Mistail, la seule maison de prière carolingienne conservée de Suisse, joliment située au-dessus des gorges de Schin.

*** Bergün** 55 Ville ancienne sur le Col d'Albula.

*** Soglio** 56 Pittoresque village de montagne dans la région de Bregaglia.

*** Saint-Moritz** 57 Station de ski mondialement connue avec de splendides hôtels. Dans le vieux centre («Dorf»): *le Musée de l'Engadine.

*** Pontresina** 58 Village de vacances connu, avec ses hôtels historiques et des maisons typiques de cette région.

*** Zuoz** 59 Localité historique bien conservée avec des maisons typiques.

*** Guarda** 60 Village de montagne historique et très agréable, à la situation ensoleillée près des «Dolomites de l'«Engadine inférieure».

*** Schuls** 61 Station thermale avec le *château de Tarasp surplombant l'Inn.

Müstair 62 À la frontière avec l'Italie et à hauteur du Col d'Ofen. Avec un ***couvent de bénédictines historiquement et culturellement important (patrimoine mondial de l'Unesco), de vieilles fresques carolingiennes dans l'église transformée en gothique tardif.

Nature

**** Via Mala** 30 «Mauvaise Route»: des gorges étroites et sauvages dans la vallée du Rhin postérieur, sur la route de San-Bernardino au-dessus des Alpes. Aujourd'hui facilement accessible à pied depuis Sils.

*** Les gorges du Rhin** 31 Les plus grandes gorges de Suisse, près de la station de sports d'hiver connue de Flims.

**** Bregaglia** 32 L'une des trois vallées où l'on parle l'italien dans l'Engadine , une vallée étroite et en degrés où aucun tourisme de masse ne sévit encore. Avec de petits villages de montagne reculés.

*** Le col de Julier** 33 Col alpin (2 284 m) avec de grandioses panoramas, qui était déjà emprunté par les Romains.

**** Le col d'Albula** 34 Route de montagne très agréable et paisible (2 312 m) conduisant vers Saint-Moritz.

**** Le col de Bernina** 35 À 2 328 m d'altitude, il offre des vues magnifiques, surtout sur la partie sud. Conduit des glaciers vers la région viticole italienne de Valtellina (Veltlin).

**** L'Engadine supérieure** 36 Paysage alpin qui fut formé pendant la période glaciaire par le Glacier de l'Inn, avec des lacs de montagnes limpides et des vallées pittoresques. Le plus haut sommet: le Piz Corvatsch (3 451 m), un paradis pour les skieurs, avec «neige garantie».

*** Parc national suisse** 37 Sur le *col d'Ofen (Passo del Fuorn; 2 149 m), avec 650 espèces végétales et 30 espèces de mammifères.

Loin au-dessus de Vaduz, la capitale animée de la principauté du Liechtenstein, trône l'imposant château des princes.

Liechtenstein 63

Un minuscule état de 30.000 habitants et d'une superficie de 160 km², telle est la principauté du Liechtenstein. Elle forme une union économique avec ses voisins que sont la Suisse et le Vorarlberg autrichien. Son unité monétaire est le franc suisse, mais le Liechtenstein a ses propres timbres postaux. Dans la capitale Vaduz, au pied des Drei Schwestern (Trois Sœurs) (2 052 m), vous pouvez admirer la *Liechtensteinische Kunstsammlung (collection d'art du Liechtenstein) qui regroupe des œuvres de maîtres anciens.

Le fantastique paysage de glaciers des Stubaier Alpen: intact et proche du ciel. La crête principale, entre le Timmelsjoch et le Brennersenke, forme la frontière entre le Tyrol et le Sud-Tyrol.

Autriche

Difficile de choisir entre un café ou un bar à vin, entre le plaisir de la baignade ou une randonnée dans les glaciers, entre un orchestre symphonique ou une fanfare? L'Autriche a tout à vous offrir! Bien que le pays ait été surnommé la «République des Alpes», il a bien plus à proposer que des

La salle Bernardi, comptant deux étages à la décoration luxuriante, de l'abbaye de Stams dans la vallée de l'Inn.

sommets de trois mille mètres et des stations de ski connues. Sur le plan des paysages, le lac de Neusiedler, à l'ouest, est un petit bijou et un vrai paradis ornithologique. Sans, bien sûr, oublier la culture! Salzbourg, Bregenz et Graz ont leur célèbre festival et la culture viennoise est toute l'année de niveau international. Les vins et gâteaux autrichiens sont tout aussi connus, comme le Kaiserschmarrn ou le Linzer Torte.

*La Zillertal est une vallée de l'Inn, au sud, et l'une des régions les plus touristiques du Tyrol, tant en hiver qu'en été. Les impressionnantes hautes montagnes des **Zillertaler Alpen** en portent le nom. Cette vallée s'étend vers le sud jusqu'au col de Brenner.*

Autriche

Superficie: 83 855 km²
Point culminant: Großglockner (3 797 m)
Plus long cours d'eau: Danube (partiellement)
Population: 7,6 millions d'habitants
Densité de population: 90 hab./km²
Capitale: Vienne (1,5 million d'habitants)
Provinces: Vorarlberg, Tyrol, Salzbourg, Haute-Autriche, Basse-Autriche, Vienne, Burgenland, Styrie, Carinthie
Fuseau horaire: MET

Adresses utiles
(B) Office du tourisme autrichien
Boîte postale 700
1050 Bruxelles
Tél.: 02 646 06 10
Fax: 02 640 46 93
E-mail: info@oewbru.be
(FR) Maison de l'Autriche à Paris
Boîte postale 475
75366 Paris Cedex 08
Tél.: 01 53 83 95 20
Fax: 01 45 61 97 67
Site Web officiel de l'Office du tourisme autrichien
www.austria-tourism.at

Situation et paysage

L'Autriche se trouve au cœur de l'Europe et compte sept pays voisins. En dépit de sa superficie relativement peu importante, le paysage autrichien est très varié et de considérables différences climatologiques existent entre les régions. Au sud, les Alpes forment un axe impressionnant, avec les Alpes centrales à l'ouest et les Alpes carniques à l'est. Au nord, le paysage est dominé par la vallée du Danube, qui grimpe jusqu'aux contreforts de la Forêt-de-Bohême. Au sud-est, vous trouverez les collines de Styrie et du Burgenland.

Le Vorarlberg

Les habitants du Vorarlberg, qui descendent des Alemans, appellent leur petite province «Ländle» (petit pays). Le Vorarlberg partage le lac de Constance avec l'Allemagne et la Suisse. L'Arlberg, le Montafon et le Kleines Wassertal sont connus des skieurs du monde entier. La région est également très riche sur le plan culturel.

Culture

Bregenz ❶ Capitale du Vorarlberg, sur la rive orientale du lac de Constance, connue pour ses Festspiele. À voir absolument: la ville haute historique, l'abbaye cisterciennes de Mehrerau, la Kunsthaus Bregenz et son architecture contemporaine. Vous aurez une belle vue sur la ville et le lac depuis le Pfänder ou le sommet de *Fluh.

*** Schwarzenberg ❷** Dans la forêt de Bregenz (Bregenzer Wald), avec sa noble place et ses maisons typiques du Vorarlberg. Dans la Heimathaus, vous trouverez des toiles baroques d'Angelika Kauffmann, qui participa aussi aux plans de l'église paroissiale.

*** Feldkirch ❸** La deuxième plus grande ville du Vorarlberg, dominée par l'impressionnant *Schattenburcht, dont l'édification fut entamée au 12e siècle. La cathédrale Saint-Nicolas est un bijou de style gothique tardif. Intéressante vieille ville avec ses maisons peintes et ses pergolas.

*** Vandans ❹** Vieux village en bordure du Montafon. Les maisons rurales typiques vous rappelleront que ses habitants sont originaires du Valais suisse. Le Heimatmuseum, dans la ville proche de Schruns, vous en apprendra plus sur l'histoire et la culture de la région.

Nature

**** Gorges de Rappenloch ❶** Elles figurent parmi les gorges les plus impressionnantes des Alpes orientales. Vous pouvez vous rendre à pied au lac Staufensee et aux chutes d'Alploch.

**** Forêt de Bregenz (Bregenzer Wald) ❷** Un paysage montagneux au nord du Vorarlberg, dont les sommets peuvent atteindre jusqu'à 2 600 m, et l'agréable vallée de l'Ache.

*** Vallée de Brandnertal ❸** Paysage d'alpages à l'est de Bludenz, où les touristes sont peu nombreux.

*** Montafon ❹** Haute vallée entre Bludenz et le Rätikon suisse, avec la possibilité de pratiquer les sports d'hiver ou de faire de belles balades.

Les chutes de Krimmler dégringolent en trois «étages» sur un dénivelé de 380 m.

Tyrol

La vallée de l'Inn est, depuis des siècles, l'axe de jonction entre le nord et le sud. Le Tyrol est une région au passé mouvementé, marquée par toutes sortes d'influences venant de l'extérieur, mais gardant malgré tout son identité propre et authentique. Les massifs montagneux connus et impressionnants en font partie, tout comme la région reculée et calme du Tyrol oriental.

Culture

**** Innsbruck ❺** Capitale du Tyrol, dans la vallée de l'Inn et à l'ombre du mont Karwendel, avec son centre-ville de style gothique tardif. Méritent un détour: le **Goldene Dachl («Petit toit d'or»), le balcon en encorbellement recouvert de plaques de cuivre dorées du **Maximilianeum, qui nous rappelle l'empereur Maximilien Ier; la tombe de ce dernier dans la splendide **Hofkirche (milieu du 16e siècle). À voir également: le Hofburg, la cathédrale baroque, le musée tyrolien du folklore. Dans les environs: **le château d'Ambras, un noble château Renaissance avec une galerie de portraits des Habsbourg; *Wilten avec une belle église rococo; l'**abbaye de Stams avec ses fresques intéressantes.

*** Seefeld ❻** Station de sports d'hiver appréciée à l'ouest du Karwendel. À voir absolument: l'**église paroissiale gothique Saint-Oswald et son intérieur Renaissance; la **Seekirchlein, une chapelle octogonale datant de 1628.

*** Leutasch ❼** Localité aux maisons très éloignées dans la haute vallée du même nom.

*** Hall ❽** Devint riche au Moyen Âge grâce à l'extraction du sel. La vieille ville de cette époque est bien conservée. À voir absolument: l'*église paroissiale en gothique tardif.

*** Schwaz ❾** À la fin du Moyen Âge, un centre d'extraction d'argent, avec la Fuggerhaus en gothique tardif et l'*église Zu unserer Lieben Frau, la plus grande église-halle gothique du Tyrol.

*** Château de Tratzberg ❿** Au-dessus de Jenbach, bâti vers 1499, pendant le passage du style gothique au style Renaissance.

*** Rattenberg ⓫** Dans la vallée de l'Inn, avec sa vieille ville médiévale et son église Saint-Virgile de style gothique tardif, transformée en style baroque.

*** Kitzbühel ⓬** L'un des lieux de vacances les plus exclusifs et les plus anciens dans les Alpes. À voir absolument: maisons bourgeoises dans la vieille ville, église paroissiale et église Notre-Dame avec son bel intérieur baroque.

Matrei in Osttirol ⓭ Village encastré par le Großglockner et le Großvenediger, et de ce fait un agréable point de départ pour de belles balades. Un bijou de l'histoire de l'art dans le Weiler Ganz, dans la Virgental: les fresques romanes de l'**église Saint-Nicolas. Dans les environs: *Kals, le célèbre centre d'alpinisme, aux pieds du Großglockner.

Lienz ⓮ Capitale du Tyrol oriental, avec sa place pittoresque. À voir absolument: le château de Bruck (musée Osttiroler Heimatmuseum) du 13e siècle; Liebburg (16e siècle), église des Franciscains et église paroissiale Saint-André.

Nature

*** Silvretta ❺** Montagne située entre le Vorarlberg et le Tyrol, le Montafon et la Paznauntal, et également la ligne de partage des eaux entre le Rhin et le Danube. La Hochalpenstraße vous conduira vers le *Bieler Höhe (2 032 m) et le lac artificiel de Silvretta (belle route autour du lac; les alpinistes chevronnés se lancent ici à l'assaut du **Hoher Rad).

**** Pitztal ❻** Sympathique village de haute montagne surplombé par le Wildspitze de 3 774 m de haut. Panorama grandiose depuis le **Hinteren Brunnenkogel (3 440 m), accessible avec le Pitz- panoramabahn.

*** Sellraintal ❼** Haute vallée (2 000 m) parallèle à la vallée de l'Inn, avec une vue splendide sur les Stubaier Alpen. La capitale, Sellrain, est le point de départ de nombreuses

*L'un des derniers grands sites naturels d'Autriche – partagé entre les provinces de Carinthie, de Salzbourg et du Tyrol – est le **parc national Hohe Tauern**. Il couvre une superficie de plus de 1 000 km² et sera encore étendu à l'avenir, surtout dans le Tyrol. Ce parc national se trouve à une altitude pouvant atteindre 3 500 m et se compose d'un paysage alpin typique, partiellement glaciaire, avec une faune et une flore uniques.*

randonnées en montagne.
* **Zillertal** ❽ Romantique vallée des Alpes qui abrite les villages de vacances de Zell am Ziller et Maryhofen. D'ici, vous pourrez vous promener en direction de la vallée de *Tuxertal avec Hintertux (conseillé: une balade avec le téléphérique et le télésiège vers le **Gefrorene Wand, à 3 250 m d'altitude).
*** **Parc national de Hohe Tauern** ❾ Plus ou moins équitablement réparti entre les provinces du Tyrol, de Salzbourg et de Carinthie. Dans la partie tyrolienne se trouvent le Großglockner (3 797 m) et le Großvenediger (3 674 m). À voir absolument: les *chutes d'Umbal, au bout de l'intacte vallée de Virgental; **Gschlössalmen, souvent considéré comme l'un des plus beaux endroits des Alpes, accessible à pied depuis la Matreier Tauernhaus; *Kals-Matreier-Törl (2 207 m) avec un gigantesque panorama sur les Alpes, accessible à pied depuis Kals.

Salzbourg

La «ville des festivals», Salzbourg, est la capitale de la province du même nom, riche en trésors tant naturels que culturels: des lacs romantiques et des points de vue impressionnants sur des sommets avoisinant les trois mille mètres, les nobles bains de Gastein et leurs sources médicinales et le célèbre Salzkammergut.

Culture

** **Bad Gastein** ⓯ Depuis l'époque romaine, une station thermale connue aux pittoresques cascades dans le centre. À voir absolument: l'église gothique Saint-Nicolas, le *Felsenbad et le Gasteiner Museum.
Zell am See ⓰ Capitale du Pinzgau. Avec sa proche voisine Kaprun, elle forme la «Europa-Sportregion» (région sportive d'Europe). À voir absolument: l'église Saint-Hippolyte et son noyau roman, la tour Vogt et le château Renaissance Rosenberg.
** **Werfen** ⓱ Petite ville avec son superbe château de Hohenwerfen, qui fut édifié en 1077, afin de protéger Salzbourg (visites guidées et fauconnerie).
Hallein ⓲ Ancienne ville salinière et sa tranquille *mine de sel (peut se visiter), musée Kelten et musée en plein air; dans la vieille ville, façades baroques et rococo colorées.
*** **Salzbourg** ⓳ Voir plan page 147.

Nature

** **Chutes de Krimmler** ❿ Dans la vallée de la Salzach. L'une des six plus grandes cascades du monde, très impressionnante pendant la fonte des glaciers; d'ici, une route à péage vous conduira par le col de Gerlos vers la vallée de Zillertal.
** **Großglockner Hochalpenstraße** ⓫ L'une des routes de montagne les plus époustouflantes dans les Alpes, sur la crête principale des Alpes centrales (plus de 2 500 m d'altitude). Point de départ à Bruck, près de Zell am See. À voir absolument: près du parking Piffkar, route panorama avec des panneaux d'orientation, au km 26 musée sur l'écosystème des Tauern, à hauteur du Fuscher Törl, route latérale conduisant vers l'Edelweißspitze avec point de vue sur 37 sommets de quelque trois mille mètres et 19 glaciers; encore une route latérale de Guttal vers le Franz-Josefs-Höhe, avec un sentier balisé. La région de Glockner fait partie du parc national Hohe Tauern, qui couvre une partie des provinces du Tyrol, de Salzbourg et de Carinthie.
** **Eisriesenwelt** ⓬ Gigantesque grotte de glace près de Hallein, avec une rivière souterraine et un lac (uniquement au cœur de l'été).

Haute-Autriche

Vous découvrirez ici une région pleine de contrastes: au nord de la vallée du Danube se trouvent les contreforts de la Forêt-de-Bohême et le paisible paysage vallonné du Mühlviertel. Au sud du Danube commencent les Préalpes, avec d'impressionnants points de vue et de hauts sommets, entre lesquels se niche une cinquantaine de lacs.

Culture

* **Mondsee** ⓴ Sur le lac du même nom, avec un musée sur l'histoire régionale, qui remonte jusqu'aux débuts de l'âge de pierre.
* **St. Wolfgang** ㉑ Localité très visitée sur le Wolfgangsee, avec une belle église en gothique tardif qui possède un très intéressant **autel à vantaux.

1 **Les féeriques hautes montagnes des Stubaier Alpen, avec le Sulztalerferner, le Zuckerhütl et le Wildspitze.**

2 **Au-dessus de la vieille ville de Werfen, dans la province de Salzbourg, trône le château de Hohenwerfen, bâti entre les 11e et 16e siècles.**

3 **Vue sur la vieille ville de Salzbourg, avec la forteresse Hohensalzburg au crépuscule.**

4 **Kitzbühel, une très célèbre station de sports d'hiver et le lieu de rencontre de la jet-set internationale, attire aussi le touriste moyen grâce à son paysage montagneux unique.**

L'Abbaye de Melk

Loin au-dessus du Danube, à l'ouest de Vienne, se trouve l'abbaye bénédictine de Melk, l'un des plus beaux chefs-d'œuvre de l'architecture baroque, avec sa bibliothèque et son église mondialement connues. Ce bijou architectonique est un projet de Jakob Prandtauer, l'un des plus grands architectes de son temps.

Déjà en 976, le margrave Léopold I agença la forteresse de Melk pour en faire sa résidence et ses successeurs vinrent y ajouter de précieux trésors et reliques. En 1089, le margrave Léopold II fit cadeau de la forteresse aux moines bénédictins de Lambach, qui occupent encore aujourd'hui l'abbaye. Dans la bibliothèque du monastère, les moines rassemblèrent et confectionnèrent durant des siècles de précieux manuscrits. Mais les moines de Melk apportèrent aussi une importante contribution dans le domaine des sciences naturelles et humaines et de la musique. Les ecclésiastiques sont encore actifs aujourd'hui dans le travail pastoral, l'agriculture, la culture et le tourisme. L'abbaye de Melk est donc, depuis le tout début, un important centre spirituel en Autriche.

Grande photo de gauche: l'abbaye trône comme une image de conte de fées au-dessus de la belle localité de Melk, surtout quand la nuit est tombée et que l'ensemble baigne dans la lumière de nombreux projecteurs. La coupole et les deux tours aux formes baroques sont les symboles de la cathédrale Saints-Pierre-et-Paul.

1

2

3

1 Devant la façade ouest et ses deux tours une superbe plate-forme offrira un splendide point de vue sur la vallée du Danube.

2 La célèbre bibliothèque de l'abbaye se découvre pendant des visites guidées. Son luxuriant intérieur aux tons brun et or abrite plus de 90 000 ouvrages.

3 Depuis le parking, les visiteurs doivent d'abord passer sur les anciennes fortifications. Ils arrivent ensuite dans les charmants jardins baroques.

*La **Wachau**, la vallée du Danube profondément découpée entre Melk et Krems, est l'un des plus beaux paysages de rivière d'Europe. Sur le Danube se trouvent de petites villes viticoles historiques, comme Weißenkirchen avec son église médiévale et le musée de la Wachau.*

★ Bad Ischl ㉒ Jadis une station thermale mondaine aux maisons de la noblesse, comme la Kaiservilla et la villa Lehár.

★★ Hallstatt ㉓ L'une des plus belles localités du Salzkammergut, à la situation pittoresque sur un versant du Hallstätter See, avec une mine de sel (se visite) et le musée de la préhistoire avec d'importantes trouvailles archéologiques issues de la civilisation européenne de Hallstatt (750-500 av. J.-C. – baptisée d'après le nom du site; patrimoine mondial Unesco).

★ Gmunden ㉔ Sur le Traunsee, avec d'historiques résidences d'été de dynasties européennes.

★ Schärding ㉕ Ville à la frontière allemande et capitale de l'Innviertel, avec une large place typique des villes historiques de l'Inn, des façades baroques et un château.

★ Linz ㉖ Capitale de la Haute-Autriche. À voir absolument: la vieille cathédrale de style baroque précoce, la Landhaus Renaissance, l'église de l'Ordre teutonique (1725) et le musée régional de Haute-Autriche. Dans les environs: l'**abbaye Saint- Florian et sa grandiose église baroque.

★ Grein ㉗ Pittoresque petite ville sur le Danube, à la frontière ave la Basse-Autriche, avec son fier château et un théâtre rococo original.

Nature

★★★ Salzkammergut ⑬ Encore et toujours le centre de l'extraction du sel, avec un fascinant paysage de montagne (Hoher Dachstein, 2 996 m) et des lacs splendides (Attersee, Traunsee, Mondsee et Wolfgangsee). Belle vue sur les lacs, le massif du Dachstein et le Totes Gebirge depuis le Schafberg, à 1 783 m d'altitude.

★★ Grottes de Dachstein ⑭ Impressionnantes grottes de glace souterraines près de Hallstatt; visites guidées.

★★★ Lacs de Gosau ⑮ Deux lacs féeriques se nichent dans un capricieux paysage de montagne, au nord-ouest du groupe des Dachstein.

Basse-Autriche

Le Mostviertel, le Weinviertel et le Waldviertel, le Wienerwald et la Wachau: des noms qui plairont aux amateurs de vin et de nature! En Basse-Autriche, ne vous attendez pas à trouver la grande aventure. Mais c'est certes l'une des plus grandes régions viticoles d'Europe et elle vous présentera ses bijoux culturels et ses agréables localités viticoles.

Culture

★★ Abbaye de Zwettl ㉘ Dans le Waldviertel. Abbaye cistercienne fondée en 1138, avec des bâtiments romans, gothiques, Renaissance et baroques. À voir absolument: *le cloître roman et gothique, la salle du trésor, le musée de l'abbaye et la bibliothèque baroque.

★★★ Melk ㉙ Imposante abbaye bénédictine, de style baroque, surplombant le Danube. À voir absolument: la cours des Prélats, la salle impériale avec son musée consacré à l'histoire de l'abbaye, la bibliothèque.

★★ Wachau ㉚ Région viticole traditionnelle (classée au patrimoine mondial par l'Unesco) sur la rive nord du Danube, avec de belles localités telles que Spitz et Weißenkirchen.

★ Dürnstein ㉛ Dans la Wachau, entre les vignobles au-dessus du Danube, avec les ruines d'une forteresse médiévale où Richard Cœur de Lion fut jadis emprisonné.

★ Krems ㉜ La plus ancienne ville de la province et un important centre viticole. À voir absolument: les maisons bourgeoises gothiques et la Große Sgraffitohaus sur le Hoher Markt.

★★ Klosterneuburg ㉝ Ville sur le Danube, près de Vienne, et baptisée d'après l'**abbaye des Augustins et son église baroque transformée et la chapelle médiévale Léopold; très intéressant: le Verduner Altar, un fantastique autel médiéval décoré d'émaux.

★ Baden ㉞ En bordure de la forêt de Vienne, un ensemble dans le style Biedermeier, avec un centre thermal historique. La joyeuse ville thermale, qui abrite les plus importantes sources sulfureuses d'Autriche, eut le privilège d'accueillir d'innombrables hôtes illustres, parmi lesquels l'impératrice Marie-Thérèse et Ludwig van Beethoven.

★ Bad Vöslau ㉟ Idyllique station thermale avec ses bains et ses villas d'artistes des 19e-20e siècles, jadis le lieu de vacances adoré des riches Viennois.

★★ Abbaye de la Sainte-Croix ㊱ Abbaye cistercienne fondée en 1133 dans la Helenental, avec son église romane, son cloître roman et gothique, ses bâtiments baroques et sa luxuriante colonne de la Trinité.

★ Puchberg am Schneeberg ㊲ Adorable village de vacances où le temps semble s'arrêter. Un train à crémaillère vous conduira vers le Schneeberg (2 075 m), une route panorama vous guidera le long de la Hohe Wand. Dans les environs: l'agréable village de vacances de Semmering, sur le col du même nom. Impressionnant: la **Semmeringbahn de 1854, la première voie ferrée de montagne d'Europe (classée au patrimoine mondial par l'Unesco).

Nature

★ Kamptal ⑯ Vallée étroite qui relie le Waldviertel et le Danube.

★ Helenental ⑰ Région boisée à travers laquelle coule le Schwechat.

★ Siernigtal ⑱ Parc naturel dans le paysage rocheux du mont Rosalien, à travers lequel passe un agréable et paisible chemin de montagne.

★ Bucklige Welt ⑲ C'est le nom de la région vallonnée, avec ses nombreuses grottes, que vous trouverez au sud de la province, à la frontière avec le Burgenland. À voir également: la grotte de Hermannt et ses fantastiques concrétions.

Vienne

Vienne, ancienne ville impériale et cœur d'un grand royaume, est aujourd'hui la capitale de la république autrichienne et en même temps une province. Avec plus de 1,5 million d'habitants, Vienne est aussi la plus grande ville d'Autriche et un centre politique, économique, culturel et gastronomique riche en traditions.

Culture

★★★ Vienne ㊳ Voir plan pages 150/151.

Burgenland

Depuis le Danube s'étend vers le sud la province du Burgenland, le long de la frontière hongroise. Le paysage y est varié – de la plaine du Danube aux agréables collines. Vous n'y trouverez plus de hautes montagnes. La région entourant le lac de Neusiedler, le plus grand lac salé d'Europe, offre une ambiance aux accents du sud-est de l'Europe.

Culture

★★ Château de Halbturn ㊴ À l'est du lac de Neusiedler, l'un des plus importants édifices baroques profanes d'Autriche, avec de magnifiques jardins.

★★ Frauenkirchen ㊵ Église de pèlerinage baroque à l'est du lac de

Un endroit pittoresque sur le Hallstätter See: le vieux village de Hallstatt, dans le Salzkammergut.

Dürnstein, dans la Wachau, séduit grâce à ses vieux bâtiments superbement conservés.

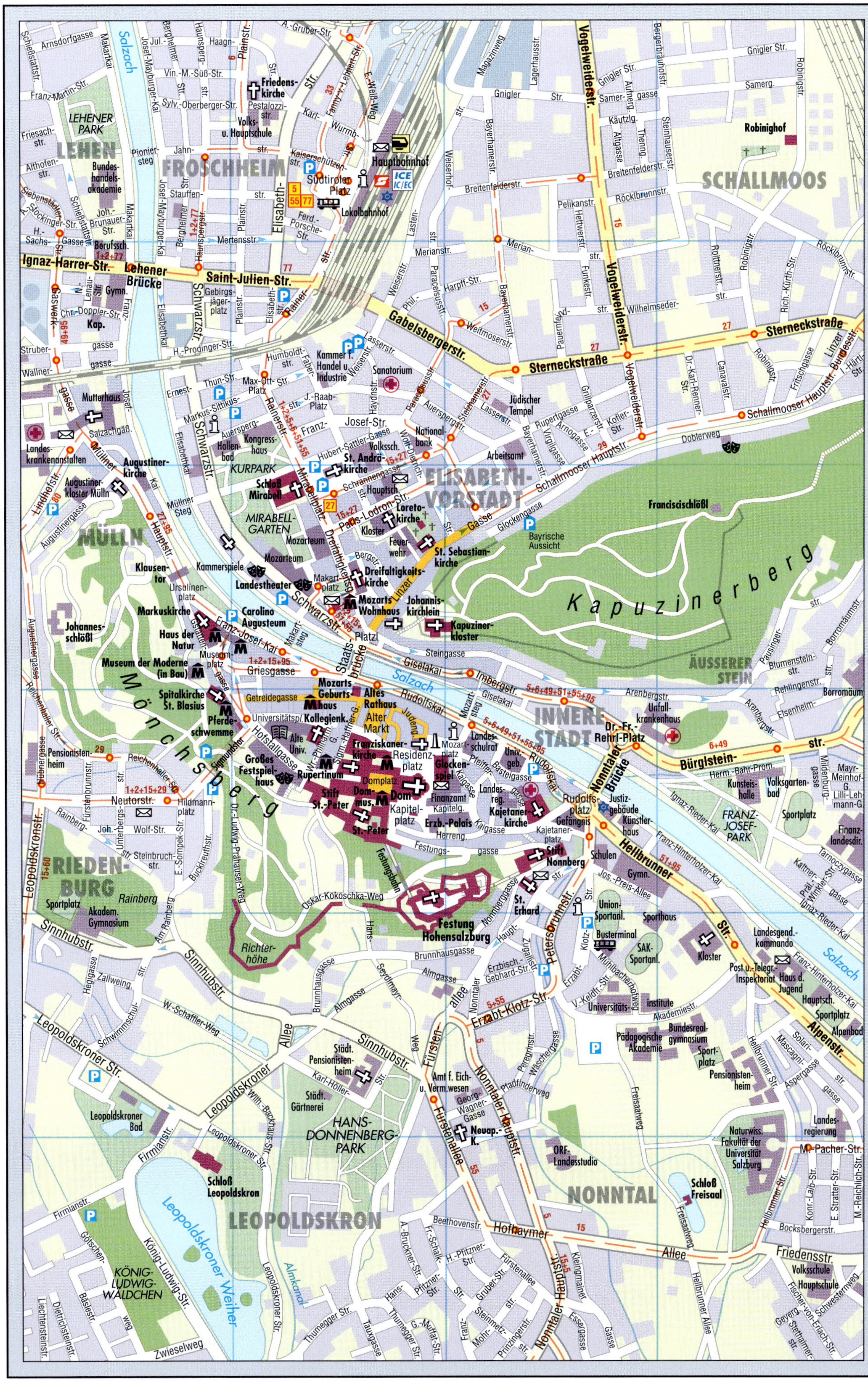

Salzbourg

De nombreux voyageurs estiment que Salzbourg – mondialement célèbre en tant que ville natale de Mozart et pour son festival – est l'une des plus belles villes d'Europe. Architecture et topographie s'y fondent en effet en un mélange unique.

Salzbourg, fondée par les Romains sur la Salzach, devint un siège épiscopal en 739. Durant des siècles, la ville régna sur un territoire qui s'étendait jusque dans les profondeurs de la Bavière. Grâce à l'extraction du sel, les coffres des évêques ne cessèrent de se remplir et de nombreux bâtiments témoignent encore de cette époque dans la vieille ville, nichée entre la Salzach, le Mönchsberg et le Festungsberg. À cet endroit est né un impressionnant ensemble baroque (classé au patrimoine mondial par l'Unesco). Outre ses nombreux monuments, ses trésors artistiques et une offre culturelle de la plus haute qualité, Salzbourg offre aussi une gastronomie riche en traditions et des environs de toute beauté.

À voir absolument: le **Hohensalzburg, une forteresse médiévale avec vue sur la ville; l'*imposante cathédrale et ses influences du baroque italien (17e siècle); la *Residenzplatz (Place de la Résidence) avec le nouveau bâtiment de la Résidence (1588); l'*église Saint-Pierre avec son portail roman; l'*église des Franciscains, de style gothique; la *maison natale de Mozart dans la pittoresque *Getreidegasse. Sur la rive droite de la Salzach: le château baroque de Mirabell avec le *jardin de Mirabell. Au sud: le *château de Hellbrunn et son amusant jardin baroque.

La Residenzplatz avec la fontaine de la Résidence et le nouveau bâtiment de la Résidence.

Salzbourg

Les évêques de Salzbourg, qui s'enrichirent grâce à l'extraction du sel, transformèrent la ville, aux 17e et 18e siècles, en un joyau baroque véritablement digne de son surnom de «Rome d'Autriche». La vieille ville est délicatement posée entre le Mönchsberg et le Festungsberg.

Loin au-dessus de la ville trône fièrement la forteresse médiévale de Hohensalzburg, qui fut achevée au 16e siècle. Les maisons colorées, les nombreuses églises, les places, les palais et les fontaines assurent une ambiance aux accents italiens. Presque tous les bâtiments d'origine romane et gothique ont été mis au goût du jour pendant la période baroque. L'image de la ville est cependant aujourd'hui dominée par les nombreux bâtiments des 17e et 18e siècles, l'œuvre d'architectes célèbres comme Johann Bernhard Fischer von Erlach, Gasparo Zuccalli et Johann Lukas von Hildebrandt. Les principaux monuments sont notamment la cathédrale Saint-Rupert, la résidence épiscopale et les châteaux de Hellbrunn et de Mirabell. C'est ici aussi que se trouve la maison natale de Mozart.

1 Une vue splendide sur la forteresse, la vieille ville et la Salzach au lever du soleil.

2 Le soir également, la cathédrale et le Hohensalzburg sur le Mönchsberg forment un décor féerique.

3 Le centre de la ville épiscopale est la cathédrale baroque de 1614-1628, avec sa coupole de 75 m de haut. Elle fut conçue par Santino Solari.

4 Sur la Residenzplatz clapote depuis 1661 une fontaine de marbre de 15 m de haut, couronnée par un triton surmonté d'un coquillage.

5 Les amateurs de musique du monde entier se rendent au numéro 9 de la Getreidegasse, où Wolfgang Amadeus Mozart vit le jour le 27 janvier 1756. La maison abrite aujourd'hui un musée.

6 La Getreidegasse avec ses maisons bourgeoises est l'une des rues les plus anciennes et les plus appréciées de la ville.

7 Les somptueuses statues qui ornent la façade ouest de la cathédrale ne sont qu'un avant-goût de ce que vous réserve son éblouissant intérieur baroque.

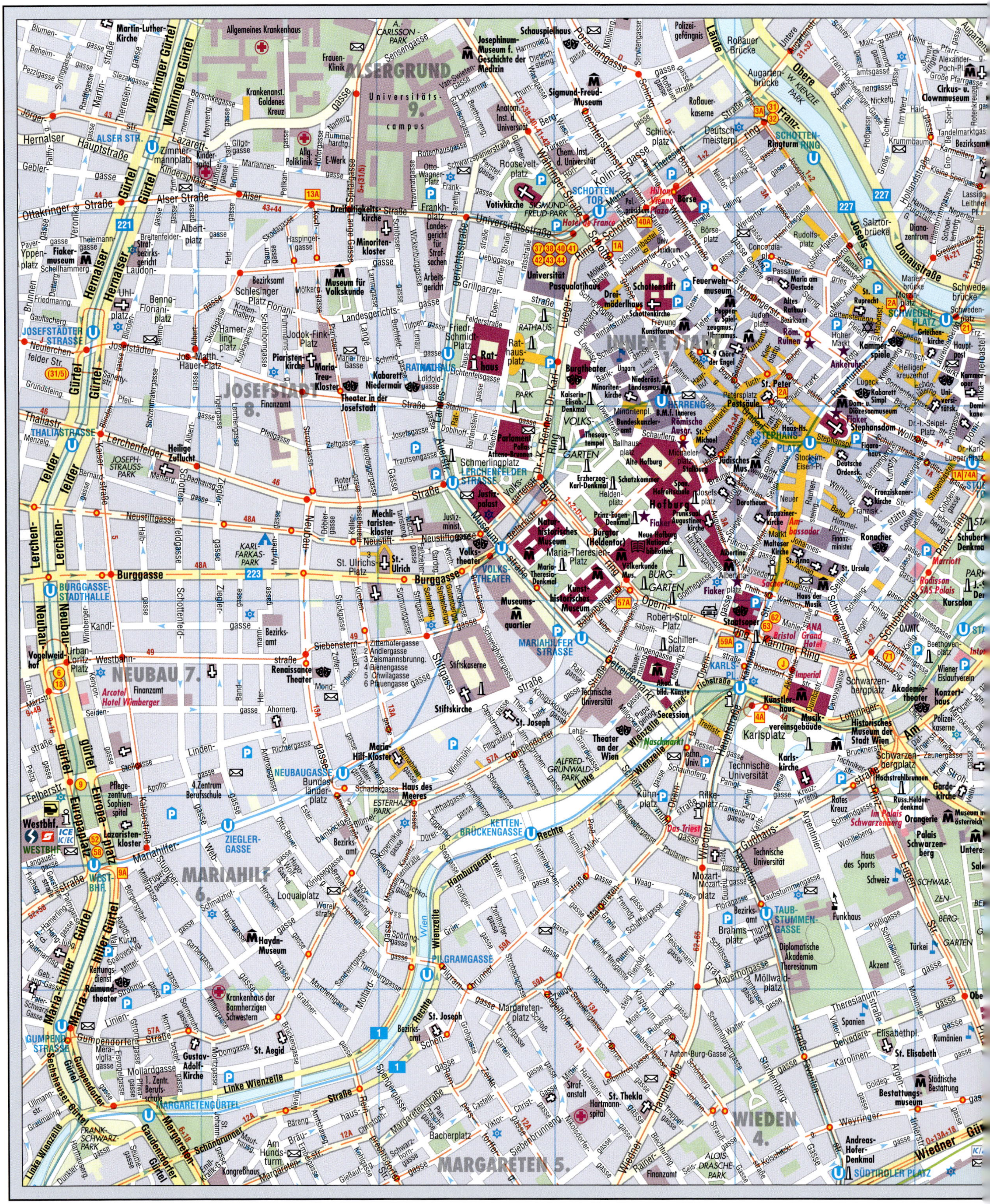
ALSERGRUND 9.
Universitäts-campus
JOSEFSTADT 8.
NEUBAU 7.
MARIAHILF 6.
MARGARETEN 5.
WIEDEN 4.
INNERE STADT
Währinger Gürtel
Hernalser Gürtel
Lerchenfelder Gürtel
Neubau-Gürtel
Mariahilfer Gürtel
Margareten-Gürtel
Allgemeines Krankenhaus
ALSER STR.
Alser Straße
Ottakringer Straße
Hernalser Hauptstraße
JOSEFSTÄDTER STRASSE
THALIASTRASSE
BURGGASSE-STADTHALLE
Burggasse
Westbhf.
WESTBHF.
ZIEGLER-GASSE
NEUBAUGASSE
Mariahilfer Straße
Haydn-Museum
Raimund-theater
Gumpendorfer Straße
Linke Wienzeile
Rechte Wienzeile
PILGRAMGASSE
KETTEN-BRÜCKENGASSE
Hamburgerstr.
Naschmarkt
Karlsplatz
Karlskirche
Technische Universität
TAUB-STUMMEN-GASSE
SÜDTIROLER PLATZ
Wiedner Gürtel
Schwarzenbergplatz
Palais Schwarzenberg
Oberes Belvedere
Kärntner Ring
Staatsoper
Secession
Akad. d. bild. Künste
MUSEUMS-QUARTIER
Museumsquartier
VOLKSTHEATER
Volkstheater
Naturhistorisches Museum
Kunsthistorisches Museum
Maria-Theresien-Platz
Burggarten
Hofburg
Heldenplatz
VOLKSGARTEN
Parlament
Rathaus
RATHAUS
Burgtheater
Universität
Votivkirche
SCHOTTENTOR
Dr.-Karl-Lueger-Ring
Dr.-K.-Renner-Ring
Schottenring
SCHOTTENRING
Börse
Donaukanal
Salztorbrücke
Schwedenbrücke
SCHWEDENPLATZ
Stephansdom
STEPHANSPLATZ
HERRENGASSE
Stadtpark
STADTPARK
Universitätsstraße
Währinger Straße
Porzellangasse
Sigmund-Freud-Museum
Roßauer Brücke
Augartenbrücke
Wiener Stadthalle
Theater an der Wien
Künstlerhaus
Musikvereinsgebäude
Wien Museum
Hotel Imperial
Hotel Sacher
Hotel Bristol
Grand Hotel
Hotel Marriott
Radisson SAS Palais
Arcotel Hotel Wimberger
Hilton Vienna Plaza
Hotel de France
Mariahilfer Kirche
Stiftskirche
Stiftskaserne
Justizpalast
Josefstädter Straße
Lerchenfelder Straße
Neustiftgasse
Siebensterngasse
Landesgerichtsstraße
Lange Gasse
Piaristenkirche
Theater in der Josefstadt
Wiedner Hauptstraße
Margaretenstraße
Schönbrunner Straße
Reinprechtsdorfer Straße
Favoritenstraße
Prinz-Eugen-Straße
Rennweg
Am Heumarkt
Lothringerstraße
Mozartplatz
Mühlgasse
Waaggasse
Rilkeplatz
Kettenbrückengasse

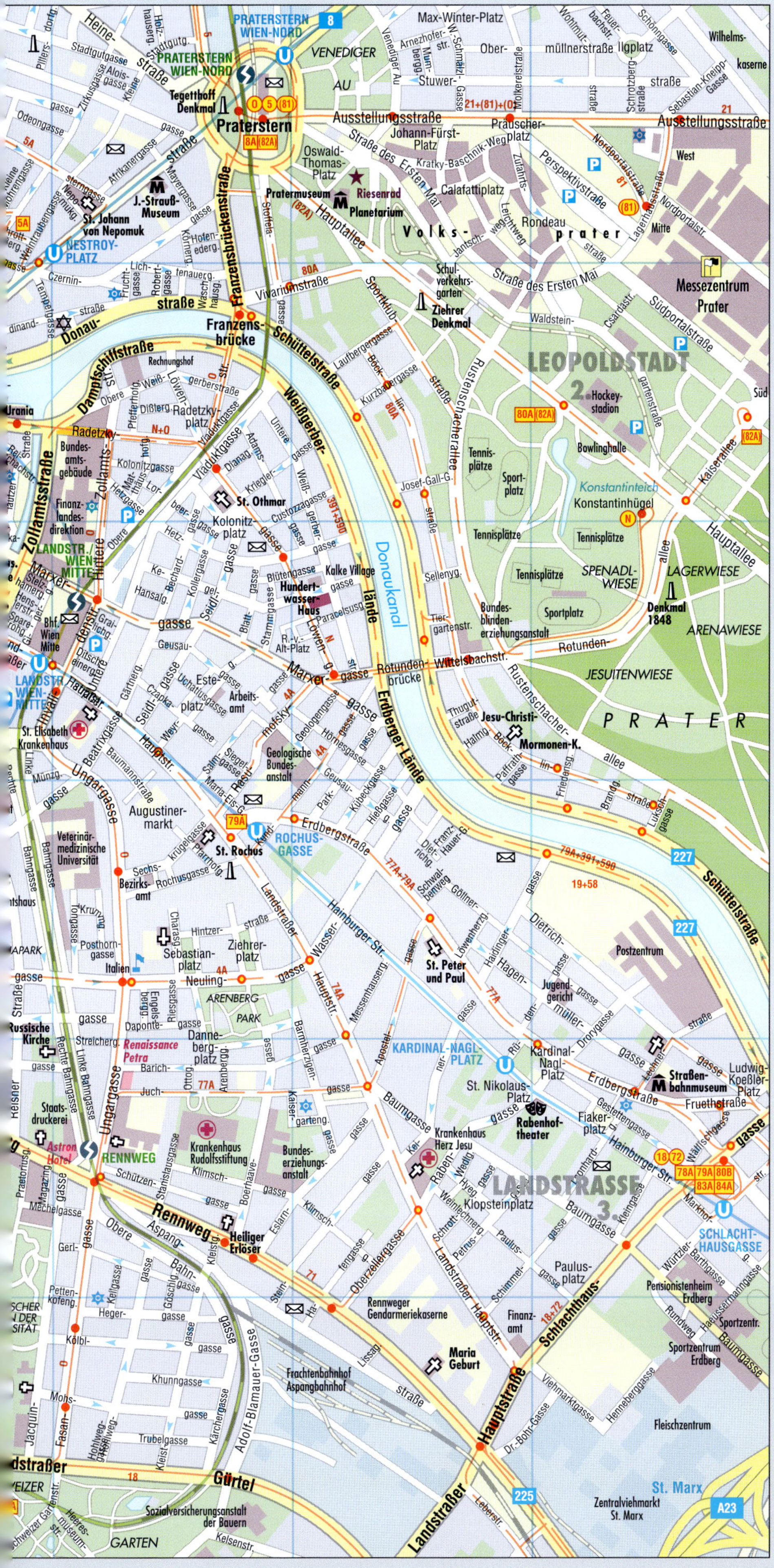

Vienne

La capitale autrichienne sur le «beau Danube bleu» est, grâce à ses immenses attraits touristiques et son ambiance unique, l'une des villes les plus visitées d'Europe.

La vieille ville impériale, jadis le centre du royaume «multiculturel» des Habsbourg, offre des monuments et trésors artistiques datant de toutes les époques. Vous devez consacrer suffisamment de temps à Vienne, surtout pour pouvoir goûter à sa fameuse atmosphère. Ne manquez pas de visiter un bar à vin, un café ou le Naschmarkt, un marché alimentaire traditionnel et particulièrement animé.

À voir absolument: la ***cathédrale Saint-Étienne, le symbole de la ville, avec ses éléments de style roman et gothique, sa façade richement décorée et son précieux **intérieur; le ***Hofburg, la magnifique résidence impériale avec la ***salle du trésor, les **salles impériales et la chapelle; le ***musée d'histoire de l'art avec ses collections mondialement célèbres de tableaux européens; la Josefsplatz baroque avec la **bibliothèque nationale, l'*église des Augustins gothique avec le **Kapuzinergruft baroque, les chambres funéraires impériales des Habsbourg, le manège espagnol; la **Karlskirche, le plus beau bâtiment baroque de Vienne; le **musée d'art appliqué; le **château du Belvédère avec le **Unteres Belvedere – Belvédère inférieur (musée baroque) et l'**Oberes Belvedere – Belvédère supérieur (peintures des 19e et 20e siècles); ***Schönbrunn, un château baroque et son parc inspiré de Versailles, avec sa colonnade de style classique baptisée **Gloriette (vue magnifique sur le château et la ville). Le centre historique et Schönbrunn ont été classés au patrimoine mondial par l'Unesco.

La cathédrale Saint-Étienne, l'édifice gothique le plus connu d'Autriche.

La Gloriette, dans le parc baroque du château de Schönbrunn.

VOTA MEA REDDAM IN CONSPECTV TIMENTIVM DEVM

Vienne

L'opéra et les valses de Vienne, les cafés et la cathédrale Saint-Étienne, l'art et la culture... Quelques mots clés ne suffisent pas à décrire l'ambiance de la capitale autrichienne.

Voici bien longtemps que l'ancienne ville impériale a laissé derrière elle les malheurs de la Deuxième Guerre mondiale. Jusqu'à présent, elle a pu conserver son charme du temps de la double monarchie. Mais, outre ses palais imposants et ses ruelles sinueuses, Vienne vous réserve aussi, avec ses opéras et ses théâtres, ses riches musées et galeries, ses somptueux cafés et bars à vin, une vue culturelle et de loisirs variée, comme cela sied à une métropole moderne d'Europe centrale.

Grande photo de gauche: Fastueux: la Karlskirche vue de nuit.

1 La majestueuse cathédrale Saint-Étienne et la coupole de la Karlskirche, le plus imposant édifice baroque de Vienne, dans la lumière du crépuscule.

2 Les membres de la maison de Habsbourg furent inhumés dans la Kapuzinergruft dès 1633.

3 Le Hofburg, jadis résidence impériale, est le plus grand ensemble regroupant des éléments issus de différentes périodes de style, l'extérieur étant essentiellement dominé par le style baroque et le style Renaissance. Ici le Neue Hofburg sur la Heldenplatz.

4 Le mondialement célèbre Wiener Staatsoper, où se tient chaque année le bal de l'opéra, scintille dans la nuit.

5 Le musée d'histoire de l'art abrite d'innombrables trésors artistiques et objets précieux des Habsbourg.

6 Le monument de près de 20 m de haut et orné de statues, dédié à l'impératrice Marie-Thérèse sur la Maria-Theresia-Platz.

7 La salle d'apparat de la bibliothèque nationale est la plus belle du monde.

8 La cathédrale Saint-Étienne: la nuit également, le rayonnant symbole de la ville.

9 Baigné dans la douce lumière du soir: le parlement avec la fontaine de Pallas-Athéna.

1

2

3

4

5

6

7

8

9

Digne d'un livre d'images, mais en même temps particulièrement fonctionnelle: la forteresse de ***Hochosterwitz*** *en Carinthie, à l'est de St. Veit an der Glan, ne fut jamais prise par l'ennemi! Aujourd'hui, les touristes bien intentionnés y sont toutefois les bienvenus.*

Neusiedler, avec une Vierge allaitant l'Enfant.

*** Eisenstadt** 41 Tranquille capitale du Burgenland. À voir absolument: le **château Esterházy, forteresse médiévale qui fut transformée en château baroque avec cour d'apparat; le musée régional du Burgenland, le musée juif et le cimetière juif, la maison du compositeur Joseph Haydn.

*** Rust** 42 Petite ville viticole sur la rive occidentale du lac de Neusiedler, connue pour ses magnifiques maisons bourgeoises baroques et Renaissance, ses nids de cigognes et ses bars à vin. À voir absolument: l'église des pêcheurs (15e siècle) avec mur de défense. Dans les environs: Margarethen, déjà à l'époque romaine une carrière de calcaire et désormais, durant l'été, un atelier international en plein air pour les sculpteurs.

*** Forchtenstein** 43 Avec une forteresse médiévale qui fut superbement transformée au 17e siècle par les princes Esterházy.

*** Bernstein** 44 Localité avec une importante forteresse médiévale qui fut transformée dans le style Renaissance. Vous trouverez, au musée Felsen, des informations sur la serpentine, un minerai que l'on ne trouve qu'ici en Europe.

*** Château de Lockenhaus** 45 À la frontière hongroise, jadis le siège des Templiers, avec chapelle et exposition permanente sur l'histoire de la chevalerie.

*** Château de Güssing** 46 Château pittoresque (12e siècle) sur un abrupt rocher dans une région viticole, une halte sur la route touristique *Weinidylle Südburgenland, qui vous fera découvrir de pittoresques villages viticoles aux maisons aux toits de roseaux.

Nature

Lac de Neusiedler 20 Le plus grand lac salé d'Europe (35 km de long et de 5 à 15 km de large), dont l'eau est légèrement salée. Ne se prête pas à la baignade en raison des nombreux roseaux (pelouse à Podersdorf).

**** Seewinkel** 21 Parc national austro-hongrois au sud du lac de Neusiedler. Outre la bordure de roseaux (habitat pour plus de 250 oiseaux aquatiques et aussi des cigognes), il comprend des paysages aménagés par l'homme qui ressemblent à la puszta hongroise, comme les «Salzlaken» qui sèchent en été. Le paysage du lac de Neusiedler est classé au patrimoine mondial de l'Unesco.

Le noble palais baroque de la famille Esterházy à Eisenstadt.

L'idyllique petite ville viticole de Rust, sur le lac de Neusiedler, est connue pour ses nombreux nids de cygognes.

Styrie

Un quart des forêts autrichiennes se trouve dans la province de Styrie (Stiermarken), subdivisée en Haute- et Basse-Styrie. Cette région mérite assurément le voyage, mais elle n'est pas encore envahie par les touristes. La Styrie fut connue grâce aux romans de Peter Rosegger.

Culture

**** Château de Rieger** 47 L'une des plus grandes forteresses d'Europe centrale, transformée et agrandie à plusieurs reprises depuis le 12e siècle. Intéressant à l'intérieur: la Steinerne Saal avec ses nombreux stucs et le musée Heksen.

*** Bad Gleichenberg** 48 Près de la frontière slovène. Station thermale marquée par le style Biedermeier et l'historisme.

*** Schilcher Weinstraße** 49 Entre Eibiswald et Ligist. Route pittoresque traversant la région viticole centrale de Schilcher. La *Klöcher Weinstraße vous conduira le long de la frontière slovène.

**** Graz** 50 Capitale de la Styrie, avec son centre médiéval (classé au patrimoine mondial par l'Unesco), ses rues animées et ses places à l'ambiance méditerranéenne. À voir absolument: le **Landhaus, un palais de style Renaissance où se réunissaient les villes de Styrie; la *cathédrale médiévale baroque transformée; le *musée régional Joanneum, le musée de la technique et de la science fondé par l'archiduc Johann, avec la vieille galerie (maîtres anciens, art baroque, artisanat d'art) et la nouvelle galerie (art des 19e et 20e siècle); la *Leechkirche, un édifice gothique aux magnifiques vitraux; le *mausolée datant du 17e siècle et dédié à l'empereur Ferdinand II; le *château d'Eggenberg, une construction baroque à l'intérieur rococo. Dans les environs: **la Bärn-bacher Kirche de Friedensreich Hundertwasser; le *haras de lippizans Piber.

Stübing 51 Très intéressant: le **musée autrichien en plein air avec 80 maisons rurales reconstruites venant de toutes les provinces.

Weiz 52 Point de départ du **Feistritztalbahn, un nostalgique train à vapeur qui traverse la pittoresque vallée du Feistritz.

Eisenerz 53 Ville minière caractéristique avec le musée de la mine *Erzberg.

**** Abbaye d'Admont** 54 Abbaye fondée en 1074, aujourd'hui néogothique, avec une splendide **bibliothèque baroque. Belle situation dans la Gesäuse, une vallée coincée entre de hautes parois rocheuses.

Nature

*** Waldheimat** 22 C'est le nom donné à la région boisée des Fischbacher Alpen, où l'écrivain Peter Rosegger passa son enfance. Alpl en est la capitale.

**** Altausseer See** 23 Un paysage digne des plus beaux livres d'images, découvert au 19e siècle par des artistes, en Haute-Styrie; la *Via Artis fait le tour du lac.

Carinthie

La province de Carinthie se trouve du «bon» côté, à savoir du côté sud des Alpes et cette région faite de montagnes et de lacs est, de ce fait, devenue une destination prisée. Il y pleut généralement moins que dans le nord. L'air y est doux, l'ambiance, méridionale et joyeuse. L'eau des nombreux lacs joliment situés est en outre exceptionnellement claire et propre.

Culture

*** Gmünd** 55 Dans la Liesertal, avec son mur d'enceinte médiéval, son château et la «Geteilte Kirche» (église divisée): entre l'autel et la nef

La Carinthie est une destination appréciée, et pas seulement pour ses beaux lacs. À l'ouest de Klagenfurt se trouve le Wörther See (à gauche), où les villes et villages sont entièrement voués au tourisme. Le Millstädter See (à droite), dans le Kärntner Oberland est moins connu.

à deux niveaux passe une ancienne voie romaine. Point de départ d'excursions vers le parc national Nockberge et la Maltatal.

Spittal 56 Très intéressant *château de Porcia, de style Renaissance italienne.

* **Millstatt** 57 Village de vacances riche en traditions, avec des villas du 19e siècle et une abbaye bénédictine datant du Moyen Âge.

Gurk 58 Très intéressante: la ***cathédrale (12e siècle), l'une des plus importantes églises romanes des Alpes; dans le porche avec sa voûte en berceau se trouvent des vitraux et des fresques du 14e siècle; maître autel baroque et abondamment décoré. Ne se découvre que dans le cadre d'une visite guidée: la **chapelle épiscopale (vers 1220) avec de belles fresques et une *crypte comptant 100 colonnes.

* **Friesach** 59 Petite ville médiévale avec des fortifications et un canal toujours navigable. À voir absolument: la maison des évêques (16e siècle) avec sa cour à arcade; sur le Petersberg: le château avec le musée municipal et la petite église Saint-Pierre vieille de 1 000 ans.

** **Hochosterwitz** 60 Forteresse datant du début du Moyen Âge, à la situation impressionnante sur un rocher calcaire. Dans les environs: le **Magdalensberg, une implantation celte-romaine mise au jour avec une exposition dans les bâtiments antiques. Sur la route vers Klagenfurt: église de pèlerinage de *Maria Saal, un édifice de style gothique tardif avec des éléments Renaissance et baroques.

* **Klagenfurt** 61 La capitale de la Carinthie. Centre-ville historique aux influences de la Renaissance italienne, avec des arcades et d'intimes petites places, d'étroites ruelles et de pittoresques rangées de maisons. À voir absolument: le **Landhaus, où se réunissaient jadis les villes de Carinthie, un noble édifice Renaissance avec sa salle d'armes aux peintures luxuriantes.

* **Villach** 62 Avec une *place principale méditerranéenne, ceinturée de maisons bourgeoises historiques et la *cour de Paracelse (16e siècle), où le célèbre médecin passa son enfance.

* **Bad Bleiberg** 63 Agréable village de vacances surplombant la Gailtal. À voir absolument: la **Terra Mystica, musée intéressant et interactif sur l'exploitation minière, la géologie et l'alchimie.

Nature

** **Parc national de Nockberge** 24 Réserve naturelle avec les forêts de mélèzes et de pins des Alpes typiques de la Carinthie. Des chamois, des aigles royaux et des grands ducs y vivent encore.

* **Malta-Hochalmstraße** 25 Impressionnants points de vue sur les chutes d'eau et les rochers dépouillés. Point de départ idéal: Gmünd.

* **Millstätter See** 26 L'un des plus beaux lacs de Carinthie, où l'on peut encore trouver des petits coins tranquilles, même en haute saison.

** **Weißensee** 27 Pittoresque lac de montagne sur la route menant au Kreuzbergsattel.

* **Gailtal** 28 Paisible vallée en bordure des Alpes carniques.

* **Wörther See** 29 Le plus grand lac de Carinthie, avec une eau délicieusement chaude (24-28 °C en été).

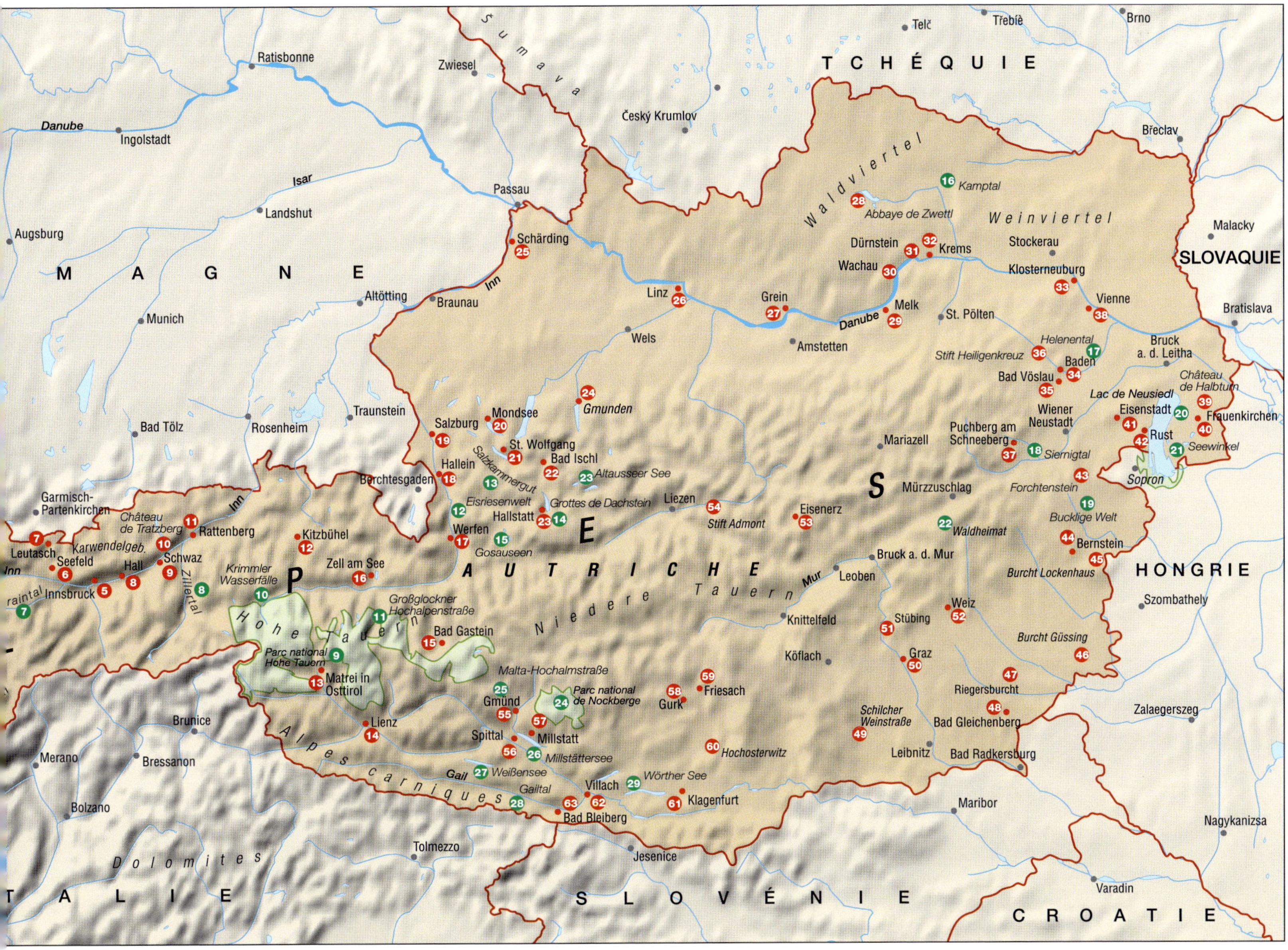

MAISON

L'une des plus belles places du monde: la grand-place de Bruxelles, depuis des siècles cœur battant de la capitale belge et métropole européenne.

Pays-Bas, Belgique, Luxembourg

Au Moyen Âge déjà, la région couverte par les pays de l'actuel Benelux, à savoir les Pays-Bas, la Belgique et le Luxembourg, était l'une des plus prospères d'Europe. Cette richesse se remarque encore aujourd'hui aux vieilles villes magnifiques que sont Amsterdam,

Pure nostalgie: les moulins à vent de la région du Zaan, aux Pays-Bas.

Delft, Haarlem, Bruxelles, Bruges et Gand. Nous vous conseillons vivement la visite de l'un des musées consacrés aux peintres mondialement connus des «lage landen aan de zee» (basses terres sur la mer). Mais les amateurs de culture ne seront pas les seuls à y trouver leur compte. En effet, le littoral de la mer du Nord, avec ses plages et ses îles, constitue un site idéal pour les sports nautiques. Vous pourrez explorer l'intérieur du pays à vélo. Un peu d'exercice ne vous fera certes pas de tort car, en Belgique surtout, les plaisirs de la vie ne manquent pas: une cuisine royale, d'inspiration française, d'innombrables bières et de savoureux chocolats!

***Haarlem** est, depuis le 16e siècle déjà, un centre de commerce des tulipes. Les bulbes jadis si précieux étaient exportés d'ici vers toute l'Europe. Le corso fleuri annuel, un cortège joyeux haut en couleurs organisé le dernier week-end d'avril, en évoque le souvenir.*

Pays-Bas

Superficie: 41 864 km²
Côte: 451 km
Point culminant: Vaalserberg (322 m)
Plus long cours d'eau: Rhin (partiellement)
Population: 15,3 millions d'habitants
Densité de population: 463 hab./km²
Régions: Nord: provinces de Groningue, Frise, Drenthe, Flevoland et Overijssel; Hollande; Utrecht et Gueldre; Sud: provinces de Zélande, Brabant-septentrional et Limbourg.
Capitale: Amsterdam (718 000 habitants)
Fuseau horaire: MET

Adresses utiles

(B) *Office du tourisme des Pays-Bas*
Boîte postale 136
1050 Bruxelles
Tél.: 02 543 08 00
Fax: 02 534 21 94
E-mail: info@nbt.be
Web: www.holland.com

(FR) *Office du tourisme des Pays-Bas*
Rue Auber, 7
75009 Paris
Tél.: 01 43 12 34 20
Fax: 01 43 12 34 21
Web: www.visitholland.com

Situation et paysage

Les Pays-Bas sont bordés par la mer du Nord, l'Allemagne et la Belgique. Plus de la moitié du pays se trouve sous le niveau de la mer, et a été gagnée sur les eaux grâce à l'aménagement d'un réseau de digues. Seules les régions de la Veluwe et du Limbourg méridional se situent à plus de 100 m au-dessus du niveau de la mer. Le Vaalserberg (322 m), dans le Limbourg méridional, est le plus haut «sommet» du pays. Bien que très densément peuplés – surtout dans la Randstad urbanisée, englobant notamment Amsterdam, Haarlem, Rotterdam, La Haye et Utrecht – et que l'on y pratique l'agriculture intensive, les Pays-Bas comptent encore de vastes régions quasi intactes: des forêts, des landes, des tourbières, des dunes sur la côte et la mer des Wadden.

Nord

Les provinces du nord des Pays-Bas ne sont pas très touristiques, hormis les îles de la Frise occidentale avec leurs plages de rêve et la mer des Wadden. Vous y découvrirez des villages idylliques et de vieilles villes hanséatiques, des tourbières sillonnées de canaux et des moulins à vent. Dans le Flevoland, la vaste zone marécageuse des Oostvaardersplassen, entre Lelystad et Almere, constitue un véritable paradis pour les ornithologues amateurs. Un spectaculaire événement hivernal – qui se produit toutefois rarement – est la Elfstedentocht, un marathon en patins sur les canaux frisons gelés, où vous assisterez à de véritables scènes héroïques.

Culture

** **Franeker** ❶ Vieille ville universitaire à l'ouest de Leeuwarden, avec un **planétarium du 18e siècle.
** **Bolsward** ❷ Ancienne ville hanséatique, avec ses canaux, ses remparts et un magnifique **hôtel de ville de style Renaissance.
** **Leeuwarden** ❸ Petite ville de Frise, avec ses canaux et ses demeures historiques. À voir absolument: le **musée Het Princessehof et sa collection de porcelaines et de faïences.
** **Groningue** ❹ Ville portuaire et universitaire vivante. À voir absolument: l'église Saint-Martin avec ses célèbres orgues, et la tour Saint-Martin (point de vue!).
* **Route Westerwolde-Hümmling** ❺ Route traversant la région romantique et campagnarde d'Oldambt, à l'est de Groningue, avec des petits villages, des moulins à vent et des vaches qui broutent paisiblement.
** **Giethoorn** ❻ Village pittoresque de la région de l'Overijssel, accessible uniquement à pied et en bateau.
* **Emmen** ❼ Plus grande ville de la province de Drenthe, avec un sensationnel **parc animalier.
** **Deventer** ❽ Ancienne ville hanséatique sur l'IJssel, avec un centre historique très attrayant.

Nature

** **Mer des Wadden** ❶ Entre le continent et les îles de la Frise occidentale, pratiquement «à sec» à marée basse. Les Wadden forment un paysage primitif amphibie, avec une faune et une flore des plus riches. Sur les îles et le continent frison, par exemple à Holwerd, des promenades guidées sont proposées dans les Wadden.
* **Îles de la Frise occidentale** ❷ Îles joliment dispersées le long du littoral des provinces de Groningue et de Frise. Les superbes plages de sable constituent leur principal attrait. La plupart des touristes se rendent à Terschelling. Sur les autres îles, vous pourrez profiter d'un calme bienfaisant et d'une nature solitaire, et ce, même en été.
* **Dwingelderveld** ❸ Parc national dans la province de Drenthe. Paysage de tourbières, d'une rude beauté avec ses nombreux canaux.

Hollande

Les provinces de Hollande septentrionale et de Hollande méridionale forment le noyau du royaume, tant sur le plan historique, politique et culturel que sur le plan économique. C'est ici que vit un tiers de la population néerlandaise. Les voyageurs y trouvent, sur une petite superficie tout ce qui rend les Pays-Bas si attrayants.

Culture

* **Enkhuizen** ❾ Ville fleurie sur l'IJsselmeer, avec un superbe **musée en plein air (uniquement accessible en bateau).
* **Alkmaar** ❿ Petite ville hollandaise typique, avec un **marché au fromage unique.
** **Hoorn** ⓫ Ville portuaire et commerciale historique sur l'IJsselmeer, avec de vieilles maisons de commerce et d'anciens entrepôts.
** **Edam** ⓬ Ville connue pour son fromage, sur l'IJsselmeer, avec de magnifiques bâtiments.
** **Haarlem** ⓭ Respectable capitale de la province de Hollande septentrionale. À voir absolument: la **grand-place et ses nobles maisons bourgeoises, l'*hôtel de ville gothique et l'*église Saint-Bavon en gothique tardif; le **musée Frans-Hals (le célèbre peintre habita à Haarlem de 1610 à 1666).
** **Amsterdam** ⓮ Voir plan pages 162/163.
* **Leyde** ⓯ Respectable ville universitaire et ville natale du peintre Rembrandt (1606-1669). Très intéressant: **le Stedelijk Museum avec des œuvres de maîtres de Leyde; le canal de **Rapenburg et ses magnifiques maisons bourgeoises; le *moulin à vent De Valk, avec un point de vue splendide.
* **La Haye** ⓰ Ville de la famille royale et siège du gouvernement et du parlement. À voir absolument: la **Mauritshuis et sa collection de maîtres néerlandais. Dans les environs: la station balnéaire de Scheveningen, sur la mer du Nord, et son superbe hôtel *Kurhaus; la banlieue de *Wassenaar et ses villas, avec le parc de loisirs archéologique *Archeon. En direction de Delft se trouve la région de Westland, avec ses champs de tulipes et de narcisses quasi infinis. À voir absolument: le parc de fleurs **Keukenhof.
** **Delft** ⓱ Ville romantique, connue pour sa porcelaine blanche et bleue. À voir absolument: la *Nieuwe Kerk, le **tombeau Renaissance de Guillaume d'Oran-

Un conte de fées tout droit venu de temps révolus: la ville d'Amersfoort et sa double ceinture de canaux.

La petite ville de Hoorn, sur l'IJsselmeer, n'est pas sans rappeller l'âge d'or de la marine néerlandaise.

La grand-place de Delft constitue le centre de la vieille ville. Vous y trouverez de nombreux magasins où acheter la célèbre porcelaine blanche et bleue, pour laquelle cette ville du sud de la Hollande est réputée depuis des siècles. Durant son âge d'or, entre 1680 et 1740, la ville comptait environ 30 manufactures. Quelques-unes d'entre elles subsistent encore aujourd'hui, comme la «Porceleyne Fles», vieille de 350 ans, ouverte aux visiteurs. Vous y découvrirez le processus de fabrication de la porcelaine de Delft.

ge et le célèbre carillon; le canal idyllique **Oude Delft; autour de la belle *place, d'innombrables boutiques où l'on vend la fameuse porcelaine.

**** Rotterdam** ⓲ Plus grand port du monde. À voir absolument: le **Café de l'Unie, exemple parfait d'architecture avant-gardiste du début du 20e siècle; le quartier portuaire pittoresque de ** Delfshaven; le **Kunstmuseum Boymans-van Beuningen; le **Oude Haven, exemple typique d'architecture expérimentale néerlandaise de l'après-guerre; *Euromast et son panorama grandiose. Au sud-est: la ***Kinderdijk et ses 19 moulins à vent, et le centre des expositions Windkracht, consacré aux techniques de la maîtrise des eaux (classé au patrimoine mondial par l'Unesco).

Nature

*** Région des dunes** ❹ Des plages de sable infinies et des stations balnéaires animées, mais aussi une nature intacte, par exemple dans la réserve naturelle Zwanenwater, près de Callantsoog.

***IJsselmeer** ❺ Un paradis pour les amateurs de voile, très fréquenté durant les mois d'été.

Utrecht et Gueldre

Utrecht, la province au cœur des Pays-Bas, appartient en grande partie à la Randstad très peuplée. À l'est d'Utrecht se trouve la Gueldre, la province la plus grande en superficie, où les beaux paysages charmeront sans aucun doute les promeneurs et les cyclistes.

Culture

**** Amersfoort** ⓳ Magnifique ville, avec un centre médiéval et une double ceinture de canaux.

*** Utrecht** ⓴ Capitale de province, à l'intéressante architecture. À voir absolument: la **cathédrale de style gothique français; le **Centraal Museum,consacré à l'histoire de la ville et installé dans une ancienne abbaye.

*** Huis Doorn** ㉑ Noble demeure de la fin du Moyen Âge où le dernier empereur allemand, Guillaume II, passa ses années d'exil. Musée avec les effets personnels de l'empereur.

Otterlo ㉒ Près du parc national De Hoge Veluwe, avec le **Rijksmuseum Kröller-Müller regroupant 278 œuvres de Vincent van Gogh et un grandiose parc de sculptures.

**** Zutphen** ㉓ Ancienne ville hanséatique sur l'IJssel, avec de fières maisons à pignon, l'église Saint-Walburge (12e siècle) et la célèbre bibliothèque historique *Librije.

*** Nimègue** ㉔ Ville très ancienne, apparue comme implantation des Bataves, avec ruines du palais impérial de Charlemagne ainsi que des édifices gothiques et Renaissance.

Nature

*** Plassen** ❻ Région de lacs, avec la réserve naturelle Botshol, uniquement accessible en bateau. Des balades en bateau sont également possibles sur le *Vecht très romantique.

**** Parc national De Hoge Veluwe** ❼ Grand parc regroupant forêts, dunes et landes; très prisé des cyclistes de par l'aménagement d'un réseau de 42 km de pistes cyclables. Dans le centre réservé aux visiteurs, possibilité d'emprunter gratuitement un vélo.

1 Les moulins à vent historiques, le long des canaux de la Kinderdijk hollandaise, apportent leur touche de romantisme. La force du vent y est exploitée pour drainer les champs.

2 Le Binnenhof de La Haye est, depuis des siècles, le siège du parlement néerlandais. C'est ici que la reine ouvre l'année parlementaire par son discours du trône.

3 Pendant le siècle d'or des Pays-Bas, de 1588 à 1702, le pays dut ses richesses en partie à l'exportation de bulbes de tulipes.

Amsterdam

La comparaison avec Venise s'impose, mais les Amstellodamois ne l'apprécient guère. Cette ville néerlandaise, plongée dans l'eau, dégage en effet une ambiance personnelle et envoûtante.

Si vous ne vous rendez à Amsterdam que pour vous plonger dans la vie nocturne – chose qui, dans cette ville cosmopolite et tolérante, ne pose évidemment aucun problème –, vous passerez à côté de bien des choses. Quand le soleil brille, vous pouvez découvrir tout ce que le dynamisme et l'inventivité permettent: une ville sur pilotis, traversée d'innombrables canaux, avec de fiers bâtiments et des petits coins idylliques, de grands trésors artistiques et des rues commerçantes très animées.

1

1 Amsterdam est indissociable de ses nombreux canaux. Peut-être constituent-ils les véritables symboles de la ville... Vous pourrez également admirer les différents systèmes – 70 pompes et 17 écluses – aménagés pour que le niveau de l'eau reste toujours identique. Sans ces ingénieux dispositifs, les pilotis sur lesquels repose une grande partie de la vieille ville, se mettraient bien vite à pourrir.

2

2 La comparaison avec Venise est boiteuse. Les nombreux arbres qui font des canaux de véritables avenues la démentent à eux seuls. Amsterdam n'est pas une mer de pierre, mais une ville verte comptant pas moins de 28 parcs. L'amour des Amstellodamois pour tout ce qui pousse et fleurit s'exprime aussi dans les superbes jardinets.

3

3 Les façades des maisons de rangée souvent étroites bordant les canaux forment un décor simple, mais particulièrement attrayant. Les plus belles maisons se situent dans le Gouden Bocht du Herengracht.

4

4 La Westerkerk, ornée de son joli clocher, figure parmi les plus beaux édifices de la ceinture de canaux.

5

5 La nuit tombe sur Amsterdam.

6

6 Dans la Montelbaanstoren (tour Montauban) noire et ronde, l'ancienne tour de la ville, le niveau d'eau des canaux est surveillé depuis toujours.

7

7 Le pont basculant en bois au nom évocateur de «Magere Brug» (pont maigre), construit au 17e siècle, a été élargi depuis.

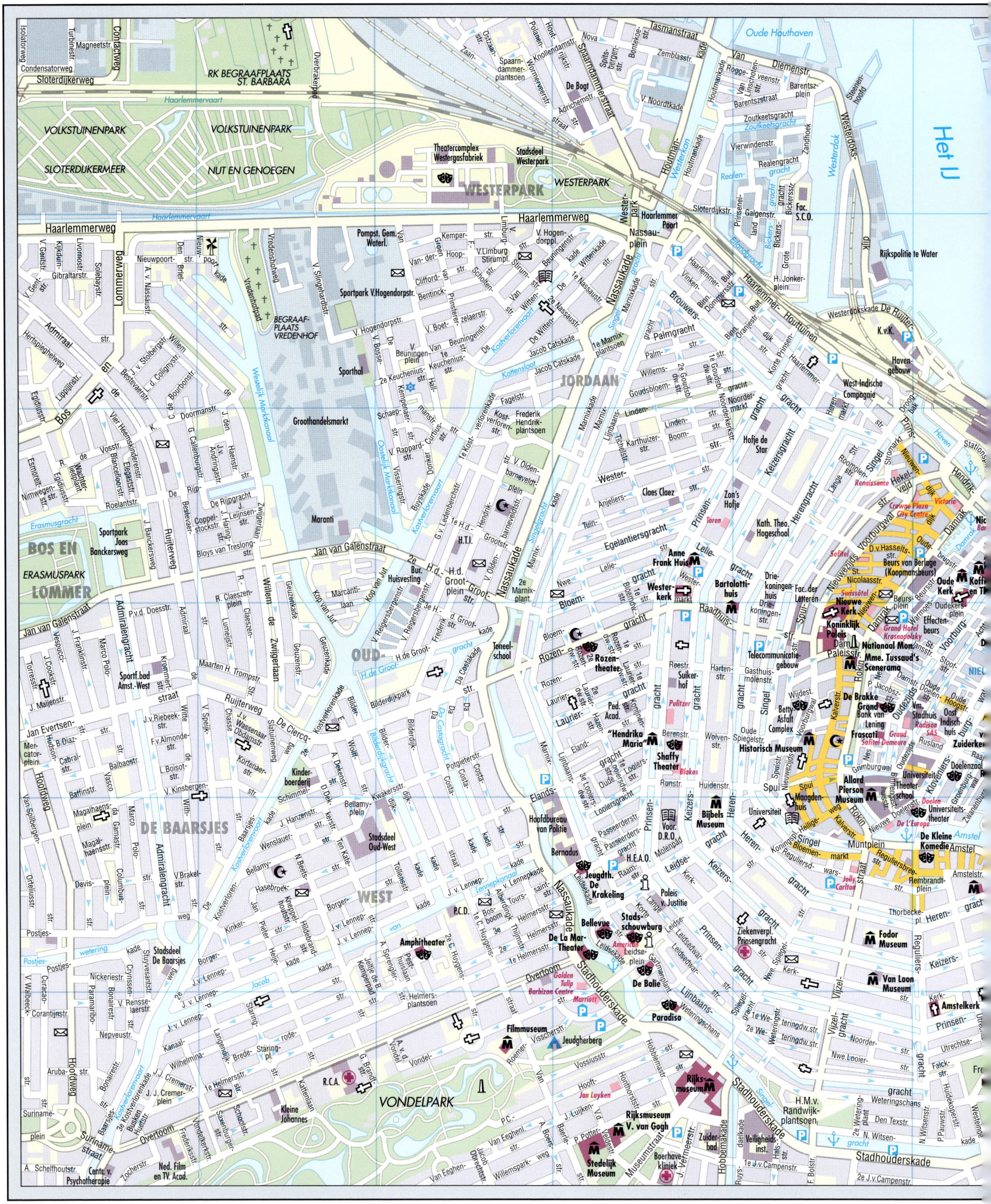

RK BEGRAAFPLAATS ST. BARBARA
VOLKSTUINENPARK
SLOTERDIJKERMEER
NUT EN GENOEGEN
Theatercomplex Westergasfabriek
Stadsdeel Westerpark
WESTERPARK
Haarlemmerweg
Haarlemmervaart
Oude Houthaven
Het IJ
Westerdok
Haarlemmer Poort
Rijkspolitie te Water
BEGRAAFPLAATS VREDENHOF
Sportpark V.Hogendorpstr.
Sporthal
Groothandelsmarkt
Westelijk Marktkanaal
JORDAAN
West-Indische Compagnie
Havengebouw
Hofje de Star
Zon's Hofje
Claes Claez
Anne Frank Huis
Westerkerk
Bartolotti-huis
Kath. Theo. Hogeschool
Beurs van Berlage (Koopmansbeurs)
Oude Kerk
Nieuwe Kerk
Koninklijk Paleis
Dam
National Mon.
Mme. Tussaud's Scenerama
De Brakke Grond
Frascati
Historisch Museum
Allard Pierson Museum
Universiteits-theater
De Kleine Komedie
Muntplein
Rembrandtplein
Telecommunicatie-gebouw
BOS EN LOMMER
ERASMUSPARK
Sportpark Joos Banckersweg
Maranti
OUD-WEST
Toneelschool
Rozentheater
"Hendrika Maria"
Shaffy Theater
Bijbels Museum
Hoofdbureau van Politie
Bernadus
Jeugdth. De Krakeling
H.E.A.O.
Paleis v. Justitie
Stadsschouwburg
Bellevue
De La Mar-Theater
Leidseplein
De Balie
Paradiso
Ziekenverpl. Prinsengracht
Fodor Museum
Van Loon Museum
Amstelkerk
DE BAARSJES
Stadsdeel De Baarsjes
Stadsdeel Oud-West
Kinderboerderij
Amphitheater
Filmmuseum
Jeugdherberg
VONDELPARK
R.C.A.
Kleine Johannes
Rijksmuseum
Rijksmuseum V. van Gogh
Stedelijk Museum
Boerhave-kliniek
Zuiderbad
Veiligheidsinst.
H.M.v. Randwijk-plantsoen
Stadhouderskade
Ned. Film en TV. Acad.
Centr. v. Psychotherapie
Admiraal de Ruijterweg
Jan van Galenstraat
Hoofdweg
Nassaukade
Overtoom

Amsterdam

La capitale des Pays-Bas est l'une des métropoles les plus petites et les plus ordonnées d'Europe. Tolérante et cosmopolite, elle a une riche histoire derrière elle. Amsterdam, la ville unique à l'embouchure de l'Amstel, n'est pas pour rien un endroit très prisé.

Amsterdam est la plus grande «ville sur pilotis» de la planète: toute la vieille ville fut construite sur d'innombrables troncs d'arbres, enfoncés jusqu'à 30 m de profondeur dans la terre. C'est ainsi que naquirent quelque 70 îlots artificiels et, parallèlement, le charme romantique d'une ville dans l'eau. Durant le siècle d'or d'Amsterdam, qui correspond approximativement au 17e siècle, on entama la construction d'une ceinture de canaux en forme de demi-lune, qui reste jusqu'à présent le principal élément urbanistique de la ville. Rien que dans la partie historique de la ville, 400 ponts enjambent les innombrables canaux, représentant ensemble une longueur d'environ 100 km. Grâce à de nombreuses écluses et pompes, les eaux sont minutieusement maintenues à un niveau constant et, aujourd'hui encore, des marchandises sont transportées sur les canaux.

Très intéressant dans le centre historique: la plus vieille église d'Amsterdam, la *Oude Kerk (14e siècle, transformée au 16e siècle); la *Nieuwe Kerk en gothique tardif, où fut couronnée la reine Béatrix; le *Dam, l'ancienne place du marché avec le Monument national, le quartier commerçant – un lieu de rencontre très apprécié; le magnifique hôtel de ville du 17e siècle; le **palais royal, avec une frise dédiée au commerce maritime qui enrichit la ville; le **Museum Amstelkring, une maison en bordure de canal, datant du 17e siècle, où les catholiques célèbraient la messe en secret; la **Beurs van Berlage, une bourse commerciale du 19e siècle; la *Montelbaanstoren, une vieille tour de la ville (1512) au sommet remarquable; le *Waag et ses sept tours, jadis porte de la ville et élément des fortifications; la **maison de Rembrandt, la demeure du maître avec une aile agencée en musée. Dans l'ancien quartier juif: la *synagogue portugaise (1675) et le **Joods Historisch Museum (musée historique juif), un complexe couronné à plusieurs reprises et situé dans quatre vieilles synagogues de Juifs allemands; la **gare centrale néogothique (19e siècle) dans le quartier commerçant animé; le *Amsterdams Historisch Museum (musée historique d'Amsterdam) installé dans l'ancien orphelinat; l'idyllique **béguinage, abrité dans plusieurs bâtiments historiques. Dans la ceinture de canaux: la **Westerkerk, une imposante église du 17e siècle; la **maison d'Anne Frank, dans son état d'origine; le **Jordaan, le quartier ouvrier historique avec, à côté, les petites cours historiques des quartiers résidentiels joliment rénovés. Dans le quartier des musées: le **Rijksmuseum, avec son importante collection de maîtres des «lage landen», dont la célèbre «Ronde de nuit» de Rembrandt; le **Rijksmuseum Vincent van Gogh; le **Stedelijk Museum voor Moderne Kunst et son jardin de statues; le jardin paysager *Vondelpark. Les oiseaux de nuit se retrouvent dans le quartier des sorties, autour de la Leidseplein et de la Rembrandtplein, où aucune envie ne reste insatisfaite. Contraste: une escapade vers l'Amstelland, paysage digne d'un livre d'images, avec ses moulins à vent, ses villages et ses villas de riches Amstellodamois.

Jolies maisons bordant l'Amstel.

*L'ancienne ville hanséatique de **Bruges** est un magnifique exemple de l'urbanisme flamand au Moyen Âge. Chaque année, la ville reçoit la visite d'un million de touristes, qui se laissent séduire par ses vieux bâtiments, ses belles places et ses canaux romantiques. Le béguinage de Bruges, fondé en 1245, constitue une véritable merveille. Au Moyen Âge, les béguines vivaient dans des communautés séparées au coeur de nombreuses villes belges. Les femmes ne prêtaient aucun vœu religieux, mais vivaient sobrement au service de leurs semblables. Elles s'occupaient notamment des malades.*

Sud

Au sud-ouest, la province de Zélande, qui fit jadis partie de la Flandre, est entièrement placée sous le signe de la mer, sur laquelle bien du terrain a été gagné dans le cadre d'un combat séculaire. Vous trouverez des localités au riche passé dans le Brabant septentrional, tandis qu'au sud-est, la province du Limbourg sera un paradis pour les amateurs de sports nautiques grâce à ses nombreux lacs.

Culture

*** Middelburg** ㉕ Capitale de la province de Zélande, implantation primitive et ville commerçante «flamande» riche en traditions, avec d'intéressants bâtiments.
**** Breda** ㉖ Ancienne résidence des Nassau. À voir absolument: la Grote Kerk de style gothique brabançon; la grand-place et l'hôtel de ville; les halles aux viandes historiques.
**** Bois-le-Duc** ㉗ Ville natale du peintre Jérôme Bosch. À voir absolument: la cathédrale *Saint-Jean, l'un des exemples les plus réussis du gothique brabançon, avec un magnifique intérieur.
*** Arcen** ㉘ Château à douves, près de Venlo, à la frontière allemande. Son gigantesque parc, avec son jardin de roses et ses champs de tulipes, ses jardins modèles et ses serres, exerce un véritable attrait.
*** Roermond** ㉙ Vieux centre religieux de la province catholique du Limbourg, avec une grande **cathédrale romane et gothique.
*** Sittard** ㉚ Petite ville pittoresque. À voir absolument: les **stalles du 15e siècle et leurs luxuriantes sculptures sur bois dans l'église gothique Saint-Pierre.
**** Maastricht** ㉛ Capitale vivante de la province du Limbourg, sur la Meuse. À voir absolument: la *basilique Saint-Servais, avec la chambre du trésor; la *basilique romane Notre-Dame; les maisons bourgeoises.

Nature

*** Escaut oriental** ❽ Séparé de la mer du Nord par une grande digue de fermeture utilisant des caissons à claire-voie et laissant passer l'eau de mer au rythme des marées. Grâce à ses eaux limpides, un véritable eldorado pour les plongeurs et un endroit peuplé de nids d'oiseaux aquatiques, avec de riches bancs d'huîtres. À l'occasion d'une visite de la **Delta Expo sur la petite île de Neeltje Jans, vous saurez tout sur les travaux du Delta.
*** Dunes de Loon et de Drunen** ❾ Vaste paysage de dunes et de landes au sud de Bois-le-Duc.
**** Mariaveen, * Helenapeel et * De Groote Peel** ❿ Paisibles paysages de tourbières dans la province du Limbourg, traversés par des sentiers de randonnée.

Le château de Bouvigne, un romantique manoir sur l'eau près de Breda.

Splendides édifices Renaissance à Nimègue.

Belgique

Superficie: 30 528 km²
Côte: 67 km
Point culminant: Botrange (694 m)
Plus long cours d'eau: Meuse (partiellement)
Plus grand lac: étang de Virelles
Population: 10,1 millions d'habitants
Densité de population: 333 hab./km²
Régions: Flandre, Wallonie
Capitale: Bruxelles (1 million d'habitants)
Fuseau horaire: MET

Adresses utiles
(B) *Sites Web*
www.toerismevlaanderen.be
www.belgique-tourisme.net (Wallonie et Bruxelles)
(FR) *Office du tourisme de Belgique*
Boulevard des Capucines, 21
75002 Paris
Tél.: 01 47 42 41 18
Fax: 01 47 42 71 83

Situation et paysage

Le royaume de Belgique est ceinturé par la mer du Nord, les Pays-Bas, l'Allemagne, le Luxembourg et la France. Le paysage y est très varié: le littoral avec ses larges plages de sable et ses hautes dunes, les polders plats, les Ardennes flamandes vallonnées, la Campine sablonneuse où il fait assurément un peu plus chaud que dans le reste du pays, les Hautes Fagnes et les Ardennes montagneuses… Sans oublier, bien sûr, les splendides vieilles villes telles que Bruges, Gand, Bruxelles et d'autres encore, où les amateurs d'art, de culture et d'architecture pourront s'en donner à cœur joie.

Flandre

Le nord-ouest néerlandophone de la Belgique englobe les provinces de Flandre-Occidentale, de Flandre-Orientale, d'Anvers, du Limbourg et du Brabant flamand. Le nom de «Flandre» est issu de l'ancien comté jadis établi sur la côte de la mer du Nord, qui s'enrichit notamment grâce au commerce de draps. De ces temps prospères subsistent encore d'impressionnants monuments qui témoignent de la noble culture flamande de la fin du Moyen Âge et de la Renaissance.

L'église médiévale Notre-Dame de Bruges.

Culture

**** Bruges** ❶ Splendide exemple de métropole commerciale de la fin du Moyen Âge. Surnommée la «Venise du Nord» grâce à ses nombreux canaux. La vieille ville est d'ailleurs classée au patrimoine mondial par l'Unesco. À voir absolument: le **musée Groeninge et sa magnifique collection de toiles de maîtres du sud des Pays-Bas et de Flandres; le **musée Memling, situé dans l'ancien hôpital Saint-Jean, abritant des œuvres du peintre brugeois Hans Memling (15e siècle); la *grand-place; le vieux centre avec son fier *beffroi, dans lequel on peut grimper; le *musée Gruuthuse (15e siècle), parfait témoin de la riche culture flamande; l'*église gothique Notre-Dame et ses importants trésors artistiques, notamment la **Vierge à l'Enfant de Michel-Ange; la chapelle du Saint-Sang; la *cathédrale Saint-Sauveur, plus vieille église de la ville.
**** Gand** ❷ Ancienne ville marchande au confluent de la Lys et de l'Escaut. À voir absolument: la *cathédrale Saint-Bavon de style gothique tardif, avec ses magnifiques œuvres d'art comme le **maître-autel (15e siècle) et le célèbre Polyptyque de l'Agneau mystique; *le Quai aux herbes, plus vieux port de Gand, et ses historiques *demeures à pignon; le château des comtes de Flandre, forteresse du 12e siècle.
**** Anvers** ❸ Ville portuaire moderne au riche passé. À voir absolument: la **cathédrale Notre-Dame, plus grande église gothique de Belgique, abritant des **œuvres de Pierre Paul Rubens; le **musée royal des Beaux-Arts, avec de très belles collections d'art ancien et contemporain; le *musée national de la marine «Steen»; le *musée Plantin-Moretus, avec l'ancienne imprimerie et la bibliothèque; la *maison de Rubens, vieille maison patricienne, domicile et atelier du peintre qui y vécut de 1610 à 1640; la *maison des bouchers (16e siècle), maison de corporation, avec un *musée.
**** Lierre** ❹ Ville drapière médiévale. À voir absolument: le *béguinage superbement conservé (classé, comme tous les béguinages, au patrimoine mondial par l'Unesco); la grand-place et ses riches maisons de corporations; l'église Saint-Gommaire en gothique brabançon; la tour Zimmer et son horloge unique.
**** Malines** ❺ Ville sur la Dyle, avec un riche passé et une école de carillon mondialement connue. À voir absolument: la **cathédrale gothique Saint-Rombaut, avec son fastueux intérieur et deux carillons dans le clocher; l'église Saint-Jean abritant un *tableau de Rubens.
*** Furnes** ❻ Magnifique petite ville tout près de la côte. Ses principales curiosités sont concentrées autour de la grand-place de style Renaissance.
*** Ypres** ❼ Dévastée pendant la Première Guerre mondiale et ensuite fidèlement reconstruite. À voir absolument: les **halles aux draps de style gothique primaire avec l'impressionnant beffroi; l'émouvante Porte de Menin reprenant des milliers de noms de soldats dispa-

Les citoyens de Malines, depuis le 16e siècle le siège de l'archevêque belge, édifièrent une imposante cathédrale aux 13e-14e siècles. Avec la tour Saint-Rombaut, ils souhaitaient ériger la plus haute tour du monde chrétien, en vain. Cette tour, haute de 97 m, est néanmoins devenue une impressionnante construction. Elle est en outre dotée de deux carillons pourvus chacun de 49 cloches, qui se font entendre plusieurs fois par semaine lors de concerts. Malines possède d'ailleurs l'une des rares écoles de carillon que compte l'Europe.

rus; le poignant musée de la guerre In Flanders Fields.

* **Courtrai** ❽ Au Moyen Âge, connue pour son lin et son damas. Vieux centre typiquement flamand.
* **Audenarde** ❾ Ville de tapisserie traditionnelle sur l'Escaut, avec un magnifique hôtel de ville gothique.

Nature

Zwin ❶ Réserve ornithologique couvrant une superficie de 125 ha, sur le littoral de la mer du Nord, près de la station balnéaire mondaine de Knokke.

Bruxelles, Brabant flamand et Brabant wallon

Bruxelles est à la fois la capitale bilingue de la Belgique, la capitale de la Flandre, le centre de pouvoir de l'Europe moderne unie et le siège d'importantes institutions et entreprises internationales.

L'ancienne province de Brabant, qui eut une grande importance culturelle et historique dans la vieille Europe, fut scindée en 1995 pour former le Brabant flamand et le Brabant wallon, de sorte que la Belgique compte désormais dix provinces. Bien que Bruxelles soit située en Brabant flamand, la ville bénéficie d'un statut distinct.

Culture

** **Bruxelles** ❿ Voir plan pages 168/169.
** **Louvain** ⓫ Honorable ville universitaire. À voir absolument: l'*hôtel de ville, apogée de l'architecture profane de style gothique tardif, conçu notamment par l'architecte Matthieu de Layens, avec sa façade richement décorée; la *collégiale Saint-Pierre dans le même style, avec le *musée d'art religieux; le *béguinage, où cohabitaient des femmes pieuses à la fin du Moyen Âge.
* **Nivelles** ⓬ Vieille ville abritant l'impressionnante **église romane Sainte-Gertrude (11e siècle), avec le mausolée de la sainte.

Nature

* **Forêt de Soignes** ❷ Poumon vert de 5 000 ha au sud et à l'est de Bruxelles. Forêt très prisée des promeneurs (promenades balisées, visites accompagnées, centre d'information).

Wallonie

Le sud-est francophone de la Belgique englobe les provinces du Brabant wallon, de Namur, de Liège, du Hainaut et du Luxembourg. Tout comme la Flandre, la Wallonie offre des paysages variés, de vieilles villes et de délicieuses spécialités culinaires. L'industrie lourde et l'extraction minière, qui contribuèrent à la richesse de la Belgique, y ont certes laissé leurs traces.

Culture

** **Tournai** ⓭ L'une des plus anciennes villes de Belgique, sur l'Escaut. À voir absolument: la **grand-place avec ses maisons bourgeoises gothiques et Renaissance; l'**impressionnante cathédrale romane et gothique Notre-

1 La grand-place d'Ypres, avec les splendides halles aux draps et la cathédrale Saint-Martin.

2 La maison de Rubens, à Anvers, où le peintre baroque Pierre Paul Rubens vécut et travailla.

3 Le Quai aux Herbes et le Quai aux Grains, à Gand, nous rappellent les activités portuaires de la ville au Moyen Âge.

4 Le château des comtes de Flandre fut longtemps la résidence des comtes de Flandre.

5 Un petit coin typique de Bruges: les canaux qui rendent la ville si attrayante.

Bruxelles

Bruxelles est une ville belle, noble et riche en traditions. Dans la capitale belge, on profite manifestement de la vie! De plus, Bruxelles est le siège de l'Union européenne, de l'OTAN et de nombreuses autres institutions internationales, ce qui en a fait une véritable métropole.

Bruxelles naquit au 10e siècle sous la forme d'une forteresse dressée sur un îlot de la Senne. Elle reçut ses premières fortifications vers l'an 1100. Comme beaucoup d'endroits de la région – au Moyen Âge, on était encore loin de parler d'un pays –, Bruxelles dut surtout sa prospérité au commerce du drap. Les seigneurs de Bruxelles étaient les ducs de Brabant, ensuite ceux de Bourgogne et plus tard encore les Habsbourg. Pendant la lutte pour l'indépendance, entre 1556 et 1598, on voulut se libérer de l'autorité des Habsbourg espagnols. Bruxelles s'engagea également dans le combat, mais ne parvint pas à se soustraire à l'emprise des Espagnols. Après un interlude autrichien et français, Bruxelles devint en 1830 le théâtre de rébellions contre les Néerlandais. La Belgique devint alors un royaume indépendant avec Bruxelles pour capitale.

1

2

3

1 La grand-place, qui était déjà au 12e siècle un centre commercial animé, n'est pas la plus grande place de Belgique, mais elle n'en est pas moins grandiose. Sans parler des bâtiments qui l'entourent: l'hôtel de ville gothique et les maisons des corporations, comme «Le Cygne» où Karl Marx séjourna.

2 La grand-place a son histoire. C'est ici que les comtes insurgés d'Egmond et de Hornes furent décapités en public par les Espagnols en 1568. En 1695, les Français mirent en pièces les bâtiments Renaissance. Tout fut ensuite reconstruit dans un splendide style aux influences baroques et la place reçut alors son apparence actuelle.

3 L'Atomium est l'un des symboles les plus connus de Bruxelles. Construit pour l'exposition universelle de 1958, il représente un gigantesque cristal de fer.

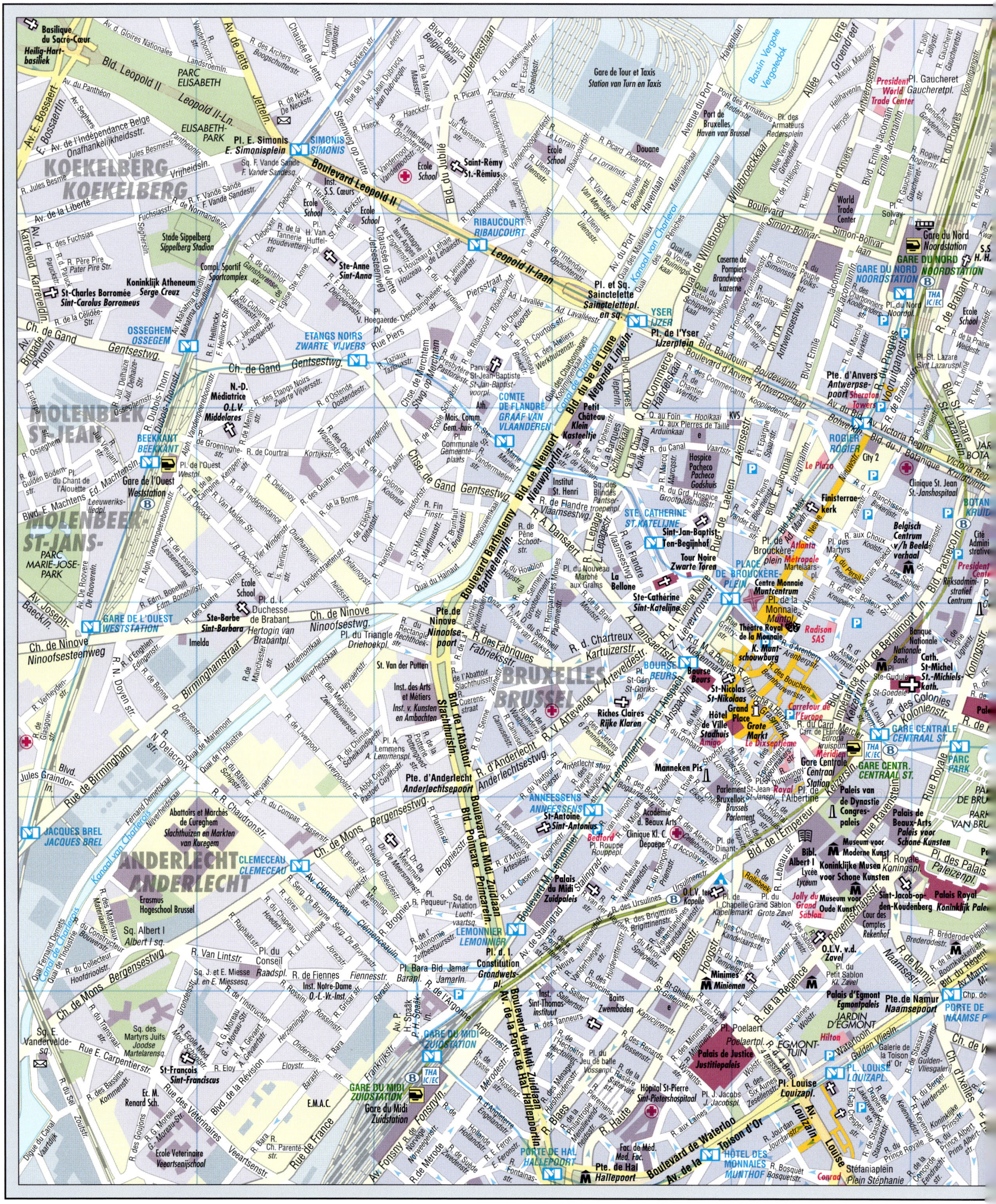
KOEKELBERG
MOLENBEEK-ST-JEAN
MOLENBEEK-ST-JANS-
ANDERLECHT
BRUXELLES
BRUSSEL
Basilique du Sacré-Cœur
Heilig-Hart-basiliek
PARC ELISABETH
ELISABETH-PARK
Bld. Leopold II
Leopold II-Ln.
Pl. E. Simonis
E. Simonisplein
SIMONIS
Boulevard Leopold II
Stade Sippelberg
Sippelberg Stadion
Koninklijk Atheneum
Serge Creuz
St-Charles Borromée
Sint-Carolus Borromeus
OSSEGHEM
ETANGS NOIRS
ZWARTE VIJVERS
Ch. de Gand
Gentsesteenweg
RIBAUCOURT
Leopold II-laan
Saint-Rémy
St.-Remius
Ste-Anne
Sint-Anna
Gare de Tour et Taxis
Station van Turn en Taxis
Douane
Port de Bruxelles
Haven van Brussel
Bassin Vergote
Vergotedok
Avenue du Port
Havenlaan
Kanaal van Charleroi
Quai de Willebroeck
Willebroekkaai
Pl. et Sq. Sainctelette
Saincteletteepl. en sq.
YSER
IJZER
Pl. de l'Yser
IJzerplein
Bld. Baudouin
Boudewijnlaan
Boulevard d'Anvers
Antwerpselaan
World Trade Center
President World Trade Center
Pl. Gaucheret
Gaucheretpl.
Gare du Nord
Noordstation
GARE DU NORD
NOORDSTATION
Boulevard Simon-Bolivar
Bld. Emile Jacqmain
Pte. d'Anvers
Antwerpse-poort
Sheraton Towers
ROGIER
Pl. Rogier
City 2
Le Plaza
Bld. Botanique
Kruidtuinlaan
Clinique St. Jean
St.-Janshospitaal
N.-D. Médiatrice
O.L.V. Middelares
BEEKKANT
Gare de l'Ouest
Weststation
PARC MARIE-JOSE PARK
GARE DE L'OUEST
WESTSTATION
Ste-Barbe
Sint-Barbara
Pl. d. l. Duchesse de Brabant
Hertogin van Brabantpl.
Ch. de Ninove
Ninoofsesteenweg
COMTE DE FLANDRE
GRAAF VAN VLAANDEREN
Bld. de Nieuport
Nieuwpoortln.
Bld. du 9e de Ligne
Negende Linieln.
Petit Château
Klein Kasteeltje
Institut St. Henri
STE. CATHERINE
ST. KATELIJNE
Ste-Catherine
Sint-Katelijne
Sint-Jan-Baptist
Ten-Begijnhof
Tour Noire
Zwarte Toren
PLACE DE BROUCKÈRE-PLEIN
Centre Monnaie
Muntcentrum
Pl. de la Monnaie
Muntpl.
Théâtre Royal de la Monnaie
K. Muntschouwburg
Atlanta
Métropole
Radisson SAS
Finisterrae-kerk
Belgisch Centrum v/h Beeldverhaal
Banque Nationale
Nationale Bank
Cath. St-Michel
St.-Michiels-kath.
Bld. de l'Impératrice
Keizerinln.
Boulevard Barthélémy
Barthelemyln.
Pte.de Ninove
Ninoofse-poort
R. des Fabriques
Fabrieksstr.
R. d. Chartreux
Kartuizerstr.
BOURSE
BEURS
Bourse
Beurs
St-Nicolas
St-Nikolaas
Hôtel de Ville
Stadhuis
Grand Place
Grote Markt
Amigo
Le Dixseptième
Carrefour de l'Europe
Inst. des Arts et Métiers
Inst. v. Kunsten en Ambachten
Riches Claires
Rijke Klaren
Bld. de l'Abattoir
Slachthuisln.
Pte. d'Anderlecht
Anderlechtsepoort
Manneken Pis
Gare Centrale
Centraal Station
GARE CENTR.
CENTRAAL ST.
Parlement Bruxellois
Brussels Parlement
Palais de la Dynastie
Congres-paleis
Palais des Beaux-Arts
Paleis voor Schone Kunsten
Palais Royal
Koninklijk Paleis
Museum voor Moderne Kunst
Koninklijke Musea voor Schone Kunsten
Museum voor Oude Kunst
Bibl. Albert I
Sint-Jacob-op-den-Koudenberg
Abattoirs et Marchés de Cureghem
Slachthuizen en Markten van Kuregem
CLEMENCEAU
JACQUES BREL
Erasmus Hogeschool Brussel
Sq. Albert I
Albert I sq.
Rue de Birmingham
ANNEESSENS
St-Antoine
Sint-Antonius
Bedford
Palais du Midi
Zuidpaleis
Bld. Poincaré
Poincaréln.
Boulevard du Midi
Zuidlaan
LEMONNIER
Pl. d. l. Constitution
Grondwets-pl.
O.L.V. Kapelle
Pl. du Grand Sablon
Grote Zavel
Jolly du Grand Sablon
O.L.V. v.d. Zavel
Minimes
Miniemen
Palais d'Egmont
Egmontpaleis
JARDIN D'EGMONT
EGMONT-TUIN
Pte. de Namur
Naamsepoort
PORTE DE NAMUR
NAAMSE P.
Hilton
Palais de Justice
Justitiepaleis
Pl. Poelaert
Poelaertpl.
PL. LOUISE
LOUIZAPL.
Pl. Louise
Louizapl.
Av. Louise
Louizalaan
Conrad
Stéfaniaplein
Plein Stéphanie
GARE DU MIDI
ZUIDSTATION
Gare du Midi
Zuidstation
E.M.A.C.
St-François
Sint-Franciscus
Ecole Vétérinaire
Veeartseijschool
Hôpital St-Pierre
Sint-Pietershospitaal
Fac. de Méd.
Med. Fac.
Pte. de Hal
Hallepoort
PORTE DE HAL
HALLEPOORT
Boulevard de Waterloo
Av. de la Toison d'Or
HÔTEL DES MONNAIES
MUNTHOF
Bld. de la Porte de Hal
Hallepoortln.
Av. Fonsny
Rue de France
Sq. E. Vandervelde
Rue E. Carpentierstr.
Sq. J. et E. Miesse
Pl. Bara
Bld. Jamar
Jamarln.
Av. Clémenceau
Clemenceaulaan
Bld. de la Révision
Ch. de Mons
Bergensestwg.
Sq. des Martyrs Juifs
Joodse Martelarensq.
Bains Zwembaden
Inst. Sint-Thomas-instituut
R. Haute
Hoogstr.
R. Blaes
Bld. de l'Empereur
Keizersln.
R. de la Régence
Regentschapsstr.
R. Royale
Koningsstr.
Pl. Royale
Koningspl.
PARC PARK
Pl. des Palais
Paleizenpl.
R. de Namur
Naamsestr.

Bruxelles

Sûre d'elle-même, la métropole belge réserve aux voyageurs de grandioses monuments, ainsi qu'une excellente cuisine. Si vous voulez surprendre vos amis, achetez une pièce de la célèbre dentelle de Bruxelles.

Le centre-ville témoigne de la grande richesse du passé. Au Moyen Âge et pendant la période baroque, c'est surtout la population qui lui donna son allure si noble. Au 19e siècle également, d'importantes contributions furent apportées à l'impressionnante image de la ville. Hélas, la rage de construire sévit au 20e siècle, de sorte que de nombreux bâtiments magnifiques furent la proie des démolisseurs.

À voir absolument: la ***Grand-Place, l'une des plus belles places d'Europe, classée au patrimoine mondial par l'Unesco, avec son **hôtel de ville gothique à façade luxuriante; la **cathédrale gothique Saint-Michel; le **Centre belge de la bande dessinée, l'unique musée de la bande dessinée, installé dans un splendide bâtiment Art nouveau; le **musée instrumental installé dans l'ancien grand magasin «Old England», un amusant bâtiment Art nouveau; les **musées royaux des beaux-arts de Belgique, avec deux départements (art ancien et art moderne, de Brueghel à Magritte); l'**hôtel Hannon, la **maison Cauchie et la **maison du peintre Georges de Saint-Cyr, trois exemples très réussis d'Art nouveau bruxellois; les **musées du Cinquantenaire (art, musée de l'armée, musée de l'automobile); le **Grand Sablon, place avec galeries et antiquaires, marché d'antiquités le week-end; la **place du Jeu de balle, dans le quartier populaire et multiculturel des Marolles, avec son marché aux puces quotidien.

Statue équestre du croisé Godefroy de Bouillon.

La Grand-Place joliment éclairée.

Le pompeux palais de justice du 19e siècle.

*De fières maisons patriciennes et l'église baroque Saint-Nicolas témoignent du brillant passé d'**Eupen** en tant que ville drapière. De nombreux bâtiments historiques furent toutefois détruits pendant les deux guerres mondiales, qui furent particulièrement destructrices dans les Cantons de l'Est germanophones de Belgique. Les Cantons de l'Est étaient jadis prussiens. Ils devinrent belges en 1919, en vertu du Traité de Versailles, et restèrent ensuite une pomme de discorde entre la Belgique et l'Allemagne. Heureusement, ce conflit fait désormais partie du passé et la minorité germanophone est, pour ainsi dire, autonome dans le domaine culturel.*

Dinant, dans les Ardennes, un lieu de vacances très apprécié, avec sa collégiale Notre-Dame de style gothique primaire.

Dame, avec ses cinq clochers (classée au patrimoine mondial par l'Unesco); le *musée de la tapisserie, consacré à la tapisserie pour laquelle Tournai fut jadis célèbre.

** **Belœil** 14 À l'ouest de Mons. Château baroque avec précieux intérieur (bibliothèque comptant plus de 20 000 ouvrages) et parc féerique.

* **Mons** 15 Capitale du Hainaut et de la région minière du Borinage. Très intéressant dans la vieille ville: l'imposante collégiale **Sainte-Waudru en gothique brabançon. Dans les environs, deux monuments industriels: Strépy-Thieu avec ses *ascenseurs hydrauliques (classés au patrimoine mondial par l'Unesco) sur le Canal du Centre, et le *Grand-Hornu, un charbonnage du 19e siècle avec son quartier ouvrier annexé, jadis projet avant-gardiste.

* **Liège** 16 Ville industrielle. À voir absolument: le **trésor de la cathédrale gothique Saint-Paul; le *musée d'armes, consacré à l'industrie liégeoise de l'armement; la collégiale romane *Saint-Barthélémy et ses **fonts baptismaux uniques, coulés en une seule pièce de laiton; le *palais des Princes-Évêques.

* **Eupen** 17 Centre de la Belgique germanophone, joliment situé en bordure des Hautes Fagnes.

** **Durbuy** 18 Village extraordinairement beau et romantique (jadis la plus petite ville du monde).

** **Dinant** 19 Ville de vacances à la situation pittoresque sur la Meuse. Réputée pour sa dinanderie (objets en laiton). Vue splendide de la haute citadelle médiévale.

** **Bouillon** 20 Petite ville historique, à la situation attrayante sur la Semois. Sur les hauteurs trône l'imposant **château fort du célèbre croisé Godefroy de Bouillon.

Nature

** **Hautes Fagnes** 3 Paysage de tourbières sauvage et isolé, à la flore rare. Partie du parc naturel belgo-allemand Hautes Fagnes-Eifel. C'est ici, au nord-est, que se dresse le plus haut «sommet» de Belgique: le signal de Botrange (694 m). Une partie de la réserve naturelle est inaccessible aux visiteurs ou ne se visite qu'avec des guides officiels.

* **Ardennes** 4 Partie belge des moyennes montagnes très boisées, au sud-est du pays (le reste se trouve en France). Région idéale pour les promeneurs. L'hiver, vous y trouverez 600 km de pistes de ski de fond.

* **Parc national de Lesse et Lomme** 5 Parc national près de Rochefort, où vivent notamment des bisons européens d'élevage. Attractions touristiques également prisées: les *grottes de Han et la réserve de Han-sur-Lesse.

** **Lacs de l'Eau d'Heure** 6 Domaine récréatif et de sports nautiques très apprécié, avec un intéressant musée.

** **Étang de Virelles** 7 Le plus grand de Belgique, dans les vertes collines du Hainaut.

Situation et paysage

Le grand-duché de Luxembourg, le plus petit État membre de l'Union européenne, est entouré par la Belgique, la France et l'Allemagne. Son agréable paysage vallonné est particulièrement pittoresque dans la région de la «Petite Suisse luxembourgeoise» et sur le plateau d'Oesling. Le français est la langue officielle, mais on y parle aussi l'allemand et le luxembourgeois, un incompréhensible dialecte germanique. Le Luxembourg constitue un important centre financier.

Culture

* **Clervaux** 1 Impressionnant château, datant du 12e siècle et restauré avec amour, qui fut transformé jusqu'au 17e siècle. Un attrait touristique populaire. Dans l'église abbatiale Saint-Maurice: très intéressante pietà du 15e siècle.

* **Bourscheid** 2 Ruines d'une forteresse médiévale avec musée. Vaste point de vue sur les vallées boisées.

* **Vianden** 3 Impressionnante forteresse avec chapelle (12e siècle), salle des chevaliers, salle d'armes, salle byzantine, salle des comtes et musée.

* **Echternach** 4 Petite ville sur la Sûre, au riche passé. À voir absolument: une antique villa romaine; la *basilique Saint-Willibrord (11e siècle) avec quatre clochers et une crypte carolingienne; le *musée de l'enluminure, consacré aux enluminures pour lesquelles la ville fut jadis célèbre (11e -12e siècles); le vieil hôtel de ville, Dingstuhl.

** **Luxembourg-ville** 5 Déjà habitée à l'époque des Celtes, elle fut, au Moyen Âge, une puissante résidence aristocratique. Depuis 1839, Luxembourg est la capitale du Grand-Duché, le siège d'importantes institutions européennes et un centre bancaire international. À voir absolument: les **casemates de la haute forteresse baroque sur le Bock (classées au patrimoine mondial par l'Unesco); le *chemin de la Corniche et ses magnifiques panoramas; le *palais grand-ducal (1572) avec ses arabesques d'influence hispano-mauresque; les pittoresques *Unterstädte Grund et Pfaffental, avec des constructions en partie médiévales.

Nature

* **Oesling** 1 Plateau dans le nord du Luxembourg, faisant partie des Ardennes (500 m), avec des vallées profondément découpées.

* **Petite Suisse luxembourgeoise** 2 En aval de la Sûre, avec d'étroits ravins, des formations rocheuses bizarres, des pâturages et des forêts.

Luxembourg

Superficie: 2 587 km²
Point culminant: Burgplatz (559 m)
Population: 429 000 habitants
Densité de population: 166 hab./km²
Capitale: Luxembourg-ville (120 000 habitants)
Fuseau horaire: MET

Adresses utiles:
(B) *Office du tourisme du Grand-Duché de Luxembourg*
Avenue de Cortenbergh, 75
1000 Bruxelles
Tél.: 02 646 03 70
Fax: 02 648 61 00
E-mail:info@tourism-gd-luxembourg.be
Web:www.ont.lu/default.htm
(FR) *Office du tourisme du Grand-Duché de Luxembourg*
Boulevard des Capucines, 21
75002 Paris
Tél.: 01 47 42 90 56
Fax: 01 40 07 00 43
E-mail: luxfr@club-internet.fr
Web: www.ont.lu

Luxembourg-ville: l'imposant viaduc de chemin de fer domine la ville basse. Au-dessus, la ville haute et son cœur historique.

Îles frisonnes occidentales
Norderney
Juist
Borkum
Schiermonnikoog
Ameland
Terschelling
Vlieland
Texel
Frise orientale
Mer des Wadden
Delfzijl
Emden
Franeker
Leeuwarden
Groningue
Route Westerwolde-Hümmling
Bolsward
Drachten
Le Helder
Heerenveen
Assen
Mer du Nord
Région des dunes
Frise occi-dentale
IJsselmeer
Dwingelderveld
Giethoorn
Alkmaar
Hoorn
Enkhuizen
Meppel
Emmen
Meppen
IJmuiden
Zaanstad
Edam
Lelystad
Zwolle
Haarlem
Amsterdam
Almere
PAYS-BAS
Nordhorn
IJssel
Almelo
La Haye
Leyde
Plassen
Amersfoort
Apeldoorn
Deventer
Delft
Gouda
Utrecht
Otterloo
Parc national De Hoge Veluwe
Zutphen
Enschede
Rotterdam
Lek
Huis Doorn
Arnhem
Dordrecht
Waal
Nimègue
Münster
Escaut oriental
Meuse
Middelburg
Roosendaal
Breda
Bois-le-Duc
Tilburg
Dunes de Loon et de Drunen
Knokke-Heist
Le Zwin
Dunes de la Meuse
Eindhoven
Ostende
Bruges
Arcen
Dortmund
Essen
Dunkerque
Furnes
Anvers
Parc national De Groot Peel
Venlo
Duisbourg
Gand
Lierre
Escaut
Mönchen-gladbach
Düsseldorf
Ypres
Malines
Roermond
Rhin
Courtrai
Audenarde
Louvain
Hasselt
Sittard
Bruxelles
ALLEMAGNE
Roubaix
Forêt de Soignes
Heerlen
Lille
Tournai
BELGIQUE
Maastricht
Cologne
Belœil
Aix-la-Chapelle
Nivelles
Lens
Bonn
Liège
Mons
Eupen
Valenciennes
Charleroi
Namur
Meuse
Verviers
Monschau
Hautes-Fagnes
Durbuy
Dinant
Lacs de l'Eau d'Heure
Ardennes
Coblence
Étang de Virelles
Parc national de Lesse et Lomme
Eifel
St.-Quentin
Clervaux
Bastogne
Oesling
Vianden
Bouillon
Bourscheid
Charleville-Mézières
Diekirch
Echternach
Petite Suisse Luxembourgeoise
Mayence
Compiègne
Arlon
LUXEMBOURG
Trèves
FRANCE
Luxembourg-ville
Reims
Meuse
Thionville
Kaiserslautern

PONT ALEXANDRE III

Paris: l'Arc de Triomphe a été édifié en 1806 afin de commémorer la victoire de Napoléon en Autriche. La plate-forme vous offre une vue imprenable sur «l'axe royal», menant du Louvre à La Défense en passant par les Champs-Élysées.

France

L'envie de découvrir le légendaire savoir-vivre français n'est certainement pas la moins bonne raison d'envisager des vacances en France. La gastronomie et les vins français sont aussi variés que les paysages, et pas uniquement dans les meilleurs restaurants des grandes villes,

Roussillon, au cœur des carrières d'ocre, en bordure de la vallée du Rhône.

mais tout aussi bien dans une petite auberge de village. Il semble y avoir un monde de différence entre la gracieuse Bourgogne et le charme méditerranéen de la Provence, entre l'agitation de Paris et l'air frais de la côte atlantique… pourtant, une seule journée de trajet sépare ces destinations. Les constructions témoignant du passé sont également légion: amphithéâtres romains et monastères médiévaux, châteaux baroques et maisons bourgeoises classiques. Ouvrez bien les yeux et vous découvrirez de véritables trésors dans chaque recoin de la France.

*La science n'a toujours pas résolu l'énigme des innombrables menhirs de **Bretagne**, ce qui rend ces témoins de la préhistoire encore plus mystérieux. Ici, Kermario, groupe d'un millier de monolithes non loin de Carnac.*

France

Superficie: 547 030 km² (Corse incl.)
Côte: 3 427 km
Point culminant: Mont-Blanc (4 807 m)
Plus long cours d'eau: Loire (1 020 km)
Plus grand lac: lac de Grand-Lieu
Population: 59 millions d'habitants
Densité de population: 108 hab./km²
Régions: Normandie et Picardie, Bretagne, Île-de-France et Champagne, Alsace-Lorraine, Bourgogne, vallée de la Loire, Aquitaine, Massif central, Alpes, Midi (et principauté de Monaco), Pays basque français, Roussillon et Pyrénées, Corse
Capitale: Paris (12 millions d'habitants)
Fuseau horaire: MET

Adresses utiles
(B) Maison de la France
Avenue de la Toison d'Or, 21
1050 Bruxelles
Tél.: 0902 880 25
Fax: 02 505 38 29
Web:
www.franceguide.com

Situation et paysage

Les Français appellent leur pays «l'Hexagone», et c'est également ainsi qu'il se présente sur une carte. Les frontières avec les pays limitrophes – Belgique, Luxembourg, Allemagne, Suisse, Italie et Espagne – ont pratiquement la même longueur que la côte de l'océan Atlantique et celle de la mer Méditerranée. La France possède également quelques îles, dont la plus vaste est la Corse, en mer Méditerranée. Les paysages français sont incroyablement variés: des plages de sable blanc le long de la côte aux glaciers des Alpes en passant par les paisibles montagnes d'altitude moyenne au centre et les plaines fertiles de l'intérieur du pays... Et on fait du vin dans presque toutes les régions. Pas étonnant que la France soit le plus grand producteur de vin au monde.

Normandie et Picardie

Les Normands ont débarqué ici au 9e siècle et ont donné son nom à cette région. Leurs drakkars ont remonté la Seine jusqu'à Paris. Aujourd'hui encore, la Normandie et la Picardie, située plus au nord , valent largement le détour, et pas uniquement pour la beauté de leur littoral.

Culture

* * **Amiens** ❶ Capitale de la Picardie et ville de saint Martin, avec une ***cathédrale gothique (13e siècle, elle a servi de modèle pour le Dôme de Cologne et est inscrite au patrimoine mondial de l'Unesco).

* * **Rouen** ❷ Sur les rives de la Seine, le décor du procès à l'encontre de Jeanne d'Arc, avec des chefs-d'œuvre gothiques: la ***cathédrale Notre-Dame (13e - 16e siècle), **l'église Saint-Maclou. À l'ouest de la ville: **l'abbaye de Jumiège, fondée au 7e siècle et considérée comme la plus belle ruine de France.

Le Havre ❸ Ville portuaire à l'embouchure de la Seine, presque entièrement détruite durant la Seconde Guerre mondiale. À voir absolument: le **Musée des Beaux-Arts André Malraux et la Maison de la Culture du Havre, construite par Oscar Niemeyer; le pont suspendu de 2 km de long sur la Seine.

* * **Honfleur** ❹ Un lieu idyllique au noyau historique encore intact. L'église Sainte-Catherine d'origine a été édifiée en 1468 par des constructeurs de navires.

* **Deauville** ❺ La station balnéaire la plus exclusive de Normandie, avec une grève très jolie et la promenade sur la plage Les Planches.

* * **Caen** ❻ Ville du duc de Normandie, puis roi Guillaume le Conquérant, avec **l'église Saint-Étienne qui fut entamée par lui et achevée selon le style gothique; la tombe de son épouse dans *l'Abbaye aux Dames; la célèbre **tapisserie murale (11e siècle) illustrant sa conquête de l'Angleterre est exposée à Bayeux.

* * * **Mont-Saint-Michel** ❼ Église romano-gothique unique en son genre, perchée sur un rocher en pleine mer, lieu de pèlerinage fort fréquenté depuis des siècles et véritable modèle pour diverses églises de pèlerinage médiévales dans toute l'Europe (inscrite au patrimoine mondial de l'Unesco).

Nature

* **Parc ornithologique du Marquenterre** ❶ Réserve ornithologique dotée de postes d'observation à l'extrémité nord de la baie de Somme.

* **Côte d'Albâtre** ❷ Côte escarpée entre Dieppe et Le Havre, très spectaculaire près d'**Étretat; jolie vue sur la côte depuis les hauteurs du Sentier des Douaniers.

* **Marais Vernier** ❸ Marécages à l'embouchure de la Seine.

Bretagne

Ici, la côte fait plus de 1000 km de long et la péninsule de Bretagne s'avance dans l'océan Atlantique comme la proue d'un bateau. Cette région ne fait d'ailleurs qu'une avec la mer. Les Bretons sont fiers de leur langue, de leurs traditions et de leurs menhirs préhistoriques.

Culture

* * **Saint-Malo** ❽ Ville fortifiée, édifiée sur des rochers et reliée à la terre ferme par une seule et étroite bande de sable. Aux 17e et 18e siècles, elle était tristement célèbre pour sa citadelle de pirates. Un avant-poste du féerique *Fort la Latte, qui a servi de décor à plusieurs films.

* **Menhir de Champ-Dolent** ❾ L'un des plus grands et des plus beaux menhirs de la région, près de Dol-de-Bretagne.

* * **Dinan** ❿ L'une des plus anciennes et élégantes villes de la région, avec des fortifications médiévales et l'église Saint-Sauveur (12e siècle).

* * **Île de Bréhat** ⓫ Accessible en bateau. Jadis un nid de pirates dans la pittoresque baie du port, réputée pour la richesse de sa flore méditerranéenne

* * **Barnenez** ⓬ Cimetière en terrasses avec 11 allées sur une langue de terre près de Morlaix. C'est l'un des plus anciens monuments de l'âge de pierre au monde (avec musée).

* * **Saint-Thégonnec** ⓭ Exemple particulièrement somptueux d' «enclos paroissial», lieu de culte typique de la région située entre Bodilis et le Monts d'Arrée («Route des enclos») avec une entrée monumentale, une église, une chaire à ciel ouvert, une source, un chemin de croix, un cimetière et un ossuaire réalisés du 15e au 17e siècle.

Brest ⓮ Grande ville portuaire. À voir absolument: le centre d'étude marine *Océanopolis avec le plus grand aquarium à ciel ouvert d'Europe et un musée intéressant.

* **Quimper** ⓯ Ville portuaire dotée de jolies maisons à colombages et connue pour sa céra-

L'abbaye du Mont Saint-Michel se dresse sur une île faisant face à la côte de Normandie.

Quiconque visite la Bretagne doit absolument passer par Dinan, l'une des plus belles villes de la région, dont les trésors architectoniques incluent le magnifique portail roman de l'église Saint-Sauveur.

*La **cathédrale d'Amiens** est l'une des plus grandes cathédrales gothiques de France. Avec ses 3 600 sculptures, elle compte parmi les édifices les plus richement décorés du pays. La façade ouest est particulièrement impressionnante.*

mique. À voir absolument: la *cathédrale gothique Saint-Corentin, le Musée des Beaux-Arts et le Musée départemental.

** **Carnac** 16 Capitale de la culture mégalithique, avec les plus longues rangées de mégalithes au monde (environ 3000 av. J.-C.). Le «Circuit des Alignements» est une promenade à partir de Carnac, qui vous fera découvrir les monuments les plus intéressants.

* **La Baule** 17 Station balnéaire mondaine au climat relativement doux, la «Nice du Nord».

** **Rennes** 18 Importante ville bretonne dotée de places et venelles anciennes et animées. À voir absolument: le **Musée de Bretagne, avec ses départements géologie, histoire et traditions de Bretagne; la pittoresque *rue Saint-Michel; l' *hôtel de ville classique.

** **Vitré** 19 Ville qui semble tout droit sortie d'un livre d'images, avec un impressionnant château médiéval. À voir absolument: la rue de la Baudrairie avec ses constructions historiques parfaitement conservées.

** **Fougères** 20 Fortification comptant 13 tours et située à un emplacement pour le moins singulier: dans la vallée sous la ville.

Nature

** **Parc naturel d'Armorique** 4 Ce parc naturel englobe les Monts d'Arrée, la péninsule de Crozon et les archipels de la mer d'Iroise. Avec des oiseaux de mer, des colonies de phoques et des plantes aquatiques.

** **Pointe du Raz** 5 Pointe extrême de la péninsule de Bretagne, tourmentée par de fréquentes tempêtes, avec vue sur l'Île de Sein. Accessible à pied à partir de l'aire de stationnement, en 15 minutes environ, notamment parun chemin semé d'embûches. Moins spectaculaire mais aussi moins agitée: la *Pointe du Van avec vue sur la Pointe du Raz.

** **Parc naturel de Brière** 6 Vaste paysage de tourbières protégées, ponctué de canaux, de prairies humides et d'arbres noueux.

** **Marais salants** 7 Marais où l'on recueillait déjà le sel à l'époque des Romains, partiellement asséchés, avec des pyramides de sel. Un paradis pour les hérons.

1

2

3

Île-de-France et Champagne

Toutes les routes de France sont censées mener à Paris, ville lumière et glorieuse capitale. Mais un détour, par exemple vers l'Île-de-France, le noyau historique de la France autour de Paris, ne peut pas faire de tort. De plus la Champagne, région viticole mondialement célèbre et strictement délimitée, en vaut vraiment la peine.

Culture

*** **Paris** 21 Voir le plan aux pages 178/179 et 182/183.

*** **Versailles** 22 Inscrit au patrimoine mondial de l'Unesco. Le château et le parc grandioses du

1 Les plus beaux sites de la côte de Normandie – qui s'étend sur 600 km – sont constitués de merveilleuses plages de sable et de spectaculaires falaises crayeuses.

2 Dès 1661, Louis XIV fit agrandir le pavillon de chasse royal de Versailles, qui devint le plus grand château d'Europe.

3 Le sol calcaire de la Champagne donne le plus célèbre vin mousseux du monde. C'est ici, depuis le 18e siècle, que l'on applique la «méthode champenoise», en vertu de laquelle le champagne fermente deux fois dans la même bouteille. Seul le vin mousseux de la région de Champagne peut être appelé «champagne».

Bretagne

La plupart des Bretons ne se sentent pas français à cent pour cent, car les habitants de la plus grande péninsule de l'océan Atlantique sont bien trop conscients de leurs propres identité et traditions.

Quiconque s'intéresse aux cultures anciennes et mystérieuses doit se rendre en Bretagne car on ne trouve nulle part ailleurs en Europe des mégalithes aussi nombreux et aussi bien conservés témoignant d'un lointain passé. Pour rester simple, appelons-les «menhirs», comme dans les aventures d'Astérix et Obélix. S'ils sont disposés en cercle, il s'agit de cromlechs, s'ils sont placés dans de longues rangées, souvent en parallèle, les Français parlent d' «alignements». Certains menhirs sont isolés, tandis que d'autres forment des tombes et sont alors appelés «dolmens». Mais la région recèle encore bien d'autres particularités. Avec un peu de chance, vous rencontrerez peut-être l'un des 250 000 habitants qui savent encore parler le breton, une ancienne langue qui n'a pas grand-chose en commun avec le français.

Grande photo de gauche:
À l'extrémité méridionale de la large baie d'Audierne se trouve la petite ville de Saint-Guénolé, où la pêche constitue encore la principale source de revenus. Vous pourrez admirer de nombreuses découvertes préhistoriques de la région au Musée préhistorique finistérien.

1 Aux 16e et 17e siècles, des lieux de culte très particuliers ont été découverts sur certains sites du nord de la Bretagne. Le principal élément de ces «enclos paroissiaux» était le calvaire, un monument typiquement breton, souvent orné avec faste, destiné à commémorer la passion du Christ.
L'illustration représente le calvaire de Saint-Thégonnec.

2 Ne vous laissez pas rebuter par les banlieues grises de Rennes, car l'ancien noyau de la ville vous réserve de nombreuses surprises comme l'élégante place du Champ-Jacquet, bordée de pittoresques maisons à colombages.

3 Le long de la côte rocheuse de Bretagne – ici les récifs de Saint-Guénolé –, vous pourrez découvrir la puissance indomptable de l'océan Atlantique.

1

2

3

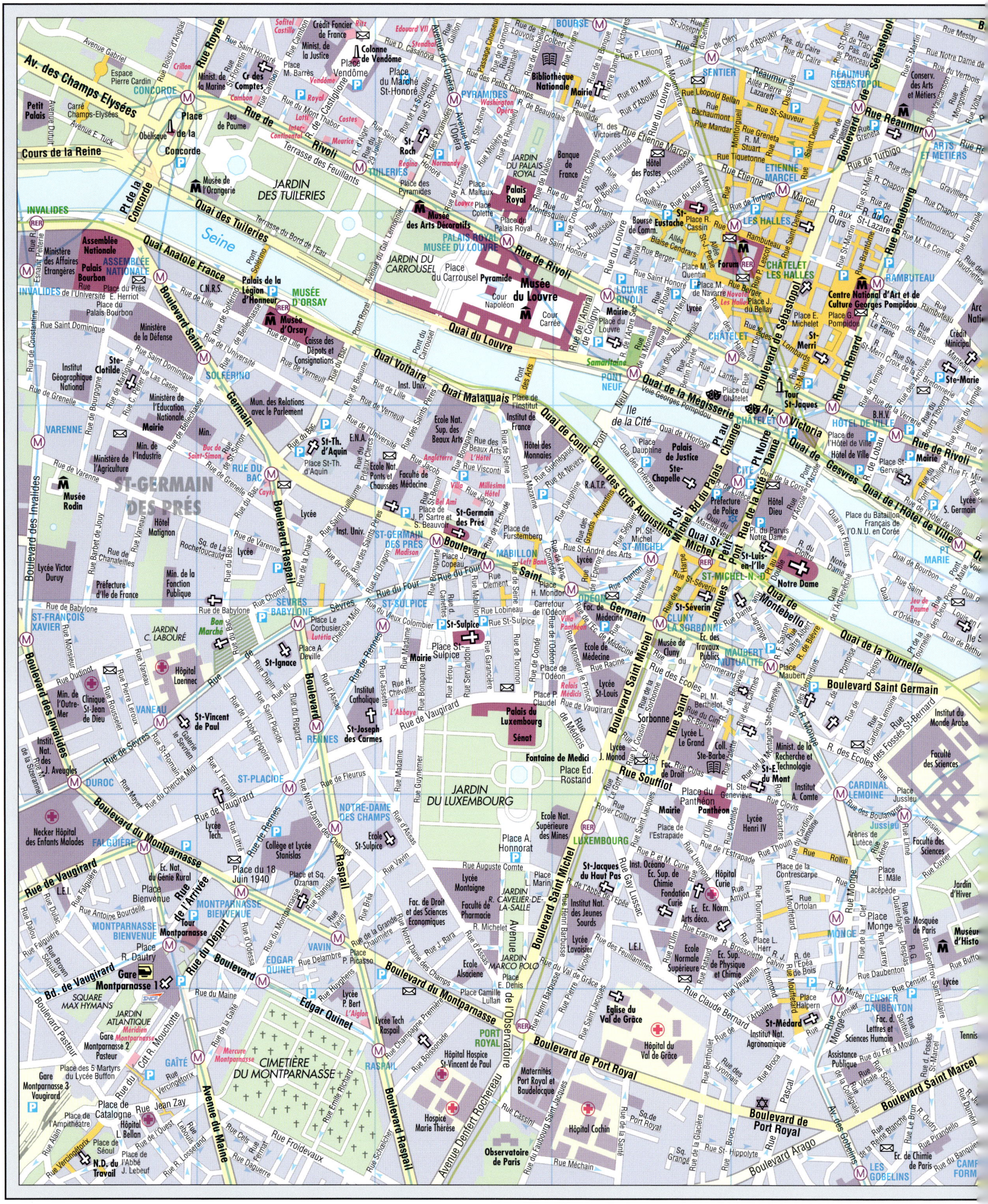
Av. des Champs Elysées
Cours de la Reine
Place de la Concorde
Obélisque
Petit Palais
Rue Royale
Rue de Rivoli
Place Vendôme
Colonne de Vendôme
JARDIN DES TUILERIES
Musée de l'Orangerie
Quai des Tuileries
Quai Anatole France
Seine
Assemblée Nationale
Palais Bourbon
Ministère des Affaires Etrangères
Palais de la Légion d'Honneur
Musée d'Orsay
MUSÉE D'ORSAY
Quai Voltaire
Quai Malaquais
Quai du Louvre
Musée du Louvre
Pyramide
Cour Napoléon
Cour Carrée
JARDIN DU CARROUSEL
Place du Carrousel
Musée des Arts Décoratifs
Palais Royal
JARDIN DU PALAIS ROYAL
Bibliothèque Nationale
Banque de France
Hôtel des Postes
Bourse de Comm.
St-Eustache
LES HALLES
Forum
CHÂTELET LES HALLES
Centre National d'Art et de Culture Georges Pompidou
Boulevard de Sébastopol
Rue Réaumur
Conserv. des Arts et Métiers
ARTS ET MÉTIERS
Tour St-Jacques
Av. Victoria
HÔTEL DE VILLE
Quai de la Mégisserie
Quai de Gesvres
Quai de l'Hôtel de Ville
Ile de la Cité
Palais de Justice
Ste-Chapelle
Préfecture de Police
Hôtel Dieu
Notre Dame
Quai de Montebello
Quai de la Tournelle
Quai des Grds Augustins
Quai de Conti
Institut de France
Hôtel des Monnaies
Ecole Nat. Sup. des Beaux Arts
ST-GERMAIN DES PRÉS
Boulevard Saint Germain
Boulevard Raspail
Musée Rodin
Hôtel Matignon
Boulevard des Invalides
St-Sulpice
Place St-Sulpice
Palais du Luxembourg
Sénat
Fontaine de Medici
JARDIN DU LUXEMBOURG
Boulevard Saint Michel
Sorbonne
Panthéon
Place du Panthéon
Rue Soufflot
Musée de Cluny
Institut du Monde Arabe
Faculté des Sciences
Jardin d'Hiver
Muséum d'Histo
Mosquée de Paris
Boulevard du Montparnasse
Tour Montparnasse
Gare Montparnasse 1
Rue de Vaugirard
Boulevard Edgar Quinet
CIMETIÈRE DU MONTPARNASSE
Avenue du Maine
Boulevard de Port Royal
Hôpital du Val de Grâce
Eglise du Val de Grâce
Observatoire de Paris
Hôpital Cochin
Boulevard Arago
Boulevard Saint Marcel
Avenue de l'Observatoire
Avenue Denfert Rochereau
Necker Hôpital des Enfants Malades
Hôpital Laennec
Boulevard de Vaugirard
Boulevard Pasteur

Paris

Le centre historique de cette superbe ville située le long de la Seine est relativement bien ordonné. De nombreux sites touristiques sont très proches les uns des autres, mais veillez malgré tout à prévoir suffisamment de temps car vous pourriez passer plusieurs journées rien qu'au Louvre.

Au Moyen Âge, alors que Paris était déjà l'une des principales villes d'Europe, trois facteurs ont contribué à la renommée de la ville: l'Église, la maison royale et l'université. Elles ont marqué le centre historique de Paris de leur empreinte. Ainsi, l'Île de la Cité, îlot situé dans la Seine et noyau historique d'où ont régné les Romains, les Mérovingiens et les Carolingiens, comporte l'une des plus imposantes cathédrales de France: Notre-Dame. Le Louvre, construit vers 1200 dans le cadre des premières grandes fortifications de la ville, a été transformé en somptueuse résidence dès 1400 par les rois de France. Sur l'autre rive de la Seine, dans le Quartier Latin, les professeurs et leurs étudiants se sont réunis à la fin du 12e siècle et ont fondé ensemble la Sorbonne, l'une des premières universités de l'Occident. Les rives de la Seine, avec leurs bâtiments grandioses, sont inscrites au patrimoine mondial de l'Unesco.

À voir absolument sur l'**Île de la Cité: la ***cathédrale Notre-Dame (12e-13e siècle), un exemple impressionnant du début du gothique français, avec des façades et portails bien structurés, dont les nombreuses statues ne datent pas toutes de l'époque de construction; vous pouvez monter au sommet des deux tours carrées afin de découvrir un superbe panorama; la ***Sainte-Chapelle, ancienne chapelle du palais, est un chef-d'œuvre du gothique et se caractérise essentiellement par la clarté de son intérieur. Un autre vestige du temps où les premiers rois de France résidaient sur l'île est la *Conciergerie, une aile du palais royal médiéval; le **Pont Neuf, depuis son achèvement en 1606, est un lieu de rendez-vous très prisé et l'un des plus beaux ponts traversant la Seine. La Seine comporte également l'idyllique **Île Saint-Louis, dont les premières constructions n'ont été édifiées qu'à l'époque de la Renaissance. Au nord de la Seine: le ***Louvre, jadis une citadelle médiévale étendue et transformée à l'époque baroque, et aujourd'hui l'un des plus grands et importants musées du monde; le ***Centre Pompidou, temple colossal de la culture de style contemporain et véritable pôle d'attraction; **l'hôtel de ville (19e siècle avec partie de style Renaissance), digne d'un palais, sur la *place de Grève au cœur de Paris. Dans le quartier protégé du **Marais: la romantique **place des Vosges, **l'Opéra national de Paris, de style avant-gardiste, **l'église Saint-Gervais-Saint-Protais de style gothique, le **musée Picasso, **l'Hôtel Carnavalet (16e siècle) avec le musée retraçant l'histoire de la ville. Au sud de la Seine: le **Quartier Latin, quartier universitaire riche en traditions, et les légendaires quartiers d'artistes et d'intellectuels **Saint-Germain-des-Prés et **Montparnasse, les **Jardins du Luxembourg.

La pyramide vitrée ultramoderne devant le somptueux bâtiment du Louvre.

Le charme de Paris: terrasse à la place de l'Opéra.

1

2

3

Champs-Élysées, Place de la Concorde, Louvre

Paris possède de multiples facettes. L'une d'entre elles est née au 19e siècle et témoigne de la conscience de soi, ainsi que du besoin d'identification d'une «grande nation».

Les quartiers de la vieille ville, qui s'était développée spontanément au fil des siècles, étaient encore restreints et surpeuplés, mais les dimensions du «nouveau Paris» devaient refléter le rayonnement d'une métropole internationale. C'est ainsi que sont nés de larges et somptueux boulevards, des places gigantesques et des parcs aux allures royales. La transition vers les temps modernes annonçait également certains changements administratifs, comme la répartition de la ville en arrondissements numérotés. La numérotation commence dans le quartier situé autour du Louvre, sur la frontière entre l'ancien et le nouveau Paris.

1 Ce n'est qu'au petit matin qu'il fait calme sur la Place de la Concorde, l'impressionnante place située à l'extrémité des Champs-Élysées. Son centre est dominé depuis 1833 par un obélisque égyptien vieux de 3 000 ans.

2 C'est dans les années 1830 qu'a été achevé l'Arc de Triomphe sur les Champs-Élysées. Ce monument commémore la victoire de Napoléon lors de la campagne d'Autriche. Au sommet, la plate-forme offre une vue imprenable sur la ville.

3 La pyramide vitrée du Louvre a été édifiée à la fin du 20e siècle dans le cadre d'une prestigieuse modernisation du mondialement célèbre musée d'art. C'est là que se trouve le guichet d'information.

4 Le Louvre – d'abord forteresse, puis résidence royale et enfin musée après la Révolution française – est un énorme bâtiment abritant de nombreuses collections, des sculptures égyptiennes à la peinture française du 19e siècle. Ici, «Le sacre de Napoléon Ier» par Jacques-Louis David.

5 Outre la «Mona Lisa» de Léonard de Vinci, sans doute la plus célèbre peinture du monde, le Louvre possède un autre pôle d'attraction, à savoir la Vénus de Milo, une statue de marbre grecque du 2e siècle av. J.-C.

4

5

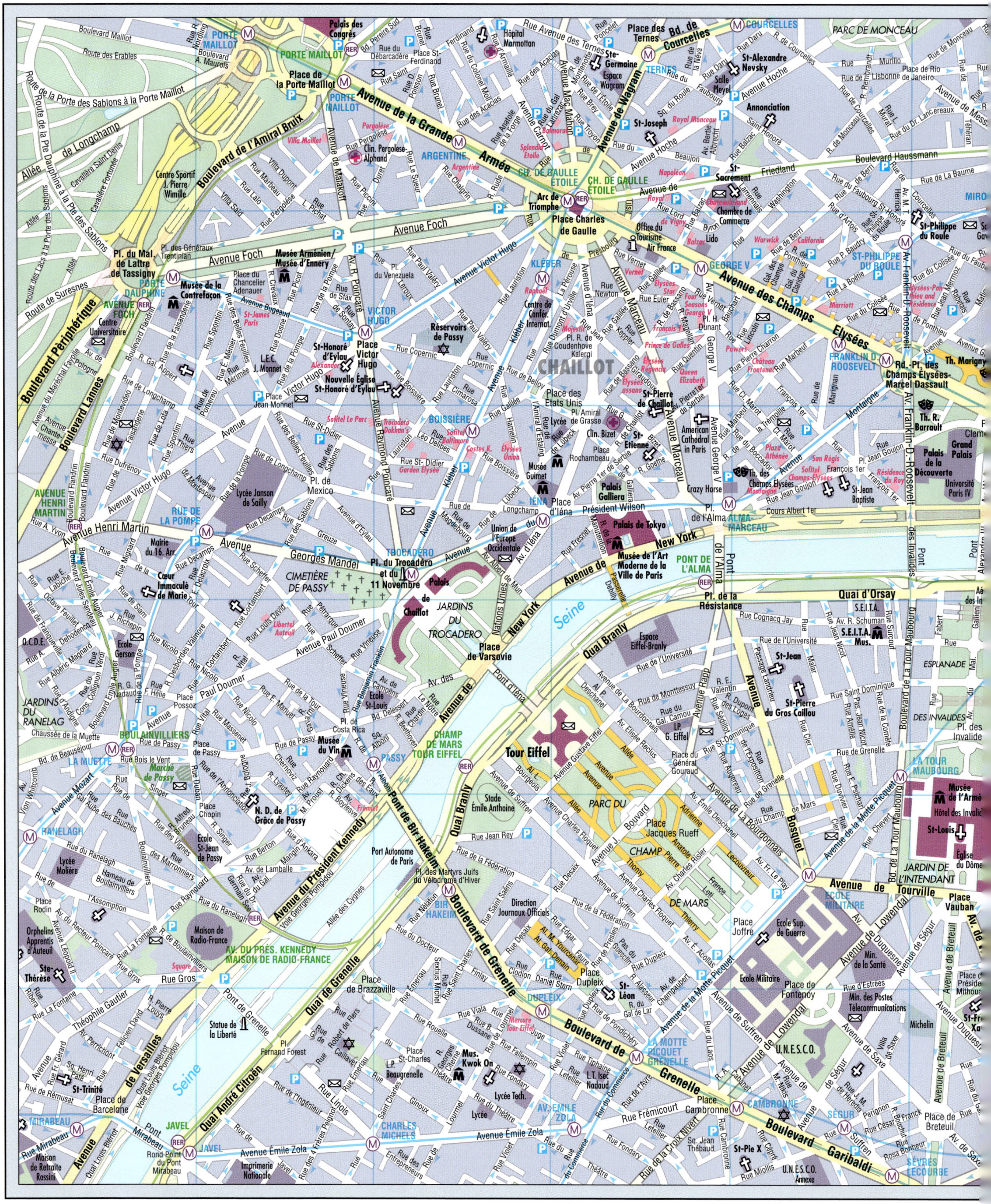
Palais des Congrès
Porte Maillot
Place de la Porte Maillot
Avenue de la Grande Armée
Boulevard de l'Amiral Bruix
Allée de Longchamp
Boulevard Périphérique
Boulevard Lannes
Avenue Foch
Pl. du Mal de Lattre de Tassigny
Porte Dauphine
Musée Arménien/Musée d'Ennery
Musée de la Contrefaçon
Victor Hugo
Place Victor Hugo
Réservoirs de Passy
Avenue Victor Hugo
Arc de Triomphe
Place Charles de Gaulle
Ch. de Gaulle Étoile
Avenue de Wagram
Place des Ternes
Ternes
Courcelles
Bd. de Courcelles
Parc de Monceau
Boulevard Haussmann
St-Alexandre Nevsky
Avenue Hoche
Avenue de Friedland
Office du Tourisme
George V
Avenue des Champs Élysées
Franklin D. Roosevelt
Rd.-Pt. des Champs Élysées-Marcel Dassault
St-Philippe du Roule
Kléber
Chaillot
Place des États Unis
Iéna
Place d'Iéna
Avenue Marceau
Avenue George V
Boissière
Lycée Janson de Sailly
Rue de la Pompe
Avenue Henri Martin
Avenue Georges Mandel
Cimetière de Passy
Trocadéro
Pl. du Trocadéro et du 11 Novembre
Palais de Chaillot
Jardins du Trocadéro
Palais de Tokyo
Musée de l'Art Moderne de la Ville de Paris
Avenue de New York
Pont de l'Alma
Alma-Marceau
Pl. de l'Alma
Pl. de la Résistance
Grand Palais
Palais de la Découverte
Quai d'Orsay
Esplanade des Invalides
Musée de l'Armée
Hôtel des Invalides
St-Louis
Seine
Quai Branly
Tour Eiffel
Champ de Mars Tour Eiffel
Parc du Champ de Mars
Place Jacques Rueff
Avenue de la Bourdonnais
Avenue Bosquet
Avenue Rapp
École Militaire
Place de Fontenoy
U.N.E.S.C.O.
Avenue de Suffren
Avenue de Lowendal
Avenue de Ségur
Avenue de Tourville
Place Vauban
Pont de Bir Hakeim
Bir Hakeim
Boulevard de Grenelle
Quai de Grenelle
Avenue du Président Kennedy
Maison de Radio-France
Av. du Prés. Kennedy Maison de Radio-France
Passy
La Muette
Ranelagh
Jardins du Ranelag
Boulainvilliers
Rue de Passy
Avenue Mozart
Avenue Paul Doumer
Musée du Vin
N. D. de Grâce de Passy
Statue de la Liberté
Pont de Grenelle
Quai André Citroën
Boulevard Exelmans
Avenue de Versailles
Pont Mirabeau
Mirabeau
Javel
Avenue Émile Zola
Charles Michels
Place de Brazzaville
Dupleix
La Motte Picquet Grenelle
Cambronne
Place Cambronne
Boulevard Garibaldi
Sèvres Lecourbe
Ségur
Place de Breteuil
Avenue de Breteuil
Avenue Duquesne

Paris

La capitale française fourmille de contradictions: riche en traditions et avant-gardiste, monumentale et somptueuse, mais aussi attrayante et conviviale. Paris est le siège du gouvernement français ainsi qu'une ville universitaire, une métropole de la mode et de l'art, une cité multiculturelle mais pourtant très française.

Paris n'a cessé de s'étendre au cours de sa longue histoire car elle était de plus en plus à l'étroit. Sa croissance apparemment effrénée – la ville couvre à présent une superficie de plus de 105 km² et compte près de 12 millions d'habitants, soit plus de 20 % de la population française – ne résulte pas uniquement du fait que Paris ne tolère aucune rivale. La capitale française a toujours été le centre politique, économique, culturel et social incontesté du pays.

À voir absolument au sud de la Seine: la ***tour Eiffel, édifiée pour l'exposition universelle de 1889 et devenue le symbole mondialement célèbre de la ville. Cette structure métallique de 300 m de haut fut réalisée en 16 mois à peine par l'ingénieur Gustave Eiffel. Sa plate-forme panoramique, accessible par un ascenseur, est l'une des attractions les plus populaires de la ville. À voir également: l'**Hôtel des Invalides, fondé par Louis XIV pour les innombrables invalides de guerre, avec le **Dôme des Invalides. Au nord de la Seine: l'**avenue des Champs-Élysées avec l'**Arc de Triomphe et la **place de la Concorde, deux superbes exemples des larges boulevards et des places géométriques réalisés à Paris lors de la rénovation de la ville au 19e siècle. Méritent également une visite: le *Jardin des Tuileries; la **place Vendôme avec ses magasins de luxe, le **Palais Garnier, splendide opéra du 19e siècle, le **Palais royal (17e siècle). Dans le quartier artistique et récréatif **Montmartre (hors plan): l'historique **Moulin de la Galette; sur la butte, la *basilique du Sacré-Cœur, qui offre une vue remarquable; le **cimetière Montmartre, comme le **Père Lachaise (à l'est, hors plan), l'un des trois grands cimetières aménagés vers 1800 et abritant les sépultures d'innombrables célébrités (plans disponibles à l'entrée principale). Dans la banlieue nord Saint-Denis (hors plan): outre le gigantesque stade de France, la **basilique Saint-Denis, en gothique primaire, nécropole des rois de France.

L'une des avenues les plus célèbres au monde: les Champs-Élysées.

Paris et son superbe boulevard la nuit.

Vue sur la tour Eiffel, le symbole de la ville.

Les rives de la Seine à Paris

Une promenade le long de la Seine vous donne une bonne idée de l'histoire plus que millénaire de la capitale: les bâtiments historiques témoignent en effet du lustre et de la gloire de la métropole.

Sur l'Île Saint-Louis se dresse la statue de la patronne de la ville, Sainte-Geneviève. À l'ouest, sur l'Île de la Cité, se trouve le noyau religieux de Paris, avec la cathédrale gothique Notre-Dame et la Sainte-Chapelle, un chef-d'œuvre du gothique.
Un peu plus loin, nous avons la Conciergerie, qui faisait jadis partie du château royal médiéval et a servi de prison d'État dès 1400. Elle fait face au Louvre, ancien palais Renaissance des rois de France, devenu le principal musée d'arts en Europe.
Le Musée d'Orsay, le Grand et le Petit Palais, le parlement et la tour Eiffel – construction révolutionnaire à l'époque – témoignent d'un passé culturel et politique plus récent.

Grande photo de gauche: La cathédrale gothique Notre-Dame fut construite du 12e au 14e siècle dans le noyau médiéval de la ville, l'Île de la Cité.

1 Lors de la Révolution française, jusqu'à 1200 prisonniers attendaient la guillotine dans les cachots de la Conciergerie.

2 La pyramide vitrée avant-gardiste de l'éminent architecte Ieoh Ming Pei, dans la cour intérieure du Louvre, abrite l'entrée centrale du musée.

3 Achevé en 1875, le Théâtre de l'Opéra néo-baroque de Charles Garnier compte 2158 sièges et figure donc parmi les plus vastes théâtres au monde.

4 Le tsar de Russie a posé en 1896 la première pierre de l'élégant pont Alexandre III, qui traverse la Seine le long de ses 107,5 m. Derrière, le Dôme des Invalides.

5 Le Palais Bourbon accueille l'assemblée nationale (parlement) depuis 1871.

6 La tour Eiffel, haute de 300 m, a été construite pour l'exposition universelle de 1889.

1

2

3

4

5

6

Versailles

Le château des châteaux, exemple pour de nombreux autres châteaux européens, merveille de l'architecture baroque et symbole de l'absolutisme... Bienvenue à Versailles, le somptueux château situé à l'ouest de Paris.

Lorsque Louis XIV, qui régna de 1643 à 1715, fit édifier son château sur la plaine morne et peu attrayante située devant les portes de son altière capitale, d'aucuns auront sans doute froncé les sourcils. Jusque là, cet endroit n'abritait encore que le pavillon de chasse relativement modeste de son père. Mais comme toujours, le Roi-Soleil savait ce qu'il voulait. Indifférent à la véritable mer d'édifices de la capitale ou à la concurrence d'un somptueux paysage, il exprima la gloire et le panache de sa souveraineté dans un bâtiment inégalé. Il existait bien d'autres exemples architectoniques plus modestes, mais le gigantisme du château et du parc – superbement proportionnés – fit de Versailles un lieu unique. Louis XIV offrit ainsi à son fier royaume un monument qui n'a toujours rien perdu de son charme.

1 La cour intérieure en marbre a été aménagée en 1631 sous Louis XIII et complètement transformée sous Louis XIV par Le Vau et Mansart.

2 Le faste royal dans toute sa splendeur: la plus belle salle de Versailles est la Galerie des Glaces, qui mesure 73 m de long et 10 m de large. Elle compte 17 fenêtres et 17 miroirs qui leur font face et reflètent le soleil couchant.

3 L'horloge du Roi-Soleil est ornée d'un soleil...

4 Les différentes pièces du château sont superbement décorées de peintures, sculptures, œuvres artisanales, meubles baroques et tapisseries.

5 L'harmonieux jardin du château.

6 Vue sur le Salon de la Guerre, aménagé en 1837.

7 Le château et le parc irradient la splendeur royale jusque dans leurs moindres détails, comme cette grille en fer forgé partiellement dorée.

Dans les contreforts sud des Vosges, tout près de l'ancienne place forte Belfort, à la «Porte de Bourgogne», se trouve l'église de pèlerinage ***Notre-Dame-du-Haut****, dans la commune de Ronchamp. Il ne s'agit toutefois pas uniquement d'une destination privilégiée pour les pèlerins catholiques, mais également d'un site de choix pour les amateurs d'architecture. Cette église a été construite au milieu du 20e siècle par le célèbre architecte et artiste franco-suisse Le Corbusier (1887-1965), qui en a fait un édifice robuste et moderne. C'est l'une de ses œuvres principales.*

Roi-Soleil Louis XIV ont servi d'exemple à de nombreux autres châteaux baroques d'Europe, mais le gigantisme, la créativité et l'esthétique architectonique de l'original n'ont jamais été égalés. À voir également: pièces de représentation, chapelle, Galerie des glaces, collection de peintures, écuries et jardins.

**** Giverny** 23 Localité rurale à la frontière avec la Normandie, avec la maison de Claude Monet (à visiter), qui y a réalisé quelques-unes de ses célèbres peintures.

***** Chartres** 24 La cathédrale de Chartres est un symbole du gothique français. Elle n'a pour ainsi dire pas été modifiée depuis son achèvement en 1260 (inscrite au patrimoine mondial de l'Unesco). Unique: les superbes vitraux ornés de scènes bibliques, le plus grand cycle biblique du Moyen Âge .

**** Château de Fontainebleau** 25 Pavillon de chasse royal de style Renaissance (inscrit au patrimoine mondial de l'Unesco).

*** Meaux** 26 Charmante petite ville dans la région rurale de Brie, avec une cathédrale gothique.

**** Laon** 27 Ancienne ville construite sur une hauteur (accessible par le biais d'un téléférique). À voir absolument: la **cathédrale Notre-Dame, visible de loin grâce à ses tours et l'une des plus anciennes cathédrales gothiques.

**** Reims** 28 La plus grande ville de Champagne, avec des caves à vins célèbres dans le monde entier. Il s'agit également d'une ville épiscopale vieille de plusieurs siècles, où les rois français furent couronnés du 12e au 19e siècle. À voir absolument: la ***cathédrale gothique Notre-Dame, dont la façade ouest est ornée de 2 300 sculptures (inscrite au patrimoine mondial de l'Unesco); les vitraux détruits pendants les deux guerres mondiales ont été remplacées par des œuvres modernes de Chagall.

**** Épernay** 29 Ville de Champagne, avec un véritable labyrinthe de caves à vin dans les collines calcaires avoisinantes. Possibilité de visites guidées dans les caves connues.

Nature

*** Parc naturel régional du Vexin français** 8 Le plus vaste parc naturel d'Île-de-France et une zone récréative fort prisée.

*** Forêt de Fontainebleau** 9 Vaste forêt au sud-est de Paris, avec des formations rocheuses fantomatiques dans la partie ouest.

Alsace-Lorraine

Cette région a connu plusieurs déplacements de la frontière franco-allemande au fil de l'histoire. Si vous traversez le Rhin depuis le Baden-Württemberg en Allemagne – ou l'inverse – vous découvrirez de nombreuses similitudes en termes de culture et de paysage.

Culture

**** Metz** 30 Sur les rives de la Moselle, capitale de la Lorraine, avec de larges boulevards et des bâtiments représentatifs du 19e siècle. À voir absolument: la **cathédrale gothique Saint-Étienne, partiellement rénovée en style gothique, avec d'importantes croisées et un *trésor; *Saint-Pierre-aux-Nonnains, un ancien couvent aux racines antiques.

**** Nancy** 31 Jadis capitale du duché de Lorraine. À voir absolument: la ***place Stanislas, ourlée de superbes bâtiments (inscrite au patrimoine mondial de l'Unesco); le **Musée de l'École de Nancy avec sa collection unique d'Art nouveau, attestant du rôle important qu'a joué la ville dans la naissance de ce courant; le **Musée historique lorrain, consacré à l'histoire tumultueuse de la Lorraine. À l'ouest de Nancy: **Toul, déjà ville épiscopale au 4e siècle, avec la **cathédrale gothique Saint-Étienne, dotée d'une somptueuse façade ouest.

*****Strasbourg** 32 Voir plan page 189.

**** Obernai** 33 Avec sa magnifique **place du marché et ses maisons bourgeoises historiques, elle constitue l'une des plus belles localités de la **Route des vins d'Alsace, un itinéraire touristique traversant les Vosges au fil de découvertes culinaires, culturelles et paysagères.

**** Haut-Koenigsbourg** 34 Château des Staufen près de Sélestat, reconstruit au 19e siècle en tant que symbole du Moyen Âge allemand, avec une vue superbe.

*** Ribeauvillé** 35 Célèbre ville viticole dominée par trois citadelles.

**** Riquewihr** 36 Ville de maisons à colombages ceinturée de murailles et quasi inchangée depuis le 16e siècle. À voir absolument: le *Dolder, une tour du 13e siècle.

**** Kaysersberg** 37 Endroit romantique avec les ruines d'une citadelle, une basilique romane, une maison communale de style Renaissance et un pont ancien.

**** Colmar** 38 Ville ancienne agréableet typiquement alsacienne avec des maisons à colombages, des toitures émaillées et hautes en couleurs et des venelles sinueuses. À voir absolument: deux œuvres d'art connues dans le monde entier, à savoir **l'autel d'Isenheimer au Musée d'Unterlinden et la **Vierge au rosaire dans l'église dominicaine.

Ronchamp 39 Petite ville des Vosges, avec la célèbre *église de pèlerinage Notre-Dame-du-Haut, construite entre 1950 et 1955 par Le Corbusier.

Nature

*** Route des Crêtes** 10 Chemin sinueux et élevé qui traverse les Vosges, avec le *col du Grand Ballon (1424 m) et le col de la Schlucht; impressionnant panorama de la forêt Noire, du Jura et des sommets des Alpes.

Bourgogne

Au Moyen Âge , la Bourgogne était un pivot de la politique et de la culture occidentales. Les ducs de Bourgogne étaient puissants et les monastères, influents. Les témoins de pierre de cette époque ponctuent ce calme paysage de forêts et de vignobles et sont toujours impressionnants à l'heure actuelle.

Culture

**** Sens** 40 Cette petite ville doit son nom aux Senones, une tribu gauloise qui donna du fil à retordre aux Romains. À voir absolument: la **cathédrale Saint-Étienne, l'une des plus anciennes églises gothiques de France, aux dimensions extraordinaires.

*** Auxerre** 41 Bastion des vins blancs de Bourgogne sur l'Yonne, avec une ville ancienne féerique qui vaut le détour.

**** Tanlay** 42 Charmant château Renaissance au bord de l'eau (16e-17e siècle).

**** Ancy-le-Franc** 43 Château

Les champs et villages se cramponnent aux collines des Vosges (Alsace).

La place Stanislas à Nancy, avec l'hôtel de ville, ancienne résidence des ducs de Lorraine.

Les pittoresques «ponts couverts» de Strasbourg.

Strasbourg

Les romantiques maisons à colombages, les bars à vins accueillants et la grandiose cathédrale rendent incontournable cette ville au passé tumultueux, située au bord du Rhin.

Fondée par les Romains, Strasbourg – point central de l'Alsace – a changé de «nationalité» plus d'une fois dans son passé. Mais à présent, les cultures française et allemande y cohabitent en toute harmonie, comme le prouve la savoureuse cuisine alsacienne. Et en tant que siège du Parlement européen et du Conseil de l'Europe, Strasbourg est devenue un symbole de l'Europe unifiée après la Seconde Guerre mondiale. Le noyau historique de la ville est inscrit au patrimoine mondial de l'Unesco.

À voir absolument: La***cathédrale Notre-Dame, monumental édifice en grès du gothique tardif, aux portails richement ornés; l'une des merveilles architectoniques de cette église entamée en 1176 et presque achevée en 1439 est la façade ouest, avec sa fameuse rosace centrale; à l'intérieur: des croisées médiévales, un grand orgue du 15e siècle, le «Pilier des anges» aux ornements fastueux et

Vue de la cathédrale de Strasbourg éclairée.

l'horloge astronomique (16e siècle). Certaines sculptures initiales de la façade sont exposées au **Musée de l'Œuvre Notre-Dame. Dans les environs de la cathédrale: la **maison Kammerzell, une superbe maison à colombages, et le **palais Rohan, résidence baroque des évêques, digne d'un château; ***La Petite France, ancien quartier des tanneurs le long des berges de l'Ill, avec des maisons à colombages et pignons (datant généralement des 16e et 17e siècles), fort visitée pour son atmosphère romantique; le ** Musée alsacien (musée populaire).

*Pour découvrir la vraie vie de château, mettez le cap sur la **Bourgogne**, le pays des grands vins! La zone vinicole de Bourgogne est répartie en cinq régions délimitées avec précision: Chablis au nord, le Beaujolais au sud et entre les deux, la Côte d'Or, le Challonais et le Mâconnais.*

de style des débuts de la Renaissance italienne, avec un intérieur somptueux.

**** Trésor de Vix** 44 Sensationnelles trouvailles celtes du 6e siècle av. J.-C., exposées dans le musée archéologique de Châtillon-sur-Seine.

***** Abbaye de Fontenay** 45 Inscrite au patrimoine mondial de l'Unesco et point d'orgue de tout voyage en Bourgogne sur le plan de l'histoire de l'art: monastère cistercien, fondé en 1118 par Bernard de Clairvaux, dont l'architecture répond aux idéaux de rigueur et de pureté de l'ordre, au sein d'une vallée boisée.

**** Vézelay** 46 Ville construite sur un étroit rocher. À voir absolument: la ***basilique Sainte-Madeleine avec son magnifique portail, l'une des plus somptueuses églises romanes et, au Moyen Âge , l'une des principales églises de pèlerinage d'Europe (inscrite au patrimoine mondial de l'Unesco).

**** Dijon** 47 Jadis capitale du puissant empire bourguignon, avec une vieille ville impressionnante. À voir absolument: la **cathédrale gothique Saint-Bénigne avec sa crypte romane; **l'église gothique Notre-Dame, une robuste construction en grès scintillant; le *palais ducal (14e-17e siècle) avec le **Musée des Beaux-Arts, l'une des meilleures collections d'arts de France, et la **Salle des Gardes, réservée aux banquets. Au sud de Dijon commence la **Route des Grands Crus, qui traverse les vignobles mondialement célèbres de Bourgogne. Vu ses superbes paysages, ses imposants châteaux viticoles et ses charmants villages anciens, cette route n'est pas uniquement recommandée aux amateurs de vins. À voir absolument: Fixin, Gevrey-Chambertin, Chambolle-Musigny, Vougeot, Pommard, Volnay, Meursault, Santenay.

*** Cîteaux** 48 Abbaye cistercienne fondée en 1098. Il ne subsiste que quelques vestiges du bâtiment originel.

**** Autun** 49 L'une des plus anciennes villes de France, déjà importante au temps des Gaulois et étendue par les Romains. À voir absolument: deux portes romaines de la ville, le théâtre romain, la superbe cathédrale romane.

**** Beaune** 50 Centre de la «Bourgogne culinaire». Le marché du samedi est une expérience inoubliable. À voir absolument: **l'Hôtel-Dieu (15e siècle), complexe de bâtiments à colombages aux toits joliment ornés, peut-être bien le plus bel hôpital du monde; le **Musée du Vin de Bourgogne, qui vous apprendra tous les secrets des vins célèbres dans l'ancienne résidence ducale.

**** Cluny** 51 Abbaye bénédictine fondée en 910, dont les réformes ont influencé tout l'Occident vers l'an 1000. Le 17e siècle vit néanmoins le déclin de cette abbaye, jadis la plus grande du monde chrétien, dont il ne reste plus aujourd'hui que quelques ruines.

**** Paray-le-Monial** 52 Lieu de pèlerinage doté d'une basilique romane réalisée d'après l'abbatiale de Cluny.

Nature

*** Canal du Nivernais** 11 Le plus idyllique des cours d'eau bourguignons, où vous pouvez naviguer dans un bateau-logement de location (départ à Auxerre).

*** Parc naturel régional du Morvan** 12 Près d'Autun, le cœur vert de la Bourgogne: de paisibles collines coiffées de forêts et prairies, avec des ruisseaux sinueux et des lacs reposants.

*** Combe de Lavaux** 13 Près de Gevrey-Chambertin (route du vin), impressionnante vallée dans la Haute Côte, avec un sentier populaire.

*** Grottes d'Azé** 14 Grottes des environs de Cluny, habitées aux temps préhistoriques. Dans les environs: le réseau complexe des Grottes de Blanot.

Vallée de la Loire

C'est à Orléans que commence l'itinéraire classique de la vallée de la Loire, avec ses châteaux uniques (inscrits au patrimoine de l'Unesco). Ici, le plus long fleuve de France, qui prend sa source bien plus loin au sud, dans les Cévennes, a déjà parcouru la moitié de son trajet à destination de l'océan Atlantique.

Culture

**** Bourges** 53 Une ville animée au passé grandiose, qui a laissé des traces évidentes au sein du noyau historique. À ne pas manquer: la ***cathédrale gothique Saint-Étienne, avec sa somptueuse façade ouest et ses superbes vitraux (inscrite au patrimoine mondial de l'Unesco).

**** Saint-Benoît-sur-Loire** 54 L'un des plus anciens monastères d'Europe (7e siècle) avec la tombe de saint Benoît de Nursie et de magnifiques exemplaires de l'architecture préromane.

*** Orléans** 55 La ville de Jeanne d'Arc: sa statue équestre se dresse à la Place du Martroi, son portrait se trouve au *Musée des Beaux-Arts et elle a été canonisée dans la cathédrale.

***** Château de Chambord** 56 Le plus célèbre des châteaux de la Loire (inscrit au patrimoine mondial de l'Unesco): un splendide édifice du début du 16e siècle, aux dimensions imposantes. Particulièrement intéressant: l'escalier à double spirale et le toit en terrasse, qui ressemble un peu à une ville miniature avec ses tours et pavillons.

*** Château de Blois** 57 Illustre la transition du gothique au style Renaissance, avec une façade remarquable.

**** Château de Cheverny** 58 Architecture austère et symétrique, construction en pierres d'une blancheur aveuglante.

**** Château de Chaumont** 59 Château du 15e-16e siècle, doté de nombreuses tours.

**** Amboise** 60 L'un des plus beaux châteaux de la Loire. Il était jadis quatre fois plus grand mais aujourd'hui, il ne reste plus qu'une partie de style gothique et Renaissance.

**** Château de Chenonceaux** 61 Château Renaissance féerique jeté comme un pont au-dessus du Cher.

**** Loches** 62 Petite ville médiévale remarquablement bien conservée avec château et fortifications.

**** Château de Villandry** 63 Château Renaissance doté de jardins qui valent vraiment le détour. Le potager géométrique est particulièrement original.

**** Azay-le-Rideau** 64 Château parfaitement proportionné, construit en 1527 sur la rive de l'Indre.

**** Chinon** 65 Petite ville implantée dans un décor enchanteur sur la rive de la Vienne, avec de solides fortifications.

**** Fontevraud** 66 Abbaye fondée vers 1100, qui était – chose particulièrement inhabituelle – habitée à la fois par des moines et des religieuses. À voir absolument dans ce grand ensemble: la cuisine romane. Dans l'église (12e siècle), la tombe d'Éléonore d'Aquitaine, du roi Henri II d'Angleterre et de leur fils Richard Cœur de Lion.

*** Saumur** 67 Ancienne ville très intéressante, dominée par une magnifique citadelle et connue grâce au célèbre manuscrit «Les Très Riches Heures du duc de Berry».

*** Château de Brissac** 68 Élégante maison aristocratique au sein de l'Anjou, avec un intérieur somptueux et un théâtre.

*** Angers** 69 La capitale de l'ancien comté d'Anjou, avec une ancienne ville pittoresque et une intéressante *cathédrale de style gothique primaire. À voir absolument: le **château d'Angers, une puissante fortification du 13e siècle exposant le plus ancien cycle de tapisseries de France, à savoir la **Tenture de l'Apocalypse (1380).

*** Nantes** 70 Centre économique et port industriel. À voir absolument: le **château ducal (15e siècle), puissante citadelle à l'extérieur et noble résidence à l'intérieur; le **Musée des Beaux-Arts avec d'importantes collections datant essentiellement de la fin du Moyen Âge ; le **Passage Pommeraye, une somptueuse galerie commerciale de la première moitié du 19e siècle; la *cathédrale gothique Saint-Pierre-et-Saint-Paul.

Le Château de Chenonceaux, de style Renaissance, est l'un des plus célèbres châteaux de la Loire.

Nature

*** Côte de Jade et * Côte de Lumière** 15 Plages très prisées face à l'océan Atlantique, au sud de l'embouchure de la Loire, avec du sable grossier, des baies, des dunes et des forêts de pins. L'arrière-pays se caractérise par des tourbières et des marécages.

*** Île de Noirmoutier** 16 Île située dans la zone d'embouchure de la Loire, avec une atmosphère méditerranéenne et des marais salants (bassins d'évaporation où l'on recueille le sel marin) fort fréquentés; accessible en voiture à marée basse.

**** Île-d'Yeu** 17 Petite île dotée d'une côte rocheuse morcelée et de plages de sable, idéale pour les randonnées cyclistes (location de vélos) et accessible en ferry depuis Fromentine.

*** Lac de Grand-Lieu** 18 Au sud de Nantes. Le plus grand lac d'eau douce de France et une réserve pour les échassiers et les poissons. Uniquement accessible à pied ou en vélo.

La Rochelle peut s'enorgueillir d'un passé tumultueux. Les vestiges des imposantes fortifications, comme les deux tours de la fin du Moyen Âge flanquant l'étroite entrée du port, comptent parmi les plus intéressantes attractions touristiques de la ville.

Aquitaine

Des plages de rêve, un arrière-pays à l'histoire tumultueuse, des vins rouges exquis et des huîtres fraîches: de nombreuses découvertes vous attendent dans l'ancien duché d'Aquitaine, qui englobait déjà la longue côte de l'océan Atlantique entre l'embouchure de la Loire et les Pyrénées lorsqu'elle était une province romaine.

Culture

* **Les Sables-d'Olonne** 71 Station balnéaire riche en traditions et important port de pêche sur la Côte de Lumière. À voir absolument: le *Quartier Chaume avec ses anciennes maisons de pêcheurs, le *marché couvert de style Art nouveau, le *Musée de l'Abbaye Sainte-Croix avec sa collection remarquable d'art contemporain.

* **Fontenay-le-Comte** 72 Considérée comme la plus belle ville de Vendée. À voir absolument: la *crypte romane de l'église Notre-Dame, de style gothique tardif, la *place Belliar avec ses bâtiments Renaissance.

** **Abbaye Saint-Pierre** 73 Près de Maillezais. Impressionnantes ruines d'abbaye dans le paysage verdoyant du Marais Poitevin.

** **Niort** 74 Ville fondée par les Romains sur le bord de la Sèvre, avec un *centre-ville ancien et pittoresque. À voir absolument: l'imposante tour du château, avec un musée régional et une vue grandiose depuis le toit.

** **Poitiers** 75 Capitale de la région du Poitou et halte importante dans le pèlerinage de Saint-Jacques de Compostelle. À voir absolument: **l'église romane Notre-Dame-la-Grande, avec sa **façade somptueuse et son *intérieur sombre et mystique; **l'église romane Saint-Hilaire-le-Grand avec ses colonnes nombreuses et partiellement ornées de fresques; la monumentale *cathédrale gothique Saint-Pierre avec ses *vitraux précieux et ses *stalles d'origine dans le choeur; le *baptistère Saint-Jean (4e siècle), l'un des plus anciens bâtiments religieux de France. Dans les environs: le **Futuroscope: un parc d'attraction haute technologie interactif. Autres étapes du pèlerinage de Saint-Jacques dans les environs: la petite ville médiévale de **Parthenay, exceptionnellement bien conservée, et *l'église romane Saint-Pierre.

** **Saint-Savin-sur-Gartempe** 76 Près de Chauvigny, somptueuse église-halle ornée de fresques uniques et bigarrées (inscrite au patrimoine mondial de l'Unesco).

** **La Rochelle** 77 Pétillante ville portuaire au passé tumultueux et plus grand port de plaisance faisant face à l'océan Atlantique. À voir absolument: **l'hôtel de ville, bâtiment de style gothique tardif doté d'éléments Renaissance; la **tour de la Lanterne (panorama superbe!), jadis un phare et composante des puissantes fortifications de la ville; sympathique **port ancien.

* **Île de Ré** 78 Île de vacances située devant La Rochelle, qui n'a rien perdu de son charme en dépit du tourisme et offre un paysage très varié. Sa plus grande localité est *Saint-Martin-de-Ré, dominée par une farouche citadelle. C'est sur *l'Île d'Aix, sa voisine, que Napoléon a passé les derniers jours précédant son départ pour Sainte-Hélène (Musée Napoléon).

* **Rochefort** 79 Station thermale au passé grandiose en tant base marine royale au 17e siècle. À voir absolument: la **Corderie royale (aujourd'hui un musée); les premiers *bassins de radoub de France. Le pont transbordeur en fer de Martrou (1900) est une réalisation technique unique en son genre.

* **Saintes** 80 Jadis une importante ville romaine avec un *amphithéâtre et *l'arc de triomphe de Gallienus; **l'abbaye aux Dames, avec sa superbe façade, date du Moyen Âge .

* **Cognac** 81 Ville au bord de la Charente, célèbre pour son eau-de-vie éponyme. Différentes distilleries proposent des visites guidées (celle de Hennessy est particulièrement intéressante).

** **Angoulême** 82 Ancienne ville au décor imposant, située sur un plateau dominant la vallée de la Charente. Jadis une importante place forte royale. À voir absolument: la **cathédrale Saint-Pierre (12e

1 C'est dans la forteresse de Chinon, qui trône sur un rocher au-dessus de la Vienne, que Jeanne d'Arc a rencontré pour la première fois l'héritier de la couronne française.

2 Si vous vous rendez en Bourgogne, vous devez absolument visiter l'Hôtel-Dieu de Beaune. Cet hôpital de style gothique tardif, avec ses toitures hautes en couleurs, a également reçu quelques vignobles en cadeau de son pieux fondateur. Aujourd'hui encore, la vente aux enchères annuelle de ses vins est une expérience inoubliable.

3 Un pont imposant traverse la Loire pour déboucher sur l'ancienne ville de Blois.

1

2

3

4

5

Vallée de la Loire

Avec plus de 300 citadelles et châteaux, la vallée de la Loire est l'un des principaux paysages culturels d'Europe. L'évolution de l'architecture française s'illustre avec brio le long du lit naturel du fleuve.

Les châteaux de style Renaissance, les villes historiques, les élégantes églises et les grandes régions viticoles se succèdent au fil du plus long fleuve de France. À l'est de l'ancien royaume orléanais, aux terres fertiles, se trouvent Orléans et les joyaux romans que sont Germigny-des-Prés et Saint-Benoît. Autour de la ville royale de Blois s'étend le Blésois, avec les châteaux de Chaumont, Cheverny et le fastueux Chambord. Dans les parcs de Touraine se dressent le château de Chenonceaux et l'élégant château d'Azay-le-Rideau, au bord de l'Indre. En plus d'Amboise – résidence de François 1er – les environs de Tours vous réservent également les pittoresques villes médiévales de Loches et Chinon. En Anjou, dans la direction de Saumur, vous découvrirez de nombreuses habitations troglodytiques et, au-delà d'Angers, la Bretagne commence déjà, avec la ville de Nantes.

Grande photo de droite: le château Chambord au crépuscule. Ce somptueux édifice est la concrétisation en pierre du rêve de François Ier.

1 Blois fut la résidence de la maison royale Valois dès 1498 et ce, durant un siècle. Vue sur l'ancienne ville avec le pont Gabriel et la cathédrale Saint-Louis.

2 La galerie du château de Chenonceaux franchit le Cher à l'instar d'un pont. Catherine de Médicis y organisait d'élégantes festivités au 16e siècle.

3 Le château de Sully-sur-Loire était habité sous Henri IV par un haut fonctionnaire. Il illustre la transition entre le Moyen Âge et la Renaissance.

4 L'imposant château d'Amboise, qui n'a été que partiellement conservé, est considéré comme le berceau de la Renaissance française et de sa culture courtoise.

5 L'illustration du manuscrit «Les Très Riches Heures» du duc de Berry a rendu Saumur mondialement célèbre.

*Le sud-ouest de la France est une zone rurale relativement paisible. Mais **Cahors**, l'une des plus grandes et surtout des plus riches villes de la région au Moyen Âge, possède une attraction touristique impressionnante: le pont fortifié Valentré sur le Lot, avec ses trois tours de garde.*

siècle), église à coupole romane typique du Périgord, dotée d'une somptueuse façade; le *Moulin de Fleurac, papeterie historique, et le mondialement célèbre *musée de la bande dessinée, avec sa vaste collection et ses planches originales.

*** * Médoc** 83 Cette bande étroite entre Bordeaux et l'océan Atlantique, sur la rive ouest de la Gironde, est un véritable Eldorado pour les amateurs de vins rouges. Vous y trouverez de célèbres châteaux viticoles, tels que le Château Margaux, le Château Mouton-Rothschild et le Château Lafite-Rothschild.

*** * Blaye** 84 Sur la rive est de la Gironde, une gigantesque citadelle en forme d'étoile, construite au 17e siècle afin de protéger la riche ville de Bordeaux contre les navires anglais. Aujourd'hui, un pôle d'attraction fort prisé au panorama grandiose.

*** * Bordeaux** 85 Célèbre ville viticole et port à l'embouchure de la Garonne, riche d'un passé romain, franc, aquitain, anglais et – depuis 1453 – français. À voir absolument dans l'ancienne ville soigneusement restaurée: la **cathédrale gothique Saint-André dotée d'une façade richement ornée; le *Grand Théâtre (1780) avec une somptueuse *cage d'escalier; la *crypte (11e siècle) de l'église Saint-Seurin avec ses sarcophages mérovingiens; le *Musée des Arts décoratifs offre un aperçu du style de vie des riches marchands de Bordeaux; le nouveau **Musée d'Art contemporain, dans un entrepôt du 19e siècle, avec une collection réputée d'art contemporain et moderne. Au sud de Bordeaux: le *château de Labrède, au bord de l'eau, du philosophe et homme d'État Montesquieu (1689-1755), qui appartient toujours à la famille (possibilité de visite partielle).

*** * Saint-Émilion** 86 Importante ville viticole (inscrite au patrimoine mondial de l'Unesco) du Bordelais, avec un joli quartier ancien. À voir absolument: **l'église monolithe (9e-12e siècle), la plus grande église de France à être taillée dans la roche.

*** Arcachon** 87 Station balnéaire fort fréquentée de la Côte d'Argent, caractérisée par ses villas extravagantes du 19e siècle.

*** Bergerac** 88 Centre du vin et du tabac de la Dordogne, avec de nombreuses maisons à colombages et un musée du tabac à ne pas manquer. C'est un personnage fictif, Cyrano de Bergerac, guerrier et poète au nez extrêmement long, qui fit la notoriété de la ville.

*** Périgueux** 89 Sympathique ville de province dans le Périgord, avec une église à coupole typique de la région.

Nature

*** Parc naturel régional du Marais poitevin** 19 Vaste paysage de marécages asséché depuis le Moyen Âge grâce à un réseau de canaux (totalisant 4000 km de longueur) et partiellement affecté à l'agriculture mais aussi à la pisciculture. À voir absolument: la Venise verte, réserve naturelle protégée, avec ses denses forêts de feuillus entre les canaux. Vous pouvez découvrir ce parc populaire en bateau, à pied ou à vélo.

*** * Dune du Pilat** 20 Près d'Arcachon, les plus hautes dunes de sable fin en Europe.

*** Côte d'Argent** 21 Située entre l'embouchure de la Gironde et Bayonne, la Côte d'Argent est un paradis pour les vacanciers, avec des plages de sable blanc, des forêts de pins et des lacs d'eau douce dans l'arrière-pays.

Massif central

Le Massif central, dans le sud de la France, n'est pas encore véritablement touristique. Vous y découvrirez néanmoins des traces de la préhistoire ainsi que des paysages uniques, comme les volcans de l'Auvergne et les décors capricieux des Cévennes.

Culture

*** Limoges** 90 Capitale du Limousin, dans les contreforts orientaux du Massif central, célèbre pour sa précieuse porcelaine (que l'on peut directement acheter dans les manufactures). À voir absolument: la **grande gare, un imposant monument du 19e siècle; la *cathédrale gothique.

*** * Grotte de Lascaux** 91 Grotte au nord des Eyzies-de-Tayac ornée de peintures rupestres vieilles de 20.000 ans et célèbres dans le monde entier. Elle est fermée depuis 1983, mais vous pouvez en visiter une copie dans une grotte avoisinante. D'autres grottes dotées de dessins originaux sont accessibles dans les environs.

*** * Les Eyzies-de-Tayac** 92 Capitale de la préhistoire» dans la vallée de la Vézère (inscrite au patrimoine mondial de l'Unesco), habitée au paléolithique par des hommes de Cro-Magnon, comme le prouvent de nombreuses découvertes dans des grottes et sous des surplombs rocheux. Informations intéressantes à ce sujet dans le **Musée national de la Préhistoire.

*** * Sarlat-la-Canéda** 93 Vieille ville à visiter dans la vallée de la Dordogne. Ne pas manquer le marché du samedi, avec les spécialités du Périgord.

*** * Cahors** 94 Située au sud de l'Auvergne, dans un coude du Lot, cette ville pittoresque est connue pour ses vins rouges corsés et les truffes des environs. À voir absolument: la *cathédrale Saint-Étienne avec son cloître (11e-18e siècle) et un somptueux trésor d'église; plusieurs maisons patriciennes remarquables, surtout la *maison Roaldès.

*** * Conques** 95 Abbaye située dans la combe de l'Ouche, important lieu de pèlerinage au Moyen Âge et halte sur le chemin de Saint-Jacques. À voir absolument: *l'église romane Sainte-Foy et son impressionnant portail ouest.

*** Mende** 96 Centre des Cévennes, ville épiscopale depuis le 10e siècle, avec une imposante cathédrale (15e siècle).

*** Florac** 97 Village de montagne typique des Cévennes. Maisons aux murs de granit et aux toits d'ardoise.

*** * Le Puy-en-Velay** 98 Ville située dans l'ombre de plusieurs volcans et halte importante sur le chemin de Saint-Jacques. À voir absolument: la *cathédrale Notre-Dame (12e siècle) dotée de six coupoles et d'un cloître aux influences mauresques; la **chapelle romane Saint-Michel, ornée de fresques, trône sur un pic rocheux (dont le

La Côte du Rhône, région viticole de la vallée méridionale du Rhône, est célèbre dans le monde entier.

L'ancienne Saint-Émilion est la principale ville viticole du Bordelais.

L'une des élégantes places de Lyon: la place des Terreaux.

Lyon

Cette ville est connue depuis longtemps par les fins gourmets mais après un délicieux repas, ne manquez pas de visiter l'ancienne ville avec sa superbe architecture Renaissance.

Lyon, dont les monuments historiques sont inscrits au patrimoine mondial de l'Unesco, peut s'enorgueillir d'une longue histoire, qui a commencé au temps des Romains. La situation de la ville, entre le Rhône et la Saône, s'avéra un atout considérable pour le commerce au Moyen Âge, mais Lyon devint surtout riche et célèbre pour son textile: la soie de Lyon était particulièrement prisée. Le tisserand Jacquard y inventa en 1805 le métier auquel son nom fut donné. Cette tradition est illustrée dans le **Musée historique des Tissus.

À voir également: le **Vieux Lyon entièrement restauré, avec les quartiers Saint-Jean et Saint-Georges, est le plus grand ensemble Renaissance homogène de France; l'ancien quartier des tisseurs de soie *Croix-Rousse avec la *Maison des Canuts; les ruines romaines dans le quartier de Fourvière; sur la colline de Fourvière (qui offre la meilleure vue sur la ville) trône l'imposante *basilique Notre-Dame (19e siècle); le *Musée des Beaux-Arts.

La magnifique basilique Notre-Dame domine la vieille ville de Lyon. En dessous: l'escalier de la tour, qui mérite d'être vu.

*C'est au milieu du 18e siècle, lorsque les premiers Anglais nantis ont quitté leur vieille île pour passer l'hiver sous le soleil du sud de la France, que **Nice** commença à devenir une station balnéaire chic et élégante.*

sommet est accessible via 270 marches).

*** Clermont-Ferrand** 99 L'ancienne ville et la cathédrale doivent leur aspect sombre au fait que la roche volcanique était le principal matériau de construction. À voir absolument: *l'église Notre-Dame-du-Port (11e-12e siècle), un des fleurons du style typiquement roman de l'Auvergne.

**** Lyon** 100 Voir le plan à la page 195.

**** Vienne** 101 Au sud de Lyon, célèbre pour ses monuments romains: **temple, *théâtre. Mosaïques et sarcophages romains et paléochrétiens au Musée lapidaire, dans *l'église Saint-Pierre paléochrétienne (4e- 6e siècle).

Nature

**** Parc régional des Volcans d'Auvergne** 22 Zone volcanique protégée: Monts Dôme, dont le point culminant est le Puy de Sancy (1885 m); au sud, les Monts du Cantal, dominés par le Plomb du Cantal, vestige d'un très ancien volcan. Panorama unique des plus de 100 volcans éteints de la région; **Puy de Dôme (1465 m) près de Clermont-Ferrand.

*** Vallée de la Dordogne** 23 Elle serpente en méandres pittoresques des âpres montagnes du Massif central aux régions verdoyantes du Périgord.

*** Cévennes** 24 Chaîne de montagnes aux formes capricieuses, très peu peuplée, entre le Massif central et les plaines du Languedoc, avec des crêtes acérées, des fossés et des plateaux. À voir absolument: le **Cirque de Navacelles, le **Mont Lozère et la *Grotte des Demoiselles, célèbre pour ses stalactites et stalagmites.

Les Alpes

Entre le Lac de Genève, la vallée du Rhône, la Provence et la frontière italienne se trouvent les Alpes françaises, avec la plus haute montagne d'Europe, le Mont-Blanc. Pour explorer cette région, mieux vaut prévoir suffisamment de temps, car les pentes sont raides et nombreuses.

Culture

**** Annecy** 102 Ville intéressante située au bord du lac éponyme et cristallin. Avec d'historiques maisons à arcades et le palais de L'Isle (château du 12e siècle, situé au milieu d'une rivière). Le «Portail des Hautes Alpes»: la route de montagne menant à Chamonix démarre non loin de là.

**** Chamonix** 103 Village de montagne fondé au 12e siècle en tant que monastère, situé dans un décor fantastique au pied du Mont-Blanc et station de base pour les alpinistes et adeptes des sports d'hiver. Un tunnel relie Chamonix à Courmayeur sur le flanc italien du Mont-Blanc.

*** Les Arcs, * Val-d'Isère** 104 Les localités telles que Megève et Méribel sont nées sur la table à dessin et constituent les principaux centres français consacrés au ski alpin.

Idylle sur la rive française du lac de Genève, appelé lac Léman en France.

Le monde fascinant des Alpes françaises: le massif enneigé du Mont-Blanc avec le plus haut sommet d'Europe.

*** Grenoble** 105 Capitale du Dauphiné, ceinturée de montagnes, le long de l'Isère, théâtre des Jeux olympiques d'hiver en 1968. À voir absolument: le Palais de Justice avec sa chapelle gothique (fresques) et son aile Renaissance, ainsi que divers musées. Grenoble est également le terminus de la **Route Napoléon, une superbe route de montagne qu'emprunta jadis Napoléon. Elle commence à Cannes, au bord de la mer Méditerranée, où l'empereur foula à nouveau le sol de France après son évasion de l'île d'Elbe, et offre une alternative attrayante à l'autoroute de la vallée du Rhône.

**** Briançon** 106 Située sur le bord est du massif du Pelvoux (4 102 m), Briançon est la plus haute ville d'Europe (1 321 m). Elle était déjà habitée par les Celtes et les Romains et fut transformée en une puissante ville fortifiée sous Louis XIV.

*** Sisteron** 107 Ancienne localité au bord de la Durance, en Haute-Provence. Avec une citadelle médiévale.

Dans la Haute-Provence: l'ancienne ville de Sisteron, dominée par la farouche citadelle.

Nature

***** Mont-Blanc** 25 Avec ses 4 807 m d'altitude, le Mont-Blanc est le plus haut sommet du massif éponyme au sein des Alpes franco-italiennes. Il est également la plus haute montagne d'Europe. Ce massif se dresse comme un mur de roches glacées, aux vallées profondes et aux pics escarpés. Des chemins de fer à crémaillère ainsi que des téléfériques vous mènent à 2 400 m d'altitude.

**** Parc national de la Vanoise** 26 Zone de glaciers proche de Val-d'Isère, coiffée de montagnes culminant à 3852 m d'altitude et peuplée de bouquetins et de chamois.

**** Parc national des Écrins** 27 Haute chaîne montagneuse dont le point culminant est La Meije (3 983 m). Idéal pour les randonnées.

**** Gorges du Verdon** 28 Gorge époustouflante, atteignant jusqu'à 700 m de profondeur, qui commence près de Castellane. Un paradis pour les amateurs de kayak, les randonneurs et les grimpeurs. Plus au nord, la Route des Crêtes du Verdon continue à monter jusqu'au décor romantique des Alpes Maritimes. Au sud, cette route offre une vue grandiose sur des monuments naturels tels que les Balcons de la Mescla et le Canyon de l'Artuby.

*Les aqueducs étaient monnaie courante à l'époque romaine, mais le **pont du Gard** est considéré comme un véritable tour de force et est dès lors inscrit au patrimoine mondial de l'Unesco. Cet aqueduc faisait partie d'une canalisation de 50 km de long menant à Nîmes depuis la source d'Eure.*

Le Midi

Les régions du sud de la France – Côte d'Azur, Provence, Languedoc – sont identifiées au soleil, à la mer et au savoir-vivre. Une vie de rêve, en quelque sorte! Mais elles vous réservent également de véritables trésors de culture occidentale. Ne vous y limitez pas aux vacances à la plage, car la lumière du sud fait encore mieux ressortir l'éclat des joyaux du passé.

Culture

* **Menton** 108 Lieu de vacances sur la Côte d'Azur, bien protégé et jouissant d'un climat particulièrement doux. Vieille ville féerique aux maisons couleur ocre à flanc de montagne.

* **Nice** 110 Station balnéaire aux allures italiennes sur la Côte d'Azur, caractérisée par son centre-ville ancien et paisible. À voir absolument: le *Musée Matisse dans l'ancienne maison du peintre, le *Musée Marc Chagall avec ses cycles bibliques et ses peintures sur verre, la magnifique *Promenade des Anglais du 19e siècle.

* **Saint-Paul-de-Vence** 111 Village médiéval de la Côte d'Azur, véritable Mecque de l'art: le bâtiment actuel de la **Fondation Maeght abrite plus de 6000 œuvres modernes et contemporaines.

* **Cannes** 112 Jadis simple village de pêcheurs sur la Côte d'Azur, aujourd'hui accaparé par le tourisme de masse. À voir absolument: le **boulevard de la Croisette, aménagé au 19e siècle et bordé de palmiers, avec le bâtiment monumental qui accueille chaque année le festival du film.

* **Grasse** 113 Ville de parfums depuis le 18e siècle, symbole des fragrances de la Provence. À voir absolument: Musée de la Parfumerie, *cathédrale en gothique primaire.

* **Saint-Tropez** 114 Romantique village de pêcheurs sur la Côte d'Azur, découvert dans les années 1950 par des intellectuels et des artistes, puis par la jet-set et envahi plus tard par le tourisme de masse.

* **Marseille** 115 La métropole tapageuse et haute en couleurs du sud de la France, avec un port industriel moderne et une atmosphère multiculturelle. À voir absolument: le *Vieux Port; le vieux quartier Le Panier, situé en hauteur et restauré, avec le centre culturel *Vieille Charité, qui expose une excellente collection archéologique. Devant la ville se dresse le château d'If, fortification insulaire du 16e siècle où Alexandre Dumas (père) donna soif de liberté à son comte de Monte-Cristo.

** **Aix-en-Provence** 116 L'une des plus belles villes de France, avec un centre-ville ancien et pittoresque, de jolies fontaines, les rangées de platanes du **Cours Mirabeau et la *cathédrale Saint-Sauveur.

** **Vaison-la-Romaine** 117 Dans le nord-est de la Provence, jadis capitale d'une province romaine. Parmi les nombreux vestiges de l'époque figure une maison exceptionnellement bien conservée. À voir également: la ville haute médiévale et la *cathédrale Notre-Dame.

** **Orange** 118 Célèbre pour ses bâtiments romains et inscrite au patrimoine mondial de l'Unesco: ***arc de triomphe dont la frise représente un Gaulois enchaîné, **théâtre antique avec un mur de scène bien conservé et une acoustique parfaite.

** **Avignon** 119 Une ville au tempérament bien trempé, qui peut s'enorgueillir d'un passé prestigieux. À voir absolument: le ***palais des Papes, palais fortifié des papes, qui y séjournèrent de 1309 à 1377 (inscrit au patrimoine mondial de l'Unesco); le *pont Saint-Bénézet, sujet d'une chanson populaire, qui a conservé quatre des 19 voûtes initiales. Jolie vue sur la vieille ville depuis l'îlot de Barthelasse.

** **Les Baux-de-Provence** 120 Très ancien village des Alpilles, dont les maisons semblent fusionner avec la roche calcaire blanche. La citadelle, aujourd'hui détruite, était le centre de la culture provençale des troubadours au Moyen Âge .

** **Arles** 121 Ville pétillante à la lisière de la Camargue (inscrite au patrimoine mondial de l'Unesco). Les bâtiments romains sont particulièrement remarquables: ***arène, aujourd'hui utilisée pour les corridas provençales, qui sont moins sanglantes que les espagnoles;

1

2

3

1 Le village d'Éze se trouve à une hauteur vertigineuse au-dessus de la mer Méditerranée.

2 Construit vers 46 apr. J.-C., l'amphithéâtre d'Arles pouvait accueillir 20 000 spectateurs. Au-dessus des deux étages, qui comptaient chacun 60 arcades, se trouvait l'attique. Au Moyen Âge , cet édifice fut utilisé en tant que carrière, mais il fut restauré en 1846. Aujourd'hui, il sert d'arène pour les corridas.

3 Vue sur Avignon, la plus belle ville des berges du Rhône, dont le vieux noyau est dominé par l'imposant palais des Papes.

Côte d'Azur

La «Côte d'Azur» est le nom donné par les Français au paysage côtier, essentiellement rocheux, situé entre le massif de l'Esterel et les Alpes maritimes. Mais la Côte d'Azur est naturellement bien plus qu'un concept géographique.

La Côte d'Azur, c'est également les paillettes, le glamour, les étoiles et les starlettes, la vie de plage et la vie nocturne, le fait de voir et d'être vu, les yachts de rêve dans les ports de plaisance et les villas au-dessus de la mer... C'est là que s'est déroulé, en 1946, le premier Festival de Cannes, pôle d'attraction de la jet-set internationale qui s'est emparée de cette superbe région. Ainsi, de petits villages de pêcheurs tels que Saint-Tropez sont vite devenus des stations balnéaires exclusives. Leur aspect d'antan a plus ou moins subsisté dans la charmante ville d'Antibes. Le «beau monde» ne s'est pas encore tout à fait retiré de l'univers de la Côte mais le «commun des mortels» y est à présent majoritaire. En effet, depuis quelque temps, de plus en plus de touristes découvrent l'arrière-pays montagneux et particulièrement attrayant de la Côte d'Azur, avec sa végétation luxuriante et ses villages idylliques.

Grande photo de gauche:
La Corniche de l'Esterel, l'un des plus beaux sentiers côtiers de la région, offre une vue sensationnelle des rudes falaises de la Côte d'Azur.

1 Le port de plaisance dans la baie bien protégée de Menton, superbe lieu touristique proche de la frontière italienne.

2 Un village médiéval consacré à la peinture moderne: Saint-Paul-de-Vence abrite une importante collection d'art.

3 Cannes, la ville du Festival international du film, incarne le côté «glamour» de cette région et accueille chaque année au mois de mai les cinéastes, acteurs, journalistes et cinéphiles du monde entier. La question qui est sur toutes les lèvres: «Qui aura la Palme d'or cette année?»

4 L'un des endroits les plus attrayants de la Côte d'Azur est Antibes, avec une vieille ville bien conservée, dominée par l'imposante citadelle des Grimaldi.

5 En dehors de la saison touristique, l'ancien village de pêcheurs Saint-Tropez retrouve son charme d'antan. En été, quelque 8 millions de touristes affluent à la Côte d'Azur.

1

2

3

4

5

La Provence

La Provence, dans le sud de la France, est une région de soleil, de lumière et de couleurs, dotée d'une luxuriante végétation méditerranéenne. Une région qui ouvre une porte sur le passé.

Dans l'Antiquité, la Provence faisait partie de l'Empire romain, auquel elle doit la fondation de nombreuses villes telles que Nîmes, Oranges et Arles, qui possèdent encore de superbes vestiges de cette époque. Mais vous pouvez également y admirer de magnifiques édifices de style roman et gothique, comme le fantastique palais des Papes à Avignon. La littérature provençale et la poésie courtoise des troubadours connurent un véritable essor au Moyen Âge. Ainsi, Les Baux était un centre de troubadours. Aujourd'hui, il s'agit d'une ville romantique dominée par ses ruines et ensorcelante en raison de sa situation dans les Alpilles. Aux 17e et 18e siècles, les regards se tournaient surtout vers Aix-en-Provence, véritable joyau du baroque qui dégage toujours un charme juvénile grâce à son université et à sa communauté estudiantine internationale. Et que dire des senteurs de la Provence?! En effet, la lavande omniprésente n'est pas uniquement un plaisir pour les yeux mais également pour le nez. Le thym au parfum affirmé constitue, avec les autres herbes typiquement provençales, l'ail et l'huile d'olive, un ingrédient essentiel de la cuisine française méditerranéenne.

Grande photo de gauche:
L'un des plus beaux villages de France est Roussillon, situé sur un plateau rocheux du Lubéron, le cœur montagneux de la Provence. Les maisons construites côte à côte se déclinent en teintes rouges, jaunes et brunes. Elles ont été réalisées à partir de matériaux issus des carrières d'ocre des environs. Cet endroit pittoresque attirait – et attire toujours – les artistes, comme Jean Cocteau qui y a habité quelque temps.

Photo de droite:
Le Lubéron abrite également, au cœur des champs de lavande, l'abbaye cistercienne de Sénanque, fondée en 1148 loin de la cohue séculière, comme le voulaient les règles ascétiques des «moines blancs». Le cloître, la salle capitulaire et l'église coiffée d'un dôme octogonal datent de l'époque de la fondation, tandis que les autres bâtiments remontent aux 17e et 19e siècles. Le village le plus proche est Gordes, village typique de la Haute-Provence.

*Essentiellement connue pour sa présence dans la presse à scandales, la principauté de **Monaco** est difficile à localiser sur un globe terrestre... Ce mini-État souverain occupe une superficie de moins de 2 km² mais jouit d'une renommée mondiale grâce à la Formule 1, aux élégants casinos, au régime fiscal favorable et au glamour des Grimaldi.*

Lyon, célèbre pour ses monuments romains: **temple, *théâtre. Mosaïques et sarcophages romains et paléochrétiens au Musée lapidaire, dans *l'église Saint-Pierre paléochrétienne (4e- 6e siècle).

Nature

**** Parc régional des Volcans d'Auvergne** 22 Zone volcanique protégée: Monts Dôme, dont le point culminant est le Puy de Sancy (1885 m); au sud, les Monts du Cantal, dominés par le Plomb du Cantal, vestige d'un très ancien volcan. Panorama unique des plus de 100 volcans éteints de la région; **Puy de Dôme (1465 m) près de Clermont-Ferrand.

*** Vallée de la Dordogne** 23 Elle serpente en méandres pittoresques des âpres montagnes du Massif central aux régions verdoyantes du Périgord.

*** Cévennes** 24 Chaîne de montagnes aux formes capricieuses, très peu peuplée, entre le Massif central et les plaines du Languedoc, avec des crêtes acérées, des fossés et des plateaux. À voir absolument: le **Cirque de Navacelles, le **Mont Lozère et la *Grotte des Demoiselles, célèbre pour ses stalactites et stalagmites.

Les Alpes

Entre le Lac de Genève, la vallée du Rhône, la Provence et la frontière italienne se trouvent les Alpes françaises, avec la plus haute montagne d'Europe, le Mont-Blanc. Pour explorer cette région, mieux vaut prévoir suffisamment de temps, car les pentes sont raides et nombreuses.

Culture

**** Annecy** 102 Ville intéressante située au bord du lac éponyme et cristallin. Avec d'historiques maisons à arcades et le palais de L'Isle (château du 12e siècle, situé au milieu d'une rivière). Le «Portail des Hautes Alpes»: la route de montagne menant à Chamonix démarre non loin de là.

**** Chamonix** 103 Village de montagne fondé au 12e siècle en tant que monastère, situé dans un décor fantastique au pied du Mont-Blanc et station de base pour les alpinistes et adeptes des sports d'hiver. Un tunnel relie Chamonix à Courmayeur sur le flanc italien du Mont-Blanc.

*** Les Arcs, * Val-d'Isère** 104 Les localités telles que Megève et Méribel sont nées sur la table à dessin et constituent les principaux centres français consacrés au ski alpin.

*** Grenoble** 105 Capitale du Dauphiné, ceinturée de montagnes, le long de l'Isère, théâtre des Jeux olympiques d'hiver en 1968. À voir absolument: le Palais de Justice avec sa chapelle gothique (fresques) et son aile Renaissance, ainsi que divers musées. Grenoble est également le terminus de la **Route Napoléon, une superbe route de montagne qu'emprunta jadis Napoléon. Elle commence à Cannes, au bord de la mer Méditerranée, où l'empereur foula à nouveau le sol de France après son évasion de l'île d'Elbe, et offre une alternative attrayante à l'autoroute de la vallée du Rhône.

Monaco 109

Sa superficie d'à peine 1,95 km² abrite quelque 30.000 habitants, en plus des innombrables touristes. Il n'y a donc guère de place au sein de ce minuscule État, qui est dès lors hérissé de nombreux buildings. Au départ, Monaco était une fortification génoise, qui fut conquise en 1297 par les Grimaldi. À voir absolument: le *palais du Prince avec sa façade Renaissance et ses locaux d'apparat (à visiter), une partie du palais; le *Musée océanographique avec une excellente collection scientifique et le casino du 19e siècle.

**** Briançon** 106 Située sur le bord est du massif du Pelvoux (4 102 m), Briançon est la plus haute ville d'Europe (1 321 m). Elle était déjà habitée par les Celtes et les Romains et fut transformée en une puissante ville fortifiée sous Louis XIV.

*** Sisteron** 107 Ancienne localité au bord de la Durance, en Haute-Provence. Avec une citadelle médiévale.

Nature

***** Mont-Blanc** 25 Avec ses 4 807 m d'altitude, le Mont-Blanc est le plus haut sommet du massif éponyme au sein des Alpes franco-italiennes. Il est également la plus haute montagne d'Europe. Ce massif se dresse comme un mur de roches glacées, aux vallées profondes et aux pics escarpés. Des chemins de fer à crémaillère ainsi que des téléfériques vous mènent à 2 400 m d'altitude.

Le Moyen Âge dans toute sa splendeur: vue sur l'Aude et l'ancienne ville de Carcassonne.

Quiconque fait une excursion en bateau le long du Canal du Midi doit absolument visiter Béziers.

Les Pyrénées, altière chaîne montagneuse entre l'océan Atlantique et la mer Méditerranée

**** Parc national de la Vanoise** 26 Zone de glaciers proche de Val-d'Isère, coiffée de montagnes culminant à 3852 m d'altitude et peuplée de bouquetins et de chamois.

**** Parc national des Écrins** 27 Haute chaîne montagneuse dont le point culminant est La Meije (3 983 m). Idéal pour les randonnées.

**** Gorges du Verdon** 28 Gorge époustouflante, atteignant jusqu'à 700 m de profondeur, qui commence près de Castellane. Un paradis pour les amateurs de kayak, les randonneurs et les grimpeurs. Plus au nord, la Route des Crêtes du Verdon continue à monter jusqu'au décor romantique des Alpes Maritimes. Au sud, cette route offre une vue grandiose sur des monuments naturels tels que les Balcons de la Mescla et le Canyon de l'Artuby.

Le Midi

Les régions du sud de la France –

En 1858, Bernadette Soubirous, 14 ans, vit une dame en blanc qui dit s'appeler Marie et indiqua l'emplacement d'une source. Peu après, il était question de guérisons miraculeuses et aujourd'hui encore, quelque 6 millions de pèlerins visitent ***Lourdes*** *chaque année.*

Côte d'Azur, Provence, Languedoc – sont identifiées au soleil, à la mer et au savoir-vivre. Une vie de rêve, en quelque sorte! Mais elles vous réservent également de véritables trésors de culture occidentale. Ne vous y limitez pas aux vacances à la plage, car la lumière du sud fait encore mieux ressortir l'éclat des joyaux du passé.

Culture

* **Menton** 108 Lieu de vacances sur la Côte d'Azur, bien protégé et jouissant d'un climat particulièrement doux. Vieille ville féerique aux maisons couleur ocre à flanc de montagne.

* **Nice** 110 Station balnéaire aux allures italiennes sur la Côte d'Azur, caractérisée par son centre-ville ancien et paisible. À voir absolument: le *Musée Matisse dans l'ancienne maison du peintre, le *Musée Marc Chagall avec ses cycles bibliques et ses peintures sur verre, la magnifique *Promenade des Anglais du 19e siècle.

* **Saint-Paul-de-Vence** 111 Village médiéval de la Côte d'Azur, véritable Mecque de l'art: le bâtiment actuel de la **Fondation Maeght abrite plus de 6000 œuvres modernes et contemporaines.

* **Cannes** 112 Jadis simple village de pêcheurs sur la Côte d'Azur, aujourd'hui accaparé par le tourisme de masse. À voir absolument: le **boulevard de la Croisette, aménagé au 19e siècle et bordé de palmiers, avec le bâtiment monumental qui accueille chaque année le festival du film.

* **Grasse** 113 Ville de parfums depuis le 18e siècle, symbole des fragrances de la Provence. À voir absolument: Musée de la Parfumerie, *cathédrale en gothique primaire.

* **Saint-Tropez** 114 Romantique village de pêcheurs sur la Côte d'Azur, découvert dans les années 1950 par des intellectuels et des artistes, puis par la jet-set et envahi plus tard par le tourisme de masse.

* **Marseille** 115 La métropole tapageuse et haute en couleurs du sud de la France, avec un port industriel moderne et une atmosphère multiculturelle. À voir absolument: le *Vieux Port; le vieux quartier Le Panier, situé en hauteur et restauré, avec le centre culturel *Vieille Charité, qui expose une excellente collection archéologique. Devant la ville se dresse le château d'If, fortification insulaire du 16e siècle où Alexandre Dumas (père) donna soif de liberté à son comte de Monte-Cristo.

** **Aix-en-Provence** 116 L'une des plus belles villes de France, avec un centre-ville ancien et pittoresque, de jolies fontaines, les rangées de platanes du **Cours Mirabeau et la *cathédrale Saint-Sauveur.

** **Vaison-la-Romaine** 117 Dans le nord-est de la Provence, jadis capitale d'une province romai-

1 Monte Carlo: les prix du terrain y sont exorbitants, si bien que le centre animé de la principauté de Monaco se développe essentiellement en hauteur. Même dans le port, les yachts sont… serrés comme des sardines. Une jetée de béton flottante aux dimensions colossales devait résoudre le problème.

2 Au sud-ouest de la France se trouve le Languedoc, région importante sur le plan historique, dont Toulouse est la ville principale. Le Languedoc est le pays du soleil éclatant, des panoramas somptueux et des vins rouges exquis. Ses plages quasi interminables en font également une destination privilégiée pour les vacances.

3 La pittoresque petite ville de Collioure sur la Côte Vermeille, partie la plus méridionale de la côte méditerranéenne, est très prisée par les artistes en raison de sa lumière particulière. Mais l'arrière-pays est lui aussi enchanteur, car c'est ici que commencent les puissantes Pyrénées.

Corse

La Corse, l'île française au sein de la mer Méditerranée, possède de multiples facettes et peut donc satisfaire tous les goûts. Nature, plage, plaisirs nautiques et culture à foison, dont les racines remontent à la préhistoire.

Une côte de près de 1000 km de long avec des plages de sable blanc comme on en voit dans ses rêves et des rochers spectaculaires, des montagnes culminant à plus de 2 000 m, des villages authentiques, des villes anciennes pittoresques et des lieux de vacances animés, des menhirs d'un lointain et obscur passé et de robustes vestiges du Moyen Âge , des fêtes folkloriques joyeuses et hautes en couleurs, une cuisine aux herbes méditerranéennes, des vins aux arômes capiteux... C'est cela, la Corse, l'île de vacances évoquée dans maintes chansons et baignée par la mer Méditerranée

Grande photo de gauche: sur la côte ouest de l'île se trouve le golfe de Porto, inscrit au patrimoine mondial de l'Unesco et donc protégé. Le paysage y est époustouflant de beauté, et quiconque séjourne dans la station balnéaire de Porto pourra en profiter jour après jour!

1 Au sud, bien au-dessus de la vallée du Rizzanese, se trouve Sainte-Lucie-de-Tallano, un authentique village de maisons grises en granit.

2 L'alignement de Palaggiu est le plus grand ensemble de menhirs de la zone méditerranéenne. Il totalise 258 blocs de granit, répartis en sept groupes.

3 Les Calanches, paysage mystérieux caractérisé par son porphyre rouge dans l'arrière-pays de Porto, vous réserve des promenades semées d'embûches.

4 La côte pittoresque à proximité de Bonifacio, dans la pointe méridionale de la Corse. Des fouilles ont prouvé que cette portion de côte était déjà habitée il y a 8 500 ans, mais l'histoire de la ville même n'a commencé «que» voici 1 200 ans, lorsque des seigneurs toscans y firent construire une place forte.

5 Au sud de la Corse trône l'ancienne ville de Bonifacio, juchée sur une haute falaise de craie. En dessous de la città alta, la ville haute, avec ses venelles sinueuses et ses anciennes maisons, se trouve le port romantique. Sur l'embarcadère, vous pourrez visiter l'Aquarium ainsi qu'une grotte.

1

2

3

4

5

*Au pied d'une impressionnante fortification, dans le golfe azuré de **Calvi**, se trouve la ville côtière du même nom, l'une des stations balnéaires les plus populaires de Corse grâce à sa plage de sable blanc bordée de pins, qui s'étend sur plusieurs kilomètres.*

**** Saint-Martin-du-Cangou** 140 Dans les hauts sommets des Pyrénées et *Saint-Michel-de-Cuxa dans la vallée, deux abbayes romanes du 11e siècle.
*** Banyuls-sur-Mer** 141 Ville portuaire au bord de la mer Méditerranée. À voir absolument: promenade bordée de palmiers et de platanes, place Paul-Reig aux façades d'allure espagnole, aquarium.
**** Perpignan** 142 La ville la plus septentrionale de Catalogne, française depuis 1659. À voir absolument dans l'ancienne ville pleine de vie, avec ses petites places, ses promenades ombragées et ses venelles idylliques: le *palais gothique, ancienne résidence des rois de Majorque.

Nature

*** Côte basque** 34 La côte sauvage du Pays Basque français, paradis vacancier et véritable eldorado pour les surfers, face à l'océan Atlantique.
**** Cirque de Gavarnie** 35 Région des Pyrénées au sud de Lourdes. La crête n'est accessible qu'à pied ou à dos de mulet depuis Gavarnie. Au sommet, un panorama époustouflant. À voir absolument: les innombrables chutes d'eau, surtout la Grande Cascade de près de 400 mètres de haut.
**** Pic du Canigou** 36 Montagne des Pyrénées de 2784 m de haut, visible de loin, la montagne sainte des Catalans de part et d'autre de la frontière.
*** Côte Vermeille** 37 Côte méditerranéenne du Roussillon, avec les falaises rouges des contreforts des Pyrénées ainsi que des plages de galets et de sable gris.

Corse

Ce n'est pas pour rien que cette île française au sein de la mer Méditerranée a été appelée «la plus belle des îles» par les Grecs! Des plages interminables et des côtes raides et découpées, des collines douces et des rocs décharnés, des lacs de montagne cristallins et des forêts touffues... Tout cela, vous le trouverez en Corse!

Culture

*** Nonza** 143 Sur le Cap Corse. Une ville médiévale, aux allures génoises, bien au-dessus de la côte.
*** Patrimonio** 144 Localité pittoresque du Cap Corse, où l'on cultive les meilleurs raisins de l'île.
Bastia 145 Le principal port de passagers et la deuxième plus grande ville de l'île. À voir absolument: le *Vieux Port, la citadelle avec le *Musée d'Ethnographie corse, sous la fortification, le Môle, la Jetée du Dragon avec une superbe vue sur la ville.
*** Calvi** 146 Lieu de vacances dans le golfe éponyme d'un bleu profond, avec des plages de sable blanc, et une **citadelle médiévale: un endroit unique sur terre et donc fort fréquenté.

**** San Michele** 147 Près de Murato, une petite église à visiter, implantée dans un joli site montagneux. Construite au 12e siècle selon le style roman pisan et ornée de nombreuses statues.

Un site impressionnant: le pittoresque village de montagne Montemaggiore, sur l'île de Corse.

Corte se trouve dans le cœur géographique de l'île et a joué un rôle important dans les guerres d'indépendance.

**** La Canonica** 148 Église construite sur la côte nord-est: un bel exemple du début du style roman pisan.
*** Ajaccio** 149 Lieu de naissance de Napoléon. À voir absolument: le **Musée Fesch, au sein d'un bâtiment classique, avec sa collection d'art Italien; le *marché matinal aux accents méditerranéens.
**** Filitosa** 150 Le plus important site préhistorique de Corse. Les menhirs, qui mesurent près de 4 m de haut, sont impressionnants. Certains arborent un visage sculpté, tandis que d'autres représentent des guerriers armés.
**** Alignement de Palaggiu** 151 Le plus grand alignement de menhirs (1900-1000 av. J.-C.) de la région méditerranéenne, avec 258 monolithes. Autres monuments préhistoriques des environs: alignement de Stantari, alignement de Renaggiu, menant aux dolmens bien conservés de Fontanaccia.
**** Bonifacio** 152 La ville la plus méridionale de France, avec une ville haute fortifiée sur des falaises de craie blanche loin au-dessus de la mer, accessible depuis le port via un escalier raide.

Nature

**** Cap Corse** 38 Péninsule du nord, avec une côte ouest rocheuse et une côte est luxuriante. Une excursion le long de la côte ouest est chaudement recommandée.
**** Monte Stello** 39 Montagne culminant à 1 307 m d'altitude. Après une escalade de 3 heures, vous pourrez bénéficier d'un somptueux panorama du Cap Corse et de la côte.
**** Golfe de Porto** 40 Avec des flancs boisés et des parois rocheuses blanches qui plongent à pic dans la mer azurée. Dans les environs: **La Scandola et *Girolata (ce n'est pas sans raison que l'ensemble est protégé par l'Unesco). Dans l'arrière-pays: **Les Calanches, bizarre formation rocheuse de couleur rouge et chutes d'eaux impressionnantes dans un paysage de verdure.
*** Îles Sanguinaires** 41 Petit archipel rocheux faisant face à Ajaccio, qui s'y voit nimbé de teintes vermeilles au coucher du soleil.
*** «Les Dolomites corses» (massif de Bavella)** 42 Superbe chaîne montagneuse devant la côte ouest, avec la forêt de Bavella, réserve naturelle protégée, et le **col de Bavella (1 218 m), le plus imposant de Corse, qui offre un formidable panorama.
*** Plage Palombaggia** 43 Sans conteste l'une des plus belles plages de l'île, près de Porto-Vecchio. Avec une eau couleur émeraude, de larges dunes et des pins. Près de Porto-Vecchio s'étendent également les plus grandes forêts de chêne-liège de l'île.
**** Grotte du Sdragonato** 44 Des excursions en bateau mènent de Bonifacio au cœur de la mystérieuse «grotte du dragon», qui n'est éclairée que par une fissure dans la roche.
*** Uomo di Cagna** 45 L' «Homme de Cagna» était jadis un point d'orientation pour les navigateurs franchissant le détroit entre la Sardaigne et la Corse. Il s'agit d'un bloc de granit anthropomorphe de 1 217 m d'altitude, façonné durant l'ère glacière.

GRANDE-BRETAGNE
Londres
Harwich
Southampton
Plymouth
Douvre
'S-Gravenhage
La Haye
PAYS-BAS
Rotterdam
Arnhem
Bielefeld
Essen
Dortmund
Calais
Gand
Anvers
Bruxelles
BELGIQUE
Lille
Liège
Aix-la-Chapelle
Cologne
ALLEMAGNE
Namur
Meuse
Bonn
Manche
Artois
Picardie
Parc Ornithologique du Marquenterre
Cherbourg
Îles anglo-normandes (Channel Islands GB)
Côte d'Albâtre
Dieppe
Amiens
Le Havre
Marais Vernier
Deauville
Caen
Honfleur
Rouen
Seine
Île de Bréhat
Saint-Thégonnec
Barnenez
Golfe de Saint-Malo
Brest
Morlaix
Saint-Malo
Crozon
Parc Naturel d'Armorique
Mont-Saint-Michel
St-Brieuc
Normandie
Pointe du Raz
Quimper
Dinan
Menhir de Champ-Dolent
Giverny
P.N.R. du Vexin français
Laon
Reims
LUXEMBOURG
Luxembourg
Trèves
Francfort
Mayence
Bretagne
Rennes
Fougères
Vitré
Versailles
Paris
Meaux
Seine
Épernay
Lorraine
Metz
Sarrebruck
Mannheim
Rhin
Karlsruhe
Carnac
Le Mans
Chartres
Forêt de Fontainebleau
Fontainebleau
Nancy
Pforzheim
Alsace
Strasbourg
Forêt-Noire
Parc Naturel de Brière
La Baule
St-Nazaire
Marais Salants
Côte de Jade
Île de Noirmoutier
Nantes
Lac de Grand-Lieu
Angers
Château de Brissac
Château Villandry
Château de Blois
Amboise
Orléans
Château de Chambord
St-Benoît-sur-Loire
Sens
Troyes
Obernai
Haut-Kœnigsbourg
Ribeauvillé
Riquewihr
Kaysersberg
Colmar
Loire
Saumur
Tours
Château de Cheverny
Château de Chaumont
Château Chenonceaux
Auxerre
Tanlay
Trésor de Vix
Châtillon-sur-Seine
Ancy-le-Franc
Abbaye Fontenay
Île d'Yeu
Fontevraud
Chinon
Azay-le-Rideau
Loches
Vézelay
Canal du Nivernais
Route des Crêtes
Ronchamp
Mulhouse
Les Sables-d'Olonne
Côte de Lumière
Fontenay-le-Comte
Poitou
Poitiers
Chauvigny
Châteauroux
Bourges
Parc Naturel Régional du Morvan
Nevers
Dijon
Combe de Lavaux
Bourgogne
Bâle
Zürich
Abbaye St-Pierre
Île de Ré
Niort
La Rochelle
Parc Naturel Régional du Marais Poitevin
St-Savin-sur-Gartempe
Autun
Beaune
Cîteaux
Chalon-sur-Saône
Besançon
Schweizer Jura
Berne
Lucerne
Rochefort
OCÉAN ATLANTIQUE
FRANCE
Paray-le-Monial
Cluny
Grottes d'Azé
Lausanne
SUISSE
Saintes
Cognac
Angoulême
Limoges
Limousin
Vichy
Alpes Bernoises
Alpen
Côte d'Argent
Médoc
Blaye
Parc Régional des Volcans d'Auvergne
Clermont-Ferrand
Annecy
Savoie
Chamonix
Mont-Blanc (4807m)
Périgueux
Les Eyzies-de-Tayac
Vallée de la Dordogne
Grotte de Lascaux
Auvergne
Lyon
Saint-Étienne
Vienne
Arcachon
Bordeaux
St-Émilion
Bergerac
Dordogne
Sarlat-la-Canéda
Massif Central
Les Arcs
Méribel
Val d'Isère
Dune du Pilat
Garonne
Le Puy-en-Velay
Grenoble
Parc National de la Vanoise
ITALIE
Milan
Landes
Gascogne
Cahors
Conques
Parc National des Écrins
Briançon
Turin
Po
Alpes
Mende
Côte Basque
Florac
Cévennes
Rhône
Bilbao-Bilbo
Biarritz
Bayonne
Donostia-San Sebastián
Parc National des Cévennes
Vaison-la-Romaine
Sisteron
St-Jean-Pied-de-Port
Pau
Pyrénées
Toulouse
Avignon
Orange
Mont Ventoux
Parc National du Mercantour
Vitoria-Gasteiz
Nîmes
Lubéron
Gorges du Verdon
Castelnaudary
Pézenas
Montpellier
Camargue
Arles
Alpilles
St-Paul-de-Vence
Pamplona (Iruñea)
Logroño
Lourdes
Parc National des Pyrénées Occidentales
Cirque de Gavarnie
Saint-Bertrand-de-Comminges
Canal du Midi
Carcassonne
Béziers
Les-Baux-de-Provence
Grasse
Menton
Aigues-Mortes
Étang de Berre
Provence
Foix
Lagrasse
Corbières
Saintes-Maries-de-la-Mer
Aix-en-Provence
Cannes
Nice
Principauté de Monaco
Grotte de Niaux
Marseille
Golfe du Lion
Toulon
St-Tropez
Côte d'Azur
Mer de Ligurie
ANDORRE
Saint-Martin-du-Canigou
Perpignan
Côte Vermeille
Banyuls-sur-Mer
Pic du Canigou (2784m)
Cap Corse
Ebro
Monte Stello
Nonza
Zaragoza
ESPAGNE
Patrimonio
Bastia
Calvi
Corse
San Michele
Lleida
Girona
La Canonica
Golfe de Porto
Porto
MER MÉDITERRANÉE
Terrassa
Barcelona
Ajaccio
Dolomites corses
Îles Sanguinaires
Tarragona
Filitosa
Alignement de Palaggiu
Plage Palombaggia
Grotte du Sdragonato
Bonifacio
Uomo di Cagna
Sardaigne

Des moulins à vent sur le haut plateau de la Manche. Cette région peu peuplée est le grenier à blé de l'Espagne et le plus grand domaine viticole de la péninsule Ibérique.

Espagne et Portugal

La péninsule Ibérique, cette impressionnante masse de terre entre la mer Méditerranée et l'océan Atlantique, constitue une destination favorite des amateurs de vacances à la plage. Mais ces pays ont bien plus à offrir que du soleil, du sable et de la sangria. Entre les paysages sauvages des

Jadis, Porto était la plus importante ville portuaire du Portugal.

Pyrénées et le charme pittoresque de l'Algarve au sud-ouest, les régions les plus variées se succèdent. La culture populaire espagnole ne se limite pas au flamenco. Et vous remarquerez très vite que le Portugal n'est pas le parent pauvre de son grand voisin mais un pays qui possède un caractère propre indéniable. La terre de vacances qu'est l'Espagne compte aussi quelques archipels importants: les Baléares, une destination de rêve en Méditerranée, et les îles Canaries, un archipel situé au large des côtes africaines.

La route qui menait les pèlerins vers Compostelle, le «Chemin de Saint Jacques», est jalonnée d'effigies de l'apôtre, tout comme la cathédrale de Saint-Jacques de Compostelle. D'importantes églises ont été bâties le long de cette route, telles l'église San Martín à Fromista (à gauche).

Espagne

Superficie: 504 750 km^2 (Baléares et Canaries incl.)
Côte: 4 964 km
Point culminant (continent): Mulhacén (3 478 m)
Plus long cours d'eau: Èbre (928 km)
Population: 39,3 millions d'habitants
Densité de population: 88 hab./km^2
Régions: nord-est: Galice, Asturies; Cantabrique; Pays basque, Navarre et Rioja; Aragon; Catalogne; Castille et Estremadure; Valence; Andalousie; Baléares; îles Canaries.
Capitale: Madrid (2,8 millions d'habitants)
Fuseau horaire: GMT

Adresses utiles
(B) Office du tourisme espagnol
Rue Royale, 97
1000 Bruxelles
Tél.: 02 280 19 26
Fax: 02 280 19 29
Web: www. tourspain.be
(FR) Office du tourisme espagnol
Rue Decamps, 46
75784 Paris Cedex 16
Tél.: 01 45 03 82 50
Fax: 01 45 03 82 51
Web: www.espagne.infotourisme.com

Situation et paysage

L'Espagne occupe à peu près les quatre cinquièmes de la péninsule Ibérique au sud-ouest de l'Europe. Le pays est bordé par les États voisins de France et du Portugal, par l'océan Atlantique et la mer Méditerranée. La longueur de ses côtes et l'existence des archipels des Baléares et des Canaries ont fait de l'Espagne une destination de vacances très populaire. Le pays est très varié: verdoyant au nord et généreusement ensoleillé au sud. L'Espagne est aussi un des pays les plus montagneux d'Europe. L'Espagne présente aussi une très grande diversité culturelle: situé aux confins de l'Europe, le pays doit son caractère unique au mélange des influences arabes et espagnoles. À recommander aux touristes: les paradores, des hôtels aménagés dans un très beau cadre ou des bâtiments historiques particulièrement séduisants.

Le nord-ouest du pays

Depuis des siècles, tous les «Chemins de Saint-Jacques» mènent à la pointe nord-ouest du pays, à Compostelle, but d'un des principaux pèlerinages européens et donc aussi une destination de voyage de première importance. Mais le nord-ouest du pays possède encore d'autres richesses: les plages de sable de l'océan Atlantique, les paysages verdoyants de bois et de prés et les vieilles cités de Galice, des Asturies et de Cantabrie.

L'église San Miguel de Lillo (9e siècle) au nord-ouest d'Oviedo, dans les Asturies, n'a malheureusement été qu'en partie conservée.

Culture

* **La Corogne** ❶ La plus importante ville portuaire et industrielle de Galice possède un centre historique intéressant. À voir absolument: l'antique phare de la *Torre de Hércules; la promenade sur le port de *l'Avenida de la Marina (19e siècle), fameuse pour ses **Galerías (vérandas).

*** **Saint-Jacques-de-Compostelle** ❷ Lieu de pèlerinage depuis 1 200 ans, le centre de la ville (classé patrimoine mondial par l'Unesco) et l'atmosphère sont uniques. À voir absolument: la ***cathédrale Saint-Jacques, bâtie aux 11e et 12e siècles sur une construction du 9e siècle qui aurait été édifiée autour de la tombe de l'apôtre, avec le **Pórtico de la Gloria (12e siècle) de style roman et une façade abondamment décorée du 18e siècle, de style baroque espagnol tardif; **l'Hotel Reyes Católicos, l'ancien hôpital des pèlerins (aujourd'hui transformé en parador) est un bel exemple du style plateresque, ce style typiquement espagnol qui fait la transition entre le gothique et le style Renaissance.

* **Pontevedra** ❸ Cette ville de la côte sud de la Galice est une jolie cité ancienne; dans les environs, la péninsule d'O Grove propose ses plages très courues et son jardin zoologique consacré aux animaux marins.

Vigo ❹ Ville portuaire moderne, où la criée au poisson est un véritable événement.

La Guarda ❺ La «capitale des langoustes» à la frontière avec le Portugal. Un **site celte, découvert sur le mont Santa Tecla, présente les fondations de plus de 1 000 maisons du 6e au 3e siècle avant notre ère; les plus intéressantes trouvailles du site sont présentées au Musée archéologique.

* **Tui** ❻ Vieille ville frontalière aux confins de la Galice et du Portugal, avec une cathédrale fortifiée des 12e et 13e siècle.

** **Lugo** ❼ Cité tranquille sur les bords du Rio Miño, au cœur de la Galice, qui a conservé intacte une *enceinte romaine (patrimoine mondial de l'Unesco).

* **Ourense** ❽ Ville sur les bords du Rio Miño. À voir absolument: la *cathédrale San Martín avec son portail occidental romano-gothique et son pont roman. Les environs comptent de nombreux anciens monastères isolés.

* **Oviedo** ❾ Cette ville industrielle n'en possède pas moins un centre historique et une ancienne tradition universitaire. À voir absolument: la *cathédrale San Salvador avec les tombeaux des souverains des Asturies et le trésor de la couronne dans la * «Chambre sainte» (9e siècle); le *Musée archéologique et sa collection d'antiquités, qui comprend notamment des tablettes romaines en argile cuite décrivant des itinéraires. Dans les environs: cinq **églises romanes des 8e–9e siècles, tout à fait uniques et d'ailleurs reprises au patrimoine mondial de l'Unesco.

** **Santillana del Mar** ❿ Cette petite ville située à 4 km de la mer est aujourd'hui classée. Le charme du vieux centre urbain est rehaussé par la très intéressante église capitulaire, la *Colegiata, avec son **cloître roman. Quelques kilomètres plus loin: la ***Cueva de Altamira, les grottes rendues mondialement célèbres par leurs extraordinaires peintures rupestres préhistoriques (époque magdalénienne, de 18.000 à 13.000 avant notre ère.). Le nombre de visiteurs autorisés à visiter ce qu'on a surnommé la «chapelle Sixtine de l'art préhistorique» étant très limité, il faut réserver au moins un an à l'avance. Vous trouverez des copies des ces peintures rupestres au Musée archéologique de Madrid et au Deutsches Museum de Munich.

Ce bison pratiquement grandeur nature figure parmi les plus de 150 peintures rupestres de la grotte d'Altamira. Ces fresques comptent parmi les œuvres d'art les plus importantes de la préhistoire.

* **Santander** ⓫ Cette ville située dans le cadre d'une baie enchanteresse possède une longue tradition de station balnéaire mais elle reste encore très fréquentée. À voir absolument: la *cathédrale et sa **crypte romano-gothique; le *Palacio Real, la résidence d'été du roi, dans le style Belle Époque. Au sud de la ville: **Cuevas de Puente Viesgo, des grottes ornées de peintures rupestres du paléolithique.

* **Castro Urdiales** ⓬ Station balnéaire sur la côte Cantabrique, avec un joli port et une vieille ville attachante. À voir absolument: l'église gothique de *Nuestra Señora de la Asunción.

Nature

* **La côte septentrionale de la Galice** ❶ offre de belles plages de sable, surtout vers Doñinos, San Xurxo, Santa Comba, alors que les environs du cap de la Estaca de Bares présentent des paysages de falaises. Pluies et brumes ne sont pas rares sur ce rivage atlantique.

** **Costa da Morte** ❷ Cette «côte de la mort», rocheuse et sau-

*La Concha, la coquille, tel est le nom donné à la baie de **San Sebastián**. La vieille cité basque des bords de l'océan Atlantique possède une magnifique plage-promenade et tout dans cette ville charmante, qui fut une station balnéaire à la mode à la Belle Époque, invite à la nostalgie d'un passé glorieux.*

vage, vit le naufrage d'un grand nombre de navires entre le petit village de pêcheurs de Malpica de Bergantiños et le *Cabo Finisterre (à l'ouest de Saint-Jacques), là où les pèlerins du Moyen Âge situaient le bout du monde, en latin «finis terrae». Ils venaient chercher sur la plage des coquilles Saint-Jacques, prouvant qu'ils avaient bien accompli leur pèlerinage.

** **Picos de Europa** ❸ Les «Pics d'Europe» constituent un imposant massif calcaire culminant à 2 648 m d'altitude et qui abrite un certain nombre de grottes, de rivières souterraines et deux **lacs de montage. Le massif s'étend sur les Asturies, la Cantabrie et la Castille/León et constitue le plus grand parc national d'Europe. Au départ de Fuente Dé, lieu de rendez-vous des alpinistes, un téléférique conduit au panorama de **Mirador El Cable; à proximité de Poncebos, vous pourrez admirer le spectaculaire défilé de la **Garganta de Cares, long de 12 km.

* **Costa Verde** ❹ La «côte verte» des Asturies déroule ses paysages enchanteurs entre la montagne et la mer, avec ses tendres prairies, ses larges baies et ses vastes plages bordées de dunes.

** **Parque de la Naturaleza Cabárceno** ❺ Ce parc-safari au sud de Santander accueille des animaux venus du monde entier.

* **Costa de la Esmeralda** ❻ La «côte d'émeraude» de Cantabrique, à l'est de Santander, est, tout comme la Costa Verde, très en vogue auprès des populations du centre de l'Espagne, attirées par la brise rafraîchissante qui y souffle souvent. La ville très active de Loredo est le principal centre de la région.

Le Pays basque, Navarre et Rioja

Ici, au nord du pays, entre les forêts et les baies de la côte atlantique, et les vignes de la Rioja, une région connue pour la qualité de ses vins rouges, vous découvrirez que l'Espagne ne se résume pas au flamenco, mais qu'elle peut aussi vous offrir la sensation architecturale de la fin du 20e siècle ou encore la langue et la culture séculaires des Basques.

Culture

Bilbao ⓭ Cette ville industrielle est aussi le plus important port de transbordement du pays. À voir absolument: l'extravagant **musée Guggenheim aux reflets d'argent, qui est considéré comme la plus importante réalisation architecturale de la fin du 20e siècle. Ses 24.000 m^2 vous proposent avant tout des collections d'art moderne et d'artistes espagnols.

** **Donostia/San Sebastián** ⓮ La station balnéaire basque jouit d'une situation exceptionnelle le long de la baie de la Concha

1 Saint-Jacques-de-Compostelle offre l'image d'un passé urbain préservé, avec ses rues bordées de portiques et dominées par la cathédrale Saint-Jacques.

2 Le monde entier a tourné ses regards vers la ville industrielle basque de Bilbao lors de l'inauguration du musée Guggenheim, en 1997. Depuis lors, cette «fleur de métal au bord de la rivière» (architecte Frank O. Gehry) est devenue un haut lieu pour les amateurs d'art . Le bâtiment, aux allures technico-futuristes et grouillant de vie, est le parfait miroir de la ville, dont il symbolise non seulement le renouveau économique, mais aussi le caractère basque et la joie de vivre.

3 La province des Asturies, au nord du pays, caractérisée par des massifs calcaires, est rafraîchie par la brise de mer venue du golfe de Gascogne. Sur la photo: la vallée de la rivière de Cares.

Le Chemin de Saint Jacques

Tous les chemins mènent à Saint-Jacques-de-Compostelle! C'était vrai pour les très nombreux pèlerins qui, au Moyen Âge, affluaient à pied de toute l'Europe en direction du nord de l'Espagne, le long des nombreuses ramifications du Chemin de Saint Jacques. Aujourd'hui, c'est surtout en voiture que l'on fait le parcours.

Selon la légende, la dépouille de l'apôtre Jacques fut transportée de Jérusalem jusque dans la province espagnole de Galice. Du 11e au 13e siècle, les pèlerinages au tombeau du saint attirèrent des foules considérables venues de toute l'Europe. Les itinéraires suivis par les pèlerins parcouraient la totalité du continent, et au fur et à mesure qu'ils s'approchaient de leur destination, se regroupaient pour former une des routes principales. Le long du Chemin de Saint-Jacques s'érigèrent de précieux édifices religieux où les pèlerins pouvaient prier mais aussi être hébergés et logés. Tout comme le tourisme à notre époque, les pèlerinages étaient une source appréciable de revenus pour la population locale! Les pèlerins rapportaient de leur voyage une coquille Saint-Jacques, qui, dans l'art chrétien, fait office de symbole permettant de reconnaître saint Jacques, le saint à qui était dédié le pèlerinage le plus riche en traditions d'Europe. Le Chemin de Saint-Jacques figure sur la liste du patrimoine mondial de l'Unesco.

Grande photo de gauche: la cathédrale Saint-Jacques à Saint-Jacques-de-Compostelle, dans toute sa majesté. Elle a été construite entre 1066 et 1211 au-dessus d'un bâtiment du 9e siècle, et a été agrandie et transformée au 18e siècle.

1 Sur le Chemin de Saint-Jacques, le château fort de Ponferrada se dresse dans le paysage unique de la cordillère Cantabrique.

2 À Puenta la Reina, les différents itinéraires du pèlerinage dans le nord de l'Espagne se rejoignaient pour ne faire qu'un.

3 Astorga: le palais archiépiscopal est encore plus grand que la cathédrale gothique (photo de gauche) toute proche. À la fin du 19e siècle, Antoni Gaudí a collaboré à sa création.

4 Au 11e siècle, le Puente la Reina (le pont de la Reine) fut jeté sur l'Arga pour faciliter le voyage des pèlerins en route vers Saint-Jacques-de-Compostelle.

5 Le Chemin de Saint Jacques est jalonné de nombreux vieux villages.

1

2

3

4

5

Bien entendu, Hemingway y était! Et avec lui bien d'autres amateurs célèbres de corrida. La Fiesta de San Fermín, qui voit les jeunes hommes téméraires se faire poursuivre à travers les rues de ***Pampelune*** *par de jeunes taureaux, est un véritable événement.*

(«la conque»). À voir absolument: la **promenade du bord de mer bordée d'immeubles Belle Époque; le **Museo de San Telmo, un musée d'art aménagé dans un monastère Renaissance avec cloître. Panorama sur la ville depuis le *Monte Urgull et le *Monte Igueldo.

* **Santuario de Loyola** 15 Dans les montagnes à l'ouest de Tolosa, le monastère de Saint-Ignace, le fondateur de l'ordre des Jésuites, avec sa fastueuse église baroque, est un des lieux de pèlerinage les plus fréquentés d'Espagne.

* **Gasteiz/Vitoria** 16 La capitale basque et son vieux centre urbain. À voir absolument: la *cathédrale Santa María (14e et 15e siècle) avec son magnifique *portail; le *Musée archéologique présente des collections d'objets celtibères et romains découverts dans la région.

* **Pampelune** 17 La capitale de la Navarre, bâtie sur un plateau, avec les ruines de la forteresse et son centre médiéval pittoresque. La Fiesta de San Fermín (6–14 juillet) est célèbre dans le monde entier. Pour l'occasion, des jeunes hommes se font poursuivre par des taureaux dans les ruelles étroites de la ville. À voir absolument: le **Museo de Navarra avec ses collections archéologiques et artistiques.

* **Estella** 18 Ville millénaire au bord du Río Ega. À voir absolument: deux édifices romans: le *Palacio de los Reyes et l'église *San Pedro de la Rúa, avec son cloître.

* **Logroño** 19 Capitale très active de la province de Rioja avec son centre historique.

** **Olite** 20 Au sud de Pampelune, cette modeste localité s'enorgueillit d'un riche passé. La cité était jadis la résidence des rois de Navarre. À voir absolument: le **Castillo Palacio (15e siècle), impressionnant palais royal aujourd'hui transformé en parador, avec ses tours et ses murs d'enceinte.

* **Sangüesa** 21 Tranquille bourgade au sud-est de Pampelune. À voir absolument: l'église Santa María La Real, dont le **portail sud est l'un des sommets de l'art du 12e siècle. Dans les environs: le *Monasterio de Leyre, un monastère baroque qui comporte une église romane dont le *portail occidental présente une profusion de décorations sculptées.

Aragon

Entre les Pyrénées et le haut plateau castillan, la Meseta, s'étend une région peu peuplée, l'Aragon, dont d'impressionnants édifices rappellent qu'il fut jadis un très puissant royaume. Le style mudéjar, qui mêle des éléments arabes, romans et gothiques, retiendra tout particulièrement votre attention.

Culture

* **Jaca** 22 Cette cité des Pyrénées aragonaises constituait une importante étape pour les pèlerins sur la route de Compostelle; elle possède une *cathédrale romane (1040) qui est l'une des plus anciennes d'Espagne. Dans les environs: le monastère de **San Juan de la Peña, dans un site d'une merveilleuse beauté.

** **Castillo de Loarre** 23 Cette imposante forteresse médiévale, construite sur le site d'un castrum romain, est un véritable nid d'aigle.

* **Tudela** 24 Ancienne petite ville dans la vallée de l'Èbre, où Juifs et Maures ont pu continuer à habiter jusqu'au 16e siècle. À voir absolument: la cathédrale *Santa María.

* **Huesca** 25 Très ancienne cité dominant le Río Isuela. À voir absolument: la *cathédrale gothique et son magnifique **maître-autel en style plateresque.

** **Saragosse** 26 Les origines de la capitale de l'Aragon remontent à l'époque ibère. La ville fut ensuite romaine, puis musulmane. Le cœur de la cité est particulièrement intéressant: l'impressionnante **cathédrale (14e – 15e siècles), le *Museo de Tapices et ses précieuses collections de tapisseries; la *Basilique del Pilar (17e siècle), une église de pèlerinage ornée d'azulejos (carreaux de faïence) richement colorés et dont les tours graciles et les coupoles font penser à une mosquée, avec à l'intérieur un splendide *autel gothique en albâtre; la forteresse arabe du *Palacio de la Aljafería.

* **Calatayud** 27 Établissement romain, transformé par les Maures. À voir absolument: le *clocher en style mudéjar et la forteresse arabe.

*** **Teruel** 28 La capitale provinciale du sud de l'Aragon offre des joyaux de l'architecture mudéjar. À voir absolument: la **cathédrale Santa María (12e –13e siècles) et ses superbes clochers; la **Torre San Martín (1316) et la **Torre San Salvador (1315) sont des vestiges des anciens remparts de la ville. Les bâtiments sont ornés d'azulejos, des carreaux de faïence très colorés.

Nature

** **le Parc national Ordesa y Monte Perdido** 7 Ce paysage de montagnes, unique mais grandiose, appartient au patrimoine naturel de l'Unesco; le parador idyllique du Monte Perdido borde une rivière.

Andore 30

État minuscule (65 000 habitants/superficie de 468 km²) et zone franche commerciale, la Principauté est entourée par des sommets de 3 000 m et s'étend sur des hautes vallées montagnardes à l'est des Pyrénées, le long de la Valira et de ses deux affluents. À voir absolument: *Casa de la Vall, le siège du gouvernement, édifié en 1580 dans la capitale, Andorre la Vieille; l'église romane *Santa Coloma au sud de la capitale et Caldea, une importante station thermale. Les amateurs de randonnées et de ski seront comblés dans les stations de Soldeu et de la vallée du Vall d'Incles.

Le parc national du Monte Perdido s'étend sur les plus beaux paysages des Pyrénées centrales.

L'abbaye de Montserrat, le sanctuaire catalan dans l'arrière-pays montagneux de Barcelone.

Catalogne

Les Catalans n'apprécient guère d'être pris pour des Espagnols: ils sont en effet très fiers de leur culture et de leur langue, qui constitue, avec le basque, le galicien et le castillan/espagnol, une langue officielle reconnue.

Culture

* **La Seu d'Urgell** 29 Située haut dans les Pyrénées, cette vieille cité présente un aspect médiéval. Ville-étape sur le Chemin de Saint-Jacques, le fameux itinéraire suivi par les pèlerins en route vers Saint-Jacques-de-Compostelle. À voir absolument: la majestueuse *cathédrale Santa Maria de style roman lombard et son cloître du 13e siècle.

** **Taüll** 31 Village situé dans la vallée pyrénéenne isolée du *Vall de Boí où se nichent deux très belles églises romanes (inscrites au patrimoine de l'Humanité par l'Unesco).

Figueres 32 Ville natale de .Salvador Dalí. L'artiste a transformé l'ancien théâtre municipal en **Teatre-Museu Dalí, un temple fantastique dédié à son art. Sur la côte : le pittoresque village d'artistes de **Cadaqués avec la villa de Dalí; la ville d'*Empúries fondée par les Grecs en 1 500 avant notre ère et où l'agora et un ensemble de temples hellénistiques ont été préservés; le monastère roman de **Sant Pere de Rodes (10e siècle).

** **Gérone** 33 Cette ville industrielle était déjà un centre commercial important à l'époque romaine. À voir absolument: le quartier où vivaient les Juifs jusqu'en 1492; la *cathédrale gothique et Renaissance et la précieuse tapisserie de la Création (12e siècle) dans le musée attenant.

* **Tossa de Mar** 34 Jolie station balnéaire sur la Costa Brava, avec une vieille ville charmante.

Après la réunion de la Catalogne et de l'Aragon grâce à un mariage en 1137, on entama la construction du plus important monastère de ce royaume, l'abbaye cistercienne de Santa Maria de Poblet. L'ensemble a été conçu dans le style architectural cistercien, caractérisé par la simplicité, la sobriété et l'harmonie des formes.

1

2

3

***** Barcelone** 35 Voir plan pp. 218-219.
**** Santa Maria de Poblet** 36 Cette abbaye cistercienne médiévale est entourée par une puissante enceinte comme une véritable petite ville (patrimoine mondial de l'Unesco).
Sitges 37 Célèbre station balnéaire sur la Costa Daurada avec son front de mer bordé de palmiers et sa magnifique plage de sable.
**** Tarragone** 38 Les origines de cette pittoresque cité remontent à l'Antiquité. À voir absolument: l'amphithéâtre romain, l'aqueduc, le palais impérial et le forum, le **Musée archéologique et la **Promenade archéologique autour du centre urbain, qui offre des vues très intéressantes; imposante *cathédrale gothique.
*** Tortosa** 39 Située dans le delta de l'Èbre, cette jolie ville ancienne possède une cathédrale du 14e siècle et une forteresse.

Nature

**** Les Pyrénées** 8 Même si le tourisme commence à s'y développer, vous pourrez encore savourer la sauvage beauté de cette chaîne montagneuse qui forme la frontière entre la France et l'Espagne en parcourant la route sinueuse qui remonte le splendide *Val d'Aran jusqu'au col du Port de la Bonaigua (2072 m). Le **parc national d'Aigüestortes i Estany Sant Maurici constitue un paradis pour les promeneurs et les amateurs d'escalade, avec ses vallées romantiques et ses sommets culminant à près de 3 000 m d'altitude.
*** La Costa Brava** 9 Cette région balnéaire au nord de Barcelone est fameuse pour ses larges plages de sable qui attirent des foules de vacanciers. La **route panoramique entre Sant Feliu de Guixols et Tossa de Mar permet d'apprécier l'authenticité et la variété de cette «côte sauvage».
**** Le delta de l'Èbre** 10 Sur la Costa Daurada, ces étendues aquatiques d'une ampleur sans rivale dans tout l'ouest du bassin méditerranéen constitue un paradis pour les oiseaux et de nombreuses espèces végétales rares.

Castille et Estrémadure

La Meseta, qui constitue le cœur géographique et historique de l'Espagne, est un haut plateau qui s'étend dans les régions de Castille-León, Castille-La Manche et d'Estrémadure. Au cœur de cette région se trouve la capitale espagnole, Madrid, qui est encore davantage que jadis le centre bouillonnant du pays.

Culture

*** Astorga** 40 Cette ville romaine se développa au Moyen Âge grâce au passage des pèlerins en route vers Saint-Jacques de Compostelle. À voir absolument: la cathédrale (15e siècle) avec ses deux clochers et sa magnifique façade; le palais épiscopal (1889) dû à Antoni Gaudí.
**** León** 41 Après une brève occupation par les Maures, la ville fut le centre de l'Espagne chrétienne médiévale. À voir absolument dans la charmante vieille ville: la **cathédrale Santa María de Regla (13e-14e siècles) dans le style gothique rayonnant français, avec une façade très décorée et

1 Barcelone, la capitale très animée de la Catalogne, compte de nombreux admirateurs enthousiastes qui ne cessent d'y retourner pour découvrir toujours du neuf.

2 L'architecture de l'abbaye de Poblet (12e siècle), romane à l'origine, est caractérisée par la simplicité des lignes et la sobriété des décorations: elle symbolise la recherche cistercienne de la pureté.

3 La Costa Brava, la côte catalane au nord de Barcelone, attire de nombreux visiteurs grâce à ses villes côtières pittoresques, telles que Cadaqués, le village des artistes.

Barcelone et Gaudí

Barcelone, la capitale effervescente de la Catalogne, est l'une des villes à la fois les plus anciennes et les plus modernes de la péninsule Ibérique. Ceux qui l'ont visitée en parlent avec des accents lyriques, et pas seulement à cause de la beauté de ses monuments.

Barcelone est une véritable métropole dont les caractéristiques très spécifiques frappent d'emblée. Ce mélange de tradition et de modernité, de particularisme et d'universalité, explique l'atmosphère unique qui se dégage de cette cité. Le vieux centre urbain, autour des Ramblas et du Barri Gòtic, offre non seulement des divertissements, des spectacles de rue, des cafés et des magasins mais il montre aussi un penchant pour la nostalgie et le romantisme. La grandiose architecture Art nouveau du Catalan Antoni Gaudí (1852-1926) symbolise la percée vers les temps modernes. Barcelone a organisé une exposition universelle en 1888 et les Jeux Olympiques en 1992. Le port olympique et les plages voisines réaménagées pour l'occasion sont devenus depuis lors des lieux de rencontre très appréciés.

Grande photo de gauche: avec la construction de la Casa Milà dans le nouveau quartier d'Eixample, Antoni Gaudí a rompu avec toutes les conventions. Ce bâtiment, surmonté d'une décoration exubérante, n'est pourtant qu'une habitation «ordinaire». Pour s'en moquer, la population locale a surnommé La Pedrera – ce qui signifie la carrière de pierres – cette réalisation reconnue par l'Unesco comme faisant partie du patrimoine mondial. Lors de votre visite à la Casa Milà, construite de 1906 à 1912, vous ne pouvez pas vous contenter d'admirer l'extérieur.

Photo de droite: le chef-d'œuvre de l'inoubliable architecte catalan Antoni Gaudí fut aussi l'œuvre de toute sa vie; il est d'ailleurs resté inachevé. Gaudí a consacré 43 ans de son existence au Temple Expiatori de la Sagrada Família, un gigantesque témoignage d'architecture sacrée qui se rattache à des traditions architectoniques et esthétiques, certes, mais qui rompt en même temps avec toutes les normes. Le chantier de la Sagrada Familia devrait encore se poursuivre pendant des décennies. Si le concept de Gaudi devient un jour réalité, l'église comptera 18 tours. Dans la tour de la façade de la Passion, un ascenseur permet de grimper à 65 m de haut pour observer la progression du chantier.

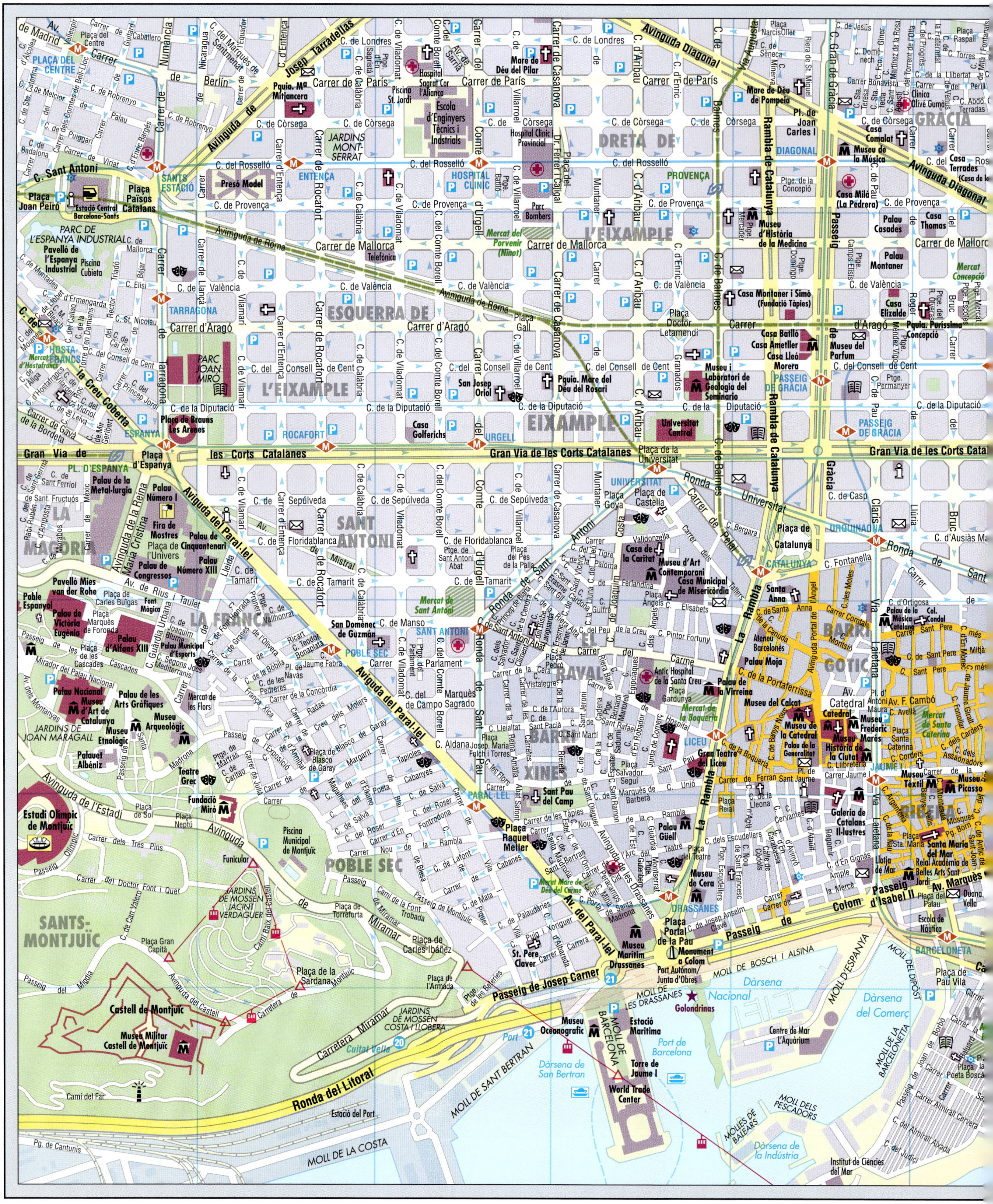
Avinguda Diagonal
Gran Via de les Corts Catalanes
Avinguda del Paral·lel
Ronda del Litoral
Passeig de Gràcia
Rambla de Catalunya
La Rambla
Passeig de Josep Carner
Passeig d'Isabel II
Via Laietana
Ronda Universitat
Ronda de Sant Antoni
Ronda de Sant Pau
Carrer de Sepúlveda
Carrer de Mallorca
Carrer de Provença
Carrer d'Aragó
C. del Rosselló
C. de Còrsega
C. de València
C. del Consell de Cent
C. de la Diputació
C. de Floridablanca
C. de Tamarit
C. de Manso
Carrer de Casanova
Carrer de Rocafort
C. de Viladomat
C. de Villarroel
Comte d'Urgell
Carrer de Tarragona
Carrer de Numància
Avinguda de Josep Tarradellas
Avinguda de Roma
Avinguda de Madrid
Avinguda de la Reina Maria Cristina
Av. de Rius i Taulet
Carretera Miramar
Passeig del Migdia
Passeig Olímpic
Carrer dels Tres Pins
Moll de Sant Bertran
Moll de la Costa
Moll de Barcelona
Moll de Bosch i Alsina
Moll d'Espanya
Moll de la Barceloneta
Moll dels Pescadors
Molls de Balears
Plaça del Centre
Plaça Joan Peiró
Plaça Països Catalans
Plaça d'Espanya
Plaça de la Universitat
Plaça de Catalunya
Plaça Gal·la Placidia
Plaça Doctor Letamendi
Plaça Reial
Plaça Portal de la Pau
Plaça de Pau Vila
Plaça de Carles Ibáñez
Plaça de la Sardana
Plaça Gran Capità
Plaça de l'Armada
Plaça Raquel Meller
Plaça del Pes de la Palla
Plaça de Castella
Plaça Goya
Plaça Sant Jaume
Parc de l'Espanya Industrial
Parc Joan Miró
Jardins Mont-Serrat
Jardins de Joan Maragall
Jardins de Mossèn Jacint Verdaguer
Jardins de Mossèn Costa i Llobera
Estació Central Barcelona-Sants
Presó Model
Hospital Clínic Provincial
Escola d'Enginyers Tècnics i Industrials
Universitat Central
Mercat del Porvenir (Ninot)
Mercat de Sant Antoni
Mercat de la Boqueria
Mercat de Santa Caterina
Mercat de la Concepció
Mercat d'Hostafrancs
Casa Milà (La Pedrera)
Casa Batlló
Casa Amatller
Casa Lleó Morera
Casa Montaner i Simó (Fundació Tàpies)
Museu del Perfum
Museu de la Música
Museu d'Història de la Medicina
Museu i Laboratori de Geologia del Seminario
Museu d'Art Contemporani
Casa Municipal de Misericòrdia
Casa de la Caritat
Antic Hospital de la Santa Creu
Palau de la Virreina
Gran Teatre del Liceu
Palau Güell
Museu de Cera
Museu Marítim Drassanes
Monument a Colom
Port Autònom / Junta d'Obres
Golondrinas
Estació Marítima
Torre de Jaume I
World Trade Center
Museu Oceanogràfic
Centre de Mar L'Aquàrium
Museu del Calçat
Catedral
Museu de la Catedral
Museu Frederic Marès
Museu d'Història de la Ciutat
Palau de la Generalitat
Galeria de Catalans Il·lustres
Museu Tèxtil
Museu Picasso
Santa Maria del Mar
Reial Acadèmia de Belles Arts Sant Jordi
Palau de la Música Catalana
Ateneu Barcelonès
Palau Moja
Escola de Nàutica
Institut de Ciències del Mar
Palau de la Metal·lurgia
Palau Número I
Fira de Mostres
Palau de Cinquantenari
Plaça de l'Univers
Palau de Congressos
Palau Número XIII
Pavelló Mies van der Rohe
Poble Espanyol
Palau de Victòria Eugènia
Palau d'Alfons XIII
Palau Municipal d'Esports
Palau Nacional
Museu d'Art de Catalunya
Palau de les Arts Gràfiques
Museu Arqueològic
Museu Etnològic
Palauet Albéniz
Teatre Grec
Fundació Miró
Estadi Olímpic de Montjuïc
Piscina Municipal de Montjuïc
Funicular
Castell de Montjuïc
Museu Militar Castell de Montjuïc
Camí del Far
Estació del Port
Sants-Montjuïc
Dreta de l'Eixample
Esquerra de l'Eixample
Eixample
Sant Antoni
La Marina
La França
Poble Sec
El Raval
Barri Xines
Barri Gòtic
Ribera
Gràcia
Darsena Nacional
Darsena de Sant Bertran
Darsena del Comerç
Darsena de la Indústria
Port de Barcelona
Sants Estació
Entença
Hospital Clínic
Diagonal
Provença
Passeig de Gràcia
Tarragona
Hostafrancs
Espanya
Rocafort
Urgell
Universitat
Catalunya
Urquinaona
Liceu
Drassanes
Paral·lel
Poble Sec
Jaume I
Barceloneta
Plaça del Centre
Palau

Barcelone

La capitale de la Catalogne, avec ses constructions fascinantes, sa vie nocturne branchée et les belles promenades le long du port et de la mer, donne à la fois l'impression d'une ville internationale et d'une cité attachée à ses traditions. C'est en outre la ville d'Antoni Gaudí.

L'histoire de Barcelone remonte à plus de 2 000 ans. Fondée par les Romains, la ville fut envahie en 415 par les Wisigoths, en 713 par les Arabes et en 803 par les Francs. Après 1137, lorsque les royaumes de Catalogne et d'Aragon s'unirent, Barcelone se développa pour devenir une importante ville portuaire et commerciale. Au 17e siècle, une tentative de se séparer de l'Espagne échoua. Pendant la guerre civile, Barcelone se rangea dans le camp républicain contre le futur vainqueur, Franco.

À voir absolument: le **Barri Gòtic, la partie la plus ancienne de la cité, sur une hauteur; la place médiévale dite **Plaça del Rei avec le palais des rois catalans et castillans, le *Palau Reial Major; l'énorme cathédrale gothique, *la Seu, avec sa crypte et son cloître, où des oies protègent les tombes depuis la nuit des temps; la **Plaça del Pi, une place pleine d'atmosphère qui est aussi un lieu de rendez-vous très couru; les **Ramblas, l'artère d'Espagne la plus célèbre pour la flânerie; la halle historique de *La Boqueria (le «gosier») avec une offre surabondante; le ***Museu Nacional d'Art de Catalunya, avec sa collection mondialement connue de fresques et de retables de style roman; le **Museu Picasso qui abrite 3 600 œuvres de l'artiste, qui avait étudié à Barcelone; le **Museu Maritim, un musée de la marine aménagé dans un ancien chantier naval. La construction la plus grandiose est l'œuvre à laquelle l'architecte Antoni Gaudí (1852-1926) a consacré toute sa vie: l'église, encore inachevée, de **La Sagrada Familia, un bâtiment gigantesque orné d'une surabondance d'éléments sculptés à la signification symbolique. D'autres œuvres de Gaudí: dans le Barri Xines, la résidence privée du **Palau Güell; dans le nouveau quartier d'Eixample, édifiées dans le style Art nouveau espagnol, les résidences de la***Casa Milà, avec leurs statues étranges et leur toit féerique, de la Casa Calvet et de la Casa Batlló; l'Avingua de Gaudí, une large avenue entièrement à l'honneur du grand architecte. Le Palau Güell et la Casa Milà appartiennent au patrimoine mondial de l'Unesco.

L'Art nouveau dans toute sa splendeur – le Palau de la Musica Catalana.

Nuit et jour, les Ramblas grouillent de vie.

*L'aqueduc romain de **Ségovie** franchit un fossé situé à l'est de cette ville perchée sur une hauteur; l'aqueduc est haut de 29 m et long de 730 m; la conduite est supportée par deux étages d'arcades.*

La vieille cité universitaire de Salamanque est dominée par sa puissante cathédrale.

Majestueux: l'Escurial, le monumental palais-abbaye de style Renaissance du roi Philippe II.

de magnifiques vitraux; l'église capitulaire romane de **San Isidoro (11e siècle) et ses tombes royales; la superbe façade, de style plateresque (entre gothique et Renaissance), de l'ancien cloître de **San Marcos (transformé aujourd'hui en parador).

**** Burgos** 42 La ville du Cid, le héros de la Reconquista, qui y naquit en 1043. À voir absolument: la **cathédrale gothique (inscrite au patrimoine mondial par l'Unesco), à la grandeur impressionnante; l'Arco Santa María (une porte de la ville, 16e siècle), le palais Renaissance de la Casa de Miranda, le monastère de Las Huelgas Reales (12e siècle) avec ses tombeaux royaux et son cloître.

*** Zamora** 43 Ville fondée par les Maures, elle contient un nombre étonnant d'églises romanes. À voir absolument: la *cathédrale (12e siècle) avec son clocher massif et sa coupole byzantine.

*** Valladolid** 44 Cité industrielle moderne qui n'a gardé que peu de vestiges d'un passé tumultueux. À voir absolument: la *cathédrale d'un style Renaissance très sobre; le *Museo Nacional de Escultura, qui présente un très bel ensemble de sculptures castillanes en bois, allant du gothique au baroque, dans un bâtiment historique agrémenté d'un charmant patio (fin du 15e siècle).

**** Coca** 45 Cette imposante forteresse de style mauresque est l'une des étapes majeures de la Ruta de los Castillos, la route des châteaux au sud de la province de Valladolid.

***** Salamanque** 46 Centre important dès l'époque romaine, la ville était fameuse au Moyen Âge pour son université. Le centre ancien a été inscrit sur la liste du patrimoine de l'humanité établie par l'Unesco. À voir absolument: la **Plaza Mayor, la plus importante de la ville, de style Renaissance; la *Rúa Mayor est la préférée des flâneurs. On y trouve aussi la *Casa de las Conchas, un bâtiment du 16e siècle, avec une façade ornée de coquilles, et la *Vieille cathédrale (12e siècle); le principal bâtiment de l'université avec sa façade abondamment décorée.

**** Ségovie** 47 Cette cité au riche passé historique compte de nombreux monuments classés patrimoine mondial de l'Unesco. À voir absolument: **aqueduc romain de 728 m de long et 29 m de haut, qui traverse une partie de la ville; la **cathédrale, de style gothique tardif; le féerique château fort de **l'Alcázar; les *jardins clos baroques de la résidence royale d'été.

**** Ávila** 48 Cette capitale de province située dans une zone montagneuse est classée au patrimoine mondial de l'Unesco. À voir absolument: les grandioses **murs d'enceinte avec leurs 90 tours et leurs neuf portes; la **cathédrale de style gothique tardif et ses précieuses stalles dans le chœur; le Convento de Santa Teresa, où est vénérée la mystique Thérèse d'Ávila (16e siècle).

**** L'Escurial** 49 Le palais-monastère de l'Escurial fut bâti par le roi Philippe II (1527–98) au sud de la Sierra de Guadarrama; c'est un bâtiment Renaissance sévère et majestueux, aux proportions monumentales (classé patrimoine de l'humanité par l'Unesco).

***** Madrid** 50 Voir pp. 222-223.

***** Tolède** 51 Tolède était déjà une ville très importante à l'époque romaine, et le demeura sous les Wisigoths, les Arabes et dans le royaume de Castille. La cité était le centre intellectuel de la vieille Espagne. À voir absolument: la vieille ville (classée patrimoine de l'humanité par l'Unesco); la **cathédrale dont la sacristie abrite une superbe collection de tableaux (Goya, Velázquez, le Greco); la *Casa Museo du Greco avec des œuvres du maître; la belle **Sinagoga del Tránsito (14e siècle) de style mudéjar qui témoigne de la richesse de la culture juive d'Espagne avant qu'elle ne soit ruinée par la Reconquista. L'Alcázar, qui domine la ville, a été reconstruit au 20e siècle.

**** Cuenca** 52 Cette ancienne cité de l'est de la Manche est fameuse pour ses «maisons suspendues» qui paraissent vraiment accrochées au rocher (classées patrimoine de l'humanité par l'Unesco).

*** Plasencia** 53 Cette jolie bourgade ancienne est située autour d'une colline surmontée par le centre ancien, d'où coule le Río Jerte. Un chemin de montagne conduit au monastère isolé de Yuste, où Charles Quint se retira après son abdication (1556).

**** Cáceres** 54 Le centre urbain est véritablement enchanteur (classé patrimoine de l'humanité par l'Unesco).

**** Guadelupe** 55 Monastère fortifié dans la Sierra du même nom, fondé en 1341 par le roi de Castille et monument de la Reconquista, avec cloître en style mudéjar et les célèbres *miniatures réalisées par les moines.

*** Trujillo** 56 Petite ville médiévale bâtie sur un grand rocher qui surgit tel un monolithe sur la plaine de l'Estrémadure. À voir absolument: *retable flamand dans l'église Santa María la Mayor. Sur la belle grand place, un monument rappelle le plus célèbre enfant de la ville: Francisco Pizarro, le conquérant du Nouveau Monde – un des innombrables natifs de l'Estrémadure qui ont quitté leur région natale pour aller chercher fortune sous d'autres cieux.

**** Mérida** 57 Cette vieille ville sur le Río Guadiana a conservé des vestiges de l'époque romaine. À voir absolument: le **Teatro Romano (2e siècle) demi-circulaire, le *pavement de mosaïques de la Villa Casa del Anfiteatro, le **Museo de Arte Romano qui présente des œuvres d'art et des objets de la vie quotidienne de l'époque de l'Antiquité.

*** Zafra** 58 Cette jolie petite ville du sud de l'Estrémadure est aussi appelée la «petite Séville».

Nature

*** Parc naturel de Monfragüe** 11 Les paysages sauvages des montagnes et des prairies du nord de l'Estrémadure, séjour favori des chats sauvages, des cerfs ibériques et des oiseaux les plus rares. Des sentiers balisés partent de Villareal de San Carlos.

*** Ciudad Encantada** 12 La «ville enchantée», non loin de Cuenca, est constituée de formations rocheuses aux formes étranges qui se dressent sur l'horizon de la plaine de la Manche.

*** Parc national des Tablas de Daimiel** 13 Cette région lacustre se situe dans la plaine de la Manche, par ailleurs très aride, la région de Don Quichotte. Les moulins à vent sont toujours là!

Valence

Au sud-est de la péninsule Ibérique, la région de Valence comprend la bande côtière située entre le delta de l'Ebre et l'Andalousie. La partie la plus connue de cette côte, la Costa Blanca, est synonyme de soleil, de mer, de sable et de tourisme de masse; mais la région dans son ensemble est aussi une terre séculaire de culture de premier plan.

Culture

**** Peníscola** 59 Cette petite cité située sur une péninsule possède un château médiéval.

*** Sagunt** 60 Une des plus anciennes villes de la région de Valence. À voir absolument: les vestiges de l'époque romaine: le *Teatro Romano et le *castillo qui domine la vieille ville.

**** Valence** 61 La troisième plus grande ville d'Espagne a toujours été un centre commercial très dynamique où le tempérament méridional s'ex-

Avec son labyrinthe de ruelles, ses nombreuses tours, ses églises, les palais de ses familles aristocratiques et ses imposants murs d'enceinte, ***Cáceres*** *offre une des images les plus connues de l'Espagne. Jusqu'au 15e siècle, cette petite ville était une forteresse maure d'une grande importance stratégique.*

prime pleinement à plusieurs endroits au cours des Fallas, la grande fête du printemps. À voir absolument: **El Mercat Central, le marché central aux allures nostalgiques (1928) et sa surabondance de marchandises; la **cathédrale Santa María (13e siècle) avec son beau portail baroque et la vue panoramique depuis le clocher d'El Micalet; **La Lonja, l'ancien marché de la soie, un bel édifice gothique consacré au commerce de la soie qui fit jadis la fortune de la ville (classé patrimoine de l'humanité par l'Unesco); le **Palau del Marquès de Dos Aigües, un palais de style baroque tardif, à la façade très capricieuse; la **Plaza de la Virgen, la grand-place qui est aussi un lieu de rencontre très populaire; la fascinante et baroque **Torre Santa Caterina; les tours médiévales jumelles dites *Torres de Serrans; les collections remarquables de peinture espagnole du **Museu de Belles Artes et de la **Pinacothèque.

**** Xátiva** 62 Cette cité médiévale dans l'arrière-pays tranquille de la Costa Blanca est restée presque intacte. À voir absolument: le vaste complexe du **castillo sur la hauteur; les différents points de vue, ou miradores, offrant une large vision panoramique sur la fertile plaine de Huerta jusqu'aux sierras escarpées et sur l'horizon infini de la plaine de la Manche.

*** Gandia** 63 Petite et ancienne cité maritime avec son *Palacio Ducal ayant appartenu à la célèbre famille des Borgia, dont deux membres furent papes et qui était originaire d'Aragon.

**** Guadalest** 64 Pittoresque village fortifié avec une vue unique sur la Sierra Aitana, dans l'arrière-pays de Benidorm, la célèbre station touristique.

*** Alicante** 65 Ville portuaire très animée, avec son **Esplanada de Espanya, bordée de palmiers, son cœur historique et le paisible *Barrio Viejo de Santa Cruz. Depuis le **castillo bâti sur la hauteur, vous pouvez jouir d'un panorama extraordinaire. Le **Museu de Arte Siglo XX attirera les amateurs d'art moderne.

**** Caravaca de la Cruz** 66 Pittoresque bourgade dans une vallée isolée de l'ouest de la région de Murcie. À voir absolument: dans le château fort, la chapelle du **Santuario de la Santísima y Vera Cruz (1617) en l'honneur de la croix miraculeuse qui aurait converti un roi maure au christianisme; le *château fort des Templiers (15e siècle); l'église *San Salvador et sa voûte gothique.

*** Murcie** 67 Capitale de la région du même nom, avec la **cathédrale Santa María, dont la façade est un sommet du baroque espagnol.

**** Lorca** 68 La ville, qui est un des lieux d'Espagne où il fait le plus chaud, contient de nombreux édifices baroques d'une grande beauté. La grande citadelle rappelle la Reconquista, lorsque Lorca était l'objet de luttes sanglantes entre les Maures de Grenade et la Castille chrétienne.

*** Carthagène** 69 La ville fut fondée en 223 avant notre ère par les Carthaginois et, grâce à sa situation de port naturel, fut une cité portuaire importante jusqu'à sa destruction en 711. C'est aujourd'hui le plus important port militaire espagnol. Belle vue depuis le castillo surélevé.

1 Tolède se situe sur les bords du Tage, au-dessus d'une roche de granit dans la Meseta de Castille. De nombreuses églises portent visiblement la marque de l'influence du style mauresque: les Maures ne furent chassés qu'à la fin du 15e siècle. La ville a acquis une grande réputation comme centre de fabrication d'armes blanches: les épées de Tolède étaient très appréciées.

2 Le centre de la ville d'Ávila est entouré par une imposante enceinte du 11e siècle, comptant 80 tours et restée pratiquement intacte.

3 La ville cité castillane de Ségovie se dresse sur un escarpement rocheux dans une région vallonnée.

Calle de la Princesa
Calle de Alberto Aguilera
Calle del Marqués de Urquijo
Paseo del Pintor Rosales
PARQUE DEL OESTE
LA ROSALEDA
Templo de Debod
PARQUE DE LA MONTAÑA
Gran Vía
Plaza de España
Cuesta de San Vicente
JARDINES DE SABATINI
CAMPO DEL MORO
Museo de Carruajes Reales
Palacio Real
Plaza de la Armería
Plaza de Oriente
Teatro Real
Catedral de N. S. de la Almudena
Calle de Bailén
Calle de Segovia
Puente de Segovia
Puente del Rey
Paseo de la Virgen del Puerto
Av. de Portugal
Avenida de Portugal
Paseo del Marqués de Monistrol
Estación de Príncipe Pío
Glorieta de San Vicente
Plaza Mayor
Pl. Puerta del Sol
Las Descalzas Reales
Calle de Alcalá
Plaza de Cibeles
Palacio de Comunicaciones
Banco de España
Museo Thyssen-Bornemisza
Palacio del Congreso
Museo del Prado
Paseo del Prado
REAL JARDÍN BOTÁNICO
Plaza del Emperador Carlos V
Centro de Arte Reina Sofía
Estación de Atocha
Ronda de Atocha
Ronda de Valencia
Ronda de Toledo
Ronda de Segovia
Glorieta de Embajadores
Calle de Embajadores
Glorieta de la Puerta de Toledo
Basílica de San Francisco El Grande
Gran Vía de San Francisco
Glorieta de las Pirámides
Paseo de las Acacias
Paseo de los Pontones
Paseo de la Ermita del Santo
PARQUE DE OCIO LA ERMITA
Estadio Vicente Calderón
Avenida del Manzanares
ARGANZUELA
PARQUE DE PEÑUELAS
Paseo de Santa María de la Cabeza
Paseo de las Delicias
Glorieta de Santa María de la Cabeza
Calle de Carranza
Glorieta de Bilbao
Calle de Sagasta
Plaza de Alonso Martínez
Calle de Génova
Plaza de Colón
Biblioteca Nacional
Museo Arqueológico Nacional
Paseo de Recoletos
Paseo de la Castellana
Calle de Serrano
Plaza de la Independencia
Calle de Santa Engracia
Glorieta de Quevedo
Glorieta de Ruiz Jiménez
Plaza de Olavide
Glorieta de Rubén Darío
Calle de Eduardo Dato
Calle de Fuencarral
Calle de Hortaleza
CHUECA
MALASAÑA
Museo Municipal
Museo Romántico
Teatro de la Zarzuela
Las Calatravas
Palacio de Buenavista
Plaza de Castilla
Museo Naval
Museo de Artes Decorativas
Museo del Ejército
Plaza Cánovas del Castillo
Jesús de Medinaceli
Atocha
Plaza de Tirso de Molina
LA LATINA
LAVAPIÉS
ANTÓN MARTÍN
Teatro Lara
Palacio del Senado
Plaza del Callao
Calle de Preciados
Calle Mayor
Calle de Toledo
Puerta de Toledo
Jardines de las Vistillas
Seminario Conciliar
Ermita Virgen del Puerto
M30
Museo Cerralbo
Palacio de Liria
Centro Cultural Conde Duque
Teleférico Casa de Campo
Cristo Rey de Argüelles
Cuartel General del Aire
Inmaculado Corazón de María

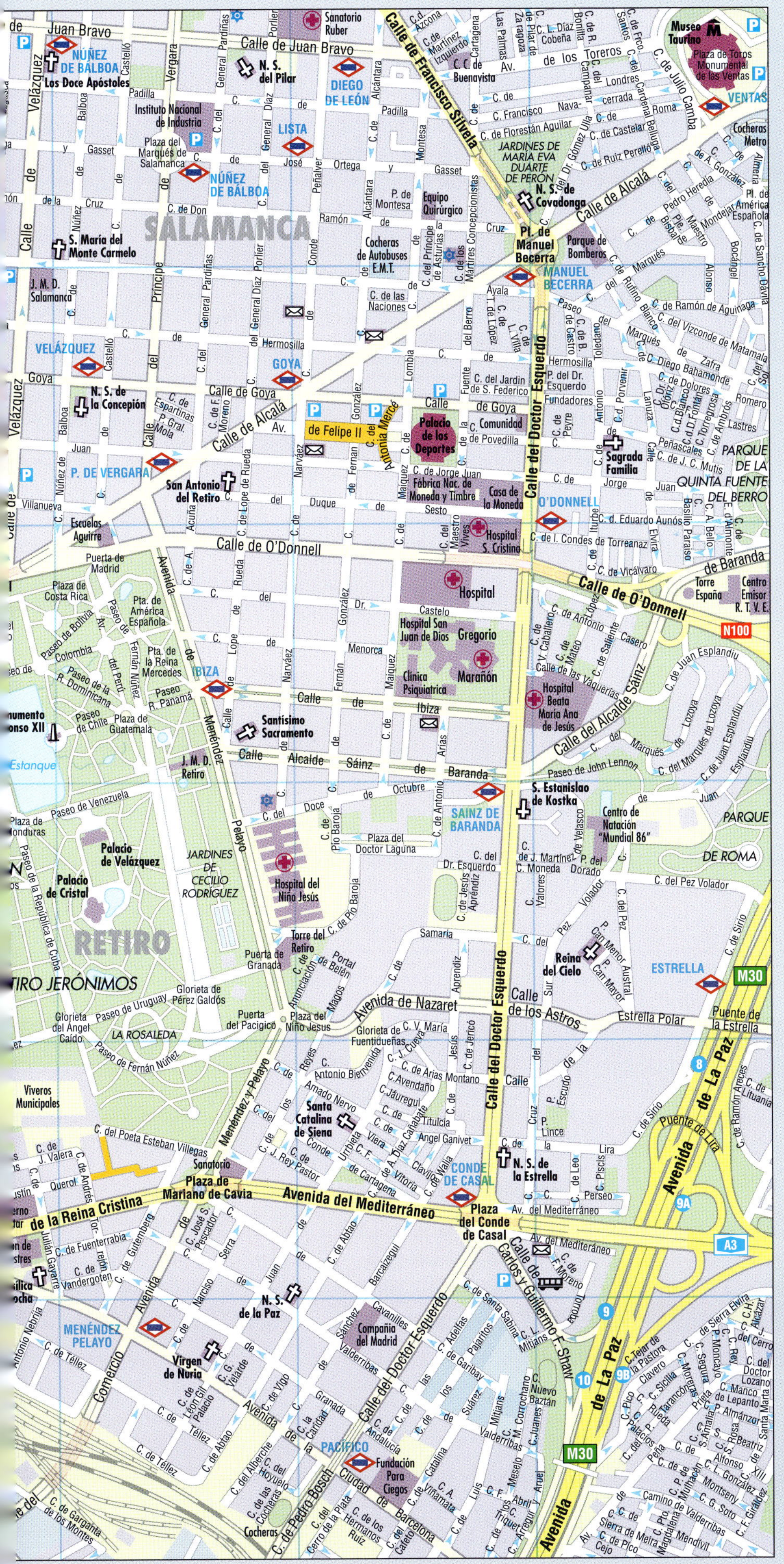

Madrid

La plus haute capitale d'Europe est aussi la plus bruyante. Après le silence absolu imposé par le régime franquiste, le goût de la fête ne se dément pas: Madrid reste animée jour et nuit.

Sur le haut plateau de Castille, la chaleur accablante alterne avec un froid glacial en hiver et, à première vue, la métropole née au 9e siècle autour d'un château fort sarrasin n'est guère plus engageante. La structure de la ville est trop floue, le mélange des styles trop confus, et l'ensemble n'est pas assez «pittoresque». Mais pour peu qu'il cherche à la comprendre, le visiteur ne pourra qu'aimer Madrid, ne serait-ce que pour des raisons gastronomiques. La ville est le creuset de l'Espagne et ses habitants, venus de toutes les régions du pays y ont apporté leurs spécialités les plus savoureuses. Sur le plan culturel aussi, la capitale a su rassembler ce qu'il y avait de meilleur: les collections artistiques du Prado sont tout simplement phénoménales.

À voir absolument: le ***Musée du Prado: la collection artistique rassemblée par les Habsbourg a donné naissance à un musée de réputation mondiale, qui compte au total 9 000 tableaux, 5 000 dessins et gravures et 700 sculptures; le **Centro de Arte Reina Sofía, un espace d'expositions d'art moderne, inauguré en 1988 par la reine Sofia dans un ancien hôpital; le **Monasterio de las Descalzas Reales, un monastère de style Renaissance riche en trésors artistiques et qui était jadis réservé aux femmes de la haute noblesse; le **Museo Arqueológico Nacional, avec ses riches collections consacrées à la préhistoire et à l'Antiquité dans la péninsule Ibérique; le **Musée Thyssen-Bornemisza, un aperçu de 700 ans d'histoire de l'art en Occident; le **Parque del Retiro, une oasis aménagée selon les canons classiques au milieu de l'agitation de la grande cité; le **Palacio Real, le palais royal qui mêle style baroque tardif et style classique; la **Plaza Mayor (17e siècle), qui servit d'exemple à beaucoup de places en Espagne; le **Rastro, le marché aux puces dominical dans le quartier de Lavapiés, le Madrid des «pauvres»: vous y trouverez des corralas, ces maisons de rapport construites au 19e siècle avec leurs patios ravissants et leurs balcons de bois; l'édifice baroque de la **Real Academia de Bellas Artes de San Fernando et ses collections artistiques; la *Gran Vía, un boulevard tracé au 19e siècle.

La Puerta de Alcalá, un arc de triomphe colossal du 18e siècle.

La statue équestre du roi Philippe III sur la Plaza Mayor.

BCH

1

2

3

Madrid

Lorsqu'en 1561, le roi d'Espagne Philippe II décida de déplacer la capitale de son royaume – gouverné de manière très centralisée – vers le centre géographique du pays, Madrid ne comptait pas plus de 3 000 habitants. La nouvelle capitale connut ensuite un développement très rapide.

Philippe II régnait alors non seulement sur l'Espagne, mais aussi sur les Pays-Bas et sur les colonies: il vit dans la transformation de la petite bourgade de l'aride Meseta en une véritable métropole une prouesse capable de conférer un surcroît de prestige à son règne. Voilà pourquoi le paysage urbain se trouve dominé, non par des églises comme dans les autres villes d'Espagne, mais par des palais et des édifices publics. L'art fut également mobilisé pour servir la grandeur du roi: les collections artistiques du Prado constituent un des résultats les plus éclatants de cette entreprise d'auto-encensement.

1 La Plaza Mayor, la principale place de Madrid, devait faire office d'exemple à suivre pour l'aménagement des espaces publics dans la totalité du monde hispanique. Aujourd'hui, c'est le point de rendez-vous favori des Madrilènes et des touristes mais, il y a un siècle, la Plaza Mayor était encore le théâtre d'événements spectaculaires et sanglants: la vaste place (120 x 100 m) était alors le théâtre de corridas ou d'exécutions capitales.

2 Les bases des collections artistiques royales ont été jetées par les deux grands souverains Habsbourg, Charles Quint et Philippe II. Leurs successeurs poursuivirent cette tradition. Finalement, un bâtiment fut expressément aménagé pour abriter ces collections: en 1809, le Musée du Prado fut inauguré.

3 Cette magnifique fontaine baroque se dresse au milieu de la circulation intense de la Plaza de Cibeles . Elle représente Cybèle, la déesse de la fertilité.

4 Lors de l'Age d'or des 16e et 17e siècles, non seulement des peintres de génie tels que Le Greco, Velázquez (tout comme plus tard Goya) ont travaillé à la cour de Madrid, mais les grands créateurs du théâtre espagnol, Lope de Vega et Calderón, ont également vécu dans la capitale royale, sans oublier bien sûr le plus grand écrivain espagnol de tous les temps, Miguel de Cervantes. À Madrid, une statue honore la mémoire de ses deux héros, Don Quichotte et Sancho Pança.

4

Séville

Celui qui veut apprendre à connaître l'Espagne, doit absolument avoir vu Séville, la capitale de l'Andalousie.

Séville est en effet une des villes les plus attirantes du pays. La ville mène depuis des siècles un concours de popularité avec Grenade, l'autre perle de l'Andalousie au passé mauresque. Séville a connu sa période la plus faste après la découverte de l'Amérique. La ville était en effet un port fluvial sur le Guadalquivir et une cité commerçante: toutes les marchandises venues des colonies espagnoles y transitaient. Cette activité générait des richesses considérables et faisait passer sur la ville un vent frais venu du Nouveau Monde.

À voir absolument: la *** cathédrale Santa María (15e siècle), un édifice impressionnant aux portails richement ornés et le Patio de los naranjos, l'ancienne mosquée et la tour de la **Giralda, bâtie au 12e siècle comme un minaret; le ***Real Alcázar, construit au 12e siècle par les Almohades, devenu depuis 1248 un palais royal chrétien, agrandi ensuite jusqu'au 16e siècle. Les sommets de la visite sont les patios luxueusement aménagés autour desquels le palais est érigé, mais aussi les jardins (la cathédrale et l'Alcazar sont inscrits au patrimoine de l'humanité de l'Unesco); le **Barrio de Santa Cruz, l'ancien quartier juif aux ruelles étroites, aux patios couverts et aux balcons de fer forgé; la **Casa de Pilatos, une grand palais privé où se mêlent un grand nombre de styles; l'**Hospital de la Caridad (17e siècle), la plus importante réalisation baroque de Séville; le **Museo de Bellas Artes, dont les collections artistiques mettent surtout l'accent sur la peinture baroque; la **Plaza de España, ornée de mosaïques, au cœur du parc municipal, le *Parque de María Luisa. Hors de la ville: les ruines de la ville romaine d'Itálica avec un amphithéâtre et des pavements de mosaïques bien conservées.

La Plaza de España.

*La cathédrale de La Mezquita à **Cordoue** était une maison de prière pendant la période islamique. Sa construction fut entamée en 785 sur des vestiges romains et wisigothiques: les Omeyyades édifièrent une mosquée et l'agrandirent trois fois avant 990. Le dernier de ces élargissements n'a pas modifié le plan de l'édifice, mais lui a donné son aspect actuel, si l'on néglige les modifications apportées par la suite une fois la ville reprise par les chrétiens, comme le chœur avec l'abside qui surmonte de très haut les toits du bâtiment.*

Nature

*** Parc naturel de Prat de Cabanes-Torreblanca** ⑭ Cette vaste zone marécageuse faite d'eaux saumâtres, de roseaux, de prés-salés, à proximité de la mer, et qui sert de refuge aux oiseaux aquatiques et à la tortue européenne des marais, est parcourue par des sentiers de randonnée.

*** Coves de Sant Josep** ⑮ Complexe de grottes près de Nules. Vous pouvez faire une promenade en barque sur le bras souterrain du Riu Belcaide à travers les grottes éclairées.

*** Cap de la Nau** ⑯ Péninsule montagneuse romantique aux superbes baies. L'impressionnant rocher du *Penyal d'Ifac se dresse à 332 m au-dessus du niveau de la mer (escalade par un tunnel, env. 1 heure).

*** Parc naturel de Carrascar de la Font Roja** ⑰ Zone protégée où pousse une végétation méditerranéenne mixte (érable, chêne vert, chêne de Valence) dans l'arrière-pays de la Costa Blanca; idéal pour les randonnées.

Andalousie

La région méridionale appelée Al-Andalus par les Maures offre un des nombreux visages de l'Espagne – selon certains le plus typique. Flamenco et castagnettes, taureaux noirs et chevaux blancs, plages ensoleillées et patios ombragés: en Andalousie, ce pont entre le monde arabe et l'Occident, les clichés sur l'Espagne deviennent réalité.

Culture

***** Cordoue** ⑳ Au 10e siècle, c'était l'opulente métropole du califat maure. À voir absolument: ***la Mezquita (classée patrimoine de l'humanité par l'Unesco), un des témoignages culturels les plus impressionnants du monde islamique: cette mosquée à colonnes avec une salle de prière, plusieurs nefs et une cour, a été construite à partir de 756 lorsque Cordoue devint un émirat; après la Reconquista, en 1236, la moquée fut réutilisée comme cathédrale et elle subit d'importantes transformations au 16e siècle; la **Judería, l'ancien quartier juif avec ses pittoresques ruelles et la **synagogue (14e siècle) de style mudéjar. En dehors de la ville, sur une colline du sud de la Sierra Morena: ruines de l'ancienne ville-palais de **Madinat al-Zahra (10e siècle).

*** Baeza** ㉑ La ville aux 50 palais Renaissance. À voir absolument: le Palacio de Jabalquinto avec sa superbe façade où le style gothique côtoie le style mudéjar et le style Renaissance. *Úbeda compte, tout comme sa voisine Baeza, de nombreux palais Renaissance; la ville a été récompensée par le Conseil de l'Europe pour le soin exemplaire qu'elle apporte à la protection de ses monuments.

*** Jaén** ㉒ Ville ancienne située au pied de la Sierra de Jabaluz. À voir absolument: la **cathédrale avec sa façade baroque richement décorée et la sacristie de style platéresque; les *bains arabes, qui datent de l'époque du califat; le quartier populaire de Magdalena est particulièrement pittoresque.

***** Séville** ㉓ Voir plan p. 226.

1 L'Andalousie ne se limite pas à ses plages ensoleillées: c'est aussi une région montagneuse, avec des particularités locales très spécifiques. La Sierra Morena et surtout la Sierra Nevada sont des zones de haute montagne . Le Mulhacén (3 478 m) et le Pico de Veleta (3 392 m) sont les sommets les plus élevés de la péninsule Ibérique.

2 Chef-d'œuvre de l'architecture mauresque, la Mezquita de Cordoue était l'une des plus belles mosquées du monde. Sur la photo: la salle de prière de la mosquée des Omeyyades, transformée en église chrétienne au 13e siècle.

3 Nuées orageuses sur les montages d'Andalousie.

Séville

La découverte de l'Amérique marqua le début de l'âge d'or de la capitale de l'Andalousie. Séville, devint alors le port principal du commerce transatlantique espagnol. Le paysage urbain porte encore les traces de la richesse que connut alors la ville.

Les Arabes avaient également marqué la ville de leur empreinte au Moyen Âge, comme en témoignent les splendeurs du Real Alcázar, le palais des Almohades, transformé par les rois catholiques après la Reconquista. Séville n'est pas seulement fascinante par ses grands monuments artistiques; le mythe de l'Andalousie est présent ici plus qu'ailleurs. Sur la rive nord du Guadalquivir se dressent les arènes qui accueillent les corridas, cependant qu'on peut assister dans de nombreux endroits à des spectacles de flamenco. Quant à l'université, elle a installé ses locaux dans l'ancienne manufacture de tabac, ce qui fera rêver de Carmen tous les amateurs d'opéra. Une joie de vivre communicative et une foi profonde s'expriment à l'époque de Pâques, durant la Semana Santa. Toute la ville est présente pour accompagner les pieux cortèges de pénitents – et pour communier dans une même exubérance.

Grande photo de gauche: au-dessus de la cathédrale gothique et du bâtiment de l'Archivo General de Indias se dresse le symbole de Séville: la Giralda.

1 L'ancien minaret de La Giralda est aujourd'hui surmonté par une statue de bronze qui symbolise la foi chrétienne.

2 La cathédrale Santa María est essentiellement de style gothique tardif, mais elle comporte aussi des éléments de style plateresque et Renaissance.

3 Le Patio del Yeso à l'intérieur de l'Alcazar, remonte à l'époque des Almohades, mais a été modifié à différentes époques. Le bâtiment principal a été construit au 12e siècle, dans le style almohade, sur des bases du 9e siècle, avant d'être modifié au 14e siècle dans le style mudéjar.

4 Le style moderniste de Hannibal Gonzales se retrouve dans la Plaza de España, aménagée en 1929 à l'occasion de l'exposition ibéro-américaine.

5 Les fameux azulejos de la Plaza de España.

6 Le Museo de Bellas Artes recèle des trésors, notamment des œuvres de Murillo, Ribera et du Greco.

1

2

3

4

5

6

L'Alhambra

Chaque année, des milliers de personnes se rendent dans le sud de l'Espagne pour voir l'Alhambra – une expérience qui vaut largement le voyage.

Grenade a connu son âge d'or aux 13e et 14e siècles, en tant que capitale d'un royaume maure. C'est de cette époque que date l'Alhambra, une des créations les plus fabuleuses de l'architecture islamique. Le «château rouge» des souverains nasrides constitue en fait un grand complexe de constructions avec le vieux fort, l'Alcazaba, le palais, les jardins et le Generalife, la résidence d'été située sur une hauteur. Grenade fut le dernier royaume musulman d'Espagne à succomber aux assauts de la Reconquista: en 1492, les rois catholiques Isabelle de Castille et Ferdinand d'Aragon faisaient leur entrée dans la ville.

Grande photo de gauche: une vue du majestueux Alhambra, le «château rouge», qui se dresse entre les rivières du Darro et du Genil.

1 La résidence d'été des Nasrides, le Generalife, célèbre pour la splendeur luxuriante de ses jardins, se trouve un peu plus haut que l'Alhambra.

2 Dans le Patio de los Leones, la belle cour des Lions, le visiteur se croit transporté dans l'univers des Mille et une Nuits. Le Patio de los Leones se trouve au cœur de la partie bâtie. Il est entouré de galeries de fines colonnettes et a été construit par Mohammed V (1354-1391). Mais le joyau que constitue la fontaine aux douze lions est un vestige d'une construction plus ancienne, datant du 11e siècle. L'eau et les fontaines ont toujours joué un rôle important pour les architectes de jardins arabes; c'est encore le cas dans la Cour des Myrtes, la deuxième cour intérieure de l'Alhambra, également de toute beauté.

3 La décoration des colonnes de pierre dans la Cour des Lions est magnifique: l'Islam interdisait toute représentation figurative, ce qui conduisit l'art de la décoration à des sommets sans précédent.

4 Le Partal, une partie des palais de l'Alhambra, où l'héritage maure en Espagne est encore très présent à l'heure actuelle. Après la Reconquista (à la fin du 15e siècle), le roi d'Espagne, Charles Quint, transforma cette partie de l'Alhambra en un palais Renaissance qui ne fut jamais achevé.

1

2

3

4

La Costa del Sol, la côte ensoleillée du sud de l'Espagne, déroule ses longues plages blanches. ***Marbella*** *possède une vieille ville charmante et un port de plaisance: la ville était réputée comme lieu de villégiature de personnes fortunées, mais elle a quelque peu perdu de son élégance et de son caractère exclusif.*

La Torre del Pirata surveille la pittoresque côte d'Ibiza.

Le port et la cathédrale gothique de Palma, la capitale de l'île de Majorque, dans les Baléares.

intéressantes trouvailles du site sont présentées au Musée archéologique.

*** Tui** 6 Vieille ville frontalière aux confins de la Galice et du Portugal, avec une cathédrale fortifiée des 12e et 13e siècle.

**** Lugo** 7 Cité tranquille sur les bords du Rio Miño, au cœur de la Galice, qui a conservé intacte une *enceinte romaine (patrimoine mondial de l'Unesco).

*** Ourense** 8 Ville sur les bords du Rio Miño. À voir absolument: la *cathédrale San Martín avec son portail occidental romano-gothique et son pont roman. Les environs comptent de nombreux anciens monastères isolés.

*** Oviedo** 9 Cette ville industrielle n'en possède pas moins un centre historique et une ancienne tradition universitaire. À voir absolument: la *cathédrale San Salvador avec les tombeaux des souverains des Asturies et le trésor de la couronne dans la * «Chambre sainte» (9e siècle); le *Musée archéologique et sa collection d'antiquités, qui comprend notamment des tablettes romaines en argile cuite décrivant des itinéraires. Dans les environs: cinq **églises romanes des 8e–9e siècles, tout à fait uniques et d'ailleurs reprises au patrimoine mondial de l'Unesco.

**** Santillana del Mar** 10 Cette petite ville située à 4 km de la mer est aujourd'hui classée. Le charme du vieux centre urbain est rehaussé par la très intéressante église capitulaire, la *Colegiata, avec son **cloître roman. Quelques kilomètres plus loin: la ***Cueva de Altamira, les grottes rendues mondialement célèbres par leurs extraordinaires peintures rupestres préhistoriques (époque magdalénienne, de 18.000 à 13.000 avant notre ère.). Le nombre de visiteurs autorisés à visiter ce qu'on a surnommé la «chapelle Sixtine de l'art préhistorique» étant très limité, il faut réserver au moins un an à l'avance. Vous trouverez des copies des ces peintures rupestres au Musée archéologique de Madrid et au Deutsches Museum de Munich.

*** Santander** 11 Cette ville située dans le cadre d'une baie enchanteresse possède une longue tradition de station balnéaire mais elle reste encore très fréquentée. À voir absolument: la *cathédrale et sa **crypte romano-gothique; le *Palacio Real, la résidence d'été du roi, dans le style Belle Époque. Au sud de la ville: **Cuevas de Puente Viesgo, des grottes ornées de peintures rupestres du paléolithique.

*** Castro Urdiales** 12 Station balnéaire sur la côte Cantabrique, avec un joli port et une vieille ville attachante. À voir absolument: l'église gothique de *Nuestra Señora de la Asunción.

Nature

*** La côte septentrionale de la Galice** 1 offre de belles plages de sable, surtout vers Doñinos, San Xurxo, Santa Comba, alors que les environs du cap de la Estaca de Bares présentent des paysages de falaises. Pluies et brumes ne sont pas rares sur ce rivage atlantique.

**** Costa da Morte** 2 Cette «côte de la mort», rocheuse et sauvage, vit le naufrage d'un grand nombre de navires entre le petit village de pêcheurs de Malpica de Bergantiños et le *Cabo Finisterre (à l'ouest de Saint-Jacques), là où les pèlerins du Moyen Âge situaient le bout du monde, en latin «finis terrae». Ils venaient chercher sur la plage des coquilles Saint-Jacques, prouvant qu'ils avaient bien accompli leur pèlerinage.

**** Picos de Europa** 3 Les «Pics d'Europe» constituent un imposant massif calcaire culminant à 2 648 m d'altitude et qui abrite un certain nombre de grottes, de rivières souterraines et deux **lacs de montage. Le massif s'étend sur les Asturies, la Cantabrie et la Castille/León et constitue le plus grand parc national d'Europe. Au départ de Fuente Dé, lieu de rendez-vous des alpinistes, un téléférique conduit au panorama de **Mirador El Cable; à proximité de Poncebos, vous pourrez admirer le spectaculaire défilé de la **Garganta de Cares, long de 12 km.

*** Costa Verde** 4 La «côte verte» des Asturies déroule ses paysages enchanteurs entre la montagne et la mer, avec ses tendres prairies, ses larges baies et ses vastes plages bordées de dunes.

**** Parque de la Naturaleza Cabárceno** 5 Ce parc-safari au sud de Santander accueille des animaux venus du monde entier.

*** Costa de la Esmeralda** 6 La «côte d'émeraude» de Cantabrique, à l'est de Santander, est, tout comme la Costa Verde, très en vogue auprès des populations du centre de l'Espagne, attirées par la brise rafraîchissante qui y souffle souvent. La ville très active de Loredo est le principal centre de la région.

Le Pays basque, Navarre et Rioja

Ici, au nord du pays, entre les forêts et les baies de la côte atlantique, et les vignes de la Rioja, une région connue pour la qualité de ses vins rouges, vous découvrirez que l'Espagne ne se résume pas au flamenco, mais qu'elle peut aussi vous offrir la sensation architecturale de la fin du 20e siècle ou encore la langue et la culture séculaires des Basques.

Culture

Bilbao 13 Cette ville industrielle est aussi le plus important port de transbordement du pays. À voir absolument: l'extravagant **musée Guggenheim aux reflets d'argent, qui est considéré comme la plus importante réalisation architecturale de la fin du 20e siècle. Ses 24.000 m² vous proposent avant tout des collections d'art moderne et d'artistes espagnols.

**** Donostia/San Sebastián** 14 La station balnéaire basque jouit d'une situation exceptionnelle le long de la baie de la Concha («la conque»). À voir absolument: la **promenade du bord de mer bordée d'immeubles Belle Époque; le **Museo de San Telmo, un musée d'art aménagé dans un monastère Renaissance avec cloître. Panorama sur la ville depuis le *Monte Urgull et le *Monte Igueldo.

*** Santuario de Loyola** 15 Dans les montagnes à l'ouest de Tolosa, le monastère de Saint-Ignace, le fondateur de l'ordre des Jésuites, avec sa fastueuse église baroque, est un des lieux de pèlerinage les plus fréquentés d'Espagne.

*** Gasteiz/Vitoria** 16 La capitale basque et son vieux centre urbain. À voir absolument: la *cathédrale Santa María (14e et 15e siècle) avec son magnifique *portail; le *Musée archéologique présente des collections d'objets celtibères et romains découverts dans la région.

*** Pampelune** 17 La capitale de la Navarre, bâtie sur un plateau, avec les ruines de la forteresse et son centre médiéval pittoresque. La Fiesta de San Fermín (6–14 juillet) est célèbre dans le monde entier. Pour l'occasion, des jeunes hommes se font poursuivre par des taureaux dans les ruelles étroites de la ville. À voir absolument: le **Museo de Navarra avec ses collections archéologiques et artistiques.

*** Estella** 18 Ville millénaire au bord du Río Ega. À voir absolument: deux édifices romans: le *Palacio de los Reyes et l'église *San Pedro de la Rúa, avec son cloître.

*** Logroño** 19 Capitale très active de la province de Rioja avec son centre historique.

**** Olite** 20 Au sud de Pampelune, cette modeste localité s'enorgueillit d'un riche passé. La cité était jadis la résidence des rois de Navarre. À voir absolument: le **Castillo Palacio (15e siècle), impressionnant palais royal aujourd'hui transformé en parador, avec ses tours et ses murs d'enceinte.

*** Sangüesa** 21 Tranquille bourgade au sud-est de Pampelune. À voir absolument: l'église Santa María La Real, dont le **portail sud est l'un des sommets de l'art du 12e siècle. Dans les environs: le *Monasterio de

*Peu de voyageurs arrivent encore en bateau à **Ibiza**. On peut le regretter car c'est vue de la mer qu'Eivissa, la capitale «blanche» de l'île, se présente sous son plus beau jour: la ville s'étage à flanc de colline, surmonté par une cathédrale gothique.*

Leyre, un monastère baroque qui comporte une église romane dont le *portail occidental présente une profusion de décorations sculptées.

Aragon

Entre les Pyrénées et le haut plateau castillan, la Meseta, s'étend une région peu peuplée, l'Aragon, dont d'impressionnants édifices rappellent qu'il fut jadis un très puissant royaume. Le style mudéjar, qui mêle des éléments arabes, romans et gothiques, retiendra tout particulièrement votre attention.

Culture

* **Jaca** 22 Cette cité des Pyrénées aragonaises constituait une importante étape pour les pèlerins sur la route de Compostelle; elle possède une *cathédrale romane (1040) qui est l'une des plus anciennes d'Espagne. Dans les environs: le monastère de **San Juan de la Peña, dans un site d'une merveilleuse beauté.

** **Castillo de Loarre** 23 Cette imposante forteresse médiévale, construite sur le site d'un castrum romain, est un véritable nid d'aigle.

* **Tudela** 24 Ancienne petite ville dans la vallée de l'Èbre, où Juifs et Maures ont pu continuer à habiter jusqu'au 16e siècle. À voir absolument: la cathédrale *Santa María.

* **Huesca** 25 Très ancienne cité dominant le Río Isuela. À voir absolument: la *cathédrale gothique et son magnifique **maître-autel en style plateresque.

** **Saragosse** 26 Les origines de la capitale de l'Aragon remontent à l'époque ibère. La ville fut ensuite romaine, puis musulmane. Le cœur de la cité est particulièrement intéressant: l'impressionnante **cathédrale (14e – 15e siècles), le *Museo de Tapices et ses précieuses collections de tapisseries; la *Basilique del Pilar (17e siècle), une église de pèlerinage ornée d'azulejos (carreaux de faïence) richement colorés et dont les tours graciles et les coupoles font penser à une mosquée, avec à l'intérieur un splendide *autel gothique en albâtre; la forteresse arabe du *Palacio de la Aljafería.

* **Calatayud** 27 Établissement romain, transformé par les Maures. À voir absolument: le *clocher en style mudéjar et la forteresse arabe.

*** **Teruel** 28 La capitale provinciale du sud de l'Aragon offre des joyaux de l'architecture mudéjar. À voir absolument: la **cathédrale Santa María (12e –13e siècles) et ses superbes clochers; la **Torre San Martín (1316) et la **Torre San Salvador (1315) sont des vestiges des anciens remparts de la ville. Les bâtiments sont ornés d'azulejos, des carreaux de faïence très colorés.

Nature

** **le Parc national Ordesa y Monte Perdido** 7 Ce paysage de

1 La ville andalouse de Ronda se dresse au sommet d'un promontoire rocheux, à une hauteur vertigineuse, et offre des vues saisissantes. L'étroit canyon où coule le Tajo sépare l'ancienne ville mauresque de l'autre partie de la ville, El Mercadillo. Ronda possède les plus anciennes arènes de toute l'Espagne.

2 Vue féerique de l'Alhambra le soir. Avec la Mezquita de Cordoue, l'Alhambra constitue une des plus belles réussites de l'architecture islamique. Les Maures, jadis considérés comme des intrus haïssables, ont marqué de leur empreinte la culture espagnole et l'ont enrichie. La valeur de cet apport culturel est aujourd'hui unanimement reconnue.

3 Gibraltar, le massif rocheux haut de 425 m sur le détroit de Gibraltar, est aux mains des Britanniques depuis 1713. L'enclave possède son système juridique propre, ses panneaux indicateurs en anglais et tout à l'avenant. Le bras de mer long de 60 km qui sépare l'Europe de l'Afrique n'atteint que 14 km de large au point le plus étroit du détroit.

Majorque

Majorque, Minorque, Ibiza, Formentera et toute une série d'îlots forment l'archipel des Baléares, dans la mer Méditerranée. Les îles figurent parmi les destinations de voyage les plus populaires en Europe.

Cet engouement est dû au climat, qui permet de bénéficier d'une douce chaleur hors de la saison estivale, mais aussi à la variété des paysages, aux plages paradisiaques et à des infrastructures touristiques parfaites. Les Baléares offrent des vacances pour tous les goûts: des sorties les plus animées au silence le plus absolu, des sports nautiques dernier cri aux simples randonnées à la découverte de la nature méditerranéenne. Hôtel de grand luxe ou chambre chez l'habitant, finca ou maison de vacances: vous trouverez ici tout ce qu'un touriste peut désirer; le choix sera seulement question de vos préférences et de votre portefeuille. L'accessibilité n'est pas non plus un problème: l'aéroport de Majorque est l'un des mieux desservis en Europe.

Grande photo de gauche: tel un navire gigantesque, la Seu semble naviguer sur la mer des toits de Palma. L'imposante cathédrale gothique n'est pas seulement le plus grand édifice de l'île de Majorque, c'est aussi le plus intéressant .

1 Le Cap de Formentor est le point le plus septentrional de l'île.

2 Préserver – là où elle existe encore – une atmosphère authentique: un objectif essentiel pour les habitants de Majorque conscients de leurs responsabilités.

3 Le Mirador de Ses Animes, près de Banyalbufar, offre une des vues panoramiques les plus fameuses sur le paysage pittoresque de la côte occidentale de l'île.

4 La station balnéaire de Portocristo, sur la côte orientale, est devenue une destination populaire d'excursion, grâce aux légendes qui entourent la grotte du Dragon.

5 La plupart des touristes viennent à Majorque pour ses plages, comme ici dans la baie de Portals Vells, mais les amoureux de la nature ou de visites culturelles trouveront également de quoi les satisfaire.

6 Baies paradisiaques et plages magnifiques aux alentours de Cala Sant Vicenç.

1

2

3

4

5

6

Îles Canaries

Les îles Canaries se situent à la hauteur du sud du Maroc et appartiennent géographiquement à l'Afrique. L'archipel est d'origine volcanique mais la dernière éruption en date remonte à plus de 7 000 ans.

Les très nombreux vacanciers qui visitent l'archipel en toute saison, en raison de la douceur du climat, peuvent donc être rassurés. Mais le paysage témoigne encore de la violence des éruptions anciennes, surtout dans les îles les plus «jeunes», au centre et à l'ouest de l'archipel (Tenerife et Grande Canarie, La Palma, Gomera et Hierro), avec leurs paysages rudes et déchiquetés, leurs kilomètres de côtes au tracé étrange, avec çà et là seulement de petites anses de sable noir où l'on peut se baigner. L'érosion a eu plus de temps – environ cinq millions d'années – pour faire sentir ses effets sur le paysage des îles orientales de Fuerteventura et Lanzarote et leur donner un aspect plus lisse. C'est là aussi que vous trouverez des plages de sable blanc et fin, les plus belles des Canaries.

Grande photo de gauche: a environ 25 km à l'ouest de Tenerife se trouve l'île de Gomera, qui séduira de nombreux visiteurs par la diversité de ses paysages. La petite ville d'Agulo est située au nord de cette île à la forme presque circulaire.

1 Les origines volcaniques de Tenerife ne sont jamais aussi visibles que dans le parc national de Teide. Le sommet du Pico de Teide est le symbole de Tenerife: il culmine à 3 717 m d'altitude.

2 Les bois de lauriers de l'île de Gomera sont uniques; le bois le plus important se situe dans le parc national de Garajonay.

3 Gomera: le sommet, à 1 241 m d'altitude, du Fortaleza, un ancien volcan, se dresse presque à la verticale au-dessus de son environnement montagneux.

4 Le sauvage massif d'Anaga, dans la partie nord-est de l'île de Tenerife, est encore presque inconnu des touristes.

5 Dedo de Dios, le doigt de Dieu: tel est le nom de cet étrange rocher situé sur la côte romantique des environs de Puerto de las Nievas, sur l'île de la Grande Canarie.

1

2

3

4

5

*L'excursion au **parc national de Teide** constitue le sommet de tout voyage à Tenerife. Le parc tire son nom du volcan de Teide, le plus haut sommet d'Espagne avec ses 3 717 m. Un téléférique vous fait grimper jusqu'à 3 550 m, mais prenez garde: il peut faire très froid à cette altitude!*

montagnes, unique mais grandiose, appartient au patrimoine naturel de l'Unesco; le parador idyllique du Monte Perdido borde une rivière.

Catalogne

Les Catalans n'apprécient guère d'être pris pour des Espagnols: ils sont en effet très fiers de leur culture et de leur langue, qui constitue, avec le basque, le galicien et le castillan/espagnol, une langue officielle reconnue.

Culture

*** La Seu d'Urgell** 29 Située haut dans les Pyrénées, cette vieille cité présente un aspect médiéval. Ville-étape sur le Chemin de Saint-Jacques, le fameux itinéraire suivi par les pèlerins en route vers Saint-Jacques-de-Compostelle. À voir absolument: la majestueuse *cathédrale Santa Maria de style roman lombard et son cloître du 13e siècle.

**** Taüll** 31 Village situé dans la vallée pyrénéenne isolée du *Vall de Boí où se nichent deux très belles églises romanes (inscrites au patrimoine de l'Humanité par l'Unesco).

Figueres 32 Ville natale de .Salvador Dalí. L'artiste a transformé l'ancien théâtre municipal en **Teatre-Museu Dalí, un temple fantastique dédié à son art. Sur la côte : le pittoresque village d'artistes de **Cadaqués avec la villa de Dalí; la ville d'*Empúries fondée par les Grecs en 1 500 avant notre ère et où l'agora et un ensemble de temples hellénistiques ont été préservés; le monastère roman de **Sant Pere de Rodes (10e siècle).

**** Gérone** 33 Cette ville industrielle était déjà un centre commercial important à l'époque romaine. À voir absolument: le quartier où vivaient les Juifs jusqu'en 1492; la *cathédrale gothique et Renaissance et la précieuse tapisserie de la Création (12e siècle) dans le musée attenant.

*** Tossa de Mar** 34 Jolie station balnéaire sur la Costa Brava, avec une vieille ville charmante.

***** Barcelone** 35 Voir plan pp. 218-219.

**** Santa Maria de Poblet** 36 Cette abbaye cistercienne médiévale est entourée par une puissante enceinte comme une véritable petite ville (patrimoine mondial de l'Unesco).

Sitges 37 Célèbre station balnéaire sur la Costa Daurada avec son front de mer bordé de palmiers et sa magnifique plage de sable.

**** Tarragone** 38 Les origines de cette pittoresque cité remontent à l'Antiquité. À voir absolument: l'amphithéâtre romain, l'aqueduc, le palais impérial et le forum, le **Musée archéologique et la **Promenade archéologique autour du centre urbain, qui offre des vues très intéressantes; imposante *cathédrale gothique.

*** Tortosa** 39 Située dans le delta de l'Èbre, cette jolie ville ancienne possède une cathédrale du 14e siècle et une forteresse.

Nature

**** Les Pyrénées** 8 Même si le tourisme commence à s'y développer, vous pourrez encore savourer la sauvage beauté de cette chaîne montagneuse qui forme la frontière entre la France et l'Espagne en parcourant la route sinueuse qui remonte le splendide *Val d'Aran jusqu'au col du Port de la Bonaigua (2072 m). Le **parc national d'Aigüestortes i Estany Sant Maurici constitue un paradis pour les promeneurs et les amateurs d'escalade, avec ses vallées romantiques et ses sommets culminant à près de 3 000 m d'altitude.

*** La Costa Brava** 9 Cette région balnéaire au nord de Barcelone est fameuse pour ses larges plages de sable qui attirent des foules de vacanciers. La **route panoramique entre Sant Feliu de Guixols et Tossa de Mar permet d'apprécier l'authenticité et la variété de cette «côte sauvage».

**** Le delta de l'Èbre** 10 Sur la Costa Daurada, ces étendues aquatiques d'une ampleur sans rivale dans tout l'ouest du bassin méditerranéen constitue un paradis pour les oiseaux et de nombreuses espèces végétales rares.

Castille et Estrémadure

La Meseta, qui constitue le cœur géographique et historique de l'Espagne, est un haut plateau qui s'étend dans les régions de Castille-León, Castille-La Manche et d'Estrémadure. Au cœur de cette région se trouve la capitale espagnole, Madrid, qui est encore davantage que jadis le centre bouillonnant du pays.

Culture

*** Astorga** 40 Cette ville romaine se développa au Moyen Âge grâce au passage des pèlerins en route vers Saint-Jacques de Compostelle. À voir absolument: la cathédrale (15e siècle) avec ses deux clochers et sa magnifique façade; le palais épiscopal (1889) dû à Antoni Gaudí.

**** León** 41 Après une brève occupation par les Maures, la ville fut le centre de l'Espagne chrétienne médiévale. À voir absolument dans la charmante vieille ville: la **cathédrale Santa María de Regla (13e-14e siècles) dans le style gothique rayonnant français, avec une façade très décorée et de magnifiques vitraux; l'église capitulaire romane de **San Isidoro (11e siècle) et ses tombes royales; la superbe façade, de style plateresque (entre gothique et Renaissance), de l'ancien cloître de **San Marcos (transformé aujourd'hui en parador).

**** Burgos** 42 La ville du Cid, le héros de la Reconquista, qui y naquit en 1043. À voir absolument: la **cathédrale gothique (inscrite au patrimoine mondial par l'Unesco), à la grandeur impressionnante; l'Arco Santa María (une porte de la ville, 16e siècle), le palais Renaissance de la Casa de Miranda, le monastère de Las Huelgas Reales (12e siècle) avec ses tombeaux royaux et son cloître.

*** Zamora** 43 Ville fondée par les Maures, elle contient un nombre étonnant d'églises romanes. À voir absolument: la *cathédrale (12e siècle) avec son clocher massif et sa coupole byzantine.

> ### Portugal
>
> **Superficie**: 92 391 km² (Açores et Madère incl.)
> **Côte**: 1 793 km
> **Point culminant**: Torre (1 993 m)
> **Plus long cours d'eau**: Tage (partiellement)
> **Population**: 9,9 millions d'habitants
> **Densité de population**: 108 hab./km²
> **Régions**: Nord, le Minho, la vallée du Douro, le Trás-os-Montes; les Beiras; Lisbonne et l' Estrémadure; sud: l'Alentejo et l'Algarve.
> **Capitale**: Lisbonne (610 000 habitants)
> **Fuseau horaire**: GMT
>
> **Adresses utiles**
>
> (B)
> *Office du Commerce et du Tourisme portugais (ICEP)*
> *Rue Joseph II, 5 boîte 3, 1000 Bruxelles*
> *Tél.: 02 230 52 50*
> *Fax: 02 231 04 47*
> *E-mail: icepbru@euronet.be*
>
> (FR)
> *Office du commerce et du tourisme du Portugal*
> *Boulevard Haussmann, 135 75008 Paris*
> *Tél.: 01 56 88 30 80*
> *Fax: 01 42 89 30 74*

*** Valladolid** 44 Cité industrielle moderne qui n'a gardé que peu de vestiges d'un passé tumultueux. À voir absolument: la *cathédrale d'un style Renaissance très sobre; le *Museo Nacional de Escultura, qui présente un très bel ensemble de sculptures castillanes en bois, allant du gothique au baroque, dans un bâtiment historique agrémenté d'un charmant patio (fin du 15e siècle).

**** Coca** 45 Cette imposante forteresse de style mauresque est l'une des étapes majeures de la Ruta de los Castillos, la route des châteaux au sud de la province de Valladolid.

***** Salamanque** 46 Centre important dès l'époque romaine, la ville était fameuse au Moyen Âge pour son université. Le centre ancien a été inscrit sur la liste du patrimoine de l'humanité établie par l'Unesco. À voir absolument: la **Plaza Mayor, la plus importante de la ville, de style Renaissance; la *Rúa Mayor est la préférée des flâneurs. On y trouve aussi la *Casa de las Conchas, un bâtiment du 16e siècle, avec une façade ornée de coquilles, et la *Vieille cathédrale (12e siècle); le principal bâtiment de l'université avec sa façade abondamment décorée.

**** Ségovie** 47 Cette cité au riche passé historique compte de nombreux monuments classés patrimoine mondial de l'Unesco. À voir absolument: **aqueduc romain de 728 m de long et 29 m de haut, qui traverse une partie de la ville; la **cathédrale, de style gothique tardif; le féerique château fort de **l'Alcázar; les *jardins clos baroques de la résidence royale d'été.

**** Ávila** 48 Cette capitale de province située dans une zone montagneuse est classée au patrimoine mondial de l'Unesco. À voir absolument: les grandioses **murs d'enceinte avec leurs 90 tours et leurs neuf portes; la **cathédrale de style gothique tardif et ses précieuses stalles dans le chœur; le Convento de Santa Teresa, où est vénérée la mystique Thérèse d'Ávila (16e siècle).

**** L'Escurial** 49 Le palais-monastère de l'Escurial fut bâti par le roi Philippe II (1527–98) au sud de la Sierra de Guadarrama; c'est un bâti-

La perle maure de Majorque: le palais d'Almudaina à Palma.

La jolie ville de Ponte de Lima se situe au nord du Portugal.

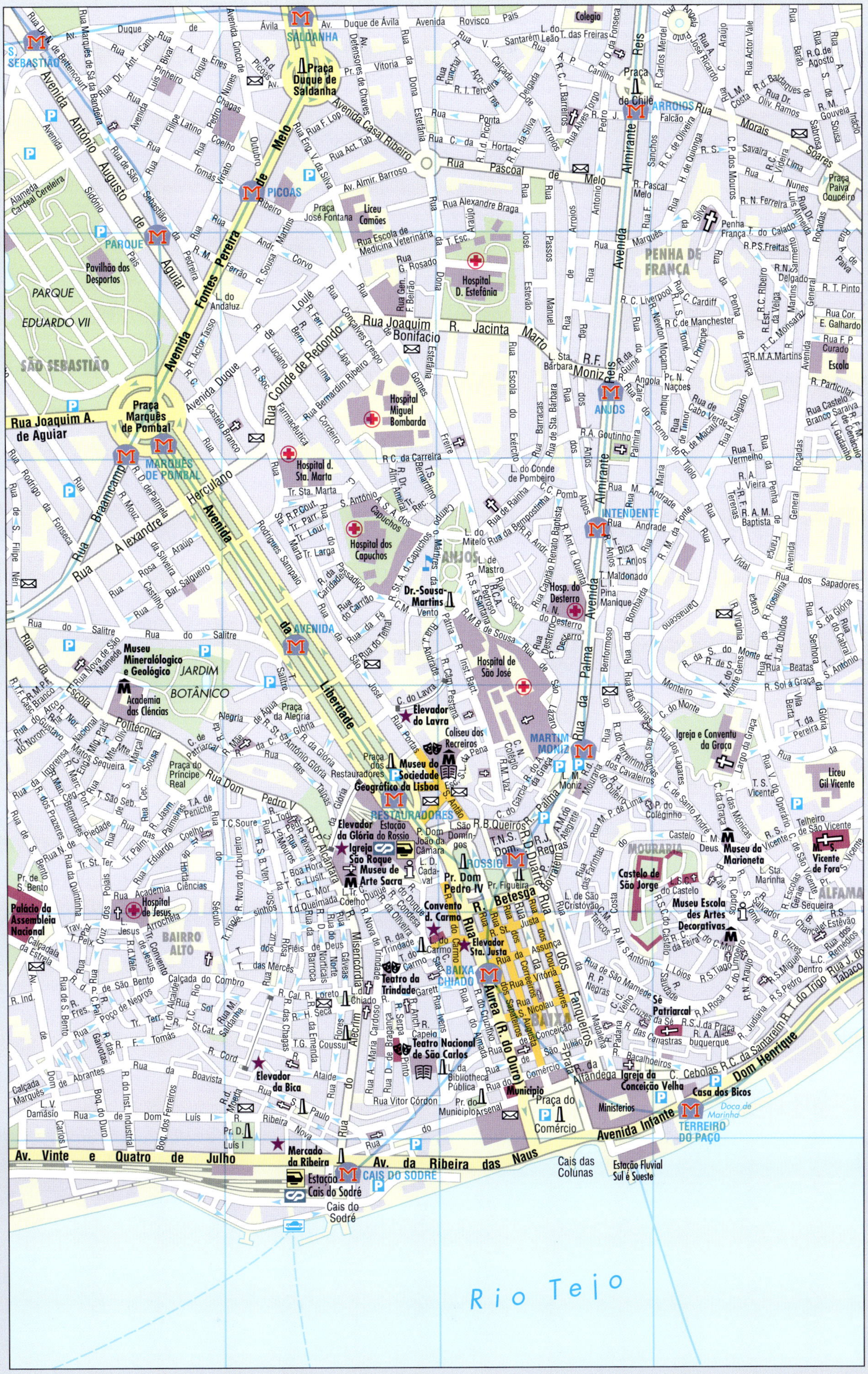

Lisbonne

La ville blanche s'étend autour de la large embouchure du Tage, jusque sur les pentes raides des collines environnantes. Lisbonne bénéficie donc d'un site enchanteur mais c'est loin d'être la seule raison d'aller à sa découverte.

Le cœur historique de cette métropole de renommée internationale et aux aspects les plus variés présente une agréable ordonnance, et si vous êtes lassé de sans cesse monter et descendre les rues en pente raide, prenez donc un de ces vieux tramways gémissants, appelés *eléctricos*.

La Torre de Belém a été érigée au 16e siècle.

À voir absolument: **l'Alfama, la partie la plus ancienne et la plus pittoresque de la ville, un labyrinthe aux allures orientales, surmonté par les ruines du château fort, le *Castelo de São Jorge, qui offre une vue panoramique sur la ville et le fleuve; entre les ruines du château et la cathédrale médiévale, la *Sé, se trouvent deux des très beaux *miradouros (terrasses panoramiques) qui ont fait aussi la réputation de Lisbonne; **Avenida da Liberdade: un boulevard du 19e siècle, large de 90 m; le *Bairro Alto, la ville haute, qui est aussi le centre de l'animation, avec ses innombrables cafés, restaurants et locaux destinés au fado; **Baixa, la ville basse au plan géométrique, édifiée après le terrible tremblement de terre de 1755 et qui est aujourd'hui un quartier de banques et de magasins; **Chiado, autrefois le quartier des écrivains et des intellectuels, avec son style Belle Époque et le charme de ses cafés à la riche tradition; l' *Elevador de Santa Justa (1901), le célèbre ascenseur qui relie la ville basse et la ville haute; le **Museu do Azulejo, dans le monastère de Madre de Deus, avec une collection d'azulejos, les carreaux de faïence traditionnels portugais; le **Museu Calouste Gulbenkian, fondé par un magnat du pétrole, et sa collection d'art européen de toute grande qualité; le **Museu de Arte Antiga, le plus important musée d'art portugais; l' **Oceanário, un sublime aquarium sur le terrain de l'EXPO; le *Palácio dos Marqueses da Fronteira, un château qui possède aussi un superbe **jardin baroque.

1

2

3

Lisbonne

Si Lisbonne figure parmi les plus belles villes d'Europe, c'est avant tout à cause de son site exceptionnel: depuis les rives du Tage, les quartiers du centre ancien montent à l'assaut des pentes raides des collines.

Les magnifiques bâtiments historiques datant du Moyen Âge et du 16e siècle, l'âge d'or du Portugal, ont été détruits par le grand tremblement de terre de 1755: seul le splendide monastère de Belém, situé hors du centre, le long du Tage, fut épargné par le séisme. Les secousses sismiques, les raz-de-marée et les incendies détruisirent une grande partie de la ville, où 300 palais et 100 églises furent anéantis. Lisbonne fut ensuite reconstruite selon un plan en damier, avec des artères rectilignes et de grandes places. En contraste saisissant avec cette ville « rationnelle », de style baroque et classique, l'Alfama est un quartier ancien et pittoresque, aux allures tortueuses, habité par une population de gens simples et où le poids du passé est très perceptible. Le Bairro Alto est un quartier très animé, situé également sur une hauteur.

1 Les quartiers les plus haut perchés de Lisbonne offrent des vues panoramiques de toute beauté.

2 C'est l'heure d'une petite pause? Vous trouverez toujours un coin tranquille dans le vieux Lisbonne.

3 Lisbonne, capitale d'un pays de navigateurs, riche de traditions, se trouve «là où s'arrête la terre et où commence la mer», selon la formule d'un poète d'autrefois.

4 Au bord du Tage, la Praça do Comércio est la plus grande et la plus belle place de la ville. Elle a été aménagée au 18e siècle sous le règne de Don José I, dont la statue équestre se situe au centre de l'ensemble.

5 Les azulejos, ces carreaux de faïence richement colorés, constituent un élément décoratif typiquement portugais, à l'exemple de ceux qui ornent les beaux jardins du palais Frontera.

6 Pas question de visiter Lisbonne sans faire une balade en tramway!

7 Le monastère situé dans le faubourg de Belém est un chef-d'œuvre du style manuélin, une version particulière du gothique tardif, caractérisée par une profusion de motifs décoratifs, qui représente l'apogée de l'architecture portugaise.

4

5

6

7

En 1885, un élève de Gustave Eiffel construisit le pont à deux étages baptisé Ponte Dom Luis I. Cette construction en acier de 68 m de haut, qui enjambe le Douro, peu avant que le fleuve ne se jette dans l'océan Atlantique, est un des symboles de la ville de ***Porto****.*

ment conservé. À voir absolument: la place principale ou *Praça da República, avec ses immeubles Renaissance, la cathédrale (15e siècle) et son *portail gothique; la chapelle dos Malheiros et sa façade rococo à la décoration surabondante.

*** Braga** ❹ La capitale économique du Minho possède un centre historique de taille modeste et une trentaine d'églises dont la plus ancienne cathédrale du Portugal. À noter aussi: l'église de pèlerinage du *Bom Jesús do Monte, très fréquentée, avec son **escalier monumental.

**** Guimarães** ❺ C'est le berceau du Portugal – en effet, Afonso Henriques, qui au 12e siècle, réussit à faire un royaume de son comté de Portucale, le pays entre le Minho et le Douro, a vécu dans le *château qui domine le jolie vieille ville (patrimoine de l'humanité selon l'Unesco).

*** Chaves** ❻ La ville, qui était une station thermale dès l'époque des Romains, possède un *noyau urbain charmant et un *jardin de château.

*** Bragance** ❼ La ville située la plus au nord-est du pays possède un *château médiéval de la famille des souverains portugais. À voir absolument: le bâtiment administratif romain, la *Domus Municipalis.

*** Lamego** ❽ Vieille cité épiscopale au sud de la vallée du Douro. L'église *Nossa Senhora des Remédios, de style baroque tardif, constitue un lieu de pèlerinage très fréquenté. L'édifice est précédé d'un imposant **escalier (19e siècle).

Pinhão ❾ La ville, située dans le site enchanteur de la vallée du Douro est le centre du commerce du porto. Plusieurs domaines viticoles bien connus sont implantés dans les environs. Le plus beau domaine de la région (près de Vila Real) est le **Solar de Mateus, avec une maison de maître de style baroque et un beau jardin.

*** Porto** ❿ Vieille cité commerciale bâtie dans l'étroite vallée du Douro, près de son embouchure. Des rues sinueuses et très inclinées conduisent de **Cais da Ribeira, le charmant port fluvial, vers le labyrinthe du **vieux centre urbain situé sur la hauteur. Les ponts sur la vallée, vers Vila Nova de Gaia, où le porto est mis en bouteille, constituent une véritable attraction. Porto n'est pas une ville dotée de réalisations architecturales très remarquables, mais l'ensemble constitue bien une œuvre d'art, assez chaotique il est vrai, et c'est peut-être pour cela que l'Unesco l'a inscrit au patrimoine culturel de l'humanité.

Nature

*** Costa Verde** ❶ La côte «verte» le long de l'océan Atlantique entre le Rio Minho, la rivière frontalière avec l'Espagne, et le Rio Douro: presque partout les plages de sable sont bordées par de pinèdes; malheureusement, le temps y est très capricieux, même en été. La plus belle plage se trouve près de São Bartolomeu do Mar.

**** Peneda-Gerês** ❷ Parc national dans une région montagneuse aux confins de l'Espagne; la partie occidentale est vouée à l'agriculture, alors que la partie orientale est rocailleuse et presque inhabitée et constitue un paradis pour les animaux et les plantes sauvages.

**** La route entre Bragance et Chaves** ❸ constitue un des itinéraires de montagne les plus spectaculaires de la péninsule Ibérique et offre des panoramas grandioses.

Sintra: Au milieu du 19e siècle, Ferdinand de Saxe-Cobourg-Gotha fit construire le Castelo da Pena. Le château et le parc constituent des exemples frappants des conceptions romantiques de l'époque.

Beiras

La partie centrale du Portugal présente des aspects très variés: à l'intérieur, la Beira Alta, avec le massif de la Serra da Estrela qui culmine à 2 000 m d'altitude; au sud, la Beira Baixa, région isolée derrière les montagnes; le long de la mer, la Beira Litoral, avec ses collines en pente douce, ses vignobles et la célèbre forêt de Buçaco.

Culture

*** Viseu** ⓫ Capitale de la région viticole de Dão et porte d'accès à la Serra da Estrela. À voir absolument dans le palais épiscopal à côté de la cathédrale: le Museu de Grão Vasco avec des œuvres de ce qu'on a appelé l'Ecole de Viseu (16e siècle), qui a subi l'influence de l'école néerlandaise de peinture.

**** Buçaco** ⓬ Près du site thermal de Luso, cette forêt légendaire, ceinte par une muraille et protégée pendant des siècles par des moines, est aujourd'hui une destination prisée pour une excursion d'une journée et sert de décor au **Palace Hotel (1910), édifié dans un style emphatique.

**** Coimbra** ⓭ Vénérable ville universitaire sur les bords du Rio Mondego, région natale d'un fado, dit Fado de Coimbra, chanté uniquement par des hommes. À voir absolument: la *Sé Velha, la monumentale vieille cathédrale, aux allures de forteresse (12e siècle), à l'intérieur orné d'azulejos, les carreaux de faïence typiquement portugais; la *vieille université avec sa *terrasse panoramique et sa **bibliothèque, la plus belle réalisation profane des débuts du baroque portugais; l'église du monastère de *Santa Cruz, avec sa *façade richement ornée, les superbes **tombeaux royaux et son cloître plein de charme du 18e siècle; la Rua da Sofia, un ensemble (classé) du 16e plein d'harmonie; le *Jardim Botânico, le plus ancien jardin botanique du Portugal.

*** Conímbriga** ⓮ Vieille ville romaine qui est aussi le plus important site archéologique du Portugal.

*** Monsanto** et *** Idanha-A-Velha** ⓯ Deux vieux villages tout à fait intéressants dans la région de la Beira Baixa.

Nature

*** Serra da Estrela** ❹ Le «massif des étoiles» qui culmine à près de 2 000 m d'altitude, constitue la chaîne de montagnes la plus élevée du pays: c'est une zone aride qui n'a été habitée pendant des siècles que par des bergers, mais qui s'ouvre aujourd'hui au tourisme.

Bragance, berceau d'une puissante dynastie, est encore aujourd'hui protégée par sa redoutable enceinte fortifiée.

Lisbonne et Estrémadure

Bon nombre des plus importantes curiosités du pays sont concentrées à Lisbonne, la fascinante capitale du Portugal, et au nord de cette ville, dans la région de l'Estrémadure, le long de l'océan Atlantique. C'est le cas de créations exceptionnelles en style manuélin. Ce style gothique tardif, richement orné, est caractéristique du Siècle d'or portugais et tire son nom du roi Manuel Ier (1495–1521).

*L'abbaye cistercienne d'**Alcobaça** marque l'apparition du gothique au Portugal: il ne s'agit pourtant pas d'une pure transposition du gothique français. Sur le plan esthétique, l'église abbatiale soutient la comparaison avec les cathédrales d'Europe septentrionale. Le transept et ses deux nefs sont particulièrement remarquables, tout comme le chœur et ses neuf absidioles. L'église compte trois nefs et est éclairée par de nombreuses fenêtres.*

1

2

3

Culture

*** **Batalha** ⑯ Complexe abbatial (14e – 16e siècles) qui réunit harmonieusement le gothique et le style manuélin, à proximité de Belém (voir plus loin) pour constituer le sommet absolu de l'architecture portugaise, inscrit sur la liste du patrimoine de l'humanité de l'Unesco. À voir absolument: l'**église gothique avec sa belle façade et son intérieur d'une grande sobriété et d'une grande noblesse; le **cloître, un chef-d'œuvre de la sculpture de style manuélin, aux motifs décoratifs volontiers fantastiques; les **Capelas Imperfeitas, ou chapelles inachevées: des joyaux de pierre qui se détachent sur fond du ciel bleu.

Fátima ⑰ Après Lourdes, le plus important pèlerinage marial au monde. Le quartier sacré, avec sa basilique monumentale et sa gigantesque esplanade, a été construit à l'endroit où la Vierge serait apparue à trois enfants en 1917.

** **Tomar** ⑱ Petite cité ancienne à l'est de Fátima dans la région du Ribatejo. Le magnifique***Convento do Cristo, représente un des sommets des circuits touristiques classiques à travers le pays. Les Templiers – rebaptisés ensuite Ordre du Christ – y avaient établi leur siège dès 1159 (Patrimoine de l'humanité de l'Unesco). À voir absolument: la **Charola, l'église circulaire d'inspiration byzantine, du 12e siècle; le **chœur de style manuélin, caractérisé par une grande originalité formelle; le **cloître dos Filipes dans un élégant style Renaissance.

* **Nazaré** ⑲ Malgré la pression touristique – c'est une destination de vacances très prisée par les Portugais – cet ancien village de pêcheurs doté d'une large plage de sable a conservé beaucoup de son charme .

*** **Alcobaça** ⑳ Imposante abbaye cistercienne médiévale où vivaient jadis jusqu'à 999 moines. À voir absolument: **l'intérieur de l'église, qui impressionne par sa hauteur mais aussi par l'inattendue clarté qui y règne, est un joyau de l'architecture cistercienne; le **monastère proprement dit, avec un cloître gothique et manuélin, la *cuisine haute de 18 m et **l'église de style gothique primitif.

** **Óbidos** ㉑ Petite ville classée aux maisons joliment décorées et qui possède des remparts et un castelo offrant de belles vues vers le paysage environnant, riche en vignobles et en moulins à vent.

*** **Lisbonne** ㉒ Voir plan p. 239.

*** **Belém** ㉓ Faubourg à l'ouest de Lisbonne, sur les bords du Tage. À voir absolument : le gigantesque ***Mosteiro dos Jerónimos, un monastère construit par les meilleurs architectes du style manuélin, avec sa très belle **église et un ***cloître aux motifs décoratifs d'une très grande richesse; en face du monastère, le long du Tage: monument (20e siècle) dédié aux navigateurs de l'époque des grandes découvertes et mosaïque montrant une carte du monde avec les découvertes faites par les Portugais; la **Torre de Belém, une tour puissante de style manuélin, à l'entrée du port. Le monastère et la tour figurent sur la liste du patrimoine culturel de l'humanité établie par l'Unesco.

** **Sintra** ㉔ Près de Lisbonne, la

1 Porto est située sur la rive droite du Douro. Les rues étroites de la vieille ville grimpent en pente raide le long des collines. Le Ponte de Dom Luis I enjambe le fleuve: ce pont fut achevé en 1885.

2 Les fines arcades ouvragées du «cloître royal» de l'abbaye Santa María da Victória à Batalha portent la marque d'influences mauresques.

3 Óbidos, une ravissante cité miniature entièrement classée, se trouve au nord de Lisbonne. Du haut du mur d'enceinte, belle vue sur la mer.

*Les horizons sans limites de l'Alentejo, le grenier à blé du Portugal, entre le Tage et l'Algarve. La pittoresque petite cité de **Monsaraz**, ancienne place forte des Templiers, est l'un des joyaux de cette vieille région agricole. Du haut de cette colline fortifiée, le panorama est à couper le souffle.*

a été des siècles durant le séjour d'été des souverains portugais et se trouve classée par l'Unesco au patrimoine de l'humanité. À voir absolument: le palais royal ou **Paço Real, plusieurs fois transformé et agrandi, et les magnifiques azulejos dans les fontaines; la forteresse du Castelo dos Mouros; deux châteaux féeriques du 19e siècle, entourés d'un superbe parc: le **Palácio da Pena, construit par le prince allemand époux de la reine Maria II, et **Monserrate, où un magnat anglais de l'industrie entendit faire encore mieux que le prince en termes de beauté et de diversité de la construction.

Nature

Côte atlantique (5) Dans les environs de Lisbonne: la *Costa do Estoril, surnommée la Riviera portugaise en raison de sa situation protégée, avec des lieux de villégiature estivale et la distinguée station balnéaire d'Estoril; *Guincho, avec sa plage et ses dunes, est un paradis pour les surfeurs; *Cabo da Roca, constitue la pointe la plus occidentale du continent européen; *Peninha, où le rivage abrupt offre un panorama fabuleux.

*** Serra de Sintra** (6) Ce massif montagneux verdoyant où poussent des plantes du monde entier est un séjour de vacances traditionnel pour les habitants de Lisbonne.

Alentejo et Algarve

Alentejo, «l'autre côté du Tage»: c'est le nom que l'on a donné à cette vaste région méridionale, peu peuplée et qui était depuis toujours aux mains de grands propriétaires terriens. Malgré les expropriations qui ont suivi la révolution de 1974, la population est restée pauvre. Ce n'est pas le cas dans la plus importante destination de vacances du pays, la côte dorée de l'Algarve, où le climat méditerranéen permet de se baigner même en hiver.

Culture

**** Marvão** (25) Citadelle érigée à la frontière espagnole, sur les hauteurs de l'Alto Alentejo.

**** Castelo de Vide** (26) Petite ville ancienne à l'ouest de Marvao, qui bénéficie d'un site magnifique et possède des places et des recoins idylliques, ainsi que la plus ancienne synagogue du Portugal (13e siècle) et un superbe castelo offrant des vues panoramiques sur les hauteurs de la réserve naturelle de la Serra de São Mamede.

***** Évora** (27) La «perle de l'Alentejo», classée par l'Unesco patrimoine de l'humanité, était déjà une cité importante à l'époque des Romains et des Maures. À voir absolument: la *Casa Cordovil de style mauresque et manuélin, et la *fontaine Renaissance sur la belle place du *Largo das Portas de Moura; le *temple de Diane, de l'époque romaine; le monastère en gothique tardif de *Pousada dos Lóios; la *Praça do Giraldo, une place ornée d'arcades; la *Sé, l'imposante cathédrale médiévale romano-gothique et son cloître; l'église *São Francisco de style manuélin.

*** Vila Nova de Milfontes** (28) Agréable station balnéaire à l'embouchure du Rio Mira.

*** Lagos** (29) Autrefois le plus important port du sud du pays, cette ville fut le point de départ des premiers voyages des explorateurs portugais et, à partir de 1433, le centre du commerce des esclaves.

*** Silves** (30) Capitale des Maures dans l'Algarve jusqu'au 13e siècle, la ville possède un château, une cathédrale gothique et le seul musée portugais consacré à la période arabe.

*** Faro** (31) Centre de l'Algarve, avec sa pittoresque **vieille ville, la grand place * Largo da Sé et l'imposante **église des Carmes (18e siècle).

Nature

*** Presqu'île de Setúbal** (7) et son charmant rivage. À voir absolument: Cabo Espichel, un haut plateau rocheux avec un **panorama à couper le souffle; *Serra da Arrábida, une série de collines verdoyantes dévalant en forte pente dans la mer et qui constituent une réserve naturelle en partie inaccessible aux visiteurs.

*** Côte de l'Alentejo** (8) Au sud de l'embouchure du Rio Mira: de belles baies encore en grande partie tranquilles, surtout près de Zambujeira et d'Odeceixe.

*** Serra de Monchique** (9) L'arrière-pays montagneux de l'Algarve présente une végétation abondante.

**** Cabo de São Vicente** (10) Ce cap battu par les vents à la pointe sud-ouest du Portugal offre un panorama extraordinaire.

***** Algarve** (11) La côte méridionale du Portugal, longue de 200 km et inondée de soleil, était appelée du temps des Maures (jusqu'en 1250) Al-Gharb, «l'Occident». Le Barlavento, la région située à l'ouest de Faro, est caractérisé par de spectaculaires formations rocheuses et de nombreuses baies. À l'est, le Sotavento offre ses vastes plages de sable en pente douce. Les luxueuses installations de golf aménagées dans cette région constituent une autre attraction pour les nombreux vacanciers.

Madère

(32) (12) L'île, d'une superficie de 741 km^2, est la plus importante d'un archipel volcanique, en partie inhabité, situé dans l'océan Atlantique. Elle est devenue depuis quelques décennies une destination de vacances appréciée. Madère, qui constitue depuis 1976 une région autonome au sein du Portugal, bénéficie tout au long de l'année d'un climat agréable, de températures d'une douceur printanière et – surtout dans sa partie orientale – d'une riche végétation tropicale et subtropicale. La forêt primitive de **Laurisilva a été classée patrimoine naturel de l'humanité par l'Unesco. **Funchal, de loin la plus grande ville, enchante le visiteur, séduit par son parfum du sud et sa pittoresque architecture de l'ère coloniale . Les fermes traditionnelles aux toits de paille sont protégées. Vous en trouverez encore un grand nombre dans la partie septentrionale de l'île, rude et montagneuse. Les canaux qui irriguent les champs s'appellent des levadas: cet ancien réseau d'irrigation existe toujours et connaît même de nouvelles extensions.

Açores

(33) (13) Après avoir été découvertes par de hardis navigateurs portugais en 1432, les Açores – neuf petites îles loin dans l'océan Atlantique – constituèrent une étape importante dans la conquête du Nouveau Monde. La vocation touristique de l'archipel est récente. L'éloignement de l'archipel volcanique ajoute à son attrait, de même qu'il explique la richesse de la flore locale, qui compte 56 variétés qui ne poussent nulle part ailleurs. La vie dans les villages de pêcheurs et de paysans est simple et authentique. Même la capitale, Ponta Delgada, dont le centre mérite une visite, vit au rythme tranquille caractéristique de l'île. Le centre de la ville d' **Angra do Heroísmo, sur l'île de Terceira, a été inscrit au patrimoine de l'humanité par l'Unesco. Les fortifications de San Sebastian et San Juan Baptista sont vieilles de 400 ans et offrent d'excellents exemples de l'architecture militaire de l'époque.

La côte de l'Algarve, avec ses jolies baies et ses pittoresques formations rocheuses: la destination touristique la plus courue du Portugal.

N ATLANTIQUE
Côte nord de Galice
Golfe de Gascogne
Costa Verde
Costa de la Esmeralda
Cordillera Cantabrica
Cordillera Central
ESPAGNE
FRANCE
ANDORRE
Sierra Morena
La Mancha
Submeseta Sur
La Serena
Sierra de Gata
Trás os Montes
Beira Alta
Serra da Estrela
Médoc
Landes
Gascogne
Limousin
Auvergne
Pyrénées
Costa Brava
Costa Daurada
Costa del Azahar
Costa de València
Costa Blanca
Costa Cálida
Costa del Sol
Costa de
Golf de València
Îles Baléares
MER MÉDITERRANÉE
ALGÉRIE
ROC
Rif
La Coruña
Ferrol
Santiago de Compostela
Lugo
Ribadeo
Gijón
Oviedo
Llanes
Santillana del Mar
Santander
Parc national Picos de Europa
Parque de la Naturaleza Cabáceno
Castro-Urdiales
Bilbo / Bilbao
Donostia / San Sebastián
Santuario de Loyola
Gasteiz / Vitoria
Pamplona
Estella
Logroño
Olite
Sangüesa
Jaca
Parc national Ordesa y Monte Perdido
Castillo de Loarre
Huesca
Tudela
Ourense
Ponferrada
Astorga
León
Verín
Chaves
Route entre Bragance et Chaves
Bragança
Benavente
Pinhão
Lamego
Palencia
Burgos
Zamora
Valladolid
Aranda de Duero
R. Duero
Soria
R. Ebro
Zaragoza
Monzón
Lleida
Guarda
Salamanca
Medina del Campo
Coca
Segovia
Ciudad Rodrigo
Ávila
El Escorial
Sigüenza
Calatayud
Daroca
Madrid
Guadalajara
Plasencia
R. Tajo
Parc naturel de Monfragüe
Cáceres
Trujillo
Talavera de la Reina
Toledo
Aranjuez
Guadelupe
Parque Nacional de Cabañeros
Badajoz
Mérida
Guadiana
Zafra
Almadén
Ciudad Real
Parc national Tablas de Daimiel
Villarrobledo
Valdepeñas
Ciudad Encantada
Cuenca
Teruel
Montalbán
Alcañiz
Motilla del Palancar
Coves de Sant Josep
Sagunt
València
R. Júcar
Albacete
Almansa
Xàtiva
Gandia
Cap de la Nau
Parc naturel de Carrascar de la Font Roja
Guadalest
Benidorm
Elx/Elche
Alicante / Alacant
Murcia
Cartagena
Lorca
Caravaca de la Cruz
Huéscar
Sierras de Cazorla, Segura y las Villas
Baeza
Jaén
R. Guadalquivir
Córdoba
Andújar
Sevilla
Carmona
Jerez de la Frontera
Grazalema
Ronda
Antequera
Parc naturel de la Sierra de Grazalema
Marbella
Málaga
Granada
Guadix
Parque Nacional de Sierra Nevada
Trevélez
Las Alpujarras
Motril
Almería
Sierra de Alhamilla
Vera
Gibraltar (GB)
Ceuta (Espagne)
Tétouan
Al Hoceima
Melilla (Espagne)
Oran
Mostagenem
Ghazaouet
Sidi-Bel-Abbes
Santa Maria de Poblet
Figueres
Girona
Tossa de Mar
Barcelone
Sitges
Tarragona
Tortosa
Ebrodelta
Parc naturel de Prat de Cabanes-Torreblanca
Peñíscola
Castello de la Plana
La Seu d'Urgell
Vielha
Taüll
P. N. d'Aigüestortes i Estany de Sant Maurici
Rochefort
Limoges
Clermont-Ferrand
Périgueux
Brive-la-Gaillarde
Bordeaux
Garonne
Dordogne
Mont-de-Marsan
Bayonne
Montauban
Millau
Toulouse
Pau
Tarbes
Lourdes
St. Gaudens
Foix
Carcassonne
Narbonne
Perpignan
Cap de Formentor
Menorca
Ciutadella
Mahón
Valldemossa
Fornalutx
Palma de Mallorca
Mallorca
P.N. de Archipielago de Cabrera
Ibiza
Cala d'Hort
Eivissa
Sant Fransesc Xavier
Formentera
C.Finisterre
PORTUGAL
ESPAGNE
Barcelona
Madrid
Lisboa
Gibraltar
Rabat
MAROC
ALGÉRIE
OCÉAN ATLANTIQUE
Açores (Portugal)
Madère (Portugal)
Îles Canaries (Espagne)

Les rivages escarpés de Ligurie constituent un des plus beaux paysages naturels et culturels de la péninsule. Vue du site pittoresque de Vernazza, une des «Cinque Terre».

Italie et Malte

L'Italie est depuis toujours une destination de prédilection des touristes et des vacanciers. Mais l'image du pays a changé: il n'est plus synonyme de tourisme de masse sur les vastes plages de la côte Adriatique. L'Italie est aujourd'hui la terre d'élection des amateurs des plaisirs de la vie, que ce

La Fontaine de Trevi est la plus populaire des fontaines de Rome.

soit pour un bref séjour ou un long périple. Nulle part ailleurs en Europe, les témoins du passé ne sont aussi nombreux et aussi divers et nulle part ou presque vous n'aurez autant l'impression de vous sentir aussi bien. Les Italiens, habitués depuis des siècles à l'afflux des touristes, traitent leurs hôtes avec une amabilité sans égale. L'île de Malte constitue un État indépendant où les habitants conjuguent le tempérament méridional et les habitudes britanniques.

*À l'entrée du centre de la ville de **Vérone** se dressent deux monuments que vous ne pouvez pas manquer: le château fortifié de Castelvecchio (devenu un musée), avec le pont Scaliger, et la basilique de Saint-Zénon, connue pour être la plus importante construction de style roman de l'Italie septentrionale.*

Italie

Superficie:
Superficie totale 301 000 km², avec le Vatican 44 km², San Marino 61 km²
Côte: 7 122 km
Point culminant: Monte Bianco / Mont-Blanc (4 807 m)
Plus long cours d'eau: Po (682 km)
Plus grand lac: lac de Garde (390 km²)
Population: 57,3 millions d'habitants
Densité de population: 190 hab./km²
Régions: Trentin Haut Adige, Vénétie, Frioul-Vénétie Julienne, Lombardie, Piémont, Val d'Aoste, Ligurie, Emilie-Romagne, Toscane, Ombrie, Campanie, Marches, Abruzzes, Molise, Latium, Pouilles, Basilicate, Calabre, Sicile, Sardaigne
Capitale: Rome (2,7 millions d'habitants)
Fuseau horaire: CET

Adresses utiles

(B) *Office du tourisme d'Italie*
Avenue Louise, 76
1050 Bruxelles
Tél.: 02 647 11 54
Fax: 02 640 56 03

(FR) *Office du tourisme d'Italie*
Rue de la Paix, 23
75002 Paris
Tél.: 01 42 66 03 96
Fax: 01 47 42 19 74

Situation et paysage

La presqu'île italienne, en forme de botte, est caractérisée par trois grands paysages. Au nord s'élèvent les sommets impressionnants des Alpes, qui atteignent par endroits 4 000 mètres. Des collines en pente douce constituent la transition vers la plaine du Pô et son sol particulièrement fertile. Le sud de la plaine padane, jusqu'en Calabre, est dominé par les Apennins. Cette chaîne de montagnes, qui culmine à près de 2 000 mètres et que ne traversent que quelques rares voies de communication, partage le pays en deux: les zones côtières des mers Adriatique et Ionienne à l'est et celles de la mer Tyrrhénienne à l'ouest. Les deux plus grandes îles de la Méditerranée, la Sicile et la Sardaigne, ainsi que plusieurs îles plus petites, appartiennent également à l'Italie.

Trentin-Haut Adige

Ceux qui entrent en Italie par le col du Brenner et le Trentin-Haut Adige (également appelé «Sud-Tyrol») sentent bien qu'ils se dirigent vers le sud. Et pourtant, cette région de vacances populaire est encore entièrement dominée par les Alpes. Deux langues et cultures cohabitent ici en toute quiétude.

Culture

* **Brixen / Bressanone** ❶ Ancienne cité épiscopale. À voir absolument: le **cloître roman aux fresques cycliques des 14e-15e siècles; le *palais épiscopal de style Renaissance. À l'extérieur: le monastère de **Neustift, avec une bibliothèque rococo et une église baroque.
** **Monastère de Säben** ❷ Près de Klausen, loin au-dessus de la vallée de l'Isarco, s'élève un des premiers signes de culture chrétienne dans le Trentin-Haut Adige, avec d'intéressantes églises et une superbe vue.
Innichen / San Candido ❸ Lieu de vacances dans la vallée de la Puster, avec une **église conventuelle romane de haut rang.
** **Bozen / Bolzano** ❹ Chef-lieu de la province du Haut Adige. À voir absolument: la *ville intérieure et ses alignements de maisons médiévales, de belles galeries, le *Marché aux Fruits et la *cathédrale gothique tardive; au Musée archéologique du Trentin-Haut Adige, vous pourrez rencontrer «Ötzi» l'homme de glace originaire de l'âge de pierre et retrouvé dans un glacier.
** **Schloss Tirol** ❺ Château comtal au-dessus du cirque de Merano (Meran), un ensemble particulièrement fermé.
* **Meran / Merano** ❻ Lieu de cure dans le Val Venosta, au charme nostalgique. À voir absolument: l'**établissement thermal Jugendstil, les *galeries, le *Trappeiner Weg et ses plantes subtropicales.
** **St. Prokulus / San Procolo** ❼ Près de Naturns / Naturno, petite église avec des fresques cycliques uniques du 8e siècle.
** **Trente** ❽ Chef-lieu de la province du Trentin. À voir absolument: la **place du dôme avec le *dôme et le **Castello del Buonconsiglio, la résidence gothique, joliment agrandie à la Renaissance, des princes-évêques.
* **Riva** ❾ Lieu de vacances sur la pointe nord du lac de Garde, avec un magnifique *centre historique et le château de *Rocca.

Nature

*** **Dolomites** ❶ La partie italienne des Alpes calcaires méridionales, avec des formations rocheuses bizarres comme les **Trois Créneaux, de superbes hauts-plateaux comme les **Alpes de Siusi, des lacs de montagne idylliques comme le **lac de Carezza et une multitude de vallées étroites et pittoresques. Les sommets du glacier de la Marmolada atteignent jusqu'à 3 342 m. Une des plus belles routes qui traversent les Alpes est la **Grande Route des Dolomites, qui relie Bolzano à Cortina d'Ampezzo.
** **Stelvio** ❷ (2 757 m) Ce col alpestre comptant pas moins de 48 virages en épingle à cheveux situé au nord-ouest de l'Ortler a donné son nom au plus grand et plus ancien parc national du Trentin-Haut Adige.

Vénétie

Culturellement influencée par Venise, la ville-État autrefois si puissante, la région de Vénétie s'étend des Alpes calcaires méridionales à la mer Adriatique, en passant par la plaine du Pô. L'arrière-pays de Venise, appelé «Terraferma», est une des zones les plus fertiles d'Italie.

Culture

** **Verone** ❿ L'Opéra (inscrit au patrimoine mondial de l'Unesco) n'est pas le seul à valoir le détour. À voir absolument: les **arènes ro-

Un rêve d'alpiniste devenu réalité: les Drei Zinnen aux premières lueurs du jour.

Bassano di Grappa, la jolie région d'où provient la fameuse grappa.

Vicence est la ville de l'architecte de la Renaissance Andrea Palladio (1508–1580). Avec son Teatro Olimpico, Palladio a introduit la perspective en architecture et a véritablement révolutionné la conception des salles de théâtre. La Rotonda, au sud-est de la ville, est l'une de ses villas les plus connues.

maines; l'église gothique **Sainte-Anastasie (13e-15e siècle); le **dôme roman gothique; la basilique romane **Saint-Zénon; la forteresse de *Castelvecchio transformée en musée; la *Piazza delle Erbe.

La rive orientale du lac de Garde 11 *Malcesine, lieu de vacances plein d'ambiance sur le lac de Garde, dominé par le *château Scaligero (13e-14e siècles). *Torri del Benaco, petite ville portuaire sur la rive orientale du lac de Garde, avec le Castello Scaligero (14e siècle), aujourd'hui un musée. D'ici partent des excursions guidées vers le Monte Luppia et ses **peintures rupestres préhistoriques. Le **Parco Giardino Sigurta, au sud du lac de Garde, près de Valeggio sul Mincio, est un parc unique de 50 ha en style anglais; il englobe la villa Maffei (17e siècle).

* **Vicence** 12 Inscrite au patrimoine mondial de l'Unesco, ville de l'architecte Andrea Palladio (1508–1580). Il dessina la **basilique, le **Théâtre olympique, le *Corso Palladio, le *Palazzo Chiericati avec le *Museo Civico, ainsi que la *Villa Rotonda, un des ouvrages les plus importants de ce grand architecte de la Renaissance.

** **Padoue** 13 Une des plus vieilles villes universitaires d'Europe; le jardin botanique appartient au patrimoine mondial de l'Unesco. À voir absolument: la ***chapelle Arena, avec des fresques de Giotto; la **basilique Saint-Antoine (13e siècle), un lieu de pèlerinage fort prisé avec des *fresques gothiques et la *crypte de Saint-Antoine.

*** **Venise** 14 Voir plan page 255.

* **Canal de Brenta** 15 Canal datant de la fin du Moyen Âge, reliant Venise à Padoue, bordé de magnifiques résidences d'été vénitiennes, comme la *Villa Malcontenta, un ouvrage typique de Palladio, et la *Villa Pisani, le «Versailles de Vénétie».

** **Asolo** 16 La situation privilégiée entre les collines vertes et son centre harmonieux font de cette ville un endroit à visiter. À l'est, à Maser, se trouve la **Villa Barbaro, un magnifique édifice dessiné par Palladio.

** **Bassano del Grappa** 17 Le centre, joliment situé, de la production de grappa, sur la Brenta. À voir absolument: la *Loggia del Comune, le *Palazzo Sturm, avec le Musée de la Céramique, la *Piazza della Libertà, le *Ponte Vecchio.

Nature

** **Lac de Garde** 3 Le plus grand lac d'Italie est bordé sur les trois côtés par les contreforts des Alpes. Vers le sud, en direction de la plaine du Pô, la rive est moins abrupte. Un chemin de montagne longeant la rive occidentale, le «Gardesana occidentale» offre des

1 Sur le flanc occidental du massif de l'Ortler, la route du col du Stelvio ou Stilfser Joch a été ouverte en 1825: au fil de ses 48 virages parfois très serrés, elle grimpe jusqu'à 2 757 m. Vue grandiose sur l'Ortler (3 899 m), le Zebru (3 740 m) et la paroi glacée du Trafoi (3 563 m) depuis Altura Ferdinandea (Franzenshöhe) à 2 188 m d'altitude

2 Le Grand Canal, la «grand rue» de Venise, longue de plus de 3 800 m, et ses somptueux palais. La coupole de l'église baroque de Santa Maria della Salute attire irrésistiblement les regards. La construction de cette église répond à une promesse faite par les Vénitiens lors de l'épidémie de peste de 1630.

3 La beauté et la grandeur des arènes de Vérone sont presque sans égales parmi les autres amphithéâtres romains. Même si les pierres ont été utilisées au Moyen Âge pour construire d'autres édifice, et malgré les dommages très importants causés par le tremblement de terre de 1183, les dimensions de l'ensemble restent impressionnantes.

Les Dolomites

Les Dolomites, le massif sauvage de haute montagne qui s'étend de la vallée du Puster aux vallées de l'Eisack, de l'Etsch, de la Brenta et de la Piave, est l'une des régions les plus spectaculaires de la chaîne des Alpes.

Les Dolomites sont aussi surnommées le «royaume des montagnes pâles», et ce n'est pas par hasard qu'il court sur elles bien des légendes. Le massif a quelque chose de mystérieux. Ces rocs calcaires semblent baignés d'une clarté lunaire même en plein soleil. L'explication géologique à l'origine de la naissance de ce «matériau de construction» est presque aussi poétique: il y a quelque 200 millions d'années, pendant la première période du Mésozoïque, les coraux des eaux chaudes de la mer primitive de Thétis ont formé des récifs et des atolls et les coquillages et squelettes d'innombrables animaux marins se sont transformés en couches calcaires de couleur blanche. L'activité volcanique a généré des masses de lave et de cendres et ensuite, il y a «seulement» 70 millions d'années, a débuté la période de plissement d'où ont finalement surgi les Dolomites.

Grande photo de gauche: les Tours du Vaiolet font partie du Jardin des Roses, un «jardin de pierre», domaine du légendaire roi Laurin. Elles ont toutes quelque 2 800 m d'altitude et leur escalade est difficile.

1 C'est entre le massif du Latemar (photo) et le Jardin des Roses que passe la frontière linguistique entre l'allemand et le ladin.

2 Le Val Villnoss qui s'étend sur 25 km à l'est de Klausen (Chiusa) est en toute saison une destination de vacances très appréciée. Sur la photo : Sainte-Magdalena.

3 L'automne dans les Dolomites est peut-être la plus belle saison. Il faut profiter pleinement de ces jours «dorés» pour se promener par exemple dans le plus vaste alpage d'Europe, le Seiser Alm sous le Schlern.

4 Solitaire et majestueux ,le Langkofel s'élève à 3 181 m d'altitude. Le Langkofelhut culmine à 2 252 m. Ils sont accessibles à pied en 4 heures depuis le val Grödner.

5 Dans le village de vacances de Kollfuschg, au pied de la Sella, la haute saison dure toute l'année. Une randonnée autour de l'imposant massif montagneux constitue une expérience à ne pas manquer, aussi bien à pied que sur des skis.

1

2

3

4

5

Le lac de Garde

Depuis les années 50, le lac de Garde constitue une destination de vacances très populaire auprès de ceux qui veulent goûter à une ambiance méditerranéenne dès l'Italie du Nord.

Le lac de Garde est un lac datant de la période glaciaire, alimenté par les très nombreuses rivières de montagne dont les eaux s'y jettent lors de la fonte des neiges. En dépit de la pression inévitablement importante qui s'exerce sur la qualité de l'eau, le lac est resté un habitat unique pour les oiseaux, les poissons et les reptiles. Et cela malgré les innombrables touristes qui depuis des décennies se détendent sur les rives du lac. Mais ce lac d'Italie septentrionale n'est pas seulement un paradis pour les amateurs de sports nautiques, qu'ils soient surfeurs ou plaisanciers: une des plus belles routes panoramiques d'Europe, la Gardesana occidentale, suit un parcours sinueux le long de la rive occidentale du lac et offre à presque chaque tournant des panoramas fascinants. Et les vieux villages pleins de charme contribuent harmonieusement à ce paysage pittoresque.

1 Le charme de la Méditerranée: Malcesine avec ses terrasses, le centre et ses ruelles sinueuses et la vue sur le lac.

2 La romantique petite cité de Sirmione enthousiasmait déjà le poète latin Catulle, il y a bien des siècles.

3 Malcesine, petit port au pied de la réserve naturelle du Monte Baldo, attire chaque année de nombreux surfeurs et adeptes de la voile.

4 Garda, avec son Lungolago, la charmante artère au bord de l'eau, était jadis une des plus importantes cités bordant le lac.

5 Riva del Garda: la belle promenade au bord du lac incite à la flânerie.

6 Torri del Benaco, avec son port pittoresque et ses boutiques de luxe, est un des hauts lieux de la vie mondaine au bord du lac.

7 Le château des Scaliger, entièrement entouré par les eaux, est l'un des sites les plus fréquemment photographiés de la région du lac de Garde.

8 Torbole constitue une destination de vacances très prisée grâce à la beauté du site, une baie de la pointe nord du lac, entre la vallée de la Sarca et les contreforts septentrionaux du Monte Baldo.

Milan, qui est depuis le Moyen Âge une des plus importantes villes d'Italie, a toujours aimé étaler sa richesse . Dans l'environnement luxueux de la Galleria Vittorio Emanuele, une construction du 19e siècle tout en acier et en verre, les cafés chic et les boutiques de luxe se succèdent.

vues exceptionnelles. Trois régions bordent le lac de Garde: le Trentin-Haut Adige (nord), la Vénétie (est) et la Lombardie (ouest).

* **Monte Grappa** ④ (1 775 m) Dans le Frioul, région montagneuse offrant de beaux panoramas, entouré de sentiers.

Frioul-Vénétie Julienne

Dans le nord-est de l'Italie, à la frontière avec l'Autriche et la Slovénie, la région Frioul-Vénétie Julienne s'étend des Alpes carniques aux basses terres de la côte adriatique. Les touristes de passage oublient souvent que cette région possède de grands trésors culturels et offre une nature exceptionnelle.

Culture

* **Udine** ⑱ Sympathique ville campagnarde au passé vénitien. À voir absolument: la *Piazza della Liberta; la *Loggia del Lionello vénitienne; le *palais de l'archévêque avec des **fresques de Tiepolo; le château avec sa *collection de peintures.

* **Cividale del Friuli** ⑲ Jadis la résidence des ducs longobards, le *Tempietto Longobardo (8e-9e siècles) décoré de fresques, y ferait référence. Vous trouverez des objets et œuvres d'art de cette période au *Museo Archeologico et au *Museo Cristiano dans la cathédrale.

** **Triestre** ⑳ Le plus grand port sur la mer Adriatique. À voir absolument: le *théâtre romain; le quartier de *Borgo Teresiano et ses rues droites; la *Piazza della Borsa classique; la cathédrale *Saint-Juste, perchée sur les hauteurs, le symbole de la ville; le **Palazzo Revoltella et son musée d'Art contemporain.

** **Aquileia** ㉑ Ville historiquement importante dans l'arrière-pays de la Laguna di Marano. La *basilique romaine est inscrite au patrimoine mondial de l'Unesco, avec les plus grandes **mosaïques antiques du monde occidental; le *Museo Archeologico.

Nature

* **La lagune de Grado** ⑤ De nombreuses espèces d'oiseaux s'y reproduisent. La région côtière, caractérisée par les îles, dunes et bancs de sable, est très attrayante aux yeux des baigneurs.

Lombardie

Au carrefour entre le nord et le sud, là où les Alpes rencontrent la plaine du Pô, se trouve la Lombardie: une région urbanisée offrant des trésors artistiques d'une valeur inestimables et la beauté naturelle des lacs d'Italie du nord.

Culture

** **Mantoue** ㉒ Superbe ville de style Renaissance. À voir absolument: le *Palazzo Ducale, le gigantesque palais des Gonzague, avec la magnifique ***chambre à coucher princière; la **Piazza delle Erbe; l'**église Saint-André, un chef-d'œuvre du début de la Renaissance; le château d'agrément **Palazzo del Te. Près de Mantoue se trouve **Sabbionetta, la "ville idéale" de la Renaissance, conçue sur la table à dessin.

* **Crémone** ㉓ Une ville commerçant importante depuis l'Antiquité. À voir absolument: la **Piazza del Comune, un haut lieu urbanistique d'Italie du nord; le **dôme avec le plus haut campanile d'Italie et son *baptistère (1167).

** **Sirmione** ㉔ Sur une étroite bande de terre, dans la partie méridionale du lac de Garde, célèbre pour sa flore méditerranéenne. À voir absolument: les **grottes de Catulle, les restes d'une villa romaine; le *château entouré d'eau datant de la fin du Moyen Âge, parfaitement conservé.

La rive occidentale du lac de Garde ㉕ **Salo, le point le plus chaud du lac de Garde, avec un centre d'inspiration vénitienne et un **dôme de style gothique tardif. L'église de pèlerinage *Madonna di Monte Castello, joliment située au-dessus de la rive occidentale du lac. **Molina di Ledro, village préhistorique sur pilotis sur le lac de Ledro, partiellement reconstruit, avec un musée.

* **Brescia** ㉖ Ville industrielle avec un centre historique. À voir absolument: la **Piazza del Duomo avec le dôme baroque et la **Rotonda romane; la **Piazza della Loggia vénitienne; le temple antique du *Capitolino et son musée romain.

** **Bergame** ㉗ Ville médiévale entièrement entourée de murs. À voir absolument: l'**Accademia Carrara avec des chefs-d'œuvre de l'art italien; la **Piazza Vecchia, l'**église Sainte-Marie Majeure (12e siècle); la **Cappella Colleoni et sa façade en marbre richement découpée.

** **Bellagio** ㉘ Le plus bel endroit sur le lac de Côme, avec un centre impressionnant et de jolis parcs.

** **Côme** ㉙ Sur le lac du même nom. À voir absolument: le **dôme gothique richement décoré, l'**église romane Saint-Abonde et ses fresques cycliques.

*** **Milan** ㉚ Voir plan en pp. 258 et 259.

Castelseprio ㉛ Au nord-ouest de Milan; seules quelques ruines et l'**église paléochrétienne Santa Maria foris portas rappellent le passé grandiose des Longobards.

*** **Certosa di Pavia** ㉜ À l'extérieur de Pavie, monastère chartreux conçu à l'origine pour servir de cimetière aux Visconti, le bâtiment le plus luxueux de la fin de la Renaissance italienne, avec une **façade féerique.

** **Pavie** ㉝ Ville historiquement importante. À voir absolument: le **Castello Visconteo, citadelle datant de la fin du Moyen Âge; l'**église Saint-Michel (7e siècle), une des plus vieilles d'Europe; l'**église Saint-Pierre au Ciel d'Or, avec les tombeaux du philosophe romain Boèce, d'Augustin, le père de l'Église, et du roi longobard Liutprand; l'**université, une des plus vieilles d'Italie, transformée ultérieurement en style classique.

Nature

** **Lac de Côme** ⑥ Le lac le plus profond d'Europe (jusqu'à 410 m), enclavé entre les contreforts des Alpes, avec de superbes rives.

** **Monte Isola** ⑦ Sur le lac d'Iseo, la plus grande île des lacs d'Italie du Nord, un endroit idyllique avec une montagne de près de 600 mètres, des bois de châtaigniers et des oliviers.

Piémont et Vallée d'Aoste

La partie occidentale de l'Italie du Nord est une région pleine de contrastes: vous y trouverez les sommets majestueux du massif du Mont-Blanc et le superbe paysage de montagne de la Vallée d'Aoste, mais aussi la plaine du Pô, dans laquelle les villes et les vieux monuments culturels brisent la monotonie.

Culture

** **Aoste** ㉞ Ville fondée par les Romains. À voir absolument: l'*arc de triomphe d'Auguste; le *théâtre antique; le **monastère gothique tardif Saints-Pierre-et-Orse, avec des **fresques d'inspiration byzantine et un **cloître charmant.

** **Turin** ㉟ Centre économique sur le Pô, avec un centre-ville très homogène construit entre le 17e et le 19e siècle, caractérisé par le modèle strict des rues droites. À voir absolument: le symbole de Turin, la **Mole Antonelliana (19e siècle), une tour à coupole de 170 m; la Piazza Castello et le monumental **Palazzo Madama, inscrit au patrimoine mondial de l'Unesco (comme toutes les résidences des Savoie dans la région); la *cathédrale Renaissance Saint-Jean-Baptiste, avec la **chapelle baroque du Saint-Suaire, dont la construction compliquée de la voûte devint par après l'étalon; le **Museo Egizio avec la plus grande collection d'art égyptien d'Europe; la *Porta Palatina romaine.

* **Vercelli** ㊱ Centre de la production de riz en Italie, avec l'**église Saint-André: l'édifice roman abrite le plus vieil intérieur gothique d'Italie.

** **Saluzzo** ㊲ Ville avec de nombreuses tours, au pied du massif du Monviso. À voir absolument:

Le château de Miramar se dresse fièrement sur une hauteur dominant le golfe de Trieste.

Grado, station balnéaire au riche passé, se trouve sur une île de la lagune, reliée par une route au continent.

Venise

Une visite à Venise, la vieille cité de la lagune, constitue toujours et en toute saison une expérience inoubliable.

Si l'on fuit la cohue des milliers d'autres touristes qui se pressent dans les rues étroites des alentours de la place Saint-Marc, on ne peut qu'être enthousiasmé par Venise (inscrite au patrimoine de l'humanité par l'Unesco), car cette ville dans la mer est d'une beauté proprement fascinante. Ce qui fait l'attrait unique de Venise – jadis puissance maritime dominant la Méditerranée orientale – c'est notamment le mélange des éléments byzantins, arabes et gothiques qui a donné naissance à une architecture médiévale tout à fait spécifique.

Àvoir absolument: la ***place Saint-Marc, qui est le centre de la ville depuis 1 000 ans déjà; la ***basilique Saint-Marc, à la riche décoration d'inspiration orientale (11e siècle); le **palais des Doges, le joyau du gothique vénitien, le ***Grand Canal avec le pont du *Rialto; l'église **Santa Maria Gloriosa dei Frari, la **Scuola Grande di San Rocco, la **Galleria dell'Accademia et sa collection unique de peinture vénitienne du 14e au 18e siècle; on ne peut également que conseiller la visite aux îles de *Murano, *Burano et *Torcello.

Le Grand Canal parcourt la ville en décrivant un grand S.

Le Palais des Doges, le soir.

L'île S. Giorgio Maggiore.

TAXI BOAT

Venise

La cité lacustre de Venise est située sur 118 îlots reliés entre eux par 118 ponts. La ville s'enfonce lentement dans les eaux et ses 600 édifices historiques sont menacés.

La place Saint-Marc représente le cœur de Venise, avec la basilique Saint-Marc, construite du 9e au 16e siècle, la Torre dell'Orologio, avec son horloge astronomique, construite en 1499, et le palais des Doges, dont l'extérieur, sous son apparence actuelle, date des 14e et 15e siècles. Le Grand Canal suit à travers la ville un parcours sinueux de 3 800 m de long. Les canaux sont bordés de nombreux palais ou églises, comme la Ca'd'Oro («maison d'or», de style gothique), surnommée ainsi en raison de sa façade dorée. Le pont du Rialto, achevé en 1591, est supporté par une un arc unique de marbre (48 m) et abrite une série de boutiques. Le canal se termine à hauteur de la coupole qui couronne l'église baroque de Santa Maria della Salute qui abrite des œuvres du Titien et du Tintoret. Parmi les autres églises importantes, citons Santi Giovanni e Paolo avec les tombeaux des doges, et l'église des Frari qui abrite une œuvre célèbre du Titien, «l'Assomption».

Grande photo de gauche: lors de l'épidémie de peste de 1630, les Vénitiens firent le vœu d'édifier l'église de Santa Maria della Salute.

1

2

3

4

5

1 Le campanile du 10e siècle domine la place Saint-Marc. Le clocher s'est effondré en 1902; il fut reconstruit à l'identique en 1912.

2 Le Grand Canal, long de 3 800 m, constitue la principale voie de circulation à Venise. Il commence près de la Piazzale Roma et débouche sur le Canale di San Marco.

3 La place Saint-Marc mesure 175 m de long et 82 m de large; elle est pavée de dalles de marbre: à gauche, les Procuratie Vecchie et la Torre dell'Orologio; au centre, la basilique Saint-Marc et le campanile; à droite, les Procuratie Nuove.

4 Le pont du Rialto est l'un des trois ponts jetés sur le Grand Canal. Il a été construit de 1588 à 1591 pour remplacer une construction en bois.

5 Même si on ne compte plus qu'environ 400 gondoliers, les gondoles noires font toujours bien partie de l'image de la ville. L'île de San Giorgio Maggiore et le monastère qu'elle abrite peuvent être atteints en gondole ou en prenant le vaporetto.

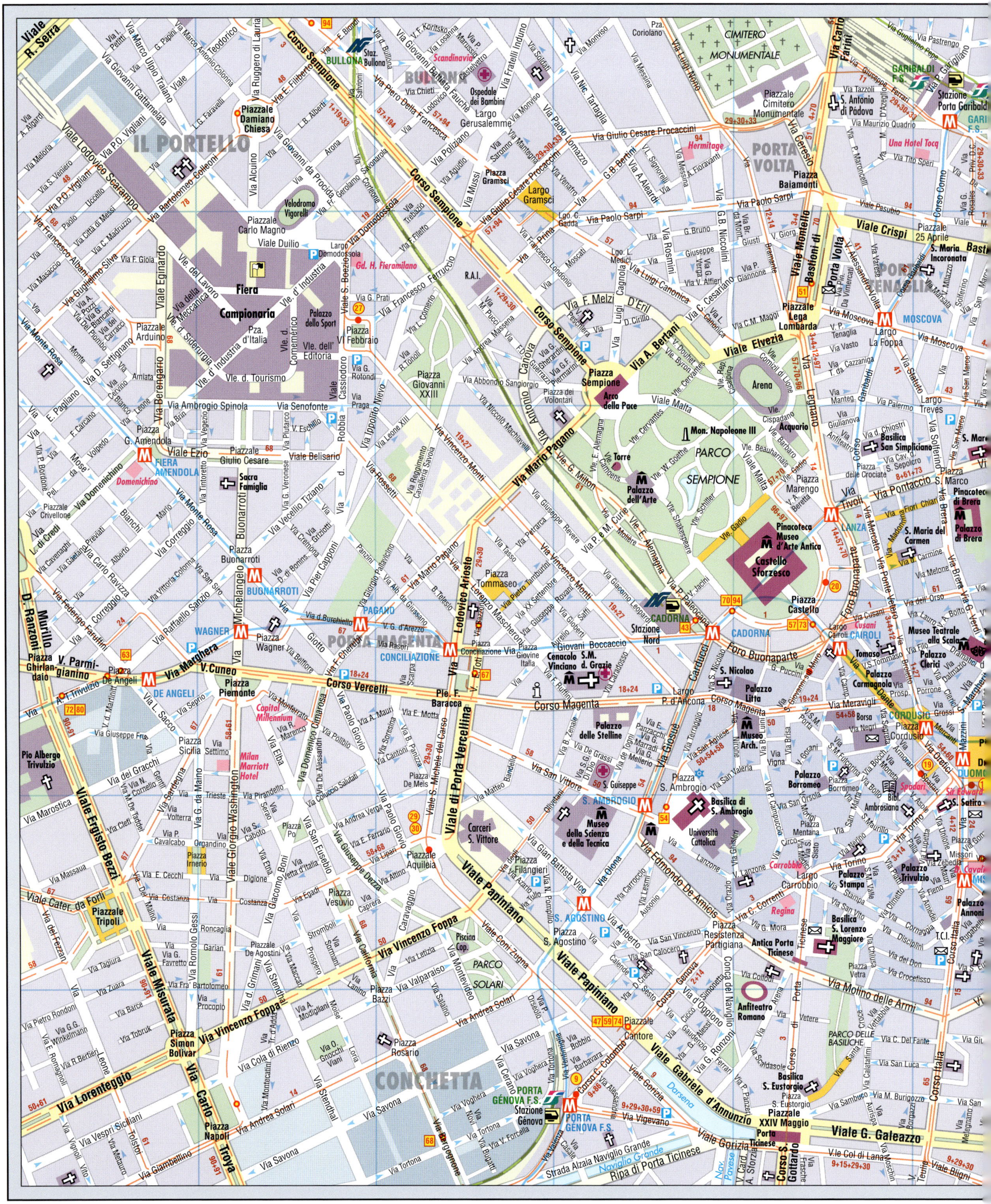
IL PORTELLO
Fiera Campionaria
Piazzale Carlo Magno
Velodromo Vigorelli
Corso Sempione
BULLONA
CIMITERO MONUMENTALE
Piazzale Cimitero Monumentale
PORTA VOLTA
Piazza Baiamonti
Viale Crispi
PORTA GARIBALDI
Stazione Porta Garibaldi
MOSCOVA
Piazza Sempione
Arco della Pace
Arena
PARCO SEMPIONE
Mon. Napoleone III
Torre
Palazzo dell'Arte
Acquario
Castello Sforzesco
Piazza Castello
Pinacoteca di Brera
Palazzo di Brera
Piazza Giovanni XXIII
Via Mario Pagano
Via Vincenzo Monti
Piazza Tommaseo
CADORNA
Stazione Nord
Foro Buonaparte
CAIROLI
Corso Magenta
Largo P.d'Ancona
S. Maria delle Grazie
Cenacolo Vinciano
Palazzo delle Stelline
Museo Arch.
Palazzo Litta
CORDUSIO
Piazza Cordusio
Corso Vercelli
Piazza Piemonte
DE ANGELI
WAGNER
Piazza Wagner
PAGANO
CONCILIAZIONE
PORTA MAGENTA
BUONARROTI
Piazza Buonarroti
FIERA AMENDOLA
Piazza G. Amendola
Piazzale Giulio Cesare
Sacra Famiglia
Via Monte Rosa
Viale Murillo
Piazza Ghirlandaio
Pio Albergo Trivulzio
Viale Ergisto Bezzi
Piazzale Tripoli
Viale Misurata
Piazza Simon Bolivar
Via Lorenteggio
Viale Carlo Troya
Piazza Napoli
Via Vincenzo Foppa
Viale di Porta Vercellina
Viale Papiniano
Carceri S. Vittore
Piazza Sicilia
S. AMBROGIO
Basilica di S. Ambrogio
Università Cattolica
Museo della Scienza e della Tecnica
S. AGOSTINO
Piazza S. Agostino
Parco Solari
CONCHETTA
PORTA GENOVA F.S.
Stazione Genova
Naviglio Grande
Darsena
Viale Gabriele d'Annunzio
Piazza XXIV Maggio
Porta Ticinese
Corso S. Gottardo
Viale G. Galeazzo
Corso Italia
Basilica S. Eustorgio
Anfiteatro Romano
Antica Porta Ticinese
Basilica S. Lorenzo Maggiore
Parco delle Basiliche
Via Molino delle Armi
Carrobbio
Largo Carrobbio
Palazzo Borromeo
Bibl. Ambrosiana
Palazzo Trivulzio
Palazzo Annoni
Museo Teatrale alla Scala
Palazzo Clerici
Palazzo Carmagnola
Basilica San Simpliciano
Piazza Marengo
LANZA
Largo Cairoli
Piazzale Baracca
Corso Garibaldi
Corso Como
Piazzale 25 Aprile
Largo La Foppa
Arena
Viale Elvezia
Via Paolo Sarpi
Largo Gramsci
Piazza Gramsci
Largo Gerusalemme
Ospedale dei Bambini
Piazzale Damiano Chiesa
Viale Certosa
Viale R. Serra
Via Lodovico Scarampo
Via Giovanni Gattamelata
Via Ripa di Porta Ticinese
Strada Alzaia Naviglio Grande

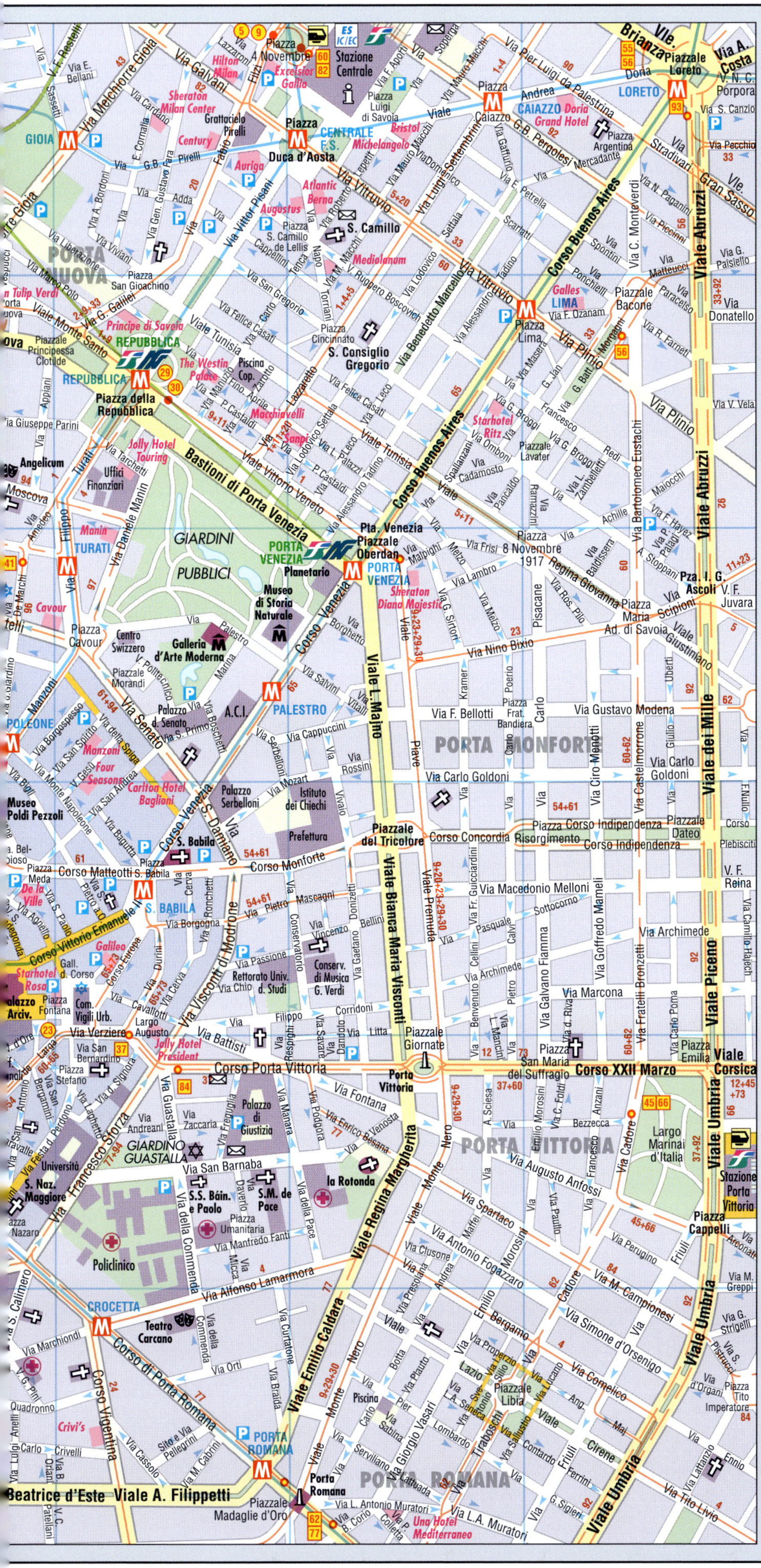

Milan

La métropole de l'Italie septentrionale est une ville très animée qui possède aussi un beau patrimoine historique.

Milan est à la fois un important centre économique, une ville tournée vers l'avenir et une cité au riche passé. Sa première période florissante remonte au 11e siècle, lorsque le goût du travail et l'esprit commercial de ses habitants apportèrent croissance et prospérité. Milan joua un rôle moteur dans la Ligue des villes lombardes. Sous les ducs Visconti puis Sforza, la ville devint un centre d'art et de culture de grand rayonnement. Cet âge d'or prit fin en 1500, lorsque le roi de France mit fin à l'indépendance de la ville.

À voir absolument: la ***cathédrale, un gigantesque édifice de marbre dont la construction s'étendit sur des siècles: la vue depuis les terrasses du toit (accessibles en ascenseur) est magnifique; l'église **Santa Maria delle Grazie avec la *** «Cène» de Léonard de Vinci, mondialement célèbre (inscrite au patrimoine de l'humanité par l'Unesco), qui, après une restauration approfondie, est de nouveau visible; le **Castello Sforzesco (15e siècle), le château crénelé des Sforza qui abrite différents musées; autour de la place très animée jouxtant la cathédrale: l'idyllique *Piazza dei Mercati, centre commercial de la ville au Moyen Age, et la *Galleria Vittorio Emanuele, un gigantesque temple de la consommation tout en verre et acier (19e siècle); les magnifiques collections de peinture italienne du **Museo Poldi-Pezzoli, de la **pinacothèque du Brera, de **la pinacothèque ambrosienne; les plus anciennes églises de la ville: **Sant'Ambrogio, d'origine lombarde avec un campanile du 9e siècle, **San Lorenzo Maggiore, qui contient encore quelques éléments datant de la fin de l'Antiquité tardive.

La Galleria Vittorio Emanuele, au luxe éblouissant.

La Scala, l'opéra de Milan, célèbre dans le monde entier.

La façade de la cathédrale est richement décorée.

*Cité tranquille, **Ferrare** a été gouvernée pendant des siècles par la famille d'Este. En dehors du Castello Estense, ou Château d'Este, le Palais communal, où l'on admirera un bel escalier extérieur et qui fut aussi résidence ducale rappelle également le souvenir de cette puissante et noble famille. La cathédrale, avec sa façade triple, mérite aussi une visite.*

l'*église Saint-Jean (13e et 15e siècle), avec un **intérieur particulièrement joli; le palais Renaissance de *Casa Cavassa. Dans les environs: l'*abbaye cistercienne de Staffarda et **Manta, une petite ville de rêve avec son château Renaissance dont la **salle des fêtes est décoré d'une remarquable fresque cyclique.

Nature

**** Vallée d'Aoste** 8 Paysage alpestre sauvage et romantique à la frontière avec la France, avec des vallées étroites, des montagnes aux flancs abrupts et des rivières fougueuses. Le village le plus élevé est Courmayeur, au pied du Mont-Blanc. Cette station de ski et d'alpinisme fort prisée est aussi le lieu d'arrivée du chemin de randonnée Alta Via 1.

**** Vallée de Gressoney** 9 Massif joliment situé, sur arrière-fond de mont Rose, avec des bois de châtaigniers, des vignes et des prairies vertes.

**** Lac Majeur** 10 Lac offrant une vue sur les Alpes suisses, célèbre pour son paysage et sa flore subtropicale. L'**Isola Bella a été chantée à d'innombrables reprises.

Ligurie

À peine une bande côtière étroite au nord de la mer Ligurienne et pourtant une des destinations de vacances les plus courues d'Italie: telle est la Ligurie, la région qui s'étende de la Riviera italienne à l'ouest aux falaises à pic des Cinque Terre à l'est, en passant par la ville portuaire de Gênes.

Culture

*** San Remo** 38 Ville fleurie sur la Riviera. Quelques villas Art nouveau et le casino clinquant rappellent encore les débuts du tourisme. Plus vers l'ouest, sur le Capo Mortola près de Vintimille, le **Giardino Hanbury, un jardin botanique incroyablement riche, bénéficiant d'un accompagnement scientifique. Vers le nord-est: **Taggia, une jolie ville de montagne. À voir absolument: le **monastère dominicain (15e siècle) avec des peintures remarquables du début de la Renaissance.

*** Albenga** 39 Station balnéaire sur la Riviera, avec un centre historique. À voir absolument: le **baptistère paléochrétien; le dôme roman; les tours des familles. À l'ouest, le village modèle ligurien de *Cervo, juché loin au-dessus de la côte, avec des maisons de couleurs vives et une *église baroque.

***** Gênes** 40 Le plus grand port d'Italie fut fondé par les Ligures. À voir absolument: la **cathédrale Saint-Laurent (12e siècle) et sa façade en marbre; le *port (balades en bateau) avec le nouvel **aquarium, le plus grand d'Europe; la **Via Garibaldi et ses magnifiques palais Renaissance; l'*église dominicaine Santa Maria di Castello (12e siècle) avec son cloître idyllique et une vue imprenable sur le port; le *Palazzo San Giorgio (13e siècle) et l'église baroque Saint-Ambroise.

*** Portofino** 41 La plus célèbre station balnéaire de la côte ligurienne a conservé le charme du village de pêcheurs.

*** Portovenere** 42 Patrimoine mondiale de l'Unesco, fortifications médiévales de Gênes. À voir absolument: l'*église romane Saint-Laurent; la petite église Saint-Pierre (1250), située sur un cap.

******
Saint-Marin 48

Ce minuscule État indépendant de 25 000 habitants occupe un site admirable sur les pentes escarpées du Monte Titano (749 m). Les nombreux visiteurs de la plus petite république du monde apprécient l'ambiance très vivante de la cité, ses murailles médiévales et son fabuleux panorama.

Nature

*** Massif de Pietravecchia-Torragio** 11 (2 038 m) Paysage montagneux partiellement dégarni et partiellement luxuriant, avec de nombreuses grottes et le *chemin des chasseurs alpins taillé dans la roche; superbes panoramas.

*** Monte Beigua** 12 (1 287 m) Massif montagneux intégré dans une réserve naturelle sur la côte, près de Varazze, offrant une vue exceptionnelle jusqu'au mont Rose.

*** Alta Via dei Monti Liguri** 13 Chemin de randonée de 440 km traversant les montagnes de Ligurie, de Vintimille à La Spezia.

**** Cinque Terre** 14 Falaises abruptes parsemées de villages creusés dans la roche et difficilement accessibles, voire totalement inaccessibles, en voiture. Les Cinque Terre sont un véritable paradis pour

Un paysage d'une grande séduction, où montagnes et flore subtropicale se conjuguent, entoure le lac Majeur.

La basilique San Vitale à Ravenne remonte à 548.

La cathédrale romane est l'édifice le plus imposant du centre de Modène.

*Aux 5e et 6e siècles, **Ravenne**, port important dans l'Antiquité et l'un des plus anciens évêchés d'Italie, a connu son âge d'or: les édifices paléochrétiens et byzantins dus aux talents des architectes et des mosaïstes de cette époque n'ont pas d'équivalent au monde.*

les promeneurs. Patrimoine mondial de l'Unesco.
* **Isola Palmaria** (15) Îlot rocheux accessible en bateau depuis Portovenere, avec des grottes et des vestiges d'habitations datant de l'âge de pierre:

Émilie-Romagne

L'Émilie-Romagne forme un triangle limité au nord par le Pô, au sud par les Apennins et à l'est par 120 km de plages sur la côte adriatique, le centre touristique de cette région. Pour le reste, la population n'étale pas trop la beauté de ses villes et paysages.

Culture

** **Parme** (43) Ville enjouée comptant des bâtiments historiques remarquables. À voir absolument: la **place du dôme médiévale; le **dôme roman avec des sculptures expressives dans le **portail principal; le **baptistère (13e siècle) et ses **fresques colorées. Au nord-ouest de Parme: *Fontanellato, château d'eau situé dans la plaine, un des ouvrages les plus réussis de la région. Entre Parme et Plaisance: **Castell'Arquato, ville médiévale fortifiée au-dessus de la vallée de l'Arda, dans les contreforts des Apennins.
* **Modène** (44) Ville commerçante moderne avec un centre historique. patrimoine mondial de l'Unesco: la **Piazza Grande, depuis le Moyen Âge le centre de la ville; la *Torre Civica et le **dôme roman.
** **Bologne** (45) La ville aux arcades kilométriques, siège de la plus vieille université du monde. La ville est également connue pour ses plaisirs de la table, qui ne se limitent pas aux spaghettis bolognaise. À voir absolument: la **basilica dé San Petronio, la **Piazza Maggiore, la *Pinacothèque nationale.
** **Ferrare** (46) Cette ville datant de la Renaissance est inscrite au patrimoine mondial de l'Unesco. À voir absolument: le **Palazzo Schifanoia (14e-15e siècles); le *dôme roman; le *Castello Estense, la citadelle entourée de douves; le *Getto Ebraico, le quartier juif médiéval.
*** **Ravenne** (47) Ville industrielle au riche passé. À voir absolument: le ***Sant' Apollinare Nuovo (5e siècle), l'église du palais de Théodoric, roi des Ostrogoths, avec les mosaïques partiellement byzantines; l'***église Saint-Vital (consacrée en 548), une perle de l'architecture paléochrétienne, avec les mosaïques mondialement célèbres; le **baptistère néonien (vers 400), de forme octogonale, richement décoré avec des mosaïques, des statues et des incrustations de marbre; dans le Museo Arcivescovile: la **chaire de vérité de l'archévêque Maximilien (6e siècle), un des plus grands objets en ivoire travaillé d'Europe; le **mausolée de Galla Placidia (5e siècle) et son exceptionnel "ciel de mosaïques"; le **mausolée monumental de Théodoric. En dehors de la ville: ***Sant'Apollinare in Classe, une basilique (6e siècle) présentant des

1 La côte ligure, entre Portovenere (photo) et les Cinque Terre, a été inscrite par l'Unesco sur la liste du patrimoine de l'humanité.

2 Les Cinque Terre fascinent surtout par l'originalité des villages dont l'implantation est parfois très surprenante.

3 Les premiers peintres s'installèrent à Riomaggiore, dans les Cinque Terre, aux environs de 1850.

4 La haute saison à Portofino est particulièrement animée.

*La **Maremme**, fut, jusqu'aux travaux d'assèchement du 19e siècle, une vaste région marécageuse infestée par la malaria. C'est aujourd'hui une des zones écologiques les plus intéressantes d'Italie. Les trois parcs naturels offrent un moyen idéal de partir à la découverte de la faune et la flore très particulières de la Maremme.*

***mosaïques colorées.

* **Rimini** 49 Centre touristique par excellence. Et pourtant, 2 300 ans d'histoire ont laissé des traces intéressantes: le palais Renaissance du **Tempio Malatestiano; des édifices romains et de belles façades dans le centre.

Nature

** **Réserve naturelle du delta du Pô** 16 De la nature authentique au milieu d'une zone fortement cultivée. Le Parco del Delta englobe un domaine de bois et de marais de 1 048 ha avec des plantes et des oiseaux rares. Les points de départ sont les villages d'Argenta et de Comacchio.

Toscane et Ombrie

La Toscane est devenue le symbole de la vie à l'italienne: une culture citadine avec une longue tradition dans un paysage de collines baigné par le soleil, avec des cyprès et des vignes. Au sud se trouve l'Ombrie plus montagneuse et plus authentique.

Culture

*** **Florence** 50 Voir plan page 267.

** **Parme** 51 Centre historique avec des murailles bien conservées. À voir absolument: le **dôme (13e siècle), avec des statues de grande valeur; l'*église Notre-Dame des Prisons, un exemple intéressant du début de la Renaissance; le château impérial des Hohenstaufen (13e siècle), le seul d'Italie centrale.

* **Pistoia** 52 Avec les belles églises romanes **Saint-André et **Saint-Jean hors les Murs.

** **Lucques** 53 Ville toscane au charme nostalgique. À voir absolument: la superbe façade découpée du **dôme roman et de l'*église San Michele in Foro.

*** **Pise** 54 Jadis une république puissante. Ses attractions principales sont inscrites au patrimoine mondial de l'Unesco et sont situées sur la Piazza dei Miracoli: le ***dôme, richement décoré, édifice roman influencé par l'architecture arabe; le ***baptistère (12e siècle); le ***campanile (12e siècle), la mondialement célèbre «tour penchée de Pise».

* **Massa Marittima** 55 Ville juchée au-dessus de la plaine de la Maremma, avec un joli centre médiéval.

** **Volterra** 56 Jolie ville antique. La précieuse collection du **Museo Etrusco rappelle la période dorée de la civilisation étrusque.

** **San Gimignano** 57 Grâce à sa situation dans les collines et aux 14 imposants tours familiales médiévales, cette ville est inscrite au patrimoine mondiale de l'Unesco et est typique de la Toscane pittoresque. Près de San Gimignano: *Colle di Val d'Elsa, une petite ville de montagne toscane, presque trop belle pour être vraie.

** **Sienne** 58 Inscrite au patrimoine mondial de l'Unesco, elle est connue pour la ***Piazza del Campo en forme de coquillage, une des plus belles places du monde. À voir absolument: le ***dôme Notre-Dame (12e-14e siècles) et sa façade richement décorée et la **Libreria Piccolomini, un bâtiment Renaissance exceptionnel; le **Palazzo Pubblico couronné de créneaux.

* **Arezzo** 59 Connue dans le monde entier pour les **fresques de Piero della Francesa dans l'**église Saint-François (13e siècle). À voir également: l'**église Notre-Dame, un exemple d'école du style romantique toscan.

* **Pienza** 60 Déclarée ville idéale par le pape Pie II au 15e siècle et inscrite au patrimoine mondial de l'Unesco. Dans le centre se trouvent la ***Piazza Pio II, harmonieusement aménagée, avec la cathédrale Notre-Dame, le Palazzo Piccolomini, le palais épiscopal et le Palazzo Pubblico.

** **Gubbio** 61 Ville ombrienne pittoresque, au pied du Monte Ingino. À voir absolument: le **centre médiéval, avec la **Piazza della Signoria; élégants bâtiments Renaissance comme le **Palazzo dei Consoli et le **Palazzo Ducale.

** **Pérouse** 62 Le chef-lieu de la région d'Ombrie est dans l'ensemble une œuvre d'art médiéval. À voir absolument: la **Fontana Maggiore (13e siècle) en marbre; la **Galleria Nazionale dell'Umbria, avec ses collections exceptionnelles de peintures ombriennes du 13e au 18e siècles; le **Palazzo dei Priori (14e siècle), imposant complexe avec des espaces élégants comme le **Collegio del Cambio; l'**église Saint-Pierre et son superbe intérieur (peintures, fresques).

*** **Assise** 63 La ville de saint François, lieu de pèlerinage fort fréquenté inscrit au patrimoine mondial de l'Unesco. À voir absolument: la ***basilique Saint-François, avec une église souterraine en forme de grotte abritant le tombeau du saint, et une église légèrement gothique. Les riches fresques, entre autres de Giotto, sont uniques et font de cette église une des plus belles du monde.

** **Orvieto** 64 Situation impressionnante, en haut d'un plateau rocheux. Le symbole de la ville est le **dôme Notre-Dame, commencé en 1290, avec sa superbe façade (début du 14e siècle).

Ces superbes fresques ornent la basilique Saint-François à Assise.

La puissante cathédrale Santa Maria se dresse sur le point le plus élevé de la ville de Sienne, au sud de Florence.

Florence: une vue très inhabituelle sur le Palazzo Vecchio, le «vieux palais», construit au début du 14e siècle pour le gouvernement de la ville, à l'époque les représentants des guildes. Le conseil municipal se réunissait dans la Salle des Cinq Cents, richement décorée.

1

2

3

Nature

* **L'île d'Elbe** ⑰ Destination de vacances populaire aux plages de sable blanc, aux baies entourées de rochers et à l'intérieur montagneux invitant à la promenade.
* **Maremma** ⑱ Zone marécageuse asséchée située dans le sud-ouest de la Toscane, avec un arrière-pays en pente. Trois parcs naturels protègent la flore et la faune uniques.
* **Monte Argentario** ⑲ Rocher remarquable dans la mer au sud de Grosseto, avec la célèbre vue.
* **Monte Amiata** ⑳ (1 738 m) Volcan éteint dominant la Toscane méridionale et offrant de superbes vues.

Marches, Abruzzes, Molise

Entre l'Émilie-Romagne au nord et les Pouilles au sud, la côte adriatique baigne encore trois régions: les Marches, les Abruzzes et le Molise. Depuis la côte, les terres s'élèvent rapidement pour atteindre des sommets allant jusqu'à 3 000 mètres.

Culture

** **San Leo** 65 Dans le nord des Marches, grâce à sa situation dans un massif rocheux, forteresse médiévale inexpugnable, avec un dôme et une église paroissiale (9e-11e siècles) qui méritent une visite.

** **Urbino** 66 Ville de style Renaissance phénoménale, inscrite au patrimoine mondial de l'UNESCO. À voir absolument: le ***Palazzo Ducale, pour beaucoup le plus beau bâtiment civil Renaissance d'Italie, avec une magnifique **collection d'œuvres d'art. Les *fresques cycliques de l'Oratoire Saint-Jean (15e siècle) et la maison natale du peintre Raphaël valent elles aussi le détour.

* **Gradara** 67 Forteresse pittoresque avec un petit village dans l'arrière-pays de la station balnéaire populaire de Gabicce Mare.

** **Fonte Avellana** 68 Abbaye fondée vers l'an 1000 au pied du Monte Catria (1 701 m). À voir absolument: le scriptorium et le cloître (11e siècle).

** **Loreto (Lorette)** 69 Un des plus importants lieux de pèlerinage d'Europe. D'après la légende, des anges transportèrent la maison de la Vierge de Nazareth vers cette ville. L'objectif des pélerins est le **Sanctuaire de la Maison Sainte, un édifice décoré de marbre et recouvert par la coupole imposante d'une basilique baroque.

* **Macerata** 70 Ville universitaire dans la vallée du Chienti. À voir absolument: la *Piazza della Libertà et ses immeubles baroques; à côté du centre: le **Sphéristère, un théâtre à ciel ouvert du 19e siècle.

* **Ascoli Piceno** 71 Dans la

1 La Toscane est célèbre pour l'incroyable beauté de ses places. Une des plus belles se situe dans la ville de Lucques, encore épargnée par les invasions touristiques: la Piazza Anfiteatro avec ses édifices historiques s'inscrit exactement dans les contours d'un amphithéâtre antique.

2 Une des plus célèbres vues de Florence: celle du Ponte Vecchio (vieux pont) sur l'Arno. Un pont de bois existait déjà à cet endroit en 972. Sous sa forme actuelle, le pont fut édifié en 1345. C'est aussi de cette époque que datent les constructions caractéristiques qu'il supporte et qui abritent aujourd'hui des boutiques d'orfèvres.

3 Massa Marittima est la plus importante et la plus belle ville de la Maremme. La vaste place centrale de la ville basse, qui remonte aux 11e-13e siècles, vaut à elle seule la visite de la ville. Malgré son nom, la Ville nouvelle, la partie la plus élevée de Massa Marittima, date également du Moyen Âge (13e et 14e siècles).

Toscane

La Toscane est devenue un symbole d'un art de vivre d'une qualité supérieure. Le «dolce farniente» y prend des allures plus distinguées qu'ailleurs, grâce à un paysage fabuleux de vieilles villes, de fiers domaines viticoles et de sombres cyprès.

La Toscane couvre certaines parties des Apennins, la Toscane des collines et des montagnes, la côte de la Maremme et les îles au large de la côte. Dans ce paysage varié, une culture urbaine est née qui remonte au cœur du Moyen Âge et qui enchante les visiteurs par la beauté de son architecture et le caractère unique de ses trésors artistiques. Des villes comme Florence, Sienne et San Gimignano sont mondialement célèbres, ce qui explique la masse des touristes. À côté des trésors artistiques, vous pourrez aussi savourer des plaisirs plus matériels: pour les amateurs de bon vin, le plus modeste café de village de cette grande région viticole recèle des trésors.

1 Paysage toscan dans les brumes de l'aube.

2 Un champ de coquelicots dans les environs de Casole d'Esta.

3 Le chianti classico est presque synonyme de vin toscan.

4 Collines, champs et cyprès: c'est toute la Toscane!

5 Des cyprès vert sombre bordent le chemin.

6 Des mesures très coûteuses ont récemment permis que la tour de Pise ne s'incline encore davantage.

7 Florence, la plus importante et assurément la plus visitée des villes de Toscane, se trouve dans la vallée de l'Arno.

8 Jadis, 72 tours familiales se dressaient au-dessus des toits de la petite ville de San Gimignano - aujourd'hui, il en subsiste encore 14.

9 Vue sur le cœur de la ville de Sienne, une des plus célèbres cités toscanes. Avec son dessin en forme de coquille, la Piazza del Campo ne peut être comparée avec aucune autre place au monde!

10 Les expérimentations urbanistiques ne sont pas l'apanage de notre époque. Au 15e siècle aussi, on a édifié des cités «idéales» dans des sites étonnants, à l'exemple de Pienza.

6

7

8

9

10

En contrebas de Tivoli, destination favorite des Romains pour une excursion, se trouve la ***Villa Adriana****, la résidence d'été de l'empereur Hadrien qui régna de 117 à 138 après J.C. L'harmonie entre architecture et nature qui se dégage de ce vaste ensemble hérité de l'Antiquité est un régal pour les yeux.*

vallée du Tronto, avec la *Piazza del Popolo très animée, galeries. Dans les environs: la *Civitella del Tronto, une impressionnante forteresse médiévale surplombant la ville dans les Abruzzes; en direction de la côte: **San Clemente a Casauria, le monastère cistercien dans la vallée de la Pescara, un complexe de style romano-gothique intéressant au niveau de l'histoire de l'art.

*** L'Aquila** 72 Chef-lieu de la région des Abruzzes, avec le massif du Gran Sasso dans le fond. À voir absolument: l'**église Renaissance, transformée en style baroque, Saint-Bernardin; le *château, construit en 1532 par les envahisseurs espagnols pour servir de citadelle.

Bominaco 73 Village authentique dans les Abruzzes, avec la basilique *Notre-Dame de l'Assomption (13e siècle) et l'**église Saint-Pellegrin, richement décorée de fresques (13e siècle).

Nature

**** Grotte di Frasassi** 21 Grottes féeriques éclairées situées dans les montagnes entre les Marches et l'Ombrie. À voir absolument: la Grande Grotte et ses 240 mètres de hauteur.

*** Monte Conero** 22 Jolie région de roches calcaires blanches et bois verts au-dessus de la côte adriatique, près d'Ancône.

**** Monts Sybillins** 23 Chaîne de montagnes encore intacte située dans les Abruzzes, culminant à 2 476 m; réserve naturelle cernée de chemins de randonnée, avec la légendaire Grotte de la Sybille.

**** Gran Sasso d'Italia** 24 Montagne visible de loin, située dans les Abruzzes, culminant au Corno Grande (2 912 m). Le haut-plateau du *Campo Imperatore offre des panoramas à couper le souffle.

**** Parc national des Abruzzes** 25 Paysage montagneux densément boisé, refuge des chamois, cerfs et rapaces. Ici vivent quelque 80 ours bruns et 40 loups. Avec beaucoup de chance et de patience, vous pourrez peut-être en voir un. Près de Civitella Alfedana se trouve un parc à loups (également point d'information sur le parc national).

Latium

Dans le paysage culturel très ancien du Latium plus qu'ailleurs, tous les chemins mènent à Rome, jadis la capitale d'un empire mondial. La conséquence est que la nature variée et les lieux historiques de la région sont souvent laissés de côté.

Culture

**** Viterbo** 74 Ville historiquement importante écartée des routes touristiques. À voir absolument: la **Via San Pellegrino et ses bâtiments historiques; le *dôme Renaissance Saint-Laurent; le *palais papal roman. Dans le *Musée archéologique, vous trouverez d'intéressantes reproductions d'ouvrages architecturaux étrusques. Au nord de Viterbo: *Montefiascone, petite ville tranquille, avec la remarquable église double de style roman **Saint-Flavien.

**** Tarquinia** 75 Ville étrusque. À voir absolument: le centre-ville médiéval, avec l'*église Notre-Dame du château; le *Palazzo Vitelleschi, de style Renaissance, avec une **collection artistique intéressante; une **nécropole étrusque comptant 150 chambres funéraires, dont certaines sont décorées de *peintures murales antiques.

***** Rome** 76 Voir plan pages 270/271.

**** Ostia Antica** 77 Le port de la Rome antique. Dans la zone archéologique, vous trouverez des bâtiments parfaitement conservés: temples, palais, thermes, théâtre, halles et "insulae" (immeubles à étages).

*** Tivoli** 78 Depuis l'Antiquité, la banlieue chic de Rome. À voir absolument: la **Villa Adriana, résidence d'été de l'empereur Hadrien (patrimoine mondial de l'Unesco); la **Villa d'Este, un palais Renaissance avec des **jardins fantastiques.

**** Anagni** 79 La "ville des papes" médiévale. À voir absolument: la *cathédrale romano-gothique Notre-Dame et ses magnifiques **fresques; le *palais papal du 14e siècle.

*** Casamari** 80 Monastère cistercien à l'est de Frosinone, un des premiers complexes gothiques d'Italie.

**** Mont Cassin** 81 Abbaye fondée en 529 par Benoît de Nursie. Le monastère originel des bénédictins fut détruit en 1944 lors d'un bombardement et reconstuit après la guerre selon des plans anciens.

Nature

*** Lac de Bolsena** 26 Lac d'origine volcanique dans le joli paysage de collines des Monti Volsini.

**** Monti Simbruini** 27 Monts situés entre les Abruzzes et le Latium, avec des abîmes romantiques et des rivières poissonneuses, une réserve naturelle où vivent des loups, des chats sauvages, des porcs-épics et des fouines.

*** Îles Pontines** 28 Petit archipel dont l'île principale est Ponza, connu pour sa côte rocheuse pittoresque.

***** Cité du Vatican,**

Minuscule État indépendant situé sur le territoire de la ville de Rome. À voir absolument au Vatican: la grandiose ***place Saint-Pierre (17e siècle) devant la ***basilique Saint-Pierre, première église de tout le monde catholique; la ***chapelle Sixtine de Michel-Ange; les ***musées du Vatican et leurs innombrables trésors artistiques.

Campanie

Grecs, Étrusques, Romains, Normands, Espagnols, Français et Autrichiens se sont tous battus au cours des 2 500 dernières années pour cette magnifique région côtière du sud-ouest de l'Italie. En tant que destination de voyage, la Campanie possède également une longue histoire.

Culture

***** Naples** 82 La capitale de la région de Campanie, riche de 2 500 ans d'histoire, est située le long des eaux bleues de la mer Tyrrhénienne, au pied du Vésuve. À voir absolument: le ***centre-ville densément peuplé, tortueux (patrimoine mondial de l'UNESCO); le ***Musée archéologique internationalement renommé; le ***Castel Nuovo médiéval; la **Certosa di San Martino, un chef-d'œuvre du baroque napolitaine, qui offre une superbe vue sur la ville; la **Galleria Umberto, un passage du 19e siècle couvert de verre; l'**église Sainte-Claire, avec le **cloître aux dalles de faïence colorées.

**** Caserta** 83 Château monumental, inscrit au patrimoine mondial de l'Unesco, construit entre 1752 et 1754 par Luigi Vanvitelli pour Charles III, le roi de Naples. À voir absolument: les escaliers, la chapelle, le théâtre et le parc.

***** Ercolano** 84 La ville ro-

L'ovale parfait de la place Saint-Pierre, devant la basilique du même nom.

L'aménagement de la basilique Saint-Pierre est inégalable.

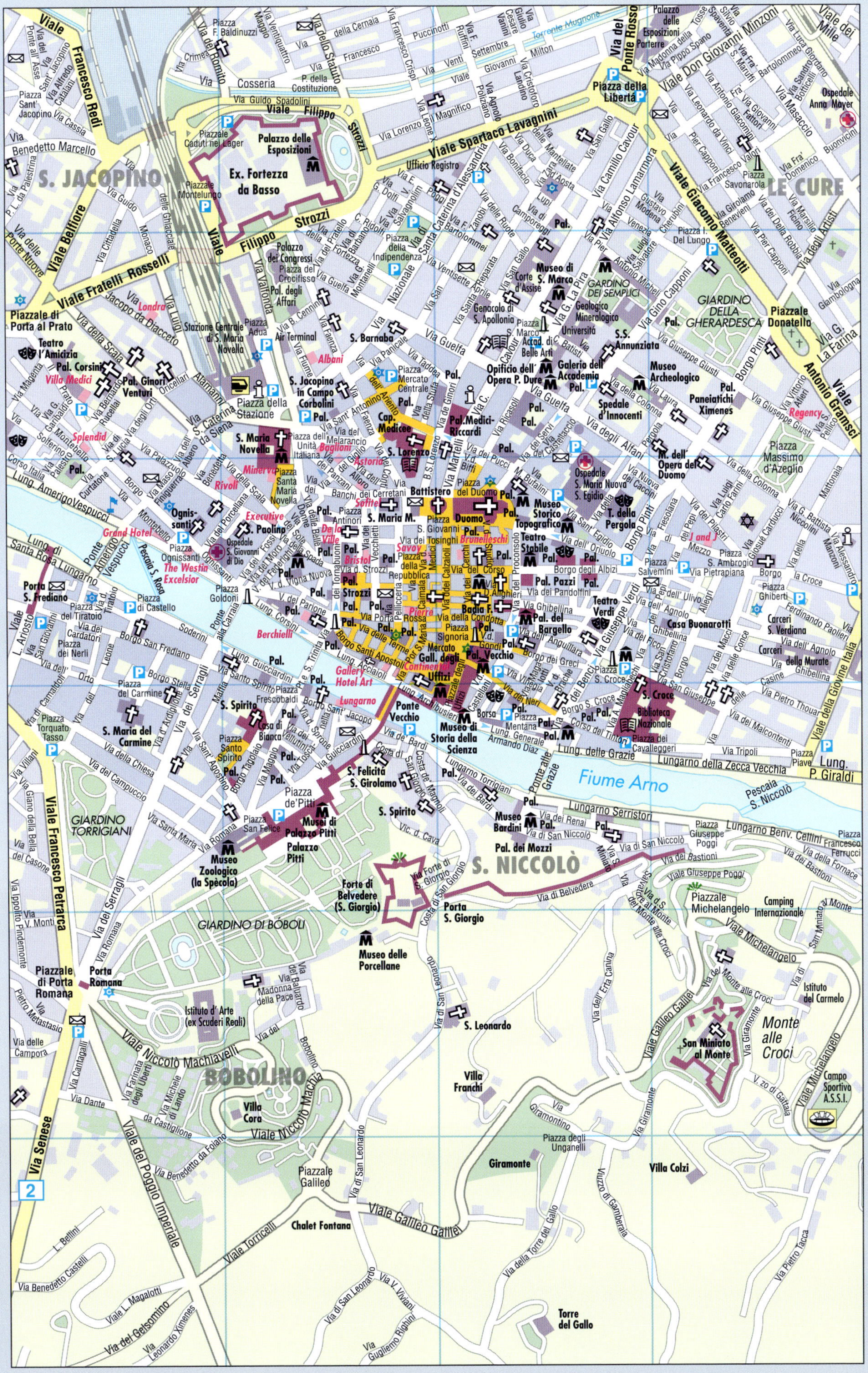

Florence

Le sens de l'art et de la beauté, la fierté des habitants et le désir d'étalage de ses dirigeants ont créé ce chef-d'œuvre unique: la ville de Florence.

Les ressources financières nécessaires à la création de tous ces trésors et joyaux de l'architecture provenaient de la croissance économique que Florence a connue au Moyen Âge, grâce ses produits textiles et à l'activité de ses banquiers; autour de 1400, la cité était déjà l'une des premières villes d'Europe et une importante république italienne. Lorsque la famille des Médicis s'empara du pouvoir en 1434, elle fit appel aux meilleurs artistes de la Renaissance pour embellir la ville.

À voir absolument:
le ***baptistère roman (11e siècle) avec ses **portes en bronze; les ***Offices (16e siècle) qui abritent une des plus précieuses collections artistiques au monde; la **cathédrale Santa Maria del Fiore (14e siècle) avec sa coupole rouge, haute de 90 m, le symbole de la ville; le **palais Medici-Riccardi, un palais caractéristique de la Renaissance florentine; le **palais Pitti (16e siècle), un édifice monumental qui abrite une riche collection de peinture dans la **Galleria Palatina et le parc Renaissance des **Jardins de Boboli; le **Palazzo Vecchio (14e siècle).

Le David de Michel-Ange, une des plus célèbres statues au monde.

Florence

La cité des bords de l'Arno est caractérisée par des édifices de styles roman, gothique et Renaissance. Des architectes très célèbres y ont travaillé, mais c'est avant tout Filippo Brunelleschi qui a marqué la ville de son empreinte.

Le centre de la ville est la Piazza della Signoria, avec la Loggia dei Lanzi du 13e siècle qui abrite d'importantes statues Renaissance. Le baptistère octogonal et la cathédrale, avec son campanile entamé par Giotto et l'énorme coupole rouge, se dressent sur la Piazza del Duomo. Le pouvoir des Médicis se reflète au Palazzo Vecchio et au Ponte Vecchio. Mais les autres grandes familles de la ville ont également fait bâtir d'imposants palais Renaissance, comme le palais Pitti ou le palais Strozzi. De nombreuses églises, depuis l'époque romane jusqu'à la Renaissance, sont des chefs-d'œuvre d'architecture. Les Offices, achevés aux alentours de 1580, abritent l'une des plus importantes collections au monde de tableaux de maîtres anciens.

Grande photo de gauche: se détachant sur l'arrière-plan des collines, la cathédrale S. Maria del Fiore, symbole de Florence, domine le centre de la ville; à droite, l'église Santa Croce.

1 Les travaux de réalisation de l'énorme coupole octogonale ont débuté en 1420 sous la direction de Brunelleschi; la coupole fut achevée en 1436.

2 En 1296, Arnolfo di Cambio entama la construction de la cathédrale revêtue de marbre; à gauche, le baptistère des 11e et 12e siècles.

3 Le Ponte Vecchio a reçu sa forme actuelle en 1345. Depuis 1593, les boutiques situées sur le pont ne peuvent être exploitées que par des orfèvres.

4 Jadis très controversée, la fontaine de Neptune, due à Bartolomeo Ammanati, fut inaugurée en 1575 sur la Piazza della Signoria.

5 Derrière sa superbe façade, l'église de Santa Maria Novella, construite de 1278 à 1470, recèle un riche intérieur comportant des fresques très précieuses.

6 La construction des Offices débuta en 1559 sur des plans de Giorgio Vasari. Les bâtiments hébergent aujourd'hui une des collections artistiques européennes les plus somptueuses.

1

2

3

4

5

6

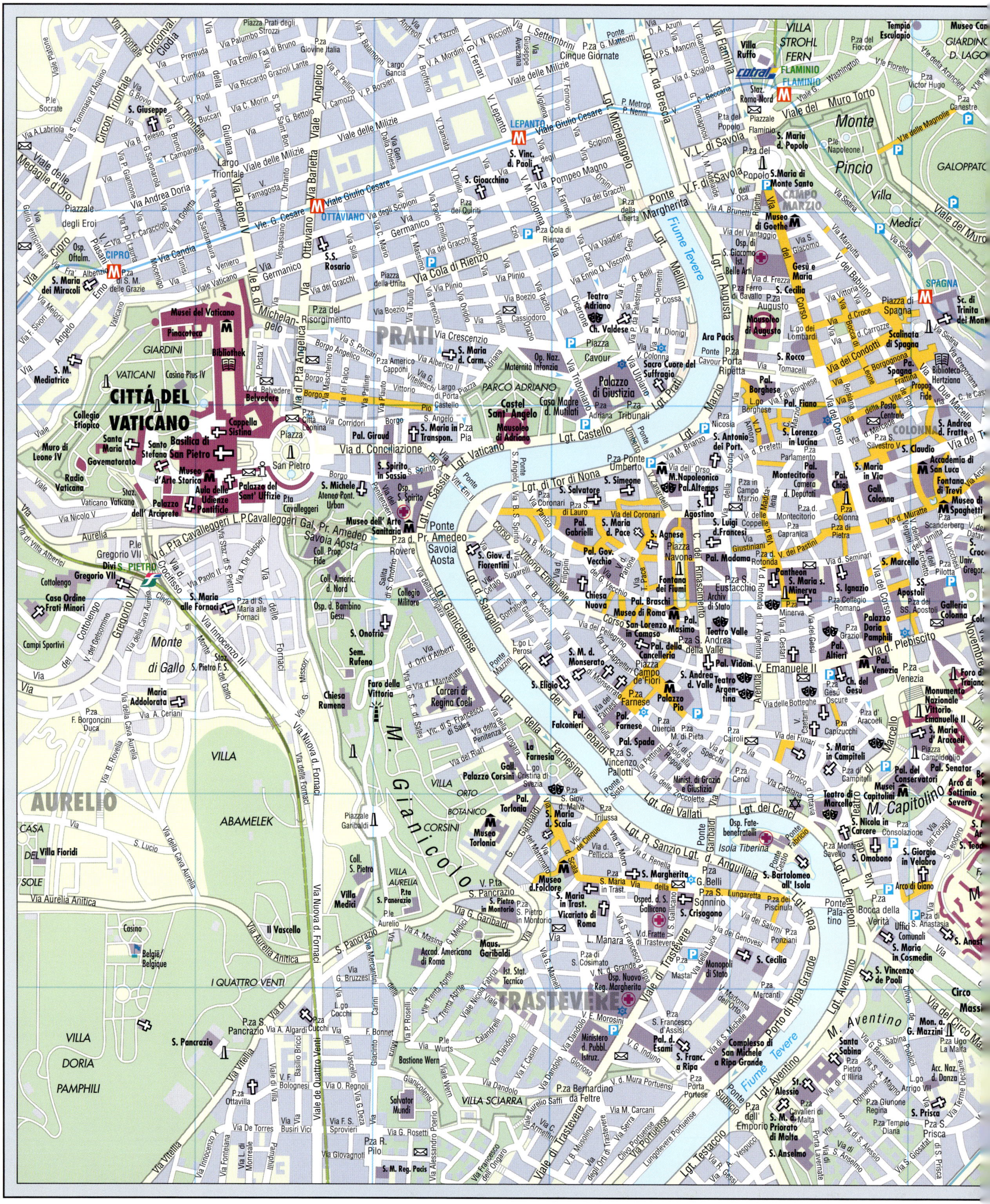
CITTÀ DEL VATICANO
Musei del Vaticano
Pinacoteca
GIARDINI
VATICANI
Casina Pius IV
Bibliothek
Belvedere
Cappella Sistina
Basilica di San Pietro
Piazza San Pietro
Museo d'Arte Storico
Aula delle Udienze Pontificie
Palazzo del Sant' Uffizio
Palazzo dell' Arciprete
Collegio Etiopico
Muro di Leone IV
Radio Vaticana
Governatorato
Santa Maria
Santo Stefano
S. Giuseppe
S. M. Mediatrice
S. Maria dei Miracoli
CIPRO
OTTAVIANO
LEPANTA
FLAMINIO
SPAGNA
S. PIETRO
PRATI
Piazza Cavour
Palazzo di Giustizia
PARCO ADRIANO
Castel Sant' Angelo
Mausoleo di Adriano
Fiume Tevere
Ara Pacis
Mausoleo di Augusto
Villa Ruffo
VILLA STROHL FERN
Monte Pincio
Villa Medici
GALOPPATOIO
Piazza di Spagna
Pal. Borghese
Montecitorio
Pantheon
Piazza Navona
Campo de' Fiori
Palazzo Farnese
Pal. Spada
Teatro di Marcello
M. Capitolino
Musei Capitolini
Monumento Nazionale Vittorio Emanuele II
Isola Tiberina
Ponte Fabricio
Ponte Garibaldi
Ponte Sisto
Ponte Palatino
Bocca della Verità
M. Aventino
Circo Massimo
Santa Sabina
S. Anselmo
TRASTEVERE
Porto di Ripa Grande
M. Gianicolo
Orto Botanico
Villa Corsini
Museo Torlonia
Villa Farnesina
Palazzo Corsini
Carceri di Regina Coeli
Faro della Vittoria
Monte di Gallo
AURELIO
VILLA ABAMELEK
I QUATTRO VENTI
VILLA DORIA PAMPHILI
Casa Ordine Frati Minori
Campi Sportivi
Cottolengo
Il Vascello
S. Pancrazio
Villa Fioridi
Viale Giulio Cesare
Via Cola di Rienzo
Via Crescenzio
Lgt. Castello
Via della Conciliazione
Lgt. Vaticano
Via Aurelia Antica
Viale di Trastevere
Lgt. Aventino
Via del Corso
Via dei Condotti
Via del Babuino
Via di Ripetta

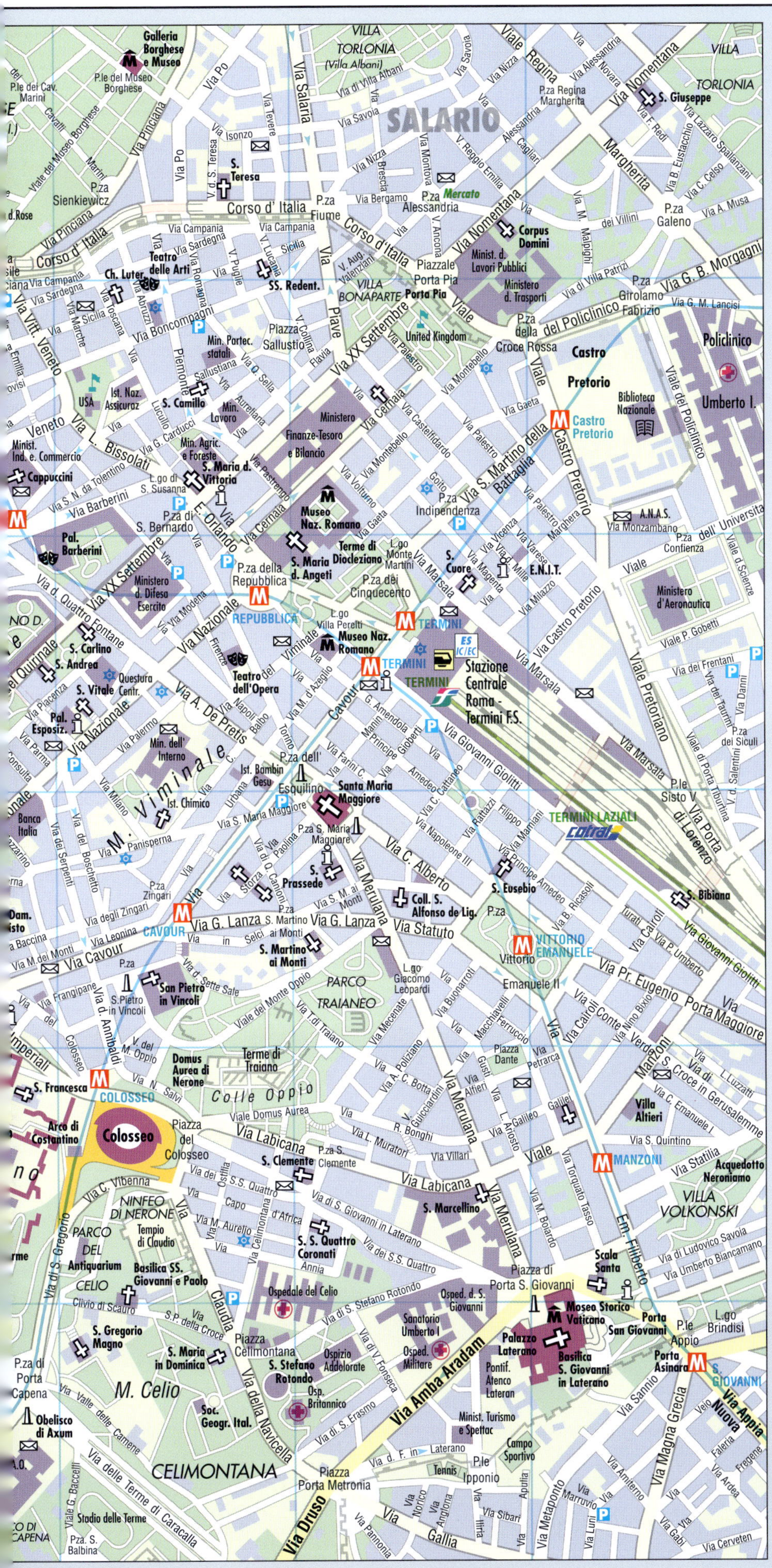

Rome

La ville éternelle, avec ses trésors artistiques incomparables et ses joyaux architecturaux de toutes les périodes de la culture occidentale, est aussi le centre du monde catholique et en même la capitale très animée de l'Italie – c'est bien simple: vous devez absolument avoir vu Rome.

La cité des bords du Tibre a connu une histoire longue et mouvementée. De l'Antiquité à nos jours, cette histoire a laissé des traces: des quartiers, des places, des rues, des édifices, des trésors artistiques. Vous trouverez ici tous les styles de construction et toutes les tendances artistiques imaginables. Selon la légende, la ville antique était bâtie sur sept collines. On les reconnaît difficilement dans la mer actuelle des maisons, mais depuis la place du Quirinal, située sur la plus haute de ces collines, on a une belle vue sur la ville. On raconte que la ville fut fondée en 753 avant notre ère mais les premières traces d'habitat sont nettement plus anciennes. 509 avant notre ère constitue une date charnière: elle marque la naissance de la République romaine, une république axée sur l'expansion, comme le montreront les siècles suivants. Rome finit par dominer toute la Méditerranée et enfin, à l'époque impériale, la quasi-totalité du monde connu à l'époque. Après la chute de l'Empire romain, la ville fut dirigée par les papes – une fois encore elle était maîtresse du monde, du moins du monde occidental. Mais sur le plan politique, la ville n'a retrouvé un rôle important qu'au 19e siècle, lors de l'unification italienne, quand Rome devint la capitale du royaume d'Italie.

À voir absolument; les vestiges de la Rome antique: le ***Forum Romanum, qui était alors le centre de la ville et ses superbes édifices historiques; le ***Colisée, les arènes de forme ovale comptant quatre étages; le ***Panthéon, un joyau de l'architecture antique surmonté d'une coupole; dans la cité du Vatican: la ***basilique Saint-Pierre, construite à partir de 1506 en style Renaissance et surmontée d'une coupole; les ***musées du Vatican qui possèdent peut-être la plus importante et la plus vaste collection artistique au monde; l'exceptionnelle ***chapelle Sixtine avec le «Jugement dernier» de Michel-Ange; en dehors du Vatican, la ***basilique Santa Maria Maggiore avec des mosaïques du 5e siècle; à proximité du **parc Borghèse: la Villa Giulia, jadis résidence d'été des papes, avec l'extraordinaire ***Musée national étrusque; parmi les lieux de rencontre les plus populaires, on citera: la **Piazza Navona, une belle place baroque; la **Fontana di Trevi, une fontaine à la décoration exubérante, les **escaliers de la Trinité des Monts, place d'Espagne, qui mènent vers le Pincio, une des sept collines de Rome. Vous découvrirez la Rome populaire dans les ruelles tortueuses du quartier du Trastevere. Excursions intéressantes: le long de la **Via Appia Antica vers les nécropoles paléochrétiennes, les **catacombes de Saint-Calliste et les **catacombes de Saint—Sébastien; à Tivoli: la **Villa d'Este avec son parc Renaissance; la **Villa d'Hadrien, la résidence d'été de l'empereur Hadrien.

Statue en bronze de l'empereur-philosophe Marc Aurèle.

La place Navone, avec la célèbre Fontana dei quattro fiumi (Fontaine des quatre fleuves) du Bernin, est la plus belle place de Rome.

M·AGRIPPA·L·F·COS·TERTIVM·FECIT

Rome et la cité du Vatican

La «Ville éternelle» fut le centre de l'ancienne puissance romaine, puis du monde chrétien occidental. Des ruines impressionnantes témoignent de puissance passée de l'Empire romain et de nombreux édifices religieux rappellent l'importance des papes.

Les monuments romains les plus importants à avoir été conservés datent de la période de l'Empire. Le Colisée et le Forum romain donnent encore toujours une impression de la puissance acquise par les empereurs. Rome a connu sa deuxième période florissante en tant que capitale des États de l'Église et de lieu où étaient couronnés les papes. Après l'exil des papes en Avignon, des artistes comme Michel-Ange, Bramante et Raphaël ont été engagés pour redonner à la ville un nouveau visage. C'est ainsi que naquirent la nouvelle basilique Saint-Pierre et de nombreux autres monuments Renaissance. Parmi les témoins du baroque, on trouve la place Saint-Pierre conçue par le Bernin, la place Navone et l'église du Gesù. Les escaliers de la place d'Espagne, la fontaine de Trevi et de nombreux autres palais datent du 18e siècle. La Piazza del Popolo est le plus important héritage de la période classique. Le centre historique et la cité du Vatican sont depuis 1980 inscrits au patrimoine de l'humanité de l'Unesco.

1 Le pont Saint-Ange franchit le Tibre à hauteur du château Saint-Ange que l'empereur Hadrien fit édifier de 135 à 139 pour être son mausolée.

2 Le Panthéon a été construit en 25 avant notre ère en l'honneur de tous les dieux. Sa forme actuelle date du règne de l'empereur Hadrien.

3 La construction du gigantesque Colisée fut entamée par l'empereur Vespasien en 72 de notre ère: la capitale de son empire immense devait aussi posséder les arènes les plus grandes du monde.

4 Après avoir triomphé de son concurrent à la magistrature suprême, l'empereur Constantin le Grand (312-337) se fit bâtir pour lui-même un arc de triomphe.

5 La Fontaine de Trevi, la plus populaire de toutes les fontaines de Rome.

6 Les escaliers de la Trinité des Monts relient la Piazza Barberini et la Piazza di Spagna.

7 Les galeries autour de la place Saint-Pierre sont décorées de statues de saints.

3

4

5

6

7

La Basilicate, une région d'Italie méridionale, est un paradis encore ignoré. ***Matera*** *n'est connue que des initiés. La ville avec ses habitations troglodytes primitives constitue pourtant un site extraordinaire. Les grottes ne sont plus habitées mais une des grottes a été transformée en hôtel.*

maine d'Herculanum, enselevie sous la lave lors de l'éruption du Vésuve en 79 après Jésus-Christ, dont les rues en damier et les bâtiments ont été conservés.

*** **Pompeï** 85 Le seul exemple de ville romaine intacte, où toute vie fut étouffée sous les cendres volcaniques en fusion en 79 après J.-C. Patrimoine mondial de l'Unesco. À voir absolument: le **Forum, avec le *temple d'Apollon et la *basilique; l'*amphithéâtre pouvant accueillir 20 000 personnes; la *Casa dei Vetti et ses fresques érotiques; la *Via dell'Abbondanza, la rue principale avec ses ateliers, ses magasins et ses auberges; la *Villa dei Misteri et ses **fresques précieuses.

** **Ischia** 86 À voir absolument: près du vieux centre d'Ischia Ponte, le pittoresque *Castello Aragonese (15e siècle); l'*église de pèlerinage Notre-Dame du Bon Secours (16e secours), qui offre une vue phénoménale; les *Jardins de Poséidon et leurs végétation exotique; près du charmant village de pêcheurs de *Sant'Angelo, l'ancien lieu de cure de *Cavascura.

** **Capri** 87 L'île légendaire. À voir absolument: les *Giardini di Augusto, un jardin botanique avec un panorama en terrasse; la *Villa Jovis et la *Villa Damecuta, ruines de résidences d'été de l'empereur romain Tibère; la *Villa San Michele néoclassique à *Anacapri.

La côte amalfitaine 88 **Positano: les maisons blanches du vieux port grimpent en terrasses: un paysage féerique du pays des citrons. **Ravello, ville médiévale surplombant la mer. À voir absolument: la **Villa Rufolo (13e siècle), le complexe de palais de style mauro-sicilien et son charmant *jardin intérieur; la *Villa Cimbrone (hôtel) et son magnifique **parc, qui peut également être simplement visité. *Amalfi, jadis un petit État indépendant, maintenant une destination de voyage mondialement connue. À voir absolument: la *cathédrale et son campanile arabonormand (13e siècle) et son portail byzantin en bronze (11e siècle). Tout près, sur un écueil: le ravissant petit village d'*Atrani. *Sorrente, lieu de vacances classique situé sur une presqu'île dans le golfe de Naples, sous le Vésuve, célèbre pour son panorama.

*** **Paestum** 89 Ville-temple fondée par les Grecs aux 6e-5e siècles avant J.-C., avec le ***temple de Poséidon, de style dorique, la **basilique, le **temple de Cérès. Le **Musée archéologique abrite les seules peintures murales conservées de l'art classique grec.

Nature

** **Ischia** 29 La plus grande île du golfe de Naples, d'origine volcanique, avec le cratère éteint du Monte Epomeo (789 m) et de nombreuses sources d'eau chaude.

* **Vésuve** 30 Depuis la dernière éruption en 1944, volcan calme mais pas encore éteint possédant deux sommets: le Vesuvio (1 277 m) et le Monte Somma (1 132 m).

** **Capri** 31 L'île en face de la presqu'île de Sorrente, petite mais jolie: des roches calcaires d'un blanc éclatant émergent subitement des eaux bleues. La plus belle des 60 grottes est la mondialement célèbre **Grotte Bleue; trois pics rocheux, les *Faraglioni, le *Monte Solaro (590 m, superbe vue); la porte rocheuse de l'*Arco Naturale.

*** **Côte amalfitaine** 32 Une des bandes côtières les plus spectaculaires de la mer Méditerranée, avec d'innombrables baies, une végétation luxuriante et des panoramas sensationnels. Tout le littoral est inscrit au patrimoine mondial de l'Unesco.

Pouilles

Les Pouilles s'étendent entre l'éperon et le talon de la botte italienne. Au fil des millénaires, les cultures les plus diverses ont apporté leur contribution au développement du caractère irrésistible qui identifie la population.

Culture

Manfredonia 90 Ville industrielle au pied du Gargano, avec un château (1256) des Hohenstaufen devenu un **musée, où l'on peut voir des tombeaux des 7e et 6e siècles avant J.-C.

* **Monte Sant'Angelo** 91 Lieu de pèlerinage dans le Gargano, avec la *Sainte-Grotte de l'archange Michaël et le **tombeau d'un roi longobard.

* **Vieste** 92 Le centre touristique du Gargano. La ville intérieure tortueuse, couronnée par un château médiéval, grimpe dans la montagne et offre une belle vue sur la mer.

** **Castel del Monte** 93 La "couronne des Pouilles", inscrite au patrimoine mondial de l'Unesco: la forteresse érigée par Frédéric II sur un plan octogonal se situe dans la plaine et était au début du 13e siècle le symbole de la puissance impériale.

* **Trani** 94 Au-dessus de la mer s'élève la majestueuse **cathédrale Saint-Nicolas le Pèlerin, un des édifices romans les plus importants d'Italie méridionale.

** **Les «trulli» d'Alberobello** 95 C'est dans le quartier pittoresque de Monti que vous rencontrerez ces célèbres bâtiments ronds (patrimoine mondial de l'Unesco); l'église est elle-même un trullo, avec une voûte s'élevant à 21 mètres. Au sud-est: *Locorotondo, village circulaire de maisons chaulées, situé en haut d'une colline.

* **Bari** 96 Le chef-lieu bigarré et bruyant des Pouilles. À voir absolument: dans la ville intérieure à l'allure arabe, l'**église Saint-Nicolas,

Dans le golfe de Salerne, la pittoresque station balnéaire de Positano s'accroche à la paroi rocheuse.

La côte est longée par une des plus belles routes d'Italie, qui offre des vues féeriques sur la Côte amalfitaine.

*Il n'y a pratiquement aucun endroit sur cette île, petite mais mondialement célèbre, d'où l'on ne peut voir la mer: **Capri** incarne le rêve de la beauté méditerranéenne, et pas seulement pour les voyageurs modernes venus de pays plus froids: l'empereur Auguste était déjà tombé amoureux de cette île.*

le prototype de l'église romane dans les Pouilles, avec le très intéressant **siège de l'évêque et une *crypte à colonnade; la **cathédrale Saint-Sabin (12e siècle), avec des statues romanes; le *Castello Normanno-Svevo, un château d'origine normande.

Brindisi 97 Déjà importante à l'Antiquité en raison de son port naturel. À voir absolument: le *Musée archéologique, l'*église bénédictine, avec le plus vieux cloître des Pouilles. En dehors: l' **église Notre-Dame (13e siècle) avec sa façade rouge et blanche et son intérieur décoré de fresques.

** **Lecce** 98 La ville baroque de la Péninsule salentine. Les principaux lieux de l'architecture baroque friande en détails sont les **façades de l'*église du Rosaire et de la **basilique Sainte-Croix. Au nord de Lecce: *Santa Maria di Cerrate, un monastère avec une *église romane possédant de nombreuses fresques.

** **Otrante** 99 La ville la plus orientale d'Italie. La ville intérieure, située au-dessus du port de pêche, a un petit côté grec. À voir absolument: la *cathédrale romane et ses célèbres **mosaïques (12e siècle).

* **Gallipoli** 100 Ville située sur la belle *Baie Verte, dans la Péninsule salentine, avec un magnifique *château et une *cathédrale baroque.

Nature

** **Gargano** 33 Le promontoire qui forme l'éperon de la botte italienne. Côte changeante faite de plages de sable blanc et de falaises abruptes. Le sol s'y élève jusqu'à 1 055 mètres. C'est ici que se trouve la *Foresta Umbra, un coin tranquille avec des bois de feuillus et un petit lac. *Îles Tremiti, îlots partiellement inhabités au nord-est du Gargano. L'île principale de San Nicola est connue pour ses grottes et trésors culturels.

** **Castellana Grotte** 34 La plus grande **grotte d'Italie, très efficacement illuminée. Le point d'orgue de la promenade est la merveilleuse **Grotta Bianca.

* **Péninsule salentine** 35 Le paysage vallonné du talon de la botte est une région viticole bien connue. Belles plages de sable le long de la mer turquoise non polluée.

Basilicate et Calabre

Dans le sud, vous pourrez découvrir l'Italie plutôt inconnue. Prenez suffisamment de temps pour pouvoir profiter pleinement du riche patrimoine culturel et des plages sur la mer Ionienne, parce que le temps passe vite sous le soleil.

Culture

* **Venosa** 101 Dans le Basilicate. À voir absolument: les ruines romaines; le château (15e siècle); l'**église romane de la Sainte-Trinité (11e siècle) et ses superbes *fresques et *mosaïques.

*** **Matera** 102 Inscrites au patrimoine mondial de l'Unesco, ces grottes de tuf furent habitées de la préhistoire au 20e siècle. D'énormes ravins émaillent l'arrière-pays de Tarente. Au fil des millénaires, de nombreuses habitations et quelque 300 églises ont été creusées dans ces falaises.

Metaponto 103 Ville côtière située en Basilicate, au passé grec. À voir absolument: le **temple dorique, le *Musée archéologique et le *Parc archéologique. Dans les environs: Policoro, avec un excellent **musée archéologique.

* **Cosenza** 104 Ville universitaire de Calabre. À voir absolument: la perle baroque qu'est l'**Oratoire du Rosaire dans l'*église Saint-Dominique; la **chapelle Sainte-Catherine, richement décorée, dans l'*église Saint-François d'Assise, qui abrite aussi la célèbre **staurothèque (1222), un reliquaire unique en forme de croix.

* **Rossano** 105 Ville côtière de Calabre. À voir absolument: les *icônes byzantines (8e siècle) dans la cathédrale; le *codex grec datant de la fin de l'Antiquité au Museo

1

2

3

4

1 L'empereur Frédéric II de Hohenstaufen fit bâtir le Castel del Monte dans une plaine des Pouilles comme un symbole de sa puissance et un exemple de symétrie: huit tours octogonales entourent le bâtiment lui-même de forme octogonale. Les vestiges des mosaïques ne sont qu'un faible reflet de ce que fut jadis la décoration de l'intérieur.

2 Vue sur les paysages fleuris de la côte amalfitaine, à proximité de la séduisante ville de Ravello, une antique cité de navigateurs et dont l'architecture porte la marque d'influences orientales.

3 Les trulli constituent une particularité architecturale de la région des Pouilles. Nulle part ailleurs en Italie, on ne peut retrouver ces maisonnettes de forme circulaire, blanchies à la chaux et au toit de forme conique.

4 Une des villas les plus importantes de la cité antique de Pompéi est la Villa des Mystères, ornée de magnifiques peintures murales richement colorées (80–30 avant notre ère) et qui représentent des rites religieux.

Amalfi

La côte amalfitaine offre des vues grandioses sur la mer Méditerranée, des baies féeriques, des sites magnifiques et l'île de Capri: la route qui suit la côte est l'une des plus belles du pays.

Au sortir de Naples, la route longe la côte de la baie de Naples, où en l'an 79 de notre ère, une éruption du Vésuve ensevelit les villes d'Herculanum et de Pompéi. Sorrente, située en face de Capri, est le point d'arrivée de cette route panoramique. La côte amalfitaine vient s'y raccorder au sud: l'Italie s'y révèle vraiment comme la terre où poussent les citronniers. Ces rivages escarpés et inondés de soleil constituent un véritable paradis à la végétation luxuriante. Les sommets du voyage sont Positano et Amalfi. Le tourisme a depuis longtemps découvert ce qui fut un simple village de pêcheurs et ces destinations de vacances mondialement célèbres exhalent donc un parfum rétro auquel on ne peut rester insensible. La ville de Salerne, qui constitue le point le plus méridional de la côte amalfitaine, mérite également une visite.

Grande photo de gauche: Positano et quelques autres localités de la côte amalfitaine figurent parmi les plus anciens sites de peuplement d'Italie.

1 Les maisons d'Amalfi se serrent les unes contre les autres pour former un labyrinthe constitué par d'innombrables escaliers partant à l'assaut des pentes escarpées. Un spectacle pittoresque qui fait oublier que ce qui est aujourd'hui un lieu de vacances fut jadis une des plus puissantes cités maritimes d'Italie, rivale de Gênes et de Pise.

2 Au début du 20e siècle, Positano était encore un tranquille village de pêcheurs. C'est alors qu'apparurent, préfigurant l'invasion du tourisme moderne, les artistes, attirés par la beauté du paysage et le charme de l'architecture typique de cette région littorale. Ils appréciaient également la douceur du climat, agréable même en hiver.

3 Sorrente, lieu de villégiature au parfum élégant et nostalgique a donné son nom à la péninsule qui sépare la baie de Naples du golfe de Salerne. Le panorama qui porte loin en Méditerranée et va jusqu'au Vésuve a depuis toujours justifié le choix de Sorrente comme destination de voyage.

1

2

3

*Dans la Vallée des Temples, à **Agrigente**, l'antique Akragas, l'agitation de cette capitale provinciale de Sicile est peu perceptible. Le temps semble s'être arrêté au 5e siècle avant notre ère, lorsque cette colonie grecque, à qui l'on doit ces superbes édifices, connaissait son âge d'or.*

Diocesano. En dehors de la ville: l'**église Notre-Dame des Douleurs, une église normande avec un sol en mosaïque (12e siècle).

**** Cattolica in Stilo** 106 Église byzantine très bien conservée (10e-11e siècles) avec cinq coupoles et encore les fresques d'origine à l'intérieur.

*** Gerace** 107 Une des villes les plus attrayantes de Calabre, avec une **cathédrale normande imposante.

*** Reggio di Calabria** 108 La ville à la pointe de la botte, avec une vue exceptionnelle sur la Sicile et l'Etna.

Nature

*** Monte Vulture** 36 (1 326 m) Volcan éteint situé en Basilicate, avec des vignes sur ses coteaux et des bois de feuillus, le lieu de promenade idéal.

Sicile

Avec le plus grand volcan encore en activité d'Europe, la Sicile, la plus grande île de la Méditerranée, est un monde en soi. Habitée depuis des millénaires par les populations les plus diverses, elle est un creuset de cultures.

Culture

**** Palerme** 109 Capitale de l'île et chef-lieu de la région. À voir absolument: le ***Musée archéologique; dans la *cathédrale, les **tombeaux impériaux, entre autres le sarcophage de Frédéric II de Hohenstaufen; la ***Capella Palatina (1130-40) dans le **Palazzo dei Normanni; l'**église Saint-Jean des Ermites (12e siècle), de style arabe; l'**église Saint-Jean des Lépreux et sa palmeraie idyllique; la **cathédrale de Monreale, la petite ville au-dessus de Palerme, un chef-d'œuvre de l'architecture normande (12e siècle); un ***cloître roman aux statues d'inspiration arabe.

**** Cefalù** 110 Station balnéaire sur la côte nord, avec un centre aux côtés arabes et un port de pêche. À voir absolument: le **dôme normand et ses mosaïques byzantines.

**** Taormina** 111 Destination de vacances découverte très tôt en raison de sa situation privilégiée. À voir absolument: le ***théâtre gréco-romain; la *Piazza IX Aprile, avec la superbe vue sur la mer et l'Etna.

**** Catane** 112 La "fille de l'Etna" au tempérament bien marqué, avec le lustre patiné du baroque, surtout sur la ** Piazza Duomo et dans la **Via Crociferi.

**** Syracuse** 113 Dans l'Antiquité, une ville-État grecque florissante. Vous ferez connaissance avec la Syracuse antique au **Musée archéologique et dans le **Parc archéologique, avec comme lieu principal le ***théâtre grec (5e siècle av. J.-C.); la **cathédrale baroque dans laquelle subsistent encore des parties antiques vaut également la peine.

**** Noto** 114 La perle baroque de l'île, construite après le tremblement de terre de 1693 comme la ville idéale; dôme des Saints Nicolas de Myre et Conrad (patrimoine mondial de l'Unesco).

***** Villa Romana del Casale** 115 Tout près de la petite ville médiévale de Piazza Armerina: une villa romaine (3e-4e siècles après J.-C.) avec des mosaïques inestimables (patrimoine mondial de l'Unesco).

***** Valle dei Templi** 116 La "vallée des temples" d'Agrigente (patrimoine mondial de l'Unesco), avec plusieurs temples grecs; le **temple de la Concorde, de style dorique, est particulièrement bien conservé.

**** Selinunte** 117 Village de pêcheurs, avec le plus grand **parc archéologique d'Europe.
À l'ouest de Trapani: **** Erice** 118 Fondée d'après la légende par Énée. À voir absolument dans le centre médiéval: la *Chiesa Matrice (14e siècle), le *château normand. **Segesta, complexe de temples grecs près de Calatafimi, joliment situé dans les collines.

Nature

***** Etna** 37 (3 340 m) Le plus haut et le plus actif volcan d'Europe. Le meilleur point de départ pour les randonnées est le village de Zafferana Etnea, épargné comme par miracle lors de la dernière éruption de 1991/92.

**** Îles Éoliennes** 38 Sept îlots d'origine volcanique. Le volcan en activité sur la grande île (à peine 12 km2) de **Stromboli s'élève à 924 m.

*** Îles Egadi** 39 La plus petite, *Levanzo, est également la plus belle; à voir absolument: la **Grotta del Genovese, une grotte avec des peintures rupestres préhistoriques.

Les ruines antiques de Taormina, avec en arrière-plan le volcan Etna.

Sa situation solitaire dans un paysage bucolique rend le temple de Ségeste encore plus impressionnant.

*La péninsule italienne est une région géologiquement jeune et qui reste encore active. La puissance des phénomènes souterrains dont elle est le théâtre est notamment perceptible dans les **îles Lipari**, par exemple à l'occasion d'une excursion nocturne jusqu'au Stromboli, le volcan le plus actif du bassin méditerranéen.*

Sardaigne

La deuxième plus grande île de Méditerranée, entre l'Italie continentale, la Corse et la Tunisie, ne déballe pas ses charmes à tout venant. Mais ceux qui les chercheront, découvriront en Sardaigne des plages paradisiaques, de belles zones montagneuses et une culture authentique.

Culture

**** Alghero** 119 Sur la côte occidentale, lieu de vacances parfaitement situé, avec un centre d'influence espagnole. *Anghelu Ruju, au nord d'Alghero, nécropole comptant quelque 40 grottes funéraires de la période de la culture Ozieri (âge de pierre, 4e-3e millénaires avant J.-C.).

*** Sassari** 120 Centre économique important. À voir absolument: le **Museo Nazionale G.A. Sanna sur l'histoire et la culture sardes; la *Fontana di Rosello, une fontaine de marbre de la fin de la Renaissance; le *dôme Saint-Nicolas, de style gothique catalan.

**** Église de la Sainte-Trinité de Saccargia** 121 Église érigée dans un coin romantique, haut lieu de l'architecture sardo-pisane du 12e siècle, avec une façade lignée noire et blanche, un campanile de 40 m, un portail principal exceptionnel et des fresques romaines à l'intérieur.

**** Église Saint-Pierre de Torres** 122 (11e-12e siècles) Église d'inspiration pisane située près de Torralba, célèbre pour sa façade, sa voûte d'arête et son emplacement exceptionnel.

*** Nuoro** 123 Petite ville de province, avec un **musée renommé sur l'art et la culture populaires sardes.

**** Cagliari** 124 Le plus grand port de Sardaigne avec, dans le centre élevé en altitude, le **château et la *cathédrale Notre-Dame et sa **chaire en marbre (12e siècle); à voir également: l'*amphithéâtre romain; le *Musée archéologique et sa grande **collection de bronzes nuraghes; la *nécropole punico-romaine.

**** Nora** 125 Ruines sur la côte méridionale, avec des vestiges de bâtiments phéniciens, carthaginois et romains.

**** Su Nuraxi près de Barumini** 126 Implantation très impressionnante, avec des nuraghes (patrimoine mondial de l'Unesco). Les nuraghes sont des forteresses habitées en pierre datant de la période de la mystérieuse culture du même nom (1800-500 avant J.-C.). Vous en trouverez d'autres beaux exemples près de Torralba, de Dorgali, d'Abbasanta, d'Alghero et de Villanovaforru. L'édifice le mieux conservé est **Sainte-Christine, avec source et temple, près de Paulitatino.

**** Sulcis** 127 Nécropole punique (9e-8e siècles avant J.-C.) sur l'île de Sant'Antioco. Les tombes taillées dans la roche sont reliées entre elles par des couloirs souterrains.

Nature

**** Côte méridionale** 40 La côte méridionale de l'île est émaillée de plages fabuleuses, de rochers à pic et d'îlots; à voir absolument: l'**île de Sant'Antioco avec la nécropole punique de Sulcis.

**** Grotte de Neptune** 41 Accessible au prix d'un voyage aventureux ou par bateau au départ d'Alghero: la plus belle grotte de Sardaigne, avec des salles gigantesques, souvent bizarres.

*** Capo Testa** 42 Pointe rocheuse battue par le vent, située au nord de l'île, face à la Corse. Au sud-est de ce cap commence la pittoresque région côtière et ses nombreux abîmes. La Costa Smeralda fort prisée et la romantique *île Maddalena sont également dans cette région.

*** Monti del Gennargentu** 43 Dans la Barbagia, le coin reculé où ne vivent que des paysans et des bergers: un paysage de montagne recouvert de maquis.

1 Le parc archéologique de Sélinonte, en Sicile.

2 En Sardaigne, le printemps est synonyme de promenades et d'excursions par une température clémente, qui peut même inciter à se plonger dans les eaux qui bordent l'île. Tout invite à une tranquillité d'esprit d'autant plus complète que la partie orientale de la Sardaigne – comme ici, dans la localité côtière d'Alghero – est encore inconnue du grand public.

3 La Costa Smeralda, la féerique région côtière de Sardaigne, est devenue une destination de vacances de premier ordre. Mais l'île a encore bien d'autres richesses à offrir; pour découvrir tous ses secrets, il vous faudra faire un petit effort.

4 La péninsule rocheuse de Capo Testa et la vue sur la Corse voisine. Cette région de la côte, dont le centre le plus important est Santa Teresa di Gallura, a conservé toute son authenticité et constitue un paradis pour les amateurs de surf et de plongée.

*L'église principale de La **Valette** est la co-cathédrale Saint-Jean. Elle fut construite entre 1573 et 1577 sur des plans de Girolamo Cassar. L'extérieur sobre cache un intérieur précieux aménagé en style baroque au 17e siècle. Toute la surface des murs et du plafond est peinte ou recouverte de stucs. Dans le sol de la nef se trouvent quelque 400 pierres tombales de chevaliers importants de l'Ordre de Malte.*

Malte

Superficie: 316 km²
Côte:
Malte 136 km, Gozo 43 km
Point culminant:
Dingli Cliffs (253 m)
Plus long cours d'eau: aucune rivère, à peine quelques sources d'eau douce
Population:
375 000 habitants
Densité de population:
1 187 hab./km²
Régions: îles de Malte, de Gozo et de Comino
Capitale:
La Valette (7 146 habitants)
Fuseau horaire: MET

Adresses utiles
(B) *Office du tourisme de Malte*
Boulevard Maurice Lemonnier, 129-131
1000 Bruxelles
Tél.: 02 513 89 52
Fax: 02 513 60 67
(FR) *Office du tourisme de Malte*
Cité Trévise, 9
75009 Paris
Tél.: 01 48 00 03 79
Fax: 01 48 00 04 41
E-mail: info@visitemalte.com
Web: www.visitmalta.com

*** **Paestum** 89 Ville-temple fondée par les Grecs aux 6e-5e siècles avant J.-C., avec le ***temple de Poséidon, de style dorique, la **basilique, le **temple de Cérès. Le **Musée archéologique abrite les seules peintures murales conservées de l'art classique grec.

Nature

** **Ischia** 29 La plus grande île du golfe de Naples, d'origine volcanique, avec le cratère éteint du Monte Epomeo (789 m) et de nombreuses sources d'eau chaude.
* **Vésuve** 30 Depuis la dernière éruption en 1944, volcan calme mais pas encore éteint possédant deux sommets: le Vesuvio (1 277 m) et le Monte Somma (1 132 m).
** **Capri** 31 L'île en face de la presqu'île de Sorrente, petite mais jolie: des roches calcaires d'un blanc éclatant émergent subitement des eaux bleues. La plus belle des 60 grottes est la mondialement célèbre **Grotte Bleue; trois pics rocheux, les *Faraglioni, le *Monte Solaro (590 m, superbe vue); la porte rocheuse de l'*Arco Naturale.
*** **Côte amalfitaine** 32 Une des bandes côtières les plus spectaculaires de la mer Méditerranée, avec d'innombrables baies, une végétation luxuriante et des panoramas sensationnels. Tout le littoral est inscrit au patrimoine mondial de l'Unesco.

Pouilles

Les Pouilles s'étendent entre l'éperon et le talon de la botte italienne. Au fil des millénaires, les cultures les plus diverses ont apporté leur contribution au développement du caractère irrésistible qui identifie la population.

Culture

Manfredonia 90 Ville industrielle au pied du Gargano, avec un château (1256) des Hohenstaufen devenu un **musée, où l'on peut voir des tombeaux des 7e et 6e siècles avant J.-C.
* **Monte Sant'Angelo** 91 Lieu de pèlerinage dans le Gargano, avec la *Sainte-Grotte de l'archange Michaël et le **tombeau d'un roi longobard.
* **Vieste** 92 Le centre touristique du Gargano. La ville intérieure tortueuse, couronnée par un château médiéval, grimpe dans la montagne et offre une belle vue sur la mer.
** **Castel del Monte** 93 La "couronne des Pouilles", inscrite au patrimoine mondial de l'Unesco: la forteresse érigée par Frédéric II sur un plan octogonal se situe dans la plaine et était au début du 13e siècle le symbole de la puissance impériale.
* **Trani** 94 Au-dessus de la mer s'élève la majestueuse **cathédrale Saint-Nicolas le Pèlerin, un des édifices romans les plus importants d'Italie méridionale.
** **Les «trulli» d'Alberobello** 95 C'est dans le quartier pittoresque de Monti que vous rencontrerez ces célèbres bâtiments ronds (patrimoine mondial de l'Unesco); l'église est elle-même un trullo, avec une voûte s'élevant à 21 mètres. Au sud-est: *Locorotondo, village circulaire de maisons chaulées, situé en haut d'une colline.
* **Bari** 96 Le chef-lieu bigarré et bruyant des Pouilles. À voir absolument: dans la ville intérieure à l'allure arabe, l'**église Saint-Nicolas, le prototype de l'église romane dans les Pouilles, avec le très intéressant **siège de l'évêque et une *crypte à colonnade; la **cathédrale Saint-Sabin (12e siècle), avec des statues romanes; le *Castello Normanno-Svevo, un château d'origine normande.
Brindisi 97 Déjà importante à l'Antiquité en raison de son port naturel. À voir absolument: le *Musée archéologique, l'*église bénédictine, avec le plus vieux cloître des Pouilles. En dehors: l' **église Notre-Dame (13e siècle) avec sa façade rouge et blanche et son intérieur décoré de fresques.
** **Lecce** 98 La ville baroque de la Péninsule salentine. Les princi-

La Valette, la capitale de la République de Malte depuis 1964, est située au nord-est de l'île.

Formations rocheuses bizarres devant la côte de l'île de Gozo.

Marsaxlokk, pour nombre de visiteurs, le village de pêcheurs le plus étonnant de Malte.

SUISSE
Berne
Lucerne
Lausanne
Coire
Alpes Bernoises
ALPES
AUTRICHE
Hohe Tauern
Niedere Tauern
Graz
Klagenfurt
Maribor
Ljubljana
SLOVÉNIE
HONGRIE
Székesfehérvar
Lac Balaton
Kaposvár
Pécs
Zagreb
Karlovac
CROATIE
Osijek
Rijeka
Istrie
Pula
Zadar
Split
Banja Luka
BOSNIE-HERZÉGOVINE
Alpes Dinariques
Sarajevo
Mostar
Dubrovnik
Schloss Tirol
St. Prokulus
Meran
Brixen
Innichen
Monastère de Säben
Bozen
Parco Naz. dello Stelvio
Dolomites
Parco Naz. Dolomiti Bellunesi
Trente
Riva
Lago di Garda rive occidentale
rive orientale
Bassano d. Grappa
Monte Grappa
Asolo
Vicenza
Padua
Venise
Canal de Brenta
Lagune de Grado
Aquileia
Trieste
Údine
Cividale d. F.
Verona
Mantua
Sirmione
Brescia
Bérgamo
Lago di Como
Como
Bellagio
Monte Isola
Lago Maggiore
Parco Naz. d. Val Grande
Gressoneydal
Aosta
Vallée d'Aoste
Ivrea
Parco Naz. del Gran Paradiso
Castelseprio
Novara
Milaan
Vercelli
Certosa di Pavia
Pavia
Turin
Cremona
Piacenza
Asti
Saluzzo
Alta Via dei Monti Liguri
Parma
Réggio nell' Emília
Modena
Bologna
Ferrara
Etsch
Po
Monte Beigua
Genua
Portofino
Pietravecchia-Torragio-Massiv
Albenga
Cinque Terre
La Spézia
Portovenere
Isola Palmaria
Ventimiglia
San Remo
Golfe de Gênes
Nice
Monte-Carlo
Côte d'Azur
Mer Ligurienne
ITALIE
Ravenna
Rímini
Gradara
Rep. S. Marino
San Leo
Urbino
Monte Conero
Loreto
Fonte Avellana
Grotte di Frasassi
Macerata
Lucca
Pistóia
Prato
Firenze
Arno
Parco Naz. delle Foreste Casentinesi
Pisa
Livorno
Volterra
San Gimignano
Siena
Arezzo
Gúbbio
Perúgia
Assisi
Pienza
Massa Marittima
Maremma
Monte Amiata
Parco Naz. dei Monti Sibillini
Áscoli Piceno
Grosseto
Orvieto
Parco Naz. del Gran Sasso
Gran Sasso e Monti della Laga
Pescara
Elba
Bastia
Parco Nazionale dell' Arcipelago Toscano
Monte Argentario
L. di Bolsena
Viterbo
Tibre
L'Aquila
Bominaco
Parco Naz. della Majella
Calvi
Corse
Ajaccio
Tarquinia
Civitavécchia
Monti Simbruini
Tívoli
Rome
Cité du Vatican
Ostia Antica
Anagni
Casamari
Parco Naz. d'Abruzzo
Montecassino
Campobasso
Parco Nazionale del Gargano
Gargano
Vieste
Monte Sant' Angelo
Manfredonia
Mer Adriatique
Porto-Vecchio
Bonifacio
Capo Testa
P. Naz. dell'Arcipelago di la Maddalena
Parco Nazionale dell' Asinara
Porto Tórres
Ólbia
Grotta di Nettuno
Alghero
Sássari
Santíssima Trinità
San Pietro di Sorres
Núoro
Monti del Gennargentu
Oristano
Su Nuraxi
Sardaigne
Cágliari
Nora
Costa del Sud
Sulcis
Caserta
Benevento
Trani
Bari
Venosa
Castel del Monte
Castellana Grotte
Brindisi
Isole Pontine
Naples
Vésuve
Ercolano
Pompéi
Monte Vulture
Trulli d'Alberobello
Ischia
Amalfi
Capri
Côte amalfitaine
Paestum
Sassi von Matera
Táranto
Lecce
Salento
Otranto
Gallipoli
Metaponto
Parco Nazionale del Cilento e Vallo di Diano
Parco Nazionale del Pollino
Mer Tyrrhénienne
Rossano
Cosenza
Parco Naz. della Calabria
Crotone
Catanzaro
Mer Ionienne
Îles Éoliennes
Cattolica
Gerace
Parco Naz. dell' Aspromonte
MER MÉDITERRANÉE
Palermo
Trápani
Erice
Îles Égates
Cefalù
Messina
Reggio di Calabria
Détroit de Messine
Etna
Taormina
Sicile
Selinunte
Piazza Armerina
Catánia
Valle dei Templi
Villa Romana del Casale
Siracusa
Ragusa
Noto
Pantelleria
MER MÉDITERRANÉE
Gozo
Comino
St. Paul's Island
Marfa
Mdina
Rabat
Valletta
Malte
Cart-ruts
Hypogée
Temple d'Hagar Qim
Blue Grotto

L'abbaye Saint-Nicolas, sur l'île montagneuse et couverte de pins de Korčula, face à la côte dalmate. C'est surtout la vieille ville du même nom qui mérite une visite.

Pays des Balkans

La péninsule des Balkans doit son nom aux montagnes des Balkans qui, au nord, sont délimitées par la Save et le Danube. Les Balkans englobent les pays de l'ex-Yougoslavie – Slovénie, Croatie, Serbie, Bosnie-Herzégovine, Macédoine et Monténégro –, ainsi que l'Albanie, la Grèce, la Bulgarie et la Roumanie. La Slovénie montagneuse, qui vous invite pour des vacances tranquilles et bon marché, et la Croatie sont entre-temps redevenues des destinations populaires. En Croatie, la mer Méditerranée vous invite à vous baigner, à surfer, à plonger et à faire de la voile. Le paysage y est varié et, avec ses nombreuses îles et presqu'îles, ses baies et ses plages de sable, le littoral de l'Istrie et de la Dalmatie fait partie des plus beaux de la mer Adriatique.

Le dragon de Ljubljana, sur le pont du Dragon.

*L'église de pèlerinage baroque Marie-dans-le-Lac est l'un des symboles de **Bled**, la station thermale la plus connue de Slovénie, dans une étroite vallée des Karawanken. Sa situation est unique, sur le lac de Bled (Blejsko jezero), dont les eaux agréables invitent à la baignade.*

Slovénie

Superficie: 20 256 km²
Côte: 46,6 km
Point culminant: Triglav (2 864 m)
Plus long cours d'eau: Save (940 km, partiellement)
Population: 1,986 millions d'habitants
Densité de population: 98 hab./km²
Capitale: Ljubljana (276 119 habitants)
Fuseau horaire: MET

Adresses utiles

(B)
Ambassade de Slovénie
Avenue Louise, 179
1050 Bruxelles
Tél.: 02 649 90 99
Fax: 02 646 36 67
Web: www.slovenia-tourism.si

(FR)
Ambassade de Slovénie à Paris
Rue Bois-le-Vent, 28
75016 Paris
Tél.: 01 44 96 50 60
Web: www.slovenia-tourism.si

Les bâtiments construits sous les Habsbourg donnent à Ljubljana un petit air autrichien.

Situation et paysage

Entre Trieste et l'embouchure de la Dragonja, la république de Slovénie possède une petite bande côtière. Le nord et le nord-ouest sont caractérisés par de hautes chaînes montagneuses comme les Karawanken, les Steiner et les Sanntaler Alpen, les Alpes Juliques et les Alpes Calcaires du sud. L'intérieur du pays est marqué par le paysage vallonné du Benedenmark, de Witte Mark et le Droge Mark qui, en direction de la Hongrie, traverse les plaines de Pannonie.

Culture

**** Ljubljana** 1 La capitale, sur la rivière Ljubljanica. À voir absolument: l'église des Franciscains (17e siècle); le centre commercial Art nouveau Centromerkur; les dits Trois Ponts **Tromostovje; l'hôtel de ville et son horloge astronomique (1718); la *fontaine des rivières de Krain, de 1751; la cathédrale romane Saint-Nicolas, transformée en style baroque; le palais archiépiscopal; le séminaire du 18e siècle; la forteresse de *Ljubljanskigrad (16e siècle); le palais rococo de Gruber; le mont *Šmarna gora; le *Pont du cordonnier; la *place de la Révolution Française avec la colonne illyrienne de 1929 et l'abbaye des croisiers; la **Bibliothèque nationale; le **Musée national.

**** Škofja Loka** 2 Ville au sud de Kranj. À voir absolument: le centre historique, les vestiges du mur d'enceinte, la forteresse romane de Krancelj; la nouvelle forteresse de Loπkigrad avec le Musée municipal; la place Mestni trg avec la Colonne de la Vierge de 1751.

*** Radovljica** 3 Petite ville industrielle au confluent de la Save Dolinka et de la Save Bohinjka. À voir absolument: le centre-ville des 16e-18e siècles; l'église paroissiale Saint-Pierre; la forteresse baroque avec le *Musée Imker; le Musée de la ferronnerie à *Kropa, toute proche.

Kobarid 4 Petite ville sur les gorges de Soča. À voir absolument: le *Musée Isonzo rappelle les batailles qui firent rage dans les Alpes durant la Deuxième Guerre Mondiale; dans l'ossuaire de l'église Saint-Antoine sont inhumés plus de 7 000 soldats italiens.

Nova Gorica 5 Ville industrielle à la frontière italienne. Très intéressant: l'abbaye de Franciscains de Kostanjevica avec la tombe du dernier roi français Bourbon Charles X, qui y mourut en exil en 1836.

*** Štanjel** 6 Village au nord de Trieste. Très intéressante: l'architecture calcaire typique de l'église et de la forteresse.

**** Lipica** 7 Ville à la frontière italienne. Le haras, l'hippodrome et le manège couvert témoignent que l'on y pratique l'élevage de chevaux de Lipizzans, mais la ville ne fournit plus de chevaux à l'école d'équitation de Vienne.

*** Koper** 8 Ville industrielle sur le Golfe de Trieste. À voir absolument: le vieux port; le palais Belgramoni-Tacco, du 17e siècle; la place Titov trg avec la loggia en style gothique vénitien; le *palais des Préteurs; l'ancienne cathédrale Saint-Nazarie du 13e siècle; le campanile médiéval fortifié; la place Trg Revolucije avec sa grange à blé Fontego du 14e siècle; le palais Almerigogna du 15e siècle; la Fontana da Ponte, du 17e siècle, sur le Prešernov, la porte de la ville Porta Muda de 1516. Dans les environs: la village de *Socerb avec les ruines d'une forteresse du 13e siècle et, à *Hrastovlje, l'église Sveta Trojica et ses fresques gothiques.

**** Piran** 9 Ville portuaire sur le golfe de Trieste. À voir absolument: la *maison Vénitienne du 15e siècle; *l'aquarium; *l'église Saint-Georges du 16e siècle avec un campanile datant de 1609; la porte Marciana de 1534. La station balnéaire de *Portoroî, dans la baie de Piran, mérite aussi une petite visite, avec le Seča, le musée en plein air avec ses sculptures.

*** Novo Mesto** 10 Ville au centre historique, abritant une abbaye de Franciscains de 1470 et une façade d'église gothique. Dans les environs: le *château sur l'eau d' Otočec (13e siècle) fut transformé en forteresse à la Renaissance et durant la période baroque.

**** Kostanjevica** 11 Ville sur la Krka. À voir absolument: l'église paroissiale Saint-Jacques, qui date de la période médiévale; l'ancienne abbaye de Cisterciens avec sa cour intérieure baroque et ses galeries voûtées; le musée en plein air Forma viva.

Celje 12 Ville industrielle sur la Savinja. À voir absolument: l'église gothique *Saint-Daniel du 14e siècle; le palais Renaissance avec le Musée régional.

Šempeter 13 Localité de la vallée de la Savinja. À voir absolument: la *nécropole romaine des 1e et 2e siècles; la forteresse de Sanneck avec son Musée de la mine.

*** Mozirje** 14 Localité dans les Sanntaler Alpen. Le Musée de la ferme donne un aperçu de la vie à la campagne.

Château d'Olimje 15 Près de Sobote: édifice Renaissance de 1550, utilisé comme abbaye depuis 1663.

Šmarje pri Jelšah 16 Lieu de pèlerinage à l'est de Celje. À voir absolument: l'église paroissiale de la Vierge Marie, avec son chemin de croix; **l'église de pèlerinage Saint-Roch (18e siècle).

**** Sladka Gora** 17 Lieu de pèlerinage près de Mestnine. À voir absolument: le riche intérieur de l'église Notre-Dame du 18e siècle.

**** Ptujska Gora** 18 Église Notre-Dame sur la Dravinja. L'église de pèlerinage est considérée comme l'un des principaux édifices de Slovénie, avec un autel de Cilli, l'autel Loretto et la **Madone qui date de l'an 1400 environ. Dans les environs: la *forteresse baroque, sur les rives de la Dravinja.

**** Ptuj** 19 Ville sur la Drave. À voir absolument: la forteresse du 14e siècle; l'ancienne abbaye de Dominicains du 18e siècle; l'abbaye de Minorites du 13e siècle transformée en style baroque; la colonne Florian de 1745; la tour du 16e siècle; **le monument romain Orpheus.

**** Jeruzalem** 20 Ville sur la route des vins slovène. Église de pèlerinage de la Mater dolorosa, point de vue phénoménal sur les collines couvertes de vignobles.

*** Maribor** 21 La deuxième plus grande ville de Slovénie, sur la Drave. À voir absolument: le vieux pont, la tour d'eau pentagonale de 1555; la tour juive de 1465; le Musée régional, la Tour du juge de 1310; la place *Glavni trg avec la colonne de Marie de 1743, l'église Saint-Louis en baroque tardif et l'ancien hôtel de ville du 16e siècle; Slomškov trg avec sa cathédrale Saint-Jean-Baptiste de 1189, agrandie à plusieurs reprises; le château datant du 15e siècle.

Nature

*** Blejsko jezero** 1 Lac féerique, baptisé d'après le nom de la station thermale de Bled, alimentée par des sources d'eau chaude; église de pèlerinage de la Vierge dans le lac. Dans les environs: un sentier de promenade est fléché à travers les romantiques *gorges de Vintgar.

**** Parc national Triglav** 2 Le parc national couvre une superficie de 84 805 ha et doit son nom au plus haut sommet des Alpes Juliques, le Triglav, haut de 2 368 m. De nombreux lacs, des gorges et des cascades accentuent le pouvoir d'attraction de ce paysage montagneux. Sur la terre calcaire poussent de nombreuses espèces de plantes alpines, dont beaucoup sont indigènes. Quant à la faune, vous y trouverez des bouquetins, des mouflons, des cerfs, des ours, des coqs de bruyère, des aigles royaux, des marmottes, des loirs et plusieurs espèces de serpents.

***** Grottes de Postojna** 3 Jusqu'à présent, 23 km du complexe de grottes de Postojnska jama ont été explorés. Elles font partie des grottes à concrétions les plus impressionnantes d'Europe. Dans la partie supérieure passe depuis 1872 un chemin de fer à voie étroite et dans les salles inférieures coulent la rivière Pivka. Le Musée de la Spéléologie, installé dans l'hôtel de ville de Postojna, est également très intéressant.

**** ˇkojanske jame** 4 Près de la localité de Škocjan, la rivière Reka s'est frayé un chemin sous la terre et a creusé, au fil de millions d'années, les grottes de Saint-Kancijan. Ces grottes présentent de bizarres concrétions et formations calcaires (classées au patrimoine mondial par l'Unesco).

*L'un des plus précieux trésors artistiques d'Istrie se trouve à **Poreč**. Dans l'abside de la basilique d'Euphrasius, de magnifiques mosaïques byzantines du 6e siècle ont été conservées. Les mosaïques des façades ouest et est sont légèrement endommagées, mais valent quand même le coup d'œil.*

Croatie

Superficie: 56 542 km²
Côte: 5 790 km, dont 1 778 km sur le continent
Point culminant: Dinara (1 830 m)
Plus long cours d'eau: Save (940 km, partiellement)
Population: 4,7 millions d'habitants
Densité de population: 84 hab./km²
Capitale: Zagreb (706 770 habitants)
Fuseau horaire: MET

Adresses utiles

(B)
Office du tourisme de Croatie
Place de la Vieille Halle au Blé, 38
1000 Bruxelles
Tél.: 02 255 018 58

(FR)
Office national croate du tourisme
Avenue Victor Hugo, 48
75116 Paris
Tél.: 01 45 00 99 55
Fax: 01 45 00 99 56
E-mail: croatie.ot@wanadoo.fr
Web: www.ot-croatie.com.

Situation et paysage

La Croatie se compose des plaines fertiles de Basse-Croatie, entre la Save, la Drave et le Danube, et la région montagneuse de Slavonie à l'intérieur des terres. Les hauts plateaux et leurs plaines fluviales marécageuses font la transition avec le relief karstique de Haute-Croatie, ceinturé de chaînes montagneuses boisées. Sur la côté adriatique, les presqu'îles d'Istrie et de Dalmatie offrent de splendides paysages.

Culture

** **Zagreb** ❶ Capitale sur la Save. À voir absolument: le pittoresque centre-ville avec la cathédrale gothique achevée au 19e siècle, qui vous charmera avec ses fresques de style roman tardif et sa chambre du trésor; une porte en pierre datant du 13e siècle; l'église baroque Sainte-Catherine; la tour Lotršçak (13e siècle); l'église Saint-Marc de 1242, avec son porche sud richement décoré; de vieux palais; de nombreux musées.

** **Poreč** ❷ Station balnéaire en Istrie. Intéressant: les ruines de l'implantation romaine de Parentium, datant du 2e siècle, l'église de Franciscains (13e-14e siècles) et des maisons de maître dans le style gothique et Renaissance vénitien. Le centre-ville, avec la très attrayante basilique euphrasienne, datant du 6e siècle et ses belles mosaïques byzantines et son clocher du 16e siècle, est classé au patrimoine mondial de l'Unesco.

* **Beram** ❸ Village dans l'intérieur de l'Istrie. Les principales curiosités sont les fresques gothiques dans l'église ** Sveta Marija na Škriljinah, avec surtout la Danse macabre de 8 m de long.

** **Rovinj** ❹ La pittoresque ville se trouve sur une presqu'île. Son symbole est le clocher de 59 m de haut de la cathédrale baroque *Sainte-Euphémie. Egalement intéressant: l'église de la Trinité, du 13e siècle, et les portes de la ville, datant du 16e siècle. Un peu à l'écart du centre se trouve l'*aquarium.

Pula ❺ Ville portuaire dans le sud de l'Istrie. À voir absolument: **les arènes romaines, *le temple d'Auguste et l'arc de triomphe datant du 1er siècle; *le Musée archéologique; l'église *Sveti Franjo de 1314 avec son précieux autel à vantaux du 15e siècle.

* **Rijeka** ❻ Ville portuaire sur la côte adriatique. Très intéressant: *la tour de la ville, du 15e siècle; le vieil hôtel de ville du 16e siècle; la porte romaine; la basilique de l'Assomption transformée en style baroque et datant du 13e siècle, avec son clocher penché de 1377; le *Musée d'Histoire et de la Marine; **l'église de pèlerinage à Notre-Dame de Lorette (15e siècle) avec *la chapelle votive et l'escalier des pèlerins; **la forteresse de Trsat.

** **Rab** ❼ Île dans la mer Adriatique. *La cathédrale Notre-Dame romane, l'abbaye des Franciscains et l'église Saint-André sont intéressants.

** **Zadar** ❽ Ville portuaire sur la côte dalmate. À voir absolument: *le Musée archéologique; l'église Notre-Dame du 11e siècle, avec sa façade Renaissance et son intérieur baroque; **l'église Saint-Donatien, du 9e siècle, à l'endroit où se trouvait le *forum romain; la cathédrale romane Sainte-Anastasie des 12e-14e siècles; l'église Saint-Simon (14e siècle).

** **Šibenik** ❾ Ville portuaire à l'embouchure de la Krka. Au centre-ville: la **cathédrale Saint-Jacques (15e-16e siècles). Dans la loggia du 16e siècle siégeaient jadis le conseil de la ville. Le Musée municipal est également intéressant.

** **Trogir** ❿ Ville portuaire médiévale en Dalmatie (classée au patrimoine mondial de l'Unesco). Le principal bâtiment est la **cathédrale commencée en 1213, avec la salle

1 L'architecture de nombreuses villes slovènes témoigne du passé mouvementé du pays: vous reconnaîtrez parfois le style baroque d'Autriche-Hongrie, mais à d'autres endroits, vous vous croirez en Italie, comme ici sur la grand-place de Piran.

2 Le haut clocher de Rovinji, sur la côte ouest de l'Istrie, est une copie du campanile de Venise.

3 La ville historique de Trogir se trouve sur une île artificielle. La ville remonte à une colonie grecque de 385 av. J.-C. Y passèrent ensuite les Romains, les Vénitiens, les Français et les Autrichiens.

*Le cœur médiéval de **Split** fut bâti sur les vestiges du palais de Dioclétien. L'empereur s'y retira en 305, après son abdication. Le complexe comprend aujourd'hui plus de 200 maisons qui furent contruites au fil du temps avec les matériaux du palais. Le péristyle constituait la partie centrale du palais, une cour intérieure ceinturée de colonnes où l'empereur se montrait à ses sujets et recevait les messagers.*

du trésor, le **porche ouest roman et la chapelle Saint-Jean de style Renaissance. À voir également: le palais de Čipico datant du 15e siècle; l'hôtel de ville du 13e siècle; l'église Saint-Jean et l'église Saint-Nicolas avec de précieux trésors religieux.

** **Split** (11) Ville portuaire en Dalmatie. Le centre historique est le **palais de Dioclétien, de 38 000 m² (classé au patrimoine mondial de l'Unesco), avec la *cathédrale fondée au 8e siècle sur les bases du mausolée de l'empereur. À voir également: la porte de la cathédrale, sculptée en 1214, les stalles et le sphinx égyptien du 13e siècle près de l'entrée. La Porte de Fer donne accès au centre-ville avec son vieil hôtel de ville gothique et son château.

** **Korčula** (12) Île sur la côte dalmate. Très intéressant dans la ville du même nom: les murs d'enceinte avec les tours, l'hôtel de ville de style Renaissance, *la cathédrale Saint-Marc avec des œuvres de Tintoretto et de Bassano, le palais épiscopal et sa collection artistique; la «maison natale» de Marco Polo; *l'église baroque de Tous les Saints.

** **Dubrovnik** (13) Ville portuaire sur la côte adriatique. À voir absolument: les murs d'enceinte de 2 km de long avec les *portes Pile et Ploče, la tour Minčeta et plusieurs forts; la Grande Fontaine d'Onofrio; le couvent des Franciscains avec son cloître du 14e siècle; le palais de Sponza, du 16e siècle; l'église Saint-Blaise du 18e siècle; *le couvent des Dominicains du 14e siècle avec de précieux objets d'art sacré; *le palais des recteurs du 15e siècle. Depuis 1979, la vieille ville est classée au patrimoine mondial de l'Unesco.

* **Cavtat** (14) Petite ville sur la côte adriatique, avec le palais des recteurs du 16e siècle (Musée municipal), l'église paroissiale Saint-Nicolas et l'église Sveti Vlaho.

Nature

* **Jama Baradine** (1) La grotte près du village de Nova Vas vous emmène dans le monde des concrétions. Dans un bassin, vous pourrez voir une espèce unique de salamandres des cavernicoles.

** **Îles Brioni** (2) Le parc national englobe un archipel de 14 îles. Son riche univers végétal compte des chênes verts, des tilleuls, des lauriers et des plantes subtropicales. Quant à la faune, vous y trouverez des mouflons, des daims et d'axis et, dans le parc safari gambadent des zèbres, des éléphants, des chameaux et des lamas.

* **Risnjak** (3) Le centre du parc national est le Risnjak, haut de 1 528 m. Dans les parties plus élevées poussent des edelweiss, des asters des Alpes et des gentianes. Le monde animal compte plus de 100 espèces d'oiseaux, des chamois et des ours bruns.

*** **Plitvice** (4) Le parc national, classé au patrimoine naturel mondial en 1979 et se trouvant au nord-est de la Mala Kapela, impressionne avec les 16 lacs de Plitvice, les chutes d'eau sauvages et la forêt intacte.

** **Paklenica** (5) Le parc national se trouve au sud du Mont Velebit et vous offre deux ravins époustouflants. Y vivent des ours bruns et des rapaces, comme des vautours fauves et des aigles royaux.

* **Parc national Krka** (6) La principale attraction du parc sont les 17 cascades qui, sur des escaliers en forme de terrasse de 200 m de large, se jettent 52 m plus bas dans un lac idyllique.

*** **Côte et îles de Dalmatie** (7) Une côte variée, avec ses îles, ses

Au départ du palais que l'empereur romain Dioclétien fit construire pour ses vieux jours naquit au Moyen Âge la ville de Split.

Bosnie-Herzégovine

Superficie: 51 129 km²
Côte: 20 km
Point culminant: Maglic (2 386 m)
Plus long cours d'eau: Bosna (241 km)
Population: 3,124 millions d'habitants
Densité de population: 61 hab./km²
Capitale: Sarajevo (383 000 habitants)
Fuseau horaire: MET

Adresses utiles

(B) Ambassade de Bosnie-Herzégovine
Rue Tenbosch, 31
1000 Bruxelles
Tél.: 02 644 20 38

(FR) Ambassade de Bosnie-Herzégovine
Rue de Courcelles, 174
75017 Paris
Web: http://www.bosnianembassy.org/

Des lacs superposés reliés par des chutes d'eau – les lacs de Plitvice, un spectacle naturel.

*L'île de Korcula est en fait une sorte de prolongation de la presqu'île de Pelješac, qui longe la côte dalmate sur 70 km. Visiter la petite ville-îlot de **Korčula** est un must. C'est un petit bijou, où les différents maîtres de l'île – Grecs, pirates illyriens, Romains et Vénitiens – ont laissé leur empreinte. Ainsi, vous y trouverez des ouvrages défensifs massifs et des tours pittoresques, un port romantique, des places intimes et des rues tranquilles.*

baies romantiques et ses plages magnifiques. Dans la mer Adriatique, face à la côte dalmate, se trouvent 600 îles.

Situation et paysage

La Bosnie-Herzégovine s'étend entre les vallées de l'Una, de la Save et de la Drina et les montagnes côtières de Dalmatie. Le pays est boisé, montagneux et une région karstique. Le seul accès à la mer est un littoral de 20 km sur la mer Adriatique. Le pays se remet lentement de la guerre civile, qui a ravagé de nombreuses îles historiques. L'infrastructure touristique est en plein développement, mais vous trouverez aussi des chambres modestes dans des localités moins importantes. À Sarajevo et dans d'autres villes, vous pourrez aussi opter pour des hôtels nationaux et internationaux.

Culture

Radimilja ❶ Localité située en Herzégovine orientale. **Les tombes de Bogomil sont considérées comme le principal témoignage de l'art bosniaque médiéval. La nécropole se compose de stèles joliment décorées et de sarcophages.

** **Mostar** ❷ Ville sur la Neratva. La ville, jadis intéressante, a été sérieusement endommagée pendant les luttes pour l'indépendance et de nombreux édifices historiques ont été détruits, parmi lesquels le symbole de la ville, le *Vieux Pont du 16e siècle, avec sa tour de l'horloge, flanqué des portes de la ville. Il a entretemps été reconstruit sous le contrôle de l'Unesco. Très intéressante, parmi les nombreuses mosquées: *la mosquée Karadïog-Beg du 16e siècle.

** **Sarajevo** ❸ La capitale, dans la vallée de la Miljačka. Le centre-ville pittoresque, aux allures orientales, a été entièrement rénové à l'occasion des Jeux Olympiques d'hiver en 1984, mais a beaucoup souffert durant la guerre civile. L'image de la rue est définie par les quelque 100 mosquées, dont **la mosquée Gazi-Husrev-Beg du 16e siècle est la plus importante. À voir également: *le quartier commerçant animé de Čaršija; la Mosquée impériale construite en 1566; le Pont latin sur lequel fut commis, en 1914, l'attentat contre le successeur au trône des Habsbourg; la synagogue avec le Musée juif; la cathédrale catholique romaine du 19e siècle; *l'église orthodoxe des Archanges du 16e siècle avec sa remarquable collection d'icônes.

Serbie et Monténégro

Superficie: 102 173 km²
Côte: 199 km
Point culminant: Daravica (2 656 m)
Plus long cours d'eau: Morava (351 km)
Plus grand lac: lac de Skutari (partiellement)
Population: 10,6 millions d'habitants
Densité de population: 104 hab./km²
Capitale: Belgrade (1,168 million d'habitants)
Fuseau horaire: MET

Adresses utiles

(B)
Ambassade de Serbie et Monténégro
Avenue Émile de Mot, 11
1000 Bruxelles
Tél.: 02 647 57 81
Fax: 02 647 29 41
E-mail: ambaserbiemontenegro@skynet.be

(FR)
Ambassade de Serbie et Monténégro
Rue de la Faisanderie, 54
75016 Paris
Tél.: 01 40 72 24 24
Fax: 01 40 72 24 11

Situation et paysage

La république fédérale de Serbie-Monténégro se trouve sur la péninsule des Balkans et se compose des républiques fédérées de Serbie et du Monténégro et des provinces de Vojvodine et du Kosovo sur le territoire de la Serbie, le Kosovo étant depuis 1999 sous le contrôle des troupes internationales de la KFOR. Le nord est caractérisé par les Bassins pannoniques avec, au sud, des collines et des montagnes.

Culture

* **Belgrade** ❶ La capitale, au confluent de la Save et du Danube. À voir absolument: *la forteresse de Kalemegdan du 18e siècle, la tombe du grand vizir turc Damid Ali Paša et la porte baroque Prince-Eugène; la cathédrale orthodoxe du 19e siècle; la mosquée Barjak; **le Musée national; le Musée des fresques; le Musée ethnographique; le Musée d'Art moderne; le palais de la princesse Ljubica, une demeure orientale du début du 19e siècle; le palais du prince Miloš; l'ancien palais royal Beli Dvor.

* **Kalenić** ❷ Abbaye au sud de Kragujevac. L'église du 15e siècle en impose, avec ses porches joliment décorés et ses fresques de l'école de Morava.

1

2

3

1 Un regard sur la pittoresque ville-îlot de Korcula.

2 La côte dalmate offre l'un des plus beaux littoraux de la Méditerranée. Si vous aimez la mer, vous y trouverez sans conteste votre bonheur. Le climat y est aussi très favorable: vous pouvez compter sur 150 jours de soleil par an. Et l'eau de la mer Adriatique reste agréable presque tout l'automne.

3 Dubrovnik – la perle de la côte adriatique. La ville, magnifiquement située, a hélas beaucoup souffert de la guerre civile qui a sévi dans l'ex-Yougoslavie.

Dubrovnik

Dans le sud de la Croatie se trouve la plus belle ville du pays, Dubrovnik, avec sa vieille ville qui semble tout droit sortie d'un conte de fées.

Dubrovnik, perle de la côte adriatique, supporte la comparaison avec des villes telles que Bruges et Lübeck – toutes des villes qui s'enrichirent au Moyen Âge grâce au commerce international et qui ont pu conserver leur caractère historique. Vous pouvez sans détour qualifier Dubrovnic de parfaite, et le charme méditerranéen fait le reste, pour rendre le voyageur heureux. Au cours de sa longue histoire, Dubrovnic connut certes deux périodes noires: en 1667, un tremblement de terre dévastateur toucha la florissante république maritime de Raguse – l'ancien nom de Dubrovnik – qui ne sera plus jamais aussi importante qu'elle le fut au Moyen Âge. Et puis, à la fin du 20e siècle, la guerre civile. Les terribles bombardements endommagèrent sérieusement de très nombreux bâtiments historiques. Mais entre-temps, les édifices historiques uniques ont été restaurés et Dubrovnik est de nouveau ce qu'elle était: l'une des plus belles villes sur la mer Adriatique.

Grande photo de gauche: Un élément typique de la ville: les ouvrages défensifs qui ceinturent tout le cœur historique. Du côté de la mer, le mur d'enceinte fait 6 m d'épaisseur et 25 m de haut.

1 Les toits très serrés de Dubrovnik, qui se trouvait jadis sur une île. En arrière-plan, l'imposant bastion dans l'ancien port, qui abrite aujourd'hui un aquarium.

2 La belle église baroque Sveti Vlaho est consacrée à saint Blaise, le saint patron de la ville. Elle fut construite après le grand tremblement de terre de 1667.

3 Le vieux port était la magnifique porte d'accès à la ville. Tant les amis que les ennemis atteignaient auparavant Raguse par la mer, car l'arrière-pays n'avait pour ainsi dire aucun intérêt pour les activités commerciales de la république maritime.

4 Un coup d'œil dans Stradun, la rue commerçante de la ville. Elle suit le canal qui fut comblé au 13e siècle et qui, jusqu'alors, séparait la ville-ilôt de Raguse, peuplée par les Latins, de l'implantation slave de Dubrava.

1

2

3

4

Serbie et Monténégro, Albanie, Macédoine

*Profondément enfoncée dans le sud de l'Albanie se trouve l'intéressante vieille ville de **Gjirokaster**. Elle est aujourd'hui la capitale de la province du même nom, mais l'âge d'or de la ville est bien loin derrière elle. Elle fut fondée durant la période byzantine, vers l'an 1200. Les vestiges de la forteresse massive, agrandie en 1811 par le souverain ottoman Ali Pascha Tepelena, témoignent de cette époque. De-là, vous aurez la plus belle vue sur la ville et ses environs.*

* **Žiča** ❸ Abbaye au sud de Kraljevo. Les tsars serbes furent couronnés jusqu'en 1336 dans son *église du 13e siècle richement décorée de fresques.
* **Niš** ❹ Dans la ville natale de l'empereur romain Constantin, vous pouvez encore admirer les splendides *mosaïques de son ancienne résidence d'été. La forteresse turque et la Tour aux têtes de mort de 1809, dans laquelle les Turcs maçonnèrent les crânes de plus de 900 partisans de la liberté serbes.
** **Studenica** ❺ La plus grande et la plus riche abbaye de Serbie (patrimoine mondial de l'Unesco) possède trois églises: l'église de la Mère de Dieu du 12e siècle avec ses fresques importantes, l'église du Roi Milutin (14e siècle) et l'église Saint-Nicolas (12e siècle).
** **Sopočani** ❻ Abbaye (patrimoine mondial de l'Unesco) au sud-ouest de Raška. Les **fresques de l'église font partie des plus belles des Balkans. La «Mort de Marie» est l'une des plus grandes œuvres de la peinture médiévale en Europe.
* **Novi Pazar** ❼ Ville au sud-ouest de la Serbie, dont le vieux centre figure au patrimoine mondial de l'Unesco: la mosquée Altum-Alem du 16e siècle, la tour de l'ancien palais Paša. En bordure de la ville se trouve la plus ancienne église de Serbie, l'église Saint-Pierre du 8e siècle.
* **Morača** ❽ L'abbaye fut fondée au Monténégro au 13e siècle. Dans l'église, vous pouvez admirer les fresques médiévales d'un cycle d'Élie.
** **Kotor** ❾ Ville portuaire historiquement importante au sud-est de la baie de Kotor. L'imposant mur d'enceinte ceinture toute la vieille ville (patrimoine mondial de l'Unesco). L'église la plus intéressante est la cathédrale Sveti Tripun construite en 1166.
* **Budva** ❿ Belle station balnéaire sur la côte adriatique du Monténégro, avec de belles plages et un intéressant centre-ville sur une petite presqu'île.
** **Peć** ⓫ Ville au sud-ouest de la Serbie. Durant 700 ans, la ville fut le centre de l'église orthodoxe serbe. **L'ancienne abbaye des Patriarches avec l'église des Apôtres des 13e et 14e siècles nous le rappelle.
* **Dečani** ⓬ L'abbaye, dans la province du Kosovo, possède une église abbatiale de style roman-byzantin avec plus de 1 000 fresques.
** **Gračanica** ⓭ Abbaye au sud de Priština. L'église du 14e siècle est l'un des plus impressionnants témoins de l'architecture serbe-byzantine.

Nature

** **Durmitor** ❶ Le parc national (patrimoine mondial de l'Unesco) s'étend autour du Bobotov Kuk, haut de 2 522 m.
Biogradska Gora ❷ Le parc national se compose en majeure partie d'une forêt vierge intacte comptant plus de 70 essences d'arbres et buissons différentes.

Albanie

Superficie: 28 748 km²
Côte: 380 km
Point culminant: Korab (2764 m)
Plus long cours d'eau: Drin (250 km en Albanie)
Plus grand lac: lac de Skutari (150 km² en Albanie)
Population: 3,324 millions d'habitants
Densité de population: 116 hab./km²
Capitale: Tirana (427 000 habitants)
Fuseau horaire: MET

Adresse utile
(B) (FR)
Albanian Travel and Hospitality
Rruga e Durrresit,
P. Nr. 102, Tirana, Albanie
Tél.: 00 355 42 40 955,
Fax: 00 355 42 33 997
Web: www.aths-travel.com

Situation et paysage

Les Alpes albanaises au nord du pays et les massifs calcaires au sud enferment un paysage vallonné qui descend vers la mer, jusqu'à une plaine côtière particulièrement marécageuse.

Culture

* **Shkodër** ❶ Ville sur le lac de Skutari. À voir absolument: les ruines de la forteresse vénitienne et l'ancienne église Saint-Étienne du 14e siècle.
* **Durrës** ❷ Ville portuaire sur la mer Adriatique, avec un *amphithéâtre romain (**précieux mur de mosaïques).
Tirana ❸ Depuis 1922, la capitale d'Albanie. Très intéressant: *la mosquée Ethem Bey du 19e siècle avec de belles peintures et une tour de l'horloge; le Musée d'histoire; la Galerie d'histoire avec des œuvres de l'art albanais d'après 1945; le *Musée archéologique et ethnographique.
* **Elbasan** ❹ Ville au sud-est de Tirana, avec une *forteresse romaine et plus tard turque, la mosquée Mbret, le plus ancien édifice religieux conservé d'Albanie et des **peintures dans l'église Shen Kolli à Shelcan.
** **Voskopoja** ❺ Ville délabrée près de Korça. Des 26 églises des 17e et 18e siècles, cinq sont restées quasi intactes.
* **Berat** ❻ Ville sur la rivière Osum. À voir absolument: **fortifications médiévales, *maisons du 19e siècle aux «mille fenêtres»; la *cathédrale; *l'église Notre-Dame et ses fresques du 16e siècle.
** **Apollonia** ❼ Site archéologique près de Fier. Les ruines, mais aussi le musée, méritent une visite.
* **Gjirokastër** ❽ Ville dans la vallée du Drino. À voir absolument: la **Ville-musée avec des maisons des 18e et 19e siècles, la forteresse agrandie en 1811 d'origine byzantine (13e siècle); dans les environs: nombreuses sources minérales.
Sarandë ❾ Station balnéaire avec une intéressante basilique paléochrétienne et une forteresse turque.
** **Butrint** ❿ L'antique Buthroton près de Saranda (patrimoine mondial de l'Unesco) avec, notamment, un asclepeion et un nymphaeum grecs, un théâtre romain, le mur d'enceinte avec la Porte des lions et un temple ionique (3e siècle av. J.-C.).

Nature

Lura ❶ Le Parc National au nord de Tirana comprend deux chaînes de montagnes de plus de 2 000 m d'altitude et abritant de nombreux lacs de montagne.

Macédoine

Superficie: 26 713 km²
Point culminant: Golem Korab (2 753 m)
Plus long cours d'eau: Varda (388 km)
Plus grand lac: lac d'Ohrid (348 km²)
Population: 1,997 millions d'habitants
Densité de population: 78 hab./km²
Capitale: Skopje (444 300 habitants)
Fuseau horaire: OET

Adresses utiles
(B) *Ambassade de Macédoine*
Avenue de Tervuren, 128
1050 Bruxelles
Tél.: 02 732 91 08
(FR) *Ambassade de Macédoine*
Rue Sébastien Mercier, 21
75015 Paris
Tél.: 01 45 77 10 50
Fax: 01 45 77 14 84

Situation et paysage

La Macédoine est entourée au nord par la Yougoslavie, à l'est par la Bulgarie, au sud par la Grèce et à l'ouest par l'Albanie. L'instabilité tectonique constante a fait apparaître plusieurs chaînes de montagnes, parfois séparées par de profondes vallées.

Culture

* **Ohrid** ❶ Ville sur le Lac d'Ohrid (patrimoine mondial de l'Unesco). L'église Sveta Sofija, construite au 9e siècle et transformée en mosquée aux 11e et 15e siècles, est très intéressante du point de vue historique et culturel. Les **fresques découvertes entre 1941 et 1960 font partie des plus importantes dans leur genre. Vous trouverez aussi de belles fresques et icônes du 14e siècle dans *l'église Saint-Clément datant du 13e siècle. Sur la rive sud du lac se trouve l'église de l'Archange (10e siècle, transformée aux 15e/16e siècles).
* **Stobi** ❷ Site archéologique au sud-est de Skopje. La capitale romaine de la Macédoine du Nord fut dévastée par un tremblement de terre en l'an 516. Ont entre-temps été dégagés l'amphithéâtre du 2e siècle, le palais de Parthenius et de Peristherius, une porte de la ville et quelques églises paléochrétiennes.
Bitola ❸ Ville en Macédoine du Sud. À voir absolument: outre l'église Saint-Dimitri et quelques mosquées, les fouilles de l'implantation romaine de Heraclea Lincestis valent la peine

Le centre historique de Kotor avec, en arrière-plan, le splendide paysage de la côte adriatique. De 1420 à 1797, la ville portuaire bénéficia de la protection de Venise.

Idyllique: la localité macédonienne d'Ohrid se trouve sur l'un des plus vieux lacs de la terre.

d'être vues.

Skopje ❹ Capitale de la Macédoine sur le Vadar. Après le grave tremblement de terre de 1963, la ville fut reconstruite. Intéressant: les ruines de la citadelle; la mosquée Mustafa-Paša du 15e siècle; le caravansérail de Kuršumlihan du 15e siècle avec ses collections archéologiques; les anciens bains turcs de Daut Paša du 15e siècle et la galerie d'art; l'église Saint-Sauveur du 17e siècle avec une belle iconostase; la mosquée Hjumćar.

Nature

Parc national Mavrovo ❶ Avec sa superficie de plus de 78 km², c'est le plus grand parc national de Macédoine. Il englobe les monts Sar, Bistra, Korab et Desat. La plus haute montagne est le Golem Korab avec ses 2 764 m. Y poussent de nombreuses plantes apparues à l'ère tertiaire et la faune y est également très variée.

L'île ionienne de Zakynthos offre de magnifiques baies, qui ne sont généralement accessibles qu'en bateau ou par des sentiers abrupts. L'un de ses points forts est la plage avec les épaves de navires près de Porto Vromi.

Grèce

De petites maisons blanches, carrées, sur une mer bleu profond, des régions dépouillées envahies par l'odeur du thym sauvage, des endroits déjà célèbres dans l'Antiquité, des oliviers, le sympathique aubergiste au café du village, la femme perchée sur son âne: quand vous pensez à la

Rhodes: l'accès au port de Mandraki.

Grèce, les images les plus diverses vous viennent à l'esprit. Ensemble, elles forment la carte postale d'un pays au caractère très personnel. La Grèce est unique, et si vous l'aimez, vous y reviendrez. Également pour y découvrir des choses inconnues; car le continent n'est pas seul à offrir ses montagnes, ses hauts plateaux et ses littoraux, avec chaque fois quelque chose de nouveau, aux vacanciers actifs et moins actifs. La mer Égée – qui, avec ses innombrables petites et grandes îles, forme tout un monde en soi – fascine elle aussi à chaque voyage.

*Le massif de Pinde, dans la région de Thessalie, dans le nord du pays, se compose de massifs tabulaires. Certains sont si usés par l'érosion qu'ils pointent leurs aiguilles vers le ciel. En outre, les monastères des **Météores** trônent depuis déjà 600 ans dans l'air raréfié .*

Grèce

Superficie:
131 957 km^2 (dont 106 791 km^2 sur le continent)
Côte:
15 020 km (dont 4 100 km sur le continent)
Point culminant:
Olympe (2 917 m)
Plus long cours d'eau:
Aliakmon (291 km)
Plus grand lac:
Limni Vegorritis (81 km^2)
Population:
10,7 millions d'habitants
Densité de population:
80 hab./km^2
Régions: Nord de la Grèce, Athènes, Péloponnèse, Îles Égéennes, Crète
Capitale:
Athènes (772 072 habitants)
Fuseau horaire: OET

Adresses utiles
(B) Office du tourisme de Grèce
Avenue Louise, 172
1050 Bruxelles
Tél.: 02 647 57 70
Fax: 02 647 51 42

(FR) Office national hellénique du tourisme à Paris
Avenue de L'Opéra, 3
75001 Paris
Tél.: 01 42 60 65 75
Fax: 01 42 60 10 28

Delphes – le temple d'Apollon et le plus grand oracle de l'Antiquité.

Situation et paysage

La péninsule grecque occupe le sud des Balkans et est la plus petite des trois péninsules de la Méditerranéenne. Au nord, la Grèce est entourée par l'Albanie, la Macédoine, la Bulgarie et la Turquie. La Méditerranéenne forme la frontière naturelle à l'ouest, à l'est et au sud. Les innombrables îles de la mer Égée, les Îles Ioniennes et la Crète, au sud, font partie de la Grèce. La côte n'est jamais plus éloignée que de 140 km. Il est donc logique que la Méditerranéenne caractérise en grande partie l'image du pays. Mais les montagnes marquent elles aussi la Grèce de leur empreinte. À l'ouest, la chaîne plissée dinarique-hellénique suit le littoral. Avec ses sommets pouvant atteindre jusqu'à 2 637 m et ses gorges profondes, c'est l'un des plus beaux paysages de Grèce. Les chaînes montagneuses poursuivent leur chemin le long du Péloponnèse et s'étirent, en passant par les Sporades du Sud et la Crète, jusqu'au continent et à la Petite-Asie. Sur l'île de Crète, le paysage est marqué par les massifs montagneux de Levka Ori, Idhi Oros et Dikti Oros. Au nord-est et à l'est, les sommets atteignent une altitude de 2 917 m. La Thrace se trouve sur les contreforts du Rhodope et dans les plaines fluviales du Nestos et de l'Evros. La presqu'île de Chalcidique, en Macédoine, est caractérisée par ses trois langues de terre en forme de doigts. Des chaînes montagneuses délimitent aussi les plaines de Thessalie et déterminent le paysage d'Eubée, de l'Attique et des Cyclades.

Nord de la Grèce

Ce n'est qu'au nord que la Grèce a une frontière commune avec ses voisins, que sont l'Albanie, la Macédoine, la Bulgarie et la Turquie. À l'ouest, la mer Ionienne délimite l'Epire et, à l'est, la mer Égée délimite la Macédoine et la Thrace. Du nord au sud court le Pinde, de plus de 2 000 m d'altitude, et le long de la frontière bulgare s'étire le Rhodope et se dresse le mont Olympe de près de 3 000 m de haut qui, durant l'Antiquité, était considéré comme la demeure des dieux. Deux des trois langues de terre de la presqu'île de Chalcidique se composent de collines boisées, Sithone est dominée par le mont Athos (patrimoine mondial de l'Unesco). Les lacs sont nombreux et les vallées fluviales fournissent des terres agricoles fertiles.

Culture

***** Delphes** ❶ Ville antique au pied du Parnasse. À voir absolument: le sanctuaire d'Apollon (patrimoine mondial de l'Unesco); la Voie Sacrée; le trésor des Athéniens; le bouleuterion, le temple d'Apollon où la Pythie prononçait jadis ses prédictions; le théâtre, le stade; le sanctuaire d'Athéna Pronaia; le gymnase; le ***musée.
***** Monastères des Météores** ❷ (patrimoine mondial de l'Unesco). Les monastères perchés comme des nids d'aigle près de Kalambáka: **Agios Nikolaos Anapafsas, un monastère comptant trois étages et datant du 14e siècle, avec de précieuses peintures dans l'église du 16e siècle; **Megalo Meteoron, avec ses 554 m, le plus haut monastère du 14e siècle avec de magnifiques fresques dans l'église de 1545 et dans la bibliothèque; **Varlaam, du 16e siècle, avec de belles fresques dans l'église de la Toussaint; **l'Agios Stefanos du 14e siècle, souvent transformé par la suite, une église avec des peintures murales, des sculptures sur bois et de précieuses icônes, musée.
Kalambáka ❸ Petite ville sur la rivière Pinios. Très intéressant: *Kimsis tis Theotokou, une basilique avec des fresques de Théophane.
*** Metsovo** ❹ Petite ville sur le mont Pinde. À voir absolument: le musée du folklore **Archontiko Tositsa vous apprendra comment les gens vivaient ici auparavant.
**** Ioánnina** ❺ Ville universitaire sur le lac Pamvotis. Très intéressants: le centre-ville ceinturé de Kastro; **la mosquée d'Aslan construite en 1618, et abritant aujourd'hui un musée du folklore; l'île de *Nisi avec son pittoresque village de pêcheurs et ses cinq monastères; la basilique du 13e siècle *Agios Nikolaos Philanthropinon; *Agios Panteleimon, l'église où, en 1822, Ali Pasja fut assassiné. Au sud-est d'Ioánnina se trouve l'antique ville de l'oracle *Dodone, avec le sanctuaire de Zeus, une acropole, un théâtre et d'autres ruines sur le site archéologique; vous y verrez aussi les vestiges d'une basilique paléochrétienne.
**** Corfou** ❻ La plus septentrionale des Îles Ioniennes. Très intéressants: la ville de **Corfou avec une ancienne forteresse datant de 1550; le nouveau château du 16e siècle; l'ancien palais royal qui abrite des collections archéologiques et d'Extrême-Orient; l'église Hagios Spiridon et la **place Spianada; la Villa Achilleion, jadis propriété de l'impératrice «Sissi»; le monastère de Paleokastritsa.
*** Kastoriá** ❼ Ville archiépiscopale sur l'Aliakmon. À voir également: le Musée byzantin; 72 églises byzantines avec de précieuses fresques, et notamment la **Panagia Koumbelidiki du 11e siècle, la *Agii Anargiri du 10e siècle, la *Agios Stefanos du 11e siècle, la *Panagia Mavriotissa du 12e siècle, la *Agios Nikolaos du 14e siècle et la Hagios Athanasios du 14e siècle; la mosquée Kursum-Tzami; des maisons de maître des 17e et 18e siècles.
**** Véria** ❽ Petite ville à l'est de Thessalonique. À voir absolument: la mosquée turque; la tribune de l'apôtre Paul, d'où il aurait prêché; en outre: 50 églises byzantines et post-byzantines, comme la Agios Christos du 14e siècle; le Musée archéologique.
Náoussa ❾ Petite ville au nord de Véria. À voir absolument: les vestiges d'un nymphaeum du 4e siècle av. J.-C. où Aristote aurait enseigné à Alexandre le Grand.
**** Vergina** ❿ Ruines antiques (patrimoine mondial de l'Unesco) au sud-est de Véria. Méritent une visite: trois tombes royales, notamment celle de Philippe II de Macédoine, avec des musées, le *palais du roi Antigonos Gonatas du 3e siècle av. J.-C.
*** Díon** ⓫ Village au sud de Korinos. À voir absolument: les ruines des périodes macédonienne, romaine et post-romaine avec des thermes, des temples, deux théâtres, des rues pavées; intéressant: le musée.
**** Pella** ⓬ Ville natale d'Alexandre le Grand, au nord-ouest de Thessalonique. À voir absolument: site archéologique avec le palais de Philippe II, demeures antiques et musée.
**** Thessalonique** ⓭ Capitale de la province de Macédoine. Intéressants: *la tour Blanche, une partie des anciennes fortifications et un musée d'histoire; la *Agia Sofia, une église du 8e siècle avec d'importantes mosaïques; l'arc de triomphe de Galère, qui date de l'an 300 environ; la *Rotonda, un édifice romain qui tint lieu par la suite d'église, puis de mosquée et enfin de musée; la *Agios Dimitrios, basilique du 5e siècle avec ses

La presqu'île de Chalcidique, au nord de la Grèce, que tout le monde connaît pour ses trois «doigts», a sa place dans toutes les brochures de voyages. Soleil, mer et plage sont ses grands atouts. Mais les abbayes perchées sur le mont ***Athos****, qui occupe la partie la plus septentrionale des trois doigts, sont tout à fait particulières. Vingt communautés religieuses s'y sont réunies, voici des siècles, pour former une république monacale. Ce statut politique spécial date de l'époque où les chrétiens orthodoxes bénéficiaient de la protection de l'empereur byzantin.*

cinq nefs; *Yeni Hamam, d'anciens bains turcs où l'on organise aujourd'hui des spectacles; la mosquée Alatsa-Imaret du 16e siècle; l'ancienne Agora romaine; la **Panagia Chalkeon, une église à transept byzantine avec une coupole ornée d'une impressionnante fresque; Loutra Paradisos, initialement un hamman du 15e siècle, abrite aujourd'hui un musée; **Platia Aristotelous, la plus grande place de la ville avec une statue en bronze du philosophe Aristote; Eptapirgion, une citadelle sur l'acropole antique avec vue sur la ville, le port et l'Olympe; le monastère de Vlatadon, du 14e siècle; la **Ossios David, une église du 5 siècle; la **Profitis Ilias, une église byzantine du 14e siècle; la **Agia Ekaterini, une église de la fin du 13e siècle; le **Musée archéologique; le Musée de la culture byzantine. Les monuments paléochrétiens et byzantins de la ville figurent au patrimoine mondial de l'Unesco.

Olynthos ⑭ Ville antique près du village du même nom. Très intéressantes: des fouilles qui remontent à l'an 600 av. J.-C. environ.

Poligiros ⑮ Capitale du district de Chalcidique. Méritent un détour: l'église Agios Nikolaos; le Musée archéologique.

* **Arnéa** ⑯ Village idyllique dans le centre de la Chalcidique. Très intéressants: architecture macédonienne des 18e et 19e siècles; musée régional.

*** **Athos** ⑰ Langue de terre de la péninsule de Chalcidique et république monastique: 20 monastères et hermitages (patrimoine mondial de l'Unesco), parmi lesquels de véritables perles, comme Simonos Petras, Agios Dionisios, Agios Panteleimonas et Grigoriou. Les femmes sont interdites sur la Montagne Sacrée et les hommes n'y sont admis que dans une certaine limite.

* **Olimbiada** ⑱ Petit village sur la côte égéenne. Très intéressant: le site funéraire sur la presqu'île de Liotopi, avec des découvertes allant de l'Antiquité jusqu'à la période byzantine. L'antique Stagira fut la ville natale d'Aristote.

Séres ⑲ Ville au nord-est de Thessalonique. À voir absolument: le Musée archéologique dans un ancien bazar turc (15e siècle); l'église archiépiscopale Agios Theodori (12e siècle); les vestiges d'une citadelle byzantine; 12 km au nord-est: le **Moni Timiou Prodromou, le monastère de Saint-Jean-Baptiste (13e siècle).

** **Kavála** ⑳ Ville sur la mer Égée. Très intéressants: l'*aqueduc de l'époque de Süleyman le Grand; le centre en forme de labyrinthe *Panagia avec un château turc-byzantin; dans la *maison natale de Mehmed Ali, une exposition vous montrera comment vivait un pacha ottoman; le *Musée archéologique.

** **Philippi** ㉑ Site historique au nord-ouest de Kavála. À voir absolument: la Prison de saint Paul, qui rappelle l'enfermement de l'apôtre Paul, qui fonda ici la première communauté chrétienne d'Europe; ville en ruine avec les vestiges d'un temple antique, voies romaines, un

1

2

3

1 Kerkira – le nom que les Grecs donnent à Corfou –, la deuxième plus grande et la plus au nord des Îles Ioniennes. Son littoral changeant en fait l'une des régions de vacances les plus populaires de Grèce. Voici 400 ans, Corfou appartenait à Venise et c'est pourquoi elle vous fera plus penser à l'Italie qu'à la Grèce.

2 Le monastère de Gregoriou, dans la république monacale sur le mont sacré Athos. Les femmes et les enfants n'y sont pas les bienvenus. Uniquement les hommes, dans de strictes conditions.

3 Les monastères des Météores offrent de vastes points de vue sur le paysage pittoresque.

Les Météores

Si vous visitez les monastères des Météores, vous vous sentirez très proche du ciel. Ils sont construits sur de bizarres formations rocheuses surplombant jusqu'à 300 mètres d'altitude la plaine de Thessalie, dans le nord de la Grèce.

L'histoire de la république monacale des Météores commença au 11e siècle, lorsque des ermites se retirèrent sur les rochers massifs pour se consacrer à Dieu, loin de l'agitation du monde. Les premiers monastères apparurent au 14e siècle. Durant leur âge d'or, aux 15e et 16e siècles, 24 communautés grecques orthodoxes vécurent dans les «monastères flottants». Aujourd'hui, seuls cinq d'entre eux sont encore occupés: l'important Grand Météoron, Varlaam et le monastère d'Agia Triada, ainsi que les couvents d'Agios Stefanos et de Roussanou. Les touristes y sont les bienvenus, à condition qu'ils soient correctement vêtus et qu'ils adaptent leur comportement à ces lieux saints. Un minimum de condition physique sera absolument nécessaire, car les monastères ne sont accessibles que par d'abrupts escaliers.

Grande photo de gauche: la région au nord de Kalambáka offre l'un des paysages les plus fascinants de Grèce. C'est ici que naquirent les monastères des Météores, qui n'étaient en partie accessibles qu'à l'aide d'échelles ou de cordes. On a peine à imaginer les efforts consentis par les moines pour édifier ces monastères uniques.

1 Pour les alpinistes modernes, les aiguillons rocheux sont un défi. Mais l'Église grecque orthodoxe et le Service de protection des monuments historiques interdiront bientôt l'escalade des abruptes parois chapeautées par les honorables monastères.

2 Les femmes se sont également retirées dans la solitude des montagnes et ont vécu, durant des siècles, une vie très dure pour suivre leur grand exemple: Roussanou fut l'un des rares monastères des Météores à être occupés par des femmes.

3 Le voyageur moderne peut se pâmer d'admiration face à cette situation unique, aux panoramas époustouflants et aux vieux trésors artistiques, mais il ne peut pas oublier qu'une idée religieuse se cachait derrière ces bâtiments qui semblent assaillir le ciel.

1

2

3

*De nombreux temples entourent le sanctuaire de Zeus, à **Olympie**. C'est là que, dès 776 av. J.-C., des jeux furent organisés tous les quatre ans en l'honneur du Dieu suprême. La statue colossale, l'une des Sept Merveilles du monde, a été perdue. Il ne reste plus aujourd'hui que les restes de fondations et de colonnes, comme ici près de l'hôtel de ville construit au 5e siècle av. J.-C., le bouleutêrion. En 394 apr. J.-C., les Jeux Olympiques furent interdits en raison de leur origine païenne.*

Le temple d'Apollon, dans la ville portuaire de Corinthe, apparut sous sa première forme au 8e siècle av. J.-C.

Le canal de Corinthe sépare le Péloponnèse du continent.

théâtre du roi Philippe II et un forum du temps de Marc Aurèle; de nombreuses églises paléochrétiennes.

★★ **Thássos** 22 L'île la plus septentrionale dans la mer Égée. Très intéressants: la *ville de Thássos avec son Musée archéologique; l'agora du 5e siècle av. J.-C., le *théâtre transformé par les Romains, datant du 5e siècle av. J.-C., différents temples; les anciens murs d'enceinte ave les restes de vieilles portes.

★ **Xánthi** 23 Petite ville au pied du Rhodope. Intéressants: le centre-ville aux accents d'Orient; le Musée du folklore.

Avdira 24 Ville antique sur la côte égéenne. Très intéressantes: des fouilles allant du 7e siècle av. J.-C. jusqu'à la période romaine.

★ **Komotiní** 25 Petite ville au pied du Rhodope; le **Musée archéologique.

★ **Maronia** 26 Ville antique à l'est d'Alexandroupolis. À voir absolument: fouilles de bâtiments antiques.

Souflí 27 Ville à Evros. À voir absolument: le Musée Silk Museum , qui nous rappelle la production traditionnelle de la soie.

Samothráki (Samothrace) 28 Île montagneuse aux épaisses forêts, peu ouverte au tourisme. L'île est célèbre pour son * Sanctuaire des Grands Dieux, dédié aux «Mystères des Cabires», qui remontent jusqu'au 8e siècle av. J.-C.; ruines sur le site historique au nord de la petite ville portuaire de Kamariotissa avec l'Arsinoeion, la plus grande rotonde de la Grèce antique.

Nature

★★ **Parc national des gorges du Vikos** 1 Impressionnant canyon près de la localité de *Monodendri. Les parois fourchues qui surplombent le ravin peuvent atteindre jusqu'à 400 m d'altitude.

Perama 2 Grotte à concrétions près d'Ioánnina, avec d'impressionnantes stalagmites et stalactites. Durant l'occupation allemande, la grotte a servi de cachette aux partisans grecs.

Pinde 3 Le plus grand mont de Grèce est en partie inhabité et quasi entièrement fermé au tourisme. Y vivent encore quelque 150 ours bruns en liberté et une petite population de loups.

★ **Petit et Grand lacs de Prespa** 4 Les hauts lacs de Mikri et Megali Prespa sont ceinturés de montagnes de plus de 2 000 mètres. La population ornithologique unique a été protégée en 1974 grâce à la fondation du parc national du Petit lac de Prespa; près de *Psarades pousse une forêt de genévriers vieux de 300 ans, des plantes aux formes bizarres.

★★ **Olympe** 5 Cette montagne de près de 3 000 m de haut était, selon la mythologie grecque, la résidence des dieux. Aujourd'hui, la faune et la flore très variées attirent de nombreux visiteurs dans le parc national.

★ **Grottes de Petralona** 6 Les grottes se composent de failles tentaculaires avec des salles gigantesques dont le plafond est décoré de milliers de stalactites. Ces grottes étaient déjà utilisées voici 250 000 ans.

★★ **Delta du Nestos** 7 Le delta du Nestos, de 500 km^2 , avec ses lagunes, ses forêts de feuillus riches en cours d'eau, ses prés salés et ses dunes. Très intéressant dans ce paradis ornithologique: le *Musée de la protection de la nature de Chrissoupolis.

Athènes

La capitale de la Grèce et du district de l'Attique se niche dans une plaine côtière entourée de montagnes, sur le Golfe Saronique. En fait, aux quelque 800 000 habitants d'Athènes doivent encore s'ajouter plus de deux millions de personnes, car il y a longtemps que la ville ne fait qu'un avec ses banlieues, comme le port du Pirée. Athènes est délimitée par les montagnes Hymettos, Pentelikon, Parnes et Aegaleos et est coupée en deux par les «montagnes des Turcs». Celles-ci englobent le Lykabette de 277 m de haut et, au sud, le rocher de 156 m de haut sur lequel se dresse l'acropole.

Culture

★★★ **Athènes** 29 Voir plan en pages 302-303.

Péloponnèse

La péninsule est rattachée au continent par l'*Isthme de Corinthe. L'isthme fut traversé en 1893 par le canal de Corinthe. L'île se compose de montagnes calcaires pouvant atteindre jusqu'à 2 000 m de hauteur, très crevassées et encore à peine boisées. L'Arcadie est un haut plateau à 1 000 m d'altitude, que les éleveurs de moutons et de chèvres utilisent comme pâturages.

Culture

★★★ **Corinthe** 30 Ville portuaire antique sur le Golfe de Corinthe. À voir absolument: le temple d'Apollon; le forum romain; le *Musée archéologique. La Corinthe moderne est touristiquement inintéressante.

★ **Isthmia** 31 C'est ici que se tenaient, dans l'Antiquité, les Jeux Isthmiques. À voir absolument: les vestiges du stade, un théâtre et le temple de Poséidon; *le musée.

★ **Árgos** 32 Ville sur le Golfe Argolique. Méritent une visite: la forteresse francique, le *Kastro; le *musée avec des objets provenant des environs; le site historique avec les ruines du théâtre grec antique et l'odéon romain.

★★ **Tiryns** 33 Ruines d'une forteresse vieille de plus de 3 000 ans (patrimoine mondial de l'Unesco) au nord de Návplion.

★★★ **Mycènes** 34 Ville grecque antique et forteresse en Argolide. À voir absolument: *l'enceinte; **la monumentale Porte des Lionnes, jadis la porte principale de la ville; le silo à grains; des maisons de style mycénien tardif; les **tombes royales où fut trouvé le fameux **masque funéraire d'Agamemnon (désormais au Musée national d'Athènes); le *palais royal; le **trésor d'Atrée.

★★ **Návplion** 35 Ville portuaire sur le Golfe Argolique: le *château vénitien de Palamidi du 18e siècle; le *Musée archéologique; le fort sur l'île de Bourdzi, face à la côte.

★★★ **Épidaure** 36 Ville grecque antique sur le Golfe Saronique (patrimoine mondial de l'Unesco). À voir absolument: les bains d'Asclépios; le stade; la Tholos; le temple d'Asclépios; la cella; l'hôtel-

*Dans une petite vallée sur la péninsule du Péloponnèse se trouve l'antique **Épidaure**. C'est ici que commença, au 6e siècle av. J.-C., la vénération d'Asclépios, le dieu de la médecine. Mais les principaux monuments existant encore aujourd'hui datent du 4e siècle av. J.-C., avec en premier lieu le théâtre, qui peut accueillir 12 000 spectateurs. L'acoustique y est phénoménale: si une pièce de monnaie tombe sur la scène arrondie, vous l'entendrez au dernier rang.*

lerie; les propylées; le **musée; le ***théâtre d'une capacité de 12 000 spectateurs; le temple d'Artémis; le gymnase; l'odéon romain.

* **Geraki** 37 Petite ville à l'est de Sparte: églises byzantines des 11e-16e siècles; forteresse francique du 13e siècle.

Sparte 38 Ville dans le sud du Péloponnèse. À voir absolument: la tombe de Léonidas; les vestiges d'un théâtre et le temple d'Artémis Orthia; *musée.

*** **Mistra** 39 Ruines d'une ville byzantine à l'ouest de Sparte (patrimoine mondial de l'Unesco). À voir absolument: l'ancienne cathédrale **Metropolis; *l'église Evangelistria du 15e siècle; l'église Saint-Théodore (13e siècle); l'église **Afendiko avec ses fresques bien conservées; le palais des Despotes des 13e-15e siècles; l'Agia Sofia; le *château francique du 13e siècle; le monastère de Pantanassa avec, dans l'église, des fresques du 15e siècle; le **monastère de Perivleptos avec, dans l'église, des icônes du 14e siècle; le monastère de Brontochion avec une église du 14e siècle.

** **Monemvassia** 40 Pittoresque petite ville sur un rocher dans la mer Égée. Méritent une visite: la ville basse avec son architecture vénitienne du 18e siècle; la ville haute avec sa forteresse et l'Agia Sofia (11e siècle).

* **Pylos** 41 Ville antique en Messénie avec la citadelle Neokastron (16e siècle); musée; en dehors: le *palais de Nestor en mycénien tardif du 14e siècle av. J.-C.

** **Temple d'Apollon de Vasses** 42 Temple bien conservé du 5e siècle av. J.-C.

*** **Olympie** 43 Sanctuaire grec antique (patrimoine mondial de l'Unesco). À ne pas manquer: le **temple de Zeus achevé en 456 av. J.-C., dans lequel se dressait jadis la statue de Zeus par Phidias, l'une des sept merveilles du monde; le *temple d'Héra du 7e siècle av. J.-C., le plus ancien bâtiment de cet endroit; le temple de la Mère des dieux, le Mètrôon; les douze Trésors du 6e siècle av. J.-C.; le Gymnase; le Léonidaion; le Stade; le Nymphaeum; le Prytanée; le Bouleutêrion; également intéressants: le **musée avec les Métopes du temple de Zeus, le **Hermès de Praxitèle et l'Athéna Niké de Paionios, qui se trouvait jadis devant le temple de Zeus.

* **Mega Spileou** 44 Ce monastère, près d'Aigion, fut fondé au 4e siècle. Il brûla à plusieurs reprises et fut reconstruit dans sa forme actuelle après la Deuxième Guerre mondiale.

Nature

* **Acrocorinthe** 8 Ce rocher de 575 m de haut, chanté par Schiller, fut de l'Antiquité jusqu'au retrait des Turcs en 1822 d'une grande importance stratégique; imposante forteresse et **belle vue; le temple d'Aphrodite.

** **Grottes de Glyphada** 9 Avec de bizarres concrétions, dans la région de Pirgos Dirou, où les découvertes préhistoriques sont exposées dans le musée.

Îles Égéennes

Les quelque 2 000 îles peuplant la mer Égée sont les sommets d'une ancienne montagne engloutie voici 30 millions d'années. Seules 150 îles sont habitées. Les Cyclades sont sèches et les moutons et les chèvres ne peuvent être élevés que sur certaines parties de l'archipel, grâce à une maigre végétation. Les îles les plus septentrionales sont boisées grâce à des pluies hivernales surabondantes.

Culture

Sporades du Nord et Eubée:

** **Skiathos** 45 Île boisée avec de magnifiques plages. Très intéressants: *Chora avec l'église du 19e siècle Agios Nikolaos; les ruines de l'ancienne capitale *Kastro; le monastère de *Kechrias, du 15e siècle, et le monastère d'*Evangelistria.

* **Skopelos** 46 Connue pour ses monastères esseulés et ses baies phénoménales. Très intéressants: la ville de *Skopelos, avec les ruines d'une forteresse vénitienne et l'église*Panagia ston Pirgo; le couvent d'Evangelistrias de 1712; le monastère de Metamorphosis du 16e siècle; l'Agios Prodromos du 18e siècle et l'Agios Varvara du 17e siècle.

* **Skiros** 47 La plus grande île des

1 L'Olympieion, un temple dédié à Zeus, avec en arrière-plan l'Acropole, le summum de l'architecture antique.

2 L'un des temples en ruines les plus célèbres de la Grèce antique est celui d'Aphaia (environ 500 av. J.-C.) sur la petite île d'Égine devant Athènes.

3 Les «anciens Grecs» n'auraient pas pu trouver meilleur endroit que le Cap Sounion – avec une belle vue sur la côte de l'Attique – pour édifier un temple en l'honneur de Poséidon, le dieu de la mer.

4 Le monastère de Nea Moni, datant du 11e siècle, à la situation idyllique sur l'île égéenne de Chios.

1

2

3

L'Acropole d'Athènes

L'Acropole d'Athènes est le lieu où l'éminente culture de la Grèce antique édifia son propre monument.

De nombreuses villes grecques avaient une acropole, en fait une hauteur fortifiée. Mais aucune ne peut approcher le rayonnement et la grandeur de celle d'Athènes. Voici plus de 1 000 ans, les fiers citoyens immortalisèrent leurs mythes et leurs croyances dans la pierre, sur le «mont sacré» d'Athènes. Avec le Parthénon, l'Erechthéion, le temple d'Athéna Niké et les Propylées – la monumentale porte d'accès (bâtie de 437 à 432 av. J.-C.) –, vous trouverez sur ce lieu saint quatre chefs-d'œuvre de la période grecque classique (450-330 av. J.-C.).

1 Le Parthénon fut dédié à la déesse de la ville Athéna et fut érigé entre 447 et 432 av. J.-C., à l'initiative de l'homme d'État Périclès. Il fut conçu par Phidias, le plus célèbre architecte de l'époque.

2 Vue sur l'Acropole, habitée depuis le Néolithique. Au début de la période grecque (650-480 av. J.-C.), la déesse Athéna y était déjà glorifiée.

3 L'Erechthéion, bâti dans le style ionique vers 420 av. J.-C., se compose de différentes parties. Le caractère fermé classique fait défaut, mais est compensé par le célèbre entablement porté par des statues de jeunes filles, les célèbres Caryatides.

4 Le Parthénon fut construit en style dorique.

5 Les Caryatides de l'entablement de l'Erechthéion sont des répliques. Les statues en marbre originales se trouvent au Musée de l'Acropole.

6 Un élément typique de l'architecture grecque classique: les cannelures pratiquées dans les colonnes les font paraître plus élancées.

7 Jadis, l'Acropole fut menacée à maintes reprises par les ennemis. Aujourd'hui, c'est le smog de la mégapole d'Athènes qui endommage le complexe.

8 Sous l'Acropole se trouve l'Odéon d'Hérode Atticus (2e siècle), un opéra datant de l'époque romaine.

4

5

6

7

8

LOFOS STREFI
Akropolis
Parthenon
LOFOS NYMFON
Pnyx
Aeropagos
ETHNIKOS KIPOS
Zappeio
Stadio
1on NEKROTAFEION
KOUKAKI
KINOSARGOUS
DOURGOUTI
KALLITHEA
KATSOPODI
MAKRYGIANNI
Plat. Omonoias
OMONOIAS
METAXOURGEIO
THISEIO
MONASTIRAKIO
SYNTAGMA
PANEPISTIMIO
AKROPOLIS
SYGROU-FIX
NEOS KOSMOS
PETRALONA
Leof. Athinon (Kavalas)
Leof. Athinon
Iera Odos
P. Tsaldari (Peiraios)
Peiraios
Ermou
Mitropoleos
Vasilissis Sofias
Leof. Amalias
Panepistimiou
Stadiou
Akadimias
Patision (28 is Oktovriou)
Athinas
Aiolou
Dion. Areopagitou
Rovertou Gkalli
Leof. Syngrou
Kallirrois
Leof. El. Venizelou (Thiseos)
Vasil. Olgas
Arditou
Ippokratous
Ch. Trikoupi
Achilleos
Konstantinou
Ilia Iliou
Amvr. Frantzi
Lagoumitzi
Vouliagmenis
Ymittou
Kasomouli
Archaiologiko Museio
Polytecheio
Museio Keramikou
Ag. Trias
Naos Ephaistoi (Theseion)
Stoa Attaloi
Agora Museum
Archaia Agora
Aghii Apostoli
Ethniko Asteroskopio Athinon
Theatro Irodou Attikou
Museio Akropoleos
Museio Kanellopoulou
Mnimeion Lysikratus
Theatron Dionisoi
Naos Aiolou
Romaiki Agora
Kapnikarea
Mitropolis
Ag. Dynamis
Museio Ellinikis Laikis Technis
Pyli Adrianou
Styles Olympioi Dios
Gymnastirio Ethnikou
Kolymbitirio
Palaia Anaktora
Vouli
Museio Benaki
Museio Ethnologiko
Schliemann Haus
Aghii Theodori
Dimarcheio
Polykliniki Athinon
Ethniko Theatro
Lyrki Skini
Bibliothiki
Akadimia
Ag. Georgios
Theatro Philopappou
Ag. Sotira
Phylaki Sokratus
Mnimeio Philopappou
Stadio Kallitheas
Charokopeios Scholi
Ag. Theodoroi
Ag. Taxiarchai
Evangeliki Germaniki
Ag. Nikolaos

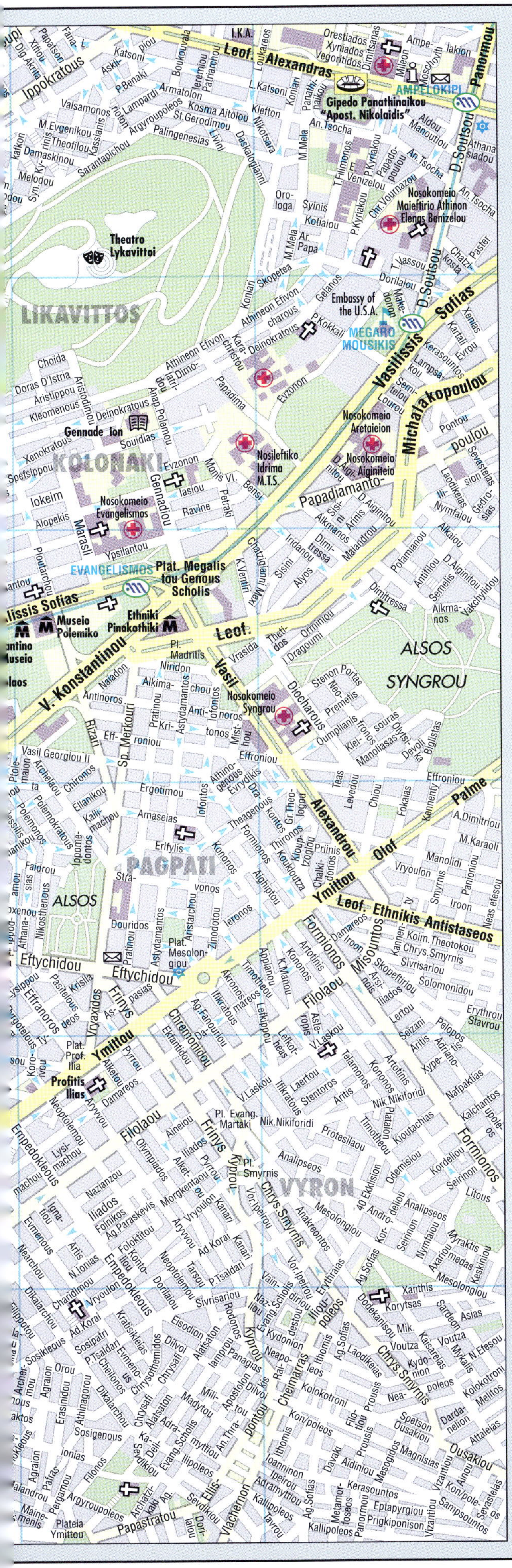

Athènes

La capitale de la Grèce est une métropole trépidante et en même temps le berceau de la culture occidentale.

Athènes est une ville de contradictions. Le chaos de la circulation et les problèmes écologiques caractérisent le centre où les plus beaux témoignages de l'Antiquité sont omniprésents. Et loin des voies principales, mais encore dans les banlieues, vous trouverez des endroits idylliques et des villages paisibles. Vous aurez la plus belle vue sur la ville depuis l'Acropole et la colline de Lykabette, avec la chapelle blanche d'Agios Georgios.

À voir absolument: la mondialement célèbre *** Acropole (patrimoine mondial de l'Unesco), le marbre avec les Propylées (la porte d'accès), le petit temple d'Athéna Niké, l'énorme Parthénon édifié en style dorique (447-432 av. J.-C.) et l'Erechthéion, bâti dans le style ionique; vous pourrez admirer d'importants reliefs et sculptures au Musée de l'Acropole.
Au pied de l'Acropole: le *théâtre de Dionysos, où se jouaient les premières des pièces d'Aeschylus, Euripide et Sophocle et **l'Odéon romain d'Hérode Atticus.
Autour de l'**agora, l'antique place du marché et, durant des siècles, le centre de la vie publique: le **temple dorique d'Héphaïstos, la Stoa d'Attalos réaménagée en musée et jadis un centre d'artisans; la *Tour des Vents octogonale (1er siècle av. J.-C.), une ancienne clepsydre; *l'agora romaine datant du début de notre ère.
La Plaka: centre-ville pittoresque avec ses petites rues étroites, ses magasins, ses cafés, plusieurs églises byzantines, comme la belle **Mikri Mitropolis (12e siècle) et la plus ancienne église chrétienne de la ville, l'église à coupole *Kapnikarea du 11e siècle, dans la rue commerçante d'Ermou; sur la place Monastiraki, un petit bazar avec sa mosquée et les ruines de la *bibliothèque romaine d'Hadrien.
Dans l'Athènes moderne, autour de la place animée de Sintagma: les bâtiments du parlement, construits en 1842 par l'architecte Friedrich von Gärtner en tant que résidence pour le premier roi grec, Otto von Wittelsbach; le *Jardin national aménagé en 1836 et ses plantes exotiques; le Musée de la Numismatique installé dans la maison de l'archéologue Heinrich Schliemann; de l'époque romaine: les ruines de la porte d'Hadrien et le temple de Zeus, l'*Olympieion; l'ancien *stade bâti pour les premiers Jeux Olympiques modernes de 1896; le ***Musée national archéologique et sa collection unique d'art antique grec; le **Musée de l'Art des Cyclades et le **Musée byzantin.
À voir dans les environs: les monastères byzantins de **Kaisariani avec l'église Notre-Dame bâtie vers l'an 1000 et **Daphni du 11e siècle avec ses artistiques mosaïques dorées (patrimoine mondial de l'Unesco). Nous vous conseillons une excursion au *Pirée, le port d'Athènes depuis l'Antiquité, avec le port de pêche de Mikrolimano, le *Musée de la Marine et le **Musée archéologique; le **Temple de Poséidon sur Sounion, un cap qui se trouve à 67 km de là; les îles dans le Golfe Saronique: *Égine avec les temples d'Apollon et **Aphaia, la belle nature sur *Poros et l'île des artistes **Hydra.

L'Acropole d'Athènes – le fabuleux héritage d'un passé grandiose.

mont où se dressait la citadelle de la ville antique et qui, vers l'an 800 av. J.-C, fut transformée en un lieu saint où l'on glorifiait surtout Athéna, la déesse protectrice d'Athènes. Après qu'en 480 av. J.-C., les Perses eurent détruit le vieux temple, naquit dans la première moitié du 5e siècle av. J.-C., l'époque de Périclès, l'ensemble de bâtiments monumentaux en

L'Odéon d'Hérode Atticus (vers 160), sous l'Acropole, était un opéra.

*L'île de **Patmos** est un lieu important de la chrétienté antique. Selon la légende, Jean y aurait écrit tant son évangile que l'Apocalypse. Le monastère d'Agios Ioannis et la Grotte Sacrée sont des lieux de pèlerinage orthodoxes très visités.*

Santorin: Fira, qui surplombe la mer, vous offrira une vue époustouflante sur la mer et les îles volcaniques.

Naoussa: un idyllique village de pêcheurs avec son port, sur l'île de Paros dans les Cyclades.

Sporades du Nord avec ses forêts de pins, ses baies de sable et ses montagnes désertiques. Intéressants: *Chora avec les ruines d'une forteresse vénitienne, le monastère d'Agios Georgios, le Musée archéologique.

*** Eubée** 48 La deuxième plus grande île grecque, sur le canal de l'Euripe, reliée au continent par un pont. À voir absolument: le Musée archéologique à Chalkida; *Érétrie, avec une ville du 4e siècle mise au jour et un Musée archéologique; le Musée du Folklore à Kimi.

Îles dans le nord-est de la mer Égée:

*** Límnos** 49 Île volcanique, encore peu touristique. À voir absolument: *Mirina avec sa *citadelle du 13e siècle, le *Musée archéologique, les fouilles d'une implantation néolithique près de Kaminia, la ville antique d'Hephaistia, le *Poliochni égéen antique et un sanctuaire des Cabires.

**** Lesbos** 50 L'île des oliviers et des pins. Très intéressants: la capitale **Mitilini avec une **forteresse du 15e siècle, la mosquée Yeni, les ruines d'un théâtre antique; le **Musée Theofilos avec des peintures naïves et le **Musée Teriade avec ses peintures modernes; *l'aqueduc romain près de Moria; le couvent de *Mirsiniotissa et le monastère de *Limonos près de Kalloni; les ruines de la ville d'Archea Andissa.

**** Chios** 51 L'île du lentisque, dont la résine entre dans la fabrication de liqueurs et sucreries. À voir absolument: la ville de **Chios avec sa mosquée, le Musée du Folklore, le Musée archéologique, le Musée byzantin et le «kastro» du 10e siècle; le **monastère de Nea Moni (11e siècle) avec ses splendides mosaïques (patrimoine mondial de l'Unesco); 21 «villages du mastic» médiévaux, notamment **Pirgi, **Olimpi et **Mesta.

**** Samos** 52 Île au paysage attrayant, connue pour son vin doux. Très intéressants: la ville de *Samos avec son *Musée archéologique, le monastère byzantin d'Agia Zoni et, dans les environs, le monastère du 18e siècle de Zoodochos Pigi; l'église Agia Trias à Karlovassi; **Pythagorion (patrimoine mondial de l'Unesco) avec la forteresse de Logothetis (19e siècle), le tunnel d'Eupalinos et les ruines du temple d'Héra (patrimoine mondial de l'Unesco).

*** Ikaría** 53 Île des sources minérales: Kambos avec son Musée archéologique; l'église Agia Irini (11e siècle).

Les Cyclades:

*** Andros** 54 La plus septentrionale des Cyclades et le lieu de naissance de nombreuses familles d'armateurs. Très intéressants: la tour ronde hellénistique d'Agios Patros et deux importants musées dans la capitale Chora, le **Musée archéologique et le **Musée d'Art moderne.

**** Mykonos** 55 Des plages, des moulins à vent et un fascinant paysage rocailleux. À voir absolument: la ville de **Mykonos avec l'église asymétrique *Panagia Paraportiani; le *Musée archéologique; le Musée de la Marine; le Musée du Folklore.

***** Délos** 56 (patrimoine mondial de l'Unesco). L'île du dieu Apollon fut jadis le centre religieux des Grecs. Depuis l'an 69 av. J.-C., elle est inhabitée. À voir absolument: le champ de ruines avec les propylées, la maison des Naxiens, le Kératon, le temple d'Artémis, trois temples d'Apollon, le portique des Naxiens, le sanctuaire des Taureaux et le sanctuaire de Dionysos, la célèbre**Terrasse des Lions, la maison de Delphes, la maison de Dionysos, les ruines du théâtre et le **musée.

*** Sifnos** 57 Île populaire parmi les promeneurs, avec ses larges plages, ses chapelles blanches et ses adorables villages. Très intéressante: l'ancienne capitale Kastro avec les églises Kimisis tis Panagia (1593), Agia Eleousa (1635) et Agia Ekaterini.

*** Serifos** 58 Petite île paisible avec un fascinant panorama. Les maisons blanches du village de *Chora sont regroupées avec la citadelle vénitienne sur une colline abrupte; également intéressants: l'église du 10e siècle dans le village de Panagia et le monastère de Moni Taxiarches, du 17e siècle.

*** Milos** 59 Île volcanique avec de belles baies et des grottes marines. Très intéressants: *Plaka avec les ruines du kastro vénitien, le Musée archéologique, les *catacombes paléochrétiennes; l'antique ville de Melos avec son *théâtre romain.

**** Paros** 60 Île idyllique, célèbre pour son marbre et son vin rouge. À voir absolument: le port animé de **Parikia avec les ruines du kastro du 13e siècle, l'église du 17e siècle Agii Konstantinos, l'église byzantine **Ekatontapiliani et le *Musée archéologique; le village médiéval de Lefkes avec la basilique Agia Triada de 1830; charmant: le village de pêcheurs de Naoussa.

**** Naxos** 61 La plus grande et la plus fertile des Cyclades. Très intéressants: la capitale *Chora avec la *forteresse et le Musée

*Le sud de l'île de **Mykonos** est plus qu'animé pendant la haute saison. Vous pourrez malgré tout y trouver de petits coins tranquilles, mais pas dans la ville de Mykonos. Elle semble tout droit sortie d'une brochure touristique, avec son port romantique, ses ruelles tortueuses, son ancienne église et ses moulins à vent circulaires.*

archéologique; la *Portara, une porte d'un temple d'Apollon du 6e siècle av. J.-C. sur la presqu'île de Palatia; la statue colossale, inachevée, de Dionysos près d'Apollonas; le pittoresque village d'Apiranthos avec son *Musée archéologique.

* **Ios** 62 Île montagneuse avec de magnifiques plages. Intéressantes: l'église *Agia Irini sur un rocher dans la baie de Gialos; la Chora avec l'église Panagia Kremiotissa; la tombe d'Homère dans le nord de l'île.

*** **Santorin** 63 Île d'apparence spectaculaire avec ses noires plages de lave. La côte se dresse abruptement à 400 m au-dessus de la mer. Au-dessus se trouvent les maisons de Fira et d'Ia. Autrefois, cette île était une partie d'un volcan. Il explosa en 1600 av. J.-C. Seul le bord du cratère subsista, sous la forme de petites îles. À voir absolument: la capitale **Fira avec un quartier catholique et le **Musée archéologique; la pittoresque localité d'**Ia avec son Musée de la marine; des fouilles dans la ville antique d'**Akrotiri, avec des temples, des tombeaux, des thermes et des trésors; l'antique **Thera.

Dodécanèse:

*** **Patmos** 64 L'île de Saint-Jean: *les Grottes de l'Apocalypse; c'est ici que l'évangéliste Jean trouva l'inspiration pour son livre de l'Apocalypse (patrimoine mondial de l'Unesco); **le monastère de Saint-Jean du 11e siècle et le centre-ville historique de **Chora (patrimoine mondial de l'Unesco).

* **Kalymnos** 65 Jadis le centre de la pêche à l'éponge. Intéressants: *Chorio avec les ruines d'une forteresse de templiers du 14e siècle, la citadelle byzantine du 9e siècle et l'église de Christos tis Ierousalim.

** **Kos** 66 L'île d'Hippocrate. Très intéressants: la ville de Kos avec une **forteresse du 15e siècle, la mosquée Hadji-Hassan-Pasj du 18e siècle, l'antique **agora, le *Musée archéologique, un **gymnase hellénistique, un odéon antique et la **Casa Romana romaine; l'**Asclépion, un sanctuaire dédié au dieu Asclépios et le premier hôpital (400 av. J.-C.) où travaillaient les élèves d'Hippocrate.

* **Nissiros** 67 Une île volcanique à la végétation luxuriante. À voir absolument: *Mandraki avec les ruines d'une forteresse des croisés et le monastère de Tis Panagias Spilianis et le village de Nikia en bordure du cratère.

*** **Rhodes** 68 La plus grande île du Dodécanèse avec un climat clément et 270 jours de soleil par an. L'île, où demeura jadis le dieu du soleil Hélios, a une grande histoire derrière elle. C'est ici qu'aurait existé l'une des sept merveilles du monde: le Colosse de Rhodes, de

1 Du troisième millénaire av. J.-C. jusqu'à l'époque paléochrétienne, Délos fut l'une des îles principales de la mer Égée. Selon la mythologie grecque, c'est ici que naquit le dieu Apollon. Dans l'Antiquité, les pèlerins y accouraient de toute la Grèce. La grande affluence de croyants fit de la petite Délos une riche ville portuaire. Le site archéologique (patrimoine mondial de l'Unesco) comprend pratiquement tout le temple ancien.

2 L'imposante porte du temple du 6e siècle av. J.-C. est le symbole de Naxos. Elle se trouve sur une petite presqu'île près de la ville de Naxos et était destinée à faire partie d'un temple consacré à Apollon, qui ne fut jamais construit.

3 Naxos, la plus grande des Cyclades et un véritable paradis pour les promeneurs.

4 Une belle vue sur la pittoresque ville de Mykonos.

Santorin

La Grèce des cartes postales que les vacanciers enthousiastes adressent à leur famille et à leurs amis, c'est à Santorin que vous la trouverez. Cette petite île, qui se dresse si abruptement hors de la mer, fait partie des attrayantes destinations dans l'est de la Méditerranéenne.

Avec leurs rudes côtes rocheuses, les Îles égéennes semblent accueillir à contrecœur les nouveaux venus. Mais ensuite, presque personne n'échappe à leur envoûtement. Est-ce dû à la lumière aveuglante? Sont-ce les intenses couleurs de la mer? La mer Égée compte quelque 2 000 îles: le Dodécanèse face à la côte de la Petite Asie et, du côté de la Grèce, les Cyclades. L'une d'elles, outre les populaires destinations que sont Mykonos, Paros et Naxos, est Santorin, qui est parfois identifiée à la légendaire Atlantide. Le fascinant paysage de l'île résulte de plusieurs éruptions volcaniques: l'énorme pourtour du cratère surgit soudain de la mer et les maisonnettes blanches s'accrochent aux collines abruptes. Outre l'implantation d'Oia au nord, installée sur un récif, la capitale Fira, à 300 m au-dessus du port, est elle aussi typique de Santorin. Mais depuis qu'un téléphérique relie cet endroit pittoresque au port, il est certes assez fréquenté en haute saison. Vous trouverez bien plus de tranquillité à Oia, le village au nord du cratère, qui est mondialement célèbre pour son coucher de soleil immortalisé sur des cartes postales.

Photo de gauche:
les images de ce genre sont peut-être bien le plus beau souvenir de vacances que vous puissiez ramener à la maison. Votre bronzage s'estompe, le sentiment de vacances aussi, mais le blanc de l'église avec, en toile de fond, la mer d'un bleu profond, vous n'êtes pas prêt de les oublier.

Grande photo de droite:
Fira, la plus grande ville de l'île, se blottit contre le bord du cratère qui fit naître Santorin voici 3 500 ans. Des maisons blanches et carrées, des chapelles et sa situation fantastique constituent l'énorme pouvoir d'attraction de Fira. Depuis les hautes terrasses, vous aurez une vue phénoménale sur la mer. Le coucher de soleil vous offrira un inoubliable spectacle.

ARIS
RESTAURANT
HOTEL LOUCAS
ΞΕΝΟΔΟΧΕΙΟ
ΛΟΥΚΑΣ

LIP STICK
DANCING BAR
CAFE

Crète

Si vous le voulez, vous trouverez le soleil, la mer et les plages en Crète, la quatrième plus grande île de la Méditerranéenne. Mais cette île vous propose aussi des sommets enneigés, des gorges dépouillées et des baies féeriques.

Coincée entre trois continents – l'Asie, l'Afrique et l'Europe –, la Crète se trouve à l'endroit où, selon le sage, Zeus – le père des dieux – est né dans une grotte dans la montagne Ida. Pour nous, l'île est le berceau de la civilisation occidentale, car c'est ici que, voici 4 000 ans, naquit la première civilisation européenne éminente, à savoir la civilisation minoenne, qui porte le nom du roi mythique Minos. Il s'agit essentiellement d'une reconstruction du 19e siècle, mais il n'en est pas moins impressionnant: le palais de Knossos, d'où aurait régné le roi Minos. L'énorme complexe est l'un des endroits les plus visités de Grèce et attire les touristes en masse. Si vous souhaitez vous pencher de plus près sur la culture crétoise, visitez donc l'excellent Musée archéologique d'Heraklion, la capitale de l'île.

Grande photo de gauche: les plages à l'est de la Crète sont très belles et donc un peu surpeuplées. La belle ville d'Agios Nikolaos est un véritable bastion touristique.

1 Loutro et sa baie en forme de croissant ne sont accessibles qu'à pied ou par bateau. Malgré cet inconvénient, l'endroit est toujours très fréquenté durant les mois d'été.

2 La principale curiosité de l'île est Knossos, le grand palais minoen. Il occupe une superficie de 22.000 m² et comprend plusieurs bâtiments comptant parfois cinq étages, des places et des rues. Knossos fut le plus grand palais de la civilisation minoenne en Crète. Vers 1450 av. J.-C., cette civilisation disparut soudainement, de façon mystérieuse.

3 De plus en plus d'amoureux de la nature découvrent que les promenades en Crète sont un véritable ravissement.

4 Si vous vous écartez des endroits touristiques, vous trouverez encore la Crète authentique!

5 L'image de la belle ville de Rethimon présente des accents vénitiens et orientaux.

1

2

3

4

5

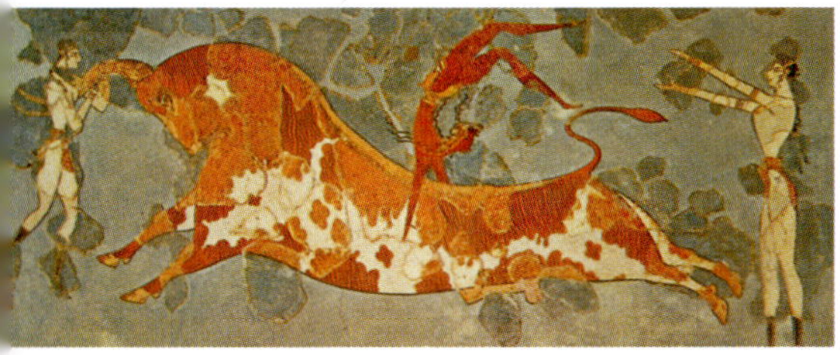

Une fresque du palais de ***Knossos****: dans les mythes anciens de Crète, le taureau occupait une place importante. Sur cette île, Zeus fit trois fils à Europe, la fille kidnappée du roi. L'un d'entre eux était Minos, le premier roi et le fondateur de la civilisation minoenne.*

Déjà au début de l'existence de la ville, vers l'an 400 av. J.-C., le port de Mandraki fut aménagé à Rhodes.

32 m de haut. Sur l'île, les templiers bâtirent des forteresses et les Turcs, des mosquées. Très intéressants: la ville de **Rhodes avec son *mur d'enceinte médiéval et l'imposant **palais des grands maîtres du 14e siècle avec ses **sols en mosaïques paléochrétiennes et une **exposition archéologique. La **Rue des Croisés relie la ville au *port de Mandraki avec ses trois moulins à vent médiévaux. Dans la rue: les "auberges" des croisés, dont la plus impressionnante est *l'auberge des Français de 1492 (patrimoine mondial de l'Unesco). Méritent également une visite: le **Musée des arts décoratifs populaires dans *l'ancien hôpital des Chevaliers de Malte et le **Musée archéologique dans *l'hôpital des Chevaliers de Malte. Vous respirerez l'ambiance orientale dans le quartier turc, avec sa *mosquée de Süleyman du 19e siècle, les *bains de Mustafa-Pasja du 18e siècle et la bibliothèque municipale turque. Intéressant dans l'ancien quartier juif: la *place Hippocrate, l'ancien palais de justice *Kastellania, de 1503, la *Platia Martiron Evreon, la synagogue Kal-de-Shalom du 16e siècle, l'Agios Panteleion du 15e siècle.
Sur la côte est: les thermes de *Kalithea, la cathédrale en style byzantin tardif **Kimisis Theotokou à **Asklipio; à **Lindos: l'antique **acropole avec la fameuse exèdre et le temple d'Athéna Lindia; dans la baie de Saint-Paul: un *théâtre antique; dans le village: la cathédrale de **Panagia (14e siècle). Sur la côte ouest: le site antique à **Kamiros et le village de montagne Monolithos avec la *forteresse des Chevaliers de Malte.
** **Simi** (69) Pittoresque île rocheuse avec de vieilles maisons de maître. Très intéressants: la ville de *Simi avec son clocher du 19e siècle; dans le sud: le monastère byzantin de *Panormitis.

Nature

** **Parc maritime national des Sporades du Nord** (10) Le parc national fondé en 1992 a donné une chance de survie à l'espèce méditerranéenne très menacée des phoques moines. Des 350 exemplaires encore en vie dans le monde, la moitié vit dans les eaux grecques. Autour des îles de Kira Panagia, Gioura, Psathoura, Piperi, Peristera, Skantzoura et Alonissos, un doux écotourisme s'est développé ces dernières années.
* **Agiou Ioannou** (11) Impressionnantes grottes à concrétion sur l'île d'Antiparos, avec ses plages paradisiaques.
Pataloudes (12) Vallée sur l'île de Paros, où vous pourrez admirer une variété exceptionnelle de papillons.
** **Le platane d'Hippocrate** (13) Sous cet arbre planté sur l'île de Kos, le célèbre médecin grec aurait tenu collège. Ce monument naturel n'est hélas âgé "que" de 500 ans.
** **Le volcan sur l'île de Nissiros** (14) Une caldeira de 3,5 km de long et 1,5 km de large (un cratère volcanique en forme d'entonnoir apparu à la suite d'effondrements) avec d'abruptes parois rocheuses.
La vallée des papillons (15) Près de Krematsi, sur la côte nord-ouest de Rhodes. Les populations auparavant énormes de papillons rares qui peuplent la faille en juillet et août sont aujourd'hui quasiment menacées d'extinction par le tourisme de masse.

Crète

La Crète est la plus grande île grecque dans le sud de la mer Égée et, selon les sages, ce serait la maison de Zeus. La montagne très karstique grimpe jusqu'à 2 456 m de haut au mont Ida. Dans les vallées fertiles, surtout sur la côte nord, on produit du vin, des olives, du froment et des fruits subtropicaux. L'île la plus au sud de la mer Méditerranéenne fut aussi le berceau de la première éminente civilisation en Europe, à savoir celle des pacifiques Minoens.

Culture

* **Héraklion** (70) Capitale de l'île, située sur la côte nord. Très intéressants: ***le Musée archéologique avec des objets uniques du début de la culture européenne; le Musée d'Histoire installé dans l'ancienne église Agia Ekaterini, dont l'accent est mis sur les périodes postérieures à l'Antiquité; la place Sainte-Catherine; le *musée des Icônes; la fontaine vénitienne de Bembo et l'étroite rue du marché Odos 1866; la Grande et la Petite Église de Minas; le fort dans le port; les ouvrages défensifs vénitiens.
*** **Knossos** (71) Le plus grand palais des Minoens. Dès 1900, Sir Arthur Evans travailla 40 années pour mettre au jour ce palais vieux de 4 000 ans et pour le reconstruire partiellement: le trône du roi Minos; la résidence des reines avec les célèbres dauphins bleus; la salle avec les doubles cognées; les celliers; les «toilettes de la reine».
* **Tilisos** (72) Ville minoenne au sud-ouest d'Héraklion. Très intéressantes: trois maisons mises au jour avec des polythyra, des bains, une crypte posée sur des piliers, des celliers et un autel.
** **Palais de Malia** (73) Le deuxième plus grand palais minoen avec la cité mise au jour.
* **Grotte de Zeus de Psichro** (74) Grotte dédiée au culte minoen en bordure du haut plateau de Lassitihi connu pour ses moulins à vent, avec de bizarre concrétions; dans l'Antiquité, Zeus y était adoré.
* **Agios Nikolaos** (75) Station balnéaire sur le Golfe de Mirabello. À voir absolument: la forteresse vénitienne Mirabello du 13e siècle; le *Musée archéologique; la forteresse vénitienne sur l'île rocheuse de Spinalonga.
* **Gournia** (76) Ville minoenne mise au jour au sud-est d'Agios Nikolaos.
** **Palais de Kato Zakros** (77) Palais minoen découvert dans la Vallée des Morts, avec une cour intérieure, des bains, des celliers, des cryptes sur piliers, des polythyra et une cité.
Ierapetra (78) Ville sur la côte sud. Intéressants: la forteresse vénitienne du 13e siècle, le Musée archéologique.
* **Zaros** (79) Village de montagne sur les gorges de Rouvas. Très intéressants: les monastères d'Agios Nikolaos et de Vrondisi; les fresques dans *l'église du monastère de Valsamonero.
* **Gortis** (80) À l'époque romaine, la capitale de la Crète. Intéressants: l'église de Titus du 7e siècle; dans l'odéon, le **Codex de Gortis, les premières lois écrites en Europe; un platane toujours vert sous lequel Zeus, ayant pris la forme d'un taureau, aurait mis Europe enceinte de Minos; le théâtre non encore dégagé; l'acropole; les sanctuaires d'Isis et Sérapis; le théâtre romain, le sanctuaire des nymphes avec la résidence du gouverneur romain, les thermes, un amphithéâtre et un stade.
** **Palais de Phaistos** (81) Site historique des périodes minoenne et grecque. Très intéressants: la cour occidentale, les pithoi, l'entrée du palais avec les polythyra, la salle du trône; la cour intérieure dans l'aile est du palais, avec un bain rituel et des séjours royaux richement aménagés.
* **Agia Triada** (82) Palais minoen de la période entre 1700 et 1450 av. J.-C., près de Phaistos.
** **Rethimnon** (83) Ville portuaire sur la côte nord. Méritent une visite: la mosquée du 17e siècle de Kara Moussa Pasja; la loggia vénitienne; la fontaine Rimondi du 17e siècle; la mosquée de Pasja Nerazza, initialement une église abbatiale vénitienne du 16e siècle; le Musée archéologique; la citadelle et le *monastère d'Arkadi du 16e siècle.
** **Chania** (84) Ville portuaire animée avec ses palazzi vénitiens et une mosquée des janissaires. À voir absolument: les *halles du marché néoclassiques de 1911; le Musée du Folklore dans la cour intérieure de l'église catholique; le **Musée archéologique; les maisons patriciennes vénitiennes; le Musée nautique; l'église vénitienne Agios Nikolaos, les *halles du marché classiques.

Nature

* **Vallée des Morts** 16 Ces gorges impressionnantes près de Pano Zakros doivent leur nom aux rituels funéraires des Minoens.

** **Parc national des gorges de Samaria** 17 Les gorges de Samaria font partie des plus longues gorges d'Europe et furent déclarées réserve naturelle dans les années 1950. Ainsi, la chèvre Bézoar, menacée d'extinction, a une chance de survivre. De plus, quelque 70 plantes endémiques y poussent, ainsi que de nombreuses espèces d'orchidées que l'on ne trouve quasiment pas ailleurs. Attention: la descente dans les gorges n'est certainement pas une promenade normale.

La presqu'île montagneuse de Gramvousa, au nord-ouest de la Crète, est totalement inoccupée: c'est la baie de Balos.

La mosquée du sultan Ahmed à Istanbul, qui compte six minarets, est aussi appelée la «mosquée bleue». Les murs de ce magnifique édifice, construit de 1609 à 1616, sont entièrement décorés de faïences bleues.

Turquie occidentale et Chypre

Pour les Européens, la Turquie est la porte de l'Orient. Entre les minarets élancés et les élégantes coupoles se dressent des témoins impressionnants d'une culture ancienne qui reliait Orient et Occident voici des millénaires.

Chypre: crépuscule sur le lac salé de Larnaka.

Chypre l'ensoleillée relie l'Asie et l'Europe. C'est ici qu'Aphrodite, déesse grecque de l'amour et de la beauté, naquit de l'écume de la mer – un mythe antique éclairant d'un jour singulier des vacances de détente et de calme sur les côtes baignées de soleil de la Méditerranée orientale.

*La vieille **Istanbul** est construite sur sept collines, tout comme Rome, mais aussi sur deux continents. C'est à cette situation unique dans tous les sens du terme – un pont entre l'Europe et l'Asie – que la ville doit d'occuper depuis des siècles une position clé.*

Turquie
(partie ouest)

Superficie: 780 580 km²
Côte: 7 200 km
Point culminant: Ararat (5 165 m)
Plus long cours d'eau: Kizilirmak (1 355 km)
Plus grand lac: lac de Van (3 700 km², variable)
Population: 65,5 millions d'habitants
Densité de population: 82 hab./km²
Régions: Thrace turque, mer de Marmara et nord de la mer Égée, côte sud de la mer Égée, Anatolie occidentale
Capitale: Ankara (2,9 millions d'habitants)
Fuseau horaire: MET + 2 h

Adresses utiles
(B) Office du Tourisme Turc
Rue Montoyer 4b,
1000 Bruxelles,
Tél.: 02 / 513 82 30,
Fax: 02 / 511 79 51,
E-mail: tourisme-turc@artenite.com
www.tourisme-turc.com
(FR) Office national de tourisme de Turquie
Avenue des Champs-Élysées, 102
75008 Paris
Tél.: 01 45 62 78 68
Fax: 01 45 63 81 05
E-mail: info@infosturquie.com
Web: www.infosturquie.com

Situation et paysage

La Turquie s'étend sur l'ensemble de la péninsule d'Asie Mineure. La Turquie occidentale englobe le territoire à l'ouest des détroits et des Dardanelles (la Thrace turque), un fragment de l'Europe du sud-est qui ne représente que trois pour cent de son territoire. Par ailleurs, la côte méditerranéenne appartient également à la Turquie; elle est subdivisée en deux. La côte égéenne, au nord de Marmaris, se caractérise par ses nombreuses baies et presqu'îles; des vallées fertiles et des plaines limoneuses pénètrent loin à l'intérieur des terres. À proximité de Bodrum et de Marmaris commence le Taurus, qui rejoint la côte entre Fethiye et Antalya. Au sud, la côte se distingue par ses belles et vastes plages et les plaines fertiles qui s'étendent derrière. Plus à l'est, le Taurus domine le paysage. Après Silifke, la bande côtière s'élargit et donne sur la plaine d'Adana, fertile et intensément cultivée.

Thrace turque

La partie européenne de la Turquie s'étend des frontières grecque et bulgare, à l'ouest, jusqu'à la mer de Marmara au sud-est, la mer Noire au nord-est, et la côte méditerranéenne à l'ouest. Le paysage se compose principalement de collines dénudées.

Culture

** **Edirne** ❶ L'ancienne Hadrianopolis, à l'embouchure de la Tunca. À voir absolument: la *Mosquée Üç Şerefeli, la «mosquée aux trois galeries» et quatre minarets à l'architecture distincte du 14e siècle; Eski Cami, la «vieille mosquée», un édifice du 15e siècle, le Bazar Ali Paşa, la **Selimiye Camii, une mosquée du grand architecte Sinan, avec son dôme de 42 m datant de 1557, la *Mosquée Beyazit du 15e siècle, le Pont de Michel, les tombeaux des sultans.

*** **İstanbul** ❷ Voir carte pages 318-319.

Nature

** **Le Bosphore** ❶ Un détroit de 32 km entre la mer Noire et la mer de Marmara, d'une largeur allant de 600 à 3000 mètres et de 30 à 120 m de profondeur. La meilleure vue vous est offerte d'un des bateaux appareillant du pont de Galata.

Un joyau d'architecture islamique: la mosquée de Sélim à Edirne.

Mer de Marmara et nord de la mer Égée

Les paysages du nord-ouest de la Turquie ne se bornent pas aux villes balnéaires. On peut aussi y aller à la rencontre des prémices de la culture européenne, car on y trouve des sites d'un grand intérêt historique.

Culture

* **İznik** ❸ L'antique Nicée en Phrygie. À voir absolument: la *Yeşil Cami, la «mosquée verte» de 1391 avec son imposant portail et son beau minaret. La mosquée Eşref Rumizade, le Nilüfer Hatun Imateri, hospice et cantine; les vestiges du *mur d'enceinte; un théâtre romain, Sainte-Sophie, qui abrita le 7e concile œcuménique en 878, le Musée archéolo-gique avec une collection de faïences.

** **Bursa** ❹ Chef-lieu au pied de l'Uludağ. À voir absolument: la *Grande mosquée (15e siècle) avec sa grande salle aux douze piliers et 20 coupoles; la **Mosquée verte du 15e siècle avec ses belles et précieuses faïences; le *Mausolée Vert du sultan Mehmet Ier de 1421; le Musée turco-islamique et sa collection d'art ottoman; la Mosquée de Murat II, du 15e siècle avec ses 11 tours et ses tombeaux de princes; le *Musée d'archéologie; les **Nouveaux Bains du 16e siècle, à la décoration prodigue; les Anciens Bains du 14e siècle; le pittoresque quartier du bazar.

Erdek ❺ Le port antique de Kyzikos et ses belles plages. À voir absolument: le *Musée en plein air et ses artefacts antiques.

Çanakkale ❻ Ville des Dardanelles. À voir absolument: le fort du 15e siècle; le Musée militaire; le *Musée archéologique et ses tombes ioniennes, les décorations du tumulus de Dardanos, vieilles de 24 siècles et les objets de Troie.

** **Troie** ❼ Ville antique au sud-ouest des Dardanelles, inscrit au patrimoine mondial de l'humanité par l'Unesco. La ville décrite par Homère se compose de plusieurs niveaux mis au jour au 19e siècle par l'archéologue allemand Heinrich Schliemann. À voir absolument: le puits romain de l'acropole; la muraille sud mycéenne; le port des Dardanelles, le temple d'Athéna, le musée.

L'île de Bozcaada ❽ À 10 km de la côte, vignobles et plages. Le *fort de Bozcaada, qui fut jadis un bastion stratégique à l'embouchure des Dardanelles.

* **Assos** ❾ Cité antique près de Behramkale. À voir absolument: l'acropole; le théâtre; l'agora; l'enceinte hellénique et ses deux énormes tours; la salle du conseil; la stoa; le gymnasium; le pont ottoman; le temple dorique d'Athéna du 6e siècle av. J.-C.

Küçükkuyu ❿ Petite ville balnéaire en face de Lesbos et sa belle et longue plage. À voir absolument: l'antique autel de Zeus au-dessus de la ville, avec une vue grandiose sur la Baie d'Edremit.

Ayvalik ⓫ Une belle petite ville au centre historique bien conservé. À voir absolument: l'église grecque Taksiyarhis Kilise, et son intérieur intéressant. Belle vue sur la mer à partir du plateau rocheux Seytan Sofrasi sur la plage de Sarismakli.

** **Bergama (Pergame)** ⓬ Cité antique de Mysie. À voir absolument: l'agora inférieure; trois gymnasiums; l'**acropolis; les ruines de la bibliothèque; le palais d'Euménès; le jardin de la reine; le **temple de Trajan; le temple d'Athéna et de Dionysos; les autels de Pergame; le **théâtre; le temple de Déméter et de Héra; les thermes romains; la Villa d'Atalos; la Porte d'Euménès; l'**amphithéâtre; la Halle Rouge; la Grande mosquée du 14e siècle; le Musée d'archéologie; le Musée d'histoire; l'Asclepium; la Voie Sacrée; les propylées; le temple d'Asclépios.

* **Foça** ⓭ Pittoresque cité balnéaire entourée de bois de pins et de vignobles, avec son joli centre ancien. Impressionnant: le sanctuaire marin de la déesse Cybèle et les monuments funéraires de Taskule et Seytan Hamami.

* **Manisa** ⓮ Capitale de la province du même nom. À voir absolument: * la Mosquée de Murat, construite par Sinan (1586), la Grande mosquée Ulu Cami du 4e siècle; la Mosquée Hatuniye du 15e siècle de la Mosquée Ayse de 1522.

* **Sardes** ⓯ Capitale antique de la Lydie: À voir absolument: les ruines du temple d'Artémis.

** **İzmir** ⓰ Capitale de la province de Smyrne. À voir absolument: le *Mont Pagus et la citadelle; le marché romain; l'*agora; la place Konak avec sa tour à l'horloge de 1901 et la Mosquée Konak de 1754 avec ses carreaux de faïence; le Musée d'ethnographie; le **Musée d'archéologie; le quar-

*Cité de l'Antiquité romaine surmontant les terrasses de Pamukkale avec ses thermes, ses temples et son théâtre, **Hiérapolis** est l'un des nombreux sites archéologiques de premier ordre que l'on trouve en Turquie. La porte nord, qui compte trois arches, fut érigée au 1er siècle sous l'empereur Domitien.*

tier du bazar avec la Mosquée Hisar Cami et les caravansérails de Cakaloğlu en Kızlarağası Han. * **Ildır** ⓱ L'Erythrai antique sur l'Aléon. À voir absolument: vestiges de l'enceinte; un tombeau d'apparat; le théâtre, des ruines de villas helléniques et romaines.
* **Teos** ⓲ Ville ionique près d'İzmir. À voir absolument: le temple de Dionysos du 3e siècle de notre ère; l'odéon; le théâtre romain.

Nature

** **Parc national de Kuscenneti** ❷ Sur le beau lac de Kus Gölü. Le parc est un paradis pour les oiseaux, avec quelque 200 espèces qui y nichent (tours d'affût, musée et visites guidées ornithologiques).

Côte sud de la mer Égée

La côte lycienne dentelée offre non seulement ses plages et son soleil aux amateurs, mais attire également – grâce à ses nombreux sites archéologiques – les visiteurs passionnés d'histoire.

Culture

*** **Éphèse/Selçuk** ⓳ Cité grecque antique à l'embouchure du Kaystros. À voir absolument: le **Musée archéologique avec la célèbre Artémis aux rangées de seins superposés et les fresques romaines; la *basilique Saint-Jean du 6e siècle; la Mosquée d'İsa Bey du 14e siècle, les ruines du temple d'Artémis; les salles aux têtes de taureaux; le nymphéum; les *maisons à flanc de colline; les thermes de Scholastika; le temple d'Hadrien; la bibliothèque de Celsus; l'agora, le *théâtre.
* **Pamukkale** ⓴ L'ancienne Hiérapolis, au nord de Büyük Menderes. Patrimoine mondial de l'humanité. À voir absolument: le théâtre, les thermes et les nécropoles.
** **Aphrodisias** ㉑ Ville en ruine au sud de Büyük Menderes. À voir absolument: le *stade, très bien conservé; le temple d'Aphrodite, l'odéon; le palais épiscopal; l'agora; la colline de l'acropole; le *Musée, les thermes d'Hadrien.
** **Priène** ㉒ Cité antique sur le Méandre. À voir absolument: le sanctuaire de Démétrios, le **temple d'Athéna du 4e siècle av. J.-C.; l'agora, la Halle sacrée, le bouleuterion; le gymnasium; la porte est; le *théâtre du 3e siècle av. J.-C., le temple de Zeus.
** **Milet** ㉓ Ville antique sur la côte. À voir absolument: le **théâtre du 2e siècle av. J.-C., le gymnasium; l'odéon; la porte est; l'agora sud; les Thermes de

1

2

3

1 Dans l'Antiquité, Éphèse était la plus grande cité d'Asie Mineure, avec son temple d'Artémis qui comptait parmi les sept merveilles du monde et un port industrieux qui s'ensabla par la suite. La plupart des monuments de ce site archéologique unique datent de l'apogée de l'Empire romain.

2 Seuls quelques rares édifices religieux ont connu une histoire aussi longue et mouvementée que la Hagia Sofia («Sainte Sagesse»). Construite comme église chrétienne en 532 par l'empereur Justinien, elle fut transformée en mosquée lorsque les Ottomans conquirent Constantinople, puis en musée en 1934.

3 Au 2e siècle avant notre ère, Pergame était la capitale d'un puissant royaume. Les musées berlinois financèrent les fouilles au 19e siècle. En échange, le grand autel de Zeus partit pour Berlin. Depuis lors, cet autel de Pergame compte parmi les trésors artistiques les plus précieux de la capitale allemande.

L'Antiquité en Asie Mineure

Plusieurs grandes cultures antiques ont laissé ici leur marque, car l'Anatolie était jadis au carrefour de l'histoire.

L'histoire de l'Asie Mineure remonte à une époque dont seules de rarissimes traces écrites nous sont parvenues. Aussi les archéologues s'efforcent-ils par exemple d'en savoir plus sur les Hittites, qui peuplaient l'est de l'Anatolie dès le 3e millénaire av. J.-C. et étaient si puissants vers 1300 avant notre ère qu'ils pouvaient même se mesurer à l'Égypte. Dès l'an 1000 av. J.-C., les Grecs fondèrent sur la côte ouest des cités qui firent bientôt concurrence à celles de la mère patrie: la Guerre de Troie fut une des conséquences de cette rivalité. Alexandre le Grand conquit l'Asie Mineure en combattant les Perses et un de ses généraux fonda le royaume de Pergame, qui tomba aux mains des Romains en 133 av. J.-C. Ceux-ci conquirent l'ensemble de la péninsule et en firent leur province d'Asia. À la fin de l'Antiquité, la province revint à l'Empire byzantin.

Grande photo de gauche: Le promeneur qui arpente ce vaste site archéologique n'aura aucun mal à s'imaginer la beauté de l'Éphèse antique, qui compta jusqu'à 300 000 âmes. Avec ses deux étages, la bibliothèque de Celsus (135 apr. J.-C.) est unique par sa beauté et sa taille.

1 À Side, on visite les colonnes d'un temple d'Apollon, un théâtre bien conservé et les thermes de l'agora.

2 Le temple d'Hadrien fut érigé à Éphèse au 2e siècle apr. J.-C. en l'honneur de l'empereur romain.

3 L'empereur Arcadius (395-408) fit transformer en un véritable boulevard la route qui reliait le port au théâtre d'Éphèse.

4 Sur la côte sud de l'Asie Mineure vécurent jadis les Lyciens. Les piliers funéraires, près de Myra, sont caractéristiques de leur culture.

5 Sur la côte méridionale: l'amphithéâtre de Xantos.

6 Les arcades aux élégants piliers sont l'une des attractions de Perge.

1

2

3

4

5

6

FENER
FATİH
TOPKAPI
ŞEHREMİNİ
CERRAHPAŞA
LANGA
KUMKAPI
MERCAN
BEYAZIT
ŞEHZADEBAŞI
KÜÇÜKPAZAR
EMİNÖNÜ
CAĞALOĞLU
Haliç
Atatürk Köprüsü
Adnan Menderes Bulvarı
Turgut Özal Caddesi
Fevzi Paşa Caddesi
Macar Kardeşler Caddesi
Şehzadebaşı Caddesi
Atatürk Bulvarı
Mustafa Kemal Caddesi
Ordu Caddesi
Kennedy (Sahil Yolu) Caddesi
Abdülezel Paşa Cad.
Abdülezel Paşa Caddesi
Topkapı-Edirnekapı Cad.
Rami Kışla Cad.
Koca Mustafa Paşa Cad.
Hekimoğlu Ali Paşa Cad.
Kariye Camii
Kariye Camii Müz.
Mihrimah Sultan Camii
Fethiye Camii
Fethiye Müz.
Sultan Selim Camii
Çukurbostan Camii
Darüşşafaka Lisesi
Fatih Camii
Fatih Kütüphanesi
Fatih İlkokulu
Bozdoğan Kemeri (Aqueduct of Valens)
Saraçhane Parkı
Belediye Sarayı
Şehzade Camii
Süleymaniye Camii
İstanbul Üniversitesi
Beyazıt Kulesi
Beyazıt Camii
Sahaflar Çarşısı
Kapalı Çarşı
Laleli Camii
Aksaray
Aksaray Meydanı
Valide Camii
Murat Paşa Camii
Haseki Hastanesi
Cerrahpaşa Tıp Fakültesi Hastanesi
Çapa Tıp Fakültesi Hast.
Vefa Stadyumu
Mimar Sinan Mescidi
Hirka-i Şerif Camii
Mesih Ali Paşa C.
N.Mehmet Paşa Camii
Kumrulu Mescid
Arkadius Sütunu
Kız Taşı
Yenikapı
Kumkapı
Yenikapı Deniz Otobüs İskelesi
Yenikapı Feribot İskelesi
Fener Vapur İskelesi
Aykapı İskelesi
Cibali Vapur İskelesi
Kasımpaşa Vapur İskelesi
Ulubatlı
Emniyet
Edirnekapı Şehitliği
Sulu Manastır
İstanbul Hast.

Istanbul

Ce n'est pas uniquement pour sa situation sans pareille sur le Bosphore et la Corne d'Or que l'on aime Istanbul, car cette ville ancienne entre Orient et Occident recèle aussi une pléthore de choses à découvrir. Parmi celles-ci, et non des moindres: l'amabilité des habitants.

La ville aux trois noms – Byzance, Constantinople, Istanbul – fut le centre névralgique de deux empires qui ont marqué l'histoire du bassin méditerranéen pendant près de deux mille ans: l'Empire romain d'Orient – autrement dit Byzance – et son successeur, l'Empire ottoman. Des trésors de toutes les grandes époques font d'Istanbul la destination idéale pour un voyage culturel plongé dans la vitalité de la métropole turque. Les quartiers historiques d'Istanbul ont été proclamés patrimoine culturel de l'humanité par l'Unesco.

À voir absolument entre la Corne d'Or, le Bosphore et la mer de Marmara: ***Sainte-Sophie, centre religieux de la Byzance chrétienne de la fin de l'Antiquité, construite de 532 à 537 sous l'empereur Justinien, avec sa coupole extraordinaire. Ses mosaïques sont restées partiellement intactes après la conquête de Constantinople par les Ottomans en 1453, où elle fut transformée en mosquée et dotée de quatre minarets. La **Hagia Eirene (Sainte-Irène), d'avant Constantin, construite au 8e siècle; le **Musée d'archéologie et sa collection d'objets antiques; le *Pavillon en faïence, qui est le plus ancien bâtiment islamique laïque (1472) et sa collection de faïences.

Dans le cœur ottoman de la ville: le ***Palais de Topkapi, vaste complexe aux splendides édifices séparés par des cours intérieures et des portails, est aujourd'hui un musée abritant l'une des plus grandes et plus précieuses collections du monde. La *Fontaine du sultan Ahmed III (1728); la **Mosquée du sultan Ahmed – la célèbre «mosquée bleue» (17e siècle); l'antique *Hippodrome, le **Musée d'art turc et islamique; la petite et délicate *Mosquée Sokullu-Mehmet-Paşa (16e siècle); le *Musée de la mosaï-que; de très beaux bains de vapeur anciens: le *Hammam Haseki Hürrem (1557) et le *Hammam Cağaloğlu; le Soğukçeşe Sokaği avec ses maisons de bois ottomanes restaurées; la Grande porte (rococo); le **Yerebatan Saray, une ancienne citerne.

La vieille ville: le **Grand bazar, plus grand marché couvert du monde; le *Bazar égyptien; le *Bazar des livres; la *Nouvelle mosquée (17e siècle); la Mosquée Rüstem Paşa (16e siècle) et ses magnifiques tuiles; la *Tour de Beyazit, phare de 1828, la *Mosquée Beyazit (16e siècle); la Mosquée Nuruosmanyie (16e siècle); la Mosquée Kalenderhane, qui était initialement une église byzantine; la *Mosquée des Princes (16e siècle), les ruines de l'église Saint-Polyeucte (6e siècle); l'*Aqueduc de Valens; la Mosquée Mehmet-Fâtih (15e siècle), le monastère du Pantocrator du 12e siècle. Aux environs de la vieille ville: l'église patriarcale Hagios Georgios (1720); l'église en fonte de Saint-Stéphane (1871); le *Palais Tekfur (11e siècle); les vestiges du Mur de Théodose (5e siècle); la Mosquée de Mihrimah du 16e siècle; l'**église Chora; la Mosquée de la Victoire et ses impressionnantes mosaïques dans l'église succursale du vieux monastère.

L'intérieur éblouissant de Sainte-Sophie.

Istanbul

Capitale de l'Empire romain d'Orient, puis de l'Empire byzantin et enfin, à partir du 15e siècle, de l'Empire ottoman: depuis 2600 ans, Istanbul ne relie pas l'Asie et l'Europe que sur le plan géographique.

Baptisée Byzance sous les Romains puis Constantinople jusqu'en 1930, l'actuelle Istanbul est une ville à la croisée de deux continents: depuis des siècles, l'Orient y rencontre l'Occident. L'intérêt de la ville s'illustre dans le nombre d'édifices religieux dont la célébrissime Sainte-Sophie, chef-d'œuvre de l'architecture byzantine. «L'église de la divine sagesse» fut transformée en mosquée après la conquête ottomane en 1453, avant d'accueillir un musée en 1934.
La mosquée («cami») du sultan Ahmed Ier avec ses céramiques uniques et le complexe de Topkapi, qui est aujourd'hui un parc, évoquent le passé ottoman de la ville.

Grande photo de gauche: La mosquée du sultan Ahmed, du 17e siècle, fut surnommée la «mosquée bleue» en raison des faïences colorées qui ornent l'intérieur.

1 À Byzance, Sainte-Sophie était à l'origine l'église où l'on couronnait les empereurs. Depuis la moitié du 15e siècle, elle est le grand symbole de l'Empire ottoman. Quatre minarets entourent la coupole de 56 mètres de haut.

2 Sainte-Sophie: l'interdiction islamique de représenter les êtres humains a condamné les mosaïques byzantines à dormir sous le plâtre pendant 5 siècles – jusqu'à ce qu'Atatürk les fasse restaurer.

3 Sainte-Sophie fut construite sous Justinien dès 532 et devint église palatiale en 537.

4 Le Grand bazar est le plus vaste bazar couvert du monde. Cinq cent mille visiteurs s'y pressent chaque jour. Les rues du bazar sont subdivisées selon les catégories professionnelles.

5 Le trafic des bacs règne en maître sur la Corne d'Or, avec la liaison entre les quartiers de Galata et de Beyoglu. À l'arrière-plan, la mosquée de Soliman.

1

2

3

4

5

*Les **Lyciens** demeurent une énigme pour la science. Ce peuple indo-européen établi sur la côte méridionale de l'Anatolie fut conquis par le roi perse Cyrus. Entre Antalya et Fethiye, on peut encore admirer leurs **piliers funéraires**.*

Faustina; le bouleuterion; le nymphéum; le delphinion; la Mosquée Ilyas Bey du 15e siècle.
**** Herakleia** 24 Cité antique à l'est de Milet. À voir absolument: la citadelle byzantine; la nécropole aux tombes cariques; le temple d'Endymion; l'agora; le temple d'Athéna.
**** Didyme** 25 Temples antiques au sud d'İzmir. À voir absolument: le temple d'Apollon, célèbre dans l'Antiquité pour son oracle.
*** Labranda** 26 La Mylasa carique, au nord de Milas. À voir absolument: trois édifices de cérémonie; le temple de Zeus Labrayandos; la villa des sources; les propylées, les thermes romains, la basilique byzantine.
Milas 27 Cité antique au nord-est de Bodrum. À voir absolument: la porte romaine de la ville, le mausolée romain, deux mosquées du 14e siècle.
*** Bodrum** 28 L'ancienne Halicarnasse dans la Baie de Bodrum. À voir absolument: la *citadelle Saint-Pierre des Johannites, construite à l'aide de pierres du tombeau de Mausole, une des sept merveilles du monde antique; le théâtre grec; le musée et son intéressante exposition sur l'archéologie sous-marine.
*** Knidos** 29 Cité antique à l'ouest de Marmaris. À voir absolument: le théâtre, le temple d'Aphrodite, le palais et son cadran solaire.
Kaunos 30 Cité antique sur le lac de Köyceğiz. À voir absolument: les piliers funéraires du 4e siècle avant notre ère; le théâtre; la forteresse byzantine.
**** Fethiye** 31 La Telmessos lycienne. À voir absolument: le sarcophage lycien; les tombes rupestres à façade de temple; la tombe d'Amyntas.
*** Xanthus** 32 Plus grande ville de l'antique Lycie, inscrit au patrimoine mondial de l'humanité par l'Unesco À voir absolument: monuments funéraires, le monument des Harpies du 6e siècle av. J.-C.; le monument des Néréides du 5e siècle av. J.-C.
Myra 33 Cité en ruine à l'ouest de Finike. Intéressant: le théâtre, des **piliers funéraires du 4e siècle av. J.-C., l'église de Saint-Nicolas à Kale.
*** Limyra** 34 Cité lycienne en ruine. À voir absolument: tombes lyciennes, le théâtre romain.
**** Antalya** 35 Ville portuaire sur la côte méridionale. À voir absolument: le minaret du 13e siècle *Yivli Minare; l'enceinte; la Mosquée Eski Cami (1373), le *port; la madrasa Karatay avec un portail d'apparat seldjouk; le *bazar; la porte d'Hadrien; la tour romaine de Hıdırlık; le parc municipal; le **Musée d'archéologie. Au nord-ouest d'Antalya: **Termesseos, une ville en ruine au pied du Güldere Dağ avec un beau théâtre grec classique; le temple d'Hadrien du 2e siècle; le temple d'Artémis et de Zeus.
*** Perge** 36 Cité en ruine près d'Antalya, avec un beau théâtre du 1er siècle av. J.-C., une porte romaine, des basiliques byzantines; des thermes et un stade.
*** Aspendos** 37 Cité en ruine à l'est d'Antalya, le **théâtre (2e siècle) bâti par Marc Aurèle accueille encore des festivals d'été.

Nature

**** Pamukkale** 3 L'ancienne Hiérapolis, au nord de Büyük Menderes. Les terrasses calcaires blanches sont l'œuvre d'une source chaude et offrent une vue impressionnante (patrimoine Unesco de l'humanité).
*** Parc national d'Olympos** 4 Paysages montagneux et boisés sur la côte d'Antalya; à l'intérieur des terres, on découvre des étendues sauvages qui culminent à 2 250 m avec le Massif de Bey.

Anatolie occidentale

Entre le Bosphore et la Méditerranée, mais à l'écart de la côte, le visiteur découvre, outre des ruines de presque chaque siècle, une ambiance réellement orientale. L'artisanat traditionnel offre surtout tapis et céramiques.

Culture

**** Konya** 38 L'ancienne Iconie, au nord du Taurus, avec le **monastère de Mevlana qui fut transformé en musée sous Atatürk et où repose le mystique Celâleddin Rûmî; la Mosquée

Trésors culturels insolites sur la côte sud: les piliers funéraires lyciens.

Spectacle grandiose: les étranges formations de tuf du Parc national de Göreme baignent les alentours de leur aura mythique.

Les derviches sont des moines-mendiants musulmans qui vivent en confréries et ont élaboré divers rites. La musique, grâce à laquelle ils cherchent à atteindre l'extase religieuse, y joue un rôle important. Le monastère de Mevlana à ***Konya*** *fut un centre des* ***«derviches tourneurs»*** *jusqu'à ce que Kemal Atatürk, qui modernisa et laïcisa la Turquie au début du 20e siècle, les interdise. Les adeptes de ce centre ont donné naissance à la confrérie des Mevlevi, qui demeure active dans de nombreux pays musulmans.*

Alaettin de 1221; l'école de théologie *Bürük Karatay Medresesi de 1251, aujourd'hui Musée de la faïence.

**** Sultanhanı** 39 Caravansérail près d'Aksaray. Un édifice colossal avec mosquée, écuries, thermes et cuisines.

*** Kaymaklıenı * Derinkuyu** 40 Cités troglodytes près de Nevşehir. À voir absolument: les tunnels courant sur plus de sept étages, où les chrétiens du 7e siècle cherchèrent refuge devant l'agresseur arabe.

***** Parc national de Göreme** 41 En Cappadoce. De nombreuses églises troglodytes et même de véritables villes souterraines sont creusées dans le tuf tendre. Classé patrimoine mondial de l'humanité par l'Unesco. À voir absolument: *Uçhisar et ses pyramides rocheuses aux formes insolites; *Zelve et son musée en plein air.

*** Kayseri** 42 **Chef-lieu où se trouve le célèbre madrase Sahibiye de 1267, la *citadelle de l'époque des Seldjouks, la Mosquée *Honat-Hatun de1237, le bazar *Bedesten avec le caravansérial Wesir Han, la *Grande mosquée Ulu Cami du 12e siècle, le *Döner Kümbert, le «Mausolée tournant» de 1275.

**** Ankara** 43 Capitale de la Turquie. À voir absolument: le ***Musée des civilisations anatoliennes dans un bazar du 15e siècle abritant la plus importante collection d'archéologie d'Asie Mineure, de l'âge de la pierre aux civilisations hittite et phrygienne; le *Musée d'ethnographie; la citadelle byzantine; la Mosquée Haci Bayram du 15e siècle; les ruines du temple d'Auguste et Rome, où se trouvent expliqués les travaux du premier empereur romain; la colonne de Julien l'Apostat de 362, les Thermes de Caracalla du 3e siècle; la Mosquée d'Arslanha du 13e siècle, le mausolée d'Atatürk; la mosquée moderne de Kocatepe est le plus grand lieu de culte musulman de Turquie.

Nature

*** La vallée de Peristrema** 5 Veillez à emporter une lampe de poche.

***** Parc national de Göreme** 6 Paysage unique aux étranges formations rocheuses coniques de tuf, et ses célèbres habitations et églises troglodytes.

*** Parc national de Yedigöll** 7 Au nord de Bolu. Domaine de randonnée idéal avec sept lacs.

1 La côte lycienne, entre Antalya et Dalyan, doit son nom aux Lyciens qui y vivaient. On y trouve les magnifiques plages et les baies tranquilles de la «Riviera turque» avec un arrière-pays montagneux aux vertes vallées, offrant des vues extraordinaires sur la mer.

2 Aucun photographe amateur ne se rendant en Turquie ne veut rentrer chez lui sans photo de Pamukkale! Et comme les terrasses calcaires, blanches comme neige durant le jour, se teintent en rouge sang au coucher du soleil, il faut avoir admiré ce double crépuscule au moins une fois dans sa vie!

3 Dans le sud-ouest, au bord des flots bleus de la mer Égée, se trouve la ville balnéaire de Bodrum. Les bons élèves se souviendront mieux de son nom antique: Halicarnasse. C'est ici que se dressait l'une des sept merveilles du monde antique: la gigantesque tombe du roi Mausole – le «Mausolée».

La Villa de Dionysos à Paphos date du 2e siècle de notre ère. La grande salle de réception s'orne de mosaïques à l'effigie du dieu du vin. Le «Triomphe de Dionysos» le représente sur un char tiré par des panthères.

Chypre

Superficie: 9 251 km²
Côte: 700 km
Point culminant: Mont Olympe (1 953 m)
Plus long cours d'eau: Pedias (100 km)
Population: 747 000 habitants
Densité de population: 81 hab./km²
Régions: Chypre du nord, Chypre du sud
Capitale: Nicosie (194 100 habitants)
Fuseau horaire: OET

Adresses utiles
(B) Office du tourisme de Chypre
Boulevard Clovis, 2 (Square Ambiorix)
1000 Bruxelles
Tél.: 02 735 06 21
Fax: 02 735 66 07
E-mail: cyprus@skynet.be
(FR) Office du tourisme de Chypre
Rue de la Paix, 15
75002 Paris
Tél.: 01 42 61 42 49
Fax: 01 42 61 65 13

Situation et paysage

La deuxième plus grande île de la Méditerranée se trouve à quelque 65 km des côtes d'Asie Mineure. Sur le plan politique et culturel, Chypre fait partie de l'Europe, mais du point de vue géographique, elle appartient à l'Asie. Parallèlement à la côte septentrionale, à côté d'une étroite plaine côtière, se dressent les 1023 mètres du Mont Kyrenia. Il se termine au sud, entre les baies de Morphu et de Famagusta, dans la plaine de Messaoria. C'est le principal repère géographique de Chypre. Plus loin au sud, le massif volcanique du Troödos est couronné par l'Olympe (1 952 m).

Chypre sud

Lorsqu'en 1974, la junte militaire turque décida d'occuper Chypre et de déposer le président Makarios, elle s'empara de tout le nord de l'île. Le sud, à population principalement grecque, revendique le droit de représenter tous les Chypriotes. La ligne de démarcation («green line») traverse la capitale Nicosie de part en part.

Culture

* **Nicosie (partie grecque)** ❶ Capitale de Chypre. À voir absolument: le *Musée Leventis; la Mosquée Ömeriye avec une belle vue depuis le minaret; l'église Agios Ioannis de 1662 avec ses fresques murales du 18e siècle; le *Musée d'art byzantin dans le nouveau palais épiscopal, avec une impressionnante collection d'icônes; le *Musée national avec une précieuse collection d'antiquités.

* **Larnaka** ❷ Deuxième ville de l'île, avec un port et un aéroport. La porte de Chypre sur le monde. À voir absolument: le port fortifié du 17e siècle; l'*église de Lazare du 10e siècle. Au sud-ouest de Larnaka, on fera le détour pour visiter l'église *Panagia Angeloktistos à Kiti. Elle abrite un des plus grands trésors artistiques de Chypre: une mosaïque absidiale du 6e siècle.

* **Stavrovouni** ❸ C'est à l'endroit où se dresse aujourd'hui le plus vieux monastère de Chypre, à 688 mètres d'altitude, que Sainte-Hélène aurait jadis posé la «véritable» croix du Christ pour délivrer les lieux d'un maléfice.

* **Choirokoitia** ❹ Les fouilles du site néolithique sur les rives de la Merinou (classé patrimoine mondial de l'humanité par l'Unesco) donnent un aperçu du mode de vie et de l'histoire de la colonie, du mésolithique jusqu'à 3800 av. J.-C.

* **Kourion** ❺ Cité antique en ruine à l'ouest de Limassol. À voir absolument: le théâtre et le stade romains du 2e siècle av. J.-C.; les thermes aux jolies mosaïques; le sanctuaire d'Apollon Hylates avec un temple d'Apollon du 1er siècle av. J.-C.; la basilique paléochrétienne.

Paphos ❻ La pittoresque cité portuaire est le lieu de villégiature favori de l'île. À voir absolument: le château turc de 1592; les mosaïques de la **Villa de Dionysos, classées patrimoine mondial par l'Unesco; la *Villa de Thésée; la Villa d'Orphée; la Villa d'Arion et la Villa des Quatre Saisons; des vestiges du fort byzantin de Saranta Kolones; l'odéon du 2e siècle; l'enceinte et la porte anciennes; l'église à coupole Agia Kyriaki du 13e siècle; la colonne de saint-Paul où l'apôtre aurait été attaché durant son premier voyage d'évangélisation; les *tombes royales des époques ptoléméenne et romaine.

* **Agios Neofytos** ❼ Hermitage de saint Néophyte qui vivait en reclus au-dessus du monastère au 12e siècle. La grotte est ornée de très beaux dessins.

Kykko ❽ Plus grand et plus célèbre monastère de Chypre, dans le massif du Troödos, bâti au 12e siècle à 1 140 m d'altitude. L'église abrite une icône mariale ardemment vénérée. Non loin se trouve la tombe de l'archevêque Macaire, révéré comme un saint par la population locale.

** **Chapelles du Troödos** ❾ Classées patrimoine mondial de l'humanité par l'Unesco. À voir absolument: la **chapelle Panagia Forviotissa près d'Asinou, avec son intérieur entièrement orné de peintures du 13e au 16e siècle; la *Panagiatis Podithou près de Galata fut fondée en 1502 et possède, tout comme l'église voisine de *Panagia Théotokos, des peintures influencées par la Renaissance italienne; l'église **Agios Nikolaos tis Stegis près de Kakopteria a été transformée à plusieurs reprises; elle est surtout connue pour ses fresques du 12e siècle; également impressionnantes, les fresques murales de l'église **Panagia tou Arakou, inaugurée en 1192, de Lagoudera et l'église du 16e siècle *Stavros tou Agiasmat près de Platanistasa.

* **Fikardou** ❿ Ce village de montagne presque inhabité figure sur la liste des monuments et donne un aperçu de l'architecture rurale et de la vie aux 18e et 19e siècles.

* **Agios Machairas** ⓫ Le monastère se trouve à 750 mètres au-dessus de la rivière Pedieos, et fut fondé au 12e siècle puis reconstruit en 1892 après un incendie. Un petit musée retrace l'histoire du héros national Grigoris Afxentiou, qui fut tué non loin en 1957 en combattant l'armée britannique.

Nature

** **Avgas-kloof** ❶ Ce ravin abrupt et étroit près d'Agios Georgios et son ruisseau ensorcelant attirent bien des randonneurs

* **La Vallée des Cèdres** ❷ Un bois touffu de plus de 40 000 cèdres du Troödos que l'on ne trouve presque nulle part ailleurs, sur la face sud du Mont Pripylos dans le massif du Troödos. De timides mouflons se laissent observer près des arbres six fois centenaires.

Un port pittoresque, un château fort médiéval, le soleil et la mer: Girne est l'un des plus beaux coins de la côte septentrionale.

Nord de Chypre

Bien que juridiquement, Chypre forme encore un tout, la population turque revendique un statut particulier que seule la Turquie reconnaît pour l'instant.

Culture

★ Nicosie (partie turque) ⓬ La partie plus petite de la capitale habitée par les Turcs. À voir absolument: la Porte de Girne, une partie des anciennes fortifications vénitiennes; le Musée d'art folklorique turc, dans l'ancien monastère de derviches Mevlevi Tekkesi du 17e siècle; le Hamam Büyük de l'époque pré-ottomane; le carvansérail *Büyük Han du 16e siècle; la *cathédrale catholique gothique Sainte-Sophie, où les rois se faisaient couronner, et qui fut ensuite transformée en Mosquée Selimiye par les Musulmans; le minaret offre une belle vue sur la ville.

★ Palais de Vouni ⓭ Le palais royal exhumé par des archéologues suédois fut construit au 5e siècle av. J.-C. par des dignitaires perses.

★ Soli ⓮ Ville antique en ruine au nord-ouest de Nicosie, avec un théâtre romain reconstruit et une basilique paléochrétienne.

★ Girne ⓯ Ville portuaire romantique devant le massif du Beşparmak. À voir absolument: les *fortifications de l'époque byzantine, dont ne subsistent que les ruines d'une rotonde et la chapelle Saint-Georges, ont pris leur forme actuelle à l'époque vénitienne. Le Musée de la marine avec l'épave d'un voilier vieux de plus de 2 000 ans; le Musée folklorique; le fabuleux Château des Chevaliers; **Saint-Hilarion et le monastère des Norbertins; **Belapais du 13e-14e siècle; l'église de l'archange Michel du 19e siècle, avec collection d'icônes.

★ Buffavento ⓰ Imposant château en ruine, à 950 m d'altitude dans le Massif des Cinq Doigts.

★ Monastère de Saint-André ⓱ Ce lieu de pèlerinage fréquemment visité est dédié à l'apôtre saint André, qui aurait fait jaillir ici une source du rocher.

★ Salamis ⓲ Ville portuaire antique sur la côte est, avec fouilles de l'époque hellénique et romaine. Le terrain peut être visité en voiture.

Nature

★ Massif de Besparmak ❸ (Cinq Doigts) Massif boisé aux pics sauvages.

★ Presqu'île de Karpasia ❹ Les côtes sont l'un des derniers refuges des tortues de mer, dont l'espèce est menacée (la tortue verte et Caretta caretta), qui peuvent pondre sans être dérangées.

РОЖДШѸЮ, СѸЩѸЮ БЦѸ ТА ВЕЛИЧАЕМЪ ✝ ДОСТОИНО ЕСТЪ ІАКѠ ВОИСТИННѸ,

Durant des siècles, la Bulgarie fut dominée par les Turcs mais au 19e siècle, quand elle prit conscience de son identité, le monastère médiéval de Rila fut reconstruit tandis que l'église était décorée dans le style du mouvement national de renouveau.

Bulgarie, Roumanie, Moldavie

Les Siebenbürgen et les paysages sauvages des Carpates sont devenus célèbres sous le nom de Transylvanie, région natale du comte Dracula. Mais aujourd'hui, le vampire ne hante plus guère que les salles obscures et c'est donc sans crainte que le

Une situation idyllique: la vieille cité bulgare de Veliko Tăvorno.

visiteur pourra profiter des paysages intacts de Roumanie. Avec ses vastes plages, la côte de la mer Noire est une promesse de plaisirs nautiques, tout comme dans la Bulgarie voisine, dont le nord-ouest recèle en outre un étrange paysage de cavernes. La Moldavie, ancienne république soviétique, jouxte le nord de la Roumanie. Le tourisme y prend à peine son essor, mais le pays attire par ses châteaux anciens et surtout ses régions viticoles.

Bulgarie, Roumanie

La Forêt de Pierre (Pobiti Kamani) de la plaine à l'ouest de Varna est un phénomène naturel particulier. Ce site se compose de colonnes de grès de 5 à 6 m de haut, à l'extérieur poreux et contenant de nombreux fossiles de coquillages et d'invertébrés.

De nombreux piliers se sont renversés ou brisés à l'horizontale et leur intérieur est souvent creux. Le groupe principal, qui est aussi le mieux conservé, se trouve à 18 km à l'ouest de Varna.
Il est aujourd'hui d'un accès facile grâce à la voie rapide qui relie Varna à Sofia.

Bulgarie

Superficie: 110 994 km^2
Côte: 320 km
Point culminant:
Mussala (2 925 m)
Plus long cours d'eau:
Danube (520 km en Bulgarie)
Population:
8,312 millions d'habitants
Densité de population:
75 hab./km^2
Capitale: Sofia
(1,116 million d'habitants)
Fuseau horaire: OET

Adresses utiles:
(B) *Ambassade de Bulgarie*
Avenue Hamoir, 58
1180 Bruxelles
Tél.: 02 374 59 63
Fax: 02 375 84 94

(FR) *Office du tourisme bulgare c/o Ambassade de Bulgarie*
Avenue Rapp, 1
75007 Paris
Tél.: 01 45 51 85 90
Fax: 01 45 51 18 68

Situation et paysage

Au nord s'étend le bassin du Danube. Au sud de celui-ci, il fait sa jonction avec les collines du Danube qui culminent à 400 m d'altitude. Aux contreforts des Balkans succèdent le massif des Balkans (2 376 m) et le bassin de Thrace. Tout au sud, on compte plusieurs sommets comme le Rhodopi, le Pirin et le Rila.

Culture

**** Sofia ❶** La capitale, au sud-ouest du bassin d'Iskăr. À voir absolument: La *mosquée de Bania Baschi, érigée en 1576 par hadji Mimar Sinan; l'église *Sveta Petka Samardshiska du 14e siècle, exemple des restrictions imposées aux édifices religieux chrétiens sous la domination ottomane; la rotonde *Sveti Georgi de l'époque romaine, ultérieurement transformée en église puis en mosquée, et ses peintures murales; le **musée national d'histoire et le trésor de Rogosh; la **cathédrale Alexandre Nevski, terminée en 1912; l'église de **Bojana, classée patrimoine mondial par l'Unesco en raison de ses fresques du 13e siècle.

***** Monastère de Rila ❷** Dans le massif du même nom, sanctuaire national des Bulgares (patrimoine mondial selon l'Unesco). Le monastère d'Ivan Rilski fut construit au 10e siècle et est devenu, aux 13e et 14e siècles, un centre important de la culture bulgare. Au 19e siècle, il fut le point de départ du mouvement national de renouveau. La plus ancienne partie des bâtiments, reconstruite après un incendie en 1837, est la tour de Khrélio (14e siècle).

Plovdiv contemple 2 000 ans d'histoire.

**** Plovdiv ❸** Ville universitaire sur la Maritza. À voir absolument: la *cité historique et la mosquée *Djoumaïa Djamilla (14e siècle); le *théâtre romain antique; dans les environs: le ***monastère de Bačhkovo, fondé au 11e siècle par les Byzantins.

Kazanlak ❹ Ville de la vallée des Roses. L'attraction principale est la **tombe thrace, classée patrimoine de l'humanité, un monument funéraire richement décoré du 3e siècle avant notre ère.

**** Monastère de Trojan ❺** Le deuxième plus grand monastère du pays fut créé au 16e siècle et prit sa forme actuelle au milieu du 19e.

Trjavna ❻ Ville à l'est de Gabrovo, célèbre au 19e siècle pour ses ébénistes et ses peintres d'icônes.
À voir absolument: l'église de l'archange Saint-Michel et la maison Daskalov reflètent l'art des maîtres de Trjavna.

**** Veliko Tărnovo ❼** Cité pittoresque dominant la vallée de la Jantra. L'ancienne capitale du deuxième empire bulgare est riche en curiosités: la muraille reconstruite avec vue sur la **vieille ville; le *Sveti Dimiter du 12e siècle; le *monastère des Quarante-Martyrs, du 13e siècle, la petite église Sveti Petar i Pavel du 13e siècle et ses fresques intéressantes; le *palais turc de 1872; la maison d'hôte de hadji Nikoli; le musée des arts.

*** Arbanassi ❽** La ville est située sur un plateau à 440 m d'altitude et séduit par son unité architecturale.

Nicopolis ad Istrum ❾ La ville antique près du village de Nikiup fut fondée en 102 par l'empereur romain Trajan. Les ruines du forum, l'hôtel de ville, le théâtre, des temples et des thermes ont été exhumés.

**** Šumen ❿** Les murailles turques de ce bourg ont été partiellement reconstruites. La **mosquée Tombul et son minaret de 40 mètres rappellent la domination turque. Tour d'horloge intéressante, datant de 1740.

**** Madara ⓫** À 13 km à l'est de Sumen, vous trouverez le chevalier de Madara, classé patrimoine de l'humanité par l'Unesco, un relief monumental taillé dans le roc au 8e siècle.

Pliska ⓬ Cité en ruine au nord-est de Sumen. La capitale du premier empire bulgare a été rasée par les Byzantins. Seules les fondations du grand et du petit palais, l'église palatiale et une maison de boyards peuvent se visiter.

*** Varna ⓭** Cité portuaire sur la mer Noire. À voir absolument: la cathédrale de l'Assomption du 19e siècle; les *thermes romains du 2e siècle; le parc maritime; le *musée d'archéologie.

**** Nessebar ⓮** Station balnéaire sur la mer Noire. Sur les 40 églises paléochrétiennes construites par-dessus les anciens temples, dix ont été conservées, notamment l'église épiscopale Stara Mitropolia du 5e/6e siècle. La vieille ville a été classée patrimoine de l'humanité par l'Unesco.

Nature

*** Belogradčik ❶** Les rocs de grès rouge de Belogradčhik dressent leurs formes étranges à 200 mètres de hauteur. Parmi les monuments de pierre profondément creusés se trouve un fort du 19e siècle.

*** Grotte de Magura ❷** Cette grotte de ruissellement au sud-ouest de Vidin est longue de 3 km et possède aussi des peintures rupestres préhistoriques.

**** Pirin ❸** Le parc national du massif du Pirin, deuxième sommet bulgare, fut créé en 1962 et frappe par son peuplement d'arbres très ancien ainsi que les nombreuses plantes endémiques. La faune est elle aussi très variée (classé patrimoine naturel mondial par l'Unesco).

*** Steneto ❹** Le parc national au sud de Trojan se caractérise par l'étendue de ses forêts de feuillus. La faune compte plus de 100 espèces protégées.

**** Parc national de Srebarna ❺** La réserve naturelle entourant le lac de Srebarna est un des plus grands sanctuaires pour oiseaux de toute l'Europe. Il a été déclaré patrimoine naturel par l'Unesco en 1983.

*** Pobiti Kamani ❻** La Forêt de Pierre près de Varna se compose d'étranges piliers rocheux, taillés par l'action du vent et de la pluie au cours des millénaires.

Roumanie

Superficie: 238 392 km^2
Côte: 245 km
Point culminant:
Virful Negoiu (2 548 m)
Plus long cours d'eau:
Danube (1 075 km en Roumanie)
Plus grand lac: Lac Razelm
Population:
22,554 millions d'habitants
Densité de population:
95 hab./km2
Régions: Dobroudja et delta du Danube, Valachie, Transylvanie, Moldavie
Capitale: Bucarest
(2,08 millions d'habitants)
Fuseau horaire: OET

Adresses utiles
(B) *Office du Tourisme*
Av. de la Toison d'Or 17a,
1050 Bruxelles,
Tél./Fax: 02 502 46 42

(FR) *Office du tourisme de Roumanie*
Rue des pyramides, 12
75001 Paris
Tél.: 01 40 20 99 33
Fax: 01 40 20 99 43

Situation et Paysage

Le pays est traversé par le vaste arc des Carpates, qui entoure les collines de Transylvanie. Dans l'ouest de la Roumanie, on trouve le Banat et le bassin de la Tisza. Les plaines de lœss de Grande et de Petite Valachie s'étendent du bord des Carpates au Danube. À l'est du delta du Danube s'élève le paysage en plateau de la Doubrodja.

Doubrodja et delta du Danube

La Doubrodja s'étend entre la mer Noire et le Danube inférieur, où elle se ramifie dans le delta du fleuve. La partie sud, plus réduite, fait partie de la Bulgarie. Ses plages ont fait de la région un centre touristique populaire en Roumanie.

Pour protéger la faune et la flore, la Roumanie a créé dans le ***delta du Danube*** *une réserve naturelle, un havre pour diverses espèces d'oiseaux rares. Photos: à gauche un héron cendré, à droite un ibis noir, unique espèce d'ibis nidifiant en Europe.*

Culture

*** Constanţa** ❶ Ville portuaire sur la mer Noire. Le centre historique est la place Ovide, qui servait déjà de forum dans l'antiquité. La statue d'Ovide (1887) évoque le poète romain banni en ces lieux par l'empereur Auguste. À voir absolument: les vestiges d'un entrepôt antique; le **musée de la mosaïque; la grande mosquée de 1910 (panorama magnifique du haut du minaret); l'aquarium, où vous pourrez admirer des poissons du Danube et de la mer Noire, et le phare genevois du 13e siècle.
Dans les environs: **Adamclisi, où un monument composé de 54 reliefs rappelle les victoires de l'empereur Trajan.

*** Histria** ❷ Cité antique en ruine dans la région côtière. Une visite guidée vous fait découvrir temples, thermes et fortifications des périodes grecque et romaine. Un petit musée abrite divers artefacts retrouvés sur les lieux.

Tulcea ❸ Ville portuaire au début du delta du Danube. L'attraction principale est constituée par le **musée du delta du Danube. Également dignes d'une visite: quelques églises orthodoxes, la mosquée Azizié et la synagogue en ruine.

Nature

*****Réserve naturelle du delta du Danube** ❶ La zone a été classée patrimoine naturel de l'humanité par l'Unesco en 1991. Elle se compose de falunières, de grèves, d'anciens bras de mer, de lagunes, de marais, de bois de chênes et de dunes. Ce paradis naturel encore partiellement intact héberge une avifaune particulièrement nom-breuse, avec plus de 300 espèces.

Valachie

Cette région historique située entre les Carpates méridionales et le Danube est arrosée par l'Olt, qui la sépare en Grande Valachie et Petite Valachie ou Olténie.

Culture

***Bucarest** ❹ La capitale roumaine sur la Dimbovitza et la Colentina. Le centre comprend la place de la Révolution avec le palais royal néo-classique, occupé ensuite par Ceaucescu, et qui abrite depuis 1950 une partie du **musée des arts. Églises importantes: l'ancienne église palatiale et ses trois demi-dômes (16e siècle), l'église Stavropoleos du 18e siècle et sa façade ornée de motifs de feuilles et floraux, l'église Cretulescu du 18e siècle avec ses trois demi-dômes et l'église Mihai Voda (16e siècle). Intéressant: le **musée villageois et ses quelque 300 bâtiments originaux. Dans les environs: le *château Mogoşoaia du 18e siècle.

*** Craiova** ❺ Ville d'Olténie du sud. Le *palais du gouverneur, du 17e siècle, abrite le musée d'art de Craiova. L'église de Saint-Démètre, érigée en 1651 sous le prince Matei Basarab et transformée au 19e siècle.

**** Couvent d'Horezu** ❻ Près de la ville du même nom, centre de la céramique traditionnelle. Ce complexe du 17e siècle a été classé patrimoine mondial de l'humanité par l'Unesco en 1993. On notera les motifs floraux sculptés de la façade et les précieuses fresques à l'intérieur de l'église.

****Monastère de Cozia** ❼ Au sud des Carpates méridionales. La grande église et ses trois demi-coupoles date du 14e siècle et se distingue par ses intéressantes frises de céramique et de brique.

***Curtea de Argeş** ❽ Ville dans la vallée de l'Argès. Les principales curiosités sont les ruines d'un palais du 14e siècle, avec notamment l'église Saint-Nicolas dont certaines fresques sont bien conservées, et l'*église épiscopale de 1517.

1 La cathédrale Alexandre Nevski (1912) figure parmi les édifices les plus impressionnants de la capitale bulgare, Sofia.

2 Le pittoresque village de pêcheurs de Nessebar, sur la mer Noire dans le sud de la Bulgarie, compte pas moins de 48 églises historiques et ruines d'églises.

3 Le grès et le bois constituaient les matériaux traditionnels pour la construction de maisons de la vieille cité de Nessebar. Classée patrimoine culturel mondial par l'Unesco, le site occupe une situation idyllique sur une île qu'une digue relie à la terre ferme. La station balnéaire de Nessebar s'est développée non loin.

4 Le monastère de Rila, reconstruit au 19e siècle et dont l'église s'orne de fresques polychromes, est pour les Bulgares un sanctuaire national. La tour médiévale de Khrélyo date du 14e siècle. Le monastère se trouve dans les forêts idylliques des monts Rila.

Mais où vivait-il donc, ce sanguinaire comte Dracula? Non loin de Borgopas, où le situe son père spirituel, le romancier irlandais Bram Stoker – qui, du reste, n'a jamais mis un pied en Roumanie. Mais on y trouve pas le moindre château! À moins qu'il n'ait vécu dans le château Bran (photo), la fortification massive près de la ville de Brașov. Cette version est aujourd'hui la plus répandue et attire de nombreux touristes, à la grande joie de la région.

Non loin de la frontière ukrainienne, le monastère médiéval de Putna: une idylle dans les collines de la Bukovina.

Nature

****Les Carpates** (2) Dans le massif montagneux le plus sauvage d'Europe se trouvent des réserves naturelles comme à Tirgu Neamt ou des parcs nationaux tels que celui du massif d'Apuseni ou de Domogle. On y trouve notamment des gyapètes, des cerfs et des sangliers, des chamois, des marmottes, des lynx et des ours.

Sur les murs extérieurs du monastère de Sucevița, on peut voir des représentations de hagiographies et de thèmes bibliques.

Transylvanie

Pays montagneux entouré par les Carpates orientales, les Carpates méridionales et le Massif de l'Erts, dont certains bassins s'étendent à l'est jusque dans les Carpates.

Culture

**** Brașov** (9) Ville universitaire du sud de la Transylvanie. Cette ville à l'aspect médiéval est dominée par l'*église noire du 14e siècle, célèbre pour ses concerts d'orgue, sa collection de tapis anatoliens et son jubé précieux. L'*hôtel de ville du 15e siècle héberge aujourd'hui le musée d'histoire et le musée des arts. Autres curiosités: la *maison des guildes saxonne de 1545 avec sa magnifique arcade; le *château et ses ruines du 17e siècle. Dans les environs, on trouvera des églises fortifiées saxonnes comme à Harman, Prejmer, Risnov et le château Bran (14e siècle) où le comte Dracula aurait commis ses atrocités.
*** Făgăraș** (10) Ville sur l'Olt. Intéressants: le château construit du 15e au 17e siècle, avec une fortification trapézoïdale, et l'église orthodoxe Saint-Nicolas dont l'intérieur s'orne de belles fresques.
**** Sibiu** (11) Ville sur les contreforts nord des Carpates méridinales. La vieille ville médiévale est entourée par une enceinte bien conservée avec tours et bastions. À voir absolument: l'*église protestante (14e – 15e siècles) avec les célèbres fresques de 1445 dépeignant les croisades, la maison de Petrus Haller du 16e siècle et son impressionnant portail Renaissance et le palais Brukenthal de la fin du baroque, avec sa collection d'œuvres d'art européennes et d'icônes. Ne manquez pas de visiter le musée en plein air **Museul Astra.
*** Alba Iulia** (12) Ville sur la Mures. À voir absolument: la cathédrale aux éléments romans, gothiques et baroques; un château baroque en étoile (18e siècle); la cathédrale orthodoxe (1922).
*** Timișoara** (13) Ville du Banat, sur le Canal de Bega. Le château des Hunyades fut construit au 14e siècle par le roi hongrois Charles Robert d'Anjou. Il fut transformé au 15e siècle par Iancu d'Hunedoara et est aujourd'hui un musée. Le vieil hôtel de ville, la cathédrale catholique et la cathédrale orthodoxe datent du 18e siècle.
*** Cluj** (14) Ville sur la Petite Somes. À voir absolument: l'église Saint-Michel du 14e siècle avec sa précieuse porte de sacristie, le palais Banffy et son musée des arts; le musée d'histoire avec ses collections de mosaïque, de terre cuite et de sarcophages; l'église des Piaristen de 1724; le monastère de Calvaria du 15e et 16e siècle; l'enceinte avec le *bastion des tailleurs du 16e siècle.
Tîrgu Mureș (15) Ville sur la Mures À voir absolument: le vieux château (15e siècle) avec l'église du 14e siècle. La bibliothèque Teleki possède plusieurs incunables et des éditions princeps précieuses.
**** Sighișoara** (16) Ville au centre de la Transylvanie. À voir absolument: la pittoresque **vieille ville médiévale (classée patrimoine mondial de l'humanité par l'Unesco); la tour de l'horloge haute de 64 m (14e siècle) avec vue magnifique; l'église abbatiale du 13e siècle; l'*Escalier des écoliers de 1642.

Moldavie

La partie romaine de l'ancienne principauté moldave se compose de hautes plaines fertiles et, à l'ouest, de quelques zones montagneuses. On y pratique la culture de plantes oléagineuses et fibreuses, ainsi que l'élevage.

Culture

**** Suceava** (17) Ville au bord des Carpates orientales. À voir absolument: les ruines d'un château fort du 14e siècle; l'église de Saint-Démètre avec son campanile de 1535; l'église Saint-Georges du 16e siècle et ses fresques; le musée d'histoire; le couvent de Zamca du 17e siècle.
*****Les monastères moldaves** (18) Autour de Suceava se trouvent plusieurs célèbres monastères classés patrimoine mondial de l'humanité par l'Unesco. Le *monastère de Slatina (16e siècle) et ses imposantes fortifications; le **monastère d'Humor possède une église du 16e siècle ornée à l'intérieur comme à l'extérieur de jolies fresques et possédant un beau jubé sculpté. Le ***monastère de Voronet fut construit en 1488 sur ordre de Stéphane III. Parmi les précieuses fresques de l'église abbatiale (15e - 16e siècle), on retiendra surtout le «Jugement dernier». Le ***monastère de Moldovita fut construit entre 1532 et 1537 sous le prince Petru Rares, dont la tombe et le trône se trouvent dans l'église ornée de fresques. Le **monastère de Sucevita est un complexe fortifié du 16e siècle avec une église tout en fresques et un musée où se trouvent exposés argents, broderies et manuscrits du 17e et 18e siècles. Le ***monastère de Putna possède une église du 15e siècle avec, outre la tombe de Stéphane III, de belles fresques. Le **monastère de Dragomirna et ses fresques du 17e siècle; le monastère de Rasca (16e siècle); le **monastère de Probota, du 16e siècle, et ses tombes royales.
*** Iași** (19) Ville universitaire du nord-est. À voir absolument: l'**église Saint-Nicolas et ses céramiques colorées, qui fut dès le 16e siècle l'église où l'on couronnait les princes moldaves; l'*église des trois hiérarchies de 1639 avec ses murs extérieurs richement ornés; l'*église abbatiale de Golia, du 17e siècle.
**** Neamț** (20) Plus ancien monastère moldave, au pied est des Carpates, construit en 1497 sous Stéphane III. L'église abbatiale en style moldave date du 15e siècle. Un petit musée fournit des informations sur cet ancien centre culturel de la Moldavie.
*** Monastère Agapia** (21) Les bâtiments du 19e siècle abritent les chefs-d'œuvre de l'art pictural roumain du 19e siècle.
*** Monastère de Varatec** (22) Attire le visiteur non par son architecture, mais par son important trésor.
*** Piatra Neamț** (23) Ville au pied oriental des Carpates. L'église Saint-Jean fut construite au 15e siècle dans le style moldave ancien. L'église abbatiale de *Bistrita et ses trois demi-dômes et niches aveugles, ainsi que le tombeau d'un prince moldave.

Moldavie

Superficie:
33 800 km2
Point culminant:
Balaneshty (430 m)
Plus long cours d'eau:
Dniestr (partiellement)
Population:
4,3 millions d'habitants
Densité de population:
129 hab./km²

Capitale: Chisinau (655 900 habitants)
Fuseau horaire: OET

Adresse utile
(B) (FR) *National Agency for Tourism, Government House, Office 569*
Piata Marii Adunari Nationale
Chisinau, MD-2033,
Tél./Fax: 00 37 3/2/23 42 64,
E-mail:
mission.moldova@ties.itu.int

Situation et paysage

Au sud, les collines moldaves appartiennent à la plaine du Danube et de la mer Noire, et au nord, au plateau de Podolie.

Culture

* **Chisinau** ❶ Capitale sur la Byk. À voir absolument: la cathédrale orthodoxe russe du 19e siècle; le musée Pouchkine, qui évoque les trois ans d'exil que passa le poète à Chisinau; le musée régional avec une collection sur l'histoire de Bessarabie; le musée national des arts et le musée national d'histoire. Ne manquez surtout pas le bazar.
Tighina ❷ Vieille ville fortifiée sur le Dniestr. À voir absolument: le pont Tighina-Giraspol et le *musée des chemins de fer avec de vieilles locomotives à vapeur russes.
Tiraspol ❸ Deuxième ville de Moldavie, sur le Dniestr, surtout connue pour sa production de vin et de brandy.
** **Orheul Vechi (Trebujeni)** ❹ L'ancienne Orhei se trouve à 10 km au sud-est de la ville moderne et est issue d'un château fort construit au 14e siècle par Stefan cel Mare, puis détruit par les Tartares. À voir absolument: le monastère troglodytique du 13e siècle et le musée villageois avec une maison restaurée du 14e siècle.
* **Soroca** ❺ Fortification sur le Dniestr, du 16e siècle, avec des murs dont l'épaisseur peut atteindre trois mètres.

РОССИЯ

La cathédrale Saint-Basile (1555-1560) aux neuf dômes fut construite sur la place Rouge, à Moscou, sur ordre d'Ivan IV le Terrible, pour commémorer la reconquête de Kazan.

Russie

La Russie européenne est limitée par l'Oural à l'est, et si sa superficie ne représente qu'une petite portion de l'ensemble du pays, celle-ci est la plus intéressante du point de vue touristique. C'est ici que se trouvent la plupart des destinations de Russie, la vieille ville de Moscou et Saint-Pétersbourg, fondée au 18e siècle, qui a toujours été la fenêtre ouverte sur l'Occident. Novgorod, une des villes les plus importantes de Russie sur le plan historique, mérite elle aussi une visite. Hors des villes, la Russie a également bien des atouts, comme les églises en bois caractéristiques ainsi, bien entendu, que des paysages impressionnants.

Les dômes des cathédrales de Novgorod et Sergiev Posad.

L'Ermitage de Saint-Pétersbourg accueille une des collections d'art les plus riches et les plus relevées du monde. À eux seuls, les magnifiques bâtiments du musée valent assurément le détour – le Palais d'Hiver baroque, résidence des tsars jusqu'en 1917, avec ses annexes baroques du Petit Ermitage et de l'Ancien Ermitage ainsi que le Nouvel Ermitage classique. Ce dernier fut bâti au milieu du 19e siècle par Léo von Klenze, talentueux architecte de la cour de Louis Ier de Bavière.

Russie

Superficie: 17,075 millions de km²
Côte: 37 653 km (y compris partie asiatique)
Point culminant: Elbrouz (5 642 m)
Plus long cours d'eau: Volga (3 530 km)
Plus grand lac: lac Ladoga (17 703 km²)
Population: 147,3 millions d'habitants
Densité de population: 8,6 hab./km²
Régions: Moscou, Saint-Pétersbourg, Anneau D'Or, Russie du Nord, Volga, Kaliningrad
Capitale: Moscou (8 178 millions d'habitants)
Fuseau horaire: MET + 2 h

Adresses utiles
(B) *Office du tourisme de Russie*
Galerie Ravenstein, 2
1000 Bruxelles
Tél.: 02 513 82 34
Fax: 02 514 55 16
(FR) *Office du tourisme de Russie*
C/O Ambassade de Russie
Boulevard Lannes, 40-50
75016 Paris
Tél.: 01 45 04 05 50
Fax: 01 45 04 17 65

Situation et paysage

La partie européenne de la Russie, à l'exception de l'enclave de Kaliningrad, s'étend sur la plaine d'Europe orientale et jouxte au nord-ouest la Norvège, sur la péninsule de Kola, ainsi que plus au sud la Finlande, la Lettonie, l'Estonie, la Biélorussie et l'Ukraine. À l'est, la partie européenne se termine avec l'Oural et au sud, avec le Caucase.

Culture

*** **Moscou** ❶ Voir plan de ville pages 336/337.
*** **Saint-Pétersbourg** ❷ Voir plan de ville pages 340/341.
Dans les environs
*** **Palais de Pierre le Grand** ❸ On compare souvent la résidence d'été de Pierre le Grand à Versailles. Le **Grand Palais aux fastueuses salles baroques et classiques se trouve dans un parc élégamment aménagé, occupé dans sa partie est par le château *Cottage néogothique.
* **Lomonosov** ❹ Ville sur le Golfe de Finlande qui doit son nom à l'éclectique savant russe. Lorsque le *Grand Palais (1710-1727) classique fut transformé, Catherine la Grande en fit sa résidence d'été. Le *Château chinois, décoré en style oriental par la tsarine, est également digne d'une visite, tout comme le *Rutschberg, pavillon rococo construit en 1762.
*** **Tsarkoï Selo** ❺ Joyau de cette ville à 25 km de Saint-Pétersbourg, le ***Palais de Catherine, construit pour Élizabeth Ière. Les salles luxueuses sont à nouveau accessibles. Valent également le détour: l'église palatiale et le *Parc de Catherine, ainsi que le Palais et le Parc d'Alexandre.
** **Pavlovsk** ❻ Le *Grand Palais fut la résidence de Paul Ier. Son épouse, Maria Feodorovna, fit aménager les lieux en style classique. Le **parc du château a été récemment restauré dans sa splendeur initiale.
* **Gatchina** ❼ Le Grand Palais classique fut construit sur ordre de Catherine la Grande (1766-1781) et accueille aujourd'hui notamment une collection de porcelaines. Dans le beau parc du château, le prieuré que Paul Ier fit construite en 1789-1790 après avoir été nommé Grand Maître de l'Ordre des Chevaliers de Malte.
** **Repino** ❽ Attraction principale de cette petite ville, l'ancienne maison **Penaten du peintre Ilia Répine, où un petit musée évoque l'époque des groupes d'artistes.

L'Anneau d'Or

Au nord de Moscou s'étend un anneau d'anciennes villes russes qui ressemblent à un musée en plein air. Pour les amateurs d'art et d'architecture, la région est un véritable festin.

Culture

** **Sergiev Posad** ❾ Ville à 70 km au nord de Moscou. À voir absolument: Le ***monastère de la Sainte-Trinité (classé patrimoine mondial de l'Unesco), un des plus anciens du culte orthodoxe, avec d'importantes collections d'art pictural russe et d'objets d'art anciens. La pièce maîtresse

Le siège du gouvernement de l'ex-URSS: le magnifique palais sur l'éminence du Kremlin, à Moscou, où se dresse la tour d'Ivan le Grand.

La résidence d'été des tsars se trouvait à Pouchkine, près de Saint-Pétersbourg. Le Grand Palais de Catherine, épouse de Pierre le Grand, fut terminé en 1724.

À Saint-Pétersbourg, le Grand Palais baroque est le point central de la résidence d'été de Pierre le Grand.

__Novgorod__, une des plus anciennes cités slaves du pays, a connu son heure de gloire au Moyen Âge, époque où la ville était le centre politique et économique d'un important royaume. Le commerce intensif avec la Scandinavie et l'Europe centrale rendit la ville extrêmement prospère.

du monastère est la **cathédrale de la Sainte-Trinité; la *cathédrale de l'Assomption aux cinq coupoles de 1559 avec la tombe du tsar Boris Godounov, l'église Saint-Serge du 17e siècle, le palais épiscopal et le **clocher de 5 étages du 18e siècle.

* **Pereslavl Zalesski** 10 Ville au Nord de Moscou. À voir absolument: l'Église du Christ Rédempteur du 12e siècle; l'église (1585) de l'archevêque Piotr et son toit peint; le **Monastère de Gorizky du 14e siècle; le Monastère Danil-et-Niketas.

** **Rostov Veliky** 11 Ville de Russie centrale. L'attraction principale est le **kremlin du 18e siècle. Le complexe intègre l'église du Rédempteur de 1675, la cathédrale de l'Assomption du 16e siècle et l'église Hogedetria de 1693. Les collections d'icônes, de porcelaines, de portraits et d'émaux valent également la visite.

* **Jaroslavl** 12 Ville à 280 km au nord de Moscou. À voir absolument: le *monastère Saint-Sauveur du 16e siècle, l'*église de l'Épiphanie de 1650 et sa façade de tuiles.

* **Vladimir** 13 Ville à 166 km à l'est de Moscou. Les bâtiments de pierre blanche du 12e siècle sont mondialement célèbres, tout comme la **cathédrale Saint-Démètre et la *Porte d'Or. Le symbole de la ville, classé patrimoine mondial par l'Unesco, est la **cathédrale de l'Assomption et ses fresques des 12e et 13e siècles.

* **Suzdal** 14 Ville près de Vladimir. Sur une superficie de 9 km≈, plus de 100 monuments de six siècles. Comme le Monastère du Sauveur-Saint-Euthyme fondé en 1352 et le Monastère de la Déposition-de-la-Robe-de-la-Vierge (classé patrimoine mondial par l'Unesco). Parmi les nombreuses églises, on notera celle de la Naissance-de-la-Mère-de-Dieu (1225). Par ailleurs, les Portes d'Or médiévales et le Musée des Charpentiers russes valent la visite.

Russie du Nord

La partie septentrionale de la Russie européenne commence à Vologda et s'étend jusqu'à l'Oural à l'est, la péninsule de Kola et la mer Blanche au nord et au nord-ouest de la Russie.

Culture

* **Vologda** 15 Chef-lieu de district sur la Vologda. À voir absolument: l'archevêché ceinturé de murs du 17e siècle avec le palais de Joseph le Doré de 1769; la *cathédrale Sainte-Sophie de 1570 et ses fresques murales du 17e siècle; de nombreuses églises et édifices classico-baroques du 18e siècle, comme la maison Basch ou celle du gouverneur; de nombreuses maisons de bois richement décorées et de monastères dans les environs.

Belosersk 16 Ville près du barrage de Rybinsk. Outre l'architecture en bois du 19e siècle, on notera surtout l'église de la Dormition de 1553, l'église de l'Adoration du 17e siècle, l'Église Saint-Sauveur de 1723 et les ruines d'ouvrages de fortification.

Veliky Oustioug 17 À voir absolument: la cathédrale de l'Assomption du 17e siècle; l'église baroque de Saint-Simon le Stylite; le monastère de l'Archange saint Michel et de nombreuses maisons de maître des 18e et 19e siècles.

Solvitchgodsk 18 Ville de cure sur la Dvina septentrionale. La riche famille des Stroganov a financé maintes églises d'intérêt artistique, comme celle de l'Annonciation à Marie de 1579 avec ses nombreuses fresques et icônes, ainsi que le monastère de l'Apparition de 1693. La collection d'icônes du musée local vaut le détour.

** **Novgorod** 19 Ville sur la Volkhov (classé patrimoine mondial de l'Unesco). À l'intérieur du kremlin, la **cathédrale Sainte-Sophie en brique rouge du 11e siècle domine, avec ses précieuses icônes du 14e siècle. Les églises les plus intéressantes sont, à la cour de Iaroslav, la cathédrale Saint-Nicolas (12e siècle), l'église Saint-Sauveur (12e également), l'église Féodor Stratilat et ses fresques byzantines. Le Palais à Facettes du 15e siècle et le Musée d'histoire de l'Art valent eux aussi la visite.

* **Pskov** 20 Ville au-dessus de l'embouchure de la Velikaïa. Dans le kremlin du 12e-16e siècles avec ses tours rondes et ses toits de bois se trouvent l'*église de la Sainte-Trinité du 17e siècle et la cathédrale du 12e siècle du monastère de Mirojki. D'autres belles églises et maisons de commerçants des 16e et 17e siècles ainsi que des chefs-d'œuvre d'architecture sacrée aux environs donnent à une visite de cette région un intérêt certain.

Nature

* **Lac Ladoga** 1 Le plus grand lac d'Europe se trouve à proximité

1 **Les bulbes colorés des églises orthodoxes relèvent de la tradition architecturale byzantine. Ici, le monastère de Gorizky à Pereslavl Zalesski.**

2 **Le monastère de Sergiev Posad, au nord de Moscou, fut fondé au milieu du 14e siècle par Serge de Radonej et resta pendant longtemps le centre spirituel de la région.**

3 **Le Musée de l'Architecture en bois et de la Vie rurale à Suzdal permet d'admirer de beaux édifices en bois, notamment des églises, des maisons et des fermes de la région de Vladimir.**

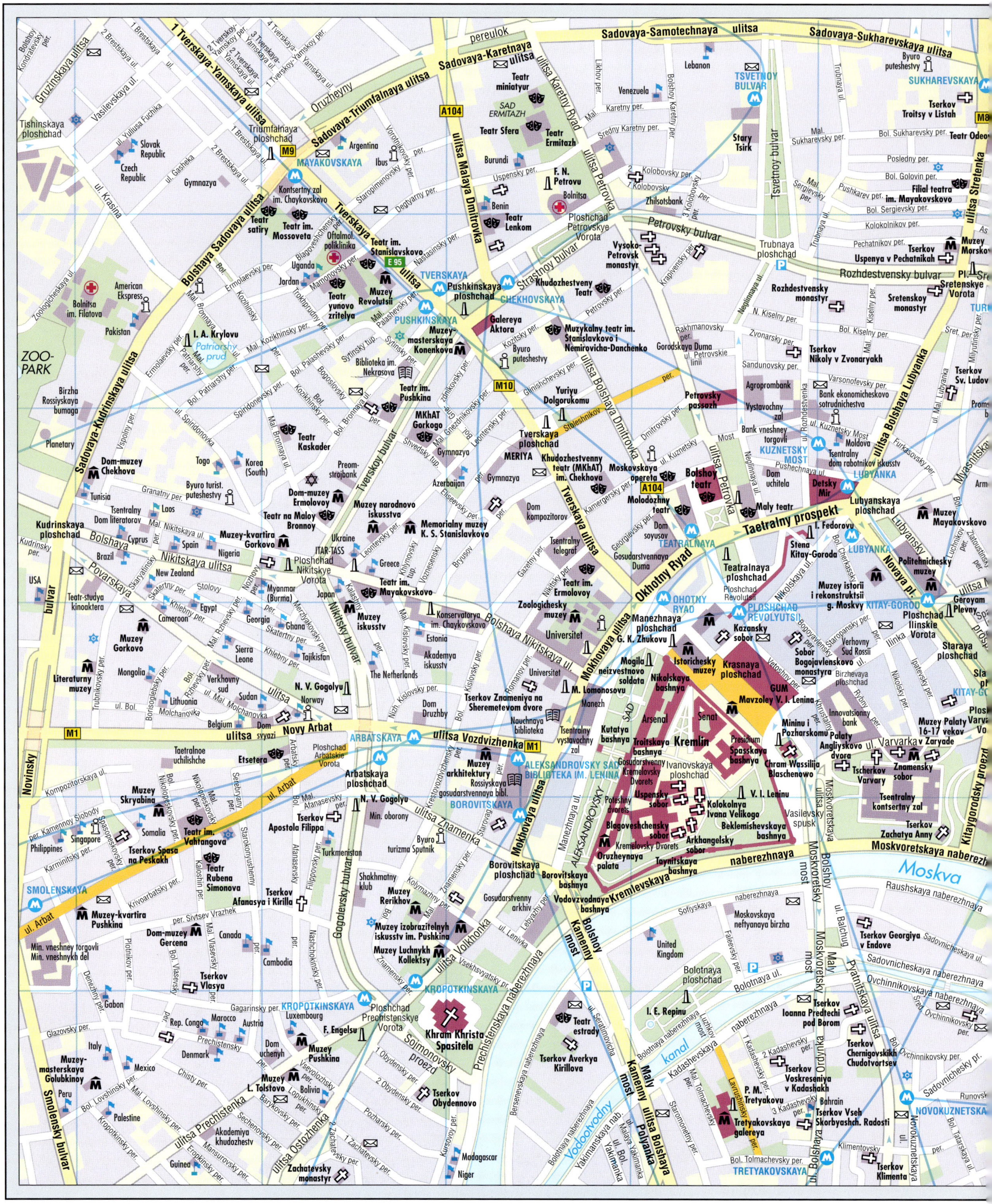

Sadovaya-Samotechnaya ulitsa
Sadovaya-Sukharevskaya ulitsa
Sadovaya-Karetnaya ulitsa
Sadovaya-Triumfalnaya ulitsa
1 Tverskaya-Yamskaya ulitsa
Tverskaya ulitsa
Bolshaya Sadovaya ulitsa
Sadovaya-Kudrinskaya ulitsa
ulitsa Malaya Dmitrovka
ulitsa Petrovka
ulitsa Bolshaya Dmitrovka
Petrovsky bulvar
Strastnoy bulvar
Tverskoy bulvar
Nikitsky bulvar
Gogolevsky bulvar
Novinsky bulvar
Smolensky bulvar
Tsvetnoy bulvar
Rozhdestvensky bulvar
ulitsa Bolshaya Lubyanka
ulitsa Sretenka
Teatralny prospekt
Okhotny Ryad
Mokhovaya ulitsa
Bolshaya Nikitskaya ul.
Bolshaya Nikitskaya ulitsa
Povarskaya ulitsa
ulitsa Novy Arbat
ul. Arbat
ulitsa Vozdvizhenka
ulitsa Znamenka
ulitsa Volkhonka
ulitsa Prechistenka
ulitsa Ostozhenka
Prechistenskaya naberezhnaya
Kremlevskaya naberezhnaya
Moskvoretskaya naberezhnaya
Raushskaya naberezhnaya
Sadovnicheskaya naberezhnaya
Bolshoy Kamenny most
Maly Kamenny most
Bolshoy Moskvoretsky most
ulitsa Bolshaya Polyanka
Pyatnitskaya ulitsa
Varvarka
Ilyinka
Kitaygorodsky proezd
Moskva
Vodootvodny kanal
ZOO-PARK
Patriarshy prud
MAYAKOVSKAYA
TVERSKAYA
PUSHKINSKAYA
CHEKHOVSKAYA
TSVETNOY BULVAR
SUKHAREVSKAYA
KUZNETSKY MOST
LUBYANKA
TEATRALNAYA
OKHOTNY RYAD
PLOSHCHAD REVOLYUTSII
KITAY-GOROD
ARBATSKAYA
ALEKSANDROVSKY SAD
BIBLIOTEKA IM. LENINA
BOROVITSKAYA
SMOLENSKAYA
KROPOTKINSKAYA
TRETYAKOVSKAYA
NOVOKUZNETSKAYA
Kremlin
Krasnaya ploshchad
GUM
Senat
Arsenal
Manezhnaya ploshchad
Manezh
Istorichesky muzey
Mavzoley V. I. Lenina
Spasskaya bashnya
Troitskaya bashnya
Kutafya bashnya
Borovitskaya bashnya
Vodovzvodnaya bashnya
Tainitskaya bashnya
Ivanovskaya ploshchad
Uspensky sobor
Blagoveshchensky sobor
Arkhangelsky sobor
Kolokolnya Ivana Velikogo
Kremlevsky Dvorets
Oruzheynaya palata
Tsentralny kontserny zal
Khram Khrista Spasitelya
Muzey izobrazitelnykh iskusstv im. Pushkina
Pushkinskaya ploshchad
Teatralnaya ploshchad
Lubyanskaya ploshchad
Tverskaya ploshchad
Trubnaya ploshchad
Borovitskaya ploshchad
Arbatskaya ploshchad
Kudrinskaya ploshchad
Bolotnaya ploshchad
Bolshoy teatr
Maly teatr
Detsky Mir
Petrovsky passazh
Tretyakovskaya galereya
Universitet
Dom-muzey Chekhova
Muzey Gorkovo
Teatr im. Vakhtangova
M1
M9
M10
A104
E 95
M8

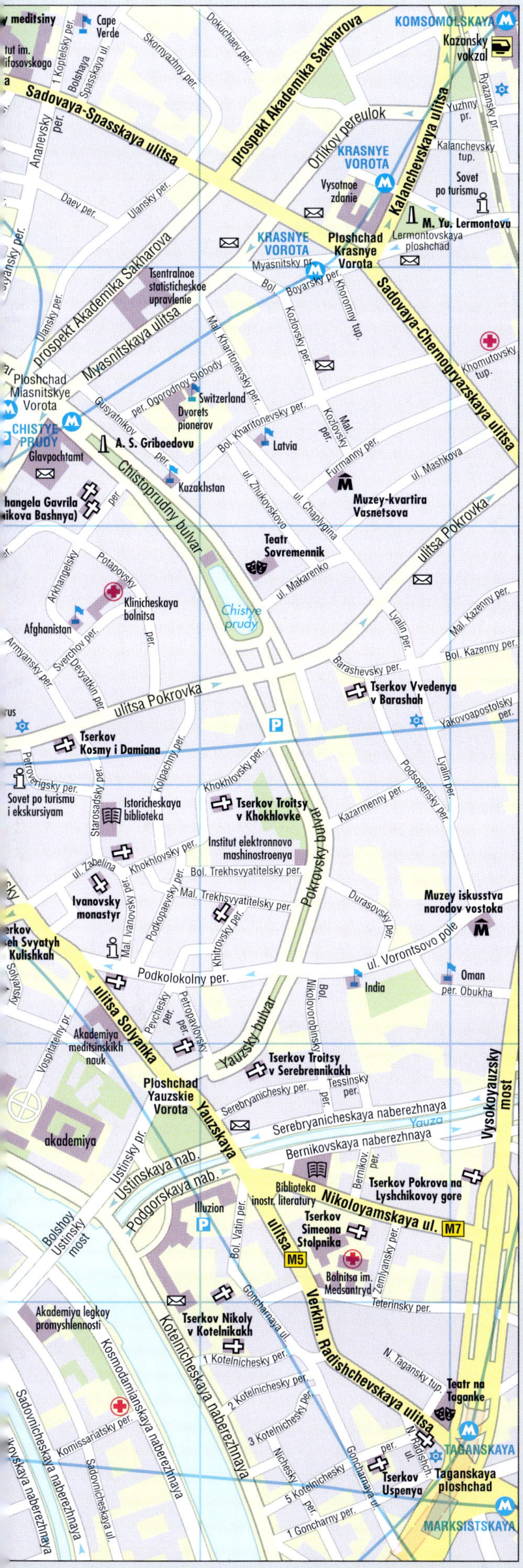

Moscou

Bien que l'ancienne capitale russe sur la Moskva se soit progressivement étendue, tout tourne encore autour du noyau historique – le Kremlin – qui se situe sur une éminence à 40 mètres au-dessus de la rivière.

C'est de là que les grands princes de Moscou puis les tsars de Russie bâtirent un gigantesque empire qui s'étendait jusqu'au Pacifique. Moscou en était la chatoyante capitale, même lorsque Pierre le Grand s'ouvrit à l'Occident et déplaça sa résidence à Saint-Pétersbourg. Un événement important de cette longue histoire eut lieu en 1812, quand Napoléon et ses armées entrèrent dans Moscou. Mais ni en ville ni au Kremlin, il ne trouvèrent âme qui vive. Tous, y compris le tsar, s'étaient enfuis et Moscou était en flammes. Sans doute l'incendie avait-il été déclenché volontairement pour chasser l'ennemi français de la capitale russe. Le plan, si plan il y avait, fut un succès: Napoléon prit la clef des champs.

À voir absolument:
Le ***Kremlin (classé patrimoine de l'humanité par l'Unesco), palais des tsars et depuis toujours cœur politique de la Russie, entouré de quelque 2 km de murailles, avec la ***Salle d'armes nationale de la Tour Borovitchkaïa (trésors des Romanov, bijoux des tsars, salle d'armes), le Grand Palais du Kremlin (19e siècle, non accessible), le palais à Facettes avec la salle du Trône d'Ivan II, le palais de Terem baroque, la **place de la Cathédrale (15e siècle) et son beau panorama sur les nombreuses coupoles et façades, la **cathédrale de l'Assomption, où les tsars furent couronnés dès le 15e siècle, la *«cathédrale de la Dormition» (15e siècle avec des fresques du 17e) et son clocher de 81 mètres, l'église des Tsars, la cathédrale de l'Annonciation (15e siècle) aux neuf dômes.
Sur la ***Place Rouge (classée patrimoine de l'humanité par l'Unesco), une des plus grandes places du monde: le **Mausolée de Lénine, le grand magasin GUM, la **cathédrale Saint-Basile (16e siècle), qui rassemble neuf églises sous son toit à bulbes, le **Musée d'Histoire russe, qui détaille celle-ci depuis les débuts; le quartier marchand historique de Kitaï Gorod, avec ses belles demeures des siècles passés; le *Musée polytechnique; les maisons des corporations et les petites églises de la Plochtchad Varvarskie Vorota; la **Varvarka uliza et ses façades datant des 16e, 17e et 18e siècles.
Entre la place Lermontov et la Bibliothèque nationale: la **place du Komsomol et la gare de la ligne de Saint-Pétersbourg (1851), la gare de Iaroslav (1902) et de Kazan; l'ancien palais du compte Volkov Bolchoï Charitonievski (18e siècle); l'église de l'Archange Gabriel; le **Musée Maïakovski, consacré au célèbre poète; le Musée du KGB, la *place du Théâtre et son célèbre Théâtre du Bolchoï, le Théatre Malyi et le Théâtre pour enfants, la Bibliothèque nationale russe et ses 29 millions d'ouvrages datant du Moyen Âge à nos jours.
Au nord et à l'ouest du centre: l'artère commerçante de **Petrovka Oulisa, le classique *Parc de l'Ermitage, le **Musée et théâtre de poupées Obrastsova; le Musée d'art; le **Théâtre et Musée Durov, du nom de l'hypnotiseur et dresseur qui vivait ici et réalisait des numéros de dressage avec des animaux insolites; le *Musée central de la Révolution, qui a pour thème les révolutions russes de 1905 et 1917, la maison Tchékov, le planétarium, le jardin zoologique, la Maison Gorki, le *Musée oriental d'Art et Culture, le ***Musée Pouchkine d'Art plastique, avec des œuvres de presque tous les artistes européens depuis l'Antiquité, le Musée Pouchkine de littérature et le Musée Tolstoï de littérature, dans la maison du grand écrivain.
Sur les berges de la Moskva: le *Musée de l'Histoire du Métro; le *Musée Darwin, avec une exposition sur la théorie de l'évolution; le ***couvent Novodevichy (16e siècle), qui accueillait jadis les jeunes filles de la noblesse, un vaste complexe avec l'église de l'Adoration du Christ (17e siècle), l'église de la Mère de Dieu de Smolensk (16e siècle), la chapelle de l'Assomption (17e siècle) et un cimetière; la **galerie Tretiakov avec des œuvres russes de six siècles différents; le légendaire parc Gorki, le **Musée et Théâtre Barouchkine, le *monastère de Donskoï (16e siècle), le **monastère de Daniliv, siège de l'archevêché, et l'église de la Sainte-Trinité.
Hors du centre: le monument Spoutnik de 1964, le Musée de l'Aérospatiale; le *jardin botanique; le **château Ostankino de 1792; la *tour de télévision Ostankino (537 mètres); le *parc récréatif et culturel Ismailovski; le **monastère d'Andronikov avec son Musée d'Art ancien russe et la cathédrale Saint-Sauveur de 1427; le ***château rococo de Kuskovo et son Musée de la Porcelaine; la petite ville historique de Kolomenskoïe avec ses églises anciennes et son musée en plein air; le *château classique d'Archangelskoïe avec exposition et jardin anglais.

La place Rouge avec la cathédrale Saint-Basile du 16e siècle et le Kremlin.

Le Kremlin et la Place Rouge

Le Kremlin, ancien fief des tsars qui s'est transformé au cours des siècles en résidence monumentale, constitue avec la Place Rouge le centre historique de la capitale russe.

Tout a commencé au milieu du 12e siècle, à l'époque où Moscou devint une ville. On construisit alors un château fort, le Kremlin, à partir duquel était régi l'empire grandissant. C'est là que résidaient les tsars, et à l'époque de l'Union soviétique encore, «Kremlin» était synonyme de pouvoir politique sans limites. Aujourd'hui, la Russie est une démocratie, mais le président siège toujours en ces lieux empreints de tradition. Bien que le Kremlin ait toujours une fonction exécutive, on peut en visiter de grandes parties. C'est le cas de la salle d'armes, où l'on pourra trouver le trésor des tsars et les insignes du couronnement, et qui constitue une des plus riches chambres au trésor du monde. Peintes et ornées de magnifiques icônes, les églises du Kremlin valent elles aussi largement le détour, tout comme les tombes de 46 tsars et de leurs descendants.

1 À côté du Kremlin se dresse la cathédrale Saint-Basile – qui rassemble neuf églises.

2 La fabuleuse Place Rouge: à gauche, le mur du Kremlin avec la Porte de Saint-Sauveur, et à droite la cathédrale Saint-Basile.

3 Les coupoles dorées du Kremlin.

4 Le Palais des Tsars, construit au milieu du 19e siècle en style russo-byzantin, est l'un des ajouts récents au complexe du Kremlin.

5 Le lustre de la vieille Russie: l'église du couronnement des tsars au Kremlin.

6 La cathédrale de l'Annonciation est une des plus belles églises du Kremlin.

7 Le nom russe de la Place Rouge – Krasnaïa Plochtchad – pourrait aussi se traduire par «belle place». Un nom qui lui va également très bien. C'est de loin la plus grandiose attraction touristique de Moscou. Plus personne ou presque ne pense aux parades militaires qui se déroulaient ici au temps de l'Union soviétique.

PETROVSKY PARK
Petrovsky prospekt
Zhdanovka
Dvorec sporta SKA
Gimnazyja
Stadion im. Lenina
Malaya Neva
Smolenka
Smolenki nab.
Makarova nab.
St. Peterburgskaja Morskaja
Maly prospekt
Blagoveshchenskaya tserkov
Ekaterininskaya tserkov
Sredny prosp.
Vasilievsky ostrov
VASILEOSTROVSKAYA
Tserkov sv. Ekateriny
Andreevsky sobor
Andreevsky rynok
Bolshoy prospekt
Obelisk Rumyantseva pobeda
Akademiya Chudozhestv
Universitetskaya naberezhnaya
pl. Domeniko Trezini
V. I. Leninu
Kruzenshternu
Gorny muzey
Muzey istorii St. Peterburga
Gorodskoe byuro ekskursy
Byv. Nikolaevsky dvorets
Novoadmiralteysky ostrov
Novaya Gollandiya
Institut fyzkultury
Psichiatricheskaya bolnitsa
Infekcionnaya bolnitsa
Mariinsky teatr (Teatr im. Kirova)
Konservatoiya im. Rimsovo-Korsakova
Teatralnaya pl.
Matisov ostrov
OKTABRSKY RAYON
Dom kultury
Institut aviatsionnovo priborostroeniya
PETROGRADSKAYA STORONA
Bolshoy prospekt
SPORTIVAYA
prospekt Dobroljubova
Dvoretz sporta Jubileyny
Knyaz-Vladimirsky sobor
Dom kultury
Tuchkov most
Mytninskaya naberezhnaya
Birzhevoy most
Biblioteka Akademii nauk
Literaturny muzey (Pushkinsky dom)
Birzhevaya ploshchad
Voyenno-morskoy muzey
Zoologichesky muzey
Muzey Antropologii im. Petra Velikovo
Muzey Lomonosova
M. V. Lomonosova
Menshikovsky dvorets-muzey
Gosudarstvenny universitet
Bolshaya Neva
Kronverksky prospekt
Zoopark
Planetary
Teatr im. Leniskovo Komsomola
GORKOVSKAYA
Voenno-istorichesky muzej
o. Kroverksky
Kronverksky Proliv
Petropavlovsky sobor
Muzey istorii St. Peterburga
Petropavlovskaya krepost
Komendantski
Zayachy ostrov
Kamennoostrovsky prospekt
Troitskaya pl.
Troitsky most
Sobornaya Mechet
Muzey Oktya Revolyucii
Dvortsovy most
Ermitazh
Dvortsovaya naberezhnaya
Ermitazh Muzey (Zimny dvorec)
Aleksandrovskaya kolonna
Dvortsovaya ploshchad
Glavny shtab
Admiralteystvo
ADMIRALTESKAYA
Admiralteskaya naberezhnaya
Pl. Dekabristov
Pyotr I (Medny Vsadnik)
ploshchad Dekabristov
Senat
Synod
Angliyskaya naberezhnaya
Konnogvardeysky bulvar
Tsentralny vaystavochny zal
Isaakiyevsky sobor
Muzey-svyazi
Dom kompozitorov
Dom arkhitektora
Nikolai I
Muzey Vavilova
Byv. Mariinsky dvorets
Nevsky prospekt
Teatr Estrady
Lyuteranskaya tserkov
Stroganovsky dvorets
Kazansky sobor
Pedagogichesky institut im. Gertsena
Ministerstvo tekstilnoy promyshlennosti
Biblioteka im. Pushkina
Muzey kvartira Pushkina
Konyushennaya pl.
DZERZHINSKY RAYON
Horovaya kapella im. Glinki
Politekhnichesky institut
Gimnaziya
Sennaya ploshchad
SADOVAYA
SENNAYA PL.
Sennoy rynok
Vosnesensky prospekt
ulitsa Dekabristov
Moika
Finansovo-ekonomichesky institut
Apraksin pereulok

Saint-Pétersbourg

Depuis que voyager en Russie est devenu facile, Saint-Pétersbourg voit se multiplier le nombre de ses adeptes. Et cette ville relativement récente – elle ne fut fondée qu'en 1703 – séduit le visiteur par une générosité et une noblesse rares.

C'est le tsar Pierre le Grand qui a planifié dans les moindres détails sa ville, qu'il concevait comme une «fenêtre sur l'Occident». Ici, sur les berges de la Neva, sa vision de clarté et de progrès a pris corps – entièrement en pierre, ce qui était aussi une nouveauté. Dans cette cité aux stricts jalons géométriques, on cherchera donc en vain les pittoresques édifices russes en bois.

À voir absolument:
la ***place du Château avec l'imposante Colonne d'Alexandre (1832) devant le palais d'Hiver, fastueuse résidence des tsars maintes fois transformée; dans le Palais d'Hiver et ses annexes, vous trouverez le ***Musée de l'Ermitage et une des plus belles collections d'art au monde; dans les environs de la place du Château:

Dans le centre historique (patrimoine mondial de l'humanité): la **Forteresse Saints-Pierre-et-Paul (18e siècle) avec la Porte Saint-Pierre; le monument de Pierre le Grand; les tombes des tsars dans la **cathédrale Saints-Pierre-et-Paul; le Musée d'Artillerie; le cuirassé Aurora sur la Neva, symbole de la Révolution d'Octobre de 1917 qui commença ici par le bombardement du palais d'Hiver; le Musée de la Marine de Guerre dans l'ancienne Bourse; le **cabinet de curiosités de Pierre le Grand et le Musée Lomonosov; l'Académie des Sciences du 18e siècle; le complexe rouge et blanc des Douze Collèges (1721), aujourd'hui l'université; le**palais baroque Menchikov qui, au temps de Pierre le Grand, abritait le Musée de la Culture.
Sur le boulevard **Nevski Prospekt: la **cathédrale Kazan avec le Musée de la Religion; l'***Église de la Résurrection de 1907; le **palais Stroganov de 1754; la **place des Arts avec le Palais Michaelov qui abrite le ***Musée russe; le **Musée d'Ethnographie; l'ancien entrepôt de la ville **Gostinnyi Dvor (1785); le palais Anitchkov et le pont du même nom qui le jouxte, l'un des plus beaux de la ville; le **palais baroque Belosselski-Beloserski.
À voir également: le **Jardin d'été, plus ancien parc de la ville, avec le *palais d'été de 1710, le

Une statue équestre pour le Tsar Nicolas Ier et la Cathédrale Saint-Isaac.

le parc Alexandre et son **Amirauté à l'architecture particulièrement unique (patrimoine mondial de l'humanité de l'Unesco), dont la pointe dorée est un symbole de la ville; la place du Sénat avec le **monument de Pierre le Grand; la **cathédrale Saint-Isaac (19e siècle), plus grande et plus fastueuse église de Russie avec sa coupole dorée; sur les rives de la Moïka, le **palais Youssoupov donne une idée du grand train que menaient les princes russes; l'église Saint-Nicolas des Marins et ses coupoles dorées (18e siècle); le **Théâtre Mariinski, salle d'opéra et de ballet mondialement célèbre.

*palais de Marbre (18e siècle), présent de Catherine la Grande à son amant Orlov; le **monastère Alexandre Nevski fondé par Pierre le Grand, et sa **cathédrale de la Sainte-Trinité (offices chaque jour à 9 et 18 heures, à ne pas manquer!). Intéressants également, les cimetières *Tikhvin et Lazare; le **monastère de Smolny et sa **cathédrale baroque de la Résurrection; la Saint-Pétersbourg «littéraire» avec le théâtre classique Pouchkine et le musée éponyme; le *Musée Dostoïevski dans la maison de l'écrivain; le palais Cheremetev avec le Musée Anna Achmatova.

Saint-Pétersbourg

La «Fenêtre de la Russie sur l'Occident» fut créée sur l'ordre de Pierre le Grand puis agrandie par ses successeurs. Des foules de travailleurs forcés collaborèrent à la construction de la nouvelle capitale.

En 1703, Pierre le Grand fit poser la première pierre du château Saints-Pierre-et-Paul. La Prison d'état, la Monnaie, l'Arsenal et l'église funéraire des tsars en font partie. À gauche de la Neva se dressèrent l'Amirauté et le monastère Alexandre Nevski, à l'extrémité du grand boulevard, le Nevski Prospekt. La cité doit une bonne part de son aspect baroque à Bartolomeo Rasterelli. C'est lui qui a construit le palais d'hiver, le monastère de Smolny et le palais Stroganov. Les plus beaux édifices classiques sont le palais de Marbre, le Théâtre de l'Ermitage, l'Académie des Sciences, la cathédrale de la Sainte-Trinité et le palais Taurique. Au 19e siècle, sous la direction de Karl Ivanovitch Rossi, on vit se dresser de grands complexes architecturaux comme l'État-Major.

Grande photo de gauche: L'hémicycle de la place du Château devant le palais d'Hiver avec la Colonne d'Alexandre, plus monumentale colonne triomphale du monde.

1 L'imposant palais d'Hiver sur les berges de la Neva, construit pour Pierre le Grand par l'architecte italien Rastelli.

2 Le grandiose escalier du Jourdain dans le palais d'Hiver, jadis résidence des tsars, fut ouvert au public après la Révolution d'Octobre et fait désormais partie de l'extraordinaire musée de l'Ermitage.

3 La construction du monastère de Smolny commença en 1744 sous l'architecte Rastrelli; au 19e siècle, il fut doté d'un magnifique intérieur.

4 Au milieu de la Neva, sur l'île de Hazen, Pierre le Grand a fait construire la forteresse Pierre-et-Paul. Au milieu se dressent les 122 mètres du clocher de la belle cathédrale Saints-Pierre-et-Paul.

5 Alexandre III fit construire en 1883 l'église de la Résurrection. La cathédrale en style russe ancien devait évoquer l'assassinat du tsar Alexandre II en 1881.

1

2

3

4

5

***L'Église orthodoxe russe:** après d'âpres luttes aux 8e et 9e siècles, les adversaires de l'adoration des icônes s'avouèrent vaincus. Depuis lors, les images de saints sont devenues indissociables du rite des chrétiens orthodoxes.*

de Saint-Pétersbourg. Très poissonneux, il constitue une importante ressource économique.

**** Lac Onega et Kizhi Pogost** ❷ Île recouverte de glace l'hiver et accessible en bateau l'été, avec un pittoresque village russe entièrement construit en bois (patrimoine mondial de l'Unesco). Au centre trône le plus audacieux édifice de bois de Russie: l'église de la Transfiguration, haute de 35 mètres et comptant 22 bulbes. Les quelque 60 autres édifices historiques en bois proviennent majoritairement d'autres lieux et ont été reconstruits ici. Il s'agit généralement de grandes fermes désertées après l'expropriation des Koulaks (riches fermiers) par Staline. Elles furent ainsi sauvées de la ruine et contribuèrent au charme de Kizhi Pogost.

**** Forêt de Komi** ❸ Ce parc national – un des plus grands du monde – s'étend jusqu'à la toundra du nord de l'Oural. Les montagnes intactes de cette chaîne de montagnes comptent de nombreux lacs. La faune variée (ours, cerfs, renards polaires et diverses espèces de la famille des écureuils) marque la transition entre le règne animal européen et asiatique. La zone est classée patrimoine naturel par l'Unesco.

Volga

La Volga est le plus long fleuve d'Europe. L'homme a peuplé ses rives depuis la préhistoire. Les Bulgares de la Volga et la Horde d'Or mongole y avaient élu domicile jusqu'à ce que les Russes revendiquent le territoire.

Culture

*** Kazan** ㉑ Sur l'embouchure de la Kazanka. Le **kremlin du 16e siècle (patrimoine mondial de l'Unesco) séduit par ses magnifiques tours et sa cathédrale de l'Annonciation. Les mosquées Apanaïev et Mardiani du 18e siècle sont les témoins de la culture musulmane.

Saratov ㉒ Ville industrielle de la rive droite de la Volga. À voir absolument: la cathédrale de la Sainte-Trinité de 1695; l'Opéra et le Ballet de 1865; le Musée des Arts avec sa vaste collection de toiles, dessins, sculptures et artisanat d'art. La cathédrale Starÿ; le Musée régional.

Volgograd ㉓ L'ancienne Stalingrad, sous le barrage de Volgograd. La ville fut assiégée et paya un lourd tribut durant la seconde Guerre Mondiale. Aujourd'hui, le visiteur découvre une cité moderne aux nombreux monuments évoquant le conflit, comme celui de la Mère Russie à hauteur de Mamaïev-Kourgan.

*** Astrakhan** ㉔ Ville sur le delta de la Volga. À voir absolument: le kremlin du 16e – 19e siècle et ses sept tours; la *cathédrale de l'Assomption de 1698; la cathédrale du monastère de la Sainte-Trinité du 17e siècle; la chapelle Kirilovskaïa du 17e siècle; l'église Jean Slatoust de 1763, le quartier indien et perse du 19e siècle; la mosquée perse ainsi que les mosquées Noire et Blanche du 19e siècle.

Kaliningrad

La région englobe la partie nord de l'ancienne Prusse-Orientale autour de l'ancienne capitale de Königsberg. Après la Seconde Guerre mondiale, elle fut annexée par l'Union soviétique; depuis la réunification allemande, elle fait formellement partie de la Russie. Depuis que les États baltes se sont détachés de l'Union soviétique, Kaliningrad a un statut d'enclave.

Culture

*** Kaliningrad** ㉕ L'ancienne Königsberg sur la Pregolia. Fondée en 1255 en tant que château fort de l'Ordre des Chevaliers teutoniques, siège des ducs de Prusse dès 1525, ville du couronnement du premier roi de Prusse en 1701, elle fut dévastée durant la Seconde Guerre mondiale. Des anciens monuments, il ne reste pratiquement rien. Seules cinq anciennes portes de la ville et les ruines de la cathédrale du 14e siècle (en cours de restauration) avec la tombe d'Emmanuel Kant rappellent le passé allemand.

Nature

**** Lagune des Courons** ❹ (Kurische Haff) Le paysage entre Kourski Zaliv et la Baltique séduit par l'intérêt ethnologique de ses forêts ainsi que ses dunes hautes de 70 mètres. Le site a été classé patrimoine naturel par l'Unesco en 2000.

Kazan: la cathédrale Saints-Pierre-et-Paul se trouve à l'intérieur du Kremlin, fortifié par la présence de murailles et de tours.

Sur la petite île de Kizhi Pogost au milieu du lac Onega en Carélie se trouvent deux belles églises du 18e siècle, à l'architecture en bois typiquement russe. Le clocher séparé date de 1874.

Hammerfest
Mer de Barents
Presqu'île de Kanin
NORVÈGE
Mourmansk
Monts Timan
Pečora
Monts Ourals
Igrim
Ob
Lac Inari
Kola
Mer Blanche
Mesen
Forêt de Komi
3
Uchta
Tavda
FINLANDE
Rovaniemi
Plaine de Russie septentrionale
Archangelsk
Serov
SUÈDE
Severodvinsk
Syktyvkar
Solikamsk
Kama
Luleå
Oulo
Belomorsk
Dvina septentrionale
Onega
Solvitsjgodsk
18
Golfe de Botnie
Velikij Ustjug
17
Lac artificiel de Kama
Perm'
Kishi Pogost
Lac Onega
2
Monts de Russie septentrionale
Petrozavodsk
Suchona
Kirov
Lac Ladoga
1
Niûnsvirskij zapovednik
Vjatka
Sarapul
Tampere
Vyborg
Belosersk
16
Vologda
15
RUSSIE
Repino
8
Turku
Helsinki
Peterhof
3
Saint-Pétersbourg
2
Darvinskij zapovednik
Volûsko-Kamskij zapovednik
21
Kazan
Lomonosov
4
Tsarskoje Zelo
5
Golfe de Finlande
Gatčina
7
Pavlovsk
6
Lac artificiel de Rybinsk
Jaroslawl
Lac artificiel de Nižnij Novgorod
Čeboksary
Tallinn
12
Wolga
Lac artificiel de Samara
Novgorod
19
Rostov
11
14
Nižnij Novgorod
ESTONIE
Lac Peïpous
Suzdal
10
Plateau de la Volga
Pskov
20
Pereslavl Zalesski
Vladimir
Tartu
Sergiev Posad
13
Samara
Golfe de Riga
Tver
9
P.N. Losinyi ostrov
Saransk
Jigulëvskij zapovednik
Wolga
Central'nolesnoj zapovednik
Moscou
1
Okskij Gos. zapovednik
Mordovskij zapovednik
Syzran'
LETTONIE
Ržev
Lac artificiel de Saratov
Mer Baltique
Riga
Velikije Luki
Penza
Rjazan
Oral
Daugavpils
Dūna (Dvina occidentale)
Oka
Tula
LITUANIE
Vicebsk
Smolensk
Plateau central russe
Drjepr
22
Lagune de Courlande
Memel
Saratow
Lac artificiel de Volgograd
4
Kaunas
Vilnius
BIÉLO-RUSSIE
Lipeck
Kaliningrad
25
Orel
Brjansk
Minsk
Voroneû
Borisoglebsk
KAZAKHSTAN
Niémen
Hrodna
Njasviž
Homel'
Kursk
Monts Bu
Bialystok
Marais de Polésie
Mazyr
Volgograd
Desna
Don
Dépression caspienne
Varsovie
Polésie
Brest
Csernihiv
23
Volga
Charkiv
Lac artificiel de Tsimljansk
POLOGNE
Kiev
Donets
Astrachan
24
éytomyr
Poltava
Luhans'k
Don
UKRAINE
Shovkva
Donec'k
Zapovednik Černye zemli
Cracovie
Lviv
Dniepr
Rostov-na-Donu
Vinnycja
Dnipropetrovs'k
Zapori'a
Maryupol'
RÉP. SLOVAQUE
Dniestr
Boug
Krivyj Rih
Košice
Iwano-Frankiwsk
Carpates orientales
Lac artificiel de Kachovka
Stavropol'
Tisa
MOLDAVIE
Kuma
Mykolajiv
Mer d'Azov
Chişinău
Cherson
Groznyj
Budapest
Kuban
Krasnodar
Čerkessk
Nal'cik
HONGRIE
Cluj-Napoca
Maro
Odessa
Vladikavkaz
Novorossijsk
ROUMANIE
Crimée
Simferopol'
Galati
Sevastopol'
Soči
Caucase

La forêt de Belovechskaïa Pouchka, à la frontière entre la Biélorussie et la Pologne, est pratiquement inhabitée et abrite de nombreuses espèces animales et végétales menacées. Depuis longtemps éteint en Europe centrale, le bison d'Europe y a trouvé refuge.

Biélorussie et Ukraine

Les deux anciennes républiques soviétiques sont aujourd'hui des États indépendants, mais ne sont pas devenues des destinations touristiques typiques pour autant. Même si la belle péninsule de Crimée, qui s'étend entre la mer Noire et la mer d'Azov, peut se targuer d'une longue tradition touristique grâce à son climat agréable, elle est négligée par les touristes occidentaux. Pourtant, l'Ukraine et la Biélorussie (aujourd'hui Belarus) réservent de nombreuses découvertes – surtout au niveau de la nature, qui est demeurée largement intacte. Vastes forêts, landes et marais, ainsi qu'une multitude de lacs caractérisent la région. Ici, des animaux pratiquement éteints dans le reste de l'Europe ont trouvé un dernier refuge. Les cigognes, particulièrement, adorent la région.

Maisons de bois aux couleurs vives en Biélorussie.

*La région de forêts marécageuse de **Belovezhskaya Pushcha** (classé patrimoine naturel de l'humanité par l'Unesco), qui marque la frontière entre Pologne et Biélorussie, offre à des espèces en péril comme le bison d'Europe et le loup un havre de sécurité.*

Biélorussie

Superficie: 207 595 km^2
Point culminant:
Diarjinskaïa (346 m)
Plus long cours d'eau:
Dniepr (partiellement)
Population:
10,3 millions d'habitants
Densité de population:
50 hab./km^2
Capitale: Minsk
(1,713 million d'habitants)
Fuseau horaire: MET + 1 h

Adresses utiles
(B) *Ambassade de Biélorussie*
Avenue Molière, 192
1050 Bruxelles
Tél.: 02 340 02 70
Fax: 02 340 02 87
(FR) *Ambassade de Biélorussie*
Boulevard Suchet, 38
75016 Paris
Tél.: 01 40 50 10 66
Fax: 01 45 25 64 00

Carré et renforcé de robustes tours et murs: l'impressionnant château de Mir.

Situation et paysage

Cette ancienne république soviétique a pour voisines la Lituanie et la Lettonie (au nord-ouest), la Russie (à l'est), l'Ukraine (au sud) et la Pologne (à l'ouest). Située dans la plaine d'Europe orientale, la Biélorussie ne possède pas de collines dignes de ce nom et compte de nombreux marécages, surtout dans le sud peu peuplé.

Culture

Brest ❶ Ville sur la frontière polonaise. À voir absolument: le château fort (11e siècle) avec son Musée militaire; le Musée d'Archéologie; le Musée régional.
Grodno ❷ Ville sur la frontière avec la Pologne et la Lituanie. À voir absolument: le château qui rassemble plusieurs époques avec le Musée d'Archéologie et régional; l'église Saint-Boris-et-Gleb du 12e siècle; l'église de la Nativité de 1751; le monastère cistercien construit entre 1595 et 1618, le monastère franciscain fondé en 1635; le *monastère jésuite baroque du 17e siècle; le couvent des Brigittines (1634).
Minsk ❸ Capitale de Biélorussie. Pratiquement rasée pendant la Seconde Guerre mondiale, elle ne possède plus guère d'anciens bâtiments. À visiter toutefois: l'église Saints-Pierre-et-Paul du 17e siècle; le Musée de Littérature; la Cathédrale de l'ancien monastère des Jésuites de 1710; le *Monastère cistercien du 17e siècle; le Musée national de Biélorussie; le Musée d'Histoire de la Grande Guerre patriotique; le Musée de la 1re Journée du Parti du SDARPR, avec son livre d'or rassemblant maints grands noms du socialisme disparu; dans la ville voisine de Chatyn, un monument rappelle le bain de sang organisé par l'occupant allemand.
Njasvi ❹ Ville à 114 km au sud de Minsk. À voir absolument: le château de Mir (classé patrimoine mondial de l'humanité par l'Unesco), rassemblant plusieurs styles d'époque, avec son parc; l'*église jésuite de 1593.
Vicebsk ❺ Ville sur la Dvina. En dépit de destructions massives durant la Seconde Guerre mondiale, on prendra la peine de visiter la maison natale de Marc Chagall, l'église de l'Annonciation du 12e siècle ainsi que l'hôtel de ville de 1755 et son intéressant musée régional.

Rangée de maisons dans l'ancien centre de Minsk, capitale biélorusse, sur les berges de la Svisloch.

Nature

*** Plateau de Naratch** ❶ La région des Lacs Bleus se compose de plans d'eau pittoresques possédant chacun leur charme propre.
*** Réserve naturelle de la Bérésina** ❷ De vastes marais, des lacs pittoresques, un delta aux ramifications multiples et d'énormes pierres erratiques constituent l'habitat de nombreuses espèces animales et végétales. Le castor, notamment, attire les amateurs de nature.
**** Belovechkaïa Pouchka** ❸ La région marécageuse aux forêts primitives sur la frontière entre la Pologne et la Biélorussie a été décrétée réserve naturelle dans les années 1920 et est classée patrimoine naturel de l'humanité par l'Unesco. L'immense forêt abrite des bisons d'Europe, des ânes sauvages, des ours, des loups, des lynx et plus de 220 espèces d'oiseaux.

*Le monastère troglodyte de **Kiev** est réputé comme le plus ancien établissement religieux du territoire russe; il fut fondé en 1051 par le moine russe Antonius, qui creusa une grotte dans une paroi rocheuse surplombant le Dniepr. Rapidement, ses disciples suivirent son exemple et l'on vit se développer un centre spirituel et culturel. Après le passage des Mongols, tout fut reconstruit. Les édifices en surface que l'on voit aujourd'hui datent de la fin du 17e siècle et du début du 18e.*

Ukraine

Superficie: 603 700 km²
Point culminant: Hora Hoverla (2 061 m)
Côte: 2 782 km
Plus long cours d'eau: Dniepr (partiellement)
Population: 51,5 millions d'habitants
Densité de population: 84 hab./km²
Capitale: Kiev (2,622 millions d'habitants)
Fuseau horaire: MET + 1 h

Adresses utiles:
(B) Ambassade d'Ukraine
Avenue Albert Lancaster, 30-43
1180 Uccle
Tél.: 02 379 21 00
(FR) Ambassade d'Ukraine
Avenue de Saxe, 21
75007 Paris
Tél.: 01 43 06 07 37
Fax: 01 43 06 02 94
E-mail: emb-fr@mfa.gov.ua

Situation et paysage

L'ancienne république soviétique a pour voisines la Biélorussie au nord, la Russie au nord-est, la mer Noire et la mer d'Azov au sud; la Moldavie et la Roumanie au sud-ouest et la Hongrie à l'ouest. L'Ukraine s'étend sur la partie sud-ouest de la plaine d'Europe orientale. Les massifs montagneux du pays sont ceux des Carpates, à l'extrémité ouest, et de Crimée, au sud de la péninsule.

Culture

**** Lviv** ❶ L'ancienne capitale de Galicie. Curiosités: le *marché avec son hôtel de ville en style classique tardif, quatre fontaines de 1793, de belles maisons de maître de plusieurs époques; la *cathédrale catholique terminée en 1481 avec son intérieur gothique et deux chapelles Renaissance; la *cathédrale arménienne construite dès 1363, dont l'intérieur baroque date du 17e siècle; le monastère cistercien baroque intégré aux murailles de la ville; l'*église de Piatnitsa dont l'*iconostase (1644) compte 70 icônes précieuses; le *Musée d'Art ukrainien et sa vaste collection d'icônes; le *Musée en plein air avec ses édifices ukrainiens du 18e au 20e siècle; la colline avec les ruines d'un château fort donnant une belle vue sur la ville. En 1998, le centre historique de la ville a été inclus dans le patrimoine mondial de l'humanité de l'Unesco.

Shovkfa ❷ Ville provinciale au nord de Lviv. Le *marché est entouré d'un château Renaissance, de magnifiques maisons de maître du 17e siècle et de l'église de l'Assomption de 1606. Une visite à l'église des Dominicains, elle aussi de 1606, et deux églises en bois du 18e siècle à l'extérieur de la ville, valent également le détour.

Ivano-Frankivst ❸ Ville à l'est des Carpates. Dans le petit centre de la cité, l'hôtel de ville de 1927 mérite l'attention, de même que l'église arménienne baroque du 18e siècle; la cathédrale de la Résurrection (1763), aujourd'hui utilisée par l'église catholique arménienne; le collège des Jésuites de 1742 et sa collection d'art sacré.

***** Kiev** ❹ Capitale de l'Ukraine, sur le Dniepr. À voir absolument: la *Porte d'Or du 11e siècle; la ***cathédrale Sainte-Sophie (classée patrimoine mondial de l'humanité par l'Unesco) dont Jaroslav le Sage posa la première pierre en 1037 et qui est une des plus importantes églises orthodoxes russes; les ruines de l'église de Desiatine du 10e siècle; le Musée d'Histoire; l'église Saint-André du 18e siècle sur la *colline du même nom, qui donne un très beau panorama sur la vallée du Dniepr; la maison de Michail Bulgakov avec un musée sur la vie et l'œuvre du poète; le Musée Lyssenko, avec une exposition sur le célèbre compositeur; le *Musée d'Art russe, avec des œuvres du 12e siècle à nos jours; le palais Marie baroque (milieu du 18e siècle); le monument des Travailleurs qui, avec les impacts de balles dans les murs du légendaire arsenal, rappelle la révolution de 1917-1918; le ***monastère troglodyte (patrimoine mondial de l'humanité de l'Unesco) constamment agrandi depuis le 11e siècle avec l'ajout de nombreuses églises souterraines, et qui contient des momies de moines; la cathédrale Saint-Michel du 11e siècle; la cathédrale Saint-Georges et autres bâtiments du monastère du 18e siècle; l'Eglise Saint-Sauveur de Berestovo, du 12e siècle et rénovée au milieu du 17e siècle; la demeure de Pierre le Grand; le * couvent Flora et son église de l'Assomption baroque; le monastère des Frères avec son église du Saint-Esprit rénovée au 19e siècle et son réfectoire; le monastère Saint-Élias du 17e et 18e siècle; l'église **Saint-Cyril du 12e siècle, agrandie au 17e et avec des fresques du 12e; le **Musée d'Architecture avec des édifices de bois typiques.

Aujourd'hui, le monastère troglodyte de Kiev est redevenu un centre important de l'Église orthodoxe.

La cathédrale Sainte-Sophie (Kiev) a revêtu son aspect actuel en 1707.

*** Csernihiv** ❺ Ville sur la Dena. À voir absolument: l'église Saint-Sauveur, plusieurs fois reconstruite et aujourd'hui en style classique; la cathédrale Saint-Boris-et-Gleb du 12e siècle; le *Collège baroque et son Musée d'Art de Csernihiv, du 17e au début du 20e siècle; l'*église Sainte-Catherine de 1715 avec le Musée des Arts décoratifs d'Ukraine; le Musée d'Histoire de Csernihiv dans la maison du Gouverneur Général construite en 1804; la cathédrale de l'Assomption, construite au 12e siècle, du monastère Jeletski, avec agrandissements du 17e siècle; la Tombe Noire où reposerait le légendaire prince Cserni; le **monastère de la Sainte-Trinité avec l'église Saint-Élias du 12e siècle et d'autres bâtiments du 17e; l'église de Paraskeva-Piatnizka aux décorations populaires.

Poltava ❻ Ville sur la Vorskla, où Pierre le Grand battit les Suédois en 1709. Le centre de la ville est la **place Ronde aux immeubles classiques. À voir également: le Musée régional bâti en Jugendstil; l'église de Spaska du 18e siècle, dernière église en bois de la région; le clocher du 18e siècle de la cathédrale de l'Assomption; la rotonde de l'amitié entre les peuples et son panorama exceptionnel; la cathédrale de l'Élévation de la Croix avec ses sept coupoles et ses magnifiques portails.

*** Charkiv** ❼ Ville dans l'est de l'Ukraine. À voir absolument: l'*église de l'Intercession, une des réalisations les plus réussies du baroque ukrainien; la maison classique de l'Archevêque où se trouve le Musée d'Histoire; l'église baroque de la Dormition de 1771 avec son iconostase et son clocher de 1821; le palais du Gouverneur Général du 18e siècle; la synagogue de 1912 avec son imposante coupole; nombreux édifices constructivistes de l'époque stalinienne; le Musée d'Art.

Cherson ❽ Ville à l'embouchure du Dniepr. À voir absolument: la *cathédrale Sainte-Catherine avec ses éléments stylistiques grecs; le Musée de Littérature dans la maison natale de l'écrivain Boris Lavrenev; le Musée régional; le Musée des Arts; la cathédrale du Saint-

Ukraine

Esprit de 1836; l'église grecque Sainte-Sophie de 1780; les ruines de la forteresse.

** **Odessa** 9 Ville sur la Mer Noire. A voir absolument: l'***escalier Potemkine de 142 mètres, comptant 192 marches, de 1841, qui servit de décor à Eisenstein pour son célèbre film; des vestiges de la forteresse de 1793 dans le parc Tchevtchenko; le Musée de la Flotte de la mer Noire; le Musée d'Archéologie et sa collection de monnaies; le Musée d'Histoire de la Littérature; l'**Opéra des architectes viennois Fellner et Helmer, terminé en 1887; le *Musée d'Art occidental et asiatique; le Musée régional.

Nature

*** **Crimée** 1 Le paysage unique de la péninsule séparant la mer d'Azov et la mer Noire était une villégiature prisée par les tsars, les écrivains et les membres de la Nomenklatura communiste. Les steppes sèches du nord, les épaisses forêts du sud, les côtes escarpées et les plages attirent aujourd'hui encore bien des touristes. À voir absolument: la ville balnéaire de Yalta; le Bachtchisaraï et son architecture musulmane.

Le château du Nid d'Aigle se trouve près de la célèbre station balnéaire de Yalta, en Crimée.

COLOPHON

Titre original: Die schönsten Reiseziele Europas
Éditeur original: © 2005 Verlag Wolfgang Kunth GmbH &Co KG, Munich
Traduction: Attica-Attimedia, Bruxelles
Mise en page: Attica-Attimedia, Bruxelles
Plans de ville: © GeoGraphic Publishers GmbH & Co KG, Munich
© 2005 Texte français: Verlag Wolfgang Kunth GmbH & Co KG, Munich

Texte: Monika Baumüller, Michael Elser
Rédaction: Michael Kaiser
Rédaction photos: Wolfgang Kunth
Recherches photos: Max Oberdorfer
Layout: Dorothea Happ

Imprimé en Slovénie

Photos de couverture:
2-3: Château de Chambord, vallée de la Loire
4-5: Casa Milá, Barcelone
6-7: Palais d'Hiver, Saint-Pétersbourg
351: Monastère Sergiev Posad, Russie

ISBN 2-7098-1614-8
© 2005 Sélection du Reader's Digest, SA 5/7 Avenue Louis Pasteur 92220 Bagneux
Première édition – Premier Tirage
Achevé d'imprimer: Mars 2005
Dépôt légal en France: Avril 2005

CRÉDITS PHOTOS

Abréviations
Bö: Böttcher
DFA: Das Fotoarchiv
Herz: Herzig
Hub: Huber
KM: Klammet
L: Laif
M: Mauritius
mdc: mediacolors
P: Premium
p: petite photo au-dessus de la page

2/3 Monheim; 4–10.2 P; 10.1 Nägele/KM; 11p–11.2 P; 11.3 M/Kord; 12/13.1,2 P; 13.3–8 DFA/Tack; 15.1 Getty; 15.2 Hub/Schmid; 17.1DFA/Cristofori; 17.2–18.1 P; 19.1,2 Hub; 20-21 P; 22p Getty; 22.1 Krinitz/L; 23p Getty; 23.1 P; 23.2 KM; 23.3 P; 24p Krinitz/L; 24.1–25.1 P; 25.2 Krinitz/L; 26-27 P; 28p DFA/Riedmiller; 28.1–31 P; 32.1Neundorf/ 32.2 Huber/L; 32.2 P; 33.1Heuer/L; 33p,33.2 P; 33.3, 34 getty; 35.1 P; 35.2 IFA; 35.3 P; 35.4 IFA/Aberham; 36p P; 36.1 sipa/M; 36.2–37.2 P; 37.3 getty; 38/39.1,3 KM; 38/39.2 P; 39 M/Loken; 40-41 NN; 42p1,2 Meier/L; 42.1 P; 42.2–43p2 Meier/L; 43.1 Hub; 43.2 KM; 43.3 Meier/L; 44p–44.3 P; 46p DFA/Schmid; 46.1 KM; 47.1,2 DFA/Meyer; 48p Zanetti/L; 48.1 Nordis/Trobitzsch; 49p1,2 Huber/L; 49.1 Pix/Kotoh; 49.2 P; 49.3 KM; 50/51 L; 51P; 52p, 53p1 DFA; 52.1 L; 52.3 Nordis; 53p1,2 DFA/Mayer/Bauer; 53.1 P/Jämsen; 53.2 DFA/Schmid; 53.3 Getty; 54p,54.1 P; 54.2 Getty; 54.3 Hub;55p M; 56 P; 56.1 Hub;56.2–57 P; 58 Getty; 59 Herz; 60p1 M; 60p2–61.1 Hub; 61.2 Wandmacher; 61.3 Hub; 62 DFA/Vollmer; 63.1–63.6 Bö; 64p Hub; 64.1,2 Hub; 65p1 DFAScheibner; 65p2–67 Bö; 69.1 Hub; 69.2 Schilgen; 70/71 Bö; 71.1–3 Langrock/Zenit/L; 73.1 Schilgen; 73.2 Getty; 74 Bö; 75.1 Freyer; 75.2,3 Bö;75.4 Hub; 76p1 Herz; 76p2 Schilgen; 76.1 Bieker; 76.2, 77p Herz; 77.1 Hub; 77.2 Wackenhut; 77.3 Wandmacher; 78p1 Klaes; 78p2 Romeis; 78p3 Bieker; 78–79.1 Hub; 79.2 P; 79.3, 81.1 Hub; 81.2 NN; 82 M; 83.1,2,4 Hub; 83.3,6,7 Richner; 83.5 M; 84–85.2,4 Freyer; 85.3 Bieker; 85.5 Hub; 86 getty; 87p1 Bieker; 87p2 Romeis; 87.1 P; 87.2 KM; 87.3M; 88/89 Romeis; 91 Hub; 92 DFA; 93.1-10 Wackenhut; 93.11Hub; 94p Romeis; 94.1 Freyer; 94.2 Hub; 96/97 P; 97 Cassidy; 98p DFA/Müller; 98.1 János Kalmár; 98.2–99p P; 99.1 von Götz; 99.2 Hub/Schmid; 99.3, 100p DFA/Müller; 100.1P; 100.2 DFA/ Müller; 101,102 P;103 Transglobe/Kanicki; 103.1 M/Pokorski; 103.2–105 P; 106p,106.1 L; 106.2 Freyer; 107 L; 108 P; 109 NN; 110p,110.1 Hub; 110.2 Pix; 111p,1 Hub; 111.2 Celetano/L; 111.3 Hub; 113.1 Rauch/Getty; 113.2 Cornish; 114/115 P; 115.1 FAN/Rufenbach; 115.2 DFA/Tack; 115.3,4 FAN/Rufenbach; 115.5 P; 115.6 Zanetti/L; 116p Atelier Neumeister; 116.1 Hub; 116.2 imagine/Janvog; 117p Atelier Neumeister; 117.1 Mau/Schmied; 117.2,3 Neumeister; 118pNN; 118.1 P; 118.2 L; 119p P119.2 Pix/Jano; 120–122.1 P; 122.2,3 E. Wrba; 122.4,123 P; 124/125 Hub; 125.1.2 P; 125.3,4 Neumann/L; 125.5 P; 126p M; 126.1,2 Hub; 127 M; 128/129 P; 129 mdc; 130p P;130.1 Monheim; 130.2 IFA; 131p mdc; 131.1 Freyer; 131.2 mdc;131.3 P; 132.1 Monheim; 132.2,133p P; 133.1 mdc; 133.2 Hub; 133.3 P; 134/135.1.2 mdc; 134/135.3 P; 135.4–7 mdc; 136, 137.1,3,4 Hub; 137.2,5 KM; 138P; 138.1 Monheim; 138.2 mdc; 138.3 P; 139 Hub; 140 KM; 141 DFA/Mayer;142p P;142.1 KM; 143p DFA/Riedmiller; 143.1 KM; 143.2 mdc; 143.3 P; 143.4 KM; 144/145 DFA; 145.1,3 Mau; 145.2 P; 146p NN; 146.1 P; 146.2,147.1 Hub; 148.1,2 P; 149.3,4,6,7 Caputo/L; 149.5 B. von Girard; 151.1 P; 151.2 Monheim; 152 P; 153.1 Mau; 153.2 L; 153.3 NN; 153.4–6 DFA; 157.7 L; 153.8 P; 153.9 Hub; 154p–155p1 KM; 155p2 P; 156.1 mdc; 157 P; 158p,158.1, 159p Monheim; 158.2 KM; 159.1NN; 159.2–160.3 P; 161.4 Monheim; 165 P; 161.6 Mau; 161–163 P; 164p NN; 164.1,2 Monheim; 165p NN; 165.1-–169.1 P; 169.2 KM; 169.3 Monheim/Helle; 170p Monheim; 170.1 Jahnke; 170.2–173 P; 174p HerbHartmann; 174.1 P; 174.2 Linke/L; 175p1–175.3 P; 175.2 Herz; 176/177 DFA/Mayer; 177.1,2 Linke/L; 177.3 Mayer/DFA; 179.1– 183.3 P; 184 Hub/Giovanni; 185.1–5 Herz; 185.6 Hub/Radelt; 186.1–187.6 Herz; 187.5 P; 187.7 Hub; 188p Monheim/Bednorz; 188.1,2 P; 188.3 DFA/Tack; 189 Hub/Radelt; 190p,1 P; 191p NN; 191.1 P; 191.2 Janke; 191.3 P/Buss; 192.1,2,4 Eisermann/Cristofori/DFA; 192.3,5 Linke/L; 193 Waite/Getty; 194p Monheim/Bednorz; 194.1,2 P; 194.3 IFA; 195.1,2 Look; 196p NN; 196.1,2, 197p P; 197.2,3, 198 Hub/Giovanni; 199.1 P;199.2–5 Mau; 199.4 DFA; 200, 201 P; 203p; 203.1 Getty; 203p1,2 Monheim; 203.1,2 P; 203.3 Bednorz/Monheim; 204–205.6 Gonzalez/L; 206p Monheim/Bednorz; 206.1 Getty; 206.2 Bednorz; 208 P; 209 Getty/Sirmione; 210p1 Costa/L; 210 Getty/Thiele; 210.1 Gonzalez/L; 210.2 Frerck/Getty; 211p P; 211.1 Jon Bradley; 211.2 P; 211.3 NN; 212 Nägele/KM;213 Barnes/IFA; 231.2,3 Gonzalez/L; 213.4 Hauck/IFA; 213.5 Aberham/IFA; 214p Hub/Giovanni, 214.1/Gräfenhain; 214.2 Eich/IFA; 215b Monheim/Bednorz; 215.1 P; 215.2 Bednorz; 215.3,216 P; 217 Hub/Schmid; 219.1G.M.Schmid; 219.2 M/Mattes; 220p G.Huber/L; 220.1 Getty/Cornish; 220.2 P; 221p M/Ropp; 221.1 P; 221.2 Pix/Silberbauer; 221.3-224.3 P; 225 Malherbe/L; 226 P; 227.1 Neumann/L; 227.1-229 P; 229.2 Neumann/L; 222.3 IFA; 229.4 P; 229.5 M/Pigneter; 229.6P; 229.7 M; 230-231.3 P; 231.4 Monheim/Bednorz; 232/233 P/Yamashita; 233.1,2 P/Vidler/Smith; 233.3 Hub; 233.4 Oberhauser/DFA; 233.5 Hub/Schmid; 233.6 P/Raga; 234NN; 234.1 P/Buss; 234.2 Hub; 235p P/Buss, 235.1/ Yamashita, 235.2/Hänel, 235.3/SixtySix; 236, 237.1,2,3 Hub/Schmid; 237.4 KM; 237.5 Hub/Schmid; 238p P/Maywald, 238.1/Otto,238.2/Roda, 239, 240.1/Winz, 2/Jacobson, 3/ Winz, 241.4,5/Buss, 6/Giaccone; 241.7 Barnes/IFA; 242p, 242.1 P/Buss, 242.2/SixtySix, 243p/Buss, 243.1, 3/Yamashita, 2/Frerck, 245p, 245.1 P; 246 Getty; 247 P/Adams/ Mon Tres; 248p1 HerbHartmann; 248p2, 249p1 DFA/Cristofori; 248.1 P/Rügner;248.2 L; 249p2 Hub/Simeone; 249.1,2 P; 249.3 NN; 250/251 KM; 251.1 FAN/ Achterberg; 251.2-5 P/Roda, 252/253.1/Hänel; 252/253.2 KM; 253.1-4 M; 253.7,8 mdc; 254p P/Sekai Bunka; 254.1 L; 254.2 KM; 255.1-3 P; 256 Hub/Giovanni; 257.1-259.1 P; 260 p1,p2 Kirchner/L; 260.1 P; 260.2,3 L; 261p1, p2 Getty; 261.1-3 P; 261.4 KM/GK; 262 p-263p P; 263.1 Janke; 263.2 – 266.2 P; 267 Nägele/KM; 268/269 P; 269.1 FAN/ Mross; 269.2 Hub/Leimer; 269.3 P/Yamagi; 269.4 Hub/Giovanni; 269.5 Gaasterland/L; 269.6 P; 271.1 Getty/Frerck; 271.2, 272.1,2 P; 273.3 P/Yamashita; 273.4 /Cajko/Panorama Images; 273.5 P; 273.6,7 Getty / TCL / Layda; 274p NN; 274.1-275 p2 P; 275.1 M/fm; 275.2 P; 275.3 M/Pigneter; 275.4/ Torino; 276 P; 277.2 M/ Pigneter; 277.3 P/ Raga, 277.4/Marco Cristofori; 278p2 NN (L); 278.1 IFA; 278.2 P/NGS; 279p IFA; 279.1 P/NGS; 278-3,4 L; 280p Getty; 280.1 NN; 280.2,3 Hub/Schmid; 282, 283 L; 284p Getty; 284.1, 285p, 285.1 Freyer; 285.2 P; 285.3 Hub/Mehlig; 286p Frei/Look; 286.1 Hub; 286.2 mdc; 287p Amme/L; 287.1 P; 287.2 M/WP; 287.3 P; 288/289, 289.1,2 Amme/ Meazza/ L; 289.3 Getty/Everts; 289.4 NN; 290p mdc; 290.1 Getty/Rauch; 291 Hub; 292 P; 293 IFA/Stockshooter; 294 p1 Getty; 294 p2 - 297.3 P; 298 p DFA/Tack; 298.1,2 P/Otto; 299p NN; 299.1 Grigoriou/Getty; 299.2 P/Vidler; 299.4 M/Ropp; 300.1-3 P; 201.4-8 W. Kunth; 303.1 Grigoriou/ Getty; 303.2 P; 304 p1,2 Gonzalez/L; 304.1 M/visa Image; 304.2, 305p, 305.1 P; 305.2 KM; 305.3 NN; 305.4- 307 P; 308 Hub/Giovanni; 309.1-5 Hub/Simeone; 310 p1 IFA/Fiedler; 310p2 DFA; 310.1 P; 311 Hub; 312/313 P; 314 Tophoven/L; 314.1 P; 315p M/Hänel; 315.1-319 P; 320-321 unbekannt; 322p1 Müller/L; 322p2 KM; 322.1 Tophoven/L; 322.2 Pictor; 323p-325.3 P; 325.2 IFA/Aydogmus; 325.4 KM; 325.5 P/Roda; 325.6 IFA/Welsh; 326p1 Hub/Schmid; 326p2 M/Bergmann; 326.1 Krause/L; 328 P/Janek; 329-330.1 Henseler/L; 331p Silvester/Focus; 331p2 DFA/Riedmiller; 331.1,2,3 Bermes/Henseler /L; 331.4 Evans; 332p Jecan/Getty; 332.1 KM; 332.2 Getty/Tschanz; 334-336.2 P; 336.3 Getty; 337p1, p2, p3 P; 337.1-3 Hub; 339-341.3 P, 341.4 NN; 341.5 GM Schmid; 341.6 P/Buss/ 7 Boormann; 343 Hub; 344 P; 345.1 Puschner/L; 345.2- 347 P/Buss; 348 p NN; 348.1 János Kalmàr; 348.2 P; 349 p DFA/Sasse; 349.1,2 Pix/Steenmans; 350 Hub; 351 P/Buss. 165.1-4 D.Leroy. (NN signifie qu'à l'heure de mettre sous presse, la rédaction ignorait encore qui était détenteur des droits sur cette photo. Nous invitons les ayant droit à se manifester).